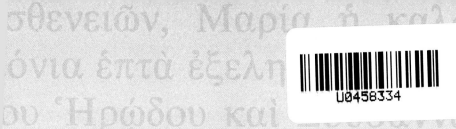

天道圣经注释

约翰福音注释（卷上）

钟志邦 著

上海三联书店

出版说明

　　基督教圣经是世上销量最高、译文最广的一部书。自圣经成书后，国外古今学者注经释经的著述可谓汗牛充栋，但圣经的完整汉译问世迄今尚不到两个世纪。用汉语撰著的圣经知识普及读物（内容包括圣经人物、历史地理、宗教哲学、文学艺术、伦理教育等不同范畴）和个别经卷的研究注释著作陆续有见，唯全本圣经各卷注释系列阙如。因此，香港天道书楼出版的"天道圣经注释"系列丛书尤为引人关注。这是目前第一套集合全球华人圣经学者撰著、出版的全本圣经注释，也是当今汉语世界最深入、最详尽的圣经注释。

　　基督教是尊奉圣典的宗教，圣经也因此成为信仰内容的源泉。但由于圣经成书年代久远，文本障碍的消除和经义的完整阐发也就十分重要。"天道圣经注释"系列注重原文释经，作者在所著作的范围内都是学有专长，他们结合了当今最新圣经研究学术成就，用中文写下自己的研究成果。同时，尤为难得的是，大部分作者都具有服务信仰社群的经验，更贴近汉语读者的生活。

　　本注释丛书力求表达出圣经作者所要传达的信息，使读者参阅后不但对经文有全面和深入的理解，更能把握到几千年前的圣经书卷的现代意义。丛书出版后受到全球汉语圣经研习者、神学教育界以及华人教会广泛欢迎，并几经再版，有些书卷还作了修订。

　　现今征得天道圣经注释有限公司授权，本丛书由上海三联书店出版发行国内中文简体字版，我们在此谨致谢意。神学建构的与时俱进离不开对圣经的细微解读和阐发，相信"天道圣经注释"系列丛书的陆续出版,不仅会为国内圣经研习提供重要的、详细的参考资料,同时也会促进中国教会神学、汉语神学和学术神学的发展,引入此套注释系列可谓正当其时。

上海三联书店

天道圣经注释

本注释丛书特点：

● 解经（exegesis）与释经（exposition）并重。一方面详细研究原文字词、时代背景及有关资料，另一方面也对经文各节作仔细分析。

● 全由华人学者撰写，不论用词或思想方法都较翻译作品易于了解。

● 不同学者有不同的学养和专长，其著述可给读者多方面的启发和参考。

● 重要的圣经原文尽量列出或加上英文音译，然后在内文或注脚详细讲解，使不懂原文者亦可深入研究圣经。

天道书楼出版部谨启

目录

序言

　　"天道圣经注释"的出版是很多人多年来的梦想的实现。天道书楼自创立以来就一直思想要出版一套这样的圣经注释，后来史丹理基金公司也有了一样的期盼，决定全力支持本套圣经注释的出版，于是华人基督教史中一项独特的出版计划就正式开始了。

　　这套圣经注释的一个特色是作者来自极广的背景，作者在所著作的范围之内都是学有专长，他们工作的地点分散在全世界各处。工作的性质虽然不完全一样，但基本上都是从事于圣经研究和在学术方面有所贡献的人。

　　另外，一个值得注意的地方，是这套书中的每一本都是接受邀请用中文特别为本套圣经注释撰写，没有翻译的作品。因为作者虽然来自不同的学术圈子，却都是笃信圣经并出于中文的背景，所以他们更能明白华人的思想，所写的材料也更能满足华人的需要。

　　本套圣经注释在陆续出版中，我们为每一位作者的忠心负责任的工作态度感恩。我们盼望在不久的将来，全部出版工作可以完成，也愿这套书能帮助有心研究圣经的读者，更加明白及喜爱研究圣经。

　　　　　　　　　　　　　　　　　　　　　　　　荣誉顾问　鲍会园

主编序言

华人读者对圣经的态度有点"心怀二意"，一方面秉承华人自身的优良传统，视自己为"这书的人"（people of the Book），笃信圣经是神的话；另一方面又很少读圣经，甚至从不读圣经。"二意"的现象不仅和不重视教导圣经有关，也和不明白圣经有关。感到圣经不易明白的原因很多，教导者讲授肤浅及不清楚是其中一个，而教导者未能精辟地讲授圣经，更和多年来缺乏由华人用中文撰写的释经书有关。"天道圣经注释"（简称为"天注"）在这方面作出划时代的贡献。

"天注"是坊间现有最深入和详尽的中文释经书，为读者提供准确的数据，又保持了华人研读圣经兼顾学术的优美优良传统，帮助读者把古代的信息带入现代处境，可以明白圣经的教导。"天注"的作者都是华人学者，来自不同的学术背景，散居在香港、台湾地区以及东南亚、美洲和欧洲各地，有不同的视野，却同样重视圣经权威，且所写的是针对华人读者的处境。

感谢容保罗先生于 1978 年向许书楚先生倡议出版"天注"，1980年 11 月第一本"天注"（鲍会园博士写的歌罗西书注释）面世，二十八年后已出版了七十多本。史丹理基金公司和"天注"委员会的工作人员从许书楚先生手中"接棒"，继续不断地推动和"天注"有关的事工。如果顺利，约一百本的"天注"可在 2012 年完成，呈献给全球华人读者研读使用。

笔者也于 2008 年 10 月从鲍会园博士手中"接棒"，任"天注"的主编，这是笔者不配肩负的责任，因多年来为了其他的工作需要而钻研不同的学科，未能专注及深入地从事圣经研究，但鲍博士是笔者的"恩师"，笔者的处女作就是在他鼓励下完成，并得他写序推介。笔者愿意接棒,联络作者及构思"天注"前面的发展,实际的编辑工作由两位学有所成的圣经学者鲍维均博士和曾祥新博士肩负。

愿广大读者记念"天注",使它可以如期完成,这是所有"天注"作者共同的盼望。

邝炳钊

2008 年 12 月

旧约编辑序

　　"天道圣经注释"的出现代表了华人学者在圣经研究上的新里程。回想百年前圣经和合本的出现,积极影响了五四运动之白话文运动。深盼华人学者在圣经的研究上更有华人文化的视角和视野,使福音的传播更深入社会和文化。圣经的信息是超时代的,但它的诠释却需要与时俱进,好让上帝的话语对当代人发挥作用。"天道圣经注释"为服务当代人而努力,小弟多蒙错爱参与其事,自当竭尽绵力。愿圣经的话沛然恩临华人读者,造福世界。

曾祥新

新约编辑序

　　这二十多年来，相继出版的"天道圣经注释"在华人基督教界成为最重要的圣经研习资源。此出版计划秉持着几个重要的信念：圣经话语在转变的世代中的重要，严谨原文释经的重要，和华人学者合作与创作的价值。在这事工踏进另一阶段的时候，本人怀着兴奋的心情，期待这套注释书能够成为新一代华人读者的帮助和祝福。

鲍维均

作者序

笔者首先要感谢"天道圣经注释"出版委员会给予书写这部约翰福音注释的机会。主编鲍会园博士在"主编序言"中说,获邀参与撰写注释的作者"在所著作的范围之内都是学有专长"的。这个评价对其他注释的作者来说应该是很确实的,但笔者却自认"受之有愧"。

笔者自 1977 年从英国回到新加坡事奉以后,便一直脱离不了各类行政工作的拖累,再加上自己事奉、学术及兴趣的多元化,根本没有机会以及明确的意愿去"专"于圣经的任何一部著作。在过去二十多年,所书写及刊登过的文章虽然不算太少,但绝大部分的课题都是在圣经著作的范围之外。因此,在书写约翰福音注释那漫长的岁月中,笔者深感自己在学养、时间和精力上的局限。

本注释有些部分是在一些"不太寻常"的场所完成的,包括北京大学客座教授的宿舍"勺园",复旦大学的"东苑专家楼",一些国际飞机场的咖啡座和候机室,甚至是航班上的"经济舱"。

在参考资料方面,中文著作的缺乏,应该已是本系列注释各同道的共识了。本注释的参考资料也因此以欧美学者的研究成果为主,特别是在原文词语、考证、背景及有关资料方面。但在释经(exposition)和信息(message)方面,笔者则尽量取材于自己在事奉与读经中所获的一点点心得和领悟。

约翰福音的主题是"生命之道"。笔者在书写本注释的过程中,对这关键性的主题始终不敢忘怀。也正是这"生命之道"中那丰满的恩典和真理,像一道永恒不灭的"真光",不断在指引着他,使他不至于迷失在学术的"黑森林"中;最终仍能持守着"福音的"信念。

本注释的作者非常感激编辑容许在《约翰福音注释》(卷下)完全脱

稿之后，再补上这篇以钉十字架(crucifixion)为题的"附录"。但愿读者可以从中获得一些关乎十字架的福音与神学的领悟和灵感。

钟志邦　谨志
2002 年 6 月 1 日
于新加坡林公寓

简写表

BAGD	*Greek-English Lexicon of the New Testament and Other Early Christian Literature*, tr. W. F. Arndt and F. W. Gingrich.
IDB	G. A. Buttrick et al, ed. *The Interpreter's Dictionary of the Bible*, I – IV.
TDNT	G. Kittel and G. Friendrich, ed. *Theological Dictionary of the New Testament*, tr. G. W. Bromiley, I – X.
NEB	New English Bible.
NIV	New International Version of the Holy Bible.
RSV	Revised Standard Version of the Holy Bible.
Barrett	Barrett, C. K. *The Gospel According to John*, 2nd. London: SPCK, 1978.
Brown	Brown, Raymond E. *The Gospel According to John*. New York: Doubleday, 1966.
Bruce	Bruce, F. F. *The Gospel of John*. Grand Rapids: Eerdmans, 1983.
Bultmann	Bultmann, Rudolf. *The Gospel of John*, tr. G. R. Beasley-Murray. Oxford: Basil Blackwell, 1971.
Calvin	Calvin, John. *The Gospel According to John*, 1 – 10, ed. David W. Torrance and Thomas F. Torrance, tr. T. H. L. Parker. Edinburgh:

	St. Andrews, 1959.
Hengel	Hengel, Martin. *The Johannine Question.* London: SCM, 1989.
Josephus	*The Works of Josephus.* Peabody: Hendrickson, 1995.
Lindars	Lindars, Barnabas. *The Gospel of John.* Grand Rapids: Eerdmans, 1972.
Luther	Luther, Martin. *Luther's Works*, vols. 22 and 23, *Sermons on the Gospel of St. John*, Chapters 1 - 4;6 - 8, ed. Jaroslav Pelikan. Saint Louis: Concordia, 1959.
Morris	Morris, Leon. *The Gospel According to John*, Revised Edition. Grand Rapids: Eerdmans, 1995.
Neusner	Neusner, Jacob, tr. *Mishnah.* New Haven and London: Yale UP, 1988.
Philo	Philo of Alexandria, *The Works of Philo*, a new updated edition tr. C. D. Yonge. Peabody: Hendrickson, 1993.
Ridderbos	Ridderbos, Herman. *The Gospel of John.* Grand Rapids: Eerdmans, 1997.
Robinson	Robinson, J. A. T. *The Priority of John.* Oak Park: Meyer-Stone, 1987.
Schnackenbury	Schnackenburg, Rudolf. *The Gospel According to John.* New York: Crossroad, 1990.
Smalley	Smalley, S. S. *John: Evangelist and Interpreter.* Exeter: Paternoster, 1998.
Smith	Smith, D. Moody. "Johannine Studies" in *The New Testament and Its Modern Interpreters*. ed. E. J. Epp and G. W. MacRae. Atlanta: Society of Biblical Literature, 1989.
Whitacre	Whitacre, Rodney A. *John.* Leicester: IVP, 1999.

圣经译本

马氏	马礼逊译本
和合	和合本
和修版	和合本修订版
思高	天主教思高译本

绪论

绪论

壹 导言

约翰福音的研究既广且深,这是学术界众所周知的。它所涉及的资料之繁多,别说"门外汉",就是对一般有涉猎到新约研究的人士来说,也犹如"刘姥姥进大观园"一样,眼花缭乱。也许只有那些真正研究约翰福音的"专家学者"们才不至于深感迷茫。难怪牛津大学的学者 John Ashton 满怀感叹地说,只要紧跟战后这数十年有关约翰福音研究的资料,就是一个全职的工作了。要作一个完整的概述或查勘是不可能的。[①] 德国学者 H. Thyen 仅将 1966 至 1974 年间有关约翰福音研究的重要著作列出来就用了三十七页的篇幅。[②] D. Moody Smith 在所写的《约翰福音研究》("Johannie Studies")一文中,只将焦点放在 1945 至 80 年代中有关约翰福音的研究上。但其中经过选择以及具代表性和影响力的书目就不下一百五十条之多。[③] John Ashton 在 1991 年出版的《认识第四部福音书》(*Understanding the Fourth Gospel*)中所列的书目共二十二页,约五百本。公元 2000 年美国学者

① John Ashton, *Understanding the Fourth Gospel* (Oxford: OUP, 1993), p. 67.
② H. Thyen, "Aus der Literatur zum Johannesevangelium": *Theologische Rundschau*, 39 (1974). Thyen 所做的,只是一个综览性的概述而已。参 Ashton, pp. 67,573.
③ 参 D. Moody Smith, "Johannine Studies," in *The New Testament and Its Modern Interpreters*, ed. Eldon Jay Epp and George W. MacRae (Philadelphia and Atlanta, 1989), pp. 271 - 296. Smith 所提及的学者包括 R. Bultmann、C. H. Dodd、C. K. Barrett、R. H. Lightfoot、Rudolf Schnackenburg、Raymond E. Brown、J. N. Sanders、Leon Morris、Barnabas Lindars、Jurgen Becker、Ernst Käsemann、J. L. Houlden、I. H. Marshall、Ernst Haenchen、K. Grayston、S. S. Smalley 等。

Felix Just 在网页上所列出的有关约翰福音的书目以及未出版的论文 (The Johannie Bibliography Web pages)就有五十六页,书目超过一千条。

美国 Temple 大学的 Gerald S. Sloyan 在所著的 *What Are They Saying About John?* 一书中只能从 1970 至 1990 年中非常选择性地概述几位对约翰福音研究深具影响力的学者。[④] 他们包括 E. C. Hoskyns、Rudolf Bultmann、C. H. Dodd、Raymond E. Brown、Rudolf Schnackenburg。前三位学者的著作虽然早已分别在 1940、1941(Bultmann 的德文版于 1941 年面世,英译本则于 1971 年才出版) 及 1953 年出版,但其影响一直持续至今。[⑤] Sloyan 所提及的那些重要的约翰福音注释以及直接相关的著作也在百部以上。他在概述了 1970 至 1990 这二十年间有关约翰福音的研究之后,作出了下面三个意义深长的结论:[⑥]

一、学术界至今已同意约翰福音的本质是属于希伯来的 (Hebraic),纵使它套上了一件薄薄的希腊(Hellenistic)外衣。不论福音书最早的形成源自谁,它对巴勒斯坦的情况是非常熟悉的。它扎根于耶稣门徒的生命和生活中。探索约翰福音与符类福音的关系已不再是一个很普遍的项目了。但重建产生约翰福音那个社群及其发展的阶段却是一项很有意义的工作。在这项工作上,约翰的三封信提供了一些基要的线索。学术界如今也重新意识到,正如其他三部福音书一样,约翰福音也必须被看作是作者和他同时代那些信徒对耶稣的宣信,而不仅是有关耶稣言行的记录。福音书的读者因此要从两个层面去读每一行的字。那就是,"那时"(then)所发生的事是指向"现在"(now),而"现在"却是"那时"的线索(clue)。

二、约翰福音所采用的"成文资料"(written sources)仍有继续探索的价值,但它的方法和途径则必须有别于以往的。因为学术界在过

---

④ Mahwah: Paulist Press, 1991.
⑤ 剑桥大学的 C. H. Dodd 除了在 1953 年出版 *The Interpretation of the Fourth Gospel* 以外,也于 1963 年写了 *Historical Tradition in the Fourth Gospel*.
⑥ pp. 97 - 98.

去太肯定约翰的"传统"（tradition）及"编修"（redaction）过程是和符类福音一样的。

三、现今约翰福音研究最重要的发展也许是把它看作是"自成一类的文学产品"（as the kind of literary product it is），或是一种"叙述"（narrative）。这样的文学产品在处理作者、著作日期、地点和书写境况等"历史性的考虑"（historical consideration）问题时将有别于其他的文学著作。至于"文学的探究"（literary exploration），经文的诠释，则肯定重要，并且必须同时考虑到福音的"情节和目的"（plot and purpose）。在此，福音书的"象征语言"（symbolic speech）是很重要的。倘若把一个既定的"历史架构"（historical construction）套在其上，就会把它解读错了。因为读者只能从围绕着"故事"（story）本身的"象征意义"（symbolism）中去领悟，才能达到正确的理解。

本注释的作者基本上同意 Sloyan 上述的第一和第二点结语。但对他的第三点则有保留，特别是有关约翰福音的历史性等相关的问题。因为任何严肃的"文学产品"（literary product）都不能回避作者、著作日期、地点和当时书写的境况（sitz im leben）等问题，虽然就约翰福音而论，这些问题迄今仍旧很难在学术界中达致很明确的共识。另一方面，任何"象征语言"（symbolic speech）都不能从历史的实况中被抽离出来或与历史本身脱节。

Bultmann 的约翰福音注释的英译本于 1971 年出版，共七百四十四页。可是，它的所谓"导论"（Introduction）却只有十页（pp. 3 - 12）；其中只有一页（pp. 11 - 12）非常简略地提及约翰福音的作者、著作日期和地点。其实，这样不寻常的情况并不表示这些问题不重要，而是意味着这些问题到了 Bultmann 作品的英译本于 1971 年面世时仍"未获得解决"或根本就"解决不了"（unsolvable）。[7] 更有趣的是，Bultmann 于 1941 年出版的原有德文本甚至连"导论"都没有！1971 年的英文本导论因此也不是 Bultmann 自己所写，而是 Walter Schmithals 为英译本的读者写的。[8] "代笔者"Schmithals 在"导论"中提及约翰福音的作者

---

[7] 参 D. M. Smith, p. 273.

[8] 见"Introduction," p. 3.

时,只能说,"我们对[约翰福音的]作者或编修者没有肯定的立场可言"。⑨ 著作日期则被定在主后 80 至 120 年之间。至于地点,叙利亚(Syria)一带被看作是比较可能的。埃及或小亚细亚则认为很难从约翰福音本身找到凭证。⑩

　　上述有关 Bultmann 对约翰福音的作者、书写日期及地点的处理方法并非完全独特。Edwyn C. Hoskyns 在 1940 年出版的约翰福音注释中虽然写了近一百二十页的"导论"(pp. 17 - 135),也同样没有尝试去解决作者、日期及地点的问题。类似的情况也发生在C. H. Dodd于 1953 年出版的约翰福音诠释中(*The Interpretation of the Fourth Gospel*)。这部著作共四百七十八页,但没有按一般诠释的"导论"(Introduction)去处理约翰福音的作者、书写日期和地点等问题。

　　Sloyan 在概述中对 Bultmann 的评论基本上公正和中肯。这对研究约翰福音的人士特别有意义,因为不论研究者持什么神学立场,Bultmann 的著作都不能完全被忽视,虽然他的德文约翰福音注释以及英译本出版迄今已分别有六十年和三十年之久。下面是 Sloyan 评论Bultmann 的四个要点。⑪

　　一、除了有关"神迹资料"(sign-source)之外,Bultmann 所提出那些涉及约翰福音资料来源的理论一概无法证实。例如,Bultmann 无法说明和证实一位以耶稣为中心的福音书作者为何需要借用一套源自诺斯替或知识主义派(Gnostic)的所谓"救世主神话"(redeemer-myth)的

---

⑨ "We are not in a position to say anything definite about the author or about the redactor. " p. 11.

⑩ "Admittedly in the papyrus P⁵² we possess a testimony to the best that our Gospel was known in Egypt in the first half of the second century. We cannot therefore put the composition and redaction beyond about 120 A. D. , and we should define the period for the composition and redactional edition of the Gospel as about A. D. 80 - 120 — the processes could have been relatively distant from one another.

The Semitic style of the author and the relationship of the Gospel to the Gnostic revelation discourses, the Letters of Ignatius of Antioch and the Odes of Solomon, strongly supports the supposition the author of the Fourth Gospel originated from the Area of Syria. Above all it must be said that nothing in the Gospel points to its origin in Egypt or Asia Minor". p. 12.

⑪ pp. 11 - 12.

资料，并将它"重造"(reworked)成为自己的福音书。Bultmann 在这方面的错误涉及了两个基要的问题。第一，他所假设的"诺斯替救世主神话"(Gnostic redeemer-myth)是否在初期教会，也即是主后第一世纪中之前就存在？这本身就是一个大问题。第二，纵使这资料在约翰成书之前就已存在，也无法证实作者曾经借用过这资料。

二、Bultmann 可取之处在于他对于约翰福音的"神学设计"(theological project)的清楚理解。那就是，福音书的神学目的，是要叙述上帝的"启示"(revelation)，特别是祂的"荣耀"(glory)，是藉着耶稣彰显出来的。不但如此，耶稣所带来的那道"光"(light)，也在人群中施行"审判"(judgement)和"划分"(division)。耶稣的道成肉身因此就是一个无比的"危机"(krisis)。[12] 可是，Bultmann 对约翰福音中那两个"圣礼"(sacraments)，即洗礼和圣餐的理解是有问题的。因为他错误地以为约翰的圣礼观是源自"希腊的"(Hellenist)宗教背景，并且在福音书中"微不足道"(trivial)。

三、Bultmann 对于源自"希腊异教和基督教异端派系的著作"(Pagan Greek and Christian Sectarian Writings)的知识很丰富。可惜他对"拉比的事物"(rabbinic matters)的认识主要还是依赖 Strack-Billerback 所提供的资料。

四、Bultmann 在释经方面所掌握和运用的文学资料至今在约翰福音的研究上仍是无人能比的。他的注释因此还有参阅的价值。可是他自己那一套"个人主义的诠释"(individualist interpretations)则大可不必去注意。这主要是因为约翰福音的"信息"(message)本来是给予"一群相信的人"(a believing people)。再者，Bultmann 似乎也"对基督教的犹太色彩不够敏感"(insensitivity to the Jewish character of Christianity)。就是说，他太强调源自希腊背景的诺斯替或知识主义对约翰福音的影响，而往往忽视了约翰福音中的犹太色彩、本质和内容。

Sloyan 以上四点对 Bultmann 的评论基本上是可以接受的。至于

---

⑫ 作为一位存在主义者(existentialist)，"危机"("krisis"或者"crisis")是 Bultmann 惯用的词语。

第四点中有关犹太色彩的问题,则同时显示了一个客观的历史事实。这个事实不仅对约翰福音,乃至对整个新约研究,都很重要。那就是,从1947年开始很偶然在巴勒斯坦死海(The Dead Sea)西北岸的旷野地带昆兰(Qumran)所发现的"死海古卷"(The Dead Sea Scrolls,以下简称 DSS)。⑬ 这些数以千计,完整或残缺,大小不等的死海古卷及残片大约成文于主前200年至主后70年之间。古卷大部分是希伯来文(Hebrew),少数是亚兰文(Aramaic)。其中只有极少数是古希腊文(Ancient Greek)和七十士旧约希腊文圣经(The Septuagint,或 LXX)。这些源自犹太教主流以外的一个重要宗教社群的古卷,提供了很重要的宗教和神学思想资源。它在很大程度上丰富了,甚至改变了人们对希伯来圣经、早期犹太教以及初期基督教思想根源的观点。这些主要的客观历史事实和条件是 Bultmann 那一代的人所缺少的。Bultmann 的《约翰福音注释》德文原著于1941年出版,在死海古卷开始发现前六年。这也正是他忽视了约翰福音中那些基要的犹太思想和色彩的主因之一。关于这一点,研究死海古卷的权威 James H. Charlesworth 下了一个一般性的评语,而不是针对 Bultmann 而言:"在死海古卷发现之前,许多专家曾假设约翰是四部福音书中最富希腊色彩的。现在,主要是基于死海古卷所保存的特殊思想……研究新约的专家已经有一个共识,认为约翰是一部最明确与犹太教有密切接触的福音书。"⑭其他著名圣经学者如 W. F. Albright、Oscar Cullmann 和 K. G. Kuhn 等

---

⑬ 这里所指的昆兰(Qumran)是指昆兰废墟(Khirbet Qumran),位于巴勒斯坦的耶利哥城南部约12公里。自1947年以来,有关 DSS 的论著很多。就约翰福音研究而言,其中最重要的一部著作,应该是 James H. Charlesworth 所编著的 *John and the Dead Sea Scrolls*《约翰与死海古卷》(New York:Crossroad, 1991)。死海古卷迄今最完整以及最具权威性的英译本也许是牛津大学东方研究所的学者 Geza Vermes 所译的 *The Complete Dead Sea Scrolls in English*《英文死海古卷全集》(London:Penguin, 1998)。

⑭ "Before the discovery of the Dead Sea Scrolls many experts on the origins of Christianity suggested that John was the most Greek of the gospels. Now, primarily due to the unique ideas preserved in the Deas Sea Scrolls ... there is a consensus among New Testament experts that John is the gospel most clearly engaged with Judaism," *John and the Dead Sea Scrolls*, "Foreword," xiii. 在 DSS 被发现之前,一些被认为是约翰福音独特的思想和词语,如 *huioi photos*("光明之子",the sons of light)、*to pneuma tes a letheias*("真理的灵",the Spirit of truth)等都在死海古卷中出现。

都一致肯定了死海古卷的意义与价值。研究约翰福音的著名学者
Rudolf Schnackenburg 相信"约翰与昆兰之间在某些要点上有接触";
因此,约翰与死海古卷的联系"必须获得慎重的考虑"。[15] D. Moody
Smith 也表达了类似的观点。[16] 虽然如此,约翰和死海古卷的神学思想
也有一些很基要的差别。例如,昆兰社群是极端排外的(exclusive);他
们也教导自己的社员要恨恶社群以外的人。与此相反,约翰福音所见
证的耶稣基督所带来的福音则是包容性的(inclusive)和普世性的
(universal);只要人愿意接受耶稣基督为他们的救主。总而言之,约翰
福音与死海古卷的整体结构(framework)和思维角度(conceptual
perspective)也很不同。[17]

约翰福音研究的权威之一,英国学者 C. K. Barrett 在 1955 年根
据希腊原文所著的约翰福音注释中,来不及应用死海古卷的丰富资
料。但是,他在 1978 年的修订版里则大量地引用了死海古卷的资
料,总共一百一十二次之多。[18] Barrett 很慎重地肯定了在昆兰所发
现的死海古卷的重要意义,认为它大大地增加了人们对第一世纪巴
勒斯坦,也即是初期教会发源地的知识。因此,凡是研究原始基督教
的人士都应该熟悉死海古卷,像他们熟悉拉比文学(Rabbinic
Literature)、启示文学(Apocalyptic Literature)、斐洛(Philo)和约瑟夫
(Josephus)一样。但是,Barrett 则认为约翰福音的经文实际上受到死
海古卷启发或是在诠释上需要取决于死海古卷的,其实并不多。如
今死海古卷的发现所引起的轰动已经消失,人们可以清楚地看见昆

[15] There are "close contacts between John and Qumran on important points". Some associa-
tions between John and the Dead Sea Scrolls "must be seriously considered". Rudolf
Schnackenburg, *The Gospel According to St. John* (New York: Crossroad, 1990), p. 135.

[16] "That the Qumran scrolls attests a form of Judaism whose conceptuality and terminology
tally in some aspects quite closely with the Johannine is a commonly acknowledged fact".
The Composition and Qrder of the Fourth Gospel: Bultmann's Literary Theory (New
Haven: Yale University, 1965), p. 26.

[17] 见 Charlesworth, *John and the Dead Sea Scrolls*, "Foreword," p. xiv.

[18] C. K. Barrett, *The Gospel According to St. John*, 2nd ed. (London: SPCK, 1978), Index,
6 "Qumran Literature."

兰并没有带给新约研究,至少没有引发约翰福音的研究一场新的革命。[19] 难怪 Barrett 在 1978 年修订版的序言中说:"我不相信昆兰有开启约翰福音的钥匙"(I do not believe that Qumran holds the key to John)。[20]

牛津学者 John Ashton 也像其他重视死海古卷的人士一样,认为约翰福音与死海古卷两者间存在着相似之处,虽然前者在深度和处理的手法上都超越后者。Ashton 在比较了约翰和死海古卷的"二元论"(dualism)之后,作出这样的评论:"在约翰[正如在死海古卷一样]真理与虚假的斗争同样剧烈,其结果也照样明确。但约翰却比昆兰更有效地运用了光和真理的象征性。因为耶稣不仅被看作是世上的光(八12),也是真理(十四6)。对约翰来说,'真理的灵'的任务是要叫门徒想起耶稣对他们所说的话,并且引导他们明白一切的真理(十四26,十六13)。"[21]

在圣经之外,除了死海古卷,当然还有不少其他文献对约翰福音的研究有参考和比较价值。其中包括 1945 年在埃及上部尼罗河附近

---

[19] "The greatest importance of the Qumran discoveries (and it is very great indeed) is their enrichment of our knowledge of first-century Palestine, the first home of the early church. The student of primitive Christianity (including of course Johannine Christianity) should make himself as familiar with the scrolls as he can (just as he should with the rabbinic literature, the apocalypses, Philo and Josephus). But when the passages in John (and I have done my best to point these out in the commentary) which are really illuminated, and whose exegesis is in any degree determined, by the scrolls, are counted up, the result is extremely meager. Now that the excitement of the first discoveries is past it is possible to see that Qumran has not revolutionized the study of the New Testament — certainly it has not revolutionized the study of John". p. 34.

[20] "Preface," viii.

[21] "In John the struggle between truth and falsehood is equally bitter and the upshot equally certain. The symbolism of light and truth is exploited to greater effect than at Qumran, for Jesus is identified not only as the light of the world (8:12) but also as the truth (14:6). For John the main task of the 'spirit of truth' will be to recall to his disciples' minds the words of Jesus and to lead them into all truth (14:26;16:13). But if there is both a depth and a deftness in the Fourth Gospel that surpasses anything in the Dead Ses Scrolls, we are nontheless forced to recognize an affinity of thought and feeling. " *Understanding the Fourth Gospel*, p. 214.

Nag Hammadi(也叫 Na Hamadi 或 Naj Hammadi)发现的资料。㉒ 还
有就是源自埃及和希腊思想的赫尔墨斯著作(Corpus Hermeticum 或
Hermitica)。这些文献成文于主后二至四世纪之间。它的基要思想
属于知识主义或诺斯替主义(Gnosticism)。这文献把希腊的赫尔墨
斯神(Hermes)与埃及的月亮神妥特(Thoth)等同起来。这些文献中
最重要的著作是《坡以满得》(Poimandres)。Poimandres 也是一位启
示之神。这部著作的内容包括本体论、宇宙论、知识论、救赎论、光和
生命等重要的主题。它与约翰福音的关系无法证实。因此,两者只
能作一些比较性的研究而已。倘若有什么"影响"可言的话,似乎可
以肯定受影响者是这些文献而不是约翰福音。因为后者远比前者更
早成文。㉓

　　除了 Nag Hammadi 文献之外,还有其他资料如源自古波斯
(Persia)的曼蒂安(Mandean 或 Mandaean)著作,也可以跟约翰福音作
一些宗教思想比较研究。Mandean 文献主要是以亚兰文(Aramaic)书
写,约成文于主后一世纪末至二世纪之间;因此,不可能对约翰福音有
任何直接的影响。相反的,它受约翰福音影响可能性反而大。就主要
的宗教体系和思维方式而论,Mandean 应该是属于知识主义或诺斯替
主义(Gnosticism)。其重要的神学思想仍离不了本体论、创世论、光、
真理、生命、救赎等主题。㉔ 总的来说,德国学者如 Bultmann、

㉒ 这文献共有 13 部,大部分是从希腊文翻译过来,以古埃及文 Coptic 书写的。它成文的日
期大约是主后四至五世纪间。但其希腊原文可能是属第二世纪中左右的作品。就内容而
言,学者们一般都把它看作是属于诺斯替或知识主义派的(Gnostic)。其中最重要的,当首
推一部《多马福音》(The Gospel According to Thomas)的著作。见 A. Guillaumont 等
译,The Gospel According to Thomas (London: Collins, 1959),"Preliminary Remarks,"
v, vi; John Bowker (ed.), The Oxford Dictionary of World Religions (Oxford: OUP,
1997),"Nag Hammadi Library."
㉓ 有关 Hermetica,可参见 C. K. Barrett (ed.), The New Testament Background: Selected
Documents (London: SPCK, 1961), pp. 80－90; Barrett, The Gospel According to John
(1978), pp. 38－41; The Oxford Dictionary of World Religions,"Hermeticism."
㉔ "Mandean"一词源自亚兰文 manda,是知识(希腊文 gnosis, knowledge)的意思。
Mandeans 早期的成员相信他们自己是施洗的约翰的门徒的继承者;而他们的祖先则是
在主后 70 年耶路撒冷被罗马军队毁灭后逃亡到波斯去的。参 John Bowker (ed.), The
Oxford Dictionary of World Religions, "Mandeans," Geoffrey Parrinder, A Dictionary
of Non-Christian Religions (Amersham: Hulton, 1971),"Mandeans."

Scottroff、Langbrandtner、Haenchen、Cullmann、Kümmel 等都比较重视 Nag Hammadi 及 Mandean 这一类属于知识主义的文献。英美学者则相对地采取比较慎重和怀疑的态度。[25] Bultmann 在他的《约翰福音注释》中直接引用或涉及了 Mandean 资料共八十多次。这在他的基督论(Christology)中最明显。难怪 John Ashton 认为 Bultmann 是通过 Mandean 文献来解释约翰的基督论的。Ashton 相信 Bultmann 的基督论是错的。若是这样,约翰的基督论就必须通过其他途径来解释了。[26]

　　在教会的传统以及第二次世界大战前的新约研究中,约翰福音普遍被看作是较保罗书信以及符类福音书更迟出现的著作。这个影响深远的观点,也直接或间接地假设约翰福音的作者熟悉或有机会接触过那些被认为是较早的新约著作,或至少也会拥有同样或类似的基要口传(oral)资料。但是,自 Bultmann 那个时候开始,学者如 Gardner-Smith、John A. T. Robinson 及 C. H. Dodd 等,都认为上述的假设皆没有必要,也很难成立。于是,在战后出现的大部分重要的注释都假定约翰福音是没有依赖符类福音书而独立写成的。[27]

　　至于约翰与保罗的关系,较早的学者如 Albert Schweitzer、B. W. Bacon、Wilhelm Bousset 等曾宣称约翰福音的作者不仅熟悉保罗的神学,甚至还把思想建立在它的基础上,尤其是在约翰的所谓"神秘主义"

---

[25] 参 D. Moody Smith, "Johannine Studies," in *The New Testament and Its Modern Interpreters*, pp. 277 - 278.

[26] "It was Bultmann's own very special interpretation of the evangelist's Christology that, as he saw, required a special kind of explanation, one which he himself sought in Mandaean Gnosticism. But if he is wrong about the Christology, and John's central conception is not what he says it is, then perhaps a different kind of explanation must be sought. As Käsemann says, 'the theological problem [of the Fourth Gospel] must, after all, point to a specific sector of primitive Christian belief, and, conversely, we must be able to deduce it from them'." *Understanding the Fourth Gospel*, p. 66.

[27] 见 D. M. Smith, p. 279. 参 Schnackenburg (1968), pp. 26 - 43; Brown (1966 - 70), pp. xliv - xlvii; Sanders (1968), pp. 8 - 12; Morris, pp. 49 - 52; Lindars (1972), pp. 25 - 28; Haenchen (1981), pp. 79,80,102.

以及非常突显的基督论中。[28] 但是，在过去这数十年，这个假设似乎已渐渐失去了它的支持者。怀疑上述这个假设的学者认为，假使约翰与保罗的神学真有类同的话，主要是基于他们共同的初期教会经历、见证及传统，尤其是使徒时代一致宣告的福音信息（Kerygma）。若是这样，研究约翰福音神学思想根源的学者就没有必要去假设约翰的思想是直接建立在保罗的神学基础上的。学者如 Bultmann 等也指出，有不少富有保罗特色的词语和思想，根本就没有出现在约翰福音中。倘若约翰的神学真是在保罗之后有什么"发展"可言，这发展也不需要被看作是有直接关系的历史发展。

约翰福音书注释的"导论"当然可长可短。如前所说，Rudolf Bultmann 著名的《约翰福音注释》1941 年德文版中，根本就没有"导论"。它的 1971 年英文译本中的"导论"是 Walter Schmithals 代写的，只有十页之长。相反的，C. K. Barrett 的注释（1978 年修订版）中的"导论"则有一百四十四页。Raymond E. Brown 的注释也有一百二十四页的"导论"。D. A. Carson 的有八十三页。

不同注释者在"导论"中所包括的项目也因人而异。它的内容往往取决于注释者的目的、神学立场和观点，以及注释的结构和书写的步骤。John Ashton 把 Bultmann 对约翰福音的研究看作是划时代的。他于是分别以三个不同的时代，即 Bultmann 之前、Bultmann 本人以及 Bultmann 之后，来说明这三个时代的学者在注释的"导论"中所提出的主要问题以及所给予的答案。[29]

1. Bultmann 之前

所关注的问题主要是约翰福音成书的目的和对象、作者及福音的根源、著作及其所用的资料、福音书的历史和神学。

---

[28] 见 Albert Schweitzer，*The Mysticism of Paul the Apostle*（New York：Holt，1931），pp. 349 - 375；B. W. Bacon，*The Fourth Gospel in Research and Debate*（New York：Moffat，Yard，1910），pp. 295,438 - 439；Wilhelm Bousset，*Kyrios Christos*，trans. John E. Steely（Nashville：Abingdon，1970）），p. 240.

[29] 见 Ashton，*Understanding the Fourth Gospel*，"Contents."

2. Bultmann 本人

他所关注的问题有三项:福音书的文类(literature)、历史和神学。

3. Bultmann 以后

这时期所集中探讨的题目有四类。

（ⅰ）神学:主要是基督论(Christology)和末世论(Eschatology)。

（ⅱ）著作:资料的来源及编修过程(sources and editions)。

（ⅲ）根源:各种影响约翰福音的因素、背景及多元的传统(influences，background，traditions)。

（ⅳ）对象(读者):他们当时所处的境况(situation and circum-stances)。

比较之下就不难看出,在 Bultmann 以后的学者所关注的问题比较全面。可是,总的来说,他们的缺点似乎是对福音书的作者及历史这两个项目回避或不敢作比较肯定的判断。

本注释在"导论"中所提及的项目如作者、日期、著作地点和目的等项目都是在一般注释的"导论"中常见的。约翰福音中所涉及的历史问题,虽然没有构成"导论"中一个独立的项目,却将会在其他相关的项目以及在经文的注释中得到重视。至于约翰福音的主要神学题旨和特色等,则有赖于读者自己从经文的注释中去辨认和领悟了。然而,基于"道"(logos)在约翰福音,尤其是在序言(一 1～18)中所占的特殊地位,"导论"中也因此包括了《老子》的道观一项。又为了给读者们提供一个更广阔的思想空间,在论述了"道"以后,也简略地介绍了印度教古老经典《梨俱吠陀》(The Rig - Veda)中两首有关本体论和宇宙论的诗歌。

英文以及其他欧洲主要语文有关约翰福音的著作之多,正好与中文著作形成了一个很强烈的对照。下列几部中文注释大概是华人教会及信徒比较熟悉的。贾玉铭的《约翰福音讲义》(香港:宣道,1967;讲义其实是完成于 1920 年代末),李苍森的《约翰福音注释》(南京:爱德,

1994),以及袁天佑的《约翰福音注释》(香港：基文,1998)。

正如约翰福音原著一样,读者必然是著书者要慎重考虑的主要因素,本注释也不能例外。在一般的情况之下,福音书注释的读者群大概有下列四类。第一,专家学者;第二,普通神学生;第三,教牧人士;第四,一般平信徒。第一类的读者群肯定不在本注释作者的考虑范围内。这主要是基于作者自己非常有限的学识、修养和能力。其余三类都是本注释作者所关注的对象。但这三类读者群的背景和需要也各自不同。这一点的考虑也在一定程度上主导了作者对资料的取舍以及书写和表达的方式。这是一项相当困难的差事,因为要同时满足三类不太相同的读者群的个别需要很明显是不太可能的。作者最终只能采取一些不得已的折衷办法。为了让注释可以成为一部对普通的神学生有一些参考价值的著作,某一种程度的学术水平,包括语文和思维方式的考虑是在所难免的。但比较技术性(technical)和细节性的东西都尽量设法放在注脚内,以免思想和行文的连贯性和流畅性以及读者的注意力受到太大的影响。

按本注释作者的观察和猜测,离开神学院多年的一般教牧人士,主要是为了预备讲章和查经等需要去翻阅圣经注释。普通的平信徒除了带领查经班和教主日学以外,也为了增广见闻,造就自己和灵修去寻找注释。他们期望能在阅读中认识福音书的内容和信息以及找到某些难题的答案。但愿上述这些读者朋友们,都能根据个人的需要在本注释中找到少许有助于他们的资料。

约翰福音的原作者约在一千九百多年前,在自己的有生之年完成了心目中所构想的著作(二十 30～31,二十一 24～25)。这是何等大的满足！可是,过去却有一些为他的福音书写注释的现代学者,未能在离世之前顺利地完成自己计划中的著作。他们包括 Scott Holland、E. C. Hoskyns、R. H. Lightfoot 和 J. N. Sanders。本注释若能在作者有生之年顺利完成及面世,就只能说是上帝的恩典了。

贰　作者问题

在约翰福音的研究中,最富争议性的可能就是这部福音书的作者问题。正如马太、马可和路加三部符类福音书一样，约翰福音的作者也没有明确地表露自己的身分。㉚ 目前所用约翰福音这个"书名"的希腊原文 *Euangelion Kata Iōannēn*（英文：The Gospel According to John），主要是源自一些不久前才发现的希腊文古抄本。其中以蒲草纸（papyrus，复数古抄本 papyri）P⁵²、P⁹⁰ 和 P⁶⁶ 为最重要。㉛

在初世纪教会的教父（Church Fathers）中，最早认定使徒约翰是约翰福音的作者的，是爱任纽（Irenaeus，约主后 130～200）。他也是里昂（Lyon）的主教。他在《反异端》（*Against Heresies*）一书中很明确地说："较后，主的门徒约翰，也就是[在最后的晚餐时]靠着耶稣胸膛的那位（十三 25，二十一 20）；他曾在小亚细亚的以弗所居住的时候写了一部福音书。"㉜源自爱任纽的这个在教会史上一直被认为是很可靠的外证（external evidence），却引起了一些现代学者的怀疑。他们不肯定爱任纽的消息来源是否可靠。有些学者不接受爱任纽的见证，是因为他们认为一些与以弗所有关系的教会文献，例如安提阿主教伊格那修（Ignatius，约主后 35 - 107）在写给以弗所的一封信中，并没有提到使徒约翰在以弗所的事。当然，学者们这样的推论是很主观和片面的，因为他们不能就伊格那修主教在信中没有提到约翰在以弗所居住，就假

㉚ "Whoever the author of the Fourth Gospel was, one thing is certain: he wants to remain anonymous." Peter F. Ellis, *The Genius of John* (Collegeville: The Liturgical Press, 1984), p. 2.

㉛ 这三件希腊文古抄本都是在埃及发现的。在第三世纪末之前，约翰福音在埃及的地位及流传比马太、马可和路加福音都更高和更广阔。P⁵²如今存放在英国曼彻斯特大学的 John Rylands 图书馆。这个属于第二世纪，约主后 120 年的蒲草纸古抄本只有约翰福音十八 31～33,37,38。P⁹⁰存放在牛津大学的 Ashmolean 博物馆，也是第二世纪的古抄本。它的经文是十八 36～十九 1，十九 2～7。P⁶⁶也被学者鉴定是属于第二世纪的作品。这是一件比较复杂的古抄本。有些残简很小；有一部分只是碎片。它的价值主要是在于它古老的年代。它如今分别存放在日内瓦附近 Cologny 的 Bodmer 图书馆、都柏林（Dublin）的 Chester Beatty 图书馆以及德国科隆（Koln）图书馆。参 Bruce Metzger, *The Text of the New Testament*, 3rd Enlarged Edition (New York: OUP, 1992), pp. 38 - 40；康来昌的中译本《新约经文鉴别学》（台北：华神出版社，1981），页 39 - 40；Nestle-Aland, *Novum Testamentum Graece* (Stuttgard, 1993), pp. 687 - 689.

㉜ "Afterwards, John, the disciple of the Lord, who also had leaned upon His breast, did himself publish a Gospel during his residence at Ephesus in Asia." 3. 1. 1. *Ante-Nicene Fathers*, vol. I: *The Apostolic Fathers*, *Justin Martyr*, *Irenaeus* (Peabody: Hendrickson, 1994), p. 414.

设爱任纽的见证有问题。其实，伊格那修没有提到使徒约翰在以弗所这件事，也可能说明约翰在以弗所的居留是当时众所周知的，因此没有必要特别提起。[33]

　　德国著名大学杜宾根（Tübingen）的圣经学权威 Martin Hengel 却认为，学术界应当以更正面和慎重的态度和观点去看待爱任纽的见证。下面是 Hengel 的论据。在爱任纽还未见证耶稣的门徒约翰曾写过一部福音书之前，他还提及了彼得、保罗以及马太、马可和路加这三部符类福音的来源："正当彼得和保罗在罗马宣教以及为教会奠下基础的时候，马太也在希伯来人［即犹太人］之中以他们的方言［亚兰文］写了一部福音书。他们［彼得和保罗］去世以后，彼得的门徒和传译者马可也把彼得所宣讲的写了下来传授给我们。保罗的同伴路加也一样把保罗所传讲的福音记录了下来。较后，约翰……"[34]

　　Hengel 认为爱任纽上述资料很可能是源自当时罗马教会的群体，并非是他自己私下虚构的。此外，爱任纽还在四部福音的先后次序上将约翰排在最后，更令人相信他的资料的可靠性。爱任纽也特别强调说："那些在小亚细亚与主的门徒相认的，都确认他们有关［主耶稣］的事是约翰所提供的。约翰在他们之中一直活到［罗马皇帝］图拉真［Trajan，在位年期是主后 98－117］。不但如此，他们中间有一些人不仅见过约翰，还接触过其他使徒，并且从他们那里听取了同样［有关主耶稣］的事，并且见证这些事的可靠性。"[35]

---

[33] 对爱任纽的见证持保留态度的学者包括 Barrett、Beasley-Murray、Brown 和 Schnackenburg。

[34] "Matthew also issued a written Gospel among the Hebrews in their own dialect, while Peter and Paul were preaching at Rome, and laying the foundations of the Church. After their departure, Mark, the disciple and interpreter of Peter, did also hand down to us in writing what had been preached by Peter. Luke also, the companion of Paul, recorded in a book the Gospel preached by him. Afterwards, John . . . " *Against Heresies*, 3. 1. 1. *Ante-Nicene Fathers*, vol. I, p. 414.

[35] ". . . Who were conversant in Asia with John, the disciple of the Lord, ［affirming］ that John conveyed to them that information. And he remained among them up to the times of Trajan. Some of them, moreover, saw not only John, but the other apostles also, and heard the very same account from them, and bear testimony as to the ［validity of］ the statement. " *Against Heresies*, 2. 22. 5. 参 Martin Hengel, *The Johannine Question* (London: SCM, 1989), p. 3.

还有一点,虽然 Hengel 没有直接提到,但值得一提的是,爱任纽不仅明确地谈到四部福音书的起源以及彼得和保罗在罗马的历史事实,而且他所说的也跟初期教会的见证一致。他对使徒们所宣讲的福音及其广传,乃至圣灵所赐的能力这些史实的认识,也一样和使徒行传所记述的相吻合。㊱可见爱任纽是一位负责和可靠的记述者。不论现代及当代的学者们如何处理约翰福音的作者问题,对爱任纽主教来说,福音书的作者毫无疑问是耶稣的门徒约翰。他在自己的著作中约有二十次重复地表明他所指的"约翰"就是"主的门徒",也就是在最后的晚餐时"靠着耶稣胸膛"的那一位(十三 25,二十一 20)。㊲

爱任纽除了见证约翰福音的作者是耶稣的门徒约翰以外,还同时证实这位约翰也是约翰壹书、约翰贰书和启示录的作者。他在《反异端》3.8.3 中引了约翰福音第一章三节("万物是藉着他造的。凡被造的,没有一样不是藉着他造的");在 3.16.8 中先后引了约翰贰书七至八节、约翰壹书第四章一至二节、约翰福音第一章十四节及约翰壹书第五章一节;在 4.30.4 中见证启示录的作者是主的门徒约翰。对爱任纽来说,启示录所写下的,也就是"主的门徒约翰在启示录中所看见的"(*Johannes discipulus Domini vidit in Apocalypsi*,同样的句子可见于

㊱ "We have learned from none others the plan of our salvation, than from those through whom the Gospel has come down to us, which they did at one time proclaim in public, and, at a later period, by the will of God, handed down to us in the Scriptures, to be the ground and pillar of our faith. For it is unlawful to assert that they preached before they possessed 'perfect knowledge' as some do even venture to say, boasting themselves as improvers of the apostles. For, after our Lord rose from the dead, [the apostles] were invested with power from on high when the Holy Spirit came down [upon them], were filled from all [His gifts], and had perfect knowledge: they departed to the ends of the earth, preaching the glad tidings of the good things [sent] from God to us, and proclaiming the peace of heaven to men, who indeed do all equally and individually possess the Gospel of God." *Against Heresies*, 3.1.1., *Ante-Nicene Fathers*, vol. I, p. 414.

㊲ 例如 *Against Heresies*, 3.3.4. 希腊原文是:*Ioannes ho tou Kuriou mathetes en te Epheso*("主的门徒约翰在以弗所")。*Against Heresies*, 4.30.4 的拉丁文是:*Johannes discipulus Domini*("主的门徒约翰")。

1. 26. 3；4. 17. 6；5. 26. 1 等）。⊗

　　Hengel 认为，爱任纽有关约翰的事，虽是记载在大约主后 180 年成文的《反异端》一书中，可是他的资料却是源自比这早得多的小亚细亚众长老们（elders），特别是士每拿主教坡利甲（Polycarp，约主后 70 - 168）。相传坡利甲又是耶稣的门徒约翰的跟从者。难怪 J. Hoh 说："爱任纽关乎第四部福音书的作者［约翰］所知道的传统显然比其他三福音更多，也较特殊。"㊴Hengel 还引了一些具体的实例，说明约翰福音在第二世纪中叶左右在小亚细亚一带的影响。㊵他最终给爱任纽的见证作了一个非常肯定的结论："那位有二十五次左右提及'耶稣的门徒约翰'是［约翰］福音的作者以及大约十次说他是启示录的领受者的［爱任纽］，肯定是对这两部作品的作者没有任何疑问的。他［爱任纽］把这

⊗ "For that all things, whether Angels, or Archangels, or Thrones, or Dominions, were both established and created by Him who is God over all, through His Word, John has thus pointed out. For when he had spoken of the Word of God as having been in the Father, he added, 'All things were made by Him, and without Him was not anything made.'" *Against Heresies*, 3. 8. 3., *Ante-Nicene Fathers*, vol. I, p. 421.

"These are they against whom the Lord has cautioned us beforehand; and His disciple [John] in his Epistle already mentioned, commands us to avoid them, when he says: 'For many deceivers are entered into the world, who confess not that Jesus Christ is come in the flesh. This is a deceiver and an anti-Christ. Take heed to them, that ye love not what ye have wrought.' And again does he say in the Epistle: 'Many false prophets are gone out into the world. Hereby know ye the Spirit of God; Every spirit that confesseth that Jesus Christ is come in the flesh is of God; and every spirit which separates Jesus Christ is not of God, but is of antichrist.' These words agree with what was said in the Gospel, that 'the Word was made flesh, and dwelt among us.' Wherefore he again exclaims in his Epistle, 'Everyone that believeth that Jesus is the Christ, has been born of God; knowing Jesus Christ to be one and the same, to whom the gates of heaven were opened, because of His taking upon Him flesh; who shall also come in the same flesh in which He suffered, revealing the glory of the Father." *Against Heresies*, 3. 16. 8, *Ante-Nicene Fathers*, vol. I, p. 443.

"And if anyone will devote a close attention to those things which are stated by the prophets with regard to the [time of the] end, and those which John the disciple of the Lord saw in the Apocalypse, he will find that the nations [are to] receive the same plagues universally, as Egypt then did particularly." *Against Heresies*, 4. 30. 4, *Ante-Nicene Fathers*, vol. I, p. 504.

㊴ Hengel, *The Johannine Question*, pp. 3,4. J. Hoh 的句子也引自 Hengel 同样的页数。

㊵ Hengel, *The Johannine Question*, p. 4.

看作是早已解决了的问题。"④

如上所说,当爱任纽提及约翰福音的作者时,他不仅见证作者是"主的门徒",并且还特别声明这门徒就是"在最后的晚餐"时"靠着耶稣胸膛"的那一位(《反异端》3.1.1)。约翰福音只有两次解释说,这门徒就是在最后的晚餐时"靠着耶稣胸膛"的那一位(十三 25,二十一 20)。十三章二十三节则说那门徒"侧身挨近耶稣的怀里"。意义深长和耐人寻味的是,十三章二十三节和二十一章二十节还补充说明,那门徒是"耶稣所爱的"(*hon ēgapa ho Iēsous*)。不但如此,"耶稣所爱的那门徒"也在耶稣被钉在十字架上的现场出现。他当时"站在[十字架的]旁边"(十九 26)。这位"耶稣所爱的那门徒"也是在耶稣复活的那日清早亲自见证耶稣的身体已经不在坟墓里的那一位(二十一 1~8)。当耶稣复活以后在提比哩亚海边向门徒显现时,这位"耶稣所爱的那门徒"也是首先认出耶稣的身分的那一位(二十一 7)。这位"耶稣所爱的那门徒"也在耶稣与彼得最后对话时紧紧地跟随着他们(二十一 20)。更重要的是,整部约翰福音书到了结尾的时候,绝对明确地表示"耶稣所爱的那门徒"就是约翰福音书的作者:"为这些事作见证,并且记载这些事的,就是这门徒"(二十一 24)。④

但是,有一个问题,却不断地令学者以及普通的读者百思不解。那就是,一部被称为约翰福音的作品,也即是相信是门徒"约翰"所写的一本福音书,竟然没有一次提到耶稣的十二位门徒中有一位叫"约翰"的。约翰福音所用的"约翰"(希腊原文 *Iōannēs*)这个名字,除了一次是指西门彼得和安得烈两人的父亲(一 42)以外,其余的都是指为耶稣作见证的那位施洗的"约翰"。④

约翰福音的作者纵使不知为何缘故不以"约翰"这名字称呼跟随耶稣的那一位门徒,可是他的"沉默"实际上已经藉着不同的描绘方式和词语,很巧妙地把自己的身分显露出来了。例如较早时所提及的"耶稣

---

④ Ibid.

④ "What is certain is that the Gospel itself declares the Beloved Disciple to be 'the disciple who is bearing witness to these things, and who has written these things . . . '(21:24)." Ellis, *The Genius of John*, p. 2.

④ 见一 6、15、19、26、28、29、32、35、40,三 23、24、26、27,四 1,五 33、36,十 40、41。

所爱的那门徒";"侧身挨近耶稣的怀里"或是"靠着耶稣胸膛"的那门徒;"西庇太的两个儿子"中的一位(二十一 2);以及首先跟从耶稣的"两个门徒"中的其中一位(一 35~40)。㊽ 那门徒当然也可能就是在十字架下见证耶稣的肋旁"有血和水流出来"的同样一位人物(十九 34~35)。无论如何,这位没有直接被指名道姓的门徒肯定是约翰福音书的作者(二十一 24)。

在尝试解开约翰福音作者之"谜"的时候,马太、马可和路加这三部符类福音所提供的资料是基要的。马太(四 21)、马可(一 19)和路加(五 10)都一致见证"西庇太的儿子雅各和他的兄弟约翰"是属于最早跟从耶稣的门徒。不但如此,这三部符类福音都共同或个别地记述了约翰是门徒中的"核心人物"或"内圈"中的其中一位。约翰曾多次与彼得和雅各一起在关键时刻出现,例如在耶稣"登山变像"的时候(太十七 1~9;可九 2~10;路九 28~36)。约翰福音第二十一章二节所说的"西庇太的儿子",根据三部符类福音的共同见证,也应该是"雅各和约翰"。在耶稣复活后大约二十年,当使徒保罗写加拉太书的时候,他仍旧形容"雅各、矶法[彼得]、约翰"这三位核心人物为"教会柱石"(加二 9)。

不论学者们对约翰福音的作者这个问题持什么观点,就福音书本身的记载而论,至少有两个事实是不容忽视的。第一,在耶稣的门徒中,没有一个被称为"约翰"(Iōannēs)。第二,与此同时,一位被形容是"耶稣所爱的那门徒",却正如上面已经引证过的那样,重复地在好几次重要的场合中出现,其中最主要的一次就应该是在"最后的晚餐"。㊺

按马太(二十六 20)、马可(十四 17、20)和路加(二十二 14、30)的记载,参与当晚"逾越节的筵席"的,只有"耶稣和十二个门徒"。㊻ 那就是说,门徒或使徒约翰肯定是包括在参与当晚筵席的十二个门徒之内。

㊽ 另一位是"西门彼得的兄弟安得烈"(一 40)。

㊺ 至于约翰福音书中的晚餐是否就是符类福音书中的逾越节筵席,并不影响这个问题的讨论。

㊻ 太二十六 20:"耶稣和十二个门徒坐席"(anekeito [ho Iesous] meta ton dodeka);可十四 17:"耶稣和十二个门徒都来了"([ho Iesous] erchetai meta ton dodeka);参路二十二 14:"耶稣坐席,使徒也和他同在"([ho Iesous] anepesen, kai hoi apostoloi sun auto)。

这就明显表示约翰福音第十三章二十三节所指的那位"耶稣所爱的,侧身挨近耶稣的怀里"的;第十三章二十五节所说的"靠着耶稣的胸膛"的;以及第二十一章二十节重提的"耶稣所爱的那门徒……靠着耶稣胸膛"的那一位门徒,肯定是十二门徒或使徒中的一位。⑦

实际上,经过了大约半个世纪的探讨和争议,还没有任何学者能提出真正令人信服的理由和凭证,来说明"耶稣所爱的那门徒"不是十二个门徒或使徒之一的"约翰"。难怪研究约翰福音的权威之一,前剑桥大学的学者 John A. T. Robinson 认为有关约翰福音作者的见证是"坚实的"。因为这些见证都一致地显示耶稣的门徒约翰和西庇太的儿子以及"耶稣所爱的那门徒"是同一个人。因此,要将他们看作是不同的人,则是属于"苛刻的批判"(hypercriticism)了。⑧

在探讨约翰福音的作者这个问题上,第二十一章十八至二十四节常被看作是关键性的。Robinson 也很慎重地看待这段经文。⑨ 他认为这段经文可以被看作是"内证"(internal evidence)或是"外证"(external evidence)。如果第二十一章十八至二十四节这段经文的作者和其余整部福音书是同一个作者的话,则是属于"内证"。那就是说,第二十一章十八至二十四节是作者自己所写的"后记"或"跋"(Epilogue)。倘若这段经文是后来的人加上去的,就应当被看作是"外证";换句话说,第二十一章十八至二十四节不是约翰福音书的作者自己所写的"后记"或"跋"。⑩

Robinson 认为第二十一章二十四节这一节——"为这些事作见证的,就是这门徒。我们也知道他的见证是真的"——"必定是约翰的群

---

⑦ 学者如 Filson、Vernard Eller 和 J. N. Sanders 等曾相信"耶稣所爱的那门徒"是拉撒路。因为约十一 3 形容他是耶稣"所爱的人"。见 Morris,p. 6 及 fn. 14. 也有人认为"耶稣所爱的那门徒"是指约翰马可。见 Morris,p. 7 及 fn. 15. 但是,拉撒路和约翰马可都不是十二门徒或使徒之一。因此,他们绝对不可能是约十三 23、25,二十一 20 所说的那位"耶稣所爱的"以及"靠着耶稣的胸膛"的那位门徒。

⑧ J. A. T. Robinson,*The Priority of John* (Oak Park:Meyer-Stone, 1987),p. 105.

⑨ Ibid.,pp. 31,35,68,70 - 74,98,104 - 106,109,112 - 114,118,161,165,275,280,304,329,339,340 - 342.

⑩ Ibid. 但是 Robinson 却补充说,假设二十一 18~24 是后来才补上去的话,则它的年代也是很早的。因为现存的最古抄本中都有这一段经文(p. 104)。

体补上去的印证；而最后一节［二十一 25］又回到第一人称［我］"。⑤
Raymond Brown 却认为第二十一章二十四节已明确地把二十一章所
说的那位"门徒"与二十一章的作者"我们"分别出来。因为 Brown 相
信二十一章的作者是一个群体（"我们"，RSV，we），而不是门徒约翰个
人所写的。⑤ Robinson 不同意 Brown 的看法，因为他相信二十一章的
作者就是第二十一章二十五节中的"我"（I）；而第二十一章二十四节中
的"我们"（we）是在见证约翰福音作者的身分以及他著书的资格。⑤
Robinson 认为，与其勉强用各种方法按私意去解释第二十一章二十四
节，毋宁诚实地接受这一节经文本身最明确和浅显的意思。那就是，约
翰福音是"耶稣所爱的那门徒"所写的。⑤

　　当然，Robinson 也清楚地知道，接受约翰福音是使徒约翰所写的
这个"假说"（hypothesis）并不是完全没有问题，或是说其他的一切都
完全取决于它。纵使是这样，Robinson 却愿意承认自己已经渐渐被驱
使回去接受上述"假说"，因为它至少是最难驳倒的，因此也是最合科学
的。⑤ Robinson 在表明这个立场时，还在注中强调说，一位学者是可以
像他自己那样，改变自己先前的一些"假设"（presuppositions）去接受
约翰福音是一部很早就被写下来的著作的；同时也相信作者就是使徒

---

⑤ "［21：24］ must be an appended certificate by the Johannine community, with the final
verse reverting to the first person singular. " p. 104.

⑤ 见 Brown，*John* I，p. xciii.

⑤ ". . . the writer of the chapter ［21］ is the 'I' of v. 25 and the 'we' attests his identity and
credentials. " Robinson，*The Priority of John*，p. 104，fn. 296.

⑤ "Rather than try to make John 21：24 say something other than that the beloved disciple
wrote the Gospel it would seem to me more honest to accept the plain meaning of the text
and conclude, with the majority of modern commentators, that the attribution is simply
wrong. " p. 105.

⑤ "This does not in the least mean that apostolic authorship is hypothesis without any
difficulties, nor is it one, as I said at the beginning of this section, on which everything
turns. Yet I have gradually been driven back to regard it as the one least open to objection
and therefore the most scientific. So I would conclude, with Cullmann (though he does not
believe the person concerned to be John), that the ascription of the Gospel to the beloved
disciple must be allowed to mean what it says; and that the role of the Johannine community
is basically confined to that of which we have positive evidence, namely, their certificate, given in
his presence, that it is true (21：24). " Ibid., p. 118.

约翰。㊸

　　Robinson 所说的"改变",在圣经的研究上意义深长。因为在绝大部分的情况下,现代学者们的趋势都是放弃"旧"的假设或观点去接受某些"新"的假设或观点。最好的例子就是在约翰福音的研究方面声望很高的 Raymond E. Brown。㊸ 他在 1966 年出版的 *The Gospel According to John I - XII* 的导论中基本上还是相信教会古老的传统说,西庇太的儿子、使徒约翰是福音书的作者。㊸ 可是,在 1979 年出版的 *The Community of the Beloved Disciple* 一书中,Brown 已经改变了他的立场,认为约翰福音的那位"耶稣所爱的那门徒"并不是西庇太的儿子约翰,或十二个使徒中的一位。㊸ 结果 Brown 同意 Oscar Cullmann 的观点,相信"耶稣所爱的那门徒"是施洗约翰以前的一个门

㊱ Robinson 在注中写道:"cf. Teeple, *Literary Origin of the Gospel of John*, 122: 'In our surveys of the literary origin of John, we found bias to prove apostolic authorship, bias to preserve the unity of the book, bias to preserve the earliness (and hence the authority) of at least a portion of the gospel, and bias for certain other types of theory. Theological prejudices have been excused on the grounds that even a scientist has presuppositions. That excuse overlooks the fact that a genuine scientist is willing to change his presuppositions in accordance with new knowledge, whereas a biased person will not change them regardless of the evidence.' That a person might actually change them to become convinced of early dating, apostolic authorship and the rest apparently never occurs to him." Ibid., p. 362.

㊲ Raymond E. Brown 主要的著作有: *The Gospel According to John* (1966 - 1970); *The Community of the Beloved Disciple: The Life, Loves and Hates of an Individual Church in New Testament Times* (1979); *The Gospel and Epistles of John: A Concise Commentary* (1988); *The Death of the Messiah, from Gethsemane to the Grave: A Commentary on the Passion Narratives in the Four Gospels* (1994 - 1997).

㊳ "Thus, it is fair to say that the only ancient tradition about the authorship of the Fourth Gospel for which any considerable body of evidence can be adduced is that it is the work of John son of Zebedee. There are some valid points in the objections raised to this tradition, but Irenaeus' statement is far from having been disproved." (XCII)

"His closeness to Jesus seems to have given him a position along with Peter as one of the most important figures in the ministry. These are the first two disciples to be informed of the empty tomb in xx2. The position of the B. D. [Beloved Disciple] next to Jesus at the Last Supper is another indication, for the Synoptic Gospels describe this meal as one that Jesus shared with the Twelve (Mark xiv 17; Matt xxvi 20)." (XCVI)

㊴ *The Community of the Beloved Disciple*, pp. 33 ff.

徒，后来跟从了耶稣，但不是十二个使徒之一。⑥⓪ 但是，正如 J. A. T.
Robinson 所指出的那样，Cullmann 和 Brown 对"耶稣所爱的那门徒"
的身分也各有不同的看法。Cullmann 相信约翰福音第二十一章二十
四节所指的"这门徒"(*houtos estin ho mathētēs*)就是"耶稣所爱的那门
徒。他也就是约翰福音的作者"。Brown 则不然，他只能把第二十一
章二十四节所指的那位门徒看作是约翰福音传统背后的一位人物
而已。⑥①

　　在 1997 年出版的一部《新约导论》(*An Introduction to the New
Testament*)中，Brown 仍旧相信"耶稣所爱的那门徒"在耶稣生前是一
位小人物，因此在符类福音的传统中可能已经被遗忘了。但是，Brown
却相信这门徒后来在"约翰的社群的历史中"(in Johannine community
history)成了一位重要人物，甚至还可能是这社群的倡导者。这门徒因
此成了约翰福音一幅理想的图画，使他与彼得相比时，变成了耶稣更爱
的一位门徒。⑥②

　　若是这样，约翰福音的作者到底是谁呢？ Brown 的答案可能会令
不少读者深感惊讶。因为 Brown 假设福音书的作者是"耶稣所爱的那
门徒"的一位跟从者！ 是这位跟从者把那已经经过神学反思的传统编
织成一部在文学技巧上无与伦比的著作。他以第三人称来描述"耶稣
所爱的那门徒"。至于这部福音书最后的那位"编修者"(redactor)，
Brown 认为如果真有其人的话，则这人可能是另外一位门徒。⑥③

　　上面已经说过了，只有在极少的情况下，才有像 J. A. T. Robinson

⑥⓪ Brown 在 *The Community of the Beloved Disciple* 第 34 页引了 Cullmann, *The Johannine
Circle* 第 78 页的一段评语："He is a former disciple of John the Baptist. He began to
follow Jesus in Judaea when Jesus himself was in close proximity to the Baptist. He shared
the life of this master during Jesus' last stay in Jerusalem. He was known to the high
priest. His connection with Jesus was different from that of Peter, the representative of
the Twelve."
⑥① 见 J. A. T. Robinson, p. 109.
⑥② Brown, *An Introduction to the New Testament*, p. 369.
⑥③ "The evangelist, who wove the theologically reflected tradition into a work of unique
literary skill, would presumably have been a disciple of the Beloved Disciple, about whom
he writes in the third person. And the redactor, if there was one, may have been another
disciple." *Introduction to the New Testament*, p. 371.

那样的学者,被驱使回去接受"旧"的假设和观点。耶稣的门徒或使徒约翰被看作是约翰福音的作者是一个"旧"的观点。可是,这观点若从爱任纽开始至今已有 1820 年的时间。爱任纽与约翰福音书的原作者之间也大概只相隔了两代人而已。Robinson 相信,因为约翰并不是一位普通的使徒,而是使徒中的核心人物或是耶稣的一位"心腹";因此,学者们在约翰福音书的探索上其实已经非常接近资料的"源头"了。⑭

不但如此,Robinson 甚至推测约翰不仅是耶稣的一位知己,还可能是他的一位"亲戚"(a close relative)。⑮ 在作了进一步的研究以及参考了符类福音的记载以后,Robinson 推测约翰福音第十九章二十五节中所说的"[耶稣的]母亲的姊妹"(hē adelphē tēs mētros autou)可能就是约翰福音的作者,使徒约翰的母亲。若是这样,约翰与耶稣便是表兄弟了。Robinson 承认这只是一个"假说"(hypothesis)而已。与此同时,Robinson 也指出耶稣的母亲马利亚和施洗约翰的母亲以利沙伯的"亲戚"(hē sungenis;RSV,kinswoman,路一 36)关系。这样一来,西庇太的儿子使徒约翰及他的兄弟雅各和施洗约翰也有"亲戚"关系了。这也许就很自然地解释了为何这两兄弟曾经是施洗约翰的"门徒"(约一 35~37)。又按路加福音一章五节,施洗约翰的父亲撒迦利亚是一个"祭司"(hiereus,RSV,a priest)。这意味着使徒约翰是跟一些祭司家族有关系以及有接触的。这也可能解释了为何使徒约翰是"大祭司所认识的"。⑯ 不但如此,以弗所的主教玻利克拉蒂斯(Polycrates,约活动于 189 - 198 年间)在写给罗马主教威特(Victor)的一封信中还说,使徒约翰后来成了一位戴上一面"牌"(希腊文 petalon,见出二十八36)的"祭司"、"殉道者和教师",并且"在以弗所睡了[去世了]"。⑰

---

⑭ "But if it is true, then we are very close to source indeed, not only to an apostle, and one of the inner circle of the apostles, but to the one who was what we should call Jesus' 'bosom friend'." *The Priority of John*, p. 118.

⑮ "Yet that is not all. For he may have been not only a close friend but a close relative." Ibid., p. 119.

⑯ 约十八 15。这是假设这一节经文所指的"门徒"是使徒约翰。这也是 Robinson 的假设。见 *The Priority of John*, pp. 119 - 122.

⑰ Eusebius, *The History of the Church*, English tr. G. A. Williamson (London: Penguin, 1989).

当然，Robinson 在上述所提到的，仍旧是属于推测性，还不能明确地证实些什么。但是，这一些都有继续探索和追究的价值。假使学者们能将 Robinson 所提出的观点和其他资料一起研讨，最终很可能会发现约翰福音的作者，并非如现代一些人所想像或描绘的那么神秘。他的"神秘面纱"还等待着有心人去揭开。⑱

Robinson 不仅很慎重地看待约翰福音本身（即"内证"）有关作者的身分问题，也以同样态度来处理他认为是使徒约翰所写的约翰壹书。他特别指出约翰壹书第一章一、五节所强调的见证："论到从起初原有的生命之道，就是我们所听见所看见，亲手摸过的。……上帝就是光，在他毫无黑暗。这是我们从主所听见，又报给你们的信息。"⑲当然，使徒保罗也同样可以说自己是耶稣的"见证人"（见加一 11～18；林前十五 1～8）。使徒彼得也是一样（见徒十 39～42；彼前五 1）。但是，正如 Robinson 所指出的那样，在他们三者之中只有使徒约翰把一部福音书写了下来。难怪 Robinson 可以明确地说："因此，我相信就他［约翰］的见证而言，不论是历史或是神学，都应该获得 *primus inter pares* 的地位［意即在同辈或同等地位的人中占首席地位］。"⑳

Robinson 自己在《约翰的居先位置》（*The Priority of John*）一书的"导论"中最后的结语也许最足以表达他作为一位学者对约翰福音作者问题的立场："其实有很多学者，也许现代的最多，都认为约翰福音的作者没有在有生之年完成自己的著作。他们因此把这部著作看成是不同的手笔和编修者的产品……我宁可相信教会古老的见证是对的。那就是，福音书是约翰健在时所写的。至于作品中那些粗糙的部分以及一些自我修改和未连接起来的资料，不论真是如此，或只是［学者们］想像出来的，只能说是未经［作者］顺畅地或最后去整理的结果。若真是这样，我自己也可说是在作者约翰这个好的伙伴中了。无论如何，谁还能期盼获得比约翰的朋友们所给予他那最后的见证更好的呢？那就

---

⑱ 上述有关使徒约翰的身分的一些推测，参 Robinson，*The Priority of John*，pp. 118–122.
⑲ *The Priority of John*，p. 35.
⑳ "His witness, therefore, alike to the history and the theology, is, I believe, to be accorded a status of *primus inter pares*". Ibid.

是:'他[约翰]的见证是真的'(约二十一 24)。换句话说,从历史和神学上去看他[约翰]都是正确的。"⑦

论到约翰福音的作者的时候,Leon Morris 的看法可说是公正与合理的。这位曾写过一部八百多页的《约翰福音注释》(*The Gospel According to John*,1995)的新约学者认为,没有任何理论或观点是完全没有问题的。因此,比较明智的做法也许是选择一个证据比较充实以及问题比较少的。他愿意接受使徒约翰就是福音书的作者。

属于批判学派的 Robert Kysar 曾批评 Werner de Boor、Jean Colson 和 Leon Morris 这些接受使徒约翰是作者的学者,说他们没有把好些批判学派的观点放在考虑中,并指出他们的方法和论据过时。⑫ Morris 在回应的时候特别提到 J. A. T. Robinson 在《约翰的居先位置》(1985)一书中所持的观点。Morris 问道:"Robinson 是属于十九世纪的吗? 莫非连他也没有把形式和编修批判的工作[The work of form and redaction criticism]放在考虑中吗? 像他[Robinson]这样的一位根本就不属于保守主义的卓越学者,竟然能找出论据,说西庇太的儿子[使徒]约翰是福音书的作者,这就肯定表示支持这立场的见证应该更慎重地被放在 Kysar 那种武士式的处理方法中。"⑬

其实,本文中注释作者刻意地在诸多学者中选择了 J. A. T. Robinson 来表达他对约翰福音作者的基要观点,主要也是因为他不但不属于一般的所谓保守派或基要派,并且还在自己的研究上,尽量客观

---

⑦ "Many scholars in fact, if not most now, think that the author of the Gospel himself never lived to finish it and have seen the work as the product of numerous hands and redactors. As will become clear, I prefer to believe that the ancient testimony of the church is correct that John wrote it 'while still in the body' and that its roughnesses, self-corrections and failures of connection, real or imagined, are the result of it not having been smoothly or finally edited. If so I am in good company. At any rate who could wish for a better last testimony from his friends than that 'his witness is true' (John 21:24)? In other words, he got it right — historically and theologically. " Ibid., p. xiii.

⑫ Robert Kysar, *The Fourth Evangelist and His Gospel* (Minneapolis, 1975), p. 92.

⑬ "Did [J. A. T.] Robinson belong to the nineteenth century? Did he too fail to take into account 'the work of form and redaction criticism'? That such an eminent scholar, so far from conservatism, could find the evidence for authorship as pointing to John bar-Zebedee surely indicates that the testimony for this position should be taken far more seriously in Kysar's cavalier treatment. " Morris, p. 24.

地尊重和运用了不少批判学派人士所采用的方法和成果。结果他竟然能得出自己的结论，接受西庇太的儿子，"耶稣所爱的那门徒"，也就是在最后的晚餐时"靠着耶稣胸膛"的那门徒约翰为约翰福音的原作者。这在新约研究界可说是罕有的事。[74]

叁 写作日期

约翰福音成书的日期，正如它的作者一样，也是学术界探讨不休的问题。这当然也是很自然的事，因为两者的关系密不可分。可是，在态度和神学立场上，有关作者和日期的探讨，却反映了两个很不相同的现象。在处理作者的问题上，学者们的态度和神学立场一般都很明确。那就是，属于批判主义（criticism）和自由主义（liberalism）的学者绝大部分，甚至全部，都不接受耶稣的使徒，或是"耶稣所爱的那门徒"，也即是西庇太的儿子约翰是福音书的作者。另一方面，绝大部分的学者，不论他们是属于批判主义、自由主义或是福音派（evangelicalism）抑或是基要派（fundamentalism），在写作日期这个问题上，似乎都有某种

---

[74] 早在 1975 年出版的 *Can We Trust the New Testament?* 一书中（Oxford：Mowbray，1975，《我们可以信任新约圣经吗?》），Robinson 已经清楚地表明了他对约翰福音作者的观点。下面这段引言，是他给一些学者们对使徒约翰写作能力的质疑的有力回应：

"One of the most powerful is that 'an ignorant Galilean fisherman' could not have written it. This objection begins to look less convincing with the evidence that his religious vocabulary is not necessarily so Hellenistic or so late, nor is his Greek style as cultured even as those of I Peter or James. Moreover, Zebedee, with his two sons and hired servants, is much more comparable with the father in the parable of the prodigal son, who was similarly placed and evidently a man of some limited substance, than an illiterate peasant. Indeed, if we are looking for a candidate who fits the requirements, we should have to go a long way to find another who knew both Galilee and southern Palestine intimately, was a leader of the apostolic mission in Jerusalem and Samaria (Acts 3 - 4; 8. 14 - 25) and, as Paul tells us on the highest authority in Gal. 2. 9, was one of those who from Jerusalem undertook to 'go to the Jews'. To duplicate such characters, above all to invent a shadow who is a spiritual genius and theological giant, is scarcely a scientific procedure if there is any alternative. Against the stream of critical opinion, therefore, I am compelled to say that I have come to find apostolic authorship, within the context of an ongoing missionary community, the hypothesis which presents the least difficulties." *Can We Trust the New Testament?* pp. 89 - 90.

"共识"。那就是,绝大部分的学者都认为约翰福音成书的日期很迟,至少比马太、马可和路加这三部符类福音迟,甚至迟得很多,大约在主后80至170年。下面是约翰福音成书的日期被定得较迟的一些"理由"。

一、约翰福音的资料,至少有一部分是源自符类福音书,或马太、马可和路加个别的部分。

二、没有明确的文献,可以证实在第二世纪初之前,有任何作者曾经引用过或提及约翰福音。

三、至少在蒲草纸抄本 P^{52} 的发现在 1934 年未公布之前,无法从各古抄本中证实约翰福音是何时成书的,或是很早就成书的。

四、爱任纽虽然在著作中见证使徒约翰是福音书的作者,但是他至少两次都提到约翰活到罗马皇帝特拉真(Trajan)的时代,即主后98 – 117 年。[75]他还说约翰福音是四部福音书中最后才完成的。[76] 这就使那些接受爱任纽的见证的学者们,普遍都相信约翰福音大约是第一世纪末或较迟才面世的。

五、约翰福音一向都被认为是反映了进一步的神学"发展"(developed)。因此,是较迟的作品。

六、从约翰福音对犹太人及犹太教的批判及负面的态度来看,它似乎也反映了主后 80 年代以后初期教会与犹太教完全分裂和敌对的情况。

七、福音书完全没有直接或间接反映主后 70 年耶路撒冷和圣殿被毁的事。这可能意味着这事件在约翰福音成书时已淡化了,或是已经被遗忘了。

上列的七点"理由",如今大部分已经失去了原有的说服力。主要的原因如下:

一、有关约翰福音在资料上曾依赖或参考过符类福音书的假设,自 P. Gardner-Smith 详细地检验和质疑之后,已渐渐不被当代的大部

---

[75] *Against Heresies*,2. 22. 5;3. 3. 4.

[76] Ibid., 3. 1. 1.

分学者接受了。⑰ 德国新约学者 Werner G. Kümmel 在所著的《新约导论》(*Introduction to the New Testament*)中就列出了多位不接受这个假设的学者,他们包括 Michaelis、Manson、Menoud、J. A. T. Robinson、Sanders、Wilkens、Higgins。

　　有些学者则认为约翰福音的作者,不知道符类福音的存在,虽然他熟悉符类福音所依据的"传统"(tradition)。他们之中有 F. C. Grant、Bultmann、Dodd、Hunter、Käsemann、Haenchen、Grundmann 等。⑱ Kümmel 自己经过细心的比较和鉴定之后,认为约翰福音和马可福音的接触是毫无疑问的。约翰和路加在文体上的联系大致上也是如此。至于约翰是否也知道马太的存在,就比较难肯定了。⑲

　　Kümmel 虽然相信约翰与马可和路加有接触或联系,他却不认为

---

⑰　见 P. Gardner-Smith, *Saint John and the Synoptic Gospels* (Cambridge, 1938);参 Morris, pp. 43–45.

⑱　见 W. G. Kümmel, *Introduction to the New Testament*, 3rd Impression (London: SCM, 1972). "Introduction", pp. 143–144. 德文原作 *Einleitung in das Neue Testamentum* 于 1963 年出版。"For a long time the opinion prevailed that John knew and presupposed the synoptics, but since Gardner-Smith's investigation (1938), the view that John knew none of the Synoptic Gospels and drew upon a completely independent tradition has won many supporters (e. g. Michaelis, Manson, Menoud, J. A. T. Robinson, Sanders, Wilkens, Higgins). Still more widespread is the view that John knew none of our Synoptic Gospels, but he did know the tradition reproduced by these Gospels (e. g. , Feine-Behm, Connick, Noack, Mendner, … F. C. Grant, The Gospels … Bultmann, Dodd, Hunter, Käsemann, Borgen, Haenchen, Grundmann; Buse and Temple advocate John's knowledge of one of Mark's sources). The arguments which are adduced against the supposition of a literary connection between John and the Synoptics are chiefly two: a) The number of the texts for which a dependence of John upon the Synoptics can be defended with any reason is astonishingly small, and by closer inspection ever for these texts the number of divergencies is far greater than that of agreements. b) The total plan of John diverges from that of the Synoptics and proves that John in no ease could have learned from the Synoptics the tradition which was used by the Synoptics, and perhaps did not even know the same tradition. " Kümmel, pp. 143–144.

⑲　In a series of additional instances the contact of John with Mark is likewise unmistakable (Jn. 4:44 par. Mk. 6:4; Jn. 6:20 par. Mk. 6:50; Jn. 12:7f. par. Mk. 14:7f. ; Jn. 19:17 par. Mk. 15:22; Jn. 19:29 par. Mk. 15:36 … The Literary connection of John with Luke is also indisputable. This statement is supported by the presence of the same names (Mary and Martha, Lazarus, Annas) and individual features (Jn. 13:2,27 par. Lk. 22:3; Jn. 13:38 par. Lk. 22:34; Jn. 18:10 par. Lk. 22:30), but chiefly by the account of the anointing (Jn. 12:3ff. par. Lk. 7:36ff.). Ibid., p. 144.

约翰应被看作是这两部"产品"(德文 *Vorlage*)的"直接修订本"。因为约翰福音的作者似乎是运用他记忆(memory)中的马可和路加福音,并且在采用这些资料的时候,与符类福音的用法完全不同。[80]

　　在学者中,为约翰福音的"独立性"(independence)辩护得最热衷和最有力的,肯定是 J. A. T. Robinson。

　　二、蒲草纸抄本 P[52] 的发现当然很轻易地解决了上述的第二个"理由"。有关 P[52] 的日期见 3。

　　三、自 P[52] 于 1920 年被 Bernard P. Grenfeel 在埃及获得以及 1934 年被牛津学者 C. H. Roberts 公布以后,大部分研究约翰福音的专家们,都得承认约翰福音是不太可能迟到第二世纪才成书的。[81] 因为 P[52] 这希腊文的古抄本,被专家学者鉴定是抄于大约 130 年左右。那就是说,除非 P[52] 是属于约翰福音的"原稿"(original manuscript),[82]不然的话,P[52]这件手抄本按理应该是在福音书的原作面世后一段时间,才被人抄下来以及流传到埃及的。因此,学者 Hengel 肯定地说:"新教把第四福音[约翰福音著作的日期]定在第二世纪中叶那样苛刻的批判(hypercriticism)已经过时了。P[52][的发现]表明它是不可能在主后 110 年以后才写下来的。换句话说,它的著作日期最迟只能到图拉真的年代[即主后 98 - 117]。"[83]

　　四、其实,就任纽在《反异端》(*Against Heresies*)3. 1. 1. 的上下文而论,他虽然表明约翰福音是四部福音书中最后面世的,但这观点本

---

[80] "If, therefore, the question must remain undecided whether John knew Matthew, John's knowledge of Mark and Luke can be maintained with great probability. But as we have seen in connection with the question of the literary relationship of the Synoptics (see above, p. 60), we certainly must not picture this dependence as a direct revision of a written 'Vorlage.' Apparently the author had the Gospels of Mark and Luke in mind and used them from memory, so far as they appeared suitable to him .... But he used his sources in a manner entirely different from the way the Synoptics used theirs." Ibid., p. 145.

[81] 有关希腊文古抄本 P[52],见 Bruce M. Metzger, *The Text of the New Testament* 等。

[82] 这是不太可能的。因为大部分学者迄今都相信约翰福音是写于小亚细亚的以弗所一带。

[83] "The time is past when Protestant hypercriticism could put the Fourth Gospel in the middle of the second century. P[52] makes it improbable that it was written after 110. In other words, the *terminus ad quem* is really the time of Trajan [A. D. 98 - 117]." Hengel, p. 3.

身并不意味着约翰福音因此就是很迟才写的。因为爱任纽在这之前还声明说,"马太是在彼得和保罗在罗马宣教的时候写下的"。这应该是指主后 60 年代中或较前的一段时间,因为彼得和保罗大约在主后 65 年或较后二三年殉道。再者,爱任纽在《反异端》2.22.5 及 3.3.4 也只是说使徒约翰在以弗所活到图拉真皇帝的时候,即主后 98 至 117 年间。他并没有表明约翰是在晚年的时候才把福音书写下。

五、至于约翰福音的神学是否反映了进一步的"发展"(developed),则是一个很主观的问题。因为约翰大约是在主后 28 年的夏季就开始跟从耶稣了。[84] 即使约翰在主后 60 年代把他的福音书写下,已经表示他作了耶稣的门徒三十多年以上。那时,他的神学思想也应该"发展"到一个相当"成熟"(mature)的阶段了。保罗是在主后 33 年左右开始跟从耶稣的。大约十七年以后,也即是主后 50 年前后,他便写了加拉太书和帖撒罗尼迦前后书。谁能说这些书信的神学没有"发展"到相当成熟阶段? 罗马书是保罗在主后 57 年,也就是在他跟从耶稣以后约二十四年写的。仅以"基督论"(Christology)或"救赎论"(Soteriology)为例,谁又能说约翰福音会比罗马书"发展"得更"成熟"呢? 还有一点,直到最近为止,仍有不少学者还在假设约翰福音的不少词语和神学思想是受了一世纪末,甚至是二世纪初某些希腊和东方神秘宗教影响的结果。可是,1947 年开始发现的死海古卷(The Dead Sea Scrolls)清楚显示昔日被认为是源自希腊或其他宗教的思想,早在耶稣之前及耶稣的时代,就出现在巴勒斯坦境内的一些犹太群体中了。

六、有关约翰福音对犹太人的负面态度这个问题,其实根本就没有必要去假设这是反映了主后 80 年代以后,初期教会与犹太教分裂的历史情况(sitz im leben)。正如 J. A. T. Robinson 所指出的那样,保罗早已在主后 50 年左右所写的帖撒罗尼迦前书第二章十四至十六节,就明确地提到基督徒被犹太人"赶出[会堂]"的史实。从死海古卷的昆兰社群中(The Qumran Community)也可以看出开除会籍(ex-communication)在犹太人中是颇普遍的一项纪律行动。因此,学者们

---

[84] 见 F. F. Bruce, *The Acts of the Apostles*, 3rd Revised and Enlarged ed. (Grand Rapids: Eerdmans, 1990), p. 92.

不必假设约翰福音第九章(九 22～34)所说的"赶出会堂",是反映了主后 80 年代以后,初期教会与犹太教决裂的事。⑤

七、约翰福音没有直接或间接地提及耶路撒冷和圣殿被毁的事,不但不能用以解释约翰福音是很迟面世的事实,反而有力地支持了这部福音书是在耶路撒冷及圣殿被毁前,也即是主后 70 年之前成书的可能性。这也正是 J. A. T. Robinson 的重要论说之一。

一个直接影响约翰福音书写日期的探讨的假设是:约翰福音的资料传统是独立的(independent),而不是依赖符类福音的。倡导及推广这个观点的新约研究泰斗,当首推前剑桥大学教授 C. H. Dodd 了。Dodd 在 1963 年出版的《第四部福音中的历史传统》一书里,为自己的研究结果作了这样的总结:"上述论证所导致的结论是:在第四部福音书的后面所隐藏的,是一个独立于其他福音书的古老传统。它应该被慎重地看作是为我们对有关耶稣基督的历史事实的知识的一个贡献。我只能说这个结论的可能性很高,因为'确定性'在这一类的事上很难取得。"⑥

Dodd 进一步肯定约翰所依据的"传统"(tradition),是在一个犹太教—基督教的环境中,在巴勒斯坦形成的。它形成的日期是在主后 66 年,也就是在犹太人反叛罗马之前。大部分考证过的资料都符合这样的环境,虽然在某些地方也有迹象显示,有些资料是在较迟的时候发展出来的,甚至是产生在巴勒斯坦以外。⑦

---

⑤ 见 Robinson, *Can We Trust the New Testament?* p. 85; Morris, p. 25.

⑥ "The above argument has led to the conclusion that behind the Fourth Gospel lies an ancient tradition independent of the other gospels, and meriting serious consideration as a contribution to our knowledge of the historical facts concerning Jesus Christ. For this conclusion I should claim a high degree of probability — certainty in such matters is seldom to be attained." C. H. Dodd, *Historical Tradition in the Fourth Gospel* (Cambridge: CUP, 1963), p. 423.

⑦ "The basic tradition, therefore, on which the evangelist is working was shaped (it appears) in a Jewish-Christian environment still in touch with the synagogue, in Palestine, at a relatively early date, at any rate before the rebellion of A. D. 66. Most of the material we have investigated would fit into such an environment. Yet there are in places signs of development either at a later date or outside Palestine, or both." Ibid., p. 426.

Dodd 最终对这个重大的研究项目的展望表示乐观。⑧⑧

J. A. T. Robinson 把 Dodd 所倡导的新研究方向形容为"第四部福音的新面貌"。⑧⑨ 前爱伯丁大学（Aberdeen University）新约教授A. M. Hunter 把 Dodd 的研究看作是一个"决定性的讨论"（The decisive discussion）。⑨⑩

基于蒲草纸抄本 P⁵² 于 1920 年在埃及的发现，Hunter 认为约翰福音成书的日期应该不会迟过主后 100 年。又因约翰福音独立于符类福音，也就没有必要假设约翰福音是在符类福音出现之后才写成的。若是这样，约翰福音可能是在主后 80 年或更早时便写成。对 Hunter 来说，更重要的还是学术界已经掌握了证据，说明约翰福音的"历史传统"（historical tradition），可以直接溯源到主后 66 年之前的巴勒斯坦。⑨①

又根据死海古卷的资料，Hunter 也肯定约翰福音的背景是地道的犹太人的。从作者的希腊文也可以看出他的母语是亚兰文。作者似乎也非常熟悉巴勒斯坦的地理及风土人情。他对某些事物的精确描述也显示作者自己身历其境或参与的经历。⑨② 其他学者如 C. L. Mitton、W. F. Albright、C. C. Tarelli、F. L. Cribbs、R. M. Grant 等也持类似的观点。⑨③

J. A. T. Robinson 从 C. H. Dodd 等人对约翰福音成书的日期和资料研究的基础上继续探讨下去。他多年来钻研的心得终于体现在 1985 年出版的《约翰的居先地位》（*The Priority of John*）一书中。这部有关约翰福音的原始资料探源的重要著作，已在学术界起了决定性的作用。凡是认真研讨约翰福音的人士，都不得不对 Robinson 的论据

———————

⑧⑧ Dodd 最后对这个重点的研究项目的展望表示乐观："The enterprise of working towards a clear and well-based conception of the historical facts upon which our religion is founded is a promising one, and the mood of defeatism which for some time prevailed is rightly beginning to give way to a more hopeful resumption of the quest of the historical Jesus." Ibid., p. 432.

⑧⑨ Robinson, *Can We Trust the New Testament?* p. 81.

⑨⑩ A. M. Hunter, *Introducing the New Testament*, Revised ed. (Norwich: SCM, 1972), p. 63, n. 3.

⑨① Ibid.

⑨② Ibid.

⑨③ 见 Morris, p. 29.

给予慎重的思考和回应。*The Expository Times* 的书评者 C. S. Rodd 对该书的评语很中肯："对一些读者来说，这本书将使他们对约翰所描绘的图画，以及他对耶稣的工作所拟定的明确日期产生信心。其他的人则将仍旧不会被说服。无论如何，我们的视野都将会得到扩展。"⑭

　　Robinson 在他较早的作品中，如 1977 年出版的《我们可以信靠新约圣经吗？》（*Can We Trust the New Testament?*），已经清楚声明他相信约翰福音是在主后 60 年代中左右成文的。⑮ 但是，在《约翰的居先地位》一书中，Robinson 最关注的，不仅是约翰的成书日期问题，也是约翰福音的"居先地位"（priority）的考证。

　　早在 1832 年，德国著名神学思想家施莱尔马赫（F. E. D. Schleiermacher，1768 - 1834）就已经提出了约翰福音的"居先地位"的论说。Robinson 在著作中将焦点放在约翰的"居先地位"（priority）有一个很重要的原因，就是自 Schleiermacher 以后，直到 1980 年代大约一百五十年间，学术界几乎已经一致地接受了约翰福音的"居后地位"（posteriority）。也就是说，约翰福音的资料源自符类福音，也是在它们之后才面世的。Schleiermacher 在 1832 年所表达的观点虽然距今已有近一百七十年之久，但仍未失去它的一些说服力。因为他相信约翰福音的作者是在四部福音书中唯一出自耶稣门徒中的"内圈"（inner circle）人物；因此，必须被看作是最接近本源（original source）的。Schleiermacher 也认为约翰福音是在其他三部福音书仍未最终成形时就写下来的，虽然他同意四部福音书都"分享共同的口传的传统"（shared common oral traditions）。⑯

　　在探讨任何福音书的资料根源的时候，至少有一个问题是无法回避的。那就是：福音书所记载的那些事件是史实吗？耶稣真有亲口说过那些话吗？其实，这样的问题很自然也会出现在福音书以外的典籍研究上，不论是儒家的经典、佛经或是柏拉图所记述的著作中。美国的

---

⑭　"To some it will bring confidence in the picture that John presents as well as the precise datings of the ministry of Jesus that he outlines. Others will remain unconvinced. Either way our vision will have been broadened. " *The Priority of John*, backcover.

⑮　Ibid., pp. 86 - 87.

⑯　F. E. D. Schleiermacher, *The Life of Jesus* (Philadelphia，1975)，p. 393.

新约学者 John Knox 就曾经对 J. A. T. Robinson 说,有关耶稣言语的可靠性,一个人如何习惯地开始提问将会在很大程度上决定他最终的答案。例如:"有什么理由可以证明耶稣为何不能这么说呢?"或"有什么理由可以证明耶稣必须这么说呢?"这两个不同的提问往往可以决定两位同样有声望的学者从两个很不同的角度去审核同样的资料。[97]

学者 Bultmann 和 Jeremias 都同样认为自己是以"科学的"(scientific)方法去审核福音书的资料。Bultmann 因为相信绝大部分福音书的"话语"或"言论"(saying)不是出自耶稣自己,而是源于"初期的基督徒社群"(early Christian communities),结果在所写的上下两册《新约神学》(*Theology of the New Testament*)中,只用了三十页来论述"耶稣的信息"(The Message of Jesus)。相比之下,初期教会的"宣道"(*kerygma*),不包括使徒保罗,就占了整整一百五十页![98]

相反的,Jeremias 于 1971 年出版的英文版《新约神学第一册:耶稣的宣道》(*New Testament Theology I：The Proclamation of Jesus*)整册都是耶稣的"话语"。[99] Robinson 认为,从学术探讨的角度而论,很难公正地说上述两位学者谁的方法是比较"科学的"。因为有些学者的立场本身就是一个"没有批判精神的怀疑态度"(uncritical scepticism)。另一类学者的观点则可能是"没有批判精神的保守主义"(uncritical conservatism)。[100]

在约翰福音资料的来源这个问题上,令 Robinson 深感不安的是:自 Schleiermacher 以来,甚至那些相信约翰福音是耶稣的门徒、西庇太的儿子约翰所写的绝大部分学者,都似乎毫无疑问地接受约翰福音的"居后地位"(posteriority)。意思就是马太、马可和路加这三部符类福音所记述的耶稣是居先和"首要的"(primary)。因此,约翰福音就理所当然地被称为"第四部福音"。既是这样,这"第四部福音"也就只能被看作是在历史和神学上"配合"(fitted into)"居先的"三部福

---

[97] 见 *The Priority of John*，p. 2.

[98] 见 *Theology of the New Testament*，English tr. By K. Grobel (New York：Scribner) reprint from vol. I (1951)；vol. II (1955).

[99] 结果也就只出版了这一册。

[100] *The Priority of John*，p. 3.

音著作,或是成了它们的"补充、更正或注释"(supplement, corrective or interpretation)。[100]

支持约翰福音"居后地位"这个理论的主要假设有四点:

一、马太、马可和路加这三部符类福音书早就在约翰福音之前存在。

二、约翰福音的作者知道符类福音存在的事实。

三、约翰福音所写的,不论有意或无意,都是对符类福音的某种"回应"或"反应"(reaction)。

四、约翰福音所记述的,必须以符类福音的眼光去观看和审核。

Robinson 深信这四点假设必须改变或"转移"(shift)。但这并不意味着这样的做法,是对上述理论的"正面否定"(a positive denial),虽然它肯定会挑战上述四点的假设,特别是质疑第 4 点作为诠释约翰福音的普遍原则。Robinson 只是要求那些支持上述假设的学者们采取就事论事,从结果推及其原因的归纳法(*a posteriori*),去证实上述的假设;而不是先入为主,从原因推及结果的演绎法(*a priori*)去评论事物。[102]

Robinson 澄清说,他所指的"约翰的居先地位"(the priority of John)并不是假设约翰是在时间上最先写下的福音书。它可能是,也可能不是。因为至今已有足够的事实向他显示,所有四部福音书大约都是在同一个时期完成的。不但如此,它们的传统和编修也可能在不同的阶段中有互相依赖以及出自共同成文资料的迹象。符类福音之间也当然会出现类似的情况。但是,约翰"居先地位"的假设,并不依赖于哪一部福音书最早开始或最先完成。它也不否认约翰知道或是假设了某些传统的存在,虽然他自己没有加以采纳。[103] 因为使徒约翰自己也清

---

[100] Ibid., pp. 3 - 4.

[102] Ibid., p. 4.

[103] "On the other side, the presumption of the priority of John, at any rate as I am using the phrase, does not mean assuming that John was the first of the Gospels in time; it may or it may not have been. I am now persuaded in fact that all the Gospels were coming into being over a period more or less simultaneously, and at different stages their traditions and their redaction could well show signs of mutual influence — as well as, of course, between the Synoptics, of common written sources. But the priority of John does not depend on which Gospel was actually begun or finished first. Nor does it deny that John knew and presupposed traditions that he did not use." Ibid.

楚表明另外还有许多事物是他已经知道的,只是没有记述在自己所写的福音书上而已(约二十 30,二十一 25)。Robinson 也以耶稣受洗以及圣餐的设立这些明显的例子,来说明约翰其实是知道或假设了很多资料及传统的存在,只是没有采用。因此,约翰也可以像使徒彼得在该撒利亚哥尼流的家所见证的一样,说:"上帝藉着耶稣基督……传和平的福音,将道赐给以色列人。这话在〔施洗的〕约翰宣传洗礼以后,从加利利起,传遍了犹太。这些都是你们所熟悉的,不必我再重述……"(徒十36~37)。[104]

有关约翰福音本来就是相当独立于符类福音的假设,Robinson 基本上赞同 R. A. Edwards (*The Gospel According to John*,1954)以及 H. E. Edwards (*The Disciple Who Wrote These Things*,1953)两位的观点。[105] Robinson 进一步解释道,他所指的约翰的居先地位,首先是要看作者约翰自己告诉我们的是什么,然后再考虑其他福音书在历史和神学方面,是怎样跟他配合的,被它启发的或是启发它的。因为 Robinson 假设其他福音书的作者和约翰所记述的,都是同一位人物和共同的事件,因此可以互相光照。他不认为约翰福音必须被套入符类福音的图画框架中。相反的,Robinson 倒希望知道倒过来的假设的结果将会怎样?[106] 他这个提问是基于一个很强的信念。那就是,作者约翰是最接近和最熟悉巴勒斯坦、包括耶路撒冷各种情况的"圈内"人物。[107]

1947 年开始在昆兰社群(The Qumran Community)发现的死海古卷给予 Robinson 有力的佐证。这包括 F. M. Cross、J. H. Charlesworth、W. H. Brownlee 等学者在死海古卷研究上的成果。例如,F. M. Cross 早在 1958 年出版的《昆兰古代图书馆和现代圣经研究》(*The Ancient Library of Qumran and Modern Biblical Studies*)中就这么说:"有些人建议,也许不应该再把约翰〔福音〕看作是福音书中最迟和演变最大

---

[104] Ibid.

[105] Ibid., pp. 7 – 8.

[106] Ibid., p. 5.

[107] 参 *Can We Trust the New Testament?* pp. 85 – 90.

的福音,而是最原始的;同时它的传统形成的地方是在被毁前的耶路撒冷[即主后 70 年之前]。"[108]

　　Robinson 很正确地指出,到了 1980 年代,相信约翰福音是依赖符类福音的学者,已是属于极少数的一群,其中包括 Robinson 颇尊重的 C. K. Barrett 和 R. E. Brown。[109] Robinson 赞同 C. H. Dodd 在所著的 *Historical Tradition in the Fourth Gospel* 一书中所用的实例,说明约翰是独立于符类福音的。[110] 这些实例包括耶稣在伯大尼的受膏(约十二 1～8;比较太二十六 6～13;可十四 3～9;路七 36～50);耶稣在旷野给群众吃饱的一幕(约六 1～14);耶稣洁净圣殿的行动(约二 13～17);耶稣进耶路撒冷、被拿、受审等。此外,还有耶稣被钉在十字架上时所发生的事。如果约翰真是依据马可等符类福音的资料,就很难解释约翰为何完全没有采用符类福音所记述的耶稣被钉在十字架上那一幕的素材。[111] 有关约翰与符类福音的关系,Robinson 同意 Gardner-Smith 早在 1938 年就表达的观点:"只按一半的证据就得出结论,然后就勉强另一半与它吻合,是一个不符合科学的方法。那些被认为是可以将圣约翰和符类福音相配合的经文,是不能孤立起来考虑的。上述这些经文实际只属少数部分;那些显示约翰和符类福音不同的经文不但更多,而且也更加耀目。"[112]

　　Robinson 也从语言方面论证约翰是属于巴勒斯坦的,并且也最接近原始的传统。这一点他可以从 C. K. Barrett 和 Kilpatrick 等学者的

---

[108] "Some have suggested that John may be regarded no longer as the latest and most evolved of the Gospels, but the most primitive, and that the formative locus of its tradition was Jerusalem before its destruction." *The Priority of John*, p. 6 and n. 10.

[109] C. K. Barrett 的约翰福音注释,*The Gospel According to John* 于 1955 年面世。第二及增订版则于 1978 年出版。R. E. Brown 的注释于 1966 - 1970 年间完成。

[110] 见 Dodd, *Historical Tradition*, pp. 162 - 173.

[111] 见 *The Priority of John*, pp. 12 - 13.

[112] "It is not a scientific proceeding to form a conclusion on one half of the evidence, and then to force the other half into agreement with it. The passages in which there are correspondences between St. John and the Synoptics do not stand alone and should not be considered by themselves; indeed they form a small minority among the far more numerous passages in which the discrepancies are many and glaring." Gardner-Smith, *Saint John and the Synoptic Gospels* (Cambridge, 1938), p. 92.

观点上找到支持。⑬ 他同意 Barrett 的观察：“第四部福音是一部希腊文的书……我们必须把其中的闪语色调[Semitisms]看作是福音作者自己的印记[hallmark]。”⑭Robinson 自己还补充说，约翰写的是“好的……并且是带着亚兰文口音的希腊文”。⑮

约翰福音的语文“风格”（style）的“同类性”（homogeneity）也是 Robinson 用以支持他的观点的重要理由。因为这点有力地反驳了约翰福音是在一段很长的时间内，经过多次编修和资料搜集的过程才完成的说法，虽然 Robinson 自己并不完全排除这个可能性。但是，由于学者们在上述这个争议性问题上，支持和反对的人数似乎均等，Robinson 认为语文的论证不能成为一个决定性（decisive）的因素。⑯

至于约翰福音的“跋”（Epilogue），由于一些学者们认为它与整部福音书在文体和风格上不完全一致，Robinson 便很巧妙地引用了 H. J. Cadbury 在比较了以弗所书和歌罗西书后所作的评论。Cadbury 问那些怀疑这两封信都是出于保罗的学者们：“是哪一种情况比较可能呢？是某一位第一世纪模仿保罗的人，写了一封有百分之九十五与保罗的风格相同的信，或是保罗自己写了一封与他一贯的风格有百分之五或十分歧的信呢？”⑰Cadbury 显然是认为后者比较可能。同样的，Robinson 也相信整部约翰福音和它的“跋”或“结尾”（Epilogue，除了二十一 24 外），都是源自使徒约翰自己。因为他认为整部约翰福音和“结尾”两者之间的相同处超过了以弗所书和歌罗西书之间的相同处。假使整部约翰福音书与它的结尾真有差异，大概也是由于情况的改变而

---

⑬ *The Priority of John*. pp. 109 – 110.

⑭ C. K. Barrett, *The Fourth Gospel and Judaism* (London and Philadelphia, 1975). 59ff; *The Priority of John*, p. 110 and n. 323.

⑮ *The Priority of John*, p. 110.

⑯ Ibid., p. 111.

⑰ "Which is more likely — that an imitator of Paul in the first century composed a writing ninety or ninety-five per cent in accordance with Paul's style or that Paul himself wrote a letter diverging five or ten per cent from his usual style." *The Priority of John*, p. 112; 引自 H. J. Cadbury, "The Dilemma of Ephesians", *NTS* 5, 1958 – 1959.

非时间的间隔使然。⑱

　　Robinson 也特别以约翰福音所提及的耶路撒冷和圣殿,来支持约翰福音的居先地位,并以此论证它是在主后 70 年圣城耶路撒冷及圣殿被罗马军队毁灭之前成文的。他所列举的经文包括约翰福音二章十三至二十二节、五章二节、十一章四十七至五十三节等,说明约翰福音成文时圣殿仍旧存在。⑲

　　对 Robinson 来说,约翰福音作者的身分、资料的来源,以及成书的日期都是密不可分的。正如他对作者的探讨所作的结论一样,任何假设都不太可能是完全没有困难或问题的。他自己虽然早在 1970 年代甚至更早,就把约翰福音成书的日期定在主后 70 年之前,⑳但是他也清楚知道这观点是不可能被大部分学者所接受的。㉑ 无论如何,因为他所提出那些论证的分量和重量,使得那些不同意他的立场的人都不得不给它一些慎重的思考。因为他不但给一个许多年来被认为是已经成了定论的课题重开了讨论之门,并且还在过去二十多年来见不到有任何学者可以提出另一个有同样水平和重量的论说。

　　Leon Morris 在总结了自己对约翰福音的日期的讨论时,所提出的三点是很值得思考的。㉒

　　一、要肯定约翰福音成书的日期不容易。企图明确证实它是很早就面世的一部著作,似乎也不太可能,虽然支持这观点的证据及资料有不断在增加的迹象。

　　二、近年来也有一些学者既相信约翰福音所采纳的传统是很早的,也同时认为它最终成书的日期很迟。这个看法的后面有一个假设。那就是,有一个所谓约翰的"门派"(school)或"社群"(community)的存在。欧洲著名新约学者称之为"约翰的圈子"(The Johannine Circle),

⑱ *The Priority of John*, p. 112.

⑲ Ibid. 见 *The Priority of John*, pp. 22,55 - 67,70,86,130,234,244,336 等。比较 *Can We Trust the New Testament?* pp. 85 - 89.

⑳ 见 *Can We Trust the New Testament?* pp. 86 - 89.

㉑ Rodney A. Whitacre 在 *John* (Leicester:IVP,1999)仍旧相信约翰福音完成于第一世纪末。见 p. 26.

㉒ Morris, *The Gospel According to John*, pp. 29 - 30.

并且认为这"圈子"是属于"边缘的犹太教",因此与"主流"或"正统"(official)的犹太教有别。[⑫] 这"门派"源自使徒约翰自己,它把来自见证人的传统以口传的方式不断相传下去了一段相当长的日子以后,最终在第一世纪末才写成一部福音书。这是希望能够达到两全其美的一个立场:一方面相信约翰福音书中至少有一部分的资料是早期的,另一方面又接受那些支持福音书是很迟写下来的论据。

三、Morris 并不排除上述第二点的折衷方案。但是,他自己却认为约翰福音成书于主后 70 年之前的可能性较大。这也正是 J. A. T. Robinson 所论证的。本中文注释的作者也认为在好几个可能的选择中,Robinson 的论证相对来说比较有说服力。[⑭]

肆　写作地点

到了二十世纪 70 年代左右,大部分的学者,不论神学立场如何,基本上都相信主后 80 至 100 年是约翰福音成书最可能的年代。J. A. T. Robinson 只能说是非常少数的例外。可是,他的论据却是充分和扎实的,使得一向从事研究采取平衡和中庸态度的 Leon Morris 都被说服了。[⑮] 德国学者 W. G. Kümmel 相信主后 90 年代是约翰福音最可能成书的日期,并且认为这个问题基本上已经解决了。对他来说,更加难解决的,倒是约翰福音著作的地点。[⑯]

Kümmel 所指的困难主要是因为约翰福音,正如其他三部福音一样,完全没有提及写作地点。初世纪教会的传统主要还是依赖爱任纽写于 180 年间的见证。[⑰] 爱任纽的见证虽然不是太早,但仍是代表着

---

⑫ 见 Oscar Cullmann, *the Johannine Circle* (London：SCM,1976).

⑭ 纵使是接受爱任纽(Irenaeus)在 *Against Heresies*(《反异端》)3. 1. 1. 的见证的学者仍旧可以慎重考虑 Robinson 有关约翰福音书写日期的立场。因为爱任纽只说使徒约翰是最后完成福音书的;他并没有声明它是很迟面世的著作。另一方面,按他的记述,在约翰福音之前的三部符类福音书仍可能是在公元 70 年之前完成的。

⑮ Morris, *The Gospel According to John*, p. 30.

⑯ W. G. Kümmel, *Introduction to the New Testament*, 3rd Impression (London：SCM, 1972)，p. 175.

⑰ *Against Heresies*, 3. 1. 1.

初世纪最明确以及最常被引用的见证,特别是因为它清楚声称约翰福音的作者是使徒约翰以及写作地点是以弗所。可是,爱任纽的记述显然未能满足所有学者的要求。因此,在过去 50 年间就曾有好几处被考虑是约翰福音写作的地点,包括亚历山大和叙利亚的安提阿。后者与安提阿的主教伊格那修(Ignatius,约公元 35 – 107)有着特殊的关系。特别有意义的是,伊格那修主教曾亲自写过两封信给一位被称作"圣洁的长老约翰"(John the Holy Presbyter),也即是使徒约翰。两封信都表示约翰那个时候在耶路撒冷。信中也特别提及耶稣的母亲马利亚那时仍然健在,居于耶路撒冷。又因第二封信说到耶稣的弟弟雅各那时也在同一个地方,显明信件是在主后 61 年之前写的,因为雅各于主后 61 年在耶路撒冷被犹太人的公会以石头处死。[128] 这也无形中证实了使徒约翰至少在主后 60 年间还在耶路撒冷。这个重要的历史事实对约翰福音的内容和见证是意义深长的。[129]

伊格那修也曾写过信给童贞女马利亚(*The Epistle of Ignatius to the Virgin Mary*)。[130] 他在信中表明自己是使徒约翰的门生,并且非常渴望能从马利亚那里知道更多有关耶稣的事。马利亚在回信中肯定了伊格那修从使徒约翰那里所学习到的,那些有关耶稣的事是真实的,并且还勉励他要坚定不移地持守所信之道。[131]

Kümmel 认为安提阿作为约翰福音写作的地点"可能是最合理的推测";主要是基于神学、语文、地理、历史和社会环境以及伊格那修的见证。[132] 接受这观点的学者包括 Burney、Baver、Schweizer、Haenchen、T. W. Manson、H. Koester 等。早在 1905 年,英国学者 W. Sanday

---

[128] 见 Josephus, *Antiquities*, xx. 9. 1.

[129] 伊格那修致约翰的两封信见 *Ante-Nicene Fathers*, vol. I (Grand Rapids: Eerdmans, 1987), pp. 124 – 125.

[130] Ibid., p. 126.

[131] Ibid.

[132] "There are, however, marked parallels in subject matter with the 'Odes of Solomon', which supposedly belong to Syria, and with Ignatius of Antioch, who apparently is the oldest user of John. The linguistic form of John also causes us to think of a Greek-speaking author in a Semitic environment. Furthermore, the conceptual world shows relationship with the Gnosticizing circles on the edge of Judaism. " Kümmel, p. 175.

就在所著的《第四部福音书评论》(*The Criticism of the Fourth Gospel*)中假设约翰的教导可能在未到达以弗所之前就已经在叙利亚一带传开了,虽然他接下去补充说,这假设还是不能真正证实什么,这只能是属于可能性而已。⑬

亚历山大(Alexandria)作为约翰成书地点的可能性似乎也不大。正如 Robinson 所指出的,这假设迄今仍属猜测性质。如果约翰福音真是与亚历山大有密切的关连,那就很难解释为何出自这名城的教父克莱门特(Clement)和奥利金(Origen)完全没有提及这件事,因为他们二人一向都把约翰福音看作比其他三福音更重要。⑭ 在初期教会的历史中,唯一提及福音书与亚历山大的关系的是马可,而不是约翰。教会历史家优西比乌(Eusebius)在他的《教会史》2.16.1 说,马可曾在埃及宣讲他自己所写的福音;他也是第一位在亚历山大建立众教会的。⑮

Robinson 的观察是对的:在古老教会的传统中,根本就没有任何一个地点可以取代以弗所作为约翰福音成书的地方。⑯ Robinson 所指的"古老教会的传统"(the ancient tradition of the Church)主要是包括下列学术界都很熟悉的古老资料。它们大部分都记录在教会历史家优西比乌所著的《教会史》中。

一、爱任纽说约翰是在以弗所的时候把福音书写下来的。⑰

二、殉道者游斯丁(Justin Martyr)提及约翰住在以弗所的事。⑱

---

⑬ "I have long thought that it would facilitate our reconstruction of the history of early Christian thought, if we could assume an anticipatory stage of Johannean teaching, localized somewhere in Syria, before the Apostle reached his final home in Ephesus. This would account more easily than any other hypothesis for the traces of this kind of teaching in the *Didache*, and in Ignatius, as well as in some of the earliest Gnostic systems... We cannot verify anything. We have no materials for this purpose. We can only deal a little with probabilities." W. Sanday, *The Criticism of the Fourth Gospel*, p. 199.

⑭ *The Priority of John*, p. 46.

⑮ "Mark is said to have been the first man to set out for Egypt and preach there the gospel which he had himself written down, and the first to establish churches in Alexandria itself." Eusebius, *The History of the Church*, 2. 16. 1.

⑯ *The Priority of John*, p. 46.

⑰ Eusebius, *The History of the Church*, 5. 8. 4 引 Irenaeus, *Against Heresies*, 3. 1. 2.

⑱ Justin Martyr, *Dialogue with Trypho the Jew*, 81. 4.

三、爱任纽在引述坡利甲的书信时,再提及约翰居住在以弗所的事。⑬

四、以弗所的主教玻利克拉蒂斯(Polycrates),约于主后 190 年写信给罗马的主教 Victor 时,也说约翰曾在以弗所。⑭

五、亚利山大的克莱门特和奥利金也同样提及约翰与以弗所的关系。⑭

除了上述资料以外,Robinson 还以其他文献来加强以弗所是约翰福音成书地点的论说。这些文献包括约翰壹书和贰书中所提及那些类似耶稣"假现说"(docetism)的异端(见约壹四 2,五 6;约贰 7等);犹太教中一些含有诺斯替派或知识主义(Gnosticism)色彩的文献;启示录与约翰的关系;第一世纪末以弗所的异端者克林妥(Cerinthus)等。⑭

爱任纽还在《反异端》3.4.4 记载了一件很风趣的事,说有一次"主的门徒约翰在以弗所的一所[公共]洗澡间正要沐浴的时候,突然发现[异端者]克林妥也在其中,便立刻从洗澡间冲出去,并同时喊着说,让我飞奔出去,不然洗澡间都会倒下来,因为以真理为敌的克林妥也在里面"。根据爱任纽的理解,克林妥主要的"异端"思想是:"耶稣并非童女所生,而是约瑟和马利亚按人的生育过程生下来的。虽然他[耶稣]比常人更公义、机智和聪明。还有,当他受洗以后,至高的主宰把基督差遣下来,像鸽子般降在他身上,然后他就开始宣讲那位不可知的父上帝(the unknown Father)及施行神迹。但是,基督最终离开耶稣;以后耶稣自己受难以及从死里复活,但基督却仍旧免受任何痛苦和伤害,因为他是属灵的。"⑭安提阿的主教伊格那修也在写给小亚细亚士每拿教会的信中,抨击约翰所提及的"假现说"异端(见士

---

⑬ *Against Heresies*,3.3.4;*The History of the Church*,3.28.6;4.4.6;5.20.5.

⑭ *The History of the Church*,5.24.3.

⑭ Ibid.,3.23.5～19.

⑭ *Thze Priority of John*,p.46. Robinson 接受约翰壹书和贰书是使徒约翰的著作;但认为启示录的作者是住在以弗所的另外一位"约翰"。见 *The Priority of John*,p.104,n.295.

⑭ *Against Heresies*,1.26.1.

每拿书信 1～3）。

从资料的考证、推论和比较而论，以弗所作为约翰福音成书地点的可能性，应该是比亚历山大和叙利亚的安提阿较高的，纵使这不是所有学者们的共识。Robinson 因此也只能"暂时性地"把以弗所看作是约翰书信以及约翰福音的序言和结尾，甚至整部福音成书的地点。[14]

其实，约翰福音成书的地点还不是最主要的课题。比地点、时间，甚至作者还更重要的，应该是福音书的内容及其资料根源的可靠性。难怪 Robinson 在《约翰的居先地位》一书中就用了 86 页的篇幅（pp. 36 - 122）集中探讨福音书的资料"来源"。他举了不少实例去证实福音书的作者约翰，对耶路撒冷和巴勒斯坦的各种情况都很熟悉，同时他也很正确地把所熟悉的事物记述了下来。Robinson 也很清楚地指示，在约翰的记述中，耶路撒冷是耶稣活动的中心地带。基于多方面的考证，Robinson 认为约翰的传统，就空间来说，可以溯自最原始的基督教社群的腹心地耶路撒冷，以及产生这一切的第一因；那就是耶稣自己的使命本身。这也就是约翰壹书一章一节所说的："起初原有的生命之道"（*ho ēn ap' archēs ... peri tou logou tēs zōēs*）。这也是在约翰福音的探讨和研究上最关键性的问题。假使约翰所见证的，最终可以溯源到耶稣本身，则其他课题就显得不是那么重要了。这些课题包括福音书的作者约翰，是怎样从耶路撒冷游历到很远的以弗所去之谜。针对这个问题，Robinson 也只能坦诚地说，它仍旧是一个耐人寻味的谜，因为它仍旧"被包裹在湮没的状态中"。[15]

其实，上述这件事也并非完全"被包裹在湮没的状态中"。因为至少在主后 48 或 49 年间，约翰福音的作者使徒约翰仍旧在耶路撒冷的教会担负领导的任务。约翰以及雅各和彼得（矶法）同被称为教会的"柱石"（*stuloi*；RSV, pillars；见加二 9）。[16] 倘若 Robinson 的假设，说约翰福音可能在主后 60 年代中就在以弗所写成，是有道理的话，则加拉太

[14] *The Priority of John*, p. 47.
[15] "How it [the Gospel] 'travelled' is wrapped in oblivion." *The Priority of John*, p. 48.
[16] Ibid., p. 59.

书二章九节所提及的约翰与约翰福音成书的时间,也只是相距十多年
而已。[⑯]

　　由于学术界至今对约翰福音成书的地点,以及约翰在以弗所居
留的详细情况,仍未取得一致的共识,T. W. Manson 早在 1946 至
1947 年间就发表的观点,又被看作是很合理和公正的。Manson 在
五十多年前一篇名为《第四部福音》(The Fourth Gospel)的文章中提
出建议说,第四部(即约翰)福音书的确是出自以耶路撒冷为根源
(home)的原始传统。这传统后来传到了[叙利亚的]安提阿,在那里
影响了该城市的著作,叙利亚教会的崇拜礼仪,以及从那里出去的宣
教者(如保罗)的教导和较后的领袖(如伊格那修)。这传统最后从安
提阿传到以弗所。在那里,被认为是(使徒)约翰所写的福音书和书
信最终成文了。[⑱]

　　Schnackenburg 基本上认同 T. W. Manson 的观点,那就是约翰的传
统源自耶路撒冷,然后传到叙利亚的安提阿,最终到了小亚细亚的以弗
所。但是,关于约翰的传统在安提阿时发生的变化这个假设,
Schnackenburg 所说的,却正好与 Manson 的原意相左。Manson 的原意
是:约翰的传统在(叙利亚的)安提阿影响了该城市的著作……从那里出
去的宣教者的教导……和较后的领袖。可是,Schnackenburg 却说,"源自
巴勒斯坦的约翰传统,先是在叙利亚受到各种影响之后,才传到小亚细
亚[以弗所],并在那里定型和作最后的编辑"。[⑲] Schnackenburg 之所以
相信约翰的传统在叙利亚受到当地各种的影响,是因为他完全是从《宗

---

⑯ 从主后 50 年代初直到 66 年,犹太人反罗马之战开始的十多年,是耶路撒冷的社会和政治
　　气氛非常紧张的一段日子。见 Hengel, *The Johannine Question*, p. 134.
⑱ "From Antioch it moved to Ephesus; and it is at Ephesus that the final literary formation
　　was achieved in the Gospel and Epistles attributed to John." T. W. Manson, "The Fourth
　　Gospel" in *Bulletin of the John Rylands University Library of Manchester*, 30(1946 -
　　47), p. 328. 参 Beasley-Murray, *John*, 1xxx-1xxxi. R. H. Lightfoot 和 Schnackenburg 也
　　同意这观点。见 Lightfoot, *St. John's Gospel*, pp. 5, 6; Schnackenburg, *The Gospel
　　According to St. John*, vol. I, p. 152.
⑲ "It is that the Johannine tradition, originating in Palestine, was subjected to Syrian
　　influences before it reached Asia Minor (Ephesus), where it was fixed and edited."
　　Schnackenburg, *The Gospel According to St. John*, vol. I, p. 152.

教史》(*History of Religions*)的角度去看问题。⑩ 对 Schnackenburg
来说，叙利亚的安提阿，作为一个外邦基督教徒的大都会，以及犹太教
和希腊属灵的潮流及思想的交融中心，自然会让约翰的传统去自由吸
取那些类似昆兰(Qumran)，施洗约翰的派系(Baptist Sects)以及早期
知识主义或诺斯替派(Gnosticism)的要素和特色。⑪ Schnackenburg
也是从"宗教史"的观点去看第一世纪小亚细亚的环境和某些新约文献
以及第二世纪的一些异端以后，才得出结论说他"没有基本的理由去反
对古老的教会传统说以弗所是约翰著福音书的地点。况且约翰福音所
反映的基督教与犹太教之争也会赞同［小］亚细亚是约翰［最终］成书的
地方"。⑫

　　Rodney A．Whitacre 可说是接受 Manson 上述观点的最新学者

---

⑩ Bultmann 和 Schnackenburg 等几位德国著名的学者都深受源自德国的"宗教史学派"
(*Religionsgechichtliche Schule*，"History-of-Religions School")的影响。这个从 19 世纪末
就开始在欧洲大陆风行的学派，主要是从比较宗教学(comparative study of religions)的方
法和立场去研究和评论基督教的圣经，神学以及初期教会史。这个学派的正面贡献是把
希伯来－基督宗教和其他宗教的距离拉近了。从比较研究和互相对照中去认识希伯来－
基督宗教的某些主要特征；使研究者可以从某些前所未有的新观点去探讨和认识这宗教。
另一方面，这学派(*Schule*)对希伯来－基督宗教也造成了很大的破坏。因为"比较研究"
(comparative study)的假设和结果，很自然地会把这宗教中一向被看作是"特殊"或"无比"
(unique)的因素和本质"相对化"(relativized)及"中和化"(neutralized)。这主要也是因为
"宗教史学派"本来就是以"实证主义"(positivism)作为哲学依据的。它同时也将达尔文主
义(Darwinism)运用到宗教史上去探讨人类宗教现象以及个别宗教的"演变"或"进化"
(evolution)。这样一来，希伯来－基督宗教的任何部分和环节不但可成为所谓"客观的"
(objective)和"科学的"(scientific)的好素材，最终还可以成为"圣经批判学"(Biblical
criticism)的对象。

⑪ "In Syria，with its ancient gentile Christian metropolis of Antioch，where the spiritual
currents of Judaism and Hellenism also met，the tradition absorbed the elements which
display proximity to Qumran，the baptist sects and early Gnosticism." *The Gospel
According to St．John*，vol. I，p. 152.

⑫ "From the point of view of this history of religion，Asia Minor is on the same footing as
Syria and Egypt．Religious syncretism soon flourished in Asia Minor，which provided
favourable conditions for the Jewish-Gnostic heresies denounced in the Epistle to the
Colossians and the Pastoral Epistles，for the Nicolaitans of Rev 2：6，15，for the docetes
rejected by Ignatius of Antioch，for the Jewish-Christian Gnostic Cerinthus，and also for
the heretics of the Johannine Epistles．There are，therefore，no fundamental objections to
the ancient tradition of the Church which places the composition of John in Ephesus．The
controversies with contemporary Judaism reflected in John ... also favour Asia as the
place where John took (final) shape." Ibid.

之一。他认为这观点对目前有关资料是"最公正的"。[⑬]

伍　目的

在新约圣经现有的四部福音书中，马太和马可都没有直接或间接声明他们写福音书的目的。路加则在福音书的自序中（一 4）表明他著作的目的是为了使他的读者"知道所学之道是确实的"（*hina epignōs peri hōn katēchēthēs logōn tēn asphaleian*）。约翰却比路加还更明确地道出了他写福音书的目的："耶稣在门徒面前，另外行了许多神迹，没有记在这书上。但记这些事，要叫你们信耶稣是基督，是上帝的儿子。并且叫你们信了他，就可以因他的名得生命。"（二十 30～31）

可是，自从初世纪的教父，亚历山大的克莱门特（Clement of Alexandria，约主后 150－215）很简要地论及了约翰写福音书的背景以及该福音书的性质，再加上过去这整百年来新约学者们以新评审方法去研究和剖析约翰福音以后，原来很明确浅显的著书目的，便被弄得非常复杂和模糊不清了。

根据历史家优西比乌的记述，克莱门特有关四部福音书先后成书的次序，是从他以前的长老们的传统而来的。这传统说约翰福音是在马太、马可和路加这三部福音书面世以后才写下来的："最后，约翰见那些具体的事物都已经记录在［马太、马可和路加］福音书上了，便在挚友们的恳求和［圣］灵的启示下，写了一部属灵的福音书。"[⑭]

克莱门特所说有关约翰福音是"一部属灵的福音书"（*pneumatikon euangelion*；a spiritual gospel）那句话在教会史中影响很大。因为读者们一般都以为他所说的"具体的事物"（*ta sōmatika*）是指马太、马可和路加所记载的那些关于耶稣的具体历史事物，而约翰所着重的，则是

---

⑬ "Such a view may do most justice to the date we have, such as it is." *John*, p. 28.

⑭ "But John, the last of all, seeing that what was corporeal was set forth in the Gospels, on the entreaty of his intimate friends，and inspired by the Spirit，composed a spiritual Gospel." Eusebius, *The History of the Church*, 6. 14. 7. in *Ante-Nicene Fathers*, vol. 2, p. 580. "具体的事物"，英文"corporeal"，希腊原文是 *ta somatika*。"属灵的福音"，英文 "a spiritual Gospel"，希腊原文是 *pneumatikon euangelion*。参 Morris, p. 30，n. 95.

内在的和"属灵的"，甚至是超越历史的诠释和领悟的一部福音书（*pneumatikon euangelion*；a spiritual gospel）。

克莱门特的评语，肯定是正面的，甚至是对约翰福音的赞赏（a compliment）。但是，这评语却引起了克莱门特自己完全没有意料到的极大误解，使得历代以来的读者们都将约翰福音看作是一部不重视历史和地理等"具体的事物"的著作。又因为约翰福音被看作是在四部福音书中最后面世的，因此只能成为其他三部福音书的某种"补充"（supplement）而已。这样一来，写一部"属灵的福音"（*pneumatikon euangelion*）也很自然地被看成是约翰著作的"目的"（purpose）了。

幸亏上述的误解，经过新约学者们近数十年来的考究之后，已经基本上解除了。首先，如今绝大部分的学者们已经很慎重地来看约翰福音有关史实，尤其是耶路撒冷和巴勒斯坦地线的记述及其可信度。其次，就四部福音书先后面世的时间而言，也有一些学者们认为约翰福音是最后成书的假设有重新研讨的必要。他们相信至少约翰所依据的"资料"（source）是很"原始的"。J. A. T. Robinson 当然就是这个观点的倡导者。

克莱门特有关约翰福音的记述不论可信度如何，毕竟还是属于"外证"（external evidence）的资料。近二三十年来，研究约翰写书目的的学者们大部分都从福音书的内容，也即是"内证"（internal evidence）去探讨问题。这应该是比较合理和明智的方法。特别是因为约翰福音的作者自己已经很清楚地在二十章三十一节宣告了他著书的目的："但记这些事，要叫你们信耶稣是基督，是上帝的儿子。并且叫你们信了他，就可以因他的名得生命。"早在 1960 年 J. A. T. Robinson 就基于这一节经文，肯定约翰福音是为"说希腊语的犹太教"（Greek-speaking Judaism）而写的。⑨ Robinson 又在 1985 年出版的《约翰的居先地位》一书中强调约翰福音"不论直接或间接，都预先决

---

⑨ 见 J. A. T. Robinson, "The Destination and Purpose of St. John Gospel" *in Twelve New Testament Studies* (London: SCM, 1962), pp. 109, 124. Robinson 这篇文章第一次刊登于 *NTS* VI(1960), pp. 117 – 131.

定了它的布道目的"。他还进一步说明约翰布道的对象是"犹太教中那些散居在巴勒斯坦境外讲希腊语的犹太人"(Greek-speaking *diaspora of Judaism*)。[156]

其实,当 Robinson 在强调约翰的"布道目的"(evangelistic purpose)的时候,他已经在第二十章三十一节的希腊文古抄本中作了一个选择。因为第二十章三十一节"但记这些事,要叫你们信耶稣是基督"这句子中的"信"字,在希腊文古抄本中有两个不同的写法,一个是简单过去式动词 *pisteusēte*,出现在古抄本ℵ[2]、C、D 等,另一个是现在式动词 *pisteuēte*,出现在古抄本 P[66 vid]、ℵ[*]、B 等。前者(简单过去式 *pisteusēte*)表达了作者的"布道"目的,就是希望读者因福音书所记载的事"信耶稣是基督,是上帝的儿子"。后者(现在式 *pisteuēte*)表示读者"已经信了耶稣是基督,是上帝的儿子";写福音书的目的因此是为了激励他们继续持守所信的。[157]Robinson 选择了前者,即是简单过去式动词 *pisteusēte*,认为作者写福音书的目的是为了布道。但是,他也同时相信为布道用的资料也无疑是从激励信徒开始的。[158] 这是一个既合理也平衡的观点。不但约翰福音如此,符类福音马太、马可和路加也是一样。

Leon Morris 也认为作者约翰在第二十章三十一节中所表明的著书目的应该被重视。这不仅是因为这一节经文本身明确地见证了耶稣的身分:"是基督,是上帝的儿子"(*estin ho Christos ho huios tou Theou*),也因为作者在整部福音书中处处都呈现和突显那不断向人挑战的"生命

---

[156] *The Priority of John*, p. 47.

[157] "*That You May Believe* translates an aorist subjunctive in Greek, but some manuscripts have a present subjunctive; hence TEV alternative rendering 'continue to believe'. The use of the aorist tense here suggests that John's Gospel was written to non-Christians with the hope that they might come to believe that Jesus is the Messiah, the Son of God. The present tense suggests that the author's intention was to strengthen the faith of those who were already believers. The choice between the Greek readings is difficult, but the UBS Committee on the Greek text favors the aorist, though rating its choice a 'C' decision, indicating a considerable degree of doubt as to whether this or the alternative reading is to be preferred." Barclay M. Newman and Eugene A. Nida, *A Handbook on the Gospel of John* (New York: UBS, 1980), p. 620.

[158] "I should be perfectly happy to say that they were written for the Christian community in the service of its mission among Jews. In any case what became material for conversion no doubt started life as material for edification." *The Priority of John*, p. 47, n. 65.

之道"，并且要求人作出不可回避的抉择。⑮

　　Morris 的观点显然与 Robinson 的相似。那就是，将约翰著书的目的看作是以布道为主。但是，在希腊文古抄本的选择上，Morris 却认为"信"这个动词在希腊原文应该是现在式 *pisteuēte* 比较可能。那就是说，约翰是在激励信徒继续持守信仰。⑯

　　实际上，Morris 的观点并没有先后矛盾。因为就约翰福音的内容而论，它既可以达到布道的目的和效果，也可以同时坚定信徒对耶稣基督的信靠。这也是前剑桥大学著名新约学者 C. F. D. Moule 的意见。⑯

　　约翰在第二十章三十一节所表达的著书目的是很明确的。问题是：除了这个被一般学者和普通读者看作是福音书的"最终"（ultimate）"目的"（purpose）之外，约翰福音是否还反映了或隐含着其他目的

---

⑮　"There seems to be no reason for ignoring this express statement. John says plainly that he is out to show Jesus as the Christ, the Son of God. And he does this not in order to give his readers some interesting new information but in order that he may bring them to a place of faith and accordingly to new life in Christ's name. Not only does John tell us this in set terms, but close examination shows that this is, in fact, what he has done. Again and again he brings before us evidence that Jesus is indeed the Christ. He does not make as extensive use of the term itself as we might possibly have expected. But the idea is often present, and the term is also found on occasion. Moreover, John constantly lets us see the challenge posed by the message of Jesus. People divide in the presence of this message. Either they commit themselves to Christ in faith and so enter life or they refuse to commit themselves and in so doing remain in darkness and a condition of lostness. There seems to be no reason why John's statement should be rejected. This is what he said he would do and this, it seems, is what he has done." Morris, p. 34.

⑯　"There is a textual problem as to whether the present or the aorist subjunctive of the verb *pisteuō* should be read. On the whole it seems that the present is somewhat more probable. Some authors argue from this that the meaning is 'that you may continue to believe,' and they deduce that John wrote primarily to Christians to strengthen their faith." Ibid., p. 34, n. 112.

⑯　"More important is its general outlook and approach. This Gospel, unlike the others, answers the question, 'What must I do to be saved?' The others mainly confine themselves to the story of discipleship; the Fourth Gospel speaks in terms not only of following and imitation, but of belief and incorporation. What is less often noticed is that it also answers the question 'What must I do . . .'— it is an extremely individualistic message . . . . St John sees Jesus as the source of life, to be connected with whom is, for each individual, life eternal." C. F. D. Moule, *The Birth of the New Testament* (London: A and C Black, reprinted 1971), p. 94.

(purposes)? 近数十年来,这个问题所引发的讨论,甚至是强烈的争议,既多且繁。只能在此略述其二三而已。

里昂(Lyons)主教爱任纽(Irenaeus)在主后 180 年左右所著的《反异端》(*Against Heresies*)一书中,很明确地表示约翰写福音书的目的是为了"废除"(to remove)异端者"知识主义"或"诺斯替派"首领克林妥等有关上帝、创造和耶稣道成肉身等神学所犯的严重"错误"(error)。[⑩]

不论爱任纽对约翰成书的目的是否理解正确,现代的确有不少学者是很认真地把约翰福音的背景和知识主义联系在一起来看的,尤其是那些不信使徒约翰是作者以及把约翰福音成书的日期定得很迟的学者。这也是可以理解的。因为严格地说,所谓知识主义是在第一世纪末才真正形成一套宗教和哲学体系。那些相信约翰福音的作者是使徒

---

⑩ 下列这段引自爱任纽(Irenaeus)的言论,不但表达了他自己对约翰著福音书的目的的理解,也清楚地指出了第二世纪克林妥(Cerinthus)等人的"异端"学说的一些要点。但有一个问题是必须提出的。那就是,克林妥的出生及活动时期不易确定。假设他是第二世纪的人物,就不太可能是使徒约翰要驳斥的个体对象,而只能被看作是约翰对比克林妥更早的那些类似知识主义的异端的批判:"John, the disciple of the Lord, preaches this faith, and seeks, by the proclamation of the Gospel, to remove that error which by Cerinthus had been disseminated among men, and a long time previously by those termed Nicolaitans, who are an offset of that 'knowledge'[希腊文 *gnosis*,知识主义,或诺斯替派,Gnosticism 一名由此而来]falsely so called, that he might confound them, and persuade them that there is but one God, who made all things by His Word; and not, as they allege, that the Creator was one, but the Christ from above another, who also continued impassible, descending upon Jesus, the Son of the Creator, and flew back again into His Pleroma; and that Monogenes was the beginning, but Logos was the true son of Monogenes; and that this creation to which we belong was not made by the primary God, but by some power lying far below Him, and shut off from communion with the things invisible and ineffable. The disciple of the Lord therefore desiring to put an end to all such doctrines, and to establish the rule of truth in the Church, that there is one Almighty God, who made all things by His Word, both visible and invisible; showing at the same time, that by the Word, through whom God made the creation, He also bestowed salvation on the men included in the Creation; thus commenced His teaching in the Gospel: 'In the beginning was the Word, and the Word was with God, and the Word was God. The same was in the beginning with God . . . . And, according to certain of the Gnostics, this world was made by angels, and not by the Word of God. But according to the followers of Valentinus, the world was not made by Him, but by the Demiurge . . . . But, according to these men, neither was the Word made flesh . . . Therefore the Lord's disciple, pointing them all out as false witnessed, says, ' And the Word was made flesh, and dwelt among us'." Irenaeus, Against *Heresies*, 3. 11. 1 - 3, *Ante-Nicene Fathers*, vol. I, pp. 426 - 427.

约翰的,一般都把成书日期定得较早,也即是知识主义还未真正成为一套体系的时候。Bultmann 既不相信作者是使徒约翰,也不认为福音书是在第一世纪末之前成文的。他可以说是在那些把约翰福音与知识主义联系在一起的学者中,最具有影响力的领导人物。他断言约翰福音的作者所采用的语言是他那个时代的"神话语言"(the language of mythology)。[163] Bultmann 认为约翰福音在第一章四至十八节所宣讲的既然是有关救世主道成肉身、启示、救赎、上帝的儿子等主题,作者当然就会很自然地采用知识主义的"神话语言",因为这些本来就是知识主义所关注的。[164]

　　Bultmann 所强调的,显然是约翰福音的作者所采用的语言,也就是 Bultmann 自己肯定是源自知识主义的语言。他似乎没有直接表示作者著福音书的目的是为了要驳斥知识主义的异端学说。可是,在论及耶稣的道成肉身、启示、救赎、罪、耶稣的人性这些关键性的主题的时候,Bultmann 却一致强调知识主义和约翰福音在神学思想上的"区别"(distinction)。[165]

　　Bultmann 在知识主义和约翰福音的思想之间所指出的"区别"不

---

[163] Bultmann, *The Gospel of John*, p. 61.

[164] "... the Evangelist[约翰福音的作者] can make use of the mythological language of Gnosticism." Ibid.

[165] "In speculative Gnosticism, the coming of the Redeemer in the form of a man is not seen as a revelation, in the sense of an event which challenges and illumines man, but rather as a cosmic process .... The redemption is a great natural process which, as it were, passes me by; it cannot in any sense be understood as an event in the history of my own life. Equally the Redeemer is in truth no specific historical figure, but primal man (*Urmensch*). He wears not *his* body and *his* flesh, but body and flesh *in general*. Thus the place and time of his appearance are in effect of no importance; the myth can attach itself to any saviour figure, and let the historical tradition be submerged .... It is easy to see that in John revelation (and redemption) is not understood as a cosmic process; one has only to consider the fact that the idea of the pre-existence of souls, which has a central role in the Gnostic myth ... finds no place here. Equally there is no speculation whatever on the destiny of the soul, or on its heavenly journey. Rather the destiny of the soul is determined by faith or unbelief, not by its *phusis* — a concept which never occurs in John. And just as unbelief is seen as sin (9. 14 etc.), so too the notion of sin receives a meaning which goes beyond the significance it has in Gnosticism. It should not be necessary to produce further arguments to show that a distinction similar to the one we have drawn between the Johannine and the Gnostic view of revelation could also be drawn between the Johannine view and any doctrine of revelation and redemption which takes no account of the particularity of individual men." Ibid., pp. 64 – 65.

但重要,基本上也是正确的,虽然他对约翰福音的作者、成书日期以及福音书的背景等问题的观点令人难以接受。值得庆幸的是,Bultmann最终对约翰福音书著作的目的倒是表达了一些很精辟的看法。他不仅同意第二十章三十一节是著书目的,同时也认为,至少对福音书的原作者来说,读者群究竟是基督徒与否是不相关(irrelevant)的;因为对原作者而言,基督徒的"信心"(faith)不是一旦存在就永远存在的"信念"(conviction),而是必须不断要重新肯定的;因此也就必须要继续聆听[上帝的]道。⑯

因为Bultmann认为约翰福音的读者群是基督徒与否是一件"不相关"的事,因此第二十章三十一节中那个希腊原文的"信"字不论是一个简单的过去式动词 *pisteusēte* 或是现在式 *pisteuēte* 都无多大意义。⑯

Bultmann把约翰福音的思想和源自希腊的知识主义紧密连接在一起作比较研究,其实是基于一个很有问题的假设。那就是,Bultmann假设约翰福音成书于主后第一世纪末或第二世纪初。近二三十年来,愈来愈多的学者都认为这个假设是很难成立的。这主要是因为在一些学者们的细心研究之下,已渐渐发现约翰的神学思想并非像以往所猜测的那样,说是经过一段相当漫长的时间才"发展"(developed)出来的;并藉此来证实约翰福音是很迟才成书的。另一个怀疑Bultmann的假设的主要原因,当然是约翰福音的希腊文蒲草本P⁵²被鉴定是主后130年左右抄写的事实。

但是,不赞同Bultmann把约翰福音的神学思想和知识主义紧密连接在一起来作比较,并不表示约翰福音因此就完全没有驳斥或反映类似知识主义的意图。因为除了约翰福音之外,至少还有一封书信,也即是约翰壹书,被不少学者看作是使徒约翰在同一个时期所写的。约翰壹书

---

⑯ "He announces the purpose of his book (v. 31) as he directly addresses the reader; its purpose is to awaken the faith that Jesus is the Messiah, the Son of God. So far as the Evangelist is concerned it is irrelevant whether the possible readers are already 'Christians', or are not yet such; for to him the faith of 'Christians' is not a conviction that is present once for all, but it must perpetually make sure of itself anew, and therefore must continually hear the word anew." Ibid., pp. 698 – 699.

⑯ "It is therefore without significance whether we read with B ℵ* ... *pisteuete*, or with the remaining witnesses *pisteusete*." Ibid., p. 698, n. 7.

很明显是以驳斥类似于知识主义的异端为目的之一。约翰壹书第四章一至三节就明说："世上有许多假先知已经出来了。凡灵认耶稣基督是成了肉身来的，就是出于上帝的……凡灵不认耶稣［是成了肉身来的］，就不是出于上帝。这是那敌基督者的灵……现在已经在世上了。"

　　学者们普遍都把约翰壹书第四章一至三节所指的"异端"看作是那些否认耶稣是"道成肉身"的"假现说"或"幻影论"（Docetism）。Docetism 一词源自希腊文动词 *dokein*，意即"像似"，其实不是。那就是说，上帝的儿子耶稣并没有在历史上真正成为一位有血肉之躯的人，他在世上只"像似"人而已；是一种"假现"或"幻影"，使人误以为真。

　　"道成肉身"这个奥秘的确是不易领悟的。这也就说明了为何历代以来，各种类似"假现说"的"异端"不断出现，甚至论者者自己都不知道是在说"异端"。姑且举一个无意中发现的现代例子。四川省社会科学院于 1987 年在成都出版的《中国教案史》的作者张力和刘鉴唐在"绪论"中谈到基督教的起源的时候，就有这样的一句话："基督教究竟是怎样创立起来的？ 长期以来，基督教会各派有不同的说法。其中，最普遍的说法是：为了拯救世人，神的化身耶稣，从天降临……"（页 1）把耶稣看作是"神的化身"，若严格地以约翰"道成肉身"（*ho logos sarx egeneto*）的神学来评论的话，也可说是近乎"异端"的思想了，虽然这不一定是说者的原意。因为"化身"与"道成肉身"是很不相同的。"化身"原是佛教语。佛教相信佛，菩萨本身为"法身"，世人不能看见；为了"普度众生"在世上现身说法的，都是佛，菩萨的"化身"。隋慧远《大乘义章》一九说："佛随众生现种种形，或人或天，或龙或鬼，如是一切，同世色象，不为佛形，名为化身。"可见这里所指的是一种"假现"或"假像"，因为佛自己并没有真正"成了"（*egeneto*）人或天，龙或鬼。但是，约翰福音一章十四节所宣告的是：永恒之"道"（*logos*）真正"成了"（*egeneto*）一位有"肉身"（*sarx*）的历史人物。⑯

　　约翰福音虽然没有像约翰壹书那样直接，把类似"假现说"或"幻影论"的异端指点出来，但是它的"道成肉身"论（一 14），它对耶稣的"肉"

⑯ 见《辞源》"化身"。

（*sarx*）和"血"（*haima*），也即对耶稣的"真体"的重视（六52～56），它给十字架上的耶稣的"腿"（十九31～33）和"肋旁……血和水"（十九34～35）的见证，以及对耶稣的"身体"和"肉身复活"的详细记述等，都直接和间接地是对"假现说"那类异端的有力驳斥。约翰福音的立场和约翰壹书所见证的基本上一致。因此，驳斥上述异端，不论是直接或是间接的，都可以说是约翰著福音书的目的之一，纵使这并不是最主要目的。[169]

第二十章三十一节所表明的，肯定是约翰著福音书的主要目的。这也是大部分当代学者们的基本共识。此外，福音的作者还可以有其他目的和动机，包括上述对异端直接或间接的驳斥。但是，"异端者"（heretics）和当时不信耶稣的犹太人是有区别的。前者包括"已信"的"基督徒"。这些"基督徒"的异端思想往往是因为对耶稣"道成肉身"的道理缺乏清楚的理解而产生，或是受到其他宗教和哲学源流的影响所导致。后者则主要是那些不接受耶稣是基督、是上帝儿子的犹太人。但是，异端者和不信的犹太人都应该是约翰所要争取的对象，虽然他似乎是以后者为主要的目标。[170]

C. H. Dodd 认为约翰著作的目的，不是为了充实那些已信的基督徒的神学知识，而是针对那些已经有宗教背景和经验，以及关心永生和得救的人，特别是居住在像以弗所这样一个大都会的那些敬虔和有思想的人。[171]

有些学者如 C. K. Barrett 和 Oscar Cullmann 认为，虽然约翰不像

---

[169] 可以比较约翰福音一14和约翰壹书一1："道成了肉身，住在我们中间"（约一14）以及"论到从起初原有的生命之道，就是我们所听见，所看见，亲眼看过，亲手摸过的"（约壹一1）。

[170] 仅是"犹太人"（*Ioudaioi*；RSV，"the Jews"）这词语就在约翰福音出现了67次。而马太、马可和路加则分别是5、6和5次。约翰福音也以耶稣在耶路撒冷及附近的活动为焦点，包括耶稣与犹太人和他们的领袖的对话和争议。

[171] "... it must surely appear that he is thinking, in the first place, not so much of Christians who need a deeper theology, as of non-Christians who are concerned about eternal life and the way to it, and may be ready to follow the Christian way if this is presented to them in terms that are intelligibly related to their previous religious interests and experience.
It seems therefore that we are to think of the work as addressed to a wide public consisting primarily of devout and thoughtful persons (for the thoughtless and religiously indifferent would never trouble to open such a book as this) in the varied and cosmopolitan society of a great Hellenistic city such as Ephesus under the Roman Empire." Dodd, *The Interpretation of the Fourth Gospel*, p. 9.

符类福音那样清楚地记述了耶稣设立圣餐那一幕,也没有像马太福音二十八章十九节和马可福音十六章十六节那样明确地记载了耶稣吩咐门徒给人施洗的事,但是约翰福音却隐含了很丰富的"圣礼神学"(sacramental theology)。这个圣礼神学的表达,也应该被看作是约翰著书目的的另一面,虽然它并不是最重要或是最突显的。对 Barrett 来说,"道成了肉身"就含育了很深奥的"圣礼的"(sacramental)真理。[⑫]

Barrett 特别提及约翰福音三章一至十五节、六和十五章以及十九章三十四节所含的圣礼意义。但是,他却很正确地指出约翰的圣礼神学,是坚实地扎根于耶稣在十字架上的顺服和献身,而不是基于任何近乎巫术、迷信或机械式的"圣礼主义"(sacramentalism)。[⑬] Barrett 还进一步地说,约翰和使徒保罗的洗礼观有着很紧密的关系,虽然没有具体的文献可以让人假设约翰熟悉保罗所用的词语。[⑭]

Oscar Cullmann 相信约翰福音第二章(耶稣在迦拿变水为酒的神迹),第六章(耶稣分粮的神迹)和第十九章三十四节(耶稣被钉在十字

---

⑫ "Unlike the synoptic gospels, the fourth contains no specific command of Jesus to baptize, and no account of the institution of the eucharist; neither rite is explicitly mentioned. Yet it is true that there is more sacramental teaching in John than in the other gospels. Jesus uses regularly categories of thought which are favorable to the development of sacramental theology. Not only do we find a notable use of symbolism, but also an insistence upon the significance not of the material as such but of the material circumstances of Jesus. The Word became flesh; flesh became the vehicle of spiritual life and truth, and history became charged with a supra-historical meaning. The incarnation was itself sacramental in that it visibly represented truth and at the same time conveyed that which it represented. " *The Gospel According to St. John*, p. 82.

⑬ ". . . the basis of the doctrine of rebirth [is] in the descent and ascent of the Son of man; it is in him(v. 15) that men have eternal life, and to that end he must be lifted up both upon the cross and to heaven. That is, baptism as a life-giving rite arises out of and depends upon the incarnation and death of the heavenly Man . . . . The sacraments, then, so far as they appear in John, are means by which Christians are incorporated into the saving work of Christ, sharing thus in the descent of the Redeemer to an obedient death, and in his ascend through death to the glory he enjoyed with the Father before the creation. " Ibid., pp. 83 - 84.

⑭ "There is thus a close relation between the Johannine teaching and Paul's baptismal doctrine of crucifixion, burial, and resurrection with Christ, and his eucharistic doctrine of a rite based upon the proclamation of the Lord's death and continued in hope of his return in glory, though there is no literary ground for supposing that John had heard of Paul's terminology. " Ibid., p. 84.

架上时从肋旁流出的血和水）这些记述都是洗礼和圣餐两个"圣礼的预表"（as prefigurements of the sacraments）。可是，Cullmann 也同样强调被钉在十字架上的耶稣基督才真正是圣餐和洗礼的根基。[15]

在普世的华人教会和神学界中，"圣礼神学"普遍上都不是很受关注的。Barrett 和 Cullmann 的观点不论是否正确，都有一定的思考价值。

在约翰福音诸多可能的次要目的中，还有一个也许是值得一提的。那就是，要澄清施洗的约翰与耶稣之间的关系，尝试解除某些在当时似乎已存在的误会。虽然四部福音书都一致见证施洗的约翰与耶稣之间的友好关系，包括前者对后者的绝对尊敬和极端谦虚的态度，但是只有约翰福音记述了一些事件，是其他三部福音书都没有的。这就令人猜疑这些事件的记述可能有一定的目的。

按使徒行传十九章一至七节的记载，至少到了主后 52 年左右，远在小亚细亚的以弗所仍有施洗的约翰的门徒。这是施洗的约翰已经去世了二十多年以后的事。还有一些证据表明施洗的约翰的跟从者一直到了主后第三世纪仍未完全消失。[16] 若是这样，当约翰福音成书的时

---

[15] "In other events, the evangelist sees the details of what happened once as prefigurements of the *sacraments*. Thus it can be seen that the miracle at Cana (2.1ff.) is also regarded as a prophetic reference to the wine of the eucharist, and the miraculous feeding (6.1 ff.) as a reference to the eucharistic bread. John 19.34 mentions the detail of the spear thrust which made blood and water flow from the wounded side of the crucified Jesus, a detail which is almost certainly historical; according to the great majority of interpreters this mention is intended to root the foundation of the eucharist and baptism in the cross of Christ." *The Johannine Circle*, p. 16.

[16] "Our other most important source of information is the Pseudo-Clementine *Recognitions*, a 3rd century work drawn from earlier (probably 2nd-century) sources. At the time the *Recognitions* were composed, it was known to the author the sectarians of John the Baptist claimed that their master and not Jesus was the Messiah . . . . Thus, these sectarians must have survived well into the Christian era and become opponents of Christianity. We cannot be absolutely certain, however, that the 1st-century sectarians were already making such claims about John the Baptist. Indeed, the Syriac and Latin forms of the *Recognitions* differ significantly on the reading of at least one of the passages when John the Baptist is called the Messiah — a difference which may indicate a developing theology on this point which only gradually found its way into the literature. At any rate, we have not many guidelines for interpreting the thought of the sectarians at the time when John was written." Brown, *John I*, p. 1xviii.

候,不论是早在主后60年代,或是迟到主后90年代左右,施洗的约翰的跟从者仍旧继续在活动便是一件很自然的事了。因此,约翰福音不论是为了基督徒或是为了施洗的约翰的跟从者,或是为了他们这两群人的缘故而记述当年施洗的约翰与耶稣之间的良好关系,以便解除某些负面性,甚至是破坏性的误会,都是很可能的。

根据马太福音四章十二至十七节、马可福音四章十四至十五节以及路加福音三章十八至二十三节的记载,耶稣是在施洗的约翰被希律王监禁以后,才真正开始出来公开传道的。因此,施洗的约翰和耶稣先后出现的时间和秩序是很明确的。约翰福音基本上也是按这先后次序记述他们二人的传道工作。可是,约翰福音却同时见证了施洗的约翰与耶稣二人在工作上一段"重叠"的时间。有些误会也正是因这"重叠"的时间所引起的。

在约翰福音中,施洗的约翰有两次慎重地公开否认自己是"基督"(*ho Christos*;the Christ;一20,三28),也自认自己是耶稣的"朋友"(*philos*;RSV,friend;三29),并且还非常谦虚地预告说,"他[耶稣]必兴旺,我[施洗约翰]必衰微"(三30)。最早跟从耶稣的两个门徒,也曾经是施洗的约翰的跟从者(一35～39)。又因耶稣和他的门徒在"约翰还没有下在监里"之前(三22～26,四1～2)就在"犹太地"给人施洗(三22),并且"众人都往他[耶稣]那里去了",便很自然会引起误会,以为耶稣和施洗的约翰在彼此竞争。难怪施洗的约翰的门徒深表关注,甚至带着几分妒忌的心向施洗的约翰打报告说:"拉比,从前同你在约旦河外,你所见证的那位耶稣,现在施洗,众人都往他那里去了。"(三25～26)这场误会似乎很深,因为法利赛人都"听见他[耶稣]收门徒施洗比[施洗的]约翰还多"(四1)。正因为这场误会很深,所以约翰福音的作者认为有澄清的必要,因此就在紧接下去的一节经文解释道:"其实不是耶稣亲自施洗,乃是他的门徒施洗"(四2,*kaitoige Iēsous autos ouk ebaptizen allē hoi mathētai autou*)。这解释也完全符合符类福音的记载。因为马太、马可和路加都完全没有提到耶稣在世时给人施洗的事。

假使约翰福音作者著书的其中一个次要目的,是要澄清当年耶稣和施洗的约翰之间的关系,甚至有意向施洗的约翰的门徒传道,希望他们最终信耶稣是基督,则上列的经文和以下的三个例子足以表达此目的。

　　一、施洗的约翰在回应门徒的关注时那宽厚的胸怀和谦虚的态度:"我曾说,我不是基督,是奉差遣在他前面的,你们自己可以给我作见证。娶新妇的,就是新郎。新郎的朋友站着,听见新郎的声音就甚喜乐,故此我这喜乐满足了。他必兴旺,我必衰微。"(三 28～30)

　　二、耶稣自己肯定施洗的约翰为他以及真理所作的见证是真的,并且还形容施洗的约翰是"点着的明灯"(*ho luchnos ho kaiomenos kai phainōn*,RSV,a burning and shining lamp),虽然耶稣也同时声明说天父上帝的见证是"比约翰更大的见证"(五 31～36)。

　　三、众人对施洗的约翰和耶稣二人所作的客观和公正的评论:"有许多人来到他[耶稣]那里,他们说,约翰一件神迹没有行过。但约翰指着这人[耶稣]所说的一切话都是真的。在那里信耶稣的人就多了。"(十 40～42)

　　约翰福音的内容非常丰富,读者自然可以在注释的部分直接或间接地看见或领会原作者著书的"目的"。实际上,除了约翰福音的作者自己在二十章三十一节清楚表明的"最终目的"之外,其余的主要或次要目的乃是一些见仁见智的问题。过于果断的立场和偏激的争议既无意义,也没必要。

陆　《老子》之"道"和圣经之"道"

　　这一段有关"道"的评述并非是一篇专论,因为本注释的作者自认没有这样的学术背景和能力。以下关于《老子》和圣经的"道"观的引述和比较,旨在提出一些观点作为可供两个思想源流"对话"的接触点而已。

　　"道"是《老子》整套哲学思想体系中的核心。在总共八十一章的《老子》或《道德经》里,"道"字共用了七十三次,出现在其中的三十七章中。[17] 但在用法上,其意义和内容却不完全相同。因此,学术界对《老

---

⑰ 根据三国时期魏国玄学家王弼(公元 226-249)的安排,这三十七章的章次是:一、四、八、九、十四、十五、十六、十八、二十一、二十三、二十四、二十五、三十、三十一、三十二、三十四、三十五、三十七、三十八、四十、四十一、四十二、四十六、四十七、四十八、五十一、五十三、五十五、五十九、六十、六十二、六十五、六十七、七十三、七十七、七十九、八十一。见陈鼓应,《老子注释及评介》(香港:中华,1993),页 13-28。

子》的"道"的认识和理解有不少的分歧。有人认为《老子》的"道"是属精神性质，并且是永恒不变的"实体"（substance, reality 或 entity）或是"唯心"（idealistic）的；是一个超时空的绝对"理念"（idea）。⑰ 也有学者肯定《老子》的道，特别是它的宇宙观，有"唯物主义"（materialism）的思想。⑱

北京大学的汤一介教授深刻地分析了《老子》全书以后，发现书中有三个"基本命题"，并且还可以从它们之中看出老子建立他的哲学体系有"三种相互联系的方法"。⑲

第一个命题是"有物混成，先天地生"（二十五章）。汤教授认为这命题很明显是在于说明"道"是"先于天地万物而存在的宇宙本原"。⑳ "先天地生"的"生"则"只是一种生物学的比喻的说法，它只能理解为'存在'，因为道是永恒绝对的，它超越于任何生与死之上"。㉑ 若是这样，道"先天地生"的意义也许可以比较耶稣的所谓"首生"："爱子[耶稣]是那不能看见之上帝的像，是首生的（*prōtotokos*），在一切被造的以先。"（西一 15）

第二个命题是"有无相生"（二章），旨在说明"有"和"无"是一对"相对"的概念，要肯定"有"就必须肯定"无"。其实"无"比"有"更根本。因为如果没有无名无形的永恒之道，根本就不会产生有名有形的宇宙万物。㉒ 其实，以"无"和"有"这两个普通的词语来表达《老子》那"玄之又玄"的"道"是很勉强的。因为在《老子》那套很特殊的思维方式和构想中，所谓"无"并不是指普通事物中的"无"，更不是绝对的"虚无"或"没有"。因此，所谓"视之不见……听之不闻……搏之不得……无状之状……无物之象"是说"道"是超越一般的感官经验和知识的，并非是真

---

⑰ 因为它"玄之又玄"（一章）；"惟恍惟惚，惚兮恍兮"（二十一章）；"氾兮"（三十四章）；并且"先天地生，寂兮寥兮，独立而不改，周行而不殆"（二十五章）。

⑱ 因为"道之为物……其中有象……其中有物"（二十五章）。"道"既是"有象"又"有物"，就不可能是绝对属于"精神"或"理念"的。参"老子"，《中国大百科全书》（北京，上海：中国大百科全书出版社，1987，〈哲学 I〉，页 450－452）。

⑲ 汤一介，《中国传统文化中的儒道释》（北京：中国和平出版社，1988），页 81。

⑳ 同上。

㉑ 杨润根，《老子新解》（北京：中国文学出版社，1994），上册，页 173。

㉒ 汤一介，页 81。

正指绝对的"无"或"不存在"。因为就形而上来说，"道之为物"实际上是"其中有象……其中有物……其中有精，其精甚真，其中有信"的（二十一章）。

既是这样，《老子》所说的"无"实际上就是真正的"有"。这也就是《老子》最精彩和最耐人寻味的"吊诡"或"悖论"。"无"和"有"因此在《老子》并不是相对的，而是统一或是"二位一体"的。这也就是第二章所说的"有无相生"的真义。难怪《老子》在开宗明义那一章就声明说："无，名天地之始；有，名万物之母。故常'无'，欲以观其妙；常'有'，欲以观其徼。"意思乃是说，假设只有"无"，就看不出"道"的任何"徼"，即"端倪"。[18] 同样的，如果只有"有"，就看不出"道"的奥妙了。因此，"无"和"有"最终都是同出一源或属于一个"本体"（ōn），虽然有两个不同的名字。那真是太玄妙了："此两者，同出而异名，同谓之玄。玄之又玄，众妙之门。"（一章）

第三个命题是"道常无为而无不为"（三十七章，四十八章）；目的是强调"道"的特性。[15] 汤教授形容《老子》"有物混成，先天地生"这个命题是一种"逆推法"。那就是，"由天地万物的存在而向上逆推以求其本原"。[16] 这也是《老子》在论及宇宙本原的时候常用的方法。例如十六章："万物并作，吾以观复，夫物芸芸，各复归其根，归根曰静，静曰复命，复命曰常……"；四十章："天下万物生于有，有生于无"。这"逆推法"清楚说明"天地万物"（the caused）的存在必定有一先于天地万物者作为其存在的"原因"（the uncaused cause）。这也无形中否定了天地万物作为独立存在实体的可能性。[17]

汤教授认为《老子》"有无相生"这个命题，"在理论思维上，在哲学方法上，是一个非常重要的飞跃"。因为它"要求人们通过感觉经验去找超越感觉经验的；从时空中的存在去找寻超时空的存在"。这是认识《老子》的宇宙论（cosmology）和本体论（ontology）不可缺少的。[18] 汤教

---

[14] 陈鼓应，页 62。

[15] 汤一介，页 81。

[16] 同上，页 82。

[17] 同上，页 84。

[18] 同上，页 86。

授相信《老子》的第三个命题,"道常无为而无不为"(三十七章)这个思想和"天下万物生于有,有生于无"(四十章)这个宇宙论的基本观点是一致的,都是"通过否定达到肯定"。这也是《老子》的道的特性。⑱ 这个"通过否定达到肯定"的方法,不但巧妙地运用在《老子》的宇宙论和本体论上,也是它建立人生观、道德观和认识论(epistemology)的基本方法。

陈鼓应与汤一介同样肯定"道是老子哲学的中心思想",但是他强调《老子》的"道"在不同的章句中具有不同的义涵;它可以指"形而上的实存者",或是指一种"规律",或是指"人生的一种准则、指标或典范"。⑲

陈鼓应首先从《老子》对"道"体的描述去理解"道"的实存意义。根据《老子》十四章、二十一章和二十五章,陈鼓应认为《老子》的"道"是"真实存在的东西",但"不是一个有具体形象的东西"。"道"既无"形",当然也就"不可名"了。最终只能勉强称之为"道"而已。⑲ "道"无"形"和无"名",只是表示它没有固定的形体以及无法用普通的语文去指称它和表达它而已;绝对不意味着它是"虚无"的东西。相反的,"道"其实是"有象……有物……有精……有信"的(二十一章)。它也是永恒和充满着活泼力和动力的:"独立不改,周行而不殆"(二十五章)。陈鼓应在诠释"独立不改,周行而不殆"这一句的时候,特别强调"道"的"变"和"动"。由于那永远不会消失熄灭的"道"的"变动",天地万物便产生了。⑲

陈鼓应接下去以一、四、四十、四十二、五十一这几章为文本进一步诠释"宇宙的生成"这个理念;说明"道"这个"实存体""不仅在天地形成以前就存在,并且天地万物还是它所造成的"。他特别强调"道"那无穷的"潜在力和创造力";形容"道"是"自然界中最初的发动者

---

⑱ 汤一介,页88。

⑲ 陈鼓应,页2。

⑲ 同上,页2、3。陈鼓应所引的章句主要是十四章:"视之不见,名曰夷;听之不闻,名曰希;搏之不得,名曰微。此三者,不可致诘,故混为一……";二十一章:"道之为物,惟恍惟惚……";二十五章:"有物混成,先天地生。寂兮寥兮,独立不改,周行而不殆,可以为天下母。吾不知其名,强字之曰'道'。"

⑲ 同上,页4。

(the primordial natural force)"。⑬

　　《老子》或《道德经》除了论"道"之外也论"德",包括"德"在伦理、政治、社会等方面的意义。"德"跟《老子》的本体论和宇宙论较有直接关系的,也许是十、二十八、三十八及五十一等章句。十章讲到"玄德"。⑭"道"虽然通过"德"养育了万物,却不占有、不依恃、不主宰万物。这对《老子》来说是"玄德"或是最玄妙和深奥的"德"。第二十八章提到"常德";说"常德是不偏离、不差错、富足,并且最终会回归到童稚、无极和真朴的境界"。⑮ 三十八章论及"上德"与"无为"的密切关系。⑯

　　在《老子》的所有章句中,把"道"和"德"紧紧地联系在一起来讲论万物的起源、形成和持续,并且讲得最明确有力的,应该是五十一章了:"'道'生之,'德'畜之,物形之,势成之。是以万物莫不尊'道'而贵'德'。'道'之尊,'德'之贵,夫莫之命而常自然。故'道'生之,'德'畜之;长之育之;亭之毒之;养之覆之。生而不有,为而不恃,长而不宰。是谓'玄德'"。陈鼓应在引述这一章的时候,作了几点很值得思考的观察。⑰

　　一、"道"分化于万物即为"德"。

　　二、"道德"的尊贵,在于不干涉万物的成长活动,而顺任各物自我化育,自我完成,丝毫不加以外力的限制和干扰。

　　三、"道"创造万物并不含有"意识性",也不带"目的性"或具"占有

―――――――――

⑬　陈鼓应,页 4、5。陈鼓应在注释"宇宙的生成"或老子的"宇宙论"时所引的章句主要如下:"无,名天地之始;有,名万物之母"(一章);"道冲而用之,或不盈。渊兮似万物之宗"(四章);"天下万物生于有,有生于无"(四十章);"道生一,一生二,二生三,三生万物"(四十二章);"道生之,德畜之,物形之,势成之。是以万物莫不尊道而贵德。故道生之,德畜之;长之育之;亭之毒之;养之覆之"(五十一章)。四十二章的"一"表明"道"是"绝对无偶的"。"二"是指阴气和阳气。"三"则可能是指"阴阳相合所形成的一个均调和谐的状态"或是"阴阳相合而成的和气"。见陈鼓应,页 232、233。但是,任继愈则认为"道生一,一生二……并没有更多的意义,只是说,事物因混沌的气(或朴,或一)分化成为万物,由简单到复杂的过程罢了"。任继愈,《老子研究》引自陈鼓应,页 232、233。

⑭　"生之畜之。生而不有,为而不恃,长而不宰,是谓玄德。"(十章)

⑮　"……常德不离,复归于婴儿……常德不忒,复归于无极……常德乃足,复归于朴"(二十八章)。

⑯　"上德不德,是以有德……上德无为而无以为……"(三十八章)。陈鼓应在注释这章句时说:"无形无迹的道显现于物或作用于物是为德('道'是体,'德'是用,这两者的关系其实是不能分离的)"。陈鼓应,页 217。

⑰　同上,页 264。

意欲"。这就是所谓"生而不有,为而不恃,长而不宰"。这是强调万物的"自然"成长、演变和运作。

四、"道"和万物的"自发性"不仅是"道"所蕴含的特有精神,也是《老子》哲学的基本精神。

"道"与"德"的关系是非常微妙的。杨润根对《老子》的"道"与"德"的关系的理解是:"可以把'德'理解为世界万物(包括人在内)以道为本原的产生、发展、进化的全部现实成果(而人是其中最高的成果),这样'德'也就是道以自身为本原或以自身为本质的自我实现,整个世界的存在就是道德的存在,整个世界的本质就是道德的本质,整个世界的历史就是道德的历史……道是整个世界全部真实的来源,世界的真实(它作为道的现实形式)就是道的真实,也就是道德的真实,世界万物(包括人类)是从道德的真实中,即从道的自我实现的真实中获得自身的存在和本质的,或者更正确地说,世界万物(包括人类)的存在和本质,是在道的自我实现的真实或道德被道所赋予或给予的存在和本质,这种被赋予或给予的存在和本质,也就是分有或分享道的存在和本质……因此只有道才是存在与本质的绝对拥有者,而世界万物和人类仅仅就其自身来说则根本不拥有存在和本质。"⑱

杨润根把"德"看作是"道以自身为本原或以自身为本质的自我实现"。这观点基本上是正确并且有深度的。

在中国古代的哲学思想中,"道"与"德"被相提并论也许是从孔子开始。《论语》〈述而〉7.6 说:"志于道,据于德"。但是,正如《论语》的中心思想一样,"道"与"德"在此所关注的,主要还是"修、齐、治、平"等层面,而不是形而上的问题。因此,〈述而〉7.6 紧接下去的是:"依于仁,游于艺。"

《老子》可说是给"道"与"德"作了哲学的提升,尤其是把"道"确认为宇宙万物的本原和一切实存的本体。"德"则是"道"的"自我实现",或是"得道"的结果。这也是"孔德之容,惟道是从"(二十一章)的意思。那就是说,大"德"的容貌或形态,完全取决于"道"的运作或变化。结果

---

⑱《老子新解》,下册,页 551。

"德"成了"道"的体现或启示。陈鼓应也以"体"和"用"来说明"道"与
"德"的关系:"无形无迹的'道'显于物或作用于物是为'德'。"⑲ "德"
就是"道"的"体现"。"老子的德是形而上的道在天地万物和社会人生
中的具体落实"。⑳

　　《庄子》和《管子》分别对"德"也提出了很精辟的见解。《庄子》
〈天地〉说:"泰初有无,无有无名;一之所起,有一而未形。物得以生,谓
之德。"意思是,在"泰初",也即是"太初",当宇宙万物仍未出现时,只有
"无",也就是只有"道"存在而已。"有"和"名"都还未存在。那时只有
不具形体的"一",也即是"道"存在而已。结果万物是因这太初就有的
"一"或"道"而生成。这就是"德"。可见"德"是永恒之"道"的"自我体
现"或"自我运作"的结果。难怪《管子》〈心术上〉进一步解释道,"德者
得也":"德者道之舍,物得以生生,知得以职道之精。故德者得也;得也
者,谓得其所以然也。"㉑ "德者道之舍"很清楚地说明"德"乃是道"施
舍"、"释放"或"给予"的结果。㉒ 庞朴给"德者得也"的注释是:"这里的
道指世界本原,德指本原居于物中。事物因得道方始成其为事物;言其
所得,便叫德。"㉓

　　本注释以上对"道"与"德"的理解是简浅的,只求其能突显一些接
触点,好让以《老子》为主导思想的中国"道"观能与约翰福音序言中的
"道"(*logos*)作一些初步的对话。前面引自《老子》的"道"观主要是涉
及"本体论"(ontology)和"宇宙论"(cosmology)。这也正是约翰福音
的序言开始那节经文的主题。两者因此可作一些有意义的比较和
探讨。

　　《老子》用了不少的章句(有些是重复的)来表达,说明和形容"道"的
"本体"(希腊文 *ōn*)的性质。例如:"常'道'……常'名'……'无'……"
(一章);"道冲"(四章);"视之[道]不见……听之不闻……搏之不得……"

⑲　陈鼓应,页 217。
⑳　张立文主编,《道》(北京:中国人民大学出版社,1989),页 42。
㉑　《管子》〈心术上〉。
㉒　见《辞源》,"舍"。
㉓　《中国大百科全书》,〈哲学 I〉,"德"。

（十四章）；"道之为物，惟恍惟惚……有象㉔……有物㉕……有精……有信……"（二十一章）；"有物混成，先天地生。寂兮寥兮，独立而不改，周行而不殆，可以为天地母。吾不知其名，强字之曰'道'，强为之曰'大'"（二十五章）；"'道'常无名……"（三十二章）；"大道泛兮"（三十四章）；"'道'，常无为而无不为"（三十七章）；㉖"天下万物生于'有'，'有'生于'无'"（四十章）；"明道若昧……道隐无名……夫唯'道'善贷且成"（四十一章）；"天下有始……"（五十二章）；㉗"道者万物之奥"（六十二章）；"天之道不争而善胜，不言而善应，不召而自来，绵然而善谋。天网恢恢，疏而不失"（七十三章）；"天之道，利而不害"（八十一章）。

在对照之下，约翰福音只以两节的经文在序言中宣告"道"（*logos*）的"本体"（*ōn*）："太初有道，道与上帝同在"（一 1～2）。㉘读者也许会问：作者约翰既然在他的序言中开宗明义地把"道"（*logos*）道出来了，为何在一章三节以后就不再引述"道"，甚至根本就不以一章一至二节所给予"道"的意义继续用"道"（*logos*）字呢？主要的原因也许有两个。

一、就约翰福音一章一至二节的希腊原文所用的"道"字（*logos*）及其涵义来说，作者可能已经假设那些活在公元第一世纪后半叶的第一代读者们对 *logos* 的背景，不论是源自希伯来宗教思想，或是希腊哲学的，都已经有一定程度的认识，因此不必再加以引述或诠释。

二、当作者约翰在第一章十四节以那绝对大胆和有力的一句话，"道成了肉身，住在我们中间"，把"道"（*logos*）和历史上的耶稣明确地认同以后，似乎已经没有必要再为"道"作进一步的引述和诠释了。因为那位具"肉身"（*sarx*）的、有形体的耶稣，就是"道"（*logos*）本身的"自我体现"（self-manifestation）了。

若借用《老子》、《庄子》和《管子》的词语来表达，那位历史上的犹太人耶稣既是"道"也是"德"的真实体现。"道"与"德"都在耶稣身上合而为一；可谓"玄之又玄，众妙之门"（《老子》一章）。

㉔　但是，"象"在此并非指肉眼所能看见的一般"形象"。它是抽象的。

㉕　"物"在此也不是指一般可以触摸的"物体"。它只是说"道"是有"实质内容"的。

㉖　"无为"在此是指顺其自然的意思，并不表示完全没有任何运作。

㉗　"始"在这里显然是指永恒的"道"；在意义上很接近约一 1 的"起初"（*en arche*）。

㉘　有关这两节经文的意义，见文本的注释。

就"本体"（*ōn*）而言，《老子》的"道"和约翰福音的 *logos* 都可说是永恒或"自有永有"的；也即是出埃及记第三章十四节希腊文圣经中的 *ho ōn*（英文可译作 The Being，中文译成"那本体"也很恰当）。但是，《老子》的"道"和约翰的 *logos* 不同的地方是——这是一个非常关键性的不同——《老子》的"道"是绝对的"一"，单纯的"一"，是绝对无"偶"无"伴"的。这也就是《说文》所说的"惟初太始，道立于一"中的"一"，或是《庄子》〈天下篇〉"主之以太一"中的"太一"。⑳

约翰福音的"道"（*logos*）虽然与《老子》的"道"一样，在"太初"（*en archē*）就"有"或"存在"（希腊原文 *ēn*），可是，约翰的"道"在"太初"就"与上帝同在"（*ēn pros ton Theon*）。用一个极不完全的"实体类比"（*analogia entis*）来说，约翰的"道"是有"偶"、有"伴"的。因为这道"与上帝同在"。当然这里所指的"偶"或"伴"也绝对不能从数学或数字上去解释，不然就变成"二神论"了！约翰的"道"不但"与上帝同在"，"道就是上帝"（*kai Theos ēn ho logos*）。按希腊原文的结构，这个句子绝对不能译作"上帝就是道"。⑳ 读经者必须对新约神学中上帝的"三位一体论"（Trinitarianism）有一定程度的认识，才能领悟"太初有道，道与上帝同在，道就是上帝"这个句子的奥妙（*mustērion*）。

假使没有"三位一体"论的神学思想为背景，新约圣经，包括约翰福音中有关上帝的"复性"（plurality）就会与"多神论"（polytheism）混淆在一起；结果"三位一体的上帝"就会变成"三位神"，甚至是"多神"了。⑳

《老子》的"道"本身就是最"太初"和最"终极"的"本原"，也是最高的"境界"和唯一永恒的"实体"（reality）。它没有比本身更高的"实体"要它去"启示"（reveal 或 manifest）。《老子》的"道"只有通过本身"自然"或"自发"的运作或"自我实现"，也即是"德"，或所"生"的万物，来彰

---

⑳ 在宗教和哲学上，《老子》的"一"很接近希腊思想中的"一元论"（monism）；源自希腊文 *monos* 一词，是唯一或独一无二的意思。它也可以比较印度宗教哲学中的 *advaita*（梵文的意思是"非二"，"non-duality"），也即是"一元"的意思。

⑳ 见这一节文本的注释。

⑳ 就词语来说，"神"或"上帝"在旧约希伯来文 *Elohim* 其实也是个"复数"（plural）。因此，它可以随上下文的情况和意思英译作"gods"或"God"，后来在旧约一般是指耶和华上帝。

显它的"实体"(reality)或"本体"(on);也就是通过汤一介教授所说的"追根溯源的逆推法"。约翰福音的"道"当然也可以藉着被造的万物,以类似的"逆推法"来"启示"本身的实体。[⑫] 但是,更重要的是,约翰的"道"(logos)是通过"肉身"($sarx$)进入时空;是藉着"历史上的耶稣"(the historical Jesus)将上帝"彰显"或"表明"($ex\bar{e}g\bar{e}sato$)出来(一 18)。约翰福音第一章十四节"道成了肉身"中的"成了"在希腊原文 $egeneto$ 特别突出"道"(logos)在时空及历史中的涵义。

就"本体"而言,《老子》的"道"是"常道"或"永恒之道"。严格来说,"道"是不可以真正言说或表述出来的,故此是"玄之又玄"的。约翰福音的"道"(logos)的"本体"也同样难以表达和述说。因此也可以说是"玄之又玄"。但是,藉着"道成肉身"的耶稣,约翰福音的"道"却是"可道"以及可以"表明"出来的(一 18,$ex\bar{e}g\bar{e}sato$);虽然这样的言说和表明,基于时空、历史以及语言本身的局限,最终还是不能把本来就是"玄之又玄"的"道"(logos)的一切"奥祕"($must\bar{e}nion$)和"真理"($al\bar{e}theia$)都"道"出来。

中国古代殷周的宗教思想很丰富。它普遍上都信万物是由一位创造者主宰的。这位至高无上的"神",或称"上帝",或叫"天帝"。这是《老子》所熟悉的宗教思想。重要的是,《老子》在第四章却似乎有意质疑这个古代的"上帝"观;认为最真实的"本体",也就是万物至高无上和最终的"本原",并不是"上帝"或"天帝",而是"道"本身。于是,《老子》在第四章宣告"道"是"万物之宗"之后,就接下去作了一个很大胆的结论:"吾不知谁之子,象帝之先"。意思就是:我不知道"道"是怎样产生的,或是源自何处。它好像是在"上帝"之先就有了。[⑬]

任继愈从无神论和马克思唯物史观的立场在诠释《老子》第四章这个句子的时候说:

"子产不信龙能对人危害,说'天道远,人道迩',但是子产还没有从理论上、从哲学世界观的高度给宗教、上帝、鬼神以根本性的打击。最多不过是一种存疑主义,对鬼神采取各走各的路,'互不干涉'的态度而

---

⑫ 参诗篇十九篇及罗马书一 19、20 等。
⑬ "象"在此是"像"或"似"的意思。参陈鼓应,页 66 – 77,王弼注。

已，和孔子的'敬鬼神而远之'差不多。而且对'上帝'，不论《诗经》、《左传》、《国语》，都还没有人敢否认它的存在，也没有人敢于贬低它的至高无上的地位，只是说几句抱怨话，埋怨上帝不长眼，赏罚不公平而已。既然恨天、骂天，可是遇到有委屈还要向天倾诉衷肠，这算什么无神论、'神灭论'呢？老子的哲学，其光辉、前无古人的地方恰恰在这里，他说天地不过是天空和大地；他说道是万物的祖宗，上帝也不例外。"㉔

张立文也以类似的观点作了这样的诠释：

"老子提出道为万物之宗，把帝置于道下，认为道在帝和神之先之上。他说：'吾不知谁之子，象帝之先。'（第四章）毫不犹豫地剥夺了上帝至高无上、主宰一切的资格。这无疑是对上帝天神论传统有意的挑战。不管这个挑战是用什么形式出现的，都是对殷周以来的神权观念的强烈冲击，具有从上帝权威下解放出来的意义。"㉕

高亨补充说："老子没有否认上帝，但认为：上帝是宇宙体所产生的物，不是宇宙的创造者。"㉖

暂且不论《老子》的原意如何，或上述学者们的诠释是否正确，约翰福音的"道"（logos）和"上帝"（Theos）就"本体"（ōn）来说，是没有分时间的先后和地位的高低的。约翰福音在第一章一节就绝对清楚地表明了这个思想："太初有道，道与上帝同在，道就是上帝。"（en archē ēn ho logos kai ho logos ēn pros ton Theon）。为了让读者确认这一点，约翰还紧接下去重复说："这道太初与上帝同在"（houtos ēn en archē pros ton Theon）。㉗

在约翰福音，当耶稣自称"我是"（egō eimi）"世界的光"（八 12），是"道路、真理、生命"（十四 6）的时候，祂是基于"本体"而说的。因为这样，从死里复活了的耶稣也接受使徒多马对祂的"认信"（confession）和

㉔　任继愈，《老子哲学讨论集》，第 34 页，引自陈鼓应，页 76。

㉕　张立文主编，《道》，页 41。

㉖　《老子注释》，页 28。

㉗　有关"道"或耶稣基督在"本体"（希腊文 ōn）上与上帝不能分高低这一点，可参阅希伯来书一 3："他［耶稣基督］……是上帝本体的真像"（hos ōn . . . charaktēr tēs hupostaseōs）。希腊原文 hupostaseōs（"本体"）可译作英文的 substantial nature, essence, actual being。见 BAGD，"hupostaseōs"。

称呼:"我的主,我的上帝。"(*ho kurios mou kai ho theos mou*；RSV,my Lord and my God,二十 28)

但是,当永恒的"道"成了"肉身",成了历史上的耶稣以后,这位有"血肉"之躯的耶稣就必须受时空、历史、"肉身"(*sarx*)这一切所带来的局限。因此,约翰福音所见证和描绘的耶稣,始终都尊祂的天父上帝为大并向祂顺服;最终忠心和谦和地完成了祂在世上的救赎使命。耶稣,作为"道"(*logos*)的具体彰显,也从来没有失去祂与上帝"合而为一"的至深意识。

《老子》在开宗明义那一章就清楚表明真正的"常道",也即是永恒的道,其实是不可"道"也不可"名"的。作者因此坦诚地说,"吾不知其名";结果只能很勉强地给它取名叫"道"和"大":"强字之曰'道',强为之名曰'大'"(二十五章)。深受古代希伯来思想教养和感染的约翰,就本体论来说,其实也不难理解《老子》所说的。宇宙万物本原的本体和实质的确是很难"道"、很难"名"的。

在远古的旧约希伯来宗教思想中,希伯来人所信仰的宇宙主宰也是很难定"名"的。旧约圣经中,所谓"神"或"上帝"在希伯来原文(*'elohim*)本来不是一个"个体的名字"(personal name)。因为 *'elohim* 可以用在任何神明或神祇身上,并且可以指单一的"神"(god)或复数的"神"(gods);它也可以指任何民族或国家的"神"。

希伯来人所信奉的那位主宰的"名",最早是以四个希伯来文的字母(子音)*YHWH* 出现。这个字原本就没有母音。因此,至今仍很难绝对肯定 *YHWH* 原来应该是怎样发音或念读的。希伯来旧约圣经的母音是在"马索拉本"(Masoretic Text)于公元六至七世纪成书时才加上去的。当希伯来人于公元前 538 年从巴比伦放逐回来以后,本来代表他们的主宰的那四个字母 *YHWH* 已不再通用了。这是为了很慎重地表示他们对主宰的绝对尊敬,免得在有意或无意中亵渎了主宰的圣名。取而代之的,有其他的词语。其中最重要的是 *'Adonai*("阿多乃",中文可译作"主")。即使是 *'Adonai* 也只是一种对所敬奉的主宰的尊称而已,因为 *'Adonai* 也不是真正的一个"个体的名字"。

和合本圣经的"耶和华"(*Jehovah*,RSV)或现代中文的"雅威"(*Yahweh*)也不是希伯来人最高主宰的真正"名"字。因为 *Jehovah* 或

Yahweh 源自希伯来文的 *Yehowah*，是在"马索拉本"旧约圣经成书后将 *'Adonai* 的母音配上原有的四个子音字母 *YHWH*（称为 Tetra-grammaton）而成的。但是，为了表示尊敬，希伯来人在圣经中遇上 *Yehovah* 或 *Yahweh* 时，仍旧是念 *'Adonai*（阿多乃）。由此可见，希伯来人所信奉的至高主宰，也即是约翰福音中所指的那位"神"或"上帝"和"道"，实际上也是"无名"的或是"不可名"的。结果只能像《老子》二十五章一样，"强字之"或"强为之"曰"上帝"、"耶和华"、"雅威"、"主"、"神"或"道"等。[218]

圣经的"上帝"、"耶和华"、"神"或"道"竟然"无名"或"不可名"？ 这的确是令人难以置信了！ "上帝"或"道"，"无名"或"不可名"，表面上看起来似乎是一个很严重以及困扰人的缺点和空白。但仔细思考之下，就会发现这实际上正是一个极大的"启示"。因为"假神"和一般的偶像都是有名的，"可名"的，"可道"的。本文是在讨论约翰福音和《老子》的"道"，而不是儒家的"正名"问题。对约翰福音和《老子》而言，"名"是其次的。"本体"和"实质"才是基要的。[219]

有关"上帝"之"名"的问题，摩西在出埃及记第三章一至十四节与"耶和华"对话的那一段经文特别有启发性。读经者必须记得"耶和华"是为了要把希伯来人从埃及受苦的困境中拯救出来，才在何烈山上的"荆棘里火焰中"向摩西"显现"；并在显现中表明自己的"身分"："是亚伯拉罕……以撒……雅各的上帝"（出三 6）。这位"上帝"也向摩西预告祂将要拯救以色列人（希伯来人）的意愿。"耶和华"向摩西如此显现，旨在表示祂是"活的"，并且是一位能施行拯救的主宰。但是，当摩西好奇地向这位"耶和华"问及祂的"名字"的时候，"耶和华"似乎是答非所问。因为祂回答摩西说："我是自有永有的。"（三 14）这个句子的

---

[218] 有关"上帝"或"神"的名以及 *YHWH* 的讨论，可参 *IDB*, vol. 1, "'Adonai"; vol. 2, "God, Names of"; "Jehovah"和丘恩处,《出埃及记》（香港：基督教文艺出版社，1993，页 16、17、"真神的名称和特性"）。

[219] 读者也许会感觉到，当《老子》在第一章及二十五章说"道"不可道和不可名，因此只能"强字之曰道"的时候，它的语气似乎是很轻松，心态极"逍遥"的！ 同样的，当摩西在出埃及记三 13 向"耶和华"询问他的"名字"（希伯来文 *shem*；希腊文 *onoma*）的时候，"耶和华"在三 14 的回答虽然庄重严肃，但仍不缺乏一些"幽默"及"超脱"："我是自有永有的"（希伯来文 *'ehyeh 'asher 'ehyeh*；希腊文 *egō eimi ho ōn*；英文可译作 I am the Being）。

希伯来原文是：'*ehyeh* '*asher* '*ehyeh*。中文可直译作："我就是我是"。㉒
RSV、NRSV、NIV 都译作：I am who I am（或"I will be what I will
be"）。NEB 是："I am，that is who I am"。旧约希腊文译本 LXX 是：
egō eimi ho ōn。中文可译作："我就是那本体"，英文可译作："I am The
BEING"。这个具有直译以及意译的希腊译文——*egō eimi ho ōn*，可
说是既准确又精彩。

当那位永恒的主宰向摩西宣告说祂就是"那本体"的时候，一切几
乎都说尽了。和合本的翻译者把出埃及记第三章十四节那句希伯来文
'*ehyeh* '*asher* '*ehyeh* 译作"我是自有永有的"。这是一个非常精确巧妙
的翻译。译文兼具了直译和意译的意义与内涵。天主教思高译本却译
作"我是自有者"，也算得上是不错的译文。

上述的希伯来原文和其他译文都没有真正"道出"那位至高主宰的
"名字"来。因为希伯来人所信奉的那位主宰真正要"道出"或是"启示"
的，并不是祂的"名字"，而是祂的"本体"、"实质"和"本性"，以及祂的
"身分"和"作为"，特别是祂的拯救行动。这才是那主宰向摩西"显现"
并与他"对话"的背景和目的。

另一方面，出埃及记三章十四节的希伯来原文之所以这么难翻译，
也是因为它似乎含有某些"文字游戏"（word play）的成分。这是因为
希伯来原文中的 '*ehyeh* 的字根是 *hayah*。它类似英文的 verb "to be"
或"be"，可充作助动词或全动词，并可按上下文的情况随意变成"是"
（is，am）、"已是"（was）、"将是"（shall be，will be）或"being"（存在、
有、生存、产生、实现、本体等）。'*ehyeh* 这个字因此是很灵活并富有动
力的，而不是静态的，是不能刻板地给它"定位"、"定型"及"定名"的。
因此，以它来表达那位永恒的主宰的"本体"、"实质"和"本性"是再恰当
不过了。它比任何"名字"都更有意义和精彩。旧约希腊文 LXX 的译
者应该是领悟了希伯来原文的意义和内涵才能巧妙地把 '*ehyeh* '*asher*
'*ehyeh* 译作 *egō eimi ho ōn*（"I am The BEING"；"我就是那本体"；或
是和合本的"我是自有永有的"）。就动词的基本意思和灵活的运作来

㉒ 见丘恩处，《出埃及记》，页 16。

说,希伯来文的 *hayah* 也类似希腊文 *eimi* 和 *ōn*。*ōn* 也就是"本体论"(ontology)英文词语的根源。

不但如此,较早时提到的"文字游戏"也并非是凭空想像或毫无依据的。因为出埃及记第三章十四节希伯来原文 *'ehyeh 'asher 'ehyeh*,*'ehyeh* 的字根 *HYH* 可译作 be、to be 及 being,或是中文的"有"、"存在"或"本体"等。[⑳] 另一方面,所谓上帝的"名""耶和华"或"雅威"的希伯来原文字根 *YHWH* 与 *HYH* 相似,甚至还可能是同出一源。[㉒] 因此,"耶和华"或"雅威"这些所谓上帝的"名",是基于 *HYH* 这个基要的动词的内涵才有真正意义,[㉓]虽然学者们对这点看法并非完全一致。

上面所引述的,无非是要说明两点:

一、"道"就是"本体"而言,"不可名",并不只是《老子》的问题,也是希伯来宗教思想,包括约翰的"道"(*logos*)所涉及的问题。

二、"不可名"的"道",不论是在《老子》或是在约翰福音,并不因为它"不可名"而妨碍了"道"的"本体"(*ōn*)、"实质"(reality)和"本性"的"自我启示"(self-revelation)和"自我表达"(self-expression)。接下去要探讨的"宇宙论"(cosmology)或"创造论"(creation)可以说明并证实这点。

《老子》的"宇宙论"完全是以"道"的"本体论"为基础的。根据《老子》对"无"和"有",特别是对"无为"和"自然"的论说,其"宇宙论"在涵义和实质内容上,其实是一种"道演论"。那就是说,万物是由"道"本身"自然地"演化或演变而来的。这似乎很接近"演发论"(emanation)的思想。但是,为了方便讨论以及避免词语可能造成的混淆,本文仍旧按一般的习惯来探讨《老子》的"宇宙论"。

在《老子》有关宇宙论的章句中,绝大部分都是先说到"道"的"本体",然后再论及宇宙万物的起源。例如:"道可道,非常道……'无',名天地之始,'有',名万物之母"(一章);"'道'冲……渊兮,似万物之宗"(四章);"有物混成,先天地生。寂兮寥兮,独立而不改,周行而不殆,可

---

⑳ 见 *IDB*,vol. 2,"God,Names of."

㉒ Ibid.

㉓ Ibid.

以为天地母"（二十五章）；"大道氾兮，其可左右。万物恃之以生而不辞，功成而不有。衣养万物而不主"（三十四章）；"'道'生一，一生二，二生三，三生万物"（四十二章）；"'道'生之，'德'畜之，物形之，势成之"（五十一章）；"天下有始，以为天下母"（五十二章）；"道者万物之奥"（六十二章）。

　　约翰福音基本上也是一样，先在序言一开始的时候肯定了"道"（*logos*）的"本体"："太初有道，道与上帝同在，道就是上帝"（一 1）。然后紧接下去就宣告万物的起源："万物是藉着他造的（*panta di' autou egeneto*），凡被造的，没有一样不是藉着他造的"（一 3）。

　　"无"，可说是《老子》的"道"最微妙和最吊诡性的特征："天下万物生于'有'，'有'生于'无'"（四十章）。这就是所谓"有无相生"。从万物的存在"逆推"（汤一介教授语）到本源就是"无"，也即是"道"本身。这样一来，就清楚显示"道"是有本身的能力从"无中生有的"。这个关键性的宇宙论思想和圣经的"创造论"很相似。㉔

　　创世记第一、二章以及圣经其他有关创造的章节，都一致肯定或假设万物是上帝从"无中生有"的。当然，这里所说的"无"是指创造主上帝是没有藉任何原始或是已经"有"（存在）的"元素"来造万物。上帝是"直接"用祂的"道"或"话语"（希伯来文 *debar*；希腊文 *logos*；英文word）创造了万物。这里所指的"道"或"话语"也就是旧约圣经里很熟悉的"上帝的话"或是"耶和华的话"（*debar Yahweh*），或是新约希腊文的 *ho logos tou Theou*。又因为上帝的"道"或"话"是完全与上帝认同的，因此，严格地说，"道"或"话"就不是客观存在的"媒介体"或"中介体"，而是上帝的"本体"（*ōn* 或 being）了。上帝的"道"或"话"的"本体"与这"本体"的向外"表达"（expression）是完全分不开的。因此，在论及上帝的创造行动的时候，诗篇三十三篇九节说："因为他说有，就有，命立，就立"（LXX：*hoti autos eipe kai egenēthēsan，autos eneteilato kai ektisthēsan*）；虽然同一篇诗篇的第六节也说："诸天藉着耶和华的命而

㉔ 古希腊哲学等有不少宇宙论都假设万物未成形时，已有某些"最原始的元素"（primordial elements），如原子（atoms）或金、木、水、火、土等的存在。因此，万物绝不是完全从"无"中变成"有"的。

造,万象藉他口中的气而成。"中文的"命"在希伯来原文是 *debar*;在 LXX 是 *logos*,也就是"道"或"话"的意思。中文的"气"在希伯来原文是 *ruah*;在 LXX 是 *pneuma*,也即是"气息"或"灵"。正因为 *debar* 或 *logos*,*ruah* 或 *pneuma* 都是属上帝的"本体",它们就因此不能被看作是在上帝"以外"或是"独立存在"的创造"媒介"或"中介"(medium)。其实,早在创世记第一章二节,当万物仍未成形的时候,"上帝的灵"(希伯来原文 *ruah 'elohim*;LXX,*pneuma Theou*;RSV,The Spirit of God)就已经"运行在水面上",开始孕育创造的工作了。结果"上帝说:'要有光',就有了光"。就是那么直接和有效。

真正以希伯来或希腊文的词语来直接表明创造是上帝从"无中生有"的,并没有出现在圣经的正典,而是在次经(Apocrypha),虽然上帝从"无中生有"这个基要的理念,是圣经正典一致肯定或假设的。次经《马加比贰书》七章二十八节说:"这里所看见的一切都是上帝从虚无中创造出来的,就好像他创造人类一样。"LXX 的希腊文是:*kai ta en autois panta idonta, gnōnai hoti ex ouk 'ontōn epoiēsen auta ho Theos, kai to tōn anthrōpōn genos houtos gegēnētai*。后来拉丁文的 *creatio ex nihilo* 和英文的"creation out of nothing"的词语和论据就是从《马加比贰书》七章二十八节中的 *ex ouk 'ontōn epoiēsen auta ho Theos*(上帝从虚无中创造)这句话来的。可是这思想早就在旧约圣经中出现。

虽说《老子》和圣经的万物起源论,都是相信万物是从"无中生有"(*ex nihilo*,out of nothing),但是就万物的"生"或"出现"的"过程"来说,《老子》的万物起源说似乎比较强调"道"的自我运作,以及渐进演化的过程:"'道'生一,一生二,二生三,三生万物"(四十二章)。[29] 因此,用"创造"(create,creation)这词语来表达《老子》的万物起源论也许不是最恰当。用"流散"或"演发"(emanate,emanation)或是"演化"(evolve,evolution)可能会更接近《老子》的原意。

㉙　陈鼓应把"三"解释作"阴阳相合所形成的一个均调和谐的状态",或是"阴阳相合而形成的和气"。见陈鼓应,页 223。这样一来,所谓"三生万物"就是表示万物是"阴"与"阳"相合的"和气"所产生的。
　　圣经所强调的创造动力是直接出自上帝的"道"或"话"(希伯来文 *debar*;希腊文 *logos*),或是上帝的"灵"或"气息"(希伯来文 *ruah*;希腊文 *pneuma*)。

另一方面,"创造论"一般都假设有一位有意志和主权(will and sovereignty)的主宰或"创造主"(creator)采取"主动"(initiative)做创造的工作。正如圣经的创造论一样:"起初,上帝创造天地……上帝的灵运行在水面上……"(创一 1～2);㉖"上帝说:'要有光',就有了光"(一 3);"上帝说:'我们要照着我们的形象……造人'"(一 26)。可是,《老子》的"演化论"却不涉及任何有"意志"(will)和"主权"(sovereignty)的"个体创造主"(personal creator);因此也没有任何创造的"目的论"(teleology)可言。在《老子》的构思中,万物只是"道"本身的"自然"演化的"结果"("德")。相反的,圣经的创造论却清楚含有"目的"(*telos*)的意义以及人类爱上帝的"托付"(trusteeship 或 stewardship)的理念,尤其是在人类照顾和治理万物的责任上的"托付":"上帝说:'我们……造人,使他们管理海里的鱼,空中的鸟,地上的牲畜,和全地……'"(创一 26);"又对他们[人类]说:'要生养众多……治理这地……管理……'"(创一 28)。这样清楚的"目的论"(teleology)以及上帝给人类的"托付"(stewardship)对人类与万物的密切关系、环保意识以及生态危机等重大问题是意义深长的。

《老子》的万物演化论特别突出"自然"的思想。"道"所"生"或演化出来的万物也同样依据某一种"自然律"(natural law)自生自灭下去。它所突显的理念是"自化":"'道'常无为而无不为……万物将自化"(三十七章)。所谓"自化"是说"道"在产生万物的同时,也内化于万物之中,成为它们自然运作的动力。"道"本身是永远"独立而不改,周行而不殆"地运作下去的(二十五章)。另一方面,圣经却强调万物是完全依赖创造主上帝的"道"运作、存活和持续下去的:"[上帝]曾藉着他[耶稣,'道']创造诸世界。他是上帝本体的真相,常用他权能的命令托住万有……"(来一 3)。中文的"命令"在希腊原文是 *rhēma*。*rhēma* 在此的意思跟"道"(*logos*)一样。那就是说,上帝的"道"或"话"不仅是创造了万物,这"道"还继续不断地"托住"或支撑着"万有"(或[万物],希腊原文是 *ta panta*;RSV,the universe)。这样,万物(the universe)便可

㉖ "创造"这个动词在希伯来文 *bara'*(LXX 希腊文 *epoiēsen*)是一个满有动力(dynamic)及刻意(deliberate)的行动。

以继续不断地操作和存活下去了。创造的主宰上帝继续不断照顾万物的信念,也在使徒行传十四章十五至十七节表达得很清楚:"……那创造天、地、海和其中万物的永生上帝。他……如常施恩惠,从天降雨,赏赐丰年,叫你们[人类]饮食饱足,满心喜乐。"

《老子》在一些章句中清楚说明万物虽源自"道",为"道"所"生",但"道"却无意主宰和持有万物:"大道……功成而不有。衣养万物而不为主"(三十四章)。"'道'生之,德畜之……生而不有,为而不恃,长而不宰。是谓玄德"(五十一章)。

陈鼓应在引述五十一章的时候,特别强调万物在成长的活动中是"完全自由的"。他认为"道"和万物的"自发性"(spontaneity)"不仅是'道'所蕴含的特有精神,也是《老子》哲学的基本精神"。[220] 圣经的创造论却不完全是这样。创造主上帝不仅"长之育之",也将万物看作是"属"于他的:"你们看天上的飞鸟,也不种,也不收……你们的天父尚且养活它……你想野地里的百合花,怎么长起来……然而……就是所罗门极荣华的时候,他所穿戴的,还不如这花一朵呢"(太六 26~29);"地和其中所充满的,世界和住在其间的,都属耶和华"(诗二十四 1)。

正如本文在开始的时候所解释的一样,上述关于《老子》和约翰福音的"道"的引述和比较,旨在提出一些思想作为可供两个源流"对话"的课题而已。要真正进入有深度的对话领域,就肯定要对这两个思想源流作更深和更全面的探讨和研究。

《老子》的"道"观贯彻了整部著作。它给了"道"一个很完整的引述和诠释。约翰福音则不然。作者除了在序言中给"道"(logos)在"本体"和"创造"这两点上作了简明而有力的宣告之外,并没有给"道"作进一步的引述和诠释。结果"道"也只不过是序言的一部分而已。当然,就整部福音书书写的目的来看,这也是可以理解的。因为约翰写作的目的,很显然不是给"道"(logos)一个系统和完整性的诠释,而是以"道"作为引言,然后把焦点放在那位"道成了肉身"的耶稣身上(一14),去见证和讲述"道"(耶稣)如何在历史的时空和舞台上完成祂救赎

---

[220] 陈鼓应,页 264。

的神圣使命。约翰著书的目的，最终是宣道、释道和卫道。结果整部著作所突显的，是"基督论"（Christology）和"救赎论"（soteriology），而不是"道论"，至少不是《老子》那一种哲理性的"道论"。

柒　圣经以外一些论及"道"的文献

有关"道"的探讨，除了圣经和《老子》之外，还有一些文献是值得一提的。例如《赫尔墨斯文集》（*Hermitca* 或 Hermitic Literature）。这些大约成文于一至二世纪的著作，可说是犹太、埃及和希腊思想源流交汇的产物。其中最具有代表性的，应该是一篇名为《坡以满得》（Poimandres）的著作。Poimandres 是在这篇著作中出现的那位"启示之神"（the revealer god）的名字。[28]

Poimandres 所涉及的主题，如宇宙的起源、光、黑暗、生命、人的堕落、启示、拯救等，与圣经的神学思想有不少可比较的地方。但是，就其成文的年代而论，它是不太可能对约翰福音有直接影响的。如果它与约翰福音有任何接触的话，则它受约翰福音的影响，至少在逻辑上来说，倒是比较可能的。无论如何，Poimandres 这篇文献对约翰福音的研究来说，还是有一定的参考价值。

Poimandres 在述说宇宙的起源的时候，不仅把"圣道"（*hagios logos*；holy Word）看作是宇宙起源的动力或是生命的"气息"，并且还明确地宣告说，那源自启示之神 Poimandres（也并称为 Mind）的"道"（*logos*），就是"神之子"（*huios tou Theou*；Son of God；the luminous Word which came forth from Mind［Poimandres］is son of God）。不但如此，让人能看见和听见的，也是上主的道；人的思想或意向（*nous*；mind）就是父神："That which sees and hears in you is the word of the Lord，and your mind is God the Father"。

---

[28] 在 *Hermitica* 中，Poimandres 并不是至高主宰神本身。他只是至高主宰神的"思想"或"意向"而已。希腊原文是 *nous*，英文可译作"Mind"。因此，在 Poimandres 这篇著作的"前言"中，"启示之神"Poimandres 在表明自己的身分时说："我是坡以满得……至高主宰神的思想（或意向）"（"I am Poimandres ... the Mind of the Sovereignty"）。见 C. K. Barrett，*The New Testament Background：Selected Documents*（London：SPCK，1961），p. 82.

　　但是，正如 C. K. Barrett 所指出的那样，上面所引的那句子中的"思想"（*nous*，mind）和较早时所说的"Mind"有点混淆不清。因为较早时启示之神自称是"至高主宰神的思想"，但后来却说这"思想"（Mind）就是至高主宰神自己。不但如此，Poimandres 还紧接下去说，上述的"道"（*logos*）、"上主"和"思想"（*nous*；mind）和"父神"（God the Father）都是分不开的。因为他们的"结合"（union）就是"生命"（*zōē*；life）："These are not separated one from another; for the union of them is life"。㉙

　　这种神学构思很明显是跟约翰福音很不相同的。像 Poimandres 这篇著作一样，约翰也把"道"（*logos*）看作是"神（或上帝）之子"。可是，在约翰福音，上帝的儿子（道）和天父上帝自己是两个不能等同的"位格"或"个体"（persons）。"道"，上帝的儿子耶稣或天父上帝自己，也没有在约翰福音中被抽象化成"思想"（*nous*；mind）。再者，"生命"（*zōē*；life）虽是约翰福音最关注的主题之一，但"生命"本身绝不是"道"或是上帝的儿子耶稣和天父上帝自己共同"接合"起来的产物。"生命"在约翰福音里是上帝通过耶稣的"道成肉身"赐给信者的。它是一种"恩赐"（gift），是绝对不能跟上帝，或祂的儿子，或"道"，混合在一起的。

　　在古希腊的哲学思想中论及"道"（*logos*）的，当首推赫拉克利特（Heraclitus，约公元前第五世纪）和斯多亚派（Stoicism）的鼻祖芝诺（Zeno of Citium，公元前 334－262）。Heraclitus 在著作《片断》（*Fragment 1*）中满怀感叹地说，"道（*logos*）虽常存，但人却仍旧无知……"（Though the Word［*logos*］always exists men are without understanding ...）。Heraclitus 也相信"万物源于道"或"根据道而发生"（All things happen in according with this Word［*logos*］。这"道"也是"常道"（the word is common）。㉚

　　斯多亚哲学派的鼻祖芝诺相信在宇宙以及人性中有普通性的"道种"（*logos spermatikos*，英文可译作 the seed of Reason 或 the universal Reason）。因此，人类必须按这"道"行事为人（*kata logon*；to act or live in accordance with Reason or［Natural Law］）。

㉙ Ibid., pp. 83－84.

㉚ Ibid., p. 55.

芝诺也相信万物起源于"道"(*Fragment* 98)。贯彻宇宙万物之中和统治万物的"正道"(*orthos logos*)与至高的主宰神宙斯(Zeus)是一样的(The General Law，which is Right Reason，pervading every thing，is the same as Zeus，the Supreme Head of the government of the universe)(*Fragments* 162，152)。㉑

斯多亚哲学不仅把"道"(*logos*)看作"种子"或"精子"(*sperma*；seed)，也同时强调"道"是固有和"内在的理"(*logos endiathetos*，immanent reason)以及"向外表达[或述说]的道理"(*logos prophorikos*，expressed reason)。

深受希伯来宗教、斯多亚和柏拉图(plato)哲学思想影响以及大部分时间居留在亚历山大(Alexandria)的犹太思想家斐洛(Philo，约公元前 20 至公元后 45 年)对"道"(*logos*)也有一套很特殊的看法。

受了柏拉图思想的影响，斐洛将有形的现象世界看作是"理想世界"(the ideal world)的一个很不完全的"仿效本"(copy)。他称这个"理想世界"为 *kosmos noētos*(思想或意念中的世界)。因为这样的世界只存在于人的"思想"或"意念"(*nous*；mind)中。不但如此，斐洛还进一步地探测说，比人思想中的理想世界更早就存在的，还有"神的思想"(the divine mind)。它不但早于被造的世界，被造的世界也是藉着它被创造的。斐洛称这个"原型"或"原始的版本"(*archetupros sphragis*；the archetypal seal)为"神之道"(*ho tou Theou logos*；The Logos of God)。斐洛这种思想显然是受了圣经有关创造、上帝的"道"或"话"以及"智慧"(*sophia*；wisdom)的影响。㉒

㉑ Ibid.，pp. 61 – 62.

㉒ "... this is the doctrine of Moses，not mine. Accordingly he，when recording the creation of man，in words which follow，asserts expressly，that he was made in the image of God — and if the image be a part of the image，then manifestly so is the entire form，namely，the whole of this world perceptible by the external senses，which is a greater imitation of the divine image than the human form is. It is manifest also，that the archetypal seal [*archetupos sphragis*] which we call that world which is perceptible only to the intellect，must itself be the archetypal model，the idea of ideas，the Reason of God [*ho tou theou Logos*]". *De Opificio Mundi* ("On the Creation"〈创造论〉，25. 引自 C. D. Yonge(tr.) The Works of Philo，a new updated edition (Peabody：Hendrickson，1993)，p. 5. Philo(斐洛)的原著虽是以希腊文书写，但是他的书目如今都以拉丁文为标题。

斐洛在 *Quis rerum divinarum Heres sit*(205)中对"道"(*logos*)作了这样的陈述：

"一切万物之父[上帝]给予'道'(*logos*)，也即是他的首要使者，那最特别的权力；让他站在被造之物与创造主之间，将两者区分出来。这'道'在永存者面前为苦难的众生代求，也在百姓面前充当统治者[上帝]的使者。"㉓

上述《赫尔墨斯文集》、斯多亚和斐洛的"道"观，虽然都有一定的参考价值，但是在深一层的分析和比较以后，就不难发现它们与约翰福音的"道"还是有很明显的差距的。

比较接近约翰福音的"道"观的，很自然是源自希伯来宗教思想的旧约圣经、犹太教的"智慧文学"(Wisdom Literature)，尤其是新约圣经的思想。㉔

在旧约圣经，把"道"表达得明确有力的，是创造论和先知文学。创世记一章三、六、九节及诗篇三十三篇六节(希伯来文及中文的旧约；LXX 希腊文译本是三十二6)等，都一致宣称宇宙万物是藉着"上帝的道"(希伯来文 *debar Yahweh*；希腊文 *ho logos tou Theou*；the word of God)造的。诗篇三十三篇六节歌颂耶和华上帝说："诸天藉耶和华的命而造"。中文的"命"字在希伯来原文是 *debar*，希腊文是 *logos*。LXX 整句是 *tō logō tou Kuriou hoi ouranoi estereōthēsan*。在先知文学中，耶和华上帝要他的仆人和使者宣告的，主要是他的"道"或"话"(*debar*；*logos*；the Word)。因此，先知耶利米说，"耶和华的话临到我"(LXX：*kai egeneto logos Kuriou pros me*)。以西结书一章三节、阿摩司书三章一节也是一样。是耶和华的"道"或"话"建立和肯定了先知们的身分(identity)和使命(mission)，并且把他们和"假先知"们清楚地分别出来。

在旧约和犹太教的智慧文学中，"智慧"一词(希伯来文 *hokhmah*；

㉓ "And the Father who created the universe has given to his archangelic and most ancient Word [Logos], a preminent gift, to stand on the confines of both, and separated that which had been created from the Creator. And this same Word [Logos] is continually a suppliant to the immortal God on behalf of the mortal race, which is exposed to affliction and misery; and is also the ambassador, sent by the Ruler of all, to the subject race." Ibid., p. 293.

㉔ 参 Barrett, *The Gospel According to St. John*, pp. 153-154.

希腊文 *sophia*；wisdom）在意义上很接近 *logos*，虽然 *sophia* 并没有在约翰福音出现。在旧约箴言第八章，"智慧"已被"位格化"或"个体化"了（personified）。因此，智慧在宣告说："在耶和华造化的起头，在太初创造万物之先，就有了我。从亘古，从太初，未有世界以前，我已被立。"《所罗门智训》（*The Wisdom of Solomon*）七章二十五、二十六节宣称，"她〔智慧，*sophia*〕是上帝大能的一口气⋯⋯是永恒之光的反射。"

上述这些经文中的"道"（*logos*）或"智慧"（*sophia*）很明显是比希腊哲学中的 *logos* 更接近约翰的思想了。当然，最相似约翰福音的，肯定是新约的其他著作。这也是不难理解的。因为不论新约圣经作者个别思想的特殊性如何，他们对上帝的"道"的领悟以及对耶稣的福音的领受和见证基本上都是同出一源。"道"在新约圣经里主要是指耶稣所宣告的拯救信息（message of salvation）以及使徒们（apostles）和早期教会整体所见证和宣告的"福音"（*euangelion*；Gospel）。并且这福音是完全与耶稣的言行，特别是他的受难、死和复活分不开的（见徒二22～36；林前十五1～8；彼前一 22～25；约壹一 1～3；启一 9）。使徒彼得在彼得前书一章二十五节引用了以赛亚书四十章六至八节之后，便提醒信徒说，使徒们向他们所传的，也是他们所领受的"福音"，就是上帝的"道"。㉕

总括上述不论是源自希腊、埃及或是希伯来的"道"观，就可以清楚看出约翰福音的神学中有一点是最独特，也是最伟大的贡献和宣告。那就是"道成肉身"的神学：那永恒、自有永有的"本体"（*ōn*），也即是"道"（*logos*），进入了时空的历史；那本质上是属灵性的（spiritual）"道"竟然与属物质的（material）"肉身"（*sarx*，flesh）完全结合。这不仅是对所有"二元论"（dualism）的直接挑战和批判（因为二元论把"灵"和"物质"对立起来），约翰福音的"道成肉身"思想最终也把所谓"圣"和"俗"之间那人为的障碍拆除了。因为"道"（*logos*）不仅成了"肉身"，也"住在我们中间，充充满满地有恩典有真理"（*kai ho logos sarx egeneto*

㉕ 虽然彼前一 25 中的"道"，在希腊原文是 *rhēma*，不是 *logos*，但是两者的意思在此是一样的。希伯来书一 3 说，上帝的儿子耶稣在创造了"诸世界"以后，"常用他〔耶稣〕权能的命令托住万有"。"命令"在此的希腊原文是 *rhēma*，可是意义也跟 *logos* 一样。那就是说，上帝的儿子耶稣基督不仅创造了万物，也用祂大能的"道"继续不断地"托住"宇宙万物（*pherōn te ta panta tō rhēmati tes dunameōs autou*）。

kai eskēnōsen en hēmin … plērēs charitos kai alētheias，一 14）。这就是"福音"，就是"生命之道"。

捌　《梨俱吠陀》对本体和宇宙起源的探测

任何一个民族或部落，不论是高度发展或是比较原始的文明，都会对宇宙的起源深感兴趣并加以探索和推测；结果，产生了各种各类的本体论和宇宙论。

印度作为一个古老的文明，也曾通过宗教和哲学途径作过探索和推测。其中最原始的，应该是记述在印度教最古老的经典《梨俱吠陀》（Rig-Veda）里的一些诗歌。㉘ 其中有两首颂赞的诗歌，足以代表印度宗教和哲学在那个时期对本体论和宇宙论的一些探测。它们的内容可以给本注释有关"道"、本体论和宇宙论等课题一些小补充。这两首诗歌是取自 Rig-Veda 的英文译本。中文是本注释作者自己的翻译。㉙

一、《梨俱吠陀》x，cxxi：布拉扎巴帝

（"布拉扎巴帝"，梵文是"金胚胎"的意思。）

1. 起初那个金胚胎在移动和演化：
   它一出生便成了一切的主宰；
   天地都靠他来支撑……
   我们当向哪一位神明献祭呢？
   …… ……

2. 赐予生命㉚和力量的主宰啊，

㉘ Veda（"吠陀"），梵文是"知识"（Knowledge）的意思。Rig-Veda 是颂赞知识或智慧的宗教诗歌，约产生于公元前 1500－800 年间。参 John Bowker, ed. , *The Oxford Dictionary of World Religions*（Oxford：OUP, 1997）；Geffrey Parrinder, *Dictionary of Non-Christian Religions*（London：Hulton, 1971）。

㉙ 见前牛津大学教授 R. C. Zaehner 所编译的 Hindu Scriptures（London：J. M. Dent and Sons, 1972）。这里的中文是本注释作者自己所译。

㉚ 这里的"生命"，梵文是 *ātman.*

您的命令万物都要遵从，

您的命令众神都要遵从，

您的影儿就是永生，

您的影儿就是死亡……

我们当向哪一位神明献祭呢？

3. 您靠您的大能成了一切呼吸者和眨眼者的唯一君王，

您在统管着一切被造之物，

…… ……

5. 天地赖您而定位，

太阳由您来支撑，

…… ……

10. 布拉扎巴帝啊！

唯有您能理解一切被造之物是如何出生的，

…… ……

这首颂赞诗歌很明显是把一个"金胚胎"（*PRAJĀPATI*）看作是万物的来源。他是天地万物及生命的主宰，永生和死亡都在他的操纵和掌管之下。可是诗人并没有说清楚这个"金胚胎"本身是否"自有永有"。第一节所说的"出生"似乎表示这个"金胚胎"是演化出来的一位主宰而不是绝对的"第一个"（The first uncaused cause）。但是，它也可能是"自化"或是"自发"出来的。无论如何，第十节意味着万物的起源，至少对诗人来说，仍旧是一个谜。

二、《梨俱吠陀》x，cxxix："起初……"

1. 那时"有"（being）和"无"（not-being）都不存在，

大气和苍天等也是一样。

大气层包围着些什么？在何处？受谁的保护？

什么是"水"和深渊？完全不可思议？

2. 那时死亡和永生都不存在，

也没有黑夜和白昼的标志。

　　　"那位"(that One)靠着本身的力量㉓在呼吸,没有风的流动：
　　　那时一切都不存在。

3. 起初黑暗紧裹着黑暗；
　　这一切都只是仍未显露的水。
　　就只有隐藏在"虚无"中的"那位"
　　靠着热能才渐渐出现。㉔

4. 起初"这位"开始演化,
　　产生欲望,第一个念头。
　　智者于是通过心灵的探索,
　　在"无"中找到了"有"的联系。

6. 谁能真正知道？谁可以在此给它宣告？
　　它是从何处产生的,这演化是从何处开始的？
　　众神也是后来通过演化才出现的。
　　谁能知道这一切是从何处来的？

7. 这演化是从何处来的？是[神]创造的,
　　或不是他创造的？——
　　只有在最高的天上那位鉴察者才知道。
　　[只有他知道,]或许他也不知道！

　　这首诗歌对宇宙万物还未出现和成形的时候,所作的各种提问和
猜测以及想像,是耐人寻味的。其中有一些似乎是类似古希伯来的思
想。所用的词语和表达的方式至少在表面上也可以和圣经的创造论作
一些比较。但是,深一层的分析就会发现,这首诗歌在实质和内涵上是
模糊不清的一种"演化论"。它很明显是缺少有位格(person)的一位主
宰的思想。诗人所表达的,并不是一套有关本体论和宇宙论的坚定信
念。诗人所用的词语以及提问和猜测的方式,比较接近"不可知论者"
(agnostic)的思维方式和态度。诗的最后一句甚至还表达了诗人对神
明的怀疑："[只有他知道,]或许他也不知道！"这关键性的一点和圣经
的肯定态度形成了一个很强烈的对照。

㉓ "力量"(energy),梵文是 *svadha*.
㉔ "热能"(power of heat),梵文是 *tapas*.

注释

壹　序言
（一 1～18）

　　约翰福音的序言（一 1～18）不仅是这部福音书最重要的经文之一，也是整本新约圣经最精彩的篇章之一。它涉及的基要神学思想有道、永恒、本体、创造、生命、光、见证、重生、历史、道成肉身、恩典、真理、荣光等。它所用的词语或类似的词语虽然也可以在当时的希腊和东方宗教及哲学中找到，但是约翰的思想背景和神学内涵主要还是源自旧约希伯来文和希腊文译本（LXX）圣经。同样重要的，当然是福音书的原作者使徒约翰身为一位见证者，对道成肉身的耶稣那至深的接触与领悟（见一 14、18；参约壹一 1～3），最终使上述那些词语不再是空泛和抽象的理念，而是具体和充满动力（dynamics）的"生命之道"（the Word of Life）。那位历史上的耶稣也因此成了道、永恒、本体、创造、生命、光、见证、重生、历史、道成肉身、恩典、真理、荣光等的真正"体现"（embodiment）。

　　约翰福音没有像马太和路加两部福音书那样记述耶稣诞生的事。马太是从希伯来人的族长亚伯拉罕开始记述"耶稣基督的家谱"（太一 1～17）。路加则从耶稣本身开始，把他的家谱一直溯源到人类的始祖亚当（路三 23～28）。约翰福音并没有类似的家谱。因为对作者约翰来说，耶稣自己就是原有的一切生命之道，是自有永有的，是超越时空的。可是，这"道"却成了"肉身"（约一 14），促成了永恒与历史的交锋。这样一来，整个世界就成了祂的"家"，虽然这个世界，也即是祂自己所造的世界，并"不接待他"（一 10～11）。但是，接待祂的人还是有的，并且成了上帝"重生"的儿女（一 12、13）。这就是生命，就是"福音"。

　　约翰在序言中的一些对照方式也是很特殊的。例如一章一节中的"太初有道，道与上帝同在"和一章十四节的"道成了肉身，住在我们中间"。前者是在强调道的先存性（pre-existence）和永存性（eternity），后者则突显出道成了肉身以后的历史性（historicity）和暂时性(temporality)。前者说"道与上帝同在",后者见证"道与人同在",也即是"道住在我们中间"的意思。

序言中的思想演进(progression)也值得一提。它从本体论(ontology)开始(一1～2),紧接下去是创造论(一3～4)。本体论强调道与上帝的特殊(unique)关系,创造论却论及道与被造世界的普遍(universal)关系。序言从一章一至十三节都是以第三人称来描述事物。但是,一章十四节突然以亲切的第一人称"我们"(*en hemin*;*etheasametha*)来表达信的一群见证者与历史上的耶稣的特别(particular)关系。[①]

序言只简略地介绍了施洗的约翰(一6～8)。他与耶稣的关系在一章十九至三十四节、三章二十二节至四章二节有更详细的记述。一章十七节以摩西所传的"律法"(*nomos*)和耶稣基督所带来的"恩典和真理"(*hē charis kai hē alētheia*)作了一个很强烈的对照。福音书接下去多次提及摩西与耶稣的关系,并显示了律法的局限以及恩典和真理的丰富。

一1　太初有道,道与上帝同在,道就是上帝。

"太初"在此是希腊原文 *en archē* 在和合本的翻译。1814年出版的马礼逊(Robert Morrison)译本将 *en archē* 译作"当始"。天主教思高译本是"起初"。就神学意义和华文的词源来说,"太初"似乎是最好的翻译。圣经的第一句话,也就是创世记一章一节,说"起初,上帝创造天地"。LXX(七十士希腊文旧约译本,Septuagint)将创世记一章一节希伯来原文的 *berē'šit*(和合本"起初")译成希腊文的 *en archē*,与约翰福音一章一节的希腊原文一样。但是,在神学意义上,创世记一章一节的"起初"与约翰福音一章一节的"太初"却有很大的不同。创世记一章一节很明显是指宇宙或自然世界的起源——"起初,上帝创造天地"。这是圣经对创造论最简要也是最明确的宣告。就神学与哲学的范畴而言,它是属于宇宙论(cosmology)的。先知以赛亚在论及上帝创造世界

---

① M. M. Thompson, *The Humanity of Jesus in the Fourth Gospel* (Minneapolis: Fortress Press, 1988), Chapter 2, "Incarnation and Flesh," pp. 33 – 52.

("立地的根基")的时候,也同样用 *en archē* ("起初")这两个字(赛四十
21);其意义与创世记一章一节完全一致。可是,约翰福音一章一节的
en archē ("太初")所指的,却不是宇宙起源论,而是本体论(ontology)。
约翰在一章三节也即是两节经文以后,才真正论及宇宙的起源。② 正
因为约翰福音一章一节所涉及的是本体论——"太初有道",所以和合
本所用的"太初"这两个字,尤其是从中华文化的思想背景去看,就显得
格外准确及意义深长了。若以"大秦景教流行中国碑"的词语来表达
"道"在"太初"就存在的"状况",则这碑颂开始那一句——"常然真寂,
先先而无元"——也可说是很符合约翰福音一章一节的神学思想。③

　　不但如此,经文中那个"太初有道"的"有"字,也进一步丰富了约翰
本体论的内涵。中文圣经的"有"字在此是简洁地从希腊原文的 *ēn*
(RSV,was)翻译过来的。*ēn* 在一章一节是一个未完时态动词(imperfect
tense);它的字根是 *eimi*。*eimi* 的主格单数阳性分词的现在时态
(nominative singular masculine participle present)则是 *ōn*,也就是"本
体"、"存在"或"有"(being)的意思。英文的"本体论"(ontology)也就
是源自 *ōn* 这个最基要的思想。

　　总而言之,约翰福音一章一节的"太初"在神学意义上是与创世记

---

② 参邝炳钊,《创世记》,卷一,页 65:"'起初'指历史时间的开始。在它之前,除了上帝之外,
万物都不存在……(可比较约翰福音第一章一节的'太初')。以赛亚先知把'起初'和
'上帝立地的根基'放在一起(赛四十 21),时间上两者相同。

③ 参朱谦之,《中国景教》(北京:东方出版社,1993),页 223;翁绍军,《汉语景教文典诠释》
(北京:三联书店,1996),页 44;《中国大百科全书》,〈宗教〉,"景教"(北京,上海:中国大百
科全书出版社,1988),页 212－213。
初世纪基督教"异端"之一的叙利亚涅斯多留派(Nestorianism),于公元 635 年(唐太宗贞
观九年)开始进入长安(今西安)设教。"大秦景教流行中国碑"立于公元 781 年(唐建中二
年)。该碑于公元 1623 年(明天启三年;一说公元 1625 年,明天启五年),在整屋(今陕西
周至)出土。碑高 2.36 米,宽 0.86 米,厚 0.25 米。碑额上刻有十字架,两只像鱼、蛇或龙
身的兽物、云彩及莲花。碑底和两侧有古叙利亚人教士题名。碑文共有 1780 字,景净撰,
吕秀岩书。现藏西安陕西省博物馆。碑文分序文和颂词两部分。序文较长,主要是简述
基督教基本教义以及记述景教僧人阿罗本进长安时受到唐太宗的礼遇和景教在唐太宗、
高宗、玄宗、肃宗、代宗和德宗六位皇帝支持下在中国近 150 年的活动历史。碑的颂词较
短,是对上述六位唐代皇帝的颂赞。主要教义包括上帝创世、人类始祖堕落、三位一体论
以及基督的救赎等扼要思想。碑文中出现不少佛教等用语。很明显是一种严肃的把基督
教在中国"本色化"(indigenize)的尝试。

一章一节和以赛亚书四十章二十一节等处的"起初"有明确的区别的，虽然两者在先后秩序以及"因果"关系上分不开。那就是说，"太初"是指道的先存性(pre-existence)；道是"自有永有的"(出三14)。道因此是绝对超越时空，也是绝对"自主的"(sovereign)。道不仅"先"于那被创造出来的有形世界，也是万物存在的"因"(cause)。约翰神学的伟大，也就很明显地表现在他对道与宇宙万物，在先后秩序以及因果关系的处理上。

在古代的中国，"太"也写作"泰"。"太"有"最先"和"最高"的意思。因此，在中国古代的思想中，"太初"也指天地未分以前的"元气"。《庄子》〈列御寇〉曰："迷惑于宇宙形累，不知太初"。《列子》〈天瑞〉说："太初者，气之始也"。在道家，太初也指"道"的本源。《庄子》〈知北游〉形容那些对"道"无知的人是"外不观乎宇宙，内不知乎太初"。唐代的成玄英在其注疏中把《庄子》的"太初"解释作"太初，道本也"。在中国古代有关宇宙本源的思想中，还有一个"太一"(也作"大一")的理念，与"太初"似乎一样。在古代的中文"一"常指"万物之本也，万物之始也"。《说文》解释道："一，惟初太极，道立于一，造分天地，化成万物"。《老子》〈四十二〉："道生一，一生二，二生三，三生万物"。《庄子》〈天地〉曰："一之所起，有一而未形"。《汉书》〈董仲舒传〉则说："一者，万物之所以始也"。

上列中国古代这些关乎"太初"或"太一"的思想，在一定程度上是可以跟约翰福音的"太初"(*en archē*)作相关比较的。但是，在论及"太初"与"道"的微妙关系的时候，约翰与中国古代的思想在本质上就很不相同了。

约翰的"太初有道"这一句，在此肯定了"道"是在一切之先就"有"或是"存在"的。这就是道的"本体"(*ōn*)。道是"自有永有的"。这就叫人想起摩西在旷野与耶和华上帝"对话"时那一句最富有神学与哲学意义的话。当上帝在何烈山(也叫西乃山)向摩西显现的时候(出三1～15)，摩西曾好奇地询问上帝的"名字"。但上帝在回应的时候并没有给摩西什么"名字"，只是慎重地宣告说："我是自有永有的"(出三14)。希伯来的原文是：*'ehyeh 'asher 'ehyeh*。LXX的希腊译文是 *egō eimi ho ōn*。意思是："我就是[*egō eimi*]那本体[*ho ōn*]"。上帝既是"那本体"，当然也就是"自有永有"了。就神学意义而言，约翰福音一章一节的"太初有道"这个思想在实质内容上与出埃及记三章十四节的"自有永有"是一样的。这也就说明了一章一节紧接下去那句话的逻辑性及其意义:"道与上帝同在,道就是上帝。"(一 1 下)

在约翰福音,"有"或"本体"(ōn)是最"太初"或是最"原始"的。可是,在道家的思想中,"有"并不是最"太初"或是最"原始"的。因为《老子》四十章说:"天下万物生于有,有生于无。"《庄子》〈天地〉曰:"泰初有无,无有无名。"那就是说,在"泰初"(或"太初")时只有"无"存在,并没有"有"的存在。"有"既不存在,也就没有什么"名"可言了。

《老子》和《庄子》都没有像约翰福音那样直接明说:"太初有道"。但是,就逻辑而论,它们实质上是隐含着"太初有道"这个理念的。因为"无"既是一切"有"的本源,并且在"太初"也只有"无"的存在,则这"无"者也,肯定就是"道"本身了。又何况"一"——"泰(或太)一"的"一"——也是"道"所"生"的,这"道"岂不是在"太初"就存在或有了"本体"(ōn; being)?

当摩西向上帝询问祂的"名字"的时候(出三 13),上帝并没有给摩西什么"名",而是直截了当地宣告说:"我是自有永有的"(出三 14)。其实上帝并不是在回避摩西的询问,反而是道出了一个最奥妙、"玄而又玄"的真理和启示:永生的上帝,宇宙万物的根源和创造的主宰自己其实是"无名"的! 只有假神和偶像才有"名"! 这一点与《老子》三十二章所说的"道常无名",在思维方式上可说是很相近。《老子》二十五章也因此很坦白地说,把宇宙万物的本体或本源称为"道"或"大",其实也是很勉强的。

约翰在一章一节上宣告了"道"的先存性以后,紧接下去便说,"道与上帝同在"。这一句的希腊原文 *kai ho logos ēn pro ton Theon*,其实可作好几个意义相似,却又不完全一样的翻译。"道与上帝同在"是很不错的翻译。"道在上帝面前",或"道与上帝面对面交往"也是可以接纳的翻译。因为约翰在这里要表达的,主要是道与上帝之间存在着的密切关系和团契。[4]

---

[4] 参 Leon Morris p. 67 及 fn. 67.

"道"在道家的思想中可说是绝对的"一",是唯一无对和混一未分的。这就与约翰福音那"与上帝同在"以及和上帝有密切团契的道很不相同了。

"道与上帝同在"已经很清楚表明与上帝是有区别的两位(two persons),并且是真正各自"有位格的"(personal)两位。不然"道与上帝同在"这句话就根本没有实质内容和意义了。既是这样,约翰又怎能在一章一节下说"道就是上帝"呢?希腊原文只是说"道就是上帝"(*Theos ēn ho logos*),并不是说"道就是上帝本身"或"道与上帝等同"。若是后者,希腊原文就必须在 *Theos* 的前面有一个确定冠词 *ho*(相等于英文的 the)。⑤ 倘若道就是上帝本身或道与上帝等同的话,道就没有自己的位格(person)了。这显然不是约翰的神学思想,而是接近第二、三世纪有关基督的位格的异端了。那就是"神格唯一论"(Monarchianism)及"撒伯流主义"(Sabellianism)。这一类的异端相信只有上帝自己是有位格(person)的。基督并没有自己的位格。他只是上帝的能力等的彰显或表象而已。

可是,约翰明确地宣告"道就是上帝",虽然中文的翻译很难完全精确地将希腊原文 *kai Theos ēn ho logos* 的意思表达出来。约翰也没有说道"如神"或"有神性"。若是这样,希腊原文就应该是 *theios*,而不是 *Theos*;如使徒行传十七章二十九节和彼得后书一章三至四节所用的 *theios* 一样。⑥ 因为"如神"或"有神性"(*theios*)并不是表示道是有位格的上帝(*Theos*)。因此,学者如 Moffatt、Goodspeed、Schonfield 等把约翰福音一章一节下译成"the logos was divine"是不正确的。⑦

当约翰宣告"道就是上帝"的时候,他其实也就是在说明道是远超"智慧"(希腊文 *sophia*;wisdom)和"律法"(希伯来文 *Torah*,law)的。因为 *sophia* 在犹太教的神学虽然占有非常崇高的地位,但是它永远不是上帝(*Theos*)。在《所罗门智训》(*Sophia Salōmōn*;Wisdom of

---

⑤ Ibid., p. 68,fn. 15. Morris 也在此提及 Westcott 的看法。

⑥ 和合本把徒十七 29 中的 *theios* 译作"神性":"我们既是上帝所生的,就不当以为上帝的神性像人用手艺、心思所雕刻的金、银、石。"

⑦ 参 Morris, p. 68.

Solomon)中,智慧只是"上帝大能的一口气";一道来自上帝纯净而明亮的光辉"(LXX:*'esti tēs tou Theou dumamews*, *kai a porroia tēs tou pantokratos doxēs eilikrinēs*;Wisdom 7:25)。"智慧"绝对不是上帝。同样的,在犹太教的思想中,比智慧更崇高的律法(*Torah*)也只是"上帝的女儿"(the daughter of God)而已。⑧ 可是,约翰却说:"道就是上帝"(*kai Theos ēn ho logos*)。与此同时,这道与上帝两者又分别有自己的"位格"(person)。这种微妙的关系,用《老子》的话来说,真是"玄之又玄"了! 这玄妙的关系若弄不清楚,就很难理解约翰福音中那关键性的"子"(耶稣基督)与"父"(上帝)之间的密切关系了。

身为一位坚信"一神论"(monotheism)的犹太人,福音书的作者约翰绝对不会这么明确和大胆地宣告"道就是上帝",除非这是他的清楚信念。约翰并不随便用"上帝"(*Theos*)这词语。对他来说,以 *Theos* 来称"道"(*logos*)是一件绝对慎重和严肃的事。

当耶稣从死里复活以后,约翰也藉着门徒多马对耶稣的宣信(confession)——"我的主! 我的上帝!"(*Ho Kurios mou kai ho Theos mou*)——见证复活后的耶稣是上帝(二十 28)。假使耶稣不是"上帝"(*Theos*),多马的宣信就是干犯、亵渎上帝(*blasphēmia*;blasphemy)的大罪了。

一 2 　这道太初与上帝同在。

这节经文的目的并非是要给上一节增加什么神学内容,而是在强调上一节经文的意思。希腊原文的 *houtos*("这")在此不但有加强经文的意思的作用,它的句子结构——*houtos ēn en archē pros ton Theon*——似乎也反映了亚兰文的背景。⑨ 亚兰文及希伯来文常以重复的字句或平行句子(parallelism)的方式强调所述说的内容。

一 3 　万物是藉着他造的,凡被造的,没有一样不是藉着他造的。

约翰在一章一、二两节所宣告的,是道的本体(*ōn*)以及道与上帝

---

⑧ 参 Barrett,*John*,p. 155;*The Mishnah*,Sanhedrin 101a 等。

⑨ 参 Morris,p. 70,fn. 19.

的密切关系。一章三节是在说明道与被造的世界(creation)的关系。它是约翰的宇宙论(cosmology)或宇宙起源论(origin of the universe)。道作为本体,不但与上帝有着奥秘的"同在"关系,也与被造的世界有着密切的关系。

　　"造的"(英文 made 或 created)在希腊原文(*egeneto*)也译作"有了"、"存在了"、"出现了"(came into being)或"成了"(became)。[10] 只是说万物是"藉着"(*dia*)道被造的,并没有说是"被道所造"。这是一个很巧妙的表达方式。因为它在肯定道在创造世界这件事上所扮演的角色的同时,也尊重了(父)上帝是创造主宰的地位,虽然创造世界是(父)上帝、道(子)以及圣灵三位一体共同参与的工作。[11]

　　约翰以"藉着"(*dia*)来形容道在创造世界中的角色,这个思想可以跟保罗在歌罗西书一章十六节中的"藉"(也是 *dia*)相比较:"万有都是藉他[耶稣基督]造的"(*ta panta di'autou ... ektistai*)。

　　希伯来书一章二节也表达了同样的思想:"[上帝]藉着他[耶稣基督]创造诸世界"(*di' hou kai epoiēsen tous aiōnas*)。原文的 *tous aiōnas* 可作不同的解释。按上下文它应当是指有形体的被造万物,也即是希腊文的 *ktisis*,也就是罗马书一章二十节的"天地"以及八章十九至二十一节的"受造之物"。[12]

　　"凡被造的,没有一样不是藉着他造的"(一3下),这句话其实只是以负面的表达方式,来重述上面那一句已经用正面的方式表达过的思想:"万物是藉着他造的"。这样以正负先后来表达同一思想的方式,可说是约翰行文的一个特征。

　　一章三节下的第一个"造"字在原文是一个绝对的过去式(aorist)

⑩ 比较约一 14 中的同一个希腊文动词 *egeneto*.
⑪ 有关圣灵在创世中所扮演的角色可参创一 2:"上帝的灵运行在水面上"等经文;也可以比较道家的"气"以及阴阳相合所产生的动力。按《所罗门智训》,上帝的创世工作是藉着祂自己的"智慧"(*sophia*;wisdom)而成的:"我祖先之上帝,仁慈的主啊,你用你的指令创造了一切。你以你的智慧创造了人类以统领万物,并用圣洁和正义治理世界,秉公执法。"(九 1~3)《便西拉智训》把创造世界的能力归于上帝的"道"或口中的"话":"我要提醒你上帝所作的一切……上帝一经开口,他的创造即已存在,所造之物皆听从他的吩咐。"(四十二 5)
⑫ 参冯荫坤,《希伯来书》(卷上)页 42-44,有关一 20 的注释。

动词 *egeneto*。第二个"造"字("被造")却是一个完成式(perfect)动词 *gegonen*。*egeneto* 表示整体的宇宙的出现是创造的主宰上帝,藉着道所采取的一个决定性的(decisive)行动。*gegonen* 则意味着那已被造的宇宙万物继续存在的事实。⑬

"大秦景教流行中国碑"称上帝或耶和华为"阿罗诃"。这是叙利亚文 *Alaha* 或 *Aloho* 的音译。这碑文的第二句,在论及"阿罗诃"的"本体"的时候说这位至高之神是"先先而无元"的。那就是说,祂在一切事物之先就已经永远存在着,因此是没有起源("无元")的。提到万物的起源或"宇宙论"的时候,碑文接下去说,"玄枢而造化"。意思就是,至高之神阿罗诃统管一切,是奥秘的中枢;是祂创造化育一切。⑭

一 4　生命在他里头,这生命就是人的光。

由于希腊原文的手抄本是没有标点符号的,因此,一章四节上这一句经文——"生命在他里头"(*en autō zōē ēn*),与一章三节下——"凡被造的,没有一样不是藉着他造的"(*chōris autou egeneto oude hen ho gegonen*),在句子的连接上出现了一些意义和翻译上的问题。

若把一章三节下希腊原文中的 *chōris auto egeneto oude hen ho gegonen* 与一章四节上的 *en autō zōē ēn* 连接在一起成为一个完整的句子,就会有两个非常不同的翻译和意义。

第一,*chōris autou egeneto oude hen ho gegonen. En autō zōē ēn*(凡被造的,没有一样不是藉着他造的。生命在他里头)

第二,*chōris autou egeneto oude hen. Ho gegonen en autō zōē ēn*(没有一样不是藉着他造的。凡被造的,就是在他里头的生命)

虽然一及二在句子的结构上都可以成立,但是,就新约的神学思想而言,选择第一个句子应该是比较合理的。因为生命是约翰福音的主

---

⑬ 来一 3:"他[上帝的儿子]……常用他权能的命令托住万有"(*hos ... pherōn te ta panta tō rhemati tēs dunameōs autou*)。这一节经文中的"命令"在希腊原文是 *rhema*,意思与 *logos*("道")一样。经文的意思是,创造主上帝藉着祂的儿子("道")创造了万物之后,并没有让它自生自灭,而是藉着"道"(*logos* 或 *rhema*)的能力,"托住"(*pherōn*)或支撑着万物,让它可以继续不断地运作下去。

⑭ 参翁绍军,《汉语景教文典注释》,页 44–45。

题。约翰的道也是"生命之道"。所有被造之物的生命都是从道而来。因此,"生命在他[道]里头"。道既然是万物生命的源头,则"凡被造的"就不可能是"在他里头的生命"。⑮

　　马礼逊的翻译是根据第一个句子的结构:"凡受作者无不以之[道]而作焉。生命在于其内"。

　　和合本的译文也是一样:"凡被造的,没有一样不是藉着他造的。生命在他里头"(一3下,4上)。

　　思高本也如此:"万物是藉着他造成的,凡受造的,没有一样不是由他而造成的。在他内有生命。"

　　在各种不同的英文译本中,RSV 和 NIV 都是流通很广的。它们也是根据第一个句子的结构来翻译。

　　RSV:without him was not anything made that was made. In
　　　　him was life.

　　NIV:without him nothing was made that has been made. In him
　　　　was life.

　　约翰在这之前已论及了道的本体,以及道在创世中的作为。宇宙万物的起源是跟生命绝对分不开的。因为创世的主宰也是生命的根源。因此,"生命在他[道]里头"是一个完全可以理解,也是非常合乎逻辑的思想。

　　约翰所见证的是"生命之道"。他也清楚表明写福音书的目的是"要叫你们[读者]信耶稣是基督,是上帝的儿子。并且叫你们信了他,就可以因他的名得生命"(二十31)。"生命"作为约翰的主题,希腊原文 *zōē* 共出现了三十五次之多。有不少作者认为在约翰所写的约翰壹书有十三次,在启示录有十七次。*zōē* 在新约二十七卷书信中共出现一百三十五次。因此,四分之一以上是约翰福音所使用的。

　　道不仅是生命的根源。"道成了肉身"(*ho logos sarx egeneto'*,一14),目的也是为了要赐给人新的生命(三16,六51,十18,十一25)。耶稣自己也绝对明确地公开宣告说:"我就是……生命"(*Egō eimi ...*

_____

⑮　参 Morris,pp. 72 - 73.

hē zōē,十四6)。

　　"这生命就是人的光"。"光"(*phōs*)也是约翰的主要词语之一,共出现了二十三次。作者在此将生命看成是"人的光"(*to phōs tōn anthrōpōn*)。这很明显是反映了旧约的背景。创世记第一章便将生命的起源与光的出现紧密连接在一起(创一1～27)。诗篇三十六篇九节宣告上帝是生命与光之源:"因为在你那里,有生命的源头。在你的光中,我们必得见光"(LXX:*hoti para soi pēgē zōēs, en tō phōti sou opsometha phōs*)。箴言八章三十五节说:"因为寻得我的,就寻得生命";六章二十三节说:"因为诫命是灯,法则是光,训诲的责备是生命的道"(LXX:*hoti luchnos entolē nomou kai phōs, hodos zōēs, kai elegchos kai paideia*)。

　　在《所罗门智训》中,生命与光也是紧紧地连系在一起的,因为两者都被看作是源自"智慧"(*sophia*):"她[*sophia*]是永恒之光的反射"(*apaugasmas gar esti phōtos aidiou*)(七26上);"……献身于智慧便是永生"(*... estin athanasia en sungeneia sophias*)(八17下)。

　　"生命"与"光"其实在希腊罗马以及东方诸宗教和哲学中也是常出现的主题。混合了希腊、埃及和犹太教思想,成文于公元100至200年间的宗教与哲学文献 Hermetica 便是一个很好的例子。[16] Hermetica 文献中的 Poimandres(4 ff. 9.)在论及宇宙论时,就把 Nous(也即是文献中的"神")看作是"生命和光"(*zōē kai phōs*)。[17]

　　自1947年就开始发现的"死海古卷"(The Dead Sea Scrolls)中,就有不少光明与黑暗斗争的思想,包括一部叫"光明之子与黑暗之子之斗争"(The War of the Sons of Light with the Son of Darkness)的文献。[18] 生命与光的负面当然就是死亡与黑暗。这也是约翰所关注的课题。

---

⑯ 见本注释〈导论〉。

⑰ 在 Hermetica 文献中,Nous 这位神被称作"生命和光"(*zōē kai phōs*)。不但如此,得救的人,也为生命和光作见证(*eis zōēn kai phōs chōrō*)。见 Barrett, *John*, p. 157; *The New Testament Background: Selected Document*, pp. 83-84。

⑱ 参 Morris, p. 75, fn. 37。

一 5　光照在黑暗里,黑暗却不接受光。

"光"与"黑暗"不论是在自然界或是在人的心灵中,都是绝对分明的对照。约翰在此主要是指人的心灵状况,特别是人对光的回应。

虽然约翰没有在此说明那"照在黑暗里"的光究竟是什么或是谁,这句子的上下文却很明确地显示这"光"就是那位"道成肉身"的耶稣基督。

"照"这个动词在原文 *phainei* 是现在式,表明这"光"继续不断地"照在黑暗里"。这一点是很有意义的。因为在这之前的四节经文中,作者都一致以过去式动词宣告道的本体以及这道与上帝和宇宙万物的关系。可是他在此却以现在式动词"照"字,来表达光在黑暗中的照耀。作者约翰似乎是有意在说明一个事实。那就是,只要光与黑暗仍旧在对立的情况下存在,光肯定会持续不断照耀下去的,因为光的本性和任务本来就如此。

"黑暗却不接受光"这个句子中的动词"接受",在希腊原文 *katelaben* 至少有下列几个翻译。

1. "认"(马礼逊)。

2. "接受"(和合)。

3. "胜过"(思高)。英译本有:"has ... overcome"(RSV);"has understood"(NIV);"to seize"或"to grasp with the mind"(C. K. Barrett);"to comprehend"(Morris)等。

在决定哪一个翻译比较合理之前,还得先提出一个问题:这里的"黑暗"(*skotia*;darkness)是指什么? 是指没有生命的事物或是指人(类)? 黑暗作为一种抽象的理念或是一种自然界的现象,在本质上就是与光(或光明)对立的。它绝对不可能"接受"光。因此,这里所说的"黑暗"按理应该是指具体的人,尤其是那些生活在黑暗罪恶世界中的人。"光"则是代表耶稣基督所宣告的福音或生命之道。这个思想在约翰福音很突显。三章十九节就明说:"光来到世间[*kosmos*],世人[*hoi anthrōpoi*]因自己的行为是恶的,不爱光[*phōs*]倒爱黑暗[*skotos*],定他们的罪就是在此。"耶稣因此对众人说"我是世界的光。跟从我的,就不在黑暗里走,必要得着生命的光"(八 12)。

人既然可以"不接受光[耶稣基督]",也就意味着人在黑暗与光明之间有选择的自由。一章十二节上也清楚说明,事实上也有一些人是接待耶稣的。这些就是"信他名的人"。一章十二节上的"接待"(elabon)与一章五节下的"接受"(katelaben)在正面意义上是一样的。

人在面对光或是耶稣基督的福音时,必须面对选择;并且也有选择的自由。这是约翰福音要带出的重要信息。这个实存性的选择最终把人区分为"信"和"不信"两大类。

和合本把一章五节下的希腊原文 katelaben 译作"接受"是很正确的。但是 NIV 的"明白"、"知道"(has understood),Barrett 的"理解"(to grasp with the mind)以及 Morris 的"领悟"(to comprehend)也是可取的。这些翻译基本上都没有跟和合本的"接受"相抵触。这是因为人在"信"与"不信"之间作关键性选择的时候,往往也是取决于他对"光"的"认识"或"领悟"(katelaben)。

"认识"或"领悟"不仅是理解或思路的问题,也关于一个人的心灵状况。耶稣带来的光是普及性的,因此是真正的"普照"。人对光的回应则随着各人不同的理解,思路和心灵状况而有所区别。那些坚持行在黑暗中或是被罪恶的权势所辖制的,自然不愿意认识,最终也不能领悟光。

一 6 有一个人,是从上帝那里差来的,名叫约翰。

希腊原文中的"有"(RSV, was;egeneto)是一个绝对的过去式动词,在此明确表明某一个"人"(anthrōpos)在具体的历史时空里"出现"。这个人名叫"约翰"(Iōannēs)。马可福音以约翰的出现为"耶稣基督福音的起头"(可一 1)。

正如马可福音一样,随着约翰的出现,整部约翰福音书,"戏台"上的序幕也就拉开了。主角耶稣基督接下去的"登场",只不过是时间的问题而已。

一章六节所介绍的"约翰"当然也就是"施洗的约翰"(Iōannēs ho Baptizōn,可一 4;或"施洗者约翰",Iōannēs ho Baptistēs,太三 1)。他必须与约翰福音书的作者使徒约翰明确地区分出来。有关施洗的约翰的出生背景和记载,可参阅路加福音第一章。

施洗的约翰虽然只是一个普通的"人"(anthrōpos),但在此却扮演着很不寻常的角色。这是因为他"是从上帝那里差来的"(*apestalmenos para Theou*)。正是这一个决定性的"差"(*apestalmenos*),确定了他的身分、使命和权柄。⑲

　　从摩西开始以来的众先知,都同样是因为上帝主动的"差",给予他们身分、使命和权柄。耶稣基督也确信自己是上帝所"差"来的(见十七3、18,二十 21 等)。"差"这个动词,不论在原文是 *apestellein* 或是 *pempein*,都多次在约翰福音中出现。*pempein* 共出现了三十二次之多,其意义与 *apostellein* 基本上一样。⑳

　　一 7　这人来,为要作见证,就是为光作见证,叫众人因他可以信。
　　上一节的经文已很清楚地声明约翰"是从上帝那里差来的"。他的特殊使命就是"见证",特别是"为光作见证"(*hina marturēsē peri tou phōtos*)。"见证"也是约翰福音主旨的重要部分。"见证"在希腊原文的动词 *marturein*(to witness)及名词 *marturion* 和 *marturia*(witness)在约翰福音共出现了四十七次之多。在对照之下,马太、马可和路加这三部符类福音合起来只用了十五次而已。

　　在约翰福音,为"光",也就是为耶稣基督作见证的,不只是施洗的约翰而已。(父)上帝自己(五 37,八 18)、圣灵(十五 26)、耶稣自己的门徒(十五 27)、众人(十二 17)、撒玛利亚的妇人(四 39)以及旧约圣经(五 39)都一致为耶稣作见证。上述这许多的见证,正如作者约翰自己一样,都有一个共同的目标:"叫众人因他[见证者]可以信"。那就是"信耶稣是上帝的儿子"(二十 31)。㉑

　　"见证",无论是动词或是名词,在原文都是在运用上很严谨的一个词语。它在约翰福音中的意义与旧约希伯来文的 *'ēdāh*(动词,"作见

<hr/>

⑲ Barrett 在注释这一点的时候说:"施洗的约翰工作的意义,完全是源自他被差遣这个事实。"*John*, p. 159.
⑳ 见 Barrett, *John*, p. 569 对 *apestalein* 及 *pempein* 的注释。
㉑ "信"作为一个动词(*pisteuein*)在约翰福音多次重复地出现,具有很重要的意义。约翰没有用名词"信"(*pestis*; faith)。有关 *pisteuein* 在约翰福音中的意义和用法,参 Barrett, *John*, pp. 10,55,58,82,95,159,193,194,201,245,247,248,306,307,344,456,573 - 575.

证")和 *'ēdût*(名词,"见证";witness,testimony)相似。这词语在希伯来文和希腊文都不是抽象和空洞的。因为"见证"本身要求具体的凭据去证实所见证的内容。㉒ 这词语也含有一定的法律,以及在法庭上作证所涉及的意义。例如,当大祭司捉拿了耶稣以后,对祂审问的时候,耶稣也要求审问者提出具体的凭证来证实他们对祂的"指证"(十八 23)。"指证"在此也是 *marturein*。结果因为大祭司的起诉人缺乏确实的凭据,使得审判官罗马巡抚彼拉多不得不三次公开宣告说:"我查不出他[耶稣]有什么罪来"(十八 38,十九 4、6)。

一 8　他不是那光,乃是要为光作见证。

作者在此很清楚地将见证者施洗的约翰和他见证的对象"光",也即是耶稣基督,区别出来。

约翰"不是那光"(*ouk ēn ekeinos to phōs*)。他只是一个作见证的"人"(*anthrōpos*)而已。这个区别在那个时代特别重要。因为有不少人曾将施洗的约翰和耶稣混淆在一起。有人甚至以为施洗的约翰就是"基督"(三 22～29),或误以为耶稣就是从死里复活的约翰(可六 14,八 28;太 14;路九 19)。

施洗的约翰在四部福音书中都占有很重要的地位(太三 1～12;可一 1～9;路三 2～16;约一 6、15、19～36 等)。路加福音特别记载了约翰诞生的事(路一)。他的父亲撒迦利亚是一位祭司(路一 8)。他出生在犹大山区的一座城(路 39)。按路加福音第一、二章的记述,施洗的约翰比耶稣大约长几个月。他的母亲以利沙伯是耶稣的母亲马利亚的一位"亲戚"(路一 36)。㉓

犹太历史家约瑟夫(Josephus)在《古史》(*Antiquities*,xviii 116 -

㉒ Barrett 认为"信"(*pisteuein*)和"见证"(*marturein*)这两个动词的意思很相似,都同样表示接受所提供的证据是已经确定了的事实。Barrett,*John*,p. 159.

㉓ "亲戚"在希腊原文是 *sungenis*。它在希腊文的新约圣经只有在此出现。比较常用的是另外一个意思相近的希腊文 *sungenes*(见可六 4;路一 58;罗九 3 等处)。I. Howard Marshall 根据路一 8、36 等经文认为耶稣的母亲马利亚与施洗的约翰的母亲以利沙伯的"亲戚"关系,可能还意味着马利亚自己也是祭司家族的后裔。见 I. Howard Marshall,*The Gospel of Luke*(Exeter:Paternoster,1978),p. 71.

119)中也记述了一些有关施洗的约翰的资料。约瑟夫与福音书一样，都一致见证约翰是被希律王安提帕（Herod Antipas），也即是"加利利分封的王"（路三 1）杀害的（太十四 5～12；可六 19～29）。

身为一位见证者，施洗约翰最终的遭遇不断在提醒人们，古今中外凡是忠实和刚毅的见证者，往往都要为所见证的事物付上极大的代价，甚至是把自己的生命献上。"见证者"一词在希腊文是 *martur*，也就是英文 martyr 以及中文"殉道士"的来源。

一 9　那光是真光，照亮一切生在世上的人。

马礼逊与和合译本都没有把希腊原文在这节的最后一个句子译出来：*erchomenon eis ton kosmon*。意思是，"来到世上"（RSV，was coming into the world）。一章九节完整的译文应该是："那光是真光，照亮一切在世上的人；它已经（或正在）来到世上"；或"那照亮每个人的真光，已经（或正在）来到世上"。思高本的译文是正确的："那普照每个人的真光，正在进入这世界"。

"真光"的"真"（*alēthinon*）这个希腊形容词与另一个同源的形容词 *alēthēs*（真的，真实的，诚实的）以及名词 *alētheia* 在约翰福音共出现了四十六次。马太只用了两次，马可四次，路加四次。约翰福音的情况是可以理解的。因为约翰福音不仅刻意强调所记载的一切事物是真实可靠的（*alēthinon，alēthēs*），还明确地宣告耶稣基督自己就是"真理"（*alētheia*）；最终把真理和耶稣基督完全等同起来（十四 6）。

作者约翰在一章九节所用的动词时态（tense）也值得一提。他在经文中不仅肯定了这"真光"（也即是耶稣基督）正在或是已经来到世上的历史性，还同时用了一个现在式动词 *phōtizei*（"照亮"）来表达这"真光"在世上的恒久使命和见证。那就是说，这真光的使命和见证是持续不断的（continuously），也是不受时空所限的。这当然也是"道"的永恒性的基要意义。

"照亮一切生在世上的人"或"照亮每一个人"（*phōtizei panta anthrōpon*），表达了这真光的普世性（universality）。这是名副其实的"普照"，也是福音的本质和目的，是针对每一个人的（*panta anthrōpon*）。这就与作者约翰那个时代的一些神秘宗教以及虚玄的

"哲学"(*philosophia*)很不相同了。例如当时以及较后的诺斯替派或知识主义,顾名思义就是只为通晓某些自认是神秘"知识"(希腊文 *gnōsis*,即"知识")或拥有某种宗教"奥秘"(希腊文 *musterion*;英文 mystery)的精英分子或少数的一群而设的。

一 10　他在世界,世界也是藉着他造的,世界却不认识他。

"世界"的原文 *kosmos* 在约翰福音共出现了七十八次;很明显在作者的神学思想中给了一个很重要的地位。它在一章十节这里是初次出现。在约翰福音,*kosmos* 一般都不是指上帝藉着道所造的有形的物质世界(如罗一 20 的"天地"和八 19～21 的"受造之物",在希腊原文都是 *ktisis*;RSV, creation)。约翰在一章一至三节论及宇宙起源的时候并没有用 *kosmos* 这个词语,而是用 *panta*(和合本译作"万物";RSV, all things)。*kosmos* 在此以及整部福音书中主要是指人的世界或人间的事物,而不是指被造的物质世界。

约翰其间也用 *ho kosmos houtos*("这世界",八 23;或"这世上",九 39)来加强语气。"这世界"或"这世上"主要是形容那抗拒耶稣并且与祂敌对的"世界"。"这世界"与另一个词句 *ho aion houtos*("这世代"或"这时代";RSV, this age)在意义上几乎完全一样,都是指这个人间世界的境况、潮流、取向、人生观、价值观和心态等。在约翰,*ho kosmos houtos* 与 *ho aion houtos* 有时特别是用以描绘被撒但和罪恶所操纵的人世。但是,"道成肉身"的耶稣要拯救的"世界"、上帝所爱的"世界",也正是这个与祂敌对的"世界"(三 16～19,六 14,八 26,十 36)。

"他在世界"的"在"(*ēn*)是一个未完成时态动词。它既说明"道"已经来到人世间的历史事实,也意味着这"道"仍持续地在世上活动,不论这世界的反应如何。"世界也是藉着他造的"这个句子中的"世界"(*kosmos*)在此虽然广义地指整个被造的宇宙万物,但它的焦点仍是放在人的世界。这也就是下一句("世界却不认识他")那个以人为中心的"世界"。因为一般的世界万物是不可能"认识"(*egnō*)"道"或是耶稣基督的,只有"人"(*anthrōpos*)才可能。

"认识"或"知识"(*gnōsis*;knowledge)作为一个名词,并没有在约翰福音中出现。可是,"认识"作为动词(*ginoskein*;to know)却出现了五十七次之多。㉔ 约翰的"认识"可能同时兼具犹太和希腊的思想背景。在希腊思想中,*ginōskein* 以及另一个同义词 *eidenai* 一般是指人对客观事物的观察及认识,不论是通过感官经验或是思考的结果。这种认知比较着重理性和理解。

希伯来文中的"认识"(动词 *yâda'*,名词 *da'at*),除了指人对客观事物的认知以外,更重视认知的主体与客体之间的"个体关系"(personal relationship)。例如耶和华上帝对选民以色列的"认识"是建立在很密切的拯救和"约"(*bᵉri*▍;covenant)的特殊关系上的(申九 24)。摩西被形容是"耶和华面对面所认识的"(申三十四 10)。这也同样表示两者间的关系是很密切的。以色列民对上帝的"认识"或"知道"也是这样。

希伯来思想中的"认识"还有其他更深层的意思。当圣经记述始祖亚当与他的妻子夏娃"同房"的时候,希伯来文所用的动词(和合本译作"同房";RSV,knew)是 *yâda'*(LXX:*egnō*,创四 1、25);很明显是在表达两人"成为一体"(创二 24)的亲密关系。

基于上述的一些希伯来思想背景,约翰在一章十节所说的"认识",就不只是指人对客观事物的认知,例如一般人对耶稣基督客观的存在事实的认知;更重要的,是人藉着与耶稣基督"个体的关系"所得的深层领悟,最终导致生命的分享与交流(二十 31)。耶稣因此在十七章三节慎重地祷告说:"认识你[父上帝]独一的真神,并且认识你所差来的耶稣基督,这就是永生。"负面的意思也是很明显的。既是这样,福音书的作者必然是带着很沉重的心灵重担来道出这个可悲的事实:"他[永恒的道]在世界,世界也是藉着他造的,世界却不认识他。"紧接下去的经文也是有感而发的。

一 11　他到自己的地方来,自己的人倒不接待他。

上一节经文很广泛地述说了这世界不认识"道"(耶稣)的事实。这一节经文所提出的,就不是一个普通"认识"的问题,而是"接待"

㉔ 见 Barrett, *John*, pp. 79, 81－82, 162－163, 306－307, 503－504 有关 *ginoskein* 的注释。

（*parelabon*）。"世界"与耶稣的关系是比较笼统的。但这里所说的,却是很具体了:"他[耶稣]到自己的地方来"。这个句子的希腊原文 *eis ta idia* 与十九章二十七节所记述的那位门徒把马利亚"接到自己家里去"的"自己家里"完全一样。这就是说,历史上的耶稣并不是来到一个完全陌生的"世界"（*kosmos*）,而是来到"自己的地方",甚至"自己家里"。可是,"自己的人倒不接待他"（*kai hoi idioi auton ou parelabon*）。

　　一个人被一个自己感到陌生的世界拒绝,倒是比较可以理解,也是比较可以接受的。可是,一个人来到"自己家里",反而不被"自己的人"（*hoi idioi auton*）接待,肯定是一件令人深感悲痛的事。这一点也提醒读经者一件经常被忽略的事实。那就是,耶稣的"受苦"不只限于祂在十字架上所忍受的。不被自己的人所接受、肯定,也是十字架这条孤单寂寞道路的经历。

　　更具体地说,所谓"自己的地方"很明显是指道成肉身的耶稣降生的犹太地。原文中的"来"（*ēlthen*）和"不接待"（*ou parelabon*）都是绝对的过去时态。表示这些都是已经发生过的史实。

　　"接待"（*parelabon*,源自 *paralambanein*）在人际关系中是一个很亲切的行为。马太福音一章二十节记载主的使者吩咐约瑟把马利亚"娶"去作妻子。这个"娶"字在希腊原文也是 *paralambanein*（*paralabein*,一 20）,与约翰福音一章十一节这里的"接待"一样。使徒保罗也用同一个希腊词提醒哥林多教会从他那里所"领受"（林前十五 1）*parelabete* 的福音以及他自己从主耶稣那里所"领受"（林前十一 23, *parelabon*）的圣餐。

　　但是,对绝大部分的犹太人来说,历史的悲剧却是:他们的祖先以及他们自己一直在期待着的救主弥赛亚虽然已经"到自己的地方来,自己的人倒不接待他"。㉕ 可幸的是,基督的救恩是普世的,祂的爱是"博爱"。因此,愿意"接待"他的人还是有的。他们包括耶稣那个时代以及

㉕ 在旧约时代,犹太人的祖先整体来说都"不接待"被上帝差遣来的先知（见徒七 52）。但在约一 11 这里,犹太人"不接待"的,却不是一位普通的先知,而是永恒的"道"（*logos*）,是上帝的儿子。难怪 Rodney Whitacre 满怀感叹地说:"[犹太人不接待上帝]这古老的模式又在此重现。只是基于这位使者[耶稣基督]的特殊身分[identity],使得这拒绝[rejection]显得格外令人震惊[especially shocking]。" Whitacre, *John* (Leicester: IVF, 1999), p. 55.

历代以来的犹太信徒,虽然近两千年来"接待"耶稣基督的信徒一直都是以非犹太人("外邦人")居绝大多数。

一 12　凡接待他的,就是信他名的人,他就赐他们权柄,作上帝的儿女。

此节的"接待"(elabon)与上一节的"接待"(parelabon)在意义上是一样的,虽然 parelabon 是一个复合字(a compound word)。一章十二节的 elabon 是一个绝对的过去时态动词,说明"接待"耶稣的人并不是一个假设,而是已经存在的事实。换句话说,的确是有人"接待"了(RSV,received)耶稣。

"就是信他名的人"这一句是要进一步解释"凡接待他的"究竟是指什么人。"名"(onoma)在约翰福音不仅是关乎一个人的"名字",也包括他整个"人"所代表的一切,如身分、使命、权柄等。[26] 耶稣的"名"当然比这一切更意义深长。

耶稣并没有亏待那些"接待"祂以及"信"祂名的人。因为"他就赐他们权柄,作上帝的儿女"(edōken autois exousian tekna Theou genesthai)。约翰福音没有用"儿子"或"儿子们"(huioi)来称耶稣的门徒;它只用"儿女们"(tekna;children)。"儿子"的单数 huios(son)只是用在耶稣基督身上。只有耶稣基督是上帝的"儿子"。[27]

"作上帝的儿女"中的"作"字(genesthai;RSV,to become)也有"成了"、"成为",甚至"被生"(be born)或"被造"(be created)等多个相似的意思。虽然经文并没有"生"(gennaō)或"重生"(palingenesia)这类词语。可是,就约翰的一贯神学思想来说,"作上帝的儿女"实际上也就是"重生"的意思。也只有信耶稣的"名"并且接待祂的"重生"者,才能真正"成为"或"作"上帝的儿女(tekna)。

"赐"字(edōken;RSV,gave)肯定是指"恩赐"(gift)。因为罪人的

---

[26] Schnackenburg, John, vol. 1, p. 263: It implies "acceptance of Jesus to the full extent of his revelation." 参 Beasley-Murray, John, p. 13. Ridderbos, p. 45: "they accepted him for what he was as he manifested himself."

[27] 见 Ridderbos, p. 45; Barrett, John, p. 163.

"重生"完全是上帝的恩赐。"权柄"（*exousia*）在此并不表示权利
（right）或能力（power）。按上下文来看，"恩惠"（grace 或 privilege）也
许是恰当的翻译。因为"作上帝的儿女"这件大事完全是上帝的恩赐，
绝对不是人自己凭借什么可以获得或赚取的。

　　有学者认为"权柄"（*exousia*）在此含有某种法律的意义。例如人
被"收养"后所得的权利（right）。可是约翰在此并非论及上帝"收养"
信徒为儿女，而是藉着"重生"，使信者"成为"（*genesthai*）他的儿女。[28]

　　一 13　这等人不是从血气生的，不是从情欲生的，也不是从人意
生的，乃是从上帝生的。

　　这节经文是对"上帝的儿女"的进一步诠释。"乃是从上帝生的"
（*ek Theou egennēthēsan*）这一句与"作上帝的儿女"连接起来，就更有
力地说明罪人的"重生"是上帝的作为，是一件神迹和绝对奥妙的事，因
此也是人无法完全理解的。这个关键的启示在耶稣与尼哥底母的对话
中重现并加以引申。

　　这一节经文一共用了三个否定词"不是"，希腊原文分别是 *ouk*、
oude、*oude*。它是以负面的方式来强调"重生"绝对不是人自己的作
为。"从血气生的"（*ex haimatōn*）在此应该是指人通过血肉之躯交配
的自然生育过程。[29] 约翰所说的"重生"绝对不是这样的自然"生育"。

　　"从情欲生的"（*ek thelēmatos sarkos*）这句子更直接的翻译是："出
自〔人〕肉身的意念"。因为以"情欲"来翻译原文的 *sarkos* 似乎含有不
必要的贬义。"情欲"在圣经中一般说都是带着贬义的。它特别是指来
自罪的恶念及行为。可是，约翰在此所用的 *sarx*（*sarkos*；RSV，flesh）
并没有负面的意思。作者只是要清楚说明"重生"不是出自血肉之躯的
人的"意念"（*thelēmatos*）。实际上，在紧接下去的一节经文中，约翰是
非常正面地去看待"肉身"（*sarx*）的，不然他就不会这么明确地宣告"道

----

[28]　参 Ridderbos，p. 46 及 fn. 88 给 *exousia* 的注解。

[29]　"血"在希腊原文是一个复数（*ex haimatōn*；英文直译则是 from bloods）。Francis J.
　　Moloney 认为这个复数的出现可能是指男女交配时两者的血（bloods）的混合。Moloney，
　　The Gospel of John（Collegeville：The Liturgical Press，1998），p. 45. 参 Ridderbos，
　　pp. 47 - 48；Barrett，*John*，p. 137.

成肉身"(一 14)的真理了。

　　"不是从人意生的,乃是从上帝生的"(*oude ek thelēmatos andros all' ek Theou egennēthēsan*)这一句把"人"(*andros*)和"上帝"(*Theou*)作了一个很强烈的对照。它的意思也是在强调人的重生完全是上帝的作为。

　　一 14　**道成了肉身,住在我们中间,充充满满的有恩典有真理。我们也见过他的荣光,正是父独生子的荣光。**

　　本注释在导论有关"道"的一段专论中已将约翰福音的"道"观和希伯来、犹太教、希腊、埃及(Hermitic 文献)以及《老子》的相关思想大略地作了一些比较。

　　上述的比较研究的价值肯定是存在的,特别是在有关本体论和宇宙论这两方面,约翰的"道"与其他思想源流的确有不少相似及可沟通的地方。但是,约翰福音在此提出的"道成肉身"论(incarnation)则肯定是其他源流没有的。甚至在整部圣经中,也只有约翰的著作出现这样独特无比的"道成肉身论",[30]虽然它在实质内容上,最终还是与其他圣经著作在见证耶稣基督这件事上基本一致。

　　"道成了肉身"(*ho logos sarx egeneto*)中的"成了"(*egeneto*;RSV,became)在原文是绝对的过去式时态动词。其目的很明显是在宣告耶稣的出生是一个不容否认的历史事实(historical reality)。紧接下去的那一句——"住在我们中间"(*eskēnōsen en hēmin*)——进一步地肯定了这个史实。

　　"我们中间"(*en hēmin*)在此表示这个关乎耶稣"道成肉身"的史实的宣告与见证,并非只是根据作者约翰个人的经历,也是属于一个有共同信念的群体(a faith community)的宣信(confession)。

　　从人的层面来看,主导整体约翰福音思想以及掌握这个思想脉络的,主要是作者约翰自己。可是,作者的群体意识和体认(community consciousness and identity)却处处表露在福音的章节中。那就是说,

---

[30]　参约壹四 1～3。

作者的见证和宣告,在很大的程度上,也是信徒们群体的见证和宣告。㉛

"住"字的希腊原文(eskēnōsen)也是一个绝对的过去式时态动词;与"道成了肉身"的"成了"(egeneto)一样。"住"在此再次表示耶稣占有历史时空的事实和意义。"道成了肉身"的耶稣既然是一个历史事实,祂在一定的意义上也就必须受时空所限。这也就清楚表示,耶稣与人的同住——"住在我们中间"——非但不可能是永远的,也是有一定的局限的。在"人间"的耶稣至少不可能"无所不在",纵使祂有"超人"的洞察力以及行神迹的能力等。这个重要的事实与希腊文动词"住"(eskēnōsen)的意思相吻合。因为 eskēnōsen 在此其实也含有暂时"住帐棚"的意思。eskēnōsen 与 skēnē(帐棚,帐幕,会幕)同源。思高本因此把 eskēnōsen en hēmin 这一句很巧妙地译为"寄居我们中间",特别把"寄居"所表示的暂时性突显出来。

旧约希腊文译本 LXX 也常出现 skēnē 这个字。例如记述了亚伯兰"迁到伯特利东边的山,支搭帐棚"(skēnē)(创十二 8);"耶和华在会幕[skēnē]中呼叫摩西"(利一 1);"耶和华在西乃山的旷野会幕[skēnē]中晓谕摩西"(民一 1)。

在新约,启示录二十一章三节所提到的"帐幕"(skēnē)也许是最有意义的。因为当作者,很可能也就是约翰福音书的同一位作者使徒约翰在异象中看见新天新地出现,以及"圣城耶路撒冷由上帝那里从天而降"的时候,他又听见有大声音从宝座出来说:"看哪,上帝的帐幕[skēnē]在人间。他要与人同住[skēnōsei],他们要作他的子民。上帝要亲自与他们同在,作他们的上帝"。耶稣"道成了肉身"住在人间的时候,也可说是"上帝的帐幕在人间"。可是历史上的耶稣这个"帐幕"是暂时的。启示录二十一章三节所叙述的那个"帐幕"却是永远的。因为它象征着上帝与他所拯救的子民永远的"同在";也就是"以马内利"(上帝与我们同在)的最终实现(太一 22)。

历代以来,一直有读者和学者误以为约翰是在四部福音书中最

㉛ 其实,学者如 Oscar Cullmann 等所构想的"约翰圈子"(The Johannine Circle)主要还是基于这个群体的信仰和意识的假设。

"属灵"(spiritual)的一部作品。因此,也就误以为约翰是最不重视有关耶稣的历史事实的。因为这样,约翰在一章十四节等处所重视的历史性是给这些读者和学者们一个很重要的提醒。具"肉身"(*sarx*;RSV,flesh)的那位历史上的耶稣是与历史的时空分不开的。

历史上的耶稣所具有的"肉身"的"事实"(reality and substance)一直都富争论性。近两千年来,教会历史上不少的重要争议,特别是有关"基督论"(Christology)的争议,以及不少"异端"(heresy)的出现,都直接或间接与耶稣的"肉身"或"真体"有关。

首先,就翻译而言,希腊原文 *sarx*(和合本:"肉身")的英译文是比较一致的。一般都把 *sarx* 译作"flesh"。中文翻译就比较不一致。马礼逊将 *sarx* 译作"肉";把"道"译成"言";"其言变为肉而居吾辈之中"(一 14)。

1895 年的《新约全书》把 *sarx* 译作"人身":"夫道成人身,居于我侪之间。"㉜ 1897 年的官话串珠本也译作"人身"。㉝ 1902 年上海印行的新译本则将 *sarx* 译作"肉躯":"夫道成肉躯,居于我侪间。"㉞ 1915 年的新译官话和合本才把 *sarx* 译成"肉身"。㉟ 迄今和合译本中的"肉身"可说是在中文圣经中最普遍被接受的。天主教的思高本译作"血肉":"于是圣言成了血肉,寄居在我们中间。"该译本把 *logos*(和合本:"道")译作"圣言"也是很有意思的。

1912 年大英国圣书会社在日本神户市(Kobe)出版的日文《新约全书》把 *sarx* 译成"肉体"。1946 年圣书协会联盟在美国出版的日文《新约圣书》改译本同样用"肉体"两个字。㊱

约翰有关"肉身"(*sarx*)的思想基本上是继承了古希伯来的。这思想虽然把"肉身"看作是受时空所限,因此是暂时性的东西;可是它却不

㉜ 大清光绪二十一年岁次乙未圣书公会托印,上海美华书馆铅板印。

㉝ 大清光绪二十三年岁次丁酉,上海大美国圣经会出版。

㉞ 美国圣公会的上海主教施约瑟(S. I. J. Schereschewsky)于光绪二十八年岁次壬寅在上海大美国圣经会印行。上述清代出版的《新约全书》中译本都是本注释作者在澳洲悉尼大学(Sydney University)东方研究所的图书馆所见的。

㉟ 中华民国四年岁次乙卯,上海大美国圣经会印行。这译本也见于悉尼大学。

㊱ 这两部日文译本也同样见于悉尼大学。

像古希腊以及一些东方宗教和哲学那样,把属物质的肉身看成是败坏或是"恶的"。对约翰来说,肉身虽然与属灵性的事物在本质上很不同,但两者也不是对立的。这主要是因为希伯来思想中的创造观完全正面肯定耶和华上帝所创造的世界万物在本质上原来都是真、善、美的,包括人的"肉身"在内。

因此,当以赛亚书四十章六至七节说:"凡有血气的,尽都如草,他的美容,都像野地的花。草必枯干,花必凋残……百姓诚然是草",它只是表明人生的短暂以及血肉之躯的虚弱而已,并不意味"血气"(在希腊译文 LXX 是 sarx)本身是恶的。同样的,当先知以赛亚在接下去那一节(四十 8)宣告说:"草必枯干,花必凋残,惟有我们上帝的话,必永远立定",他也只是以短暂的"血气"(象征百姓或人)与那"永远立定"(永恒)的道(上帝的话)作一个强烈的对照而已,并没有鄙视属物质的"血气"的意思。可是,对许多希伯来宗教以外的宗教和哲学来说,那永恒的"道"(logos)竟然"成了"(egeneto)短暂的、受时空所限,甚至是败坏的、恶的"肉身"(sarx),真是令人难以想像,无法接受。约翰福音那"道成肉身"的思想也正好因为这样才格外显得伟大和精彩。

"充充满满的有恩典有真理"这一句表示,那位"成了肉身"的耶稣已将最美好的礼物——"恩典"和"真理"——带到人间。

"恩典"(charis;RSV,grace)在约翰福音出现了四次(一 14、16、17)。"真理"作为名词(alētheia)和形容词(alēthēs 和 alēthinos)共用了四十六次。一章十四节这里把"恩典"与"真理"并列在一起可能是根源于出埃及记三十四章六节的思想:"耶和华在他[摩西]面前宣告说:'耶和华,耶和华,是有怜悯,有恩典的上帝……并有丰盛的慈爱和诚实。'"和合本的"慈爱和诚实",希伯来原文 ḥesed wǝ 'ĕmeth,也可以译作"恩典和真理"。[37] 希腊文译本 LXX 把希伯来文 'ĕmeth 用形容词 alēthinos(诚实的,或真理的)来翻译。

希伯来人的思维方式不像希腊人那样,兴趣在于抽象理念的思考,

㊲ 参 Morris,pp. 94 - 95;Ridderbos,p. 54;Barrett,*John*,139;RSV,steadfast love and faithfulness. 有关 *alētheia*("真理")更详细的讨论,见 Morris,pp. 259 - 262,"Additional note D:Truth."

他们比较具体。因此,"真理"在约翰福音,正如它的希伯来根源一样,主要是以上帝的本性,特别是祂在历史上的作为为依据。耶和华上帝的恩典与真理是很具体地在祂拯救以色列民以及与他们"立约"的历史行动中彰显出来的。"真理"(希伯来文 *'emeth*;希腊文 *alētheia*;英文 truth)因此也指耶和华上帝在守约(the keeping of the covenant)以及祂的应许(promise)上忠实(faithfulness)和可信赖(trustworthiness)。希腊文的 *charis*("恩典")与 *eleos*("慈爱"、"怜爱"、"怜悯")在意义和用法上也有不少相似之处。⑧

"充充满满的"是和合本给希腊文 *plērēs* 的翻译。根据句子在希腊原文的结构以及 *plērēs* 这个词语的运用变化,*plērēs* 是可以用来形容 *logos*(道)或是 *doxa*(荣光)的。和合本以及绝大部分的英译本(除了NEB等少数以外)都以 *plērēs*("充充满满的")来形容"道"。意思就是,这道成了肉身的耶稣"充充满满的有恩典有真理"。根据约翰福音整段序言的上下文(一 1~18),这样的翻译是可以接受的;因为序言的焦点就是道成了肉身的耶稣。作者要宣告的,也就是这位"充充满满的有恩典有真理"(*plērēs charitos kai alētheias*)的耶稣。况且,根据希伯来的神学思想,只有耶和华上帝是恩典与真理的源头。这"道"既然"就是上帝"(一 1),也就表示"道"本身"充充满满的有恩典有真理"是理所当然的。

约翰福音的作者在此不仅见证道成了肉身的耶稣那"充充满满的"恩典与真理,还声称"见过他的荣光,正是父独生子的荣光"(*kai etheasametha tēn doxan autou*, *doxan hōs monogenous para patros*)。约翰在此把恩典和真理(或诚实)与"荣光"(*doxa*;RSV, glory)联系在一起,不难使人想起摩西昔日在西乃山的不寻常经历(见出三十 18~三十四 6)。

当摩西在西乃山上要求耶和华上帝显示祂的"荣光"给他看的时候(出三十三 18),耶和华果然"在云中降临,和摩西站在那里"宣告自己的名,同时还宣告说,"耶和华是有怜悯,有恩典的上帝……并有丰盛的

---

⑧ 见 Ridderbos, p. 54, fn. 119 一些学者们对 *charis* 和 *eleos* 的不同观点。

慈爱和诚实[或真理]"(出三十四 5～6)。至于耶和华的"荣光"或"荣耀",虽然它在摩西那里"经过",摩西并没有真正"亲眼"见过。因为耶和华知道摩西受不了祂的大"荣光",祂必须用"手"遮掩摩西,以免他见到耶和华的"面"。因为人一旦"见"到耶和华的面的时候就"不能存活"了(出三十三 20～23)。

上面这段戏剧化以及耐人寻味的旧约记载,应该是作者约翰所熟悉的。但是,这里却有一个很关键性的差别。昔日连"神人"摩西都不能亲眼"见"到的,如今藉着道成了肉身的耶稣,信者却能看见了。虽然经文只是说这是"他"(耶稣)的荣光,也就是"父独生子的荣光",信者所"见过"的,实际上也就是上帝的荣光了;因为上帝的独生子已经"将他[父上帝]表明出来"了(一 18)。耶稣自己也慎重地声明说,"人看见了我,就是看见了父[上帝]"(十四 9)。一章十四节下的"我们也见过"(*etheasametha*),一方面表示这是一个群体的经历与见证,另一方面也再次强调耶稣的出现是一个历史的事实。

doxa("荣光"或"荣耀")本来在古典和通俗希腊文一般是指舆论、判断、意见、声望等。它的动词 *doxazein* 则是"思想"或"想像"的意思。但在 LXX,某些希腊罗马时代的宗教文献以及在新约圣经中,*doxa* 已很普遍地表示"荣光"或"荣耀";*doxazein* 则是"光照"或"照耀"。[39] LXX 普遍地以 *doxa* 来翻译希伯来文的 *kâbôd*。在旧约 *doxa* 特别是指耶和华上帝"显现"(manifestation)时所发出的光辉及威严。[40]

约翰一直到一章十四节为止仍未直接提及"耶稣"或"基督"这名字及名号,虽然一章十四节的"父独生子"(*monogenous para patros*)很明显是指耶稣基督。为了突显上帝与耶稣基督那特殊的密切关系,约翰常用"父"(*patēr*)来称上帝,以及用"子"(*huios*)来称耶稣基督。*patēr* 在约翰共出现了一百一十八次;马太(四十五次)、马可(四次)、路加(十七次)三部符类福音加起来也只有六十六次而已。

约翰在一章十二节以"上帝的儿女"(*tekna Theou*)来形容那些"接待"耶稣的人。他在此称耶稣为"父独生子"(*monogenous para*

㊴ 参 Barret,*John*,p. 166.
㊵ 见出三十三 22;申五 21;王上八 11;赛六 3 等。

patros)。"儿女"是可以有众多的。可是"独生子"却只能有一位。耶稣与父上帝的特殊关系也就显明了。

　　Monogenēs 在希腊文虽然可以形容任何"唯一"、"无比"或"绝对独特"的事物,但在约翰福音里却是特别指耶稣基督。[41]

　　一 15　约翰为他作见证,喊着说:"这就是我曾说:'那在我以后来的,反成了在我以前的。因他本来在我以前。'"

　　这是约翰福音第二次记述施洗的约翰为耶稣作的见证。"作见证"(*marturei*)在原文是一个现在式动词。但约翰"喊着说"的"喊"字(*kekragen*)却是一个完成式动词。因此有些学者认为这两个动词的不同时态可能有一定的意义。[42] *marturei* 表示施洗的约翰当时为耶稣所作的见证是一个持续的行动。*kekragen* 意味着这位见证者的呼喊,虽然已是一个完成了的行动,却像旧约那些忠诚的先知们一样,留下了持续感人的果效。[43]

　　福音书以呼"喊"来表达施洗的约翰的见证和宣告是很恰当的。因为作为上帝的一位代言人以及耶稣基督的开路先锋,他所宣告的信息的确是充满着紧迫感的呼声。马可福音在一章三节还引了先知书以赛亚书四十章三节来形容施洗的约翰的宣告是在旷野呼喊的人声。

　　"这就是我曾说"(*houtos ēn hon eipon*)这个句子,对施洗的约翰来说,可能有两个相关的意思。第一,"我曾经说的,我现在再说",表示他在重述和他的见证是一致的。第二,"我往日曾经说过的,如今应验了",意味着他所见证过的那位耶稣,现在已经到来了。

　　约翰在呼喊中所说的"以后"和"以前"是分别从历史、身分地位,以及本体三方面来看的。第一,就历史的时空而言,耶稣的确是在施洗的约翰出现"以后"(*opisō*)才来的。第二,就身分地位来说,所谓"以前"(*emprosthen*)应当是指耶稣比约翰居"先要"的地位。第三,从本体的

---

④① 有关 *monogenēs* 用在"独生子"的例子,可参阅路七 12、九 38 以及来十一 17. 见 *BAGD*, *monogenēs*.

④② Barrett, *John*, p. 167.

④③ 参 Ridderbos, p. 55 及 fn. 123; Barrett, *John*, p. 167.

角度来看,身为"太初"之"道"的耶稣基督,绝对是在约翰或任何被造之物之"前"。"因他本来在我以前"这个句子中的"前"在原文是 *prōtos*。表示"第一"或者"最重要"的意思,不仅是时间上的"前"或者先后秩序上的"先"。

一 16　**从他丰满的恩典里,我们都领受了,而且恩上加恩。**

一章十六节上在希腊原文并没有中文的"恩典"这两个字,只有"丰满"(*plērōmatos*)这个字。可是,就上下文的意思而论,句子中的"丰满"很明显是指耶稣基督里那"丰满的恩典"。这也就是一章十六节下所说的"恩上加恩"。

有些学者把"恩上加恩"的希腊原文 *charin anti charitos* 和亚兰文(Aramaic)以及斐洛(Philo)和诺斯替(Gnostic)的思想作了一些比较,⑭可是都没有真正丰富这节经文的诠释。反而是和合本的中译文——"恩上加恩"——非常明确有力地表达了作者的原意。因为"恩上加恩"只不过是在强调"丰满的恩典"而已,它本身并没有任何新的神学意义。

"我们都领受了"(*hēmeis pantes elabomen*)这个句子,是在见证耶稣基督里那"丰满的恩典"已经是全体信徒亲身体验过的历史事实。

一 17　**律法本是藉着摩西传的,恩典和真理都是由耶稣基督来的。**

"律法"在希腊原文 *nomos* 的前面是有一定冠词(definite article)*ho* (RSV, the)的。在犹太人的用法上,"律法"从狭义来说,一般是指"摩西的律法"(the Law of Moses),也即是"摩西五经"(the Pentateuch)。可是,因为摩西的律法在犹太人的圣经中所占的最崇高地位,"律法"就广义来说,往往代表了犹太人的全部圣经。⑮

"律法本是藉着摩西传的"(*ho nomos dia Mōuseōs edothē*)这一

---

⑭ 例如,Morris, pp. 97 - 98; Carson, pp. 131 - 134; Ridderbos, p. 56; Barrett, *John*, pp. 168 - 169.

⑮ Morris, pp. 98 - 99.

句,的确是说明了一个很重要的历史事实,特别是指摩西在西乃山上从耶和华上帝那里领受律法这个事实。然而,作者约翰却在肯定了这个历史事实的同时,把摩西所传的"律法"与来自耶稣基督的"恩典和真理"(*hē charis kai hē alētheia*)作了一个很强烈的对比。正如"律法"(*nomos*)一样,原文的"恩典"(*charis*)和"真理"(*alētheia*)前面也各有一个定冠词 *he*。

作者约翰并没有在这对比(contrast)中故意贬低摩西律法的地位和价值。他只是把"律法"与"恩典和真理"(也即是"律法与福音")(Law and Gospel)个别的"本质"(nature and reality)明确地区分出来。

不但如此,耶稣还曾经对不信的犹太人说:"你们如果信摩西,也必信我。因为他书上有指着我写的话"(五 46)。那也就是说,摩西的律法也是为耶稣作见证的。既是这样,对那些不信耶稣,特别是那些刻意敌对他的犹太人来说,摩西倒成了他们的控告者了。因此,耶稣也对这些犹太人说:"不要想我在父'上帝'面前要告你们。有一位告你们的,就是你们所信赖的摩西"(五 45)。

正如保罗所说的一样,摩西的律法本身是"圣洁的,诫命也是圣洁、公义、良善的"(*ho men nomos hagios kai he entolē hagia kai dikaia kai agathē*)(罗七 12)。可是,当人成了罪的奴仆而干犯了律法,律法便成了罪人的控告者(accuser)。道成肉身的耶稣所带来的"恩典与真理"也因此成了"被告者"(the accused)的福音。这正是约翰所要宣告的。

一 18　从来没有人看见上帝,只有在父怀里的独生子将他表明出来。

旧约圣经有记载说:"耶和华与摩西面对面说话,好像人与朋友说话一般"(出三十三 11;参民十二 8)。这当然只是一种"拟人"(anthropomorphic)的说法,它并非表示人的肉眼可以真正见到上帝;正如创世记一章二十七节所说的上帝的"形像",也不是真正指人可以看得见的一般形像那样。不但如此,上帝还在出埃及记三十三章二十节那里慎重地警告摩西说:"你不能看见我的面,因为人见我的面不能存活。"

　　但是,那位"在父怀里的独生子"(*monogenēs Theos ho ōn eis ton kolpon tou patros*)已经藉着"道成肉身"很具体地将上帝"表明出来"了。

　　"表明"在希腊原文(*exēgēsato*)是一个绝对的过去式动词。它在此有好几个类似的意思,如述说、表明、宣告、解释或表明神给人的"启示"或"密告"等。约翰在此要强调的,很清楚是父上帝藉着他的独生儿子耶稣基督给人的启示。这也正是"道成肉身"的目的。

　　一章十八节中的"表明"并非是一般的启示。它远远地超越了上帝历代以来给人的启示,包括上帝藉着摩西传给人的"律法"。因为这是最"丰满"(*plērōma*)的启示。正如希伯来书一章一至二节所说的一样:"上帝既在古时藉着众先知,多次多方地晓谕列祖,就在这末世,藉着他儿子晓谕我们。"

贰　施洗的约翰为耶稣作见证
（一 19～34）

　　福音书的作者已在他的序言（一 1～18）中简单地介绍了施洗的约翰，并且两次强调他的主要使命是为耶稣基督"作见证"（一 7，*eis marturian*；一 15，*marturei*）。一章十九至三十四节这一段经文进一步地记述了约翰作见证的详细内容。

　　一章十九节显示施洗的约翰为耶稣所作的见证，是针对一个关键性的疑问而回应。这就是关乎约翰自己身分的问题："你是谁？"（*su tis ei*；RSV，Who are you？）

　　约翰的出现，肯定在犹太人之中引起了不少兴趣、关注、猜测，甚至剧烈的争议。这不仅是四部福音书共同的记载，也是非基督徒犹太历史家约瑟夫（Josephus）的叙述。约瑟夫所写的，基本上与福音书的描述一致。[①]

　　约翰不像符类福音书那样；它没有记述施洗的约翰给耶稣施洗时的那幕情景。另一点与符类福音书不同的是，施洗的约翰早在一章二十九节就明确地公开宣告耶稣是"上帝的羔羊，除去世人罪孽的"（*ho amnos tou Theou ho airōn tēn hamartian tou kosmou*）。类似的宣告也在一章三十六节出现。

　　一 19　约翰所作的见证记在下面。犹太人从耶路撒冷差祭司和利未人到约翰那里，问他说："你是谁？"

　　根据第一章第十九节这一节经文，有关施洗的约翰的身分问题，首先是来自耶路撒冷的犹太人所差来的"祭司和利未人"（*hiereis kai*

---

① 见*Antiquities*，xviii，116 - 119.

Leuitas)。

在约翰福音,"犹太人"(*Ioudaioi*)共出现了约七十次之多。其他三部符类福音总共只用了十六次而已。在约翰福音,"犹太人"一般都是敌视耶稣的,尤其是那些居住在耶路撒冷并且操纵犹太教的领袖们。② 这些人对施洗的约翰的出现及活动特别敏感。这主要是因为他在民间的威望和感召力量:"约翰来了,在旷野施洗,传悔改的洗礼,使罪得赦。犹太全地和耶路撒冷的人,都出去到约翰那里,承认他们的罪,在约旦河里受他的洗"(可一 4～5;参太三 5)。

犹太历史家约瑟夫在证实约翰在群众之中的声望和影响的时候也说:"当其余的群众都深受他的话所感动而蜂拥到他那里去的时候,希律[王]便惧怕约翰对群众的巨大影响会导致一场叛乱。"③

犹太人的领袖对约翰的关注,不只是出于宗教的考虑,也是因为基于一定的政治和社会因素。因为约翰的活动一旦被看作是对政治和社会的安定构成威胁,罗马当局就会开始压制,结果祸及全体犹太民族。

犹太人所差来的"祭司和利未人"因此是带着重要的使命来的。他们是要清楚查明约翰的真正身分:"你是谁?"(*su tis ei*)引起犹太教的领袖们关注的,首先应该是约翰所宣告的信息。

根据马太和路加福音的记载(太三 1～12;路三 1～17),约翰那毫不妥协和强烈的信息,以及严厉的语气,极类似旧约的先知。他不但吩咐犹太人藉着"洗礼"(*baptisma*)来表示他们向上帝的悔改(*metanoia*),也要求他们以实际的行动来证实他们悔改的真诚:"你们要结出果子来,与悔改的心相称"(太三 8)。他直接向犹太人的安全感发出警告和挑战:"不要自己心里说:'有亚伯拉罕为我们的祖宗。'……现在斧子已经放在树根上,凡不结好果子的树,就砍下来,丢在火里。"(太三 9～10)他还毫无顾忌地称那些来接受洗礼的法利赛人和撒都该人为"毒蛇的种类"(太三 7)。

约瑟夫也有类似的记述:"被称为施洗者的约翰……是一位义人。

---

② 几乎所有重要的约翰福音研究和注释都很慎重地看待"犹太人"(*Ioudaioi*)在约翰福音的意义,尤其是"犹太人"与作者写书的动机的关系。

③ *Antiquities*, xviii, 116 - 119.

他命令犹太人行善,在人与人之间秉公行义,对上帝要敬虔。"④

　　一 20　他就明说,并不隐瞒。明说:"我不是基督。"

　　"明说"(*hōmologēsen*)在这节经文中出现了两次。希腊原文中的"我"(*egō*;RSV,I)进一步表明约翰的否认是很慎重并且加以强调的。约翰的强烈语气似乎意味着当时确实有犹太人误以为他就是他们所期待的救主"基督"(*christos*)。他的坚决否认表示他已经认识到事情的严重性。

　　在一般的情况下,从希腊文的句子结构以及动词,就可以明确地辨认哪个是主词以及是第几人称。人称的出现主要是为了加强语气或带出某种意义。施洗的约翰在为耶稣作见证时,多次用单数的第一人称(first person singular)"我"(*egō*):"我[*egō*]就是那旷野[的]……人声"(一 23);"我[*egō*]是用水施洗"(一 26);"我(*egō*)给他[基督]解鞋带也不配"(一 27);"我[*egō*]曾说"(一 30);"我[*egō*]先前不认识他"(一 31、33);"我[*ego*]来用水施洗"(一 31);"我[*egō*]看见了"(一 34)。

　　上述单数的第一人称重复出现,除了强调语气之外,似乎还有一个更重要的目的,那就是,见证者施洗的约翰要明确地将自己和基督分别出来,以免有"身分"(identity)的混淆。约翰和耶稣两者在身分上的分别也就表示他们各自的使命是不同的。约翰只是一位"作见证"的开路先锋;耶稣基督才是那位人们真正期待的救主。两者地位的主次及高低完全清楚。

　　严格地说,"基督"(希伯来文 *Māšiaḥ*;希腊文 *Christos*;拉丁文 *Christus*;英文 Christ)并不是一个个人的名(personal name),而是一个称号或头衔(title)。"耶稣"(*Iēsous*)才是个人的名。可是,经过近两千年的自由交替使用,"耶稣基督"或"基督耶稣"中的"名"与"号"的分别,对绝大多数人来说,似乎已不存在了。

　　中文的"基督"是从希腊原文的 *Christos* 译过来的。马礼逊译作"基利士督"(一 41,四 25)。希腊文的 *Christos* 是从希伯来文的 *Māšiaḥ*

---

④ Ibid.

译过来的。约翰福音一章四十一节和四章二十五节的希腊文 *Messias*
是希伯来文 *Māšiaḥ* 的音译或拼写(transliteration)。这也是中文音译
"弥赛亚"的根源。

在旧约,*Māšiaḥ* 是"受膏者"(an anointed one)的意思。这是一项主
要以膏油涂抹或倒在人头上的宗教仪式。它在旧约时代主要是表达一
种庄重的任命或差派的意义,包括君王(撒上十 1)和祭司(民三十五 25)
的"受膏"。在旧约,这简单但隆重的仪式当以以色列第二位君主大卫的
受膏最具历史和神学意义:"[先知]撒母耳就用角里的膏油,在他[大卫]
诸兄中膏了他。从这日起,耶和华的灵就大大感动大卫"(撒上十六 13)。

因为大卫这位"受膏者"(*Māšiaḥ*;LXX,*Christos*)后来被尊为最
理想的君王,他将来的理想继承者,也就是施洗的约翰那个时代犹太人
所期待的救主"弥赛亚"(*Messias*)或"基督"(*Christos*),就成了一位被指
定的人物。希腊文和英文也因此以指定冠词来表达:*ho Christos*,the
Christ;意思是"所指定的那一位基督"。因此,施洗的约翰坚决否认自己
是"所指定的那一位基督"。这是完全可以理解,并且也是绝对必要的。

一 21 他们又问他说:"这样,你是谁呢? 是以利亚吗?"他说:"我不
是。""是那先知吗?"他回答说:"不是。"

这些从耶路撒冷差来的人所询问的,主要是约翰的身分问题。他
既然已经否认自己是"基督",那么他究竟是谁呢?

这些询问者猜测约翰可能是"以利亚",也有一定的理由和根据。
第一,施洗的约翰那不寻常的穿着和生活方式(参可一 6)可以认同旧
约的先知以利亚(王下一 8)。以利亚活跃的时代大约是主前第九世纪
中叶。第二,根据旧约最后一部先知著作玛拉基书的预言:"耶和华大
而可畏之日[即耶和华施行拯救和审判的日子]未到之前,我必差遣先
知以利亚到你们[以色列人]那里去。"(玛四 5)先知玛拉基活跃的时代
大约是主前第五世纪中及末叶。按一般传统的理解,这预言是说,以利
亚将会在"弥赛亚"或"基督"之前出现,并且成为他的"开路先锋"。[5]

---

⑤ 见可九 12;太十七 11;路一 17。

但是,施洗的约翰在此否认他自己是以利亚。这个否认在表面上似乎与马太福音十一章十四节等处的观点不太一致。解决这个问题的关键可能是取决于读经者对先知玛拉基预言中的"以利亚"的期望是什么。

根据列王纪下二章十一、十二节的记载,主前第九世纪的先知以利亚是"乘旋风升天去了⋯⋯以后不再见他了"。这样神奇地消失的以利亚当然是不太可能重现历史舞台的。另一方面,如果犹太人所期待的,并非是重现历史的以利亚,而是路加福音一章十七节所指的一位"有以利亚的心志能力"的人物(*en pneumati kai dunamei Eliou*),则施洗的约翰应该是很适合的人选。可是,约翰福音一章二十一节经文并没有进一步说明询问者以及回答者所指的,是怎样的一位"以利亚"。假设他们所说的"以利亚"是根据玛拉基书四章五节,则先知书本身也没有为"以利亚"作更进一步的诠释。

当施洗的约翰否认他是"以利亚"之后,那些来自耶路撒冷的询问者随即追问他是不是"那先知"(*ho prophētēs*;RSV,the prophet)。"那"(*ho*)字表明询问者是在指他们自己以及约翰都同样熟悉的"那一位"(the particular one)。

这个时代的犹太人似乎都普遍地相信,将会有一些先知在弥赛亚还未到来之前出现。[6] 其中最重要的,应该是上帝通过摩西所预言的那一位:"耶和华你的上帝要从你们弟兄中间,给你们兴起一位先知像我,你们要听从他。"(申十八 15)问题中的"那先知"也许就是摩西在申命记十八章十五节所预言的那一位。可是,约翰照样否认他是"那先知"。值得一提的是,这个时期的犹太教以及死海古卷都把"那先知"和"弥赛亚"看作是两个不同的人物。[7] 但是,基督教会自从耶稣复活以后,便把"那先知"和"弥赛亚"或"基督"看成是同一位(徒三 22)。

一 22　于是他们说:"你到底是谁,叫我们好回复差我们来的人。你自己说,你是谁?"

询问者是为特殊的使命而来的,他们不能对差他们的人无所奉告。

---

⑥ 见可六 15;太十六 14;路九 19。

⑦ 参 Morris, p. 120 及 fn. 22.

因此,他们坚持要个答案,好作个交代。这是完全可以理解的。

　　一 23　他说:"我就是那在旷野有人声喊着说:'修直主的道路',正如先知以赛亚所说的。"

　　施洗的约翰的回答至少有两个意义。

　　第一,他肯定自己是先知以赛亚在几百年前就已经预言的那个旷野的喊声(*phōnē boōntos en tē erēmō*;参赛四十 3)。

　　第二,作为一个旷野的喊声,约翰认为自己只不过是一位开路者或预备者,并不是那位弥赛亚。因此,他的使命只是叫人"修直主的道路",做好准备来迎接弥赛亚的来临。

　　在死海附近的荒漠地带决志过圣洁生活的昆兰社群,就自认是在旷野"修直主的道路"(*euthunate tēn hodon Kuriou*)的一群忠于上帝的子民。⑧ 可惜这个社群只知道独善其身,而未能像施洗的约翰那样,为了全民成为"旷野的喊声"。

　　一 24　那些人是法利赛人差来的。

　　原文 *apestalmenoi ēsan ek tōn Pharisaiōn* 可以有两个不太相同的翻译。第一,"那些人是法利赛人差来的";正如和合本一样。第二,"那些差来的是法利赛人"。这节经文并没有说明这些人是否指一章十九节那群人或是法利赛人另外派了一些人来询问施洗的约翰。无论如何,约翰以及其他三部福音书都一致证实,法利赛人是在犹太教中敌对耶稣的一群保守派的宗教领袖。⑨

　　一 25　他们就问他说:"你既不是基督,不是以利亚,也不是那先

---

⑧ DSS, IQS 8：13, 14 如此说:"他们[社群的成员]要从那一群欺骗者的集会中出来,到旷野去预备主的道路。正如经上[以赛亚书四十 3]所写的一样:有人声喊着说,在旷野预备耶和华的路,在沙漠地修平我们上帝的道。"("... they shall separate themselves from the session of the men of deceit in order to depart into the wilderness to prepare there the Way of the Lord (?); as it is written: 'In the wilderness prepare the way of the Lord, make level in the desert highway for our God.'"Charlesworth (ed.) *The Dead Sea Scrolls*, vol. I, p. 37.)

⑨ 见约四 1,七 32,八 3,十一 46～47、57,十二 42,十八 3。

知,为什么施洗呢?”

　　施洗的约翰较早时已经明确地否认他是“基督……以利亚……那先知”。可是,这一切否认不但没有解答提问者的询问,反而产生了一个更大的疑团:“你既然不是上述这些人物之一,又为何施洗呢?”问题之所以产生,主要是因为施洗的约翰的“洗”是一项要求受洗者“悔改的洗礼,使罪得赦”。⑩　这洗礼因此带出了一个很强烈的审判信息,充满了“末世论”(eschatology)的意义,使得法利赛人对约翰的洗礼特别表示关注。

　　一 26　约翰回答说:“我是用水施洗,但有一位站在你们中间,是你们不认识的。”

　　约翰的简单回答“我是用水施洗”(*Egō baptizō en hudati*)有两个意思。第一,表示他只是用“水”施洗而已,目的是要叫受洗者以悔改的心志来迎接上帝那公义的日子来临。第二,表达了自己那次要的地位。因为他所做的一切,只不过是预备或开路性质的,最终是指向“站在你们[犹太人]中间”的那一位基督。较后约翰将以自己用“水”(*hudōr*)所施行的洗礼与耶稣所用的“圣灵[的]施洗”作一个强烈的比较(一33)。约翰承认自己只能“用水施洗”;但是,他所见证的那位基督将“用圣灵施洗”。⑪

　　一 27　“就是那在我以后来的,我给他解鞋带也不配。”

　　“那在我以后来的”(*ho opisō mou erchomenos*),很明显就是指约翰所见证的那位基督。“我给他解鞋带也不配。”(*hou ouk eimi* [*egō*] *axios hina lusō autou ton himanta tou hupodēmatos*)这句话表达了约翰对基督的绝对尊敬以及自己最谦卑的态度。因为在当时的罗马社会,“解鞋带”是奴仆的工作之一。

　　一 28　这是在约旦河外伯大尼,约翰施洗的地方作的见证。

　　学者们不能清楚肯定“约旦河外伯大尼”(*en Bēthania peran tou*

---

⑩　可一 4:*baptisma metanoias eis aphesin harmartiōn.*

⑪　约一 33:*ho baptizōn en pneumatic hagiō.* 参可一 8。

Iordanou)是否拉撒路、马利亚和马大所居住的那个村庄(十一 1)。这村庄距离耶路撒冷不远。有学者认为约旦河东岸可能还有另一个"伯大尼"(*Bēthania*)。根据上下文,一章二十八节所指的"伯大尼"应当是指这个地方比较合理。因为"约翰[是在]施洗的地方作的见证"。因此,约翰在靠近约旦河岸有水的一带活动是很自然的(参三 22～23)。可是,在巴勒斯坦长大的教父奥利金(Origen, C. A. D. 184 - 254)却认为一章二十八节所指的"伯大尼"其实是约旦河西岸的伯大巴拉(Bethabara)。⑫

　　一 29　次日,约翰看见耶稣来到他那里,就说:"看哪,上帝的羔羊,除去世人罪孽的。"

　　"次日"(*epaurion*)似乎是在说明一章十九至二十八节所发生的事是在"第一日"。若如此推算下去,一章三十五节的"再次日"(*Tē epaurion palin*)就是"第三日";一章四十一节就是"第四日";一章四十三节的"又次日"就是"第五日"了。⑬

　　约翰福音在这之前,并没有清楚解释施洗的约翰是在什么时候,以及在怎样的情况之下开始与耶稣相遇,并且清楚认明耶稣的身分。这是约翰福音首次明确记述了约翰"看见"(*blepei*)耶稣,并且在人面前宣告祂是"上帝的羔羊,除去世人罪孽的"(*ho amnos tou Theou ho airōn tēn harmartian tou kosmou*)。

　　"羔羊"(*amnos*;RSV,lamb)很容易使人想起它在旧约圣经的背景及其丰富的神学意义。最重要的例子与背景就是逾越节的羔羊(出十二章),利未记所记载的整套献祭制度中的羔羊,以及以赛亚书五十三章所描绘的那受苦和代罪的羔羊等。但是,正因为"羔羊"在旧约有着这么漫长的历史背景与神学意义,学者们反而不能完全肯定施洗的约翰所宣告的"上帝的羔羊"(*ho amnos tou Theou*)这词语究竟是指什么。这词语并没有在其他约翰以外的新约著作中出现过。

　　"上帝的"(*tou Theou*;of God)在原文是属于所有格(genitive)。

---

⑫ *IDB*,vol. I,"Bethany;" Ridderbos,p. 68,fn. 15;Morris,pp. 124 - 125.

⑬ 见 Carson,p. 159;Morris,p. 114;Barrett,*John*,pp. 189 - 190.

它因此有两个可能的意思。第一,"属于上帝的[羔羊]"。第二,"上帝所预备的[羔羊]"。⑭ 至于"上帝的羔羊"究竟是指什么,新约学者们至少提出了下列几个可能性。第一,指逾越节的羔羊(出十二章)。第二,指以赛亚书五十三章那受苦和代罪的羔羊。第三,指以赛亚书中那位受苦的"上帝的仆人"(ho pais tou Kuriou;the Servant of the Lord)。第四,指耶路撒冷圣殿中每天早晚所献上的羔羊。第五,指启示录那曾被杀害但最终得胜的羔羊。也有学者认为约翰一章二十九节的"羔羊"也许不是指定上述的其中一个,而是包含了上述各种历史背景和神学意义的羔羊。⑮

如上这些综合性的,但把焦点放在代罪上面的观点,不但正确,也同时很忠实地解释了约翰福音一章二十九节"除去世人罪孽的"这个宣告的原意。"除去世人罪孽的"这个救赎论的神学背景很明显是以赛亚书五十三章,尤其是五十三章十二节:"他[代罪的羔羊]要担当我们的罪孽"(LXX:autos hamartias pollōn anēnegke)。和合本等很准确地把原文 kosmos 译作"世人",而不是"世界"。⑯ 因为犯罪的是"人"。被造的世界万物本身是不会犯罪的。大地是因为亚当所犯的罪受到"咒诅"(创三17;赛二十四1~6)。原文 airon 在此可译作"除去"、"担当"或"背负"。它的神学背景基本上还是以赛亚书五十三章。

一30 "这就是我曾说:'有一位在我以后来,反成了在我以前的。因他本来在我以前。'"

施洗的约翰已经在一章二十七节说明耶稣是在他"以后"才来的。

---

⑭ 见 Morris,p. 127.

⑮ 见 Morris,p. 130,尤其是 fn. 61,S. S. Smalley 的看法。Smalley 说:"[John]the Baptist's description of Jesus as God's Lamb obviously alludes to the sacrifice activity of God's Son. It presupposes the entire OT pattern of sacrifice,especially that associated with a vicarious offering for sin." *Expository Time*,93 [1981 - 82],p. 326. Barrett 的看法是:"By his amalgamation of Old Testament ideas John indicates that the death of Jesus was a new and better sacrifice. All ordinances and institutions of Judaism were perfected by Jesus (cf. 2. 19; 4. 21; 5. 17,39,47; 6. 4; 10. 1; 13. 34). No longer are the sins of ignorance of the Jewish people removed by sacrifice,but the sin of the world." Barrett,*John*,p. 177.

⑯ 见三16,十五18,十七9等;或"世界",见一10,十五19,十七5、14等;或"世上",十七11、18。

这是指他们两位在历史的时空内出现的先后秩序。因为按出生的时间来说，耶稣确实是在施洗的约翰"之后"才出现的(路一章)。

"反成了在我以前的"这一句话却不是指历史时间的先后，而是指耶稣的身分和地位。那就是说，约翰在此很谦卑地承认他的身分和地位远远不如耶稣。其实，就耶稣的身分和地位而言，祂不仅在施洗的约翰"以前"，也是在一切世界万物"以前"，因为万物是藉着祂造的。⑰ 这也就是"因他本来在我以前"(*hoti prōtos mou ēn*)这句话的意思。

一 31 "我先前不认识他。如今我来用水施洗，为要叫他显明给以色列人。"

中译本圣经不容易将希腊原文中的 *kagō* 完全译出来。和合本只能将 *kagō* 译成"我"，算是弱了一些。思高本为了要达到原意，把句子中的 *kagō* 译作"连我"，算是不错的尝试。*kagō* 是由希腊文的 *kai* (and)和 *egō* (I)组成的；可以简单地译成英文的"and I"或"but I"，或中文的"然而我"、"但我"、"我自己"。*kagō* 在约翰福音中共出现了三十次，比任何一部新约的著作都多，目的是加强句子的语气。

"我先前不认识他"在此并非意味着施洗的约翰在这之前没有见过耶稣，或是没有跟他接触过，而是表明他先前对耶稣真正的"身分"和"使命"并"不认识"(*ouk ēdein*)。施洗的约翰在一章三十三节将解释他是在何时以及在什么情况下才真正"认识"耶稣的。

较早时法利赛人已经询问过约翰说："[你]为什么施洗呢？"(一25)他在此进一步说明他"用水施洗"(*en hudati baptizōn*)的目的。那就是："为要叫他[耶稣]显明给以色列人"(*hina phanerōthē tō Israēl*)。约翰在此是第二次强调他是"用水"(*en hudati*)施洗，与第一次(一 26)一样。他"用水施洗"的目的，可以从"为要"这两个中文字表达出来。中文的"为要"在此很准确地将原文的 *hina* 译了出来。当 *hina* 这个连接词(conjunction)与假设语气(subjunctive mood)中的动

⑰ 详见一 1～3 注释。

词用在一起时,其作用是表达"目的"(purpose)。[18] 那就是说,约翰用水施洗的目的,"为要"(*hina*)叫耶稣"显明(*phanerōthē*)给以色列人"。

"显明"的原文 *phaneroun* 在新约圣经共出现了四十多次,又以约翰福音和约翰壹书用的次数最多。[19] *phaneroun* 也可以译作"显出来"或"露出来"。[20] 在保罗的书信中,*phaneroun* 特别是指上帝通过耶稣基督所"启示"的福音。这福音在过去的世代本是"永古隐藏不言的奥秘"(*mustēriou chronois aiōniois sesigēmenou*)(罗十六 25、26)。[21]

问题是,约翰"用水施洗"究竟如何叫耶稣"显明"(*hina phanerōthē*)给以色列人看呢?答案在一章三十二至三十四节。

中文的"以色列人"在原文只是"以色列"(*Israēl*),而不是"以色列人"(*Israēlitēs*)。但中文在此译作"以色列人"在意义上是对的。因为显给"以色列"看其实就是显给"以色列人"看了。"以色列人"在此不像约翰福音一般上所指的"犹太人";并没有贬义或敌意。耶稣在一章四十七节赞赏拿但业"是个真以色列人(*alēthōs Israēlitēs*),他心里是没有诡诈的"。

一 32　约翰又作见证说:"我曾看见圣灵,仿佛鸽子从天降下,住在他的身上。"

所有四部福音书都见证耶稣受洗时,有圣灵仿佛鸽子降在他身上。[22] 假使耶稣真是旧约圣经所预言的那位弥赛亚,则圣灵降临在祂身上倒是预料中的事。因为以赛亚书十一章提到大卫的后裔,也就是旧约所预言的那位"弥赛亚"的时候,就很清楚地预言说:"耶和华的灵必住在他[弥赛亚]身上,就是使他有智慧和聪明的灵……"(赛十一 2;

---

[18] 见 C. F. D. Moule, *An Idiom Book of New Testament Greek* (Cambridge: CUP, 1975), p. 42; J. W. Wenham, *The Elements of New Testament Greek* (Cambridge: CUP, 1993), pp. 161 – 162.

[19] 见 Alfred Schmoller, *Handkonkordanz zum Griechishen Neuen Testament* (Wüttembergishe Bibelanstalt Stuttgart: 1968), pp. 504 – 505.

[20] 例如可四 22:"因为掩藏的事,没有不显出来的。隐瞒的事,没有不露出来的。"见林前四章;弗五 13 等。

[21] 参西一 26;罗十六 26 的"显明"(*phaneroun*)。

[22] 参可一 10;太三 16;路三 22;约一 32。

参赛六十一 1)。

"住在他身上"的"住"(*emeinen*)是和合本的译文;比思高本的"停" ("停在他身上")在神学意义上较好。因为"停"字含有暂时性的意思。 "住"则有安定或比较永久性的意思。按所有福音书共同的见证,圣灵 的确是不断与受洗后的耶稣同"住"或同在。

施洗的约翰在见证中并没有肯定地"曾看见"(*tetheamai*)的圣灵 是什么"样子"。他在回忆中只能说圣灵"仿佛鸽子"(*hōs peristeran*)。 "仿佛"、"像"或"类似"译自原文的 *hōs*(可一 10;路三 22;约一 32)。马 太福音三章十六节是用 *hōsei*,意思与 *hōs* 相同。"鸽子"(*peristera*)除 了形容圣灵之外并没有其他含义。"从天降下"(*katabainon ... ex ouranou*)也是很自然的描述。若有任何神学意义,其意义可能是在表 明圣灵是从上帝或"上头"而来的。这也符合圣经对圣灵的"来源"的 看法。

一 33 "我先前不认识他。只是那差我来用水施洗的,对我说: '你看见圣灵降下来,住在谁的身上,谁就是用圣灵施洗的。'"

"我先前不认识他"这一句,与一章三十一节完全一样,仍旧是为了 加强语气。"只是"或"但是"(*alla*)在此表示一个重要的转变。意思就 是:"后来有新的情况出现,让我真正认识他了。"这个新的情况也就是 约翰紧接下去的见证。

"那差我来……的"(*ho pempsas me*)在此肯定是指上帝。这句子 也同时表达了约翰对自己使命的意识。"我"(*kagō*)和"他"(*houtos*) 很清楚地把约翰和耶稣分别出来。"用水施洗"(*baptizein en hudati*) 与"用圣灵施洗"(*baptizōn en pneumatic hagiō*)是很鲜明的对照。

约翰"用水施洗"是为了叫人"悔改……使罪得赦"(*baptisma metanoias eis aphesin hamartiōn*,可一 4)。另一方面,耶稣是"用圣灵 施洗"。这也是三部符类福音的记载(太三 11;可一 8;路三 16)。所谓 圣灵的"洗"只是一种比喻(figurative)的说法。正如水的洗礼所强调 的"洁净"(purification),圣灵的"洗"也是强调"洁净"。可是,两者却有 很不相同的神学意义。约翰"用水施洗"的焦点是"悔改"(*metanoia*)和 "赦罪"(*eis aphesin hamartiōn*)。它是为预备人心来迎接弥赛亚的来临而施行的。耶稣"用圣灵施洗"则表示弥赛亚自己已经来到。

上帝不仅赐下圣灵给弥赛亚,也要通过祂把圣灵赐给所有接待祂的人。这是整部约翰福音最重要的主题之一(三5～8,七38～39,十四16～17、25～26,十五26～27,十六7～13)。[23]

约翰的"水"洗和耶稣的"灵"洗都有"末世"(eschatology)的意义。前者是对末世的预告,后者表明末世的开始已经是一个事实。从今以后,人必须藉着"水和圣灵"(*ex hudatos kai pneumatos*)的重生,才能"进上帝的国"(*eis tēn basileian tou Theou*,三5)。[24]

有关圣灵(或上帝的灵)将在"末世"赐给人("凡有血气的")的预言,约珥书二章二十八至三十二节讲得最清楚。[25] 在当代的"灵恩运动"(charismatic movement)中,"圣灵的洗"(baptism of the Holy Spirit)不断引起争议。约翰说耶稣将"用圣灵施洗",主要是预言耶稣将会把圣灵赐给他的门徒,正如耶稣自己在复活后,在升天之前对门徒所预言的一样。施洗的约翰作了这预言后约三年,耶稣果然在五旬节那天把所应许的圣灵赐给那些在耶路撒冷的门徒。可是,使徒行传二章四节是用"圣灵充满"(*eplēsthēsan*),而不是"圣灵的洗"来描述这个历史性的经验。当天,使徒彼得和十一个使徒也引了先知约珥书二章二十八至三十二节来表明这事件是先知预言的应验(徒二16～21);虽然约珥所用的词语并不是"圣灵充满",而是"浇灌"(LXX:*ekcheō*,珥二28～29)。更有意思的是,五旬节圣灵降临后大约十三或十四年,使徒彼得为外邦人接受耶稣那件大事上耶路撒冷辩护的时候,把五旬节圣灵"充满"信徒(徒二4)和圣灵"降"在哥尼流家里那些外邦人的经验(徒十44～47),同样看作是应验了耶稣在使徒行传一章五节以及施洗的约翰在约翰福音一章三十三节所说过的预言。其实,就词语来说,约翰在一章三十三节所预言的是圣灵的"洗"(*baptizōn*),而不是彼得在使徒行传十一章十五至十六节所说的"降"。因为彼得说:"我一开讲,圣灵便降(*epepesen*)在他们[外邦信徒]身上,正像当初[五旬节那天]

---

[23] 见 Barret,*John*,pp. 88‑92 有关"圣灵"的注释。

[24] 参可十六16;徒二38;多三5。

[25] 见徒二17～21。

降在我们身上一样。我就想起主[在徒一 5 所说]的话说,约翰是用水施洗,但你们要受圣灵的洗。"(徒十一 15～16)

上列的经文(珥二 28～29;约一 33;徒一 5,二 4,十一 15～16)虽然是用了一些不同的词语,如"浇灌"、"洗"、"充满"和"降"来描述圣灵赐给信徒的事,但是这些不同的词语的神学意义都是一样的。它们都同样是指一件事。那就是上帝通过耶稣基督把圣灵赐下给信徒的大恩典。那些喜好在"字句"上辩论和吹毛求疵的读经及解经者必须要留意这一点,免得被"字句"所捆绑。真理的圣灵来了是要给人释放,不是捆绑!

对圣灵深感兴趣的,不仅是圣经,死海古卷中的"纪律手册"(Manual of Discipline)也预言"真理的灵"(The Spirit of truth)将会"像水一般使人洁净"。㉖

一 34　"我看见了,就证明这是上帝的儿子。"

由此可见,约翰看见圣灵降在耶稣身上那一幕的关键性。因为约翰所看见的,不仅证实了耶稣就是"用圣灵施洗的"那一位,也同时"证明"了(*memarturēka*)他是"上帝的儿子"(*ho huios tou Theou*)。"上帝的儿子"这词语是首次在此出现,虽然一章十八节已经称耶稣是"父怀里的独生子"(*monogenēs Theos ho ōn eis ton kolpon tou patros*)。

㉖ DSS, IQS 4. 21 这么预言说:"上帝将藉着圣灵把人从所有不敬虔的行为中使他洁净,真理的灵也将如洁净的水一般洒在他身上。"("He will purify him by the Holy Spirit from all ungodly acts and sprinkle upon him the Spirit of Truth like waters of purification . . . ") Charlesworth, *The DSS*, vol. I, p. 19.

叁 首批跟从耶稣的门徒（一 35～51）

除了约翰福音这段经文之外，三部符类福音书也有记述耶稣开始呼召门徒的事。[1] 但是，在某些细节上，约翰福音与符类福音的记载并不完全一样。学者 Barrett 认为那些不同的地方，可能是反映了初期教会有关他们自己的领袖的不同记述。[2] 但是，Morris 却认为约翰福音其实并没有跟符类福音在内容上有什么出入。因为约翰在此所记载的，是最早的一些"门徒"（disciples）开始跟从耶稣的事，而符类福音却是记载耶稣称呼这些人作"使徒"（apostles）的实况。[3] 约翰福音除了一章四十三节提及耶稣叫腓力来"跟从"（*akolouthei*）祂之外，并没有表示一章四十三节至五十一节这段经文是关乎耶稣正式呼召门徒的事。[4] 另一方面，马太福音四章十八至二十二节、马可福音一章十六至二十节和路加福音五章一至十一节就明确地记载了耶稣正式呼召门徒。此外，也只有约翰福音记载了耶稣给"西门"（*Simōn*）取名叫"矶法"（*Kēphas*，一 42）。这是符类福音书在记述耶稣呼召门徒时没有提到的。[5]

一 35　再次日，约翰同两个门徒站在那里。

"再次日"（*tē eipaurion palin*）在时间的秩序上应该是指一章十九至三十四节所发生的事以后的第三天。

"约翰同两个门徒站在那里"这个句子，除了介绍紧接下去的事件

---

① 参可一 16～20；太四 18～22；路五 1～11；可二 13～14；太九 9；路五 27～28。
② Barrett, *John*, p. 179.
③ 见 Morris, p. 136.
④ Ibid.
⑤ Ibid.

之外,似乎没有其他意思。可是,经文中的"站"字(*heistēkei*)却给人一个印象,认为这一幕可能是一位目击者自己的回忆,并且这一位目击者(eye-witness)还可能是那两个跟从耶稣的其中一个门徒。

一36　他见耶稣行走,就说:"看哪,这是上帝的羔羊。"

这是施洗的约翰第二次见证耶稣是"上帝的羔羊"(*ho amnos tou Theou*)。第一次是在一章二十九节。

一37　两个门徒听见他的话,就跟从了耶稣。

施洗的约翰第一次(一29)公开见证耶稣是"上帝的羔羊"的时候,并没有立即引起什么反应,至少约翰没有记载。可是,约翰第二次公开的宣告,却令他自己的两个门徒采取了立即跟从耶稣的行动。

一38　耶稣转过身来,看见他们跟着,就向他们说:"你们要什么?"他们说:"拉比,在哪里住?"(拉比翻出来,就是夫子)

上面两节经文已经很清楚显示这两个施洗的约翰的门徒,是听了他的宣告之后才跟从耶稣的。当时耶稣"转过身来"(*strapheis*)看他们,是一个很自然的反应。耶稣紧接下去的问题——"你们要什么?"(*Ti zēteite*)——也很合情理。因为这两个门徒因听了施洗的约翰的宣告就立即"跟从"耶稣,并不表示他们那时对耶稣已有很清楚的认识。

"你们要什么?"在原文(*Ti zēteite*)也可以译作"你们要寻找什么?"或"你们在追求什么?"这个问题因此可以揭露这两个人跟从耶稣的动机和目的。他们的回应——"拉比,在哪里住?"(*Rabbi, pou meneis*)——表面上看去似乎是答非所问,其实不然。因为耶稣"住在哪里"也许可以帮助他们进一步认识这位"拉比"(夫子)的背景和身分。若是这样,就表示他们跟耶稣一样,同样重视这个"跟从"的决定。

加尔文(John Calvin)认为这两个门徒的探索态度,对那些随便跟从耶稣的人是一个提醒和责备。加尔文说:"我们不应该只满足于走马看花似的瞧[耶稣]一眼。我们必须寻找祂[耶稣]的住处,好让祂把我们接待为祂的宾客。因为有许多人只是远远地嗅一嗅福音的味道,便让基督忽然消失；以往对祂的认识也因此溜掉了。"⑥

"拉比"(*Rabbi*)在约翰福音出现多次，都是用在耶稣身上。⑦ 只有三章二十六节是对施洗的约翰的称呼。希腊文的 *Rabbi* 和中文的"拉比"都同样是希伯来文和亚兰文的音译。希腊文的意译是 *didaskalos*，也就是"夫子"、"老师"或"先生"的意思。约翰福音有好几处将希伯来文或亚兰文翻译成希腊文，并且意思也很准确。⑧ 这些翻译很明显是为了方便犹太人以外的读者，以及那些用惯希腊文的犹太人。

一 39　耶稣说："你们来看。"他们就去看他在哪里住，这一天便与他同住。那时约有申正了。

"你们来看"(*erchesthe kai opsesthe*)，不只是对"拉比，你住哪里"的直接回应，也是一个邀请。结果那两个跟从耶稣的，就在那一天"与他同住"了(*par' autō emeinan*)。这就提供了一个很好的机会让他们多认识这位"夫子"了。作者还很清楚地记载这件事发生的时间："那时约有申正"(*hōra ēn hōs dekatē*)。也许只有当时的目击者才能记得这样的细节。福音书一般都以十二个小时来计算白天的时间，即从早上六时至傍晚六时。"申正"则是第十个时辰(*dekatē*；RSV，the tenth hour)，也就是下午四时。⑨

一 40　听见约翰的话跟从耶稣的那两个人，一个是西门彼得的兄弟安德烈。

跟从耶稣的既是两个人，约翰福音书的作者为何在此只透露其中一个人的身分呢？另外一位究竟是谁呢？将近两千年来，这个问题一直都是那么耐人寻味。处理这个问题的方式可以很简单，也可以很复杂。假使要将问题的讨论"学术化"或"复杂化"，则所涉及的"资料"及"学术观点"以及各种"论证"和猜测等，大概足够写成一篇博士论文！

⑥ John Calvin, *John's Gospel*, vol. I (Grand Rapids: Eerdmans, 1956), p. 71.
⑦ 一 39、49，三 2，四 31，六 25，九 2，十一 8。
⑧ 例如一 38、41、42，四 25，九 7，十一 16，十九 17，二十 16、24，二十一 2。
⑨ 见 Barrett, *John*, p. 181; Morris, p. 138.

一个很简单,但却很合理的推测是:另一位跟从耶稣的,其实就是约翰福音书的作者自己,也就是"耶稣所爱的"那个门徒约翰。⑩

研究约翰福音的权威,前剑桥大学的学者 J. A. T. Robinson 教授认为:"几乎没有什么理由反对传统的观点说这两个人中,那个不指名的门徒就是[约翰福音]资料的真正来源者"。⑪

经文明说这两个门徒中的其中一位是"西门彼得"(*Simōn Petros*)的兄弟安得烈(*Andreas*)。约翰福音在习惯上都把"西门"和"彼得"连接在一起。⑫"西门"(*Simōn*)是从希伯来文 *Shimon* 音译过来的。这名字在犹太人中颇普遍。"彼得"(*Petros*)则是一个希腊名字(见一42)。"安得烈"(*Andreas*)也是源自希腊文。它是否有希伯来的根源就不能肯定。

一 41 他先找着自己的哥哥西门,对他说:"我们遇见弥赛亚了。"(弥赛亚翻出来,就是基督。)

和合本的"哥哥"也可能是"弟弟"。因为希腊文的 *adelphos* 与英文的"brother"一样,可以指"兄"或"弟"。思高本因此把 *adelphos* 译作"弟弟"。"我们遇见"(*heurēkamen*)中的"我们"大概是指安得烈和另一个门徒,不论他是不是福音书的作者约翰(见一40)。

在这之前,施洗的约翰只有两次公开宣告耶稣是"上帝的羔羊"(一29、35)。他并没有明确地指耶稣就是"基督"(*Christos*)或"弥赛亚"(*Messias*)。既是这样,安得烈又如何知道他们所遇见的耶稣就是"弥赛亚"呢?⑬一个合理的推测是:因为他们曾与耶稣"同住"在一起,得以进一步认识耶稣的身分。当然,这并不表示这两个门徒在这个时候,就已经对耶稣或"弥赛亚"的身分和使命有全面及深层的认识。约翰以及其他三部福音书都一致见证门徒对耶稣的认识是渐进的,是一段漫长和艰辛的"天路历程"。纵使是这样,安得烈和另一个门徒初步的

⑩ 见十三 23,十九 26、35。
⑪ *NTS*, 4(1957 - 58), p. 264, n. 2;见 Morris, p. 136, fn. 85.
⑫ 一 40,六 8、68,十三 6、9、24、36,十八 10、15,二十 2、6,二十一 2、3、7、11、15。
⑬ 有关"弥赛亚"和"基督",见一 20。

"遇见",也确实是一件不寻常的"遇见"(encounter)。

和合本把原文的 *heurēkamen* 译作"我们遇见……了",似乎是弱了一些。"我们找到了"(思高本)或"我们已经发现了"会比较理想。安得烈是以这样兴奋的心情"先找着自己的哥哥[或弟弟]"的。安得烈"发现了"或是"找到了"弥赛亚的兴奋心情,以及紧接下去的积极态度与行动,在一定的程度上也反映了犹太人当时对弥赛亚来临的渴望与期盼。在希腊原文,"弥赛亚"(*Messian*,英文 Messiah)前面是一个指定冠词 *ton*(the)。这就是说,安德烈所找到的,并非是普通一位弥赛亚或其他人物,而是犹太人共同渴望到来,并且不断在寻找的"那一位"(that)弥赛亚,是特别指定的弥赛亚(*ton Messian*;the Messiah)。

施洗的约翰在这之前的"喊",他所施行的"悔改的洗"以及众人给他的热烈回应,[14]肯定在犹太人中间已经引起了一场前所未有的"弥赛亚热"。[15] 一位指定以及公认的弥赛亚或基督,也正是约翰福音的中心思想以及著书的最终目的:"但记这些事,要叫你们信耶稣是基督,是上帝的儿子。并且叫你们信了他,就可以因他的名得生命。"(二十31)读经者也可以从下列的经文清楚看见约翰福音的"基督论"的渐进发展:一 45、49,三 28~29,四 25~26、29、42,五 45~46,六 15,七 26~27,31,40~43,九 22,十 24,十一 27,十二 34,十七 3,二十 31。

　　一 42　于是领他去见耶稣。耶稣看着他说:"你是约翰的儿子西门,你要称为矶法。"(矶法翻出来,就是彼得。)

西门的父亲的名字在希腊文手抄本有两个不同的写法。约翰福音在此以及二十一章十五至十七节都是 *Iōannēs*("约翰")。这是根据希腊文手抄本 P[66],P[75] 以及 א 等的写法。另外一个是 *Iona*("约拿")。这是手抄本 A、K 等的写法。在符类福音中,只有马太福音十六章十七节提到西门彼得的父亲的名字,希腊原文是 *Bariōna*,和合本译作:"巴约

---

⑭ 见可一 2~6;太三 1~6;路三 7~18。

⑮ 有关安得烈在"遇见弥赛亚"这件事上所表达的兴奋,Ridderbos 给了这样的评语:"他[安得烈]不是在传达一件突然发现的事,而是面对面地与[施洗的]约翰已经宣告了……的那一位[耶稣]相遇。"Ridderbos, p. 85.

拿"(RSV，Barjona)。其实，正确的翻译应该是"约拿的儿子"(son of Iōna)。因为"巴"(Bar)在亚兰文是"……的儿子"(son of . . .)的意思。

西门彼得在还未与耶稣见面之前已经有自己的名字了。可是，耶稣见了他以后便立即给他取了一个新的名字："你要称为矶法"(su klēthēsē Kēphas)。这个做法与犹太人的传统有关系。犹太人与许多民族一样，所取的名字往往都有一定的意思。⑯

上帝自己也给人取新的名字。其中最显著的，应当是上帝给雅各取的新名字"以色列"："因为你[雅各]与神与人较力，都得了胜。"(创三十二 28)那位给人取名或改名的，无形中也显示了祂特殊的地位和权力。耶稣在此给西门彼得取名为"矶法"，肯定也有这个意义。希腊文 kēphas 可能是源自亚兰文的 Kipha，意即"石头"或"石块"，与希腊文的 Petros 类似。⑰ 有些学者认为 Kēphas("矶法")应译成希腊文的 Petra 更正确，而不该是 Petros。Petra 是"磐石"(rock)的意思，Petros 则是"石头"或"石块"(stone)。但是因为 Petra 在希腊文是一个阴性名词，而 Petros 则是一个阳性名词，因此后者 Petros 对西门比较适合。⑱

耶稣并没有在一章四十二节解释他称西门为"矶法"(彼得)的意义。其他三部福音书并没有用"矶法"这个源自亚兰文的名字。但是，根据马太福音十六章十五至二十节的上下文，"彼得"(Petros，"石头"或"石块")与教会的"磐石"(Petra)用在一起的时候，却似乎有某些特殊的意义。天主教和基督教也常以马太福音十六章十五至二十节为这段经文的诠释争辩。

约翰福音一章四十至四十二节这段经文的人物除了耶稣、西门彼得以及另一位"不知名"的门徒之外，当然还有关键性的安得烈。因为是安得烈"领"(ēgagen)自己的兄弟(adelphos)西门彼得去见耶稣的。由于西门彼得以后在门徒以及整体教会中的领导地位和特殊的角色，安得烈所做的引领工作就显得格外重要了。难怪 William Temple 在提及安得

---

⑯ 见 IDB 有关"Name"一项。

⑰ 见 Morris, p. 140, fn. 95；Barrett, John, pp. 182 - 183.

⑱ 见 Morris, p. 140.

烈的时候,这样赞叹说:"也许没有任何人对教会作过如此伟大的贡献。"[19]此外,安得烈也将其他人带领到耶稣那里去(六 8,十二 22)。

一 43　又次日,耶稣想要往加利利去,遇见腓力,就对他说:"来跟从我吧。"

这里的"又次日"(*Tē epaurion*)应该是第五日了。[20] 和合本的"想要"——"耶稣想要往加利利去"——在翻译上也许稍微弱了一些。将原文的 *ēthelēsen* 译作"决定",如 RSV 的"decided",会比较恰当。[21] 同样地,把"遇见"——"遇见腓力"——译作"找到"或"找着"更能表达原文 *heuriskei* 的积极意义。此外,"决定"和"找到"也表示耶稣召腓力作祂的门徒是一件有计划和主动性的事。难怪当耶稣一找到腓力的时候,就直截了当地对他说:"来跟从我吧!"(*Akolouthei moi*)"跟从"在原文 *akolouthei* 是一个现在以及命令式动词(present imperative)。意思就是:"你[腓力]现在就来跟从我吧!"这是一个带着权柄(*exousia*;calling)和非常严肃的召唤(calling),使得蒙召者似乎没有抗拒的机会。[22]

"加利利"(*Galilaian*)在此是指"加利利"湖或海的西部;也就是分封之王希律安提帕(Herod Antipas)所管辖的地区。[23]

一 44　这腓力是伯赛大人,和安得烈、彼得同城。

学者们对"伯赛大"(*Bēthsaida*)这座城原来的位置有不太一致的看法。有些认为它很可能是约旦河的东岸,靠近河水流入加利利海的地方。[24]

"腓力",原文 *Philippos*,是一个希腊名字,但并不意味着他是一个希腊人,因为也有其他犹太人用这个名字。*Philippos* 只是"马的爱

---

[19] 引自 Morris,p. 140.

[20] 见一 29 注释。

[21] 参 Morris,p. 141,fn. 97.

[22] 比较可二 14。

[23] 参路三 1。

[24] 参 Morris,p. 143,fn. 100.

好者"的意思。

符类福音只把腓力列入耶稣的十二个门徒的名单里,并没有记述任何有关他的事。约翰福音虽然有几次提到他,但是,都是在一些简短的记述中出现。表面上看去,腓力似乎只是一个颇平凡的人物。然而,耶稣却主动去寻找这样一个"平凡"的人作祂的门徒。这对其他跟从耶稣的一般"普罗大众"来说,应该是一件令人深感快慰的事。

一 45　腓力找着拿但业,对他说:"摩西在律法上所写的,和众先知所记的那一位,我们遇见了,就是约瑟的儿子拿撒勒人耶稣。"

安得烈跟从了耶稣以后,就很积极地"找着"了自己的兄弟西门(一 40～41)。现在,腓力自己蒙召以后,也"找着"了(heuriskei)拿但业。历代以来,耶稣的福音往往就是这样一个接一个地相传下去的。

"拿但业"(Nathanaël),是"上帝已经给予"的意思。除了这里以外,这名字只在约翰福音二十一章二节再出现而已。拿但业并没有被列入十二个使徒之中。经文在此没有说明他是否因为腓力的见证而跟从了耶稣。下一节是他对腓力的见证的初步反应。

在耶稣那个时代的犹太人,普遍都对弥赛亚的来临有着渴望的心愿。那些比较敬虔的,也很自然地会根据他们的圣经去寻找有关的"预言"(prophecy)与"征兆"(sign)。"摩西在律法上所写的,和众先知所记的那一位"(Hōn egrapsen Mōusēs en tō nomō kai hoi prophētai),很明显是指犹太人所期待的那位弥赛亚。但是,腓力并没有在此特别指出"律法"及"众先知"在圣经的何处有"写"(egrapsen)有关"那一位"弥赛亚的事。早在 1892 年,圣经学者 A. Edersheim 在《弥赛亚耶稣的生平与时代》(The Life and Times of Jesus the Messiah)一书中,就列下了 456 段犹太教的拉比们认为是有关弥赛亚的经文。㉕

犹太教的希伯来文圣经"正典"(Canon)共分三大类:1.律法书(tôrâ;The Law);2.先知书(nᵉbhî'îm;The Prophets);3.其他著作

㉕ 见 Barrett, John, p. 184；Morris, p. 144, fn. 101.

(kethûbhîm)。㉖ 腓力只提及摩西的律法和众先知。

正如一章四十三节一样，一章四十五节中的"我们遇见了"（heurēkamen）应该译作"我们找到了"更佳。因为"遇见"含有某种"偶然"的意义。"找到"却表达了主动与积极性的"追求"或"探索"（seek 或 search）的意思。正如不少敬虔的犹太人一样，腓力和拿但业这些人可能对有关弥赛亚来临的事，已经探索了一些时候。不然，腓力也不会那么积极和热心地在跟从了耶稣以后，就立即去找拿但业。并且，从拿但业的反应来看（一 46～49），他也很可能是一位认真的"探索者"（seeker）。

"那一位〔弥赛亚〕……就是约瑟的儿子拿撒勒人耶稣"（Hōn . . . Iēsoun huion tou Iōsēph ton apo Nazaret）这一句出自腓力口中的信念（homologia；confession 或 conviction），在当时是很难，甚至是不可能被犹太教认可或接受的。木匠约瑟的儿子"拿撒勒人耶稣"（Iēsoun . . . ton apo Nazaret）怎么可能是他们好几个世纪以来，日夜期待着的"那一位"（弥赛亚）呢？

犹太人，特别是犹太教的领袖们，最终断然弃绝了耶稣并且将祂钉死在十字架上，也正是因为他们不能接受像腓力所表明的这个等同："那一位〔弥赛亚〕……就是约瑟的儿子拿撒勒人耶稣"。

"拿撒勒"（Nazaret）这个地名并没有记载在旧约圣经中。可是，福音书都一致肯定它是耶稣长大的一个小城市或乡镇。圣经学者一般都把它划入加利利的版图内。这个地方离迦拿不远。㉗

基于耶稣在"拿撒勒"这个地方长大的历史背景，"拿撒勒人耶稣"（Iēsous ho Nazarēnos）结果成了道成了肉身的耶稣的"身分"（identity）。㉘ 又因为那个时代取名叫"耶稣"（Iēsous）的，还有其他的

㉖ 这三大类的旧约著作是：一、律法：创、出、利、民、申。二、先知书：(1)前先知书：书、士、撒、王；(2)后先知书：赛、耶、结、十二小先知书。三、其他著作：(1)诗歌：诗、箴、伯；(2)五卷：歌、得、哀、传、斯；(3)预言：但；(4)历史：拉-尼、代上下。参 IDB，vol. I，"Canon of the OT. "

㉗ 见可六；太十三 55。

㉘ 见可十四 67；太二十六 71；路二十四 19；约十八 5。

犹太人,"拿撒勒人耶稣"也因此不会跟其他的"耶稣"混淆在一起了。㉙

　　"拿撒勒人耶稣"这个特别的名号最终也被写在一个牌子上,放在耶稣的十字架上。整个牌子所写的是:"犹太人的王,拿撒勒人耶稣"(*Iēsous ho Nazōraios ho basileus tōn Ioudaiōn*)。除了这个希腊文名号之外,也还有希伯来和罗马两种文字。㉚

　　一 46　拿但业对他说:"拿撒勒还能出什么好的吗?"腓力说:"你来看。"

　　如上所说,旧约根本就没有提及"拿撒勒"这个地名。它因此是个名不见经传的地方。就这点而论,拿但业给腓力那个似乎带着鄙视的回答是可以理解的:"拿撒勒还能出什么好的吗?"(*Ek Nazaret dunatai ti agathon einai*)。拿但业所说的,其实也不全是他个人的观点和态度。因为当时的犹太人也不会期待他们的"弥赛亚"从加利利的拿撒勒出现。

　　腓力并没有向拿但业这个带鄙视的回应提出任何抗议。他只是简洁地回答说:"你来看"(*Erchou kai ide*;RSV,come and see)。"看"或"见"在约翰福音是富有神学意义的。在一章十四节"见"——"我们也见过"(*etheasametha*),是表明"道成肉身"(*ho logos sarx egeneto*)确实的历史性(historicity)以及信徒们对这一个历史见证的可靠性(reliability)。在一章三十九节耶稣邀请那两个首先跟从祂的门徒来"看"。那就是,跟祂在一起生活,给自己一个亲身体验的机会。腓力所说的"看"也有类似的含义。

　　被一些学者认为也是使徒约翰所写的约翰壹书,仅在一章一至三节就三次强调他们所传的"生命之道"(*logou tēs zōēs*)是他们"亲眼看过的"(*heōrakamen*)。这些所谓"看"或"见",当然不限于人的肉眼的感官经验。更主要的,还是灵性上的领悟和认识(spiritual perception and understanding)。因为只凭人的肉眼和目光所"看见"的,未必就是真正的"看见"。正如旧约先知以赛亚的感叹一样:上帝的"道"或"话"

————————————

㉙ 犹太历史家约瑟夫就在他的著作中先后提及十九个取名叫"耶稣"的人物。

㉚ 约十九 19～22。

是以色列人肉体的"耳"和"目"经常接触到,也是非常熟悉的;可惜他们"看是看见,却不晓得,听是听见,却不明白"(*akoē akousete*,*kai ou mē sunēte*,*kai blepontes blepsete*,*kai ou mē idēte*)。[31]

一47　耶稣看见拿但业来,就指着他说:"看哪,这是个真以色列人,他心里是没有诡诈的。"

耶稣对拿但业的认识,不外两三个可能性。第一,耶稣在这之前就已经知道一些有关拿但业的事。那就是,耶稣这知识是通过普通的渠道所获得的。第二,耶稣对拿但业的认识是一种"超然的"(supernatural)知识。第三,上面两个可能性同时存在。就理论上说,上述第一或第二个可能性都可能单独或同时存在。然而,根据下文(一48～51),尤其是从拿但业在一章四十九节的"宣信"(confession)来看,耶稣那超然的知识是可以肯定的,虽然这并不排除第一和第三的可能性。耶稣在迦拿所行的神迹(二1～11)以及祂和撒玛利亚妇人的对话(四3～30)等,都清楚表明耶稣有超然的认知能力。这也是福音书一个很关键的信念。

"这是个真以色列人,他心里是没有诡诈的"(*Ide alēthōs Israēlitēs en hō dolos ouk estin*)这一句是耶稣对拿但业表示赞赏的话。它可能是指较早时拿但业回应腓力时那种坦率的态度,虽然他的语气可能有鄙视拿撒勒的含义(一46)。

"真以色列人"(*alēthōs Israēlitēs*)的正面提出似乎也有负面的含义。那就是,"假以色列人"太多了! 这也是福音书有关"犹太人"(*Ioudaioi*)的一般印象。

一48　拿但业对耶稣说:"你从哪里知道我呢?"耶稣回答说:"腓力还没有招呼你,你在无花果树底下,我就看见你了。"

拿但业显然对耶稣那句赞赏的话感到惊奇。可是,耶稣"在无花果树下"所"看见"的拿但业究竟是怎样的一种"看见"? 是一般肉眼的"看见",还是指耶稣对拿但业这个人的心思意念的"透视"或"洞察"

---

[31] 见钟志邦,《马可福音注释》(香港:基督教文艺出版社,1991),页109–110,可四11～12注释。

(penetration)能力？或许是两类的"看见"都包括在内？拿但业紧接下去那个不寻常的反应，似乎明确表示耶稣真有超然的洞察力。

一 49 拿但业说："拉比，你是上帝的儿子，你是以色列的王。"

拿但业在回应时，首先以"拉比"(*Rabbi*)来尊称耶稣，然后立刻作出一个惊人的"宣信"(*homologia*; confession)："你是上帝的儿子，你是以色列的王"(*su ei ho huios tou Theou，su basileus ei tou Israēl*)。

根据旧约圣经(如撒下七 14；诗二 7 等重要经文)，犹太人在耶稣的时代都普遍地把弥赛亚、上帝的儿子以及以色列的王这些名号等同起来。[32] 这是拿但业与耶稣首次的相遇。因此，拿但业大胆与正确的宣信真令人难以置信。他对耶稣的宣信又是怎样建立起来的呢？答案也许是在下一节经文。

拿但业既是一位"心里没有诡诈的真以色列人"(一 47)，他的公开宣信也应当是诚实和严肃的。若是这样，当他承认耶稣是"上帝的儿子"以及"以色列的王"，也意味着自己愿意降服在"上帝的儿子"以及"王"的面前，不然这宣信就没有它实存性(existential)的意义了。

一 50 耶稣对他说："因为我说在无花果树底下看见你，你就信吗？你将要看见比这更大的事。"

耶稣在此不但看透了拿但业宣信的根据，也同时意味着祂接受拿但业初步的信念。"你将要看见比这更大的事"这句话不只是一个应许，也清楚表示，对耶稣自己来说，祂对拿但业那种超然的洞察力，其实不是一件如拿但业所想像的那么了不起的事。因为还有比这"更大的事"(*meizō toutōn*)。

一 51 又说："我实实在在的告诉你们，你们将要看见天开了，上帝的使者上去下来在人子身上。"

"我实实在在的告诉你们"(*Amēn amēn legō humin*)在约翰福音

---

[32] 参 Barrett, *John*, pp. 185 - 186.

共出现了二十次之多。"我实实在在的告诉你"(*Amēn amēn legō soi*)则有五次。不论是对许多人(*humin*,"你们")或是对一个人(soi,"你"),这个词句的语气以及接下去的内容,都是非常严肃的。

耶稣这个很特殊的表达方式,在耶稣之前或是在祂那个时代都很难找到其他的例子,虽然 *amēn*("阿们")这个字也有用在祷告中,以表达祷告者的"诚心所愿",[33]正如今天一些华人教会在祷告的末了用"阿们"或"诚心所愿"来结束一样。

希腊文的 *amēn*,其实是希伯来文和亚兰文,*amēn* 的直接音译(transliteration)。原文是诚实、真实或肯定的意思。和合本以"实实在在"来翻译 *amēn amēn* 是很正确的。可是,当耶稣在 *amēn amēn* 之后用 *legō humin*("我告诉你们")的时候,整个词句所关注的,就不只是诚实的意思,也同时表达了发言者的权威(*exousia*;authority),令听者不得不留意所听的训诲、信息、警告或预言。*Amēn amēn* 只出现在约翰福音。三部符类福音只用 *amēn*,没有重复。

耶稣曾在上一节(一 50)应许拿但业说,他"将要看见比这更大的事"。这"更大的事"应该是指"天开了,上帝的使者上去下来在人子身上"(*ton ouranon aneōgota kai tous angelous tou Theou anabainontas kai katabainontas epi ton huion ton anthrōpou*)这件事。可是,这件事的内容和含义又是什么?

"天开了"很明显是指一件很不寻常的景象或异象(vision)。以赛亚书六十四章一节提及耶和华上帝"裂天而降"的目的是为了要惩罚列国。先知以西结见证说,他"在迦巴鲁河边,被掳的人中,天就开了,得见上帝的异象"(一 1)。三部符类福音都一致见证耶稣在受洗时"天裂开了"。[34] 司提反被大祭司等人杀害之前也曾说:"我看见天开了,人子站在上帝的右边。"(徒七 5~6)使徒彼得也在"魂游象外"时,看见"天开了",结果他就按照指示把福音传给外邦人哥尼流以及在他家里聚集的人(徒十 11)。

㉝ 例如次经《托比传》八 8 就有这样的一句话:"祷告之后他们又齐声说'阿们'。"保罗在林前十四 16 也提及信徒在崇拜时习惯地以"阿们"(*amēn*)来回应感恩的祷告。

㉞ 太三 16;可一 10;路三 21。

一章五十一节中的"天开了"(aneōgota)是一个现在完成式动词，表示天不仅已经开了，并且还继续开着。⑤

"上帝的使者上去下来在人子身上"，在圣经并没有前例。可是，读经者也许可以联想到创世记二十八章十至十三节雅各在梦中所见的那个景象："一个梯子立在地上，梯子的头顶着天，有上帝的使者在梯子上，上去下来。耶和华站在梯子以上。"(创二十八 12～13)

可是，耶稣在一章五十一节所说的，却与雅各在梦中所见的，有一个很关键性的不同之处。那就是，在雅各的梦中，是"上帝的使者在梯子上，上去下来"。另一方面，耶稣所说的，却是"上帝的使者上去下来在人子身上"。结果是人子的"身"体取代了"梯子"。希腊原文并没有"身子"这个字，只有"人子"(ton huion tou anthrōpou)。但是，和合本的"人子身上"，在意义上是正确的。和修版是："……使者通过人子上上下下"。

"梯子"在雅各的梦中，可说是沟通或连接"天"("耶和华站在梯子以上")与"地"的桥梁或媒介。现在，因为"道"已成了肉身，那个通上帝("天")与人间("地")的桥梁或中介，已不再是"梯子"，而是"人子"耶稣自己。这样的诠释是应该符合约翰福音中那最基要的道成肉身神学："道成了肉身，住在我们中间[成为我们与上帝沟通的桥梁]"(一 14)；"从来没有人看见上帝，只有在父怀里的独生子，将他表明出来"(一 18)。

在约翰壹书二章一节，耶稣被称为上帝与人之间的"中保"(paraclētos)。保罗也很肯定地宣告说："只有一位上帝，在上帝和人中间，只有一位中保[mesitēs]，乃是降世为人的基督耶稣。"(提前二 5)

第一章结语：

约翰福音第一章用好几个不同的名号和词语来称呼和形容耶稣："道"(一 1)、"上帝"(一 1)、"光"和"真光"(一 4～9)、"父独生子"(一 14、18)、"基督"(一 17)、"拉比"(一 38)、"上帝的羔羊"(一 29、36)、"上帝的儿子"(一 34)、"弥赛亚"(一 41)、"以色列的王"等。上述这些名号

---

⑤ 参 Morris，p. 150.

和词语或它们后面的神学思想,将会继续出现在福音书中。值得一提的是,上述这些名称都是出自他人的口中。只有在一章五十一节耶稣以"人子"(*ho huios tou anthrōpou*)自称。㊱

㊱ 有关"人子"(*ho huios tou authrōpou*;the son of man)一词参 C. E. B. Cranfield,*The Gospel According to Saint Mark* (Cambridge:CUP,1959),pp. 272 - 277;Morris,pp. 150 - 152.

肆　第一个神迹
（二 1～12）

约翰福音的作者在第一章肯定了耶稣的身分以后,便从二章一节开始记述祂的其他言行。

耶稣第一个具体的行动是以神迹来彰显的。那就是,在迦拿的婚宴中将水变成酒。约翰福音一共记载了七件神迹。在迦拿所行的是第一件。

这七件神迹是:

一、变水为酒(二 1～11)。

二、医治大臣的儿子(四 46～54)。

三、医治患了三十八年病痛的人(五 2～9)。

四、给五千人吃饱(六 1～14)。

五、叫瞎眼的人看见(九 1～7)。

六、叫拉撒路从死里复活(十一 1～44)。

七、在海面上行走(六 16～21)。

有些学者认为最后的一件(六 16～21)在性质上与前面的六件很不相同;也许不能被看作是一件"神迹"。①

在新约圣经,至少有两个希腊词语是可以译作"神迹"的:*dunamis*(例如:可九 39;徒二 22;林前十二 10 等);*sēmeion*(例如:路二十三 8;徒六 8;启十三 14 等)。

约翰是以 *sēmeion*(复数 *sēmeia*,英文 sign)来形容"神迹"。约翰的 *sēmeion* 很可能是源自旧约希伯来文的 *'oth*。② 在旧约 *'oth*("神迹")是

---

① 参 Stephen Smalley, *John: Evangelist and Interpreter* (Exeter: The Paternoster Press, 1998), 2nd ed., pp.129,13. 在上述的六或七个神迹中,只有给五千人吃饱以及医治大臣的儿子这两个是跟符类福音相似的。其余的四或五个神迹只记载在约翰福音中。

② 例如出四 8 所记,摩西将要在埃及行的"神迹"在希伯来文也叫 *'oth*:"[耶和华]又说:'倘或他们不听你的话,也不信头一个神迹['*oth*],他们必信第二个神迹['*oth*]。'"

先知向以色列或万族万民所要宣告的信息或是福音的一个重要的组成部分：“[耶和华说]……我必将万民万族聚来，看见我的荣耀。我要显神迹[希伯来文 *'oth*]在他们中间……他们必将我的荣耀传扬到列国中。”(赛六十六 18～19)

　　LXX(七十士希腊文译本)一般都把希伯来文的 *'oth* 译成希腊文的 *sēmeion*。但是，其中也有译作 *teras* 的。中文把 *teras* 译作“神迹”或“奇事”。在古典希腊文，*sēmeion* 是一个特殊的指标、记号或表征。亚里士多德(Aristotle)等也把 *sēmeion* 用在逻辑学上，以它来表示确实的凭证。斯多亚(Stoic)以及伊壁鸠鲁(Epicurean)两派哲学家也常以 *sēmeion* 表示“推断那些看不见或不能看见的事物的根据”。③

　　二 1　第三日，在加利利的迦拿有娶亲的筵席。耶稣的母亲在那里。

　　这里的“第三日”(*tē hēmera tē tritē*)应该是回顾一章四十三至五十一节所发生的事而说的。假使一章四十三节所指的“又次日”是第五日，则一章四十三节与二章一节之间已是相隔了一日。这相隔了的一日应该就是“第六日”。可是，作者约翰并没有记载“第六日”发生的事。这样，二章一节的所谓“第三日”其实就是“第七日”了。有学者认为二章一节的“第三日”实际上是相等于今天的“星期二”。因为按犹太人计算日子的习惯，每星期共有七日。第一日，也就是圣经里说的“七日的头一日”相当于今天的“星期日”。“第二日”则是今天的“星期一”。这样，所谓“第三日”就是相当于今天的“星期二”了。④

　　迦拿(*Kana*)这个地名在约翰福音共出现了三次。其他两次分别是四章四十六节及二十一章二节。其余的新约著作都没有提及这地方。在约翰福音出现的三次中，它都被称为“加利利的迦拿”(*Kana tēs Galilaias*)。

　　经文并没有声明这一个婚宴的主人是谁。“耶稣的母亲”在此首先被提及。这似乎意味着她是婚宴中一位重要的人物。她较后所扮演的

---

③ 见 BAGD,“*sēmeion*;” Barrett, *John*, pp. 75－78 等。
④ 见 J. A. T. Robinson, *The Priority of John*, p. 166.

角色似乎也肯定了这一点。

一件耐人寻味的事倒值得一提。这就是,约翰福音完全没有提及耶稣的母亲"马利亚"(Maria)的名字,正如约翰福音始终没有提及使徒"约翰"(Iōannēs)的名字一样令人感到费解,特别是因为这部福音书提到了很多个人的名字。

有关第一世纪犹太人"娶亲的筵席"(gamos)的文献记载并不多。但从所得的资料来看,一般娶亲的规矩大概都会包括下列几项活动:第一,新郎的亲友列队把新娘迎到新郎的家。第二,婚宴随即在新郎的家中举行。第三,整个娶亲的欢庆要举行好几天之后才结束。⑤

二 2　耶稣和他的门徒也被请去赴席。

假设娶亲的人与耶稣的母亲有很密切的亲友关系,则"耶稣和他的门徒也被请去赴席"(eklēthē di kai ho Iēsous kai hoi mathētai autou eis ton gamon)倒是一件很自然的事。根据前面一段经文的记载,耶稣的门徒在这个阶段的人数应该不会太多。经文并没有提及耶稣的父亲约瑟。因此,无法肯定他是否也被邀赴宴。六章四十二节似乎表示约瑟仍健在。约翰福音除了称耶稣为"约瑟的儿子"之外,便没有直接提到约瑟了。

二 3　酒用尽了,耶稣的母亲对他说:"他们没有酒了。"

当时犹太人的婚宴习惯上是一连持续好几天,食物或酒等饮料假使超出了原来的预算,是可以理解的。当这种情况一旦出现的时候,最着急和深感困窘的,肯定是主人或负责婚宴的总管。耶稣的母亲当时的反应似乎表示她可能是其中的一位负责人,或是一位不断在留意婚宴进行的亲友。

二章一节中的原文 kai ēn hē mētēr tou Iēsou ekei("耶稣的母亲在

⑤ 按士十四 12,犹太人似乎很早就有"七日筵宴"的传统。成书于主前第二世纪的犹太教次经《托比传》(Tobit)在八 19～20 就有下面一段有关婚宴的记载:"拉格尔吩咐他妻子,为盛大的宴席烤好足够的面包。然后他来到畜群那里,牵出两头公牛和四只公羊,吩咐仆人们把它们宰了,以备在婚宴上食用。他又来到了托比雅,对他断言说,他绝不会让托比雅在两周之内离开此地。'住在这儿,我们一道享受宴饮。'"

那里")可能意味着她已经在(*en*)娶亲的人家住了一段日子。当然,有关酒用尽了的坏消息也可能是别人告诉她的。她把这消息告诉耶稣可能只是说明实况,也可能是期望耶稣参与解决当前的困境。这是一件很自然也是非常合乎人情的事。福音书所关注的,当然主要是所谓"属灵的"事物,可是它却永远不乏真正的人情味。

二4 耶稣说:"母亲[原文作妇人],我与你有什么相干? 我的时候还没有到。"

和合本的小字——"原文作妇人"——是对的。希腊原文的确是"妇人"(*gunai*),不是母亲(*mētēr*):⑥ *Ti emoi kai soi,gunai*;也正是因为这样,释经者都尝试去解释这个在表面上看起来令信徒感到非常尴尬的一件事。那就是,身为儿子的耶稣怎能称自己的母亲为"妇人"(*gunai*;RSV,woman)呢?

在约翰福音的研究上,影响了学术界近半个世纪的德国新约学者Bultmann,在处理这个难题的时候,首先承认耶稣在此以"妇人"(*gunai*)来称呼自己的母亲的确是一件令人惊讶的事(surprising),虽然 Bultmann 认为这样的称呼并不表示耶稣对自己的母亲"不尊敬"(disrespectful)或蔑视(scornful)。⑦ 可是,Bultmann 也同时觉察到耶稣回应他母亲那句话——*Ti emoi kai soi,gunai*("妇人,我与你有什么相干?")——的确是使得耶稣和他的母亲之间产生了一个"怪异的距离"(a peculiar distance),⑧纵使这人际间的关系与责任最终并没有影响耶稣的行动。因为那位行神迹的耶稣必须被自己的"规律"约束,

---

⑥ 马礼逊中译文是:"妇也余与汝何与。"

⑦ Bultmann,p. 116. Bultmann 也在注解中以一些古代希腊的例子来说明这一点。可是,Bultmann 也清楚地觉察到耶稣回应他母亲的那一句话——"我与你有什么相干"——的确是使得耶稣自己和母亲之间产生了一道"怪异的距离"(a peculiar distance):"The refusal is a rough one:'Woman,what have I to do with you?' What is surprising here is the form of address,*gunai*,where one expects 'Mother'. Even though it is not disrespectful or scornful,it sets a peculiar distance between Jesus and his mother." pp. 116 - 117.

⑧ Ibid.,p. 116.

以及听命于另外一个"来自上帝的""声音"。⑨ 因此,耶稣对他的母亲说,"我的时候还没有到"(*oupō hekei hē hōra mou*)。⑩

Bultmann 上述的观察和解释有可取之处。耶稣的行动确实是依据自己的"规律"或原则。祂也一致听命于另外一个"声音"——天父上帝的声音和指示,并且一致按上帝的旨意去完成祂的使命。可惜 Bultmann 并没有进一步阐明耶稣在此为何以"妇人"(*gunai*)称呼自己的母亲。

另一位研究约翰福音的权威 Barrett 的观点基本上跟 Bultmann 一样,认为"妇人,我与你有什么相干?"(*Ti emoi kai soi,gunai*)这句话中的"妇人"并不刺耳或含有不尊敬的意思。因为这样的例子并不少,包括约翰福音十九章二十六节。但是,Barrett 也承认"我与你有什么相干?"这句话确实是很突然,并且也使得耶稣和他母亲之间划了一条很明确的界限(a sharp line)。可是 Barrett 也跟 Bultmann 一样,没有更深层去解释耶稣在此用"妇人"的真正意义。⑪

Barclay 认为"妇人"(*gunai*)这个词语在此有"误导性"(misleading)。⑫ 他因此用了一些具体的例子,尝试说明"妇人"(*gunai*)并没有不尊敬的意思。例如古希腊诗人荷马(Homer)的史诗中的 Odysseus 也以 *gunai* 称呼自己的爱妻 Penelope。此外,罗马皇帝 Augustus 也是这样称呼他所爱的 Cleopatra。⑬ 他建议以"女士"或"夫人"来翻译 *gunai* 也许会更恰当。⑭

Beasley-Murray 也引用了约瑟夫(Josephus)在《犹太古史》(*The Antiquities of the Jews* 17:74)中,Pherovas 以 *gunai* 称呼爱妻为例,

⑨ Ibid., pp. 116 - 117.

⑩ Ibid., p. 117.

⑪ "There is no harshness or even disrespect in the vocative *gunai*, as abundant examples, most significantly perhaps 19. 26, show. But *ti emoi kai soi* ... is abrupt and draws a sharp line between Jesus and his mother. " Barrett, *John*, p. 191.

⑫ William Barclay, *The Gospel of John*, Revised Edition, vol. I(Philadelphia: The Westminster Press, 1975), p. 98.

⑬ Ibid.

⑭ Ibid.

说明 *gunai* 是一个可以被接受的称呼。[15]

可惜上述这些西方学者们的"解释"似乎都忽略了一个基要的问题。那就是,纵使 *gunai*("妇人")一词本身并没有不尊敬或冒犯的意思,甚至还可以用它来称呼自己的"爱妻",但是,以同样的一个词语来称呼自己的母亲却是一件完全不同的事了!另一位学者 Ridderbos 至少还能清楚地看到两者的不同。他因此说,虽然 *gunai* 这个词语本身并不表示不礼貌(因有其他源自希腊文献的例子),但是,一个作儿子的,若以 *gunai*("妇人")来称呼自己的母亲就很"不寻常"(not common)了。[16]

研究约翰福音的另一位权威,天主教的学者 R. E. Brown 虽然以一些新约圣经的例子(如太十五 28;路十三 12;约四 21,八 10,二十 13)说明耶稣也用 *gunai* 一词称呼其他的妇女,表示这些都是"正常,有礼"(normal,polite)的做法,[17]但是 Brown 也不得不承认,为人儿子的耶稣,只用 *gunai* 一词(并没有附加任何形容词)来称呼自己的母亲,确实是"特殊"的(peculiar)。据他所知,不论在希伯来或希腊人中都没有这样的先例。[18] Brown 因此怀疑经文中的 *gunai* 一词有某种"象征性的含义"。若是勉强将 *gunai* 译作"母亲",反而会失去耶稣的原意,并且还会造成经文更加含糊难解。[19]

Brown 在解释二章四节 *gunai*("妇人")这个词语的时候,把它和创世记三章十五节的"女人"以及启示录十二章那个"怀孕的妇人"连贯在一起。他认为约翰福音二章四节中的"妇人"是象征"弥赛亚的母亲"。另一方面,耶稣的母亲马利亚是"新夏娃",是教会的象征。当耶稣还在世上的时候,教会——也就是马利亚所象征的——并没有什么

---

[15] Beasley-Murray,p. 34.

[16] Ridderbos,p. 105.

[17] Brown (1966),p. 99.

[18] "What is peculiar is the use of 'Woman' alone (without an accompanying title or a qualifying adjective) by a son in addressing his mother — there is no precedent for this in Hebrew nor,to the best of our knowledge,in Greek." Ibid.

[19] "All of this leads us to suspect that there is symbolic import in the title,'Woman'. To translate it as 'Mother' would both obscure his possibility and cloak the peculiarity of the address." Ibid.

角色可以扮演。因为教会的角色是在耶稣复活和升天以后才开始的。[20]

可惜 Brown 身为一位天主教的学者,在这一段非常关键性的经文的诠释上完全无法走出自己教会在传统上对马利亚的神学观点的框框。其他天主教学者如 Thomas L. Brodie 等也只能作类似的诠释。[21]

倘若身为儿子的耶稣以"妇人"来称呼自己的母亲这种方式,在希伯来人和希腊人的文献中找不到先例,在华人的文化传统中就更不必说了。因此,这问题也同样,甚至是更加困扰华人教会及学者。

马礼逊的中译本把二章四节的 *gunai* 译作"妇"。天主教的思高本译成"女人"。这些都可说是正确的翻译。和合本却译成"母亲",但很清楚地以小字声明说,"原文作妇人"。问题是,既然"原文作妇人",又为何还将 *gunai* 译作"母亲"呢? 个中的原因也许可以从 1989 年初版的《中文圣经启导本》为约翰福音二章四节所下的注里面看出来:"'母亲'原文作'妇人',称自己的母亲作:'妇人',中国人听来很不习惯,但在当时是很普遍的称呼,并无不尊敬意味。《和合本》译为'母亲',是从中国习惯。'我与你有什么相干?'是希伯来人的习用语,意思是:'为什么不让我来作决定呢?'也没有不尊敬的意思。"

启导本在上述注解所下的一番苦心是完全可以理解的。它所作的观察也确实是对的:"称自己的母亲作'妇人',中国人听来很不习惯。"可是,真正的情况,真的好像它的下一句所说的那样吗? ——"但在当时是很普通的称呼,并无不尊敬意味"?

假使启导本在上述解释所说的"当日"是指耶稣那个时代,并且所说的"称呼"是指耶稣或是同时代的其他人对一般妇人的称呼,或是丈夫对自己妻子的称呼,则启导本的解释是可以接受的。可是,这里所涉

---

[20] "John thinks of Mary against the background of Gen iii: she is the mother of the Messiah; her role is in the struggle against the satanic serpent, and that struggle comes to its climax in Jesus' hour. Then she will appear at the foot of the cross to be entrusted with offspring whom she must protect in the continuing struggle between Satan and the followers of the Messiah. Mary is the New Eve, the symbol of the Church; the Church has no role during the ministry of Jesus but only after the hour of his resurrection and ascension." Ibid., p. 109.

[21] Brodie, pp. 174 - 175, 549 - 550.

及的"称呼"是指耶稣在二章四节对自己"母亲"的称呼。这样的称呼，不论在希伯来人和希腊人中，或是在"中国"人(华人)中，都是史无前例(unprecedented)的。换句话说，耶稣称呼自己的母亲为"妇人"(*gunai*)，至少在表面上看起来或听起来，是很不尊敬的！因此，释经者必须提供一个更具说服力及更合理的解释。

李苍森在解释"妇人"(*gunai*)一词的时候说，"这里没有生硬或不尊敬的意思，对比约翰福音十九章二十六至二十七节可知，当时是妇女的尊称，并含有亲切的意思。"②

"妇人"(*gunai*)"这里没有……不尊敬的意思"，也许还可以接受。可是，说它"当时是妇女的尊称，并含有亲切的意思"，就未免说得太差强人意了。李的这种说法显然是为了要解除经文所引起的尴尬。

一位身为儿子的耶稣，竟然以"妇人"来称呼自己的母亲，还可说是"尊称，并含有亲切的意思"吗？其实，李自己也知道上述的解说的确是很难令人信服的。因此，他便紧接下去补充说，"主耶稣在这里和在十字架上用这称呼，可能表示他和马利亚的关系和一般母子的关系不同"。㉓这倒是一个很正确的观点。因为主耶稣在约翰福音二章四节和十九章二十六节用"妇人"(*gunai*)来称呼自己的母亲的确是"表示他和马利亚的关系和一般母子的关系不同"。可惜李并没有在这关键性的一点上进一步给予诠释。

马有藻对耶稣使用"妇人"这个称呼的观点与李苍森很接近。他解释说："耶稣回答时，称母亲为'妇人'，是极有礼貌的(太十五28；路十三12；约四21，八10，二十13)"。㉔这样的解说恐怕也同样不能叫人信服。可是，马在提及"我与你有什么相干"这句话的时候，却似乎意识到问题在哪里。因为他同意 Morris 等人的解释说，"'相干'是指关系而言，意即现在耶稣开始传道作神的工，所以祂与母亲的关系就不同了"。㉕可惜马和李一样，并没有从这点着手解释耶稣在二章四节以

㉒ 李苍森，《约翰福音注释》(南京：中国基督教协会神学教育委员会出版，1994)，页4。
㉓ 同上。
㉔ 马有藻，《约翰福音注释》(香港：宣道出版社，1985)，页64。
㉕ 同上。

"妇人"称呼母亲的意义。

贾玉铭很清楚地觉察到二章四节这一节经文所引起的问题,并且承认它不容易解释:"所不易解者,即耶稣之答词曰:'妇人,我与你有什么相干?'情深如母子,何以出此峻拒之声,不情之言?"㉖

贾氏的讲义是在 1929 年完成的。不论是在他那个时代的中国或是今天的华人社会,读者都会像贾氏一样,对耶稣回应母亲马利亚那句话深感不安和疑惑:"情深如母子,何以出此峻拒之声,不情之言?"贾氏自己的解释是:"其故:乃以耶稣此后所为,乃神圣不可侵犯之天工圣事,虽亲如母子亦不便于干预;要惟神命是听,故不能不决绝血肉之缘,惟恭谨审慎,以待上帝之时候。"㉗

贾氏的解释有一定的道理。耶稣的母亲马利亚较早时间向耶稣表达的关怀——"他们没有酒了"——虽是出于善良的动机,也的确是一种"干预"的表现。因为她似乎不知道或是忘了一件重要的事。那就是,如今参与"天工圣事"(贾玉铭语)的耶稣是听命于上帝,并且是有自己做事的原则和时间表的:"我的时候还没有到。"(二 46)贾氏对这一点的领悟是正确的。只是事实也许并不像他所假设的那样简单:"故不能不决绝血肉之缘。"因为不论是在这一节经文或是在其他地方,耶稣都没有表示自己为了"天工圣事"就"不能不[与母亲]决绝血肉之缘"。

道成了肉身的耶稣有一个很难理解的奥秘身分。奥秘,是因为祂既是上帝的儿子(ho huios tou Theou),也是人(约瑟和马利亚)的儿子。这"双重身分"本身也就因此免不了有它一定的"吊诡性"(paradox)和"张力"(tension)。最终只有耶稣自己,才能真正理解和深深地感受到这吊诡和张力。读经者和释经者的理解和领会毕竟是很有限的。

"我与你有什么相干?"(Ti emoi kai soi)这句子被一些学者看作是源自希伯来的一种表达方式。㉘ RSV 译作:"What have you to do with me?"这可说是按希腊文的表面直译。它的意思很接近和合本,但不能真正表达句子的更深内涵。NEB 的译文是"Your concern, mother, is

---

㉖ 贾玉铭,《约翰福音讲义》(香港:宣道书局,1967),页 39。
㉗ 同上。
㉘ Brown, p. 99; Morris, p. 159.

not mine."(直译:"母亲,你的关怀不是我的。")它尝试把句子的意思带出来,可惜不太成功。因为像 NEB 这样的翻译并不太符合上下文(context)的实况。耶稣后来所行的神迹实际上表示祂母亲的关怀也是祂自己所关怀的,不然祂就不会去施行将水变成酒的神迹了。

NIV 译作:"What do you involve me?"(直译:"你为何牵涉到我呢?")是一个可取的尝试。因为马利亚当时把酒用完了这件事告诉耶稣,的确是有意"牵涉"到耶稣,意即希望祂帮忙解决困境。

Barclay 译作:"Lady ... let me handle this in my own way."(直译:"让我以自己的方法来处理吧。")Bruce 译作:"Why trouble me with that ...?"(直译:"为何以那样的事来麻烦我呢?")Brown 的译法是:"What has this concern of yours to do with me?"(直译:"你这个关怀与我何干呢?")

上述学者们及圣经译本的各种尝试都是因为希腊原文 *Ti emoi kai soi* 的直译:"What to me and to you?"("[这]对我和你如何?")对经义的诠释是没有多大意义或帮助的。

最终,*Ti emoi kai soi* 的意思也许在很大的程度上要决定于紧接下去的另一个句子:*oupō hēkei hē hōra mou*("我的时候还没有到";RSV,My hour has not yet come)。先后两个句子的结合不仅有助于读经者对经文的理解,也给予释经者更大的自由去做诠释的工作。

"我的时候还没有到"这个句子至少有两个意思。

第一,表示马利亚对缺酒这件事的关怀虽然是出于正确的动机,却未免有操之过急之嫌。若是这样,则先前 *Ti emoi kai soi* 那句话便可以很自由地意译(不是直译)作:"你为何这么着急,在这个时候就牵涉到我呢? 这是你的关怀,但我也有自己的对策(只是我的时候还没有到)。"

第二,表示耶稣有自己的主权以及掌管事物的能力。因此,不能让任何"人的意思"来左右,无论人的动机多么正确与善良。耶稣在使命开始的时候如此表态是很重要的。

约翰福音多次提及耶稣自己的"时候"(*hōra*)。[29] 其中大部分所指

---

[29] 七 6、8、30,八 20,十二 23、27,十三 1,十六 32,十七 1。

的是耶稣受苦或"得荣耀"的"时候"。从二章四节的上下文来看，这里所指的"时候"很清楚不是指耶稣的受苦或是受苦以后所得的"荣耀"（doxa）。它应该是针对耶稣较后施行神迹把水变成酒的"时候"；以及这神迹所彰显出来的"荣耀"（二 9～11）。

几乎所有学者都免不了要从文化的（cultural）层面去尝试解释耶稣在二章四节以"妇人"（gunai）来称呼母亲马利亚所带来的尴尬与困惑。因为他们在不同的程度上都意识到，不论是古今中外，以"妇人"来称呼自己的母亲，在文化上（culturally）是很难接受的；纵使以同样一个词语来称呼自己的妻子或其他女人不算无礼。有趣的是，竟然也有西方学者在举实例的时候没有把"母亲"和"妻子"的地位和身分清楚区分出来，结果以为"妇人"这个称呼可以同时用在妻子和母亲身上！值得庆幸的是，上面所引的中文圣经及华人释经者都没有犯这混淆的错误。这也许是跟文化和社会背景有关。

无论如何，只是从文化的层面去考虑，最终并不能给二章四节的"妇人"（gunai）一个令人满意的诠释。更重要的问题还是神学的（theological）。那就是说，只有从神学的角度去看耶稣对母亲马利亚的称呼，才能解释"妇人"一词所带来的困惑。这最终就会涉及到一个最关键性的"身分"的问题。那就是，耶稣究竟是"谁"？祂当时是以什么"身分"来称呼马利亚？这个问题是基要的。倘若耶稣只是马利亚的儿子，也即是"人"的儿子，则耶稣以"妇人"（gunai）来称呼自己的母亲，不但在文化上（culturally）不能接受，甚至还有大"不孝"之嫌呢。可是，事实说明，耶稣并不只是马利亚的儿子。约翰福音在"开宗明义"的第一章里就已经用了各种不同的名号（titles）来表明耶稣那多重的"身分"（multiple identity）。㉚ 这位身上带着许多名号的耶稣，也就是在二章四节以"妇人"来称呼马利亚的同一位人物。读经者与释经者都必须根据这些名号后面的神学含义，去理解二章四节所引发的问题。假使只从文化的层面，特别是从"母与子"的"人伦"关系上去看"妇人"这称呼的话，则这事件确实会令人感到非常尴尬。只有从耶稣的"身

㉚ "道"（一 1），"上帝"或"神"（一 1），"真光"（一 9），"［上帝的］独生子"（一 18），"基督"或"弥赛亚"（一 41），"上帝的儿子"（一 49），"以色列的王"（一 49）。

分"的神学意义上,才能真正理解问题以及给出一个合理的诠释。

二5　他母亲对用人说:"他告诉你们什么,你们就作什么。"

马利亚在此对用人的吩咐,无形中表明她不但不因为耶稣以"妇人"称呼她而感到不悦或难堪,并且已经清楚地领悟了耶稣的心意。她完全相信耶稣会按着自己的计划和"时候"(hōra)去处理问题。

约翰福音以及所有其他新约著作,都没有说明马利亚对耶稣的信心是如何建立起来的。路加福音记述了耶稣在十二岁那年与父母同上耶路撒冷的圣殿的事。当时耶稣对父母所说的话,[31]"他们不明白"(路二50)。但是,"他母亲[马利亚]把这一切的事都存在心里"(二51)。耶稣和父母一起到拿撒勒以后,也"顺从他们[约瑟和马利亚]"(二51)。

十八年以后,耶稣大约三十岁那年,才开始出来"传道"(路三23)。圣经没有记录耶稣在这十八年间的言行。可是,马利亚对耶稣的信心必然是有一定的依据。不然,她就绝对不会这么肯定地吩咐用人说:"他告诉你们什么,你们就作什么。"马利亚要给用人作吩咐,也充分说明了她在这个婚宴中所扮演的重要角色。

二6　照犹太人洁净的规矩,有六口石缸摆在那里,每口可以盛两三桶水。

约翰在此简单地说明了这些石缸中的水的用途,主要是为了那些不太熟悉犹太教规矩的读者。

中文圣经的"两三桶水"其实并没有说明每缸水的实际容量。它只是给华人读者一个大概的印象而已。这也难怪中文圣经的翻译,因为学者们对希腊原文 metrētēs 的容量看法也不完全一致。有些英译本作measure。Bruce 等学者一般认为一个 metrētēs 大约等于英制的九加仑(gallons),[32]也即是公制的四十公升(litre)左右。这样,每一口石缸就可以盛十八至二十四加仑或八十至一百二十公升的水了。由此可见六口石缸的水,也就是耶稣施行神迹后所变的酒,容量是多么可观。

㉛ "为什么找我呢? 岂不知我应当以我父[上帝]的事为念吗?"(路二49)。
㉜ Bruce,p. 70.

二 7　耶稣对用人说:"把缸倒满了水。"他们就倒满了,直到缸口。

经文没有说明用人从何处取水。水源来自水井是可能的。"直到缸口"(*heōs anō*)在此特别强调石缸是完全盛满水的。

二 8　耶稣又说:"现在可以舀出来,送给管筵席的。"他们就送了去。

经文没有记述或解释耶稣将水变成酒这个神迹的过程。读经者只能假设耶稣此时吩咐用人从缸中"舀出来,送给管筵席的",已经不再是水,而是酒了。

二 9　管筵席的尝了那水变的酒,并不知道是哪里来的,只有舀水的用人知道。管筵席的便叫新郎来。

经文对整个事件的演变,那种极其自然的描述给读者的印象是,这是一个目击者(eye-witness)的见证,不论这位目击者是福音书的作者使徒约翰自己或是其他人。

二 10　对他说:"人都是先摆上好酒,等客喝足了,才摆上次的。你倒把好酒留到如今。"

管筵席的对新郎所说的话显然带着一些责怪的语气。当然,在这个时刻管筵席的和新郎都不清楚事情的真相。

"人都是先摆上好酒"(*pas anthrōpos prōton ton kalon oinon tithēsin*),这个做法也许是管筵席者所熟悉的习惯。有学者认为这并不是所有人普遍的安排。③ 管筵席者的观点也跟一些华人的习惯恰好相反。有些华人宴客的时候,反而喜欢将上好的美酒留到最后才让客人享受。所谓"好戏在后头"。无论如何,经文在此所关注的,并不是习惯或做法的问题,而是在于说明耶稣藉着神迹所提供的酒是上好的,比婚宴在此之前所给予客人的酒都好。

因为约翰福音很看重象征符号(symbols)所隐含的神学意义,因此

---

③ 见 Barrett, *John*, p. 193.

使得一些学者们尝试从迦拿的婚宴中,去探测一些他们认为是有象征意义(symbolic significance)的事物。例如,二章六节所提到的"六口石缸"(*lithinai hudriai hex*)中的"六"(hex)字便被解释是象征"不完整的数字"(imperfect number)。"七"才是一个"完整的数字"(perfect number)。"六"这个不完整的数字因此也"象征着"(symbolic of)"犹太人洁净的规矩"(*kata ton katharismon tōn Ioudaiōn*)这个礼仪和传统本身的不完全。㉞

马可福音七章一至十六节记载了耶稣对犹太人所拘守的洗手和洗浴等"遗传"(*paradosis*)以及其他规矩的批判。

约翰曾多次提及"水"(*hudōr*)(例如一 26,三 5,四 10,七 38)。在迦拿耶稣藉着水变成酒的神迹给予人满足。更有意义的,也许是耶稣所供应的酒的"上好"(*kalos*)素质。它被看作是象征耶稣所带来的"福音"(*euangelion*)或所设立的"新约"(*kainē diathēkē*)。它远远超越了普通的水或次等的酒所象征的犹太教。正如 Bruce 所说的,"新秩序开始的时候因此已经到来了。酒象征着新秩序,正如缸里的水象征旧秩序一样。"㉟

耶稣也在马可福音二章二十二节以"新酒"(*oinon neon*)和"旧皮袋"(*askous palaious*)来比喻自己和犹太教的关系。

二 11　这是耶稣所行的头一件神迹,是在加利利的迦拿行的,显出他的荣耀来。他的门徒就信他了。

不论迦拿所发生的事件象征着什么,或具有什么神学意义,耶稣将水变成酒这件神迹(*sēmeion*)所导致的果效却是很清楚的:它"显出他[耶稣]的荣耀来。他的门徒就信他了"(*ephanerōsen tēn doxan autou, kai episteusan eis auton hoi mathētai autou*)。从今以后,耶稣的门徒可以很肯定地作见证说,"我们也见过他的荣光[或荣耀;*doxa*]"(一 14)。

"信"(*pisteuein*),对约翰来说,绝对不只是一个认知或领悟的经

㉞ Ibid., p. 192.

㉟ "The wine symbolizes the new order as the water in the jars symbolized the old order." Bruce, p. 71.

验,它最终是一个"生命"(*zōē*)的体现。这也正是约翰写福音书的最终
目的(二十 31)。

二 12　这事以后,耶稣与他的母亲、弟兄和门徒,都下迦百农去,
在那里住了不多几日。

这一节经文代表着事情发展的一个时间上的小间隔(interlude),
或是一个过渡的阶段。

"这事"(*touto*)在此肯定是指在迦拿的婚宴中以及紧接下去所发
生的事。

学者们对迦百农(*Kapharnaoum*)的地理位置不能绝对肯定。但
是,一般都认为是在加利利海的北岸。它也许就是在今天的 Tell Hum
及 Khan Minyeh 一带的地方。㊱ 按符类福音的记述,迦百农是耶稣活
动的一个重要中心(见太八 5,可一 21 等处)。

经文在此提及耶稣的"母亲"(*metēr*)以后,便一直到耶稣在十字
架上受苦时再看见她的重现(十九 25～27)。这一节的"弟兄"
(*adelphoi*)——他[耶稣]的弟兄"(*adelphoi autou*)——在教会的历
史以及释经学上曾引起不少的争议。这个争议主要是因马利亚"永远
是童贞女"这个观念所引起的。

耶稣是"童贞女马利亚"(Virgin Mary)所生的。这是新约圣经以
及历代正统教会一致的坚强信念。新教(The Protestant Church)和罗
马天主教(The Roman Catholic Church)在这个信念上也完全相同。
两者之间的争议是在童贞女马利亚生下耶稣以后的身分,以及她在教
会中的问题上。

新教相信马利亚是在身为童贞女的时候"从圣灵怀孕"生下了耶稣
(太一 18～25)。以后,她便与丈夫约瑟过一般夫妻的正常生活。根据
马太福音一章二十五节的记载,约瑟起先没有跟马利亚"同房㊲[一直]
等她生了儿子"(*heōs hou eteken huion*;RSV,until she had borne a
son)。一个很自然的正面说法就是:等到马利亚生了儿子耶稣以后,约

㊱ 见 Morris, p. 164, fn. 47.
㊲ "同房",希腊原文 *eginosken*;RSV,knew。

瑟便开始与她同房。路加福音二章七节还特别强调耶稣是马利亚的"头胎的儿子"(*ton huion ... ton prōtotokon*；RSV，first born son)。若是这样，新约所说的耶稣的"弟兄"(*adelphoi*)很自然就是指耶稣的"弟弟们"了，虽然希腊文 *adelphoi*(复数)，正如英文 brothers 一样，可指兄或弟。

可是，自主后第二世纪开始，马利亚保持"永久的童贞"(perpetual virginity)的思想便开始产生了。接受这个思想的人，按照基本的逻辑推理，也只能相信耶稣是马利亚唯一所生的儿子。这样，耶稣就是没有弟妹了。既然如此，新约圣经的"兄弟们"(*adelphoi*)究竟是指谁呢？叙利亚的教父，也就是曾任塞浦路斯主教的埃比法纽(Epiphanius，A. D. 315－402)，很早就认为圣经中所提及的 *adelphoi*("弟兄")是指约瑟与"前妻"所生的男孩子，也即是耶稣同父异母的"哥哥们"。这也就是说，他们并非是马利亚所生的，也因此不是与耶稣同父同母的"弟弟们"。马利亚永远保持了"童贞女"(virgin)的身分。

另一种说法源自拉丁教父哲罗姆(Jerome，A. D. 347－420)。他相信圣经中所谓耶稣的"弟兄"(*adelphoi*)其实是指耶稣的"堂"或是"表"兄弟(英文 cousins)。这个解释到如今，除了一些天主教徒之外，似乎已普遍地被拒绝了。主要的原因是，至少在圣经以及希腊文的文献中找不到 *adelphos* 这个词语可以指"堂"或是"表"兄弟的例子。不仅如此，希腊文就有一个字 *anepsios* 是特别指"堂"或"表"兄弟的。保罗在歌罗西书四章十节就提到了"巴拿巴的表弟(*anepsios*；RSV，cousin)马可"。

总的来说，教父埃比法纽的解释并非完全不可能。但是，比较合理与自然的解释，还是把圣经中的 *adelphoi* 看作是约瑟和马利亚所生的孩子，也即是耶稣的弟弟们。可是，纵使是很有学术地位的学者们也不容易放弃自己教会的传统，去客观地接受一些很明确的论据。天主教的著名新约学者 Raymond E. Brown 便是一个很好的例子。他仍旧不能放弃马利亚永远是童贞女的信念。⑧

――――――――

⑧ Brown，p. 112.

　　另一位天主教的学者 Thomas L. Brodie 在他的约翰福音注释中，虽然没有明确地表达他对马利亚永远是童贞女的信念，却是怀疑圣经中的 *adelphoi* 是指耶稣的弟弟们。Brodie 在提及约翰福音二章十二节以及七章三至五节的时候，对经文中的 *adelphoi* 作了这样的评论："[经文]并没有提供有关他们的人数以及他们与耶稣真正的关系的详情：究竟他们是堂、表兄或是同父异母的兄弟，或是姐妹夫，或是亲弟弟们。"㊴

㊴ Brodie，p. 310.

伍　耶稣清理圣殿
（二 13～25）

　　在新约圣经中,除了约翰在此记述耶稣洁净耶路撒冷的圣殿之外,三部符类福音书都有类似的记载,[1]可见这事件的重要性。可是,只需把约翰和马可作一个比较,就不难发现两者之间在措词用字方面都不尽相同。例如约翰福音二章十五节所说的:"耶稣就拿绳子作成鞭子,把牛羊都赶出殿去。"这个行动等都没有记录在马可福音中。此外,马可福音十一章十七节所引用的旧约经文是以赛亚书五十六章七节和耶利米书七章十一节,而约翰福音二章十七节所引的则是诗篇六十九篇九节。但更重要的,还不是语言文字的问题,而是时间的不同。按照符类福音的时间秩序,耶稣洁净圣殿这件大事是发生在耶稣工作的最后一个阶段。另一方面,在约翰福音,这事件却是出现在耶稣刚开始工作不久的时候。学者们对这个情况的解说虽是见仁见智,但最终还是可以归纳为两个不同的观点。

　　一、以 Barrett 为主要代表的看法。[2] Barrett 首先假设耶稣在整个工作的过程中只有一次洁净圣殿。约翰知道,并且采用了马可有关这事件的原有资料。这就说明了约翰与马可之间为何存在着不少类似的地方。至于约翰和马可在时间上的不同,例如,约翰把事件放在福音书的前面,而马可却记录在福音书的后头,这个情况的出现主要是因为约翰的安排是基于"神学的理由",而不是出于对"时间顺序的考虑"。[3]

　　二、以 Morris 为首的立场。[4] Morris 首先认为学者们不能假设耶稣洁净圣殿的事只发生过一次,或约翰所记有关的资料一定是源自符

---

[1]　太二十一 12～13;可十一 15～17;路十九 45～46。

[2]　见 Barrett, *John*, pp. 194 - 196.

[3]　"We may suppose either that John was in possession of an independent chronological tradition which he valued more highly than that of Mark, or that his placing of the incident was dictated by reasons theological rather than chronological." Ibid., p. 195.

[4]　见 Morris, pp. 166 - 169.

类福音。对 Morris 来说,约翰福音大部分的叙述本来就是植根于符类福音以外的资料,因此就不必依赖马可福音等文献。就以约翰福音开始那五章经文为例,除了有关施洗的约翰那一段的记载之外,其余的内容都在符类福音中找不到。甚至有关施洗的约翰那一段经文,符类福音与约翰福音也不尽相同。Morris 因此提醒学者们说,基于约翰福音和符类福音两者间在词语、背景和时间上的不同,学者们就必须要具备更多的证据,才能轻易地假设约翰福音和符类福音中这两个类似的叙述,必然是指同一起事件。⑤

Morris 也同意 Plummer 和 Murray 等人的观察,认为耶稣不太可能以一次的洁净行动,就清除了犹太人当时在圣殿做买卖的恶习。因为犹太人的领袖根本就不接受耶稣的权柄,也不认同祂的做法。

Morris 最后接受了 R. G. Gruenler 的结论:"在福音书中共有两次洁净'圣殿'的事件,正好恰当地出现在祂[耶稣的]拯救工作的开始和末了。"⑥

Barrett 假设耶稣在整个工作的过程中,只采取一次洁净圣殿的行动。然后又基于这个假设,来解释约翰与符类福音在处理同一个事件不同的地方。Barrett 这样的处理方法似乎忽略了一个很重要的事实。那就是,福音书所记载耶稣的生平事迹,都是选择而不是全面性的。就算是四部福音书的全部资料结合在一起,也不过是耶稣整个生平事迹的一部分而已。有许许多多发生在耶稣生平中的事,是后代的读者及学者们不知道,甚至是永远不可能知道的。就如约翰福音的作者所说的一样:"耶稣在门徒面前,另外行了许多神迹,没有记在这书上"(二十30);"耶稣所行的事,还有许多,若是一一都写出来,我想所写的书,就是世界也容不下了"(二十一 25)。纵使这是一个带几分"夸张"(hyperbole)的说法,它至少也可以提醒读者说,福音书的内容是经过

---

⑤ "But in view of the major differences in wording and in setting, as well as in time, we will require more evidence than a facile assumption that two similar narratives must refer to the same event."Morris,p. 167.

⑥ "There are two cleansings in the gospel accounts, appropriately framing the beginning and the ending of his redemptive ministry."Gruenler, *The Trinity in the Gospel of John* (Grand Rapids, 1986), p. 30. 参 Morris, pp. 168 - 169.

高度选择的结果。要把发生在耶稣生平中所有的事件记录下来,既不可能也没有必要。

路加福音的作者在自己的序言中(路一 1～4)也带出同样的信息。那就是,纵使已经"有好些人提笔作书"写有关耶稣的言行,路加自己却仍感到不满足,因此"就定意要按着次序[再]写……"。

四部福音书的资料既然不是无所不包的,读者和释经者就不能假设两位或多位作者所记载的那些表面上很类似的事件,必定是指同一起事件,并且还基于这个有问题的假设,去断定某一位作者会按着自己的"神学理由"刻意安排"时间的"(chronological)先后秩序。

有关上面的讨论,还有一个值得一提的事实。那就是,马可福音只有一次明确记载耶稣上耶路撒冷去(十一 1～11)。耶稣洁净圣殿也就是在那一次发生(十一 15～18)。另一方面,约翰却记述了耶稣曾多次在节期的时候上耶路撒冷去的事(二 13,七 10,十 22,十一 55,十二 12～14)。既是这样,任何人都不能假定约翰福音二章十三至二十五节所记载的洁净圣殿的事是唯一的一次。

二 13 犹太人的逾越节近了,耶稣就上耶路撒冷去。

"逾越节"在希伯来文叫 pēsah;在 LXX 希腊文译本以及新约的希腊文是 pascha(英文 passover)。

"逾越节"这个节期最早的根源,是希伯来人逃出埃及这块"为奴之地"的历史经验(出十二章)。到了耶稣那个时代,按照犹太人阴历制(Lunar)的历法,逾越节是在犹太人新年的第一个月,也即是"尼散月"(Nisan)十四日月圆的时候开始庆贺的。[7] "尼散月"大约是公历的三、四月间。尼散月十五至二十二日便是整个星期的"无酵节"(Festival of the Unleaven Bread)。[8]

在新约时代,直到耶路撒冷的圣殿于公元七十年被罗马人毁灭为止,犹太人的逾越节一直都是一个很重要的"朝圣节日"(pilgrim

---

⑦ 希伯来文是 Nisan,巴比伦文是 Nisanu。希腊文音译希伯来文,也是 Nisan。

⑧ 有关逾越节的细节,见十三 1 及十八 28 注释。

festival)。根据比较可靠的估计,在新约时代,每年上耶路撒冷朝圣的人数约有十万左右。[⑨]

约翰福音至少有三处提到逾越节(二 13,六 4,十一 55)。作者在这三段经文中都称这节日为"犹太人的逾越节"(to pascha tōn Ioudaion)。这也很符合约翰福音的立场。因为作者很明显地把"犹太人"(Ioudaioi,至少出现 66 次),尤其是那些不信耶稣的犹太人,和跟从耶稣的犹太人区分出来。还有一点值得注意的是,到了约翰福音成书的时候,也即是到了第一世纪中以后,基督徒包括那些来自犹太社群的,都已经有了自己的"圣餐"或"擘饼"的圣礼(sacrament)(徒二 42)或"主的筵席"(林前十 21～22,十一 23～26),虽然基督徒社群所遵守的圣餐与"犹太人的逾越节"的历史渊源分不开。

"耶稣上耶路撒冷去"的"上"字(anebē;RSV,went up)有它一定的意义。假使耶稣在未"上"耶路撒冷之前住在迦百农(二 12),则祂应该是"下"耶路撒冷才对。因为按地理位置,耶路撒冷是在迦百农的南方,即在迦百农之"下"方。经文中的"上",因此有两个意思。第一,耶路撒冷位于犹太的山丘地带,外地来的人因此必须"上"去。第二,耶路撒冷是个"圣城"(Holy City),也是"圣殿"(Holy Temple)的所在地。因此,朝圣者就很自然会以一种敬虔的态度"上"圣城耶路撒冷去。[⑩]

路加福音二章四十一至四十六节记载,耶稣十二岁那年"按着节期的规矩"跟父母上耶路撒冷去"守节"(二 42～43)。这是他的父母"每年到逾越节"都上耶路撒冷的习惯(二 41)。若是这样,耶稣自己也可能照样"每年",或至少常上耶路撒冷去"守节"。Bruce 认为约翰在二章十三节所记载的事情可能是发生在主后二十八年。[⑪]

二 14　看见殿里有卖牛羊鸽子的,并有兑换银钱的人,坐在那里。

殿里所卖的"牛羊鸽子"(boas kai prōbata kai peristeras)主要是

⑨　参 IDB,vol. 3,"Passover;" Dictionary of Jesus and the Gospels (IVP),"Feasts."

⑩　Barrett 说:"'上'几乎成了到京城朝圣的专用词。"("anabainein had become almost a technical term for pilgrimage to the capital.")John,p. 197.

⑪　Bruce,John,p. 73. 又按 Bruce 的推算,耶稣早期在犹太地的工作约开始于主后 28 年夏。见 Bruce,The Acts of the Apostles (Grand Rapids;Eerdmans,1975),p. 55.

为了方便过节的人献祭而摆设的。"兑换银钱"(*tous kermatistas kathēmenous*),也是一种服务。

在耶稣那个时代,凡是二十岁以上的犹太男人,每年都有责任为圣殿的维修及管理缴交半个银钱(half-shekel)。shekel 是那个时代犹太人用的银币。可是,当时的圣殿只接受推罗的银币(Tyrian coin)。这就解释了兑换银钱的必要。兑换银钱者大约收百分之二至四的服务费,[12]也可能高至百分之十二左右。[13] 因为每人只需缴半个推罗银币,两个人合缴一个银币是常有的事。[14]

为圣殿缴交税,显然是一件被犹太人看作是很重要的事。按照犹太人米示拿(Mishnah)的条文,在"阿达月"(Adar),也即是"尼散月"(Nisan)的前一个月的第一日,犹太教当局就会提醒犹太人有关缴交给圣殿的税务。在这个月的十五日,犹太各省就会摆设好柜台,二十五日则要在圣殿设立柜台。有责任缴交税务的,是利未人、以色列人、归入犹太教的外邦人以及被释放的奴隶。[15]

二 15　耶稣就拿绳子作成鞭子,把牛羊都赶出殿去。倒出兑换银钱之人的银钱,推翻他们的桌子。

---

⑫ 见 Barrett,*John*,p. 197.
⑬ 见 Bruce,*John*,p. 74.
⑭ Ibid.
⑮ 见 *The Mishnah*,Sheqalim 1:3:"1:3
  A. On the fifteenth of that same month [Adar] they set up money changers' tables in the provinces.
  B. On the twenty-fifth [of Adar] they set them up in the Temple.
  C. Once they were set up in the Temple, they began to exact pledges [from those who had not paid the tax in specie].
  D. From whom do they exact a pledge?
  E. Levites, Israelites, proselytes, and free slaves,
  F. But not from women, slaves, and minors.
  G. Any minor in whose behalf the father began to pay the *sheqel* does not again cease [to pay].
  H. And they so not exact a pledge from priests,
  I. For the sake of peace. " *Mishnah*, A new translation by Jacob Neusner (New Haven and London: Yale University Press, 1988), p. 252.

耶稣在此所表现的那种近乎"暴力"的行动,可能会令不少读者深感不安,甚至惊讶和困惑。因为耶稣这样的表现与祂一般被描绘的那种"悲天悯人"、"祥和慈爱"的形象恰好相反。何况这些作买卖以及兑换银钱的人,的确是为朝圣者提供了一些既需要又方便的"服务",纵使他们是出于商业和利润的动机,包括圣殿当局从中可以获得的利益。

首先,耶稣上述那不寻常的行动所引起的不安,正好有助于证实这事件的历史性与可信度(historicity and reliability)。因为记载这事件的人是不太可能去刻意"制造"一个令人深感不安,甚至会损害耶稣的形象的事件。

其次,耶稣的行动是可以从他紧接下去所说的那句话中找到合理的解释。

二 16　又对卖鸽子的说:"把这些东西拿去。不要将我父的殿,当作买卖的地方。"

"不要将我父的殿,当作买卖的地方。"(*mē poieite ton oikon tou patros mou oikon emporiou*)这句话,是整起事件的关键所在。约翰福音在这之前已经很清楚地藉着各种名号(titles)以及在迦拿所行的神迹,表明了耶稣的身分(identity);特别是见证了祂是上帝的儿子。

"我父的殿"(*ton oikon tou patros mou*)虽是很简单的几个字,却充分地表达了耶稣对自己身分的自我意识(self-consciousness)。根据路加福音的见证,耶稣这个明确的意识从小就有了:"我应当以我父[上帝]的事为念"(路二 49)。

把圣殿当作买卖的地方,很清楚是滥用,甚至是糟蹋了圣殿这神圣的地方。因为圣殿本来就不是为了"作买卖"而建的。"作买卖的地方",在原文是 *oikon emporiou*。希腊文的 *emporiou* 也就是英文 emporium("市场"或"商业中心")的根源。

圣殿本来存在的目的,早就在第一位建造圣殿者所罗门王献殿的祷文中很明确地表明了。按列王纪上八章二十二至五十三节的记载,圣殿是上帝的"居所"(LXX, *oikos*)。它不仅是以色列人向上帝祷告的地方(王上八 30),也是外邦人向上帝祷求的殿(八 41～44)。所罗门在献殿的祷告中,还特别强调圣殿是吸引那些本来"不属"耶和华上帝的子民的外邦人归向耶和华的地方(八 41～44)。上帝的子民在圣殿祈祷的内容包括向上帝"伸冤"(八 49),求上帝"饶恕"、"赦免"以及"怜恤"(八 50～51)。

此后,先知如以赛亚等也不断地提醒上帝的子民说,圣殿是"万民祷告的殿"(赛五十六 7)。"万民"(LXX, *pasin tois ethnēsin*)在此很清楚地反映了上帝的拯救和恩典的普世性(universality)。这一个重要的神学意义与耶稣洁净圣殿的行动有密切的关系。

根据学者们的考证,犹太人当时作买卖的地方是在圣殿的"外院"(outer court)。这块场地也被称作为"外邦人的院"(Court of the Gentiles)。它是在整体圣殿的建筑群中唯一容许"外邦人"(gentiles),也即是"万民"(all nations)聚集,包括向上帝敬拜和祷告的场所。⑯ 可是,犹太人现在却把它当作"市场"(*emporion*)来占据了这个地方。这简直就是剥夺了万民敬拜和祷告上帝原有的权利。耶稣当时那一个近乎暴力的不寻常行动,必须从这个层面去理解。祂要表达的信号不但明确,并且还有理直气壮的历史和神学背景为依据。这些背景应该是犹太人,尤其是他们的宗教领袖所熟悉的。

马可福音在记述耶稣洁净圣殿的时候,不论是否跟约翰一样指同一事件,还见证耶稣当时引用先知以赛亚书五十六章七节:"我的殿必称为万国祷告的殿"(*Ho oikos mou oikos proseuchēs klēthēsetai pasin tois ethnēsin*)(可十一 17)。这句引自以赛亚的旧约经文,对犹太人来说,是一个很重要的提醒。中文的"万国"在希腊原文是一个复数字(*pasin tois ethnēsin*),常用以指犹太人以外的国民。

二 17　他的门徒就想起经上记着说:"我为你的殿,心里焦急,如同火烧。"

作者约翰在此只是追述了耶稣当时清理圣殿的行动,并没有记载耶稣引用什么经文来教训人。可是,祂的门徒却因为耶稣当时那个激烈的行动联想起旧约诗篇六十九篇九节的一节经文:"我为你的殿,心

---

⑯ 参 Bruce, *John*, p. 75.

里焦急，如同火烧。"这节经文的内容确实非常符合耶稣当时的心情和感受。

　　"想起"（emnēsthēsan）在此可能是指门徒当时就联想到这节经文，或是以后才回忆起来。新约学者 B. F. Westcott 提及耶稣洁净圣殿这起事件时，认为它似乎是对玛拉基书三章一节，以及撒迦利亚书十四章二十一节的一个诠释。前者预言说："你们所寻求的主，必忽然进入他的殿"；后者则表明，"当那日，在万军之耶和华的殿中，必不再有迦南人"。RSV 将 LXX 的迦南人（Chananoios）译作"商人"（trader）。[17]

　　耶稣清理圣殿的行动是很不寻常的，难怪犹太人立刻作出相对的反应。耶稣在回应的时候，以自己的身分比喻圣殿，带出了一个很重要的神学思想。

　　二 18　因此，犹太人问他说："你既作这些事，还显什么神迹给我们看呢？"

　　和合本对这一节的翻译不太理想。思高本的译文比较接近原意："你给我们显什么神迹，证明你有权柄作这些事？"RSV 的翻译与思高本相似："What sign have you to show us for doing this?"（Ti sēmeion deiknueis hēmin hoti tauta poieis）。和修版是："你能显什么神迹给我们看，表明你可以做这些事呢？"

　　表面上看去，犹太人似乎没有责怪耶稣所做的。他们向耶稣发出的挑战是："你凭着什么权柄采取这么剧烈的行动？你能行什么神迹来证实你权柄的依据？"其实，犹太人的提问和挑战是合理的。因为耶稣这个果敢的言行必须回答权柄（exousia；authority）以及身分的问题。犹太人很清楚地意识到耶稣所做的，是向当时的犹太教领导，包括圣殿管理层发出的一个公开挑战。只有那些自命不凡的人才敢采取这样的行动。根据这样的推论，犹太人向耶稣要求显神迹以证实祂的权柄和身分可说合理。况且耶稣的第一次神迹是在迦拿行的，耶路撒冷的犹太人不一定知道这件事。

---

[17]　Ibid., p. 74.

二 19　耶稣回答说:"你们拆毁这殿,我三日内要再建立起来。"

犹太人对耶稣的盘问,是关于权柄、神迹和身分这些问题。耶稣的回答,若不进一步加以解释,将被误会是答非所问。它不但令盘问的犹太人深感困惑,就是耶稣自己的门徒也必须等到耶稣"从死里复活以后",才真正想起和明白耶稣当时所回答那句话的意思(二 22)。

二 20　犹太人便说:"这殿是四十六年才造成的,你三日内就再建立起来吗?"

对耶稣来说,这当然是一个大误会。实际上,也许只有神通广大的人,才不会误会耶稣当时给犹太人回答那句话的意思。因为绝对不会有任何人能在那个时候明白,耶稣是以自己的身体来比喻圣殿。不然,约翰福音的作者就没有必要紧接下去作出解释了。

"这殿是四十六年才造成的"是指希律大帝(Herod the Great)从主前十九年就开始为圣殿的重建而展开的巨大工程。圣殿重建的主要工程在展开以后十年便基本上完成了。但其余的部分仍旧继续展开,直到主后六十三年,也就是圣殿被毁的前七年才真正全部完成。[18] 经文中的"四十六年"是从希律于主前十年开始重建圣殿算起,直到耶稣洁净圣殿那年,也就是主后二十八年为止,共"四十六年",时间可说是很准确。

"四十六年"是一段很长的日子。一座用了四十六年才重建成(或仍然建下去)的圣殿,"你"(*su*)耶稣竟然口出狂言说,能在它拆毁后"三日内要再建立起来"。"你"究竟是谁? 希腊文句子中的"你"(*su*)是强调性的:*kai su en trisin hēmerais egereis auton*;犹太人当时肯定以为耶稣是口出狂言。

二 21　但耶稣这话,是以他的身体为殿。

这是约翰福音书的作者为他的读者所作的解释。原来耶稣"是以他的身体为殿"(*peri tou naou tou sōmatos autou*)。真难怪犹太人当时

---

⑱ Ibid., p. 76.

听不明白。其实,直到耶稣最后在犹太人的公会前受审的时候,犹太人对这句话的误会仍然存在。不但如此,它甚至还构成了一项控诉耶稣的主要"罪状"(可十四 55～58)。

纵使当时指控耶稣的证人所说的"各不相合"(可十四 59),耶稣曾经说过的那句话的事实却不容置疑。因为当耶稣最终被钉在十字架上的时候:"从那里经过的人[还]辱骂他,摇着头说:'咳,你这拆毁圣殿,三日又建造起来的,可以救自己从十字架上下来吧'"(可十五 29～30)。讥笑者也许只是一些过路客,而不一定是犹太教的领袖,竟然还记得耶稣所说的那句话,可见它的流传之广。

值得一提的是,耶稣以自己的身体比喻圣殿那句话,根本就没有出现在马可福音所记述耶稣洁净圣殿的那起事件中(可十一 15～18)。若不是约翰福音把那句话记录下来(二 18),也许就没有人会知道曾经引起很大误会的那个比喻出自何处。

耶稣洁净圣殿这事件,既然也记载在一般被公认是最早书写下来的马太福音(参太二十六 61),也就无形中加强了约翰福音书的历史性和可信度,不论约翰和马可分别记载的是不是同一事件。

事隔约五六年之后,当教会的第一位殉道者司提反(Stephanos)被带到犹太人的公会前受审的时候,他的指控者仍旧引述耶稣昔日所用的比喻作为控状之一:"我们曾听见他[司提反]说,这拿撒勒人耶稣,要毁坏此地……"(徒六 12～14)。

纵使耶稣当日以自己的身体来比喻圣殿这件事,曾因为犹太人的误会而引起了很负面的反应,这比喻本身却在初期教会的神学发展上起了正面的效果。它在一定的程度上充实和丰富了初期教会在基督论(Christology)、圣灵论(Pneumatology)以及教会论(Ecclesiology)等方面的内容。

保罗称信徒为"上帝的殿"(naos Theou):"岂不知你们是上帝的殿,上帝的灵住在你们里头吗? ……因为上帝的殿是圣的,这殿就是你们"(林前三 16～17)。保罗也以"圣殿"(naos)来比喻上帝的国:"这样,你们不再作外人和客旅,是与圣徒同国,是上帝家里的人。并且被建造在使徒和先知的根基上,有基督耶稣自己为房角石。各房靠他联络得合式,渐渐成为主的圣殿。你们也靠他同被建造成为上帝藉着圣灵居住的所在"(弗二 19～22)。

又因"教会是他[基督]的身体"(弗一 23),保罗也就以这比喻来讲解教会的事奉(ministry)以及属灵的恩赐(*charismata*;gifts)(罗十二 3～8;林前十二～十四章;弗四 11～16)。

在希腊文,有两个不同的字可以译作中文的"殿"或"圣殿",就是 *hieron* 和 *naos*。*hieron* 一般是指整个圣殿的殿址和建筑群。约翰福音二章十四、十五节的"殿"是 *hieron*。[19] *naos* 普通是指建筑群内部的"圣殿"本身(包括"至圣所",the holy of holies)。耶稣在二章十九节所用的比喻——"你们拆毁这殿"——的"殿"是 *naos*。二章二十一节也是一样:"耶稣这话,是以他的身体为殿[*naos*]"。保罗在哥林多前书和以弗所书所说的"殿",也是 *naos*,即是"圣殿"本身,并不是整个殿址或建筑群。

二 22　所以到他从死里复活以后,门徒就想起他说过这话,便信了圣经和耶稣所说的。

根据福音书的记载,耶稣的门徒是一群很平凡的人。他们对耶稣的言行的反应,完全没有显示任何超人一等的领悟能力。对许多发生在耶稣身上的事情,或是耶稣给予他们的训诲,他们往往需要事发以后多年才能"想起"来(*emnēsthēsan*),或开始领会个中的意义。耶稣以自己的身体比喻圣殿,便是一个很好的例子。一旦他们想起来以及有所领悟之后,他们就"信了圣经和耶稣所说的"(*kai episteusan tē graphē kai tō logō hon eipen ho Iēsous*)。作者约翰在此把"圣经"(*tē graphē*)和耶稣的"话"或"道"(*tō logō*)看作是两件事物,是很有意思的。

一般的犹太人都绝对地尊崇圣经。他们的领袖对圣经的"字句"也非常熟悉。只可惜他们往往不能领悟圣经的"真理"(*alētheia*;truth),也就因此不明白圣经与耶稣的密切以及特殊的关系。另一方面,当门徒对耶稣的言行有所领悟以后,他们就确信圣经是耶稣最可靠和忠实的见证者(*martus*;witness),包括它对耶稣从死里复活的见证(路二

---

[19]　二 16 的"殿"——"我父的殿"——在希腊原文其实是"家"(*oikos*;RSV,house);虽然在此是指圣殿而言。二 17 的"殿"——"你的殿"——也是 *oikos*。

十四 26～27,44～46)。二章二十二节所指的"圣经"(*tē graphē*)是概括性的,并没有明说是哪一些或哪一段经文。

　　"想起"(*emnēsthēsan*)是上帝赋予人的一种本能。可是,人常常是健忘的。这里所说的"想起"可能是门徒自己的本能,也可能是圣灵赐给他们的一种"记忆"的恩赐。因为在提及"保惠师"(*paraklētos*)圣灵(*pneuma hagion*)的时候,耶稣曾特别向门徒预告说,"保惠师,就是父[上帝]因我的名所要差来的圣灵,他要将一切的事指教你们,并且要叫你们想起(*hupomnēsei*)我对你们所说的一切话"(约十四 26)。这里的"想起"(*hupomnēsei*)和二章二十三节的"想起"(*emnēsthēsan*)的意思是一样的。根据约翰福音十四章二十六节的意思,教导门徒,并且帮助他们回忆,很清楚是圣灵的工作之一。

　　二 23　当耶稣在耶路撒冷过逾越节的时候,有许多人看见他所行的神迹,就信了他的名。

　　作者只是很简单地在二章十三节至二十二节这段经文中,记述了耶稣上耶路撒冷这件事。经文的焦点很明显是放在耶稣洁净圣殿这个不寻常的行动上。二章二十三节这里提及耶稣当时还行了一些"神迹"。[20]只是经文没有说明这些"神迹"(*sēmeia*)是什么。约翰福音在即将结束的时候,曾提醒读者说:"耶稣在门徒面前,另外行了许多神迹,没有记在这[约翰福音]书上"(二十 30)。二章二十三节的"神迹"是属于那些"没有记"下来的。那些记在约翰福音书上的,只有六或七个神迹而已。[21]

　　"神迹"对一般的人都会有着极大的魅力。耶稣那个时代的犹太人当然也不会例外。保罗还特别证实"犹太人是要神迹"(*epeidē kai Ioudaioi sēmeia aitousin*)(林前一 22)。因此,当许多人"看见"(*theōrountes*)耶稣在逾越节所行的"神迹"(*ta sēmeia*)以后,也就很自然地"信了他的名"(*episteusan eis to onoma autou*)。对这些人来说,"看见就是相信了"(seeing is believing)。

----

[20] "神迹"在希腊原文是一个复数,*semeia*(RSV,signs).
[21] 见二 1～11 这段经文注释的导言。

　　在这之前,犹太人曾要求耶稣显神迹给他们看,好证实祂有洁净圣殿的权柄(二 18)。二章二十三节这节经文并没有表示耶稣在逾越节所行的神迹,是为了回应犹太人的挑战而行的。也没有进一步解释那"许多"(polloi)"信了他的名"的人中,是否也包括了一些向耶稣发出挑战的犹太人。

　　约翰曾在一章十二节宣告说:"凡接待他[耶稣]的,就是信他名的人,他就赐他们权柄,作上帝的儿女。"这里所说的"信",最终导致信者的"重生"(一 13)。可是二章二十三节中的"信",是否也会产生同样的效果呢?答案在紧接下去的两节经文。

　　二 24～25　耶稣却不将自己交托他们,因为他知道万人,也用不着谁见证人怎样,因他知道人心里所存的。

　　"耶稣却不将自己交托他们"(RSV, but Jesus did not trust himself to them),很忠实地翻译了原文的句子:autos de Iēsous ouk episteuen auton autois。但是,思高本的译文也许更精确:"耶稣却不信任他们。"和修版的译文与思高本一样。

　　许多人"信"了耶稣的名(二 23)以及耶稣不"信任"他们的"信"(思高本,二 25)在希腊原文都是同一个动词(pisteuein)。但是,二章二十四、二十五节这两节经文却很清楚地表明这"许多人"因"看见"耶稣所行的"神迹"所产生的"信"是肤浅的,而耶稣对他们的"不信"(思高本)(ouk episteuen auton autois)却是基于祂那超人的洞察力。这是多么强烈的一个对照!

　　耶稣"知道万人"(ginōskein pantas,二 24)以及"知道人心"(eginōsken ti ēn tō anthrōpō,二 25)的"知道",在希腊原文(ginōskein)共出现了五十七次之多,有着很丰富的神学内涵。在约翰福音,ginōskein 好多时候不仅是指思想上的一种"认知",也包括认知者对所认知的事物,或是信念,或是上帝的投入和委身。就以人与耶稣或上帝的关系来说,真正的"认知"最终必然导致信者与耶稣或上帝在生命上的分享与交流(koinōnia;fellowship or communion)。这个整全性的认知,可说是"作门徒"(discipleship)绝对不可缺乏的实质内容。

　　耶稣对"人心"(希腊文的直译是"在人里面的东西";ti ēn en tō

anthrōpō)的"知道",肯定是现在的许多心理学家,包括弗洛伊德(Sigmund Freud)的信徒,以及许多所谓"辅导者"(counsellor)的"心理分析"(psychoanalysis)所望尘莫及的。

二章十五节的思高本译文也非常可取:"他[耶稣]并不需要谁告诉他,人是怎样的,因为他认识在人心里有什么。"和修版的译文是:"也用不着谁来指证人是怎样的,因为他自己知道人的内心。"

陆　重生的奥秘
（三 1～15）

　　读经者无法肯定这段经文在时间的秩序上是否紧接上一段（二23～25）。就内容而言，除了尼哥底母所提及的"神迹"之外，整个对话课题都非常新颖。重生的奥秘与途径不仅是这段经文的焦点，也是整部约翰福音神学的核心思想。因为约翰书写的目的是要叫人"得生命"（二十 31）。

　　三 1　有一个法利赛人，名叫尼哥底母，是犹太人的官。

　　"尼哥底母"，原文 *Nikodēmos*，是一个希腊名字，但在犹太人中并不完全陌生。[①] 他不只是一个"法利赛人"，也是"犹太人的官"（*archōn tōn Ioudaiōn*）。他的"官"位（思高本译作"首领"），很可能表示他是犹太人的"公会"（*sunedrion*）的一位成员。[②]

　　根据 Mishnah 以及约瑟夫的记载，犹太人的公会在主后 70 年以前，也即是圣殿被毁之前，是由大祭司（*archiereus*；high priest）任主席的。除他以外，共有七十位成员。[③] 在新约时代，公会的主要成员是"撒都该人"（*Saddoukaioi*）的祭司长（*hiereis*）以及富有影响力的文士（*grammateis*；scribes）和法利赛人（*Pharisaioi*）。

[①] Morris，p. 186.

[②] "公会"的希腊文 *sunedrion* 是希伯来文的音译。"公会"当时是犹太人最高的宗教和民事组织。*Sunedrion* 这一词早在公元前二世纪的马加比（The Maccabean Period）时期已经普遍地在希腊的文献中出现。它特别是指当时耶路撒冷的最高议会。在米示拿（Mishnah）的著作中，*sunedrion* 也用于表示耶路撒冷的法庭。*sunedrion* 在早期的波斯时代也被称作 *gerousia*。古希腊罗马的上议院（Senate）也叫 *gerousia*。在新约圣经，希腊文 *gerousia* 只出现过一次，是指犹太人当时的"公会"或"众长老"（徒五 21）。在徒五 21 的经文中，*sunedrion* 与 *gerousia* 同时出现，除了是同义词之外，别无其他意思。参 *Dictionary of Jesus and the Gospels*，"Sanhedrin."

[③] 见《马加比书》十四 44；太二十六 57；徒五 17，二十四 1；约瑟夫 *Antiquities* 20. 200，251 等。

三 2　这人夜里来见耶稣，说："拉比，我们知道你是由上帝那里来作师傅的。因为你所行的神迹，若没有上帝同在，无人能行。"

尼哥底母为何选择了"夜里"(nuktos)的时间来会见耶稣？释经学者对这个至少在表面上看起来是一件很平常的事，也有不同的见解。

Barrett 说，尼哥底母"夜里来见耶稣"可能只是为了"保密"，但是也可能有另一个更大的意义。那就是，福音书的作者约翰有意以黑夜来表示"尼哥底母是从黑暗中来到那真光［耶稣］面前的"，④因为 Barrett 认为"黑夜"(nux)在约翰福音好几处都含有字面以外的意义。⑤ Barrett 这种"象征式的"(symbolic)，甚至近乎"灵意解经"的思路和构想在 Bultmann 更为显著。

在注释这一节经文的时候，Bultmann 首先不相信尼哥底母夜间来见耶稣是"因怕犹太人"。⑥ 他认为尼哥底母夜间来见耶稣，可能表示他好学的热心，正如拉比们常被鼓励在夜间学习一样。但比这更重要的，可能是福音书的作者有意以这样的描述来满足自己"制造一种神秘气氛的目的"。⑦

当然，任何人都不能排除上述两位学者的观点的可能性。但是，还有一个极合乎常理和人情的看法，也应该获得慎重的考虑。那就是耶稣在白天的事工，可以想像是很繁忙的。祂也许只能在夜间才方便安排一些时间，来接见像尼哥底母这样的客人。何况像尼哥底母与耶稣所交谈的，那些极其严肃和深入的话题，也确实需要一个较安静的环境和"气氛"；但这不太可能像 Bultmann 所猜测的是一种由福音书的作者刻意"制造"出来的"神秘的气氛"。

"拉比"(Rabbi)，普遍讲是门徒对老师的尊称(见一 38)。尼哥底母身为"犹太人的官"(archōn tōn Ioudaiōn)，却以"拉比"来称呼耶稣，很明显是要表达他对耶稣的敬意。

"我们知道你是从上帝那里来作师傅的"(oidamen hoti apo Theou

---

④ Barrett, John, pp. 204 - 205.

⑤ "... more than its literal significance. " Ibid., p. 204.

⑥ 参约十九 39 有关尼哥底母带着没药和沉香来膏抹耶稣尸体的事。

⑦ "But above all it allows the Evangelist to fulfill his intention of creating an air of mystery. " Bultmann, p. 133, fn. 5.

elēluthas didaskalos),这个句子中的"师傅"(*didaskalos*)不仅跟前面的"拉比"(*Rabbi*)相呼应,还藉着"从上帝来的"(*apo Theou elēluthas*)这个附加词语表示耶稣并非一般普通的"拉比""师傅"。"我们知道"(*oidamen*),似乎意味着尼哥底母对耶稣的尊敬不只是他个人的。就上下文而言,"拉比"与"师傅"在此基本上的意思是一样的。但也有学者认为经文中的"师傅"(*didaskalos*;RSV,teacher)可能是指死海古卷中所提到的那位"公义的教师"(Teacher of Righteousness)。⑧ 其实,这也许只是一个猜测而已,并没有很大的说服力。

纵使是这样,尼哥底母紧接下去那句话,确实表明他对耶稣那崇高的敬仰是完全有依据的:"因为你[耶稣]所行的神迹,若没有上帝同在,无人能行"(*oudeis gar dunatai tauta ta sēmeia poiein ha su poieis, ean mē ē ho Theos met' autou*)。"神迹"在原文是个复数(*sēmeia*;RSV,signs),指两个或以上的神迹。可是约翰在这之前只记载了一个神迹,也就是耶稣在迦拿所行的"头一件神迹"(二 11)。可见耶稣在迦拿变水为酒以后,直到尼哥底母见祂之前,还有行其他的神迹,只是作者约翰没有一一记载下来而已。这又再一次表明作者对神迹的记述是有选择性的。⑨

尼哥底母很正确地把神迹看作是源自上帝的,因为"神迹",顾名思义,是指"神灵的事迹或灵异的现象"。⑩

三 3　耶稣回答说:"我实实在在的告诉你,人若不重生,就不能见上帝的国。"

耶稣给尼哥底母的回答,若从表层去看,似乎有"答非所问"之嫌。其实不然。尼哥底母对耶稣的敬仰,正如他自己所流露的一样,主要是因为耶稣的"神迹"以及神迹后面的超然力量。耶稣在回应的时候,有

---

⑧　Morris,p. 187,fn. 9.
⑨　正如他在福音书结尾时所解释的一样:"耶稣在门徒面前另外行了许多神迹,没有记在这书上。"(二十 30;参二十一 25)
⑩　见《辞源》,"神迹"。牛津英文字典也为"神迹"(miracle)下类似的定义:"an extraordinary event attributed to some supernatural agency. "见 *The Oxford Encyclopedic Dictionary*,1991.

意把尼哥底母带入一个更深的境界,去领悟"重生"的真谛。

在圣经,神迹这些事物本身,只是一种媒介(medium)、指标(sign)或见证(testimony 或 witness)。它最终的目的,是要在人的心灵中启发对施行神迹者,也即是对耶稣的信心;并且藉着信,"就可以因他的名得生命"(二十 31)。既是这样,尼哥底母因"神迹"而对耶稣产生敬仰只是一个起点而已,虽然这是一个很重要的起点。"重生"却是一个更深层的课题。

耶稣以非常严肃的语气来表明"重生"是一件绝对重要的事:"我实实在在的告诉你"(*amēn amēn legō soi*)。[11]

和合本的"重生"(RSV, born anew 或 born from above; NIV, born again 或 born from above)是译自原文 *gennēthē anōthen*。原文的字面直译是"生自上头"或"从上头而生"(born from above)。*anōthen*("上头",from above)在此肯定是表示"来自上帝"或"从上帝而来"的意思。它所要强调的,是上帝的主动与能力,绝对不是人的作为。

马礼逊译本把 *gennēthē anōthen* 译作"再生",可说是意译,不是直译。思高本译作"由上而生",是直译。这两类的译文都有一定的道理,有助于理解和领悟耶稣对"重生"的诠释。

Barrett 认为希腊文的 *anōthen* 是可以有两个意思的,即"来自上头"或"来自上面",以及"再"(again)或"重新"(afresh)。[12] 亚兰文没有相等于 *anōthen* 这样的副词(adverb)。[13] 因此,Robinson 认为只有希腊文的 *anōthen* 才会含有上述的两个意思。虽然没有人可以断定耶稣当时与尼哥底母的对话是用希腊语,但 Robinson 认为这个可能性是很大的。这是因为当时犹太教的上层社会在宗教场所之外,一般都比较惯用希腊语,而不是民间的亚兰语。[14]

其实,早在犹太王希律大帝(Herod the Great,37 - 4B. C.)在位时,希腊语已经是法庭、公会以及军队里面的"官方"语言了。耶稣的审

---

[11] "实实在在"(*amen amen*; RSV, truly, truly),见一 51 注释。马礼逊把 *amen amen* 译作"确确"。和修版的译文是"老老实实"。意思都忠于原文。

[12] Barrett, *John*, pp. 205 - 206.

[13] Morris, p. 188, fn. 16.

[14] Robinson, *The Priority of John*, p. 63, fn. 130.

讯以及耶稣在受审时与罗马巡抚彼拉多的对话,也相当肯定是以希腊语进行的。不但如此,也没有任何福音书显示他们在对话时需要任何传译者。⑮

根据符类福音书的记载,"上帝的国"(*hē basileia tou Theou*;RSV,The Kingdom of God)或"天国"(*hē basileia tōn ouranōn*;RSV,The Kingdom of Heaven)是耶稣的言论中一个很重要的主题。

"国"或"国度"(*hē basileia*;RSV,Kingdom)的希腊原文在四部福音书中出现的次数分别是:马太五十七次,马可二十次,路加四十六次,约翰五次。

约翰的焦点很明显是放在耶稣所启示和彰显的"生命"(*zōē*;life)上。得着耶稣所赐的"生命",就是进入"上帝的国"或"天国"。因此,"生命"(*zōē*)这词语在约翰福音也用得特别多,共三十五次。马太只有七次,马可四次,路加五次。

学者们对"上帝的国"(*hē basileia tou Theou*)有各种的解说。但是,一般都认为耶稣所指的"国"(*hē basileia*)并不是有形有体的"国度"(realm)或"国家"(nation 或 state),而是上帝的"统治"或"主治"(reign)。就这基本的意义来说,上帝的"统治"在哪里,不论是世界、国家、社会、家庭或人心,"天国"或"上帝的国"就在那里。它是无形的,是属精神和灵性的(spiritual)。因此,它必须与人间的"国度"(kingdom;nation-state)、世界上的势力(power)和权柄(authority)以及建立和维护这一切的"体制"(establishments and institutions)区分出来。⑯

但以理书七章十三、十四节中的"权柄、荣耀、国度"(LXX,*hē archē kai hē timē kai hē basileia*)以及"主祷文"(The Lord's Prayer)里的"国度、权柄、荣耀"(*hē basileia kai dunamis kai hē doxa*)在本质上都是无形的。因此,当法利赛人问耶稣,上帝的国"几时来到",耶稣回答说:"上帝的国来到,不是眼所能见的。人也不得说,看哪,在这里,看哪,在那里。因为上帝的国就在你们心里"(路十七 20～21)。"就在你们心里"的希腊原文 *entos humōn estin* 也可译作"就在你们中间"

---

⑮ Ibid.
⑯ 详见十八 33～36 注释。

(in the midst of you)。

　　道成了肉身的耶稣,在三章三节以"重生"的道理给尼哥底母讲解"上帝的国"的意义。这在当时的犹太人中,可说是很新颖的思想。 不过,在犹太教的次经《所罗门智训》(The Wisdom of Solomon)中,却有一节讲到"智慧"(*sophia*; wisdom)是指示"义人"走向上帝之国的媒介:"有一位义人……智慧指引他走上正路。她[智慧]指示他上帝的王国,使他了解神圣的事物。"[17]

　　耶稣对尼哥底母所说的这一个有关"重生"的道理,对后人影响巨大。殉道者游斯丁(Justin the Martyr)在他于主后 150 年左右完成的《辩道》(*Apology*)一书中,在其论及基督徒的洗礼和重生的时候,就引约翰福音三章三节说:"你若不重生,就永远不能进天国。"[18]Robinson也根据这点证实游斯丁是熟悉约翰福音的。因为游斯丁接下去还解释道:"因此,那些被生下来的人是不可能再进入母腹的。这对大家来说,都是一件很明显的事。"[19]

　　三 4　尼哥底母说:"人已经老了,如何能重生呢? 岂能再进母腹生出来吗?"

　　尼哥底母的回应,反映了他对"重生"这件事的极大误会。耶稣所说的,是关乎"上头"或"上面"的事,也即是"灵性"的事,可是尼哥底母的观念却仍旧停留在"下面"。他的回应也意味着他把子所说的 *anōthen* 理解为"再",也就是"再生"或"重生"一次。和合本三章四节那"再进母腹"的"再",在原文是 *deuteron*,是"再次"或"第二次"的意思。

　　从"自然人"的生育原理来看,尼哥底母是对的:人确实是无法"再生"的。[20] 但耶稣所说的,却是完全超越了人的自然生育过程;那是灵性

[17]《所罗门智训》十 10。

[18] *Apology* 1. 61. 4:"For Christ also said,'Except ye be born again, ye shall not enter into the kingdom of heaven.'" A. Roberts and J. Donaldson (ed.), *Ante-Nicene Fathers*, vol. 1(Peabody: Hendrickson, 1994), p. 183.

[19] Robinson, *The Priority of Jonh*, p. 317.

[20] 就是当代人所争议的"克隆人",也是与尼哥底母所说的"重生"有很大的区别。

生命的"重生"。这样的"重生"只能完全依赖上帝从"上头"(*anōthen*)来的超然力量方能成事。

　　三 5　耶稣说:"我实实在在的告诉你,人若不是从水和圣灵生的,就不能进上帝的国。"

　　"重生"(*gennēthē anōthen*)和"生命"(*zōē*)都是约翰福音的主题。可是,"见上帝的国"(*idein tēn basileian tou Theou*)或"进上帝的国"(*eiselthein eis tēn basileian tou Theou*),则不是约翰常用的词语。Armitage Robinson,也即是 J. A. T. Robinson 的叔父或伯父,因此认为这词语不太可能是约翰自己创造出来的。[21]

　　"从水和圣灵生"(*gennēthē ex hudatos kai pneumatos*)肯定是"进上帝的国"的途径。这是读经者以及释经者不争的基本共识。可是,在经文的注释和理解上,学者们却有着不同的观点,特别是对"水"(*hudōr*)在这节经文中的意义。

　　有些学者把这里的"水"看作是"洗礼"(*baptisma*;baptism)的表征。洗礼在圣经中有着很漫长的历史和神学渊源。在旧约圣经,洗礼基本上是一种"洁净之礼"。[22] 旧、新两约之间(inter-testamental period)的犹太教也继承了这个基本的思想。

　　到了耶稣那个时代,"洗礼"也成了外邦人(gentiles)归入犹太教时必须遵行的。"洁净"(purification 或 ritual cleansing)是这个宗教礼仪的主要含义。这主要是因为犹太教看自己是一个圣洁的社群。因此,要归入这个"圣洁"社群的外邦人,必须藉着洗礼得到洁净。这都是施洗的约翰那个时代关乎洗礼的一些背景。

　　可是,施洗的约翰在宣告和施行洗礼的时候,却是把焦点放在了"悔改"(*metanoia*;repentance)以及"赦罪"(*aphesis tōn hamartiōn*;forgiveness of sins)这两个意义上:"约翰来了,在旷野施洗,传悔改的洗礼,使罪得赦"(*egeneto Iōannēs [ho] baptizōn en tē erēmō kai kērussōn baptisma metanoias eis aphesin hamartiōn*,可一 4)。

---

[21]　见 Robinson,*The Priority of John*, pp. 184,185;fn. 85,86. 参太十八 3;可九 1,十 15。
[22]　见利十五 1;赛四 4;耶四 14;结三十六 28;亚十三 1 等。

　　施洗的约翰在一章三十一节曾表明他"用水施洗"有一个很明确的目的："为要叫他[耶稣]显明给以色列人"。那就是说,他的洗礼既是一种"预备"(preparation)的工作,也是一个具体的"见证"(witness)行动。它最终的目标是把人引领到耶稣和上帝的国那个方向去。施洗的约翰较早时也很清楚地把自己用"水"(hudōr, water)施行的洗礼与耶稣将用"圣灵"(to pneuma hagion)施行的洗礼作一个区分(一 33～34)。

　　耶稣在向尼哥底母解释"重生"的道理时,把"水和圣灵"(hudōr kai pneuma)连在一起来看。

　　希腊原文只有"灵"(pneuma;spirit)一个字,没有"圣"(hagion;holy)这个形容词。然而,就上下文来看,把这里的"灵"看作是指"圣灵"是可以接受的。

　　"水和圣灵"在此的结合,一方面是耶稣自己带出来的崭新信息,另一方面也表示他与施洗的约翰的使命和洗礼既有连续性(continuity),也有中断性(discontinuity)。

　　耶稣所说的,是水"和"(kai;and)圣灵,并不是说水被圣灵"取代"或"废除"了。"和"在此表示两者的连续性。另一方面,"水"(hudōr)和"灵"(pneuma)在本质上毕竟是不同的事物,因此也意味着两者间的中断性。

　　藉着水和圣灵的"重生",作为"进"上帝的国的途径这个基要的神学理念,并没有在约翰福音这一段经文中给予更详细的诠释,特别是"水"和"圣灵"的密切关系。可是,"圣经的合一性"(the unity of Scriptures)这个基本信念却可以容许释经者有某种程度的自由,去参阅和讨论其他新约经文对有关神学的论说。

　　在这个课题的研讨上,使徒彼得在五旬节圣灵降临那一天,给众人的劝导是一节非常关键性的经文:"你们各人要悔改,奉耶稣基督的名受洗,叫你们的罪得赦,就必领受所赐的圣灵。"(Metanoēsate,[phēsin,]kai baptisthētō hekastos humōn epi tō onomati Iēsou Christou eis aphesin tōn hamartiōn humōn kai lēmpsesthe tēn dōrean tou hagiou pneumatos,徒二 38)。

　　虽然"重生"这个词语并没有在使徒行传二章三十八节这节经文

中出现,但是其内容却肯定是关乎罪人得救的途径,包括上帝给人洗礼以及圣灵的恩赐。这也是使徒行传接下去一致的见证。

使徒保罗也在提多书三章五节提醒信徒说,他们的得救是"藉着重生的洗和圣灵的更新"(*dia loutrou palingenesias kai anakainōseōs pneumatos hagiou*)。中文的"藉着"在此很忠实和准确地翻译了原文的 *dia*(RSV,by),表示"洗"和"圣灵"这两者是人得救的媒介和途径。原文的 *loutrou* 在中文译作"洗",很明显是指信徒所经历的"洗礼"(*baptisma*)。提多书三章五节中的"和"(*kai*)字——"洗和圣灵"——很重要。其意义可以跟约翰福音三章五节中的"和"字相提并论。

当然,基要的神学理念及其实践,是不能完全建立在一两节经文上的。重生的洗,作为一个人成为基督徒经历的一个基要部分,最终必须基于圣经更全面的教导,以及教会作为一个"新约群体"(a new covenant community)的真正实践。

耶稣在祂与尼哥底母的对话中,所论及的"水",也在耶稣给予门徒的"大使命"(The great commission)中出现。"他[耶稣]又对他们说:'你们往普天下去,传福音给万民听。信而受洗的必然得救'"(*kai eipen autois, poreuthentes eis ton kosmon hapanta kēruxate to euangelion pasē tē ktisei. ho pisteusas kai baptistheis sōthēsetai*,可十六 15～16)。"所以你们要去,使万民作我的门徒,奉父子圣灵的名,给他们施洗"(*poreuthentes oun mathēteusate panta ta ethnē, baptizontes autous eis to onoma tou patros kai tou huiou kai tou hagiou pneumatos*,太二十八 19)。

自从五旬节圣灵降临那一天共三千人悔改,"受了洗"(*ebaptisthēsan*)作门徒(徒二 41)以后,"洗礼"便与悔改、领受圣灵等成为人重生不可分割的一部分。"洗礼"既是一个人重生与作门徒的经历之一,它的神学意义就不可能被孤立起来谈论,正如圣灵的赐予不能被孤立起来谈论一样。

三6　"从肉身生的,就是肉身,从灵生的,就是灵。"

耶稣这句话仍旧是针对尼哥底母在"重生"这件事上的误解所讲

的,目的是进一步说明"肉身"(*sarx*)与"灵"(*pneuma*)在本质上的区别。因为尼哥底母把"重生"(属灵的事)与"再进母腹生出来"(属肉体的)这两件事混淆在一起。耶稣在此无意鄙视"肉身"或把它看作是次等的。祂只是在说明一个事实:肉身(如母腹)只能产生属肉身的东西,只有灵才能产生属灵的事物(如"重生")。

三7 "我说:'你们必须重生',你不要以为希奇。"

"你们"(*humas*)在此表示耶稣所说的"重生"不是个别性,而是普遍性的。那就是,凡是要"见"或是"进入"上帝的国的人都必须要重生,不只是尼哥底母而已。"必须"(*dei*)在原文是一个很强的词语。表示除了"重生"以外,没有其他途径。"你不要以为希奇"(*mē thaumasēs*)这句话,其实正好说明了"重生"这件事的确是令常人深感希奇的。耶稣紧接下去所用的那个比喻,也表示"重生"实在是一件奥秘的事。

三8 "风随着意思吹,你听见风的响声,却不晓得从哪里来,往哪里去。凡从圣灵生的,也是如此。"

"风"在此是从原文的 *pneuma* 译过来的。*pneuma* 在三章五至六节已经出现过,和合本都很正确地把它译作"灵"。希腊文的 *pneuma* 与希伯来文的 *ruaḥ* 一样,除了可译作"灵"和"风"以外,也可以翻成"气息"(breath)。*pneuma* 在三章八节这里应当译作什么,就必须取决于上下文以及其他相关的因素了。[23] 和合本既在三章五至六节很正确地把 *pneuma* 译作"灵",按理也应当顺序在三章八节这里同样将 *pneuma* 译成"灵"。因为耶稣在三章八节所说的,仍旧是有关人的重生,也即是"灵命"的道理。可是,问题却出现在"你听见风的响声"(*tēn phōnēn autou akoueis*)这个句子上。那就是说,如果把三章八节的 *pneuma* 译作"灵"的话,则整个句子就变成:"灵(*pneuma*)随着意思吹,你听见灵[24]的响声。"

---

[23] 和修版(2000年试用本)在三8有注说:"原文的'风'与'灵'同字。"

[24] 希腊原文没有 *pneuma*,只有 *autou*("它")。

风在动或在"吹"(希腊原文 *pnei*)的时候,发出"响声"(*phōnēn*),这是人所共知的自然现象。可是,"灵"又如何发出"响声",让人"听见"(*akoueis*)呢?况且"吹"(*pnein*)这个希腊文动词在新约圣经其他地方出现六次,都是指"风"的吹动,而不是指"灵"或"圣灵"。㉕再者,*pneuma* 在新约圣经似乎已经失去了"风"这个比较原始的意思。因此,当新约圣经的作者要明确地表示"风"的时候,他们所用的希腊文是 *anemos*,而不是 *pneuma*。㉖

基于上述的多方考虑,特别是三章八节的上下文,"风"应当是比较合理的翻译。若是这样,耶稣这句话的意思似乎是:正如"风"的运作那样不易捉摸与奥秘,因此人也只能去感触和体验它的存在;上帝藉着祂的"灵"给人带来的"重生"也是一样。"风"和"灵"两者的存在都是事实,因此是不容否认的。

耶稣以"风"来讲解和比喻"重生"的奥秘,在祂那个时代也是很恰当的。因为人们在那个时候仍未掌握有关风的现象和运作的自然科学知识。因此,仍旧把风的自然运作看成是一个很奥妙的现象。

三9　尼哥底母问他说:"怎能有这事呢?"

"这些事怎么可能发生呢?"也许会比"怎能有这事呢?"更准确地翻译原文 *pōs dunatai tauta genesthai* 的意思。㉗

尼哥底母㉘的回应显示他仍旧未能领悟"重生"这件"属灵"的事的道理。

三10　耶稣回答说:"你是以色列人的先生,还不明白这事吗?"

"以色列人的先生"在原文是有一个指定冠词 *hō* 的:*hō didaskalos tou Israēl*。英文可直译作 the teacher of Israel。RSV 译成"a teacher of Israel"。NIV 是"Israel's teacher"。马礼逊的译文是"以色耳以勒

㉕ 太七 25、27;路十二 55;约六 18;徒二十七 40;启七 1。
㉖ 例如太七 25;弗四 14;犹 12;启六 13 等。
㉗ 和修版:"怎么能有这事呢?"
㉘ 和修版把 *Nikodēmos* 译作"尼哥德慕",确实比和合本的"尼哥底母"文雅。

之师"。和修版是"以色列人的老师",比和合本的"先生"更清楚和具体一些,也与尼哥底母(尼哥德慕)的真正身分更相符。

耶稣在此的回应,只是表达了自己的几分惊讶,而不是对尼哥底母的责备。惊讶,是因为身为以色列人的"先生"或"老师"(didaskalos),尼哥底母对"重生"这些"属灵"或"属天上"的事,是应当有所领悟的。他所熟悉以及教导的旧约圣经,例如以西结三十七章一至十四节,广义上来说,也是一个关乎"重生"的信息。纵使是这样,作为基督徒的读经或译经者,也不应当对尼哥底母有太过分的要求。因为他当时毕竟还是一位仍未被耶稣的福音清楚启发和光照的"探索者"。

三 11 "我实实在在的告诉你,我们所说的,是我们知道的,我们所见证的,是我们见过的。你们却不领受我们的见证。"

从这里开始,耶稣与尼哥底母的"对话"(dialogue)已经转变成为耶稣自己的"独白"(monologue)了。与此同时,独白者也从个人的"我"变成复数的"我们",其对象也从尼哥底母转变为复数的"你们"。

有些学者把这个转变看作是从耶稣个人原有的论说到基督徒或教会群体的见证的一个转变。[29] 那就是说,有关"重生"的道理,已经从耶稣个人对尼哥底母个人的谈论,转化为整体教会对全体犹太人,甚至是所有"教外人"的共同见证(marturia)。

当然,作为耶稣忠实的跟从者,整体教会的见证,其实也完全以耶稣原有的论说、教导和见证为依据。正如 John Ashton 所说的一样:"第四部福音书[约翰]有许多见证人。但是,他们所见证的真理都是一样的。"[30]

对约翰福音来说,天父上帝(五 37,八 18)、旧约圣经(五 39)、施洗的约翰(一 7,三 26,五 33)、耶稣自己(五 36,十 25)、圣灵(十五 26)和门徒(十五 27)所作的见证都是完全一致的。"见证"(witness 或 testimony)

[29] 例如 Bruce,pp. 86 - 87.
[30] "There are many witnesses in the Fourth Gospel but the truth to which they testify is always the same." *Understanding the Fourth Gospel*,p. 523.

是约翰福音的主题之一。"见证"希腊文名词(*marturion*，*marturia*)以及动词(*marturein*)在这福音书中共出现了四十七次之多。

基于上述的考虑，不论三章十一节这句话在此是"逐字地"(verbatim)记录了耶稣当时所论说的，或是作者约翰把它转化为当时教会群体的见证(但完全忠于耶稣原来的意思)，它都传达了两个重要的信息。

第一，耶稣所说有关"重生"的道理等，都是确实的，是"知道的……见过的"，绝不是道听途说的事物。约翰在约翰壹书一章一节再次肯定"生命之道"的确实性："论到从起初原有的生命之道，就是我们所听见所看见，亲眼看见过，亲手摸过的"(... *ho akēkoamen*，*ho heōrakamen tois ophthalmois hēmōn*，*ho etheasametha kai hai cheires hēmōn epsēlaphēsan* ...)。

第二，不论对耶稣自己或是对作者约翰那个时代的教会社群来说，犹太人或是其他教外人的关键性问题是："你们却不领受我们的见证"(*kai tēn marturian hēmōn ou lambanete*)。

三章十一节的"领受"和一章十二节的"接待"在希腊文原文都源自同一个动词 *lambanein*(to receive 或 to accept)。一个人是否可以成为"上帝的儿女"(*tekna Theou genesthai*)就决定在"领受"(或"接待")或"不领受"这一个关键性的选择上了。

三 12 "我对你们说地上的事，你们尚且不信，若说天上的事，如何能信呢?"

这里的"我"肯定是指耶稣，而"你们"(*humin*)应当是指尼哥底母所代表的犹太社群了。

"地上的事"(*ta epigeia*)，按上下文应该是指耶稣与尼哥底母较早时所谈论那些关乎"重生"的事。问题是，耶稣怎么会将"重生"这一件在本质上是"属灵"的事，说成是"地上的事"呢? 学者们似乎都很难找到一个令人完全满意的解释。也许"地上的事"在此并不是指"重生"这件事本身，而是指耶稣在向尼哥底母讲解"重生"之道时，用作比喻的那些"地上的事"，如水、肉身、风的运作和响声等。换句话说，如果尼哥底母这些犹太人连这些"地上的事"所比喻的道理都不能领悟或"不信"(*ou pisteuete*)，又怎能信或明白那更深奥的"天上的事"(*ta epourania*)呢？

三 13　"除了从天降下仍旧在天的人子，没有人升过天。"

这一节经文在希腊原文有两类不同的手抄本。第一，没有"仍在天上"(*ho ōn en tō ouranō*)这几个字的手抄本。这类手抄本包括第二和第三世纪的蒲草纸抄本 P⁶⁶ 及 P⁷⁵、第四世纪的西乃山本 ℵ(Sinaiticus)以及梵蒂冈本 B(Vaticanus)。第二，有"仍旧在天"这几个字的手抄本。它们包括第五世纪的亚历山大本 Aᶜ(Alexandrinus)的更正手笔以及不少初世纪教父们(Church Fathers)的见证。和合本是根据第二类的手抄本而译。结果是："除了从天降下仍旧在天的人子，没有人升过天"(*kai oudeis anabebēken eis ton ouranon ei mē ho ek tou ouranou katabas，ho huios tou anthrōpou ho ōn en tō ouranō*)。和修版则依据第一类的手抄本而译。结果是："除了从天降下的人子，没有人升过天"(*kai oudeis anabebēken eis ton ouranon ei mē ho ek tou ouranou katabas，ho huios tou anthrōpou*)。

学者们普遍认为第一类的手抄本，也即是没有"仍在天上"(*ho ōn en tō ourano*)这几个字的手抄本是比较自然和原始的。因为当时讲话的，是已经"从天降下"(*ho ek tou ouranou katabas*)，是已经"成了肉身"(*sarx egeneto*)的人子耶稣，并且还"住在我们中间"(*kai eskēnōsen en hēmin*)。第二类的手抄本则似乎意味着当作者约翰写福音书的时候，人子耶稣已经不在人间，而是"在天上了"。㉛

三章十二、十三两节主要是在说明一个属灵的事实。那就是，只有上帝或从上帝那里来的，如道成了肉身的耶稣，才能真正明白和传达有关"天上的事"。这就使人想起《所罗门智训》的一段话："谁能真正清楚上帝的意志？……我们所能做的，只是对世上万物进行猜测……那么谁能希望理解上天的事物呢？从未有人了解你[上帝]的意志，除非你先赐他智慧[*sophia*]，并给他派去你的圣灵"(九 13～17)。根据巴比

㉛　见 Bruce，pp. 87－88；Barrett，*John*，p. 213.

伦犹太法典（Babylonian Talmud，*Sanhedrin* 39a）的一个传说，拉比迦玛列二世（Rabbi Gamaliel II）曾在一个辩论中对罗马皇帝说："地上的事你尚且不知道，又怎能明白天上的事呢？"[32]

三 14～15 　"摩西在旷野怎样举蛇，人子也必照样被举起来，叫一切信他的都得永生。"

耶稣在此继续论说有关"重生"的事。可是，祂所用比喻却与较早时所用的不同。假使耶稣在这之前藉着水、灵和风这一些事物来解说重生的奥秘显得太"抽象"，则摩西在旷野举蛇的事应该是比较"具体"了，因为这一件记载在民数记二十一章四至九节的历史事件是犹太人所熟悉的。

以色列人从埃及逃亡出来以后，继续在旷野前行。但是因为深感路程遥远艰苦，便"怨讟上帝和摩西"（民二十一 5），归罪于他们。耶和华上帝于是叫蛇来惩罚以色列人，导致不少人数死亡。结果在百姓的哀求之下，耶和华便吩咐摩西"制造一条铜蛇，挂在杆子上，凡被蛇咬的，一望这铜蛇，就活了"（民二十一 9）。

耶稣在引用了这个历史事件以后，便紧接下去说，"人子也必照样被举起来，叫一切信他的都得永生"（*houtōs hupsōthēnai dei ton huion tou anthrōpou*，*hina pas ho pisteuōn en autō echē zōēn aiōnion*）。"举"这个动词，用在摩西"举蛇"这件事上，只有一个明确的意思，并没有别的含义。但是，同样一个"举"字（*hupsoō*），在约翰福音却有两个意义。第一，指耶稣自己将被人"举"起来钉在十字架上（八 28，十二 32～34）。第二，表示耶稣的被"举"不只是祂代罪的死亡，也是祂"得荣耀的时候"（八 23～24）以及"吸引万人"来归向祂、信靠祂的时候（十二 32～33）。因此，被"举"表明耶稣整个救赎工作的完成。

耶稣虽然是很恰当地以摩西在旷野举蛇的历史事件，来比喻祂将要在十字架上的受苦以及使命的完成。但是，这个旧约的例子毕竟还是有它的局限。

---

[32] 见 Bruce，p. 98，fn. 9.

　　耶和华吩咐摩西所制造的铜蛇诚然是有信心的以色列百姓"得救"的途径。他们只要"一望这铜蛇，就活了"（民二十一 9）。但是，那些"得救"的百姓，并没有因此永远"活"下去。另一方面，那铜蛇本身并没有叫人"活"的功效。叫人活的是耶和华上帝。不但如此，到了犹大王希西家（约在位于 A. D. 715－687）登基的时候，为了要破除迷信，希西家还特别下令"打碎摩西所造的铜蛇。因为到那时以色列人仍向铜蛇烧香"（王下十八 4）。相比之下，那一位被"举"起来钉死在十字架上的耶稣（"人子"），却永远是有效的"上帝的羔羊，除去世人罪孽的"（ho amnos tou Theou ho airōn tēn hamartian tou kosmou，一 29）。那些仰望和信靠祂的，不是暂时地"活"下去，而是"都得永生"（hina … echē zōēn aiōnion）。

　　"永生"（zōē aiōnios）在约翰福音出现过许多次。[33]"上帝的国"（hē basileia tou Theou）这一个在符类福音常出现的重要词语，却只在约翰福音三章三、五节用过而已。约翰似乎很明显是以"永生"来取代了"上帝的国"或"天国"的意义。因此，对约翰来说，"得永生"就是"进入"上帝的国或"天国"了。这样一来，耶稣也就无形中把祂那个时代犹太人的"天国"观，特别是那具时空以及有形的国度的天国观"内化"（internalized）了，结果给天国一个崭新的"末世"（eschatological）以及永恒（eternal）的意义。

　　三章十四节"人子必照样被举起来"中的"必"字，在希腊原文（dei）也含有很深的神学意义。它在新约圣经中常用以表示或强调上帝的旨意（will）、主动（initiative）和绝对的主权（sovereignty）以及事情最终实现的必然性（inevitability）。正如耶稣在预言祂的受苦时所说的一样："人子必须[dei]受许多的苦"（可八 31）。[34]

─────────────

[33]　三 15、16，四 14、36，五 24、39，六 27、40、47、54、68，十 28，十二 25、50，十七 2、3。

[34]　在注释希腊文 dei（"必须"）这个字的意义的时候，已故牛津学者 G. B. Caird 说："… Luke uses this same Greek verb [dei] no less than ten times in connection with Jesus' ministry (2：49，4：43，9：22，13：16，33，17：25，22：37，24：7，26，44). We are not meant to think that Jesus was a fatalist, but that at every period in his life he responded with willing obedience to the necessity that was laid upon him by his vocation." The Gospel of St. Luke, 3rd ed. (London：A and C Black，1968), p. 35.

　　三章十五节的和合本翻译——"叫一切信他的都得永生"（*hina pas ho pisteuōn en autō echē zōēn aiōnion*）——在意义上是正确的。和修版译作："要使一切信他的人得永生"，与和合本的意思相近。思高本的译文中的"在他内"——"使凡信的人，在他内得永生"——也符合希腊原文的字义。因为原文的确有"在他内"两个字（*en autō*）。因此，三章十五节也可以译作"叫一切信他的，可以在他［耶稣］里面［*en autō*］得着永生"。[35]"得永生"在马礼逊本译作"得永常生"。

　　尼哥底母与耶稣的相会似乎是在三章十五节这里暂时告了一个段落。他将在七章五十节及十九章三十九节再次出现。

---

[35] *en auto* 是根据希腊文古抄本 P[75]、B 等；P[66]等是 *ep auto*；ℵ 等是 *eis auton*。

柒　上帝的爱与人的恨（三 16～21）

有些释经者将耶稣的论说一直延至三章二十一节。这似乎是不太正确的。把三章十六至二十一节这一段经文看作是约翰福音自己或约翰所属的那个教会社群的诠释也许比较合理。

三 16　上帝爱世人，甚至将他的独生子赐给他们，叫一切信他的，不至灭亡，反得永生。

耶稣与尼哥底母的对话是在非常个人以及私隐的情况之下进行的。可是，耶稣在对话中所谈论的"重生"，却充满了普遍性的（universal）意义，因为"重生"或"永生"是关乎所有世人的。世人是上帝所爱的主要对象。三章十六节这节经文中的 *kosmos* 当然也可以译作"世界"。但是，在此译作"世人"比较正确。因为在这里以及紧接下去的两节经文主要是关乎人——信与不信的人、得救或是沉沦的人。

三章十六节也许在圣经中是最为人所熟悉，也是在教会的宣道中引用最多的一节经文。

"爱"是约翰的主题之一。作者用"爱"字比新约圣经任何一部著作都多。在约翰福音所用的两个"爱"的动词中，一个是 *agapaō*，[1]另一个是 *phileō*。[2]

在旧约圣经，选民以色列是上帝所爱的特殊对象。并没有经文很明确地显示其他国民也获得同样的关爱。三章十六节所带来的，因此是一个崭新的"博爱"福音。

三章十六节所宣告的"博爱"并不是抽象的理念，而是具体的行动，也是必须付上巨大生命代价的恩赐（gift）——"甚至将他的独生子赐给

---

① *agapaō* 在约翰福音共出现 36 次；约翰壹书 31 次；路加福音 13 次。

② *phileō* 在约翰福音一共用了 13 次；马太福音 5 次；其余的新约著作共 25 次。

他们"（*hōste ton huion ton monogenē edōken*）。中文的"甚至"很准确地将原文"*houtōs . . . hōste*"的意思表达了出来。"甚至"在此表示上帝爱"世人"（*kosmos*）的深切——不惜牺牲自己的独生子（*monogenēs*）。思高本的"竟……甚至"也是很忠于原文的翻译："天主竟这样爱了世界，甚至赐下了自己的独生子。"

和合本的"叫"字（RSV，that）是从希腊原文的 *hina* 译过来的。和修版把它译成"使"："使一切信他的人不致灭亡，反得永生"。不论是"叫"或是"使"，*hina* 在这个句子明确地表达了上帝不惜将独生子赐给世人的最终目的："叫一切信他的，不至灭亡，反得永生"。

但是，上帝这个积极目的本身，却也包含了一个消极面的事实。那就是，假使上帝不爱，不将独生子赐给世人，则世人肯定是灭亡的。三章十八节再次重申这个可怕的事实。另一方面，纵使上帝已经"爱"并"赐给"，如果世人不以积极的"信"来回应，他们仍旧会灭亡。

三 17   因为上帝差他的儿子降世，不是要定世人的罪，乃是要叫世人因他得救。

这节经文先后两次用 *hina* 来表达上帝差祂的儿子降世的积极目的。和合本译作"要"和"要叫"。"定……罪"按原文 *krine* 也可以像思高本一样，译作"审判"（RSV，condemn）。"因他"（原文 *ai' autou*；RSV，through him）在此表明上帝的儿子耶稣是世人"得救"的媒介。约翰福音的救赎论（soteriology）是很丰富的。一章二十九节已明确地宣告了耶稣是代罪的羔羊。三章十六至十七节所强调的是上帝的爱与恩赐。

三 18   信他的人，不被定罪。不信的人，罪已经定了，因为他不信上帝独生子的名。

在上帝的救赎恩赐面前，世人必须表态以及作出抉择。"中立"（neutral）是不可能的。结果世人被清楚地划分为两大类："信"与"不信"两大类。

"不信的人，罪已经定了"（*ho de mē pisteuōn ēdē kekritai*）这句极端严肃的宣告，不但表明中立不可能，它实际上根本就不存在。"不信的人，罪已经定了”，在此提醒世人他们在上帝面前的实在处境。世人并非是在一个完全天真无邪或无辜的状态下（innocent state），首次面对抉择，而是在一个已经堕落以及被审判的境况中（in a fallen and condemned state）作抉择。

“罪已经定了”，在和修版是“已经被定罪了”，都很忠实地把原文 *ēdē kekritai* 的意思表达了出来，清楚声明不信的罪人那已经被定罪了的实况。被定了罪的世人只有“信”（*pisteuein*）才能改变这个可怕的事实。上帝藉着祂的独生爱子带来的救恩之所以宝贵，也正是因为只有这救恩才能将人“已经”（*ēdē*）被定罪的事实彻底改变过来。

三章十八节的最后一句话进一步解释为何世人“罪已经定了”，以及他们为何继续处在被审判（*kekritai*）的状况中：“因为他不信上帝独生子的名”（*hoti mē pepisteuken eis to onoma tou monogenous huiou tou Theou*）。

在一般的宗教观念上，“审判”（judgement）或者是“定罪”（condemnation）都被看作是一件将来或是末日的事。可是三章十七、十八节却绝对慎重地提醒世人说，“审判”或“定罪”也是一件现在和实存性（existential）的事。它不必等到“末日”才开始。“永生”（三 16）也是一样。

三 19　光来到世间，世人因自己的行为是恶的，不爱光倒爱黑暗，定他们的罪就是在此。

作者约翰已经在一章五节、九至十一节提及光，也就是道成肉身的耶稣，被世人拒绝的事。但是，他并没有在那里进一步说明世人就因此被定罪。在三章十九节这里，他却明确地解释世人被定罪以及他们“不爱光”的理由：“世人因自己的行为是恶的，不爱光倒爱黑暗，定他们的罪就是在此”（*hautē de estin hē krisis hoti … ēgapēsan hoi anthrōpoi mallon to skotos ē to phōs*）。

保罗在罗马书一章十八节宣告说：“上帝的忿怒从天上显明在一切不虔不义的人身上”（*Apokaluptetai gar orgē Thou ap' ouranou epi pasan asebeian kai adikian anthōpōn*）。这也是因为世人“行不义阻挡真理”（*tōn tēn alētheian en adikia katechontōn*）。

三 20 凡作恶的便恨光，并不来就光，恐怕他的行为受责备。

和合本的翻译是根据希腊文手抄本以及 B。更早的希腊文手抄本 P⁶⁶加上"因为这是恶的行为"（*hoti ponēra estin*）这一句。意思就是，"恐怕他的行为受责备，因为这是恶的行为"。"受责备"（*elegchthē*）也可以像思高本一样译作"被彰显出来"，或是"被暴露"，像和修版的译文一样。这就是"作恶者"（*ho phaula prassōn*）"恨光，并不来就光"（*misei to phōs kai ouk erchetai pros to phōs*）的原因：因为怕自己的行为被光暴露。

三 21 但行真理的必来就光，要显明他所行的是靠上帝而行。

这是一个不言而喻的道理："行真理的必来就光"（*ho de poiōn tēn alētheian erchetai pros to phōs*）。可是，作者却要清楚解释说，那些"行真理"以及"来就光"的人，并非是靠自己本身的力量去"行善"，而是"靠上帝而行"（*en Theō estin eirgasmena*）。这本身就是一个见证。因为最终要显明的（*hina phanerōthē*）是上帝的恩典与能力。这就跟那些作恶者的心态完全相反了。因为作恶者怕自己的行为被彰显或被暴露，而靠上帝按真理而行的人却没有什么需要隐藏起来的。"是靠上帝而行"（*en Theō estin eirgasmena*），也可译作"是在上帝里面行的"（RSV，have been wrought in God）。思高本译作"是在天主内完成的"。马礼逊译文是："在于神而行"，与和合本相似。

捌　施洗的约翰继续 为耶稣作见证 （三 22～30）

约翰福音以及符类福音所记的施洗的约翰,主要是一位忠心和谦让的见证者。他在一章十九至三十四节已经开始见证了耶稣的身分。他在此继续为耶稣作见证。这是因为犹太人至今仍未弄清楚施洗的约翰与耶稣二人的个别身分。

三 22　这事以后,耶稣和门徒到了犹太地,在那里居住施洗。

"这事以后"(*meta tauta*)很自然是指尼哥底母见耶稣"这事"以后。但是,耶稣与尼哥底母的对话既然发生在犹太地境内的耶路撒冷（见二 23）,三章二十二节这节经文又为何说"耶稣和门徒到了犹太地"呢?（*ēlthen ho Iēsous kai hoi mathētai autou eis tēn Ioudaian gēn*）。一个合理的解释也许是:这里的"犹太地"(*tēn Ioudaian gēn*)是广泛地指京城耶路撒冷外的郊区或旷野地。因为这些广阔的地带比较方便他们"居住施洗"(*dietriben kai ebaptizen*)。

三部符类福音书都没有提及耶稣和门徒"施洗"的事。只有约翰福音在这里有记载。究竟这里的"施洗"(*ebaptizen*)是怎么一回事呢?四章一至二节将会给予解释。

三 23　约翰在靠近撒冷的哀嫩也施洗,因为那里水多。众人都去受洗。

学者们不能一致肯定"撒冷"(*Saleim*,"平安"的意思)和"哀嫩"(*Ainōn*,"泉源"的意思)的确切地点何在。① 圣经考古学权威 W. F.

---

① 见 Morris, p. 210, fn. 100; Bruce, p. 93, fn. 14.

Albright 认为这两个地方是在撒玛利亚境内。撒玛利亚在耶稣那个时代是属于犹太省的一部分。② 哀嫩如果真是因为"水多"(*hudata polla*)而出名，则此地便是施洗的理想地点了。难怪"众人都去受洗"了。

三 24　那时约翰还没有下在监里。

三部符类福音书都一致记述说，耶稣是在"约翰下监以后"(*meta de to paradothēnai ton Iōannēn*，可一 14)才开始在加利利宣道的(参太四 12；路四 14)。因此，约翰福音三章二十二至二十六节这一段有关耶稣和施洗的约翰同时施洗的记述，是符类福音没有的。

可是，正如初世纪的教会历史家优西比乌(Eusebius of Caesarea，A. D. 260-339)所说的一样，这并非意味着符类福音与约翰福音之间在这件事上有真正的出入。他说："约翰在他的福音书的叙述中，记录了基督在施洗的约翰下监之前所做的事，而其他福音书的作者则描述他在施洗的约翰下监以后所发生的事。明白了这一点以后，就不会以为各福音书之间有什么出入了……"③

有关施洗的约翰下监以及被害的记述，可参阅马可福音六章十四至二十九节等处。

三 25　约翰的门徒，和一个犹太人辩论洁净的礼。

"一个犹太人"(*Ioudaiou*)是根据 P⁷⁵、A、B 等希腊文手抄本。有一些希腊文手抄本如 P⁶⁶ 等，是"一些犹太人"(*Ioudaion*；Jews)。约翰福音一般提到"犹太人"的时候，都用复数(*Ioudaioi*；Jews)。三章二十五节这里的单数("一个犹太人")也许是作者约翰的原著所用的。因为后来的手抄者是不太可能故意将原作者所惯用的复数改成单数的。

有学者认为经文中所指的"洁净的礼"(*katharismou*)似乎是形容

---

② W. F. Albright，*The Archaelogy of Palestin* (Pelican Books，1960)，p. 247；参 Bruce，p. 93，fn. 14.
③ 译自 G. A. Williamson 的英译本，*The History of the Church* (London：Penguin，1989)，p. 87.

在犹太人中普遍所遵行的"洁净之礼",并不只限于"洗礼"而已。④ 可是,就上文(三 22～24)来看,三章二十五节有关"洁净的礼"的辩论焦点好像是关于"施洗"这一件事。

过去五十年来,学者们对"死海古卷"(The Dead Sea Scrolls)的研究,提供了不少有关昆兰犹太社群对"洁净的礼"的资料和诠释。

犹太历史家约瑟夫也有提及施洗的约翰所施行的洗礼的意义。只可惜约瑟夫却忽略了约翰在施洗时所强调的"悔改"(metanoia；repentance)的重大意义。⑤

三 26　就来见约翰说:"拉比,从前同你在约旦河外,你所见证的那位,现在施洗,众人都往他那里去了。"

经文似乎表示约翰的门徒和那个犹太人所辩论的"洁净的礼",可能是牵涉到耶稣和门徒在犹太地"施洗"的活动。不然的话,就很难解释施洗的约翰的门徒为什么会在这个时候向他们的师傅("拉比")特地报告有关耶稣"施洗"的事。

按上下文来看,约翰的门徒向他们的师傅所作的报告,并非只是传达一些消息那么简单,而是反映了一个深切的担忧,担忧施洗的约翰的使命和地位会受到耶稣以及祂的跟从者的威胁,惟恐他们施洗的"地盘"被耶稣和祂的门徒夺去。因为"众人都往他那里去了"(pantes erchontai pros auton)。这个希腊文句子的更直接翻译应该是:"所有的人[pantes]都往他那里去了"。因此,施洗的约翰的门徒所表达的担忧并非是没有根据的。当然,为了表示事态发展的严重性,约翰的门徒所报告的也可能有故意夸张之嫌。

---

④ 见 Barrett, *John*, p. 221.

⑤ 见 Josephus, *The Antiquities of the Jews*, 18. 117：" ... for Herod slew him [John the Baptist], who was a good man, and commanded the Jews to exercise virtue, both as to righteousness towards one another, and piety towards God, and so to come to baptism；for that the washing [with water]would be acceptable to him, if they made use of it, not in order to the putting away [or the remission]of some sins[only], but for the purification of the body；supposing still that the soul was thoroughly purified beforehand by righteousness. "

三 27　约翰说:"若不是从天上赐的,人就不能得什么。"

约翰的门徒所担心的事,基本上是消极的,甚至是自私的。可是,约翰自己的回应,却清楚地显示了他对属灵的事物那种极有深度的领悟和认识。

"从天上赐的"(*dedomenon ... ek tou ouranou*)当然是指从上帝那里来的,或是上帝自己所赐下的。由于犹太人习惯上对上帝的绝对恭敬,一般都以"天"或"天上"(*ouranos*;heaven)来称上帝,为了避免直接称呼上帝的"圣名",免得他们在无意间"妄称"了耶和华上帝的名(出二十 7)。⑥

对明白属灵事理的施洗的约翰来说,人(*anthrōpos*)只不过是上帝恩赐的领受者。因此,若不是从上帝那里"赐"下(*dedomenon*)什么,人的确是"不能得什么"(*ou dunatai anthrōpos lambanein oude*)。

经文中这里的"人"(*anthrōpos*)并没有说明是谁。它可能是很普遍地指一般的人,或是所有的人。那就是说,人所领受的一切恩赐,都是从"天上"或是上帝那里来的。另一方面,"人"在此接上下文更可能是指施洗的约翰和耶稣,特别是指上帝个别给予他们二位的任务,以及赋予他们的个别恩赐。若是这样,领受恩赐者,不论是施洗的约翰或是耶稣,只能以积极的心态去领受所赐予的。再者,上帝所给予人的任务和恩赐既有所分别,领受者之间的竞争、嫉妒、猜疑、威胁等人际间常出现的情况,根本就不应该存在。

假使施洗的约翰的心态真如以上所理解的那样,就意味着他的门徒的忧虑是没有必要,也是不正确的。约翰在紧接下去的几节经文中,进一步阐明他对耶稣的正确态度。

三 28　"我曾说:'我不是基督,是奉差遣在他前面的。'你们自己可以给我作见证。"

施洗的约翰的确是在较早时否认他自己是基督,并且也清楚声明他只是基督的先锋而已(一 19~28)。

---

⑥ 有关犹太人对上帝的"圣名"的尊敬,见"God, names of ,"in *IDB*, vol. 2,特别是 C6 "*Adon*"一项。

　　"我不是基督"(*ouk eimi egō ho christos*)中的"我"(*eimi egō*)在此带着强调的语气。"你们自己"(*autoi humei*)也是一样。"奉差遣"在原文 *apestalmenos* 是现在式分词,用以表明施洗的约翰身为耶稣基督的先锋("在他[基督]前面的")这一个身分是一个持续下去的事实。这是他从上帝那里领受的特殊使命。⑦

　　三 29　"娶新妇的,就是新郎。新郎的朋友站着听见新郎的声音就甚喜乐。故此我这喜乐满足了。"

　　约翰在此以一个很恰当的比喻来说明他与基督的关系。这比喻也有其旧约的背景以及新约的一些类似的例子。

　　先知以赛亚以"新郎"和"新妇"来比喻耶和华与以色列的关系(赛六十二 5)。先知耶利米把耶和华与以色列的关系看作是"丈夫"和"妻子"之间的亲密关系(耶三 20)。先知何西阿也是一样(何二 19)。

　　新约也有几处将教会比喻为基督的"新妇"或"妻子"(林后十一 2;弗五 27～29、31;启二十一 2,二十二 17)。

　　基于上述的圣经背景和例子,读经者将不难看出三章二十九节里的"新郎"(*numphios*)是指基督,而"新妇"则很自然是预表基督将要召聚的教会了。事实上,教会的召聚已经开始了。因为耶稣基督已经开始收门徒,并且祂的跟从者也不断在增加("众人都往他那里去了")。

　　施洗的约翰在比喻中把自己看作是"新郎的朋友"(*ho philos tou numphiou*),也是很贴切的。所谓"朋友"(*philos*),在此其实也就是一般婚礼中的"伴郎"(groomsman),也即是希伯来文的 *shoshebin*。在古老的犹太传统中,"伴郎"也扮演新郎的"代理人"(agent)这个角色。⑧

---

⑦ Francis J. Moloney 给施洗的约翰的回应作了这样的评论:"One might expect the Baptist to defend his role, but after 1:6 - 8,15,19 - 34 this will not happen, as John's only function is to bear witness to Jesus. John does not respond to his disciples, question concerning baptism; he shifts the discussion into the realm of revelation. Both John the Baptist and Jesus Christ receive their authority from God(cf. 1:1 - 2;3:13 - 14,16 - 17 [Jesus];1:6,33[the Baptist]). The issue that determines the respective roles of Jesus and John the Baptist is not the rite of baptism but what is given to him from heaven. '" Moloney, *The Gospel of John*, pp. 105 - 106.

⑧ 见 Barrett, p. 223.

"伴郎"的其中一个特别任务就是把"新娘"带到"新郎"面前。⑨ 然而，不论伴郎的任务多么重要，婚礼中的主角人物仍旧是新郎。伴郎的身分最终仍然是一位"侍从"，或是听取新郎吩咐的一位"朋友"(*philos*)。任何其他的人都不能扮演或取代新郎的地位。可是，伴郎身为新郎的忠实朋友，却能从忠于自己的职分中获得无比的喜乐。

"新郎的声音"(*tēn phōnēn tou numphiou*)在此并没有明显地指任何事物。它可能是指新郎出现时的声音，新郎与伴郎彼此对谈的声音，新郎与赴宴者在一起的欢乐声，甚至是新郎与新妇在一起相聚时的欢笑声等等。

身为一位"奉差遣"在基督前面预备道路的先锋，施洗的约翰在新郎"娶新妇"这件美事上不仅忠心地完成了自己的任务，也从中获得了满足的喜乐。"满足了"在希腊原文 *peplērōtai* 是一个现在完成式动词，用以表示一个既成的事实。

约翰福音多次把"喜乐"(*chara*；joy)与"满足"(*plēroun*；to fulfil，fo fill，to complete)连接在一起(例如：十五 11，十六 24，十七 13；参约壹一 4；约贰 12)。

三 30 "他必兴旺，我必衰微。"

"他"(*ekeinon*)与"我"(*eme*)在此构成了一个很鲜明的对照(contrast)。极其谦虚的约翰绝不敢把"他"(基督)和"我"(约翰自己)相比较(compare)。约翰不但理解并且绝对接受基督与他自己两个完全不同的身分的事实。

"他必兴旺，我必衰微"(*ekeinon dei auxanein，eme de elattousthai*)这句话正说明了约翰的伟大。难怪耶稣认为"凡妇人所生的，没有一个兴起来大过施洗约翰的"(太十一 11)。可是，约翰纵使这么伟大，也毕竟还是一位"旧"与"新"两个不同时代或是两个"约"交替间的人物。因此，耶稣也接下去说："然而，天国里最小的，比他[约翰]还大。"(太十一 11)

耶稣在马太福音十一章十一节所说的，对施洗的约翰绝对没有任

⑨ 见 Morris，p. 213.

何贬义。其意义在于表明新约时代所建立的"天国"是何等的伟大；能够进入天国的人，又是何等的幸运。三章三十节中的"必"(dei；RSV，must)，在于说明基督的"兴旺"(auxanein)以及约翰的"衰微"(elattousthai)在上帝的旨意中都是必然的。

　　三章三十节是整部约翰福音中，施洗的约翰所说的最后一句话。Bultmann 给这一节经文的评语是："这句话……所包含的意思是，旧约时代已开始结束……末世时代(the eschatological age)正在开始……旧的一颗星在下沉，新的一颗正在升起。"⑩

---

⑩ "This saying〔3；30〕then … contains the idea that the end of the old epoch has now come … the eschatological age is beginning … the old star is sinking；the new star rises." Bultmann，pp. 174－175.

玖　福音书作者的评语
（三 31～36）

正如三章十六至二十一节那一段经文一样，学者们不能完全肯定三章三十一至三十六节是施洗的约翰的评语，或是耶稣的，还是福音书作者自己的。

Murray 认为三章三十一至三十六节是施洗的约翰的评语。[1] Bultmann 把它看作是耶稣的话语。他还重新安排经文的秩序，把三章三十一至三十六节和三章九至二十一节两段经文紧接起来；[2] 又将三章二十二至三十节挪到后面，与四章一至四十二节直接连接在一起。[3] Morris 等人则认为把三章三十一至三十六节看成是福音书作者的评语比较合理。[4] Ridderbos 则相信，虽然三章三十一至三十六节可以被看作是福音书作者的评语，但是评语中的内容和思想其实是源自耶稣自己。[5] Ridderbos 这个带折衷性的观点是可取的。当然，没有一个学者可以坚持自己的看法是绝对的。[6]

三 31　从天上来的，是在万有之上。从地上来的，是属乎地，他所说的，也是属乎地。从天上来的，是在万有之上。

这一节经文的和修版译文是："从上面来的是在万有之上；出于地的是属于地，他所说的也是属于地。从天上来的是在万有之上。"

和合本以及和修版的译文都是根据一些较长的希腊文手抄本来翻译的。有一些希腊文手抄本，可能是以为三章三十一节的最后一

① Murray，pp. 53 - 54.
② Bultmann，pp. 160 - 167.
③ Ibid.，pp. 170 - 175.
④ Morris，p. 215.
⑤ Ridderbos，pp. 148 - 149.
⑥ 天主教翻译的中文圣经思高本把三 16～21 和三 31～36 看作是"圣史的感想"。思高本认为四部福音书都是"历史书"（页 1503，1649），因此称福音书或作者为"圣史"。

句——"是在万有之上"(*epanō pantōn estin*)——有重复之嫌;结果将它删掉了,使三章三十一节与三章三十二节紧接起来以后,变成"……从天上来的,他将所见所闻的见证出来……"(*. . . ho ek tou ouranou erchomenos ho heōraken kai ēkousen touto marturei . . .*)。⑦

表面上看起来,上述的删除似乎是合理,因为读起来比较顺畅一些。可是,有一点却是不可轻易忽略的。那就是,约翰福音曾多次重复一些词语或词句,以表达强调的意义。一章一至二节就是很好的一个例子。作者在一章一节已经说了:"太初有道,道与上帝同在"(*En archē ēn ho logos,kai ho logos ēn pros ton Theon*);又在一、二节重复地说:"这道太初与上帝同在"(*houtos ēn en archē pros ton Theon*)。三章三十一节两次出现"从天上来的,是在万有之上"(*ho anōthen [ouranou]erchomenos epanō pantōn estin*)这句话,目的似乎也是跟一章一至二节一样,是要强调耶稣基督的特殊身分。他是从"天上"(*anōthen*或*ouranos*)来的。⑧ 耶稣这个特殊身分的突显,强化了紧接下去那段经文的重要性和严肃性。

"从地上来的"(*ho ōn ek tēs gēs*)与"从天上来的"正好成了一个强烈的对照。"从地上来的"在此似乎是指一般的人类,也即是一章十三节所指的一样,"是从血气生的";或是三章六节所说的,是"从肉身生的"。这些人很自然的也就是"属乎地"了(*ek tēs gēs estin*);甚至他们所说的,"也是属乎地"。

可是,Barrett 却认为,"从地上来的"在此"毫无疑问主要是指约翰,[因为]他与耶稣不一样,只能用水,而不是用灵给人施洗"。⑨

Barrett 的观点并非没有问题。因为就约翰的出现以及他的使命和见证而论,他并不能说是"从地上来的"。一章六节就明说约翰"是从上帝那里差来的"(*apestalmenos para Theou*)。他的特殊使命是"为光

---

⑦ 参 Barrett,*John*,p. 225.

⑧ Ibid.

⑨ "The primary application is doubtless to John, who, unlike Jesus, can baptize only with water, not spirit . . . ", Barrett, *John*, p. 224.

［基督］作见证"(一 7)。一位"从地上来的",又怎能承担像施洗的约翰那样神圣的重大使命呢? 再者,约翰所说那些有关耶稣基督的事,完全正确,又怎能是普通"属乎地"的人所能说的呢?

其实,"从地上来的"在此除了指普通"属肉身"的世人之外,假设还有影射任何个人的意思,则这个人也许是指尼哥底母还会比较合理。因为至少从他跟耶稣那简短的对话来论断,尼哥底母所想所说的一切,基本上还是"属地的"。因此,他并不能真正领悟耶稣所说的那些有关重生的事。因为那些事物在本质上是"属天上"的。

三 32　他将所见所闻的见证出来,只是没有人领受他的见证。

根据上下文,这里的"他"(*touto*)只能是指"从天上来的"那一位,也即是耶稣基督。在希腊原文,"所见"、"所闻"以及"见证"这三个动词的时态(tenses)都不相同。"所见"(*heōraken*)是现在完成式,"所闻"(*ēkousen*)是简单过去式,"见证"(*marturei*)是现在式。

Barrett 认为,第一与第二个动词在时态上的不同并不具什么特别的意义。[10] 但是,这两个动词的时态却似乎与第三个动词("见证",*marturei*)的时态,在意义上有一些区别。*heōraken* 和 *ēkousen* 似乎是在强调耶稣"所见所闻的"是一个落实了的经验(分别以现在完成式和简单过去式的时态来表达);"见证"则是耶稣的整个使命中继续不断持续下去的任务(以现在式的时态来表达)。

直到即将被钉死在十字架上的那一刻,耶稣仍旧在罗马巡抚彼拉多面前坚决地表示,祂的任务是"特给真理作见证"的(十八 37)。

"见证",肯定是耶稣的任务,"只是没有人领受他的见证"(*kai tēn marturian autou oudeis lambanei*)。约翰福音在这之前已经多次表示世人不"领受"(*lambanein*,三 12、22)或不"接受"(*katalambanein*,一 5;*paralambanein*,一 11)耶稣的见证。三章三十二节只是重述这个可悲的事实而已。

---

[10] Barrett, *John*, p. 225.

三 33　那领受他见证的，就印上印，证明上帝是真的。

这里的"领受"与一章十二节的"接待"都同样是 *lambanein*。在一章十二节，"凡接待他［耶稣］的，他就赐他们权柄，作上帝的儿女"。在三章三十三节这里："那领受他见证的，就印上印，证明上帝是真的"（*ho labōn autou tēn marturian esphragisen hoti ho Theos alēthēs estin*）。和修版的译文是："那接受他见证的，就印证上帝是真实的。"

"领受"这个动词在原文 *labōn* 是一个简单过去式分词；它似乎有意强调人"领受"耶稣的"见证"（*marturian*）是一个坚决的行动（a decisive act）。⑪这就好像一个人把印章毅然地盖在一份很重要的文件上一样。"印上印"这个动词的希腊文（*sphragizō*）在约翰福音只出现两次。另一处是在六章二十七节："因为人子是父上帝所印证的"。

"印上印"在此是表示人对耶稣所作的见证的信靠，也即是对上帝的信靠。因为耶稣是"从天上来的"，又是与上帝合而为一的。这也就是"证明上帝是真的"这句话的意思。

Sphragizō 在希腊文一般是表示肯定、确认、印证、证明的意思，与中文的"印"字似乎完全一样。"印"也即是"印信"，是中国古代公文书所用印记的通称；它特别突显"信"的意义。《史记·封禅书》就有"使各佩其信印"这一句。⑫

宗教改革家马丁路德诠释三章三十三节这节经文的时候说："对一般人而言，没有任何东西比人自己的手所盖下的印章更稳当和肯定了。当我有一份盖上了印章的文件在手的时候，我会感到非常有把握。……见证，对基督徒来说，也是一样。……'就印上印，证明上帝是真的'这句话的意思就是：不怀疑上帝永远是上帝，并且深信祂是信实的。"⑬

---

⑪ "'The man who has accepted' translates an aorist participle. John is thinking not of a continuous, day-by-day receiving of the witness of the witness of Jesus (though that too, is important), but of the decisive act thereby one decides to accept Jesus and Jesus' witness." Morris, p. 217.

⑫ 见《辞源》，"印"。

⑬ *Luther's Works*, vol. 22, "Sermons on the Gospel of St. John," ed., Jaroslav Pelikan (St. Louis: Concordia Publishing House, 1957), pp. 471 – 472.

三 34　上帝所差来的,就说上帝的话。因为上帝赐圣灵给他,是没有限量的。

这一节经文很明显是对上一节的诠释。耶稣的见证是可以"领受的",因为祂不是说自己的话,乃是被上帝"差来",说"上帝的话"(*ta rhēmata tou Theou*)。不但如此,那位差耶稣来的天父上帝也赐给祂[圣]灵的恩赐,保证祂所说的,确实是"上帝的话",而不是人的话。

"是没有限量的"这一句,很准确地翻译了原文 *ou . . . ek metrou*。中文的"赐……给"在原文(*didōsin*)是一个现在式动词。它似乎有意表明上帝所赐给耶稣的,不仅是"没有限量的",也是继续不断在赐给的。

三 35　父爱子,已将万有交在他手里。

天父上帝与祂的儿子耶稣的关系,绝对不是一位施恩者与领受者之间的关系而已。更重要的是,这是一个互爱的关系。这一个基要和关键性的思想在约翰福音中重复出现。[14]

"爱",动词 *agapan* 以及名词 *agapē*,在约翰福音共出现了四十四次,是福音书的主题之一。因为天父上帝爱祂儿子的爱是无比的爱,父所赐给子的,就不仅限于[圣]灵(*pneuma*),而是一切:"[父]已将万有交在他手里"(*kai panta dedōken en tē cheiri autou*)。

天父上帝已将一切都赐给祂的儿子耶稣的意思,在十三章三节重现。中文在此的"已……交"很正确地将原文 *dedōken* 原有的现在完成式时态译了出来。这时态表明天父上帝将"万有"(*panta*;RSV, all things)交给爱子,不仅是一件既成的事实,它也将会继续保持不变。这就如新约圣经的作者所惯用的 *gegraptai* 一样。中文圣经常把 *gegraptai* 译作"经上记着说"。*gegraptai* 这个现在完成式的时态,表示那已写下来的圣经不仅是一个既成的事实,并且还将继续下去为上帝说话,或是给上帝作见证(例如太四 4、7、10)。

---

[14]　例如十 17,十五 9,十七 23～26 等。

三 36　信子的人有永生，不信子的人得不着永生，上帝的震怒常在他身上。

就基本的神学意义而言，这一节经文只是重复三章十六至十八节的信息而已。可是，从约翰福音书秩序上的安排来看，它却是一章一节至三章三十六节这整段经文的总结。它的目的很明显是在提醒读经者说，"信"与"不信"两者之间的后果是截然不同的。世人也因此必须在两者之间作一个绝对慎重的抉择。

"得不着永生"在原文是"将看不见永生"（*ouk opsetai zōen*）。[15] 思高本译作"不会见到生命"。这是最直接的译文。和修版则译作"得不到永生"，意思也是对的。

"不信……的人"按原文（*ho apeithōn*）的直译应该是"不顺服……的人"。但意思是与"不信……的人"一样的。因为上一句是"信的人"（*ho pisteuōn*）。

在原文，"有永生"的"有"（*echei*）以及"上帝的震怒常在他身上"的"常在"（*menei*）这两个动词的时态都是现在式，表示永生与审判已经是一个无可否认的事实。它并不需要等到"末日"才实现，虽然末日是一切（*ta panta*）的最后终结。

三章三十六节这一节经文因此既是一个极端严肃的提醒，也是一个福音的宣告，好让那些还有机会选择的人不要错失良机。

---

[15]　和合本有小字作"不得见永生"。

拾 撒玛利亚人接待了耶稣（四 1～42）

约翰所施行的洗礼，早就引起了犹太教保守派人士法利赛人以及祭司们的注意（一 19～25）。这主要是因为施洗的约翰所带来的，不仅是外在的宗教礼仪，更是一个强烈的时代信息，充满了紧迫感（sense of urgency）以及末世的意义（eschatological significance）："施洗的约翰出来……说：'天国近了，你们应当悔改……要结出果子来，与悔改的心相称。'"（太三 1、8）

施洗的约翰非常严肃地向犹太人的安全感挑战："不要自己心里说，'有亚伯拉罕为我们的祖宗'……现在斧子已经放在树根上，凡不结好果子的树，就砍下来，丢在火里。"（太三 9～10）约翰这个很特殊的施洗方式和所带出来的严厉信息内容，与当时的犹太教以及其他派系，如死海附近的昆兰宗教社群等，有着很明显的区别。他们主要是将洗礼看作是一个不断重复的宗教性的洁净（ceremonial cleansing，或是 purification）礼仪。约翰所强调的，却是接受洗礼者内心的真正悔改（metanoia）。

约翰福音在三章二十二至二十六节已经记述了耶稣和祂的门徒在犹太地施洗。这件事也同样引起了犹太人的关注。因为"众人都往他那里去了"（三 26）。这意味着耶稣和祂的门徒的号召力，可能已经有渐渐超越约翰和他的门徒的趋势了。第四章一开始虽然重提上述这件事，但是，其主调却是耶稣与撒玛利亚人的交往和对话，结果导致不少撒玛利亚人"信了耶稣"（四 39～42）。

四 1 主知道法利赛人听见他收门徒施洗比约翰还多。

和合本的"主"（kurios）是根据 P[66]、P[75]、A、B 等希腊文古抄本的翻译。另一些古抄本如ℵ、D 等,则是"耶稣"(*Iēsous*)——"耶稣知道"。这也是和修版所采用的。和合本的"收门徒施洗",按原文(*mathētas poiei kai baptizei*)应当译作"收门徒以及施洗"会更清楚一些。因为"收门徒"和"洗礼"并不是等同的一个行动。那些来到耶稣或是祂的门徒那里接受洗礼的人,不一定都被耶稣"收"为门徒,正如那些来到施洗的约翰那里受洗的人,不一定就都成为他的门徒一样。思高本的译文是:"收徒,施洗"。结果把两件事分开。和修版的译文是:"他收门徒给他们施洗"。这似乎不是很理想的翻译。因为和修版的句子把"收门徒"和"施洗"看作是一回事,将"施洗"看成是耶稣"收门徒"的一个必然过程。

"主知道法利赛人听见"(*egnō ho Iōsous〔Kurios〕hoti ēkousan hoi Pharisaioi*)这句话表示,耶稣自己也同样关注法利赛人对祂以及祂的门徒的一举一动的反应。

四 2　其实不是耶稣亲自施洗,乃是他的门徒施洗。

这一节经文很明显是福音书的作者约翰自己,或是后人所作的解释。这其实也是完全可以理解的。

第一,施洗的约翰身为一位为耶稣开路的先锋,一开始就藉着洗礼以及所宣告的信息来要求众人"悔改……使罪得赦"(... *metanoias eis aphesin harmation*,可一 4)。约翰期盼众人都以这样的心态来预备自己,好迎接天国的来临。因此,耶稣自己身为约翰所预告的那一位弥赛亚,是不可能,也没有必要重复施洗的约翰所做的工作。并且约翰也早就声明他自己是用"水"(*hudati*)给人施洗,耶稣却要用"圣灵"(*en pneumatic hagiō*)给人施洗(一 26、33)。

第二,根据马太和马可的记载,耶稣是在复活之后、升天之前,才真正差派门徒出去,"使万民作门徒",并"给他们施洗的"。[①] 又按使徒行传的见证,耶稣的门徒是在五旬节圣灵降临以后,才开始公开给信者施洗,归入基督的。[②] 使徒行传二章三十八节还特别强调他们是"奉耶稣

---

① 太二十八 19;可十六 15～16。
② 徒二 41。

基督的名受洗"(*baptisthētō . . . epi tō onomati Iēsou Christou*)。

　　约翰福音四章二节在此明确地指出:"其实不是耶稣亲自施洗,乃是他的门徒施洗"(*kaitoige Iēsous autos ouk ebaptizen allē hoi mathētai autou*)。希腊文的 *autos ouk*(不是他[耶稣]自己)以及 *alla*("乃是")都是在强调这一个重要的事实。纵使是这样,一场似乎是无法避免的大误会,毕竟已经产生了。其实,所谓"误会"也很可能是法利赛人等故意在施洗的约翰与耶稣之间,制造出来的一个挑拨离间的策略。

　　不论事实的真相如何,为了大局着想,耶稣是采取了主动,以免中了他人故意挑拨的诡计,或引起施洗的约翰的门徒不安。经文并没有解释耶稣的门徒当时所施行的洗究竟是怎样的方式。一个合理的猜测也许是,他们所施行的洗礼,不论在方式或是意义上,应该是与约翰所做的类似,甚至是一样的。这至少是三章二十二至二十六节给人的印象。

　　耶稣容许祂的门徒给人施洗,似乎也意味着,至少在祂初期的工作阶段中,祂的门徒是可以跟约翰以及约翰的门徒的使命在某种程度上认同的。

　　四 3　他就离了犹太,又往加利利去。

　　耶稣和祂的门徒大约是在数月前离开加利利上耶路撒冷去参加逾越节的(见二 13)。耶稣这次和门徒为了避免在施洗这件事上引起误会,就离开了犹太,回到加利利去。

　　四 4　必须经过撒玛利亚。

　　耶稣那个时代的巴勒斯坦地图很清楚地说明犹太是在撒玛利亚的南部,加利利则是在北部。因此,从犹太到加利利,若是走最直接的路,的确是"必须经过撒玛利亚"(*edei de auton dierchesthai dia tēs Samareias*)。不然,就必须绕着约旦的东边走,并且还要经过以外邦人居多的低加波利,或是沿着西部的海路北上。

　　四 5　于是到了撒玛利亚的一座城,名叫叙加,靠近雅各给他儿子约瑟的那块地。

　　耶稣和祂的门徒既然是走直路北上,很自然地就来到了叙加(Sychar)这座城。现代的学者如 Bruce 和 Barrett 等,都同意耶稣那个时代的 Sychar 应该是现在的阿斯卡('Askar)这个乡镇。③

　　叙加位于以巴路山(Mount Ebal)的山坡上,离"雅各井"约有半英里(0.8 公里)。"雅各给他儿子约瑟的那块地"(tou chōriou ho edōken Iakōb [tō] Iōsēph tō huiō autou),在此应该是指创世记四十八章二十二节所记载的那一块地。创世记四十八章二十二节"那块地",在希伯来原文叫 Shechem("示剑"),是指"肩膀"的意思。"肩膀"原来也就是指"山坡"(mountain slope)。

　　根据约书亚记二十四章三十二节的记载,以色列人后来也将他们从埃及所带来的"约瑟的骸骨,葬埋在示剑"这块地上。因此,在历史上,叙加这座撒玛利亚城,不只被犹太人看作是一块"圣地",后来的基督教和伊斯兰教徒也是一样。直到如今,当地的人还会告诉旅客,约瑟的坟墓在那儿。它现在已被盖上了一个圆顶(dome),正如伊斯兰教徒纪念其他圣人的古迹(Weli)一样。④

　　四 6　　在那里有雅各井。耶稣因走路困乏,就坐在井旁。那时约有午正。

　　正好像约瑟的坟墓一样,"雅各井"(pēgē tou Iakōb)到现在仍旧存在。它距离约瑟的坟墓只有三百二十五码(约 275 公尺)而已。

　　"井"在希腊原文 pēgē 本来是指泉水或是泉源的意思。四章十一、十二节中的"井"是从另外一个希腊文 phrear 翻译过来的。phrear 一般是指人工挖出来的一口水井或是一个洞。以 pēgē 或 phrear 来形容"雅各井"都很恰当。因为这口井的水是来自一道地下的水泉。⑤

　　主后 400 年左右,在井那里曾有一座基督教堂。到了十一世纪期间,十字军又建了另一座教堂,结果都被伊斯兰教徒毁灭了。如今在该

③　见 Bruce, p. 101; Barrett, John, p. 231.
④　见 Bruce, pp. 101 - 102.
⑤　Ibid., p. 102.

地只剩下一座还未完成的东正教教堂。它是在二十世纪初才开始动工的。旧的"雅各井"现在已经被教堂地下的墓穴遮住,见不到太阳。⑥

道成了肉身的耶稣,毕竟也有血肉之躯以及真正的人性。⑦ 因此,耶稣也会"因走路困乏"(oun ... kekopiakōs ek tēs hodoiporias)。况且这时已是"午正"(hōra ēn hōs hektē)。和合本的"午正"在原文是"第六个时辰"。和修版译作"中午"。按当时计算的习惯,一天的时辰是从日出开始算起的。

四 7　有一个撒玛利亚的妇人来打水。耶稣对她说:"请你给我水喝。"

妇人来水井打水,不只是在耶稣那个时代,甚至在今天的"第三世界"不少地区仍旧是极其普遍的事。当时"因走路困乏"而口渴的耶稣向一位打水的人要水喝,本来也是很自然与平常的一件事。可是,这个撒玛利亚妇人给耶稣的回应,却反映了这一件事在当时其实也并非是那么简单。

四 8　那时门徒进城买食物去了。

这一节经文很简单地解释了为什么这个时候只剩下耶稣一个人单独留在井边。门徒当时所进的那座城,看情形应该也是撒玛利亚人的城。若果真如此,则门徒那时进城所要买的食物,也可能会被一般保守的犹太人看作是不洁净的食物。到头来也许只有一些干粮可能被看作是例外。⑧

四 9　撒玛利亚的妇人对他说:"你既是犹太人,怎么向我一个撒玛利亚妇人要水喝呢?"原来犹太人和撒玛利亚人没有来往。

这位来打水的撒玛利亚妇人,当时给耶稣的回答反映了撒玛利亚人和犹太人在历史上的一些错综复杂的关系。

---

⑥ Ibid.

⑦ 见太四 2;腓二 7;来四 15。

⑧ 见 Bruce, p. 102.

撒玛利亚人本来是以色列十个支派中的后裔。但是,当北方的以色列国,也即是撒玛利亚,于主前 722 年被亚述毁灭了以后,留在撒玛利亚的以色列后裔便开始与亚述所迁移进来的外族人杂居以及通婚,结果影响了他们的原有血统以及宗教信仰。[9] 以后,撒玛利亚人只接受摩西五经为富有权威的宗教经典,并且只承认基利心山(Mount Gerizim)是真正敬拜耶和华上帝的所在地,[10]而不承认耶路撒冷。[11]

"原来犹太人和撒玛利亚人没有来往"(*ou gar sugchrōntai Ioudaioi Samaritais*)。这一句话似乎是福音书的作者约翰自己或是后人的解释。希腊文古抄本 P[63]、P[66]、P[75]、A、B 等都有这一句解释。其他古抄本如א[*]、D 等则没有。

学者们对上述这个句子的翻译以及注释有不同的看法。过去的翻译以及注释几乎都将希腊文 *sugchrōntai* 译作"来往"(如和合本与和修版)或"往来"(如思高本)(RSV,dealings;NIV,associate with)。这些翻译都表示犹太人和撒玛利亚人,至少在耶稣那个时候有很大的隔阂,因此没有社交,包括宗教的接触与来往。

可是,学者 D. Daube 早在 1950 年的一篇文章中,强有力地说明 *sugchrōntai* 这个希腊字根本就没有例证可以被译作"来往"(to have dealings with)。[12]

Daube 认为,约翰福音四章九节的 *sugchrōntai* 这个字,按文字学来说,应该译作"一起共用"。若是这样,整个句子的译文就变成:"原来犹太人和撒玛利亚人不一起共用(*sugchrōntai*)任何物件。"物件在此很自然也就包括"打水的器具"了(四 11)。

Daube 的论据是根据犹太人大约于主后 65 或 66 年所立下的一节条文。这条文记载在 Mishnah(米示拿)的 Niddah(尼达)中。[13] 在论及

---

⑨ 见王下十七章等。

⑩ 见申二十七 12;书八 33;约四 20。

⑪ 详见四 20 注释。

⑫ Ridderbos(p. 154,fn. 148);Morris(p. 229,fn. 22)以及 Barrett (*John*,p. 232)都有提及 Daube 的文章,"Jesus and the Samaritan Woman: the Meaning of *sugchraomai*," *Journal of Biblical Literature* LXIX(1950),pp. 137 - 147.

⑬ Niddah("尼达")在希伯来文是"排月经的妇人"的意思。

洁净之礼的时候,Niddah 4.1A 说道:"撒玛利亚人的女儿,从婴儿的摇篮时期开始,便是排月经者。"意思就是说,撒玛利亚人的女人一出生便是不洁净的。不但如此,甚至连她们所用过的一切饮食的物件和器具,也同样被看作是不洁净的。类似这样的历史和宗教背景,尤其是犹太人对撒玛利亚人的偏见,的确是有助于解释四章九节撒玛利亚妇人对耶稣的回应,以及那一句附加的解说。因为耶稣请撒玛利亚妇人给祂水喝这件事也自然就涉及了"共用"(sugchrōntai)盛水的器具的问题了,不然耶稣就无法得水喝。

当然,上述 Niddah 中的条文如果是在耶稣以后约 35 年才立下的,则 Daube 等学者就必须假设,条文中的观点早已在耶稣那个时候就已经存在了。

不论 Daube 对 sugchrōntai 的解释是否可以真正成立,他反对将 sugchrōntai 译作"to have dealings with"("来往")确实是有一些道理的。因为假设犹太人与撒玛利亚人在当时真是完全没有"来往"的话,就很难解释"那时耶稣的门徒进[撒玛利亚人的]城买食物去了"。这个事实已足以表示犹太人和撒玛利亚人实际上还是有一些来往或接触的,纵使有人会把门徒看作是"非正统"(unorthodox)或非保守的犹太人。

上述的探讨其实还是不能给四章九节一个完全令人满意的诠释。因为当时的实况,可能比一般学者们所能想像或猜测的更复杂。由于耶稣与撒玛利亚人交往这段经文的特殊意义,下列几点思想也许会有一些考虑的价值。

一、不论当时犹太人与撒玛利亚人的关系实际情况如何,耶稣决定经过撒玛利亚北上加利利,已经表示祂无意回避与撒玛利亚人的来往或接触。四章四节的"必须经过撒玛利亚"只表示这是最方便北上加利利的路线,而不是唯一的道路。耶稣采取主动向撒玛利亚人要水喝,也具体地显示祂愿意与撒玛利亚人有"来往",纵使这是当时一般的犹太人不愿意做的事。

二、耶稣的门徒当时与祂同行。既是这样,门徒是不太可能在耶稣完全不知情的情况下,或是未获得祂的许可进入撒玛利亚人城市去购买食物的。这似乎也表示耶稣不反对自己的门徒与撒玛利亚人接触或"来往"。

三、Daube 以及其他学者所引的米示拿(Mishnah)第六部(The 6th Division)Niddah 4:1A,的确明说:"撒玛利亚的妇女从摇篮时期开始便是排月经者"(Samaritan women are deemed menstruants from their cradle)。[14] 不论这条文在耶稣那个时代是否已存在,耶稣自己采取主动向取水的那位撒玛利亚妇人要求水喝,已清楚表明祂有意突破当时的社会和宗教规范,以及种族之间的成见和隔阂。

四、在没有找到一个更完全令人满意的诠释之前,一个比较明智的选择也许是把"来往"和"共用"(器具)看作是四章九节中的希腊文 *sugchrōntai* 的两个正确的翻译。它们似乎都符合四章九节那句附加解释的原意,因为犹太人和撒玛利亚人之间在那个时代的确是存在着一些问题。不仅是约翰福音四章二十节反映了一些问题,马太福音十章五节和路加福音九章五十二至五十三节也同样说明了问题确实是存在的。其实,也正因为问题的存在,耶稣所采取的主动以及这主动最终导致的正面果效,就显得更加意义深长了。

四 10　　耶稣回答说:"你若知道上帝的恩赐,和对你说'给我水喝'的是谁,你必早求他,他也必早给了你活水。"

当耶稣主动向撒玛利亚妇人要水喝的时候(四 7),她的回应既不是正面,也非负面。她只是感到惊讶而已。因为在一般的情况下,一个犹太人是不会这样做的。原因在上一节已经说明。当然,妇人的初步回应显示她只是把耶稣看作是一位普通的犹太人而已。这点也完全可以理解,因为耶稣在这之前并没有表示自己的身分。

"你若知道"(*ei ēdeis*)是耶稣指示对方无知的一个比较客气的讲话方式。"上帝的恩赐"(*tēn dōrean tou Theou*)在此不太肯定是指什么。从上下文来看,它可能是指耶稣接下去所说的"活水"或是"救恩"(四 22)。

耶稣在四章十节的回应是一个很大的矛盾(paradox):一位口渴向

---

⑭ Jacob Neusner，*The Mishnah*(New Haven and London：Yale UP，1988)，p. 1082.

人要求水喝的过路客,竟然宣称自己能够给人"活水"?! Barrett 因此把耶稣的回答看作是一个"反语法"(ironical style)。[15]

"活水"(*hudōr zōn*;RSV, living water)这个隐喻(metaphor),充满了旧约的神学内涵。耶和华上帝在先知耶利米书二章三十一节形容自己是以色列众百姓所离弃的"活水的泉源"(LXX, *pēgēn hudatos zōēs*)。以西结先知宣告源自圣殿门槛下的"河水所到之处,凡滋生的动物都必生活"(四十七 9;LXX, *pan eph' ho an elthē ho patamos ekei*, *zēsetai*)。

先知撒迦利亚预言在末日("那日")"必有活水从耶路撒冷出来"(十四 8;LXX, *kai en tē hēmera ekeinē exeleusetai hudōr zōn ex Ierousalēm*)。

深受亚历山大派(Alexandrian)哲学思想影响以及惯用寓意(allegory)和隐喻(metaphor)来解经的斐洛(Philo),在注释耶利米书二章十三节的时候说:"因此,上帝是在所有的泉水中最古老的。这岂不是很自然吗? 因为祂已经灌溉了全世界……但上帝不只是生命……祂是……活水的泉源"。[16] 斐洛也形容"圣道(*Theios logos*;the divine word)充满了溪流和智慧"。[17]

耶稣在四章十节所说的"活水",不但在基本的意义上与上述所举的例子非常相似,也可说是这些预言以及隐喻的具体实现。因为耶稣就是这"活水"的真正赐予者(四 10、14、15)。在七章三十八节,耶稣也以"活水的江河"(*potamoi hudatos zōntos*)来比喻祂将来要赐给门徒的圣灵。

四 11　妇人说:"先生没有打水的器具,井又深,你从哪里得活水呢?"

妇人在这个时候给耶稣的回应很清楚地显示她对有关"活水"的

---

[15] Barrett, *John*, p. 234.

[16] *De Fuga Et Inventione*, 198, *The Works of Philo*, New Updated Edition, tr. by C. D. Yonge (Peabody: Hendrickson, 1993), p. 339. 有关"活水"的象征意义,可参 Craig R. Koester, *Symbolism in the Fourth Gospel* (Minneapolis: Fortress Press, 1995), pp. 9,14, 155,168,171,203.

[17] "On Dreams"(*De Somniis*), *The Works of Philo*, II, p. 245.

隐喻毫无领悟。所谓"活水",对她来说,仍旧是老祖宗雅各那口井的地下泉水。

当然,就属灵的事物而论,就算是"以色列人的先生"尼哥底母,也不见得比这位撒玛利亚妇人更有领悟的能力与智慧。当然,就属世的事物而言,妇人所说的,倒也是一个很明显的事实:耶稣的确是"没有打水的器具"(oute antlēma echeis),并且井也的确是很深(bathu)。就是今天,这口老井仍旧有一百英尺(约 30 公尺)深。在耶稣的时代也许会更深。⑬

四 12 "我们的祖宗雅各,将这井留给我们。他自己和儿子并牲畜,也都喝这井里的水,难道你比他还大吗?"

不论耶稣那个时代的犹太人对撒玛利亚人有多大的偏见,"雅各"(Iakōb)确实也是后者的"祖宗"(patēr)。这位与耶稣对话的撒玛利亚妇人,不仅为她的老祖宗雅各等深感自豪,也为这口井历代以来给他们撒玛利亚人的供应有着很大的满足感。

"难道你比他[雅各]还大吗?"这一句问话,是针对四章十节有关耶稣的身分而提出来的。按希腊原文的问法——mē su meizōn ei tou patros hēmōn Iakōb 意思就是:"难道你比我们的祖宗雅各还大吗?这肯定是不可能的。"希腊文的提问方式已经表明答案一定是否定的。耶稣这位陌生的过路客,既然不可能比雅各还大,又怎能提供和雅各这口井一样或是更好的水呢? 这是撒玛利亚妇人当时的疑问。

四 13 耶稣回答说:"凡喝这水的,还要再渴。"

耶稣这时开始尝试解除妇人对"活水"的误会。"这水"的"这"字(toutou)在此用以强调耶稣所说的水不是像雅各的井"这"些普通的水,而是别的水。

四 14 "人若喝我所赐的水就永远不渴。我所赐的水,要在他里

---

⑬ 见 Bruce, p. 104.

头成为泉源,直涌到永生。"

在四章十二节,妇人以怀疑的态度问耶稣说:"难道你比他［雅各］还大吗?"真正的答案在这里出现了。耶稣的确是比雅各还大。因为雅各所留下来的井水只能给人暂时止渴。耶稣所赐的,却能使人"永远不渴"。"永远不渴",是因为耶稣所赐的,不是属物质的水,而是"活水"。它是内在的,是永不止息的生命涌流,是一道流不尽的泉源。

"永远不渴"(*ou mē dipsēsei eis ton aiōna*)这句子中的"不",在希腊原文是两个否定词 *ou* 和 *mē*,旨在加强语气。"永远不渴"在此与"直到永生"(*eis zōēn aiōnion*)相呼应,使永恒的"活水"与属物质那暂时性的水形成了一个强烈的对照。

将"活水"隐喻人永恒生命的涌流,很明显是约翰福音的主题之一。它不但在八章三十七至三十九节重现,并且还与圣灵的恩赐相接合在一起。

对撒玛利亚妇人来说,耶稣在对话中所传达的,肯定是一个崭新的信息。可是,"活水"的隐喻,以及上帝的子民对它的渴望,却是旧约信仰的基要部分(见四 10 注释)。

诗篇二十三篇二至三节把"安歇的水边"与"灵魂的苏醒"联系在一起,正如诗篇三十六篇八至九节将"喝乐河的水"与"生命的源头"贯穿起来一样。诗篇四十二篇则以近乎永恒的诗歌来表达人对活水和永生的追求:"上帝啊,我的心切慕你,如鹿切慕溪水。我的心渴想上帝,就是永生上帝。我几时得朝见上帝呢?"

以赛亚书五十五章一节可说是对所渴慕活水者的一个福音宣告(proclamation)和邀请(invitation):"你们一切干渴的,都当就这水来"(LXX,*hoi dipsōntes poreuesthe eph' hudōr*)。

现在,永生的耶和华藉着那一位道成了肉身的耶稣,也向撒玛利亚妇人作同样的宣告和邀请。

四 15　妇人说:"先生,请把这水赐给我,叫我不渴,也不用来这么远打水。"

妇人这时向耶稣的请求,并不表示她已经对耶稣所宣告的"活水"有正确的领悟。她深感兴趣的,仍旧是非常现实的事物,虽然这并不排除她对"神迹"之类的事物的期望。她心中这时可能在想:"如果这位先生能像施行神迹般赐给我他所说的那种'水'就太好了!"她心中的"水"仍旧是雅各的井那一类的"水"。

其实,像妇人那一类的宗教心态,在一般人们的潜在意识中是很普遍的。人们纵使不一定相信上帝,以及创造、永生、神迹这一类的事物,可是,如果不必付上任何代价或是费什么心思就能够看见某一种"神迹"出现,以便解决他们一些现实的难题,或是满足他们一些生活中的需求,又何尝不是一件很好的事呢?

四 16　耶稣说:"你去叫你丈夫也到这里来。"

耶稣向妇人所提出的要求,在表面上看起来似乎是跟"活水"这个话题扯不上任何关系。其实不然,因为耶稣向妇人所提出的要求,正好彰显了耶稣在整个对话过程中的智慧以及主动的地位。到了这个阶段,妇人对耶稣的身分仍未有清楚的认识;她因此也就不可能对耶稣所说的,有真正的信靠。对话接下去的发展,很清楚地显示耶稣以这个要求——"叫你丈夫也到这里来"(*phōnēson ton andra sou kai elthe enthade*)——向妇人启示祂并非是一位普通的"犹太人"(*Ioudaios*,四 9),而是知道她"身世"的一位"先知"(*prophētēs*,四 20)和"弥赛亚"(*Messias*,四 25、29)。

Bultmann 虽然以"故事"(story)来看待这一段叙述文,却也认为耶稣对妇人的要求是一个"显示自己无所不知的方法"。[19]

四 17　妇人说:"我没有丈夫。"耶稣说:"你说没有丈夫,是不错的。"

当一个人的身世,特别是身世中某些"不可告人"的私事一旦被揭发的时候,都会很自然地作出像妇人当时那样的反应。妇人的否认——"我没有丈夫"(*ouk echō andra*)——根据上下文来看,也并非全是谎言,而是道出了一种模棱两可(ambiguous)以及带有讽刺性的

---

[19] Bultmann,p. 187.

(ironical)无奈。用存在主义者(existentialist)的词语来说,这是人那种"非真实的存在"(unauthentic existence)的表现与困境。

深受存在主义(existentialism)哲学影响的 Bultmann 在诠释这一段经文的时候说:"这一节不仅显示耶稣是那位圣人〔*Theios anthrōpos*〕,这启示也是人自己生命的一个揭发。"[20]从这样的观点去看那位撒玛利亚妇人当时的身世,也可以说是很恰当的。因为耶稣对她的要求的确是揭发了她生命的实况,结果成了她生命中一个决定性的启示。

四 18　"你已经有五个丈夫。你现在有的,并不是你的丈夫。你这话是真的。"

耶稣与撒玛利亚妇人这一段的对话,很清楚地显示这是两位对话者首次的会面。因此,耶稣对这位妇人身世的认识,只能说是一种超人的能力及知识。妇人在四章十九节的回应也证实了这点。

经文里并没有说明这妇人"已经有五个丈夫"(*pente ... andras esches*)的真正情况。释经者因此只能作一些猜测。

一、这妇人的五个丈夫已经先后死亡了。

二、这妇人已先后离婚多次。也即是申命记二十四章一至二节所规定的,合法的"休妻"的结果。因为申命记二十四章一至二节清楚地记载说:"人若娶妻以后,见她有什么不合理的事,不喜悦她,就可以写休书交在她手中,打发她离开夫家。妇人离开夫家以后,可以去嫁别人。"

三、这妇人"已经有五个丈夫"是因为"休妻"以及其中有人死亡的结果。

无论真正的情况是上述的哪一个,这位妇人的身世都可说是很悲哀可怜的。可是,上述第一、二或三点都不能说明这妇人因此就是一位"坏女人"。因为申命记的"休妻"条文,并没有清楚表示被"休"的妻子是因为对自己的丈夫不"忠"或不"贞"的结果。

---

[20] Ibid., p. 188.

揭发这妇人的"私生活"确实是有问题的,很明确是耶稣紧接下去所道出的那一句:"你现在有的,并不是你的丈夫"(*kai nun hon echeis ouk estin sou anēr*)。*anēr* 虽说可以译作"丈夫"或"男人",但都不会影响耶稣在此这句话的意思。那就是说,按耶稣所知,这妇人现在有的这一位,肯定不是她"合法"的丈夫或男人。

值得一提的是,耶稣虽然在此将妇人的私生活透露了出来,却没有严厉地指责她。正如耶稣在八章一至十一节对待那一位"淫妇"一样,祂的目的并不是指控或审判,而是赦免和拯救。这就是生命之道的真谛。

四 19 妇人说:"先生,我看出你是先知。"

妇人在此所说的"先知"(*prophētēs*)并非犹太人所指的,像以赛亚、耶利米等这一类的先知。这是因为这个时代的撒玛利亚人,除了接受摩西五经之外,并不承认其他先知书的权柄。妇人称耶稣为"先知",是因为耶稣那种能够揭发她私生活的超人能力。是这样的能力和知识令她深感惊讶和钦佩,正如以前拿但业对耶稣的那种反应一样(一 47～50)。

四 20 "我们的祖宗在这山上礼拜。你们倒说,应当礼拜的地方是在耶路撒冷。"

释经家对妇人所提出来的这个新话题有不同的看法。有些学者认为这一个有关礼拜的话题与上一节的内容根本就没有任何直接的关系。它只是妇人的私生活被耶稣揭穿之后,用来回避现实的一个技巧而已。[21]

也有学者持相反的意见,认为妇人其实并没有离题。因为妇人认出耶稣是一位"先知"以后,便趁机向耶稣提出一个犹太人和撒玛利亚人一直在争论不休的问题。[22]

犹太人和撒玛利亚人对有关"崇拜的地方"(*ho topos horou proskunein*)的争议有着很长的历史渊源。

---

[21] 见 Morris, p. 236.
[22] 见 Ridderbos, p. 236.

早在犹太人的祖先还未进入"应许之地"（the Promised Land）迦南，也即是后来的以色列地的时候，摩西已经按耶和华上帝的指示，晓谕他们说，上帝将会从各支派中选择一个地方，作为上帝之名的"居所"。以色列人也要在那里献祭（申十二 5～6）。

可是，耶和华上帝并没有在指示中清楚说明或指定"居所"的所在地。于是，这件事就成了后世争议不休的大课题了。又因为犹太人所用的旧约圣经与撒玛利亚人所有的版本不同，结果使争议的问题显得更复杂。[23]

其实，所谓"版本不同"在希伯来文圣经申命记十二章五节这一节也只不过是一个小点之差而已。这一个小点是出现在撒玛利亚版本希伯来文中最小的一个字母"י"（念作 yod）里面的，就成了ד。但在意义上却有很大的差别。

在犹太人的圣经版本，申命记十二章五节中那句争议性的话（其实只是一个字）是 יִבְחַר（yibchar）。它是一个未来式动词。中文译作"[上帝]将选择"（RSV，will choose）。撒玛利亚人的圣经版本也用同一个字，但却是一个过去式动词：יִבְחַר（yyibchar）。中文译作"[上帝]已经选择了"（英文，chose 或 has chosen）。对撒玛利亚人来说，上帝"已经选择了"（yyibchar；has chosen）作为上帝"居所"（也即是礼拜和献祭）的地方就是"示剑"（Shechem）。这也就是犹太人和撒玛利亚人共同的老祖宗亚伯拉罕当年进入"应许之地"时，为耶和华筑了"一座坛"（RSV，altar）的那个地方（创十二 6～8）。

"示剑"，就在"基利心山"（Mount Gerizim）那里，也即是撒玛利亚的妇人在约翰福音四章二十节所指的"这山"（en tō orei toutō）。按犹太历史家约瑟夫的记载，撒玛利亚人把基利心山（Mount Gerizim）看作是诸山中最神圣的。[24]

又按约书亚记八章三十至三十三节的记述，当以色列人在摩西的继承人约书亚的带领下，顺利进入应许之地迦南的时候，约书亚首次给

---

[23] 参 Bruce，pp. 108,109.

[24] 见 Josephus，*The Antiquities of the Jews*，18.85.

以色列人祝福的地方也在此地:"约书亚在那里,当作以色列人面前……一半对着基利心山,一半对着以巴路山,为以色列民祝福……"

不但如此,据约瑟夫所知,撒玛利亚人后来还在亚历山大大帝(Alexander the Great,356－323B. C.)的准许下,在基利心山上建了一座圣殿。这殿在主后 128 年被犹太王约翰许尔堪一世(John Hyrcanus I)所毁。但是到了今天,这座山仍旧被如今人数已经不多的撒玛利亚人看作是世界上最神圣的地方。㉕

另一方面,对犹太人来说,申命记十二章五节所指的那个上帝将要选择为自己立名的"居所",肯定不是基利心山,而是耶路撒冷,特别是那一座在所罗门王时代就建立起来的圣殿。这座圣殿被巴比伦毁灭之后,又在所罗巴伯(Zerubbabel)在位的时候重建起来。㉖ 圣殿最后一次大兴土木修建是在希律王(King Herod)的时代。这也就是耶稣的时代以及主后 70 年被罗马人所毁灭的圣殿。

四 21　耶稣说:"妇人,你当信我。时候将到,你们拜父,也不在这山上,也不在耶路撒冷。"

耶稣在此向妇人所说的话至少有两个意思。第一,耶稣知道上述有关礼拜地点的争论是不会有结果的,也是没有真正意义的。第二,更重要的是,耶稣自己的出现,已经很清楚地标志着新的时代已经临到。在这新的时代中,关键性的问题已不再是敬拜上帝的"地点"("在哪里"),而是"怎样"(以怎样的态度和心境)去敬拜上帝的问题。

时候"将到",在原文其实是一个现在式动词(erchetai),译作"正在来临"(RSV, is coming)也许会更好。耶稣的出现以及祂对使命的积极参与,实际上已非常具体地显示上帝的"时候"(hōra)确实是正在来临,甚至是已经临到了。

耶稣在此向妇人表达有关敬拜上帝的看法,不仅具突破性,甚至还富有革命性。因为在那个时代宣称"圣城"耶路撒冷不是真正敬拜上帝的地方,对任何一位"正统"(orthodox)的犹太人来说,都是绝对不可思

㉕ 见 Redderbos, p. 161; Bruce, p. 108.
㉖ 见拉三至六章。

议的。与此同时，对一位撒玛利亚人来说，不在基利心山礼拜，也同样难以想像。

"父"（patēr）在约翰福音一般是用以表达耶稣与"天父"上帝的特殊关系。[27] 但是，这里的"父"却是普世性的。上帝是全人类之父。这个认识肯定会影响世人敬拜上帝的态度。因为世人能称上帝为父，已经是爱与恩典的福音了。

四 22　"你们所拜的，你们不知道。我们所拜的，我们知道。因为救恩是从犹太人出来的。"

耶稣既然在较早时把犹太人和撒玛利亚人敬拜上帝的地方同样看作是不重要的，又为何在此分彼此（"你们"和"我们"）呢？

"你们"（humeis）和"我们"（hēmeis）在原文是强调性的。文中所说的"我们知道"（oidamen）与"你们不知道"（ouk oidamen）应该是指上帝的启示而言。

犹太人的旧约圣经是分为三大部分的：一、律法（Torah）；二、先知书（Nabi'im）；三、其余的圣书（Kethubim）。这些著作的总和可说是代表了旧约时代上帝藉着犹太人给世人的完全启示。撒玛利亚人既然只接受"律法"（Torah），也即是摩西五经，而不是全部旧约圣经，因此他们对上帝的启示，包括对上帝的敬拜，也就不可能有全面的认识了。这是一个很清楚的道理。

"救恩是从犹太人出来的"（hē sōtēria ek tōn Ioudaiōn estin）这句话并不是基于耶稣或是犹太人的"优越感"，而是根据一个历史的事实。因为救恩，特别是道成了肉身的耶稣所带来的福音，的确是"从犹太人出来的"。这个启示，其实也是撒玛利亚人所接受的圣经，创世记四十九章八至十节所预言的："犹大啊，你弟兄们必赞美你……你父亲的儿子们必向你下拜。犹大是个小狮子……公狮……母狮……圭必不离犹大，杖必不离他两脚之间……万民必归顺。"

---

[27] 一 18，二 16，十一 41，十二 27，十七 1 等。

四 23 "时候将到，如今就是了，那真正拜父的，要用心灵和诚实拜他，因为父要这样的人拜他。"

"时候将到"（*erchētai hōra*）在四章二十一节已经出现过，并且还可以译作"正在来临"。但是，在这里却多加了一句："如今就是"（*kai nun estin*）。其目的是在强调这是一个新的时代。它不仅提醒世人说，过去有关敬拜上帝的地点的争论，如今已经没有时代的意义，并且将在世人的心灵深处激起一种新的紧迫感，让人好更慎重地去省思敬拜上帝这个严肃课题的真正意义和内涵。

"那真正拜父的"（*hoi alēthinoi proskunēsousin tō patri*）这一个正面的词句，表示有不少的敬拜不是真的（*alēthinos*），而是虚假的，或只是徒有外表的。

在旧的时代，那些不是"真正的"（*alēthinos*）敬拜，不论在犹太人或是在撒玛利亚人之中都很普遍。可是，在新的时代（"如今就是了"），上帝所接纳的敬拜，只能是"真正的"敬拜。它不能依旧是虚假和外表的，而是要出自"心灵和诚实"（*en pneumati kai alētheia*）的敬拜。这样的敬拜不受任何外在时空的限制，也完全符合上帝的本性。这也正是下一节经文的意思。

四 24 "上帝是个灵。所以拜他的，必须用心灵和诚实拜他。"

"上帝是个灵"，可能会给人误读作上帝只是诸灵中的其中一位而已。"上帝是灵"，正如和修版一样，会更接近希腊原文 *pneuma ho Theos* 的原意。思高本译作"天主是神"，目的似乎是想避免将上帝［"天主"］误解为只是一个灵。可惜这并不是最准确的翻译，因为把希腊文的 *pneuma* 译作"神"是太勉强了。

上帝既然是"灵"，就很自然地超越了时空以及其他任何的界限。同样的，用心灵和诚实敬拜上帝的人，也可以超越时空等界限，直接与属"灵"（*pneuma*；RSV，spirit）的上帝交往。

"诚实"，出现于四章二十三、二十四两节经文。希腊原文 *alētheia* 更直接的翻译应该是"真理"（RSV，truth）——"以灵和真理"敬拜上帝。和修版把 *alētheia* 译作"真诚"——"用心灵和真诚"敬拜上帝。

与耶稣对话的妇人并不缺乏对宗教的兴趣及热心（religiosity）。

可是她在私生活中却明显地缺乏纯真的信仰,以及真正的敬拜所要求的"诚实"或"真诚"(*alētheia*)。因此,耶稣所强调的"心灵和诚实"的敬拜,对这个妇人来说,肯定是一个很大的挑战和启示。

四 25　妇人说:"我知道弥赛亚(就是那称为基督的)要来。他来了,必将一切的事都告诉我们。"

希腊古抄本 P⁶⁶*、P⁷⁵、ℵ*、A、B 等都是 *oida*("我知道")这个字。另一些古抄本如 P⁶⁶ᶜ、ℵᶜ、L 等是 *oidamen*("我们知道")。"我们知道"也许是为了应和句子末了的"告诉我们"(*anangelei hēmin*)。

释经者很难肯定妇人究竟是根据什么资料说她(或他们)知道弥赛亚——也就是基督——要来。因为撒玛利亚人不接受旧约的先知书是上帝的启示。可是,在他们所接受的摩西五经中,却有预言说,耶和华上帝将会在以色列民中兴起一位先知像摩西一样(申十八 15)。

根据撒玛利亚人自己的传统,这位要出现的先知叫 *Taheb*,意思是"那归回者"(He who returns)或是"那复兴者"(He who restores)。[28] 撒玛利亚人相信这位"复兴者"将会向他们启示摩西时代的"会幕"(tabernacle),以及会幕中的各种神圣器皿被隐藏起来的地方。[29]

四章二十五节这节经文并没有解释妇人在此所说的弥赛亚,是否就是摩西在申命记十八章十五节中所预言的那位"先知",或是撒玛利亚人所期盼的那一位"复兴者"(*Taheb*)。但是,她却肯定这一位将要来的,必然是一位启示者(revealer)。因此,他"必将一切的事都告诉我们"(*anangelei hēmin hapanta*)。

四 26　耶稣说:"这和你说话的,就是他。"

撒玛利亚的妇人在较早时(四 29),已经看出耶稣是一位"先知"(*prophētēs*),但不是申命记十八章十五节所预言的那一位。耶稣与妇

---

[28] 见 Bruce, p. 111; Barrett, *John*, p. 239.

[29] "……他['那复兴者']将会告诉他们[撒玛利亚人]神圣的器皿被收藏起来的地方。因为是摩西放在那里的。"Josephus, *The Antiquities of the Jews*, 18. 85. 有关 *Taheb*,参 J. Macdonnald, *The Theology of the Samaritans* (London, 1964), pp. 362 – 371.

人的对话是渐进性的(progressional)。耶稣的身分可说是整个对话过程中最关键性的一个启示。一直在对话中采取主动的耶稣,现在认为时机已经成熟了,于是清楚地向妇人表明自己的真正身分了:"我就是"(*egō eimi*)那一位弥赛亚了。

"我就是"(*egō eimi*)作为耶稣的身分的自我启示(self-disclosure),在约翰福音中重复出现多次:"我就是生命的粮"(*egō eimi ho artos tēs zōēs*,六 35);"我是世界的光"(*egō eimi to phōs tou kosmou*,八 12);"我就是门"(*egō eimi hē thura*,十 7、9)等。[30]

在上列的例子中,*egō eimi* 是附有述词(predicate)的:"我就是[*egō eimi*]什么……什么"。但是,*egō eimi* 有时并不附述词,例如六章二十节的"是我"(*egō eimi*)以及十八章六节的"我就是"(*egō eimi*)。

耶稣以 *egō eimi* 来揭露自己的身分是有很丰富的旧约神学背景的。在旧约,耶和华上帝常以希伯来文的 *'ani hu'*("我是","我就是"或"我")来表明自己的身分。*'ani hu'* 在 LXX 常被译作 *egō eimi*。以赛亚书四十三章十节是很好以及很重要的一个例子:"[你们]便可以知道,并且信服,我就是。"经文中的"我就是",希伯来原文 *'ani hu'*,LXX希腊文译作 *egō eimi*,在此是指"我就是耶和华上帝"的意思,虽然希伯来圣经并没有用 *YHWH*("耶和华说");LXX 也没有出现 *kurios ho Theos*("主上帝")这词语。[31]

Eimi 在希腊文是一个连续不断的时态(a properly continuous tense),表示耶和华上帝的存在是无始无终的(implying neither beginning nor end of existence)。[32] 这个神学意义在出埃及记三章十四节表达得最完美和精确。

当年摩西在旷野蒙召往埃及去把以色列人带领出来的时候,他曾好奇地询问那位召他的上帝的名字和身分(出三 13)。上帝回答摩西说:"我是自有永有的"(出三 14)。这个回答的希伯来原文是:*'eh^eyeh*

---

[30] 其他的可参十 11、14,十一 25,十四 6,十五 1、5。

[31] 有关 *'ani hu'* 及 *egō eimi* 是指耶和华上帝的经文,可参申三十二 39;赛四十一 4,四十三13,四十六 4,四十八 12 等。

[32] Barrett, *John*, p. 342.

'ašer 'eʰeyeh。LXX 的希腊译文是：egō eimi ho ōn。和合本的"我是自有永有的"这一句，可说是很精确并且美妙的翻译。思高本的"我是自有者"，似乎没有完全将原文中那"永有"的含义表达出来。

基于旧约神学的背景，当耶稣以 egō eimi（"我是"或"我就是"）自称的时候，他简直是明确地表明自己就是上帝的意思。[33] 这其实也就是福音书的作者约翰在序言中已经表明的："太初有道，道与上帝同在，道就是上帝。"（一 1）

四 27　当下门徒回来，就希奇耶稣和一个妇人说话。只是没有人说："你是要什么？"或说："你为什么和她说话？"

四章八节已经很清楚地声明说，在耶稣与妇人对话之前，祂的门徒已经进城买食物去了。对话到了这个阶段，门徒从城里回来了。

令门徒深感惊讶的是："耶稣和一个妇人说话"（meta gunaikos elalei）。因为根据当时犹太人的严格传统，没有任何拉比（教师）会跟一个女人单独交谈的："男人不能在一间旅馆里与女人单独在一起，纵使她是自己的姐妹或女儿也不可以，免得别人猜疑。一个男人不能在街上与女人交谈，就算是自己的妻子也不可以，特别是其他女人更不能，免得别人猜疑。"[34]

耶路撒冷的拉比 Yoseb. Yohanan（大约 150 B. C.）也严肃地警告说："不要与女人交谈太多[他是指男人自己的妻子]。与别人的妻子交谈就更不必说了。因此圣贤们说：任何与女人多交谈的男人都会为自己带来祸患，并且也会忽略律法的研读，最终将会承受地狱之痛苦。"[35]

上述这一类对女人的成见，不仅在犹太人中很普遍，也是耶稣自己的门徒的背景。何况与耶稣单独对话的女人又是一个撒玛利亚妇人，怎不会令门徒深感希奇呢？

"只是没有人说"（oudeis mentoi eipen）这一句，似乎有"只是没有

---

[33] 这肯定是正统的犹太教绝对不可能接受的。对犹太人来说，耶稣"因他以自己为上帝的儿子"，就已经被处死了！（约十九 7）

[34] 译自 Morris, p. 242 所引 SBK II, p. 438. SBK (H. L. Strack und P. Billerbeck, Kommentar Zum Neuen Testament aus Talmud und Midrasch), 4 vols. (Munchen, 1922–28).

[35] 译自 The Mishnah, Abot 1∶5, tr. By Jacob Neusner.

人敢说(或问)"的意思。门徒不敢说或不便问,可能是出于对老师的尊敬,也可能是因为他们过于"希奇"(*ethaumazon*),不知从何问起或说什么才是。

"你是要什么?"(*ti zēteis*)也可以译作"你在寻找什么?"或"你想得着什么?""你为什么和她说话?"(*ti laleis met' autēs*)这一句话,虽然没有明确地表达门徒对耶稣的责怪,但至少意味着门徒当时无法理解耶稣的做法:"你为何跟一位妇人,特别是一位撒玛利亚妇人交谈呢?"

和合本的"你为什么和她说话"这一句,思高本译作:"你同她谈论什么?"这在意义上与和合本的译文是不太相同的。经文并没有说明耶稣对门徒的"希奇"或心中的疑问有何反应。在某些情况下,耶稣对别人的态度或心中没有表达出来的议论,不但知道,并且还会作出回应。

四 28〜29　那妇人就留下水罐子,往城里去,对众人说:"你们来看,有一个人将我素来所行的一切事,都给我说出来了,莫非这就是基督吗?"

门徒的出现,只是一个小插曲而已。妇人接下去的行动,是对耶稣作为弥赛亚的身分的直接回应。妇人把水罐子留下来,并不是很轻易的一个行动,因为妇人本来是为了打水而来雅各井的。她现在竟然"留下水罐子,往城里去",很清楚表示她已经开始意识到耶稣不是一个平凡的人。因为耶稣将她"素来所行的一切事"(*panta hosa epoiēsa*)都给她说出来了,虽然她对耶稣是否"基督"仍旧有保留:"莫非这就是基督吗?"(*mēti houtos estin ho Christos*)希腊文中的 *mēti* 用在一句问话中的时候,普遍都含有怀疑的意思。纵使是这样,妇人仍是非常兴奋地急于将她的新发现告诉城里的人。她把水罐子留下来正好说明了这点,而不是像 Barrett 所说的那样,"是为了让耶稣可以取水喝"。㊱

四 30　众人就出城往耶稣那里去。

众人对撒玛利亚妇人的反应是完全可以理解的。但是,这并不意

㊱ Barrett, *John*, p. 240.

味着那些往耶稣那里去的人,已经对耶稣的身分有了清楚的认识。四章三十九节将会清楚说明"众人"是基于什么"信了耶稣"。

四 31　这期间,门徒对耶稣说:"拉比,请吃。"

和合本的译文——"对耶稣说"——并没有完全把原文 *ērōtōn auton* 的意思译出来。因为 *ērōtōn* 有"央求"或"恳求"的意思。RSV 的"besought"以及 NIV 的"urged"都是很准确的翻译。思高本的"请求"也不错。不但如此,希腊文的 *ērōtōn* 在此是一个过去未完成式动词。因此,它还具不断或重复"恳求"的意思。

耶稣在承担使命中的生活是很繁忙的。马可福音就记述了祂在忙碌的工作中废寝忘食的事,以致祂的亲属都以为祂"癫狂了"(可三20～21)。若是这样,门徒的"恳求"就更加可以理解了。福音书常记述这些极其自然又有人情味的事。

四 32　耶稣说:"我有食物吃,是你们不知道的。"

"我有"在原文(*egō echō*)不仅有强调的意思,也意味着这是一个持续下去的情况。那就是说,耶稣将继续不断地"有食物吃",虽然祂的门徒以及其他的人"不知道"(*ouk oidate*)。耶稣较后给门徒解释祂所指的"食物"(*brōsis*)是什么。

四 33　门徒就彼此对问说:"莫非有人拿什么给他吃吗?"

耶稣较早时跟犹太人的"师傅"尼哥底母谈论"永生"这个"天上"或"属灵"题目的时候,尼哥底母以人("地上")的思想和经验去尝试理解,结果悟不出真的道理来。

撒玛利亚妇人对耶稣所讲的"活水"也作出了类似尼哥底母那样的回应。门徒在此也同样误解了耶稣的意思。福音书记述了不少诸如此类的大小误会。

门徒问:"莫非有人拿什么给他吃吗?"(*mē tis ēnegken autō phagein*)此问话方式根据原文,其实已经有了一个否定的答案。意思就是:"没有,不可能有人拿什么给他吃。"门徒的猜测是对的。可是,这并不是耶稣所说的"食物"。

四 34　耶稣说:"我的食物,就是遵行差我来者的旨意,作成他的工。"

将遵行上帝的"旨意"(*thelēma*)以及作祂的"工"(*ergon*)看成是"食物"(*brōma*),是有旧约圣经为依据的。

摩西昔日在旷野警戒以色列民要时刻遵守上帝诫命的时候,就曾经训诲他们说:"他苦炼你,任你饥饿,将你和列祖所不认识的吗哪赐给你吃,使你知道,人活着不是单靠食物,乃是靠耶和华口里所出的一切话"(申八3)。

根据马太福音四章一至四节以及路加福音四章一至四节的记载,耶稣往日在旷野忍受饥饿受魔鬼撒但试探的时候,也是以申命记八章三节这节经文来回应撒但。对耶稣来说,上帝的"旨意",也就是祂"口里所出的一切话"。

"作成他的工"(*teleiōsō autou to ergon*)在此表达了耶稣对自己的使命(mission)的承诺(commitment)。在约翰福音,耶稣多次重复声明祂所作的"工"与天父上帝所作的完全一致。㉛ 名词"工"或"工作"(单数 *ergon*,复数 *erga*;RSV,work 及 works)以及动词"作工"(*ergazesthai*)希腊原文在约翰福音共出现三十五次之多。

四 35～38　"你们岂不说,'到收割的时候,还有四个月'吗?我告诉你们,举目向田观看,庄稼已经熟了[原文作发白],可以收割了。收割的人得工价,积蓄五谷到永生,叫撒种的和收割的一同快乐。俗语说:'那人撒种,这个收割',这话可见是真的。我差你们去收你们所没有劳苦的。别人劳苦,你们享受他们所劳苦的。"

"你们岂不说……四个月吗"这句话中的"你们"(*humeis*)不一定是耶稣的门徒,它比较可能是指当时民间所流行的一句谚语。

"到收割的时候,还有四个月"(*Eti tetramēnos estin kai ho therismos erchetai*)究竟是从什么时候算起呢?学者们的看法不完全一致。指"从撒种结束以后到收割开始"期间的大约"四个月"

㉛ 见五36,九3,十25、32、37,十四10,十七4等。

(*tetramēnos*)似乎是很合理的。[38]

有关收割的这一句谚语很明显地表达了一般人那种缺乏紧迫感(sense of urgency)的心态:"既然还有四个月才到收割的时候,又何必操心呢!"当然,这种"不必着急"的心态其实也是很自然的。因为五谷的成长以及成熟都有一定的自然规律。这需要一定的时日去完成,是人们着急不来的。但是,耶稣在此引用这句谚语,并非是针对一般五谷的收割。祂只是以普通农作物的收割来作一个比喻,好慎重地提醒门徒说,从"宣道"这个属灵的立场去看,"庄稼已经熟了"(*leukai eisin*,"发白了"),不必再等待四个月了!

宣道或"作上帝的工",对那位满有使命感和紧迫感的耶稣来说,其实是没有所谓"季节"之分的。对宣道者来说,随时"举目向田观看","庄稼"都是"已经熟了"。

和合本的小字"发白"的确是原文 *leukai* 的意思。那就是,麦田已经完全成熟到"发白"了,是应当收割的时候了(*leukai eisin pros therismon*;RSV,are already white for harvest)。思高本的译文是:"已经发白,可以收割了。"

耶稣究竟是根据什么说庄稼已经可以收割了? 祂所指的"田"(*tas chōras*)又是什么呢? 耶稣在此肯定不是指普通的"田"以及一般的"庄稼"。祂只是用这些人们所熟悉的事物来作比喻而已。

耶稣较早时已经以"工"(*ergon*)来比拟祂的宣道使命(四34)。符类福音记载了不少耶稣所用的比喻(*parabolai*;parables)。其中有一个最令人难忘,也是三部符类福音书都有记载的,就是普遍被称作"撒种的比喻"。[39]

这个意义深长的比喻,很明确地把上帝的"道"(*logos*)以及人的"心"分别比喻作"种子"和"田地"。耶稣与撒玛利亚妇人对话的话题是活水和生命。耶稣向妇人启示的也就是生命之道。耶稣主动与妇人展开的对话就是一项在妇人的"心田"中"撒种"的"工作"(*ergon*)。不但如此,妇人给耶稣的积极回应,甚至到城里去"宣道"的行动,也具体地

---

[38] 参 Morris, p. 246.
[39] 太十三1~9;可四1~9;路八4~8。

显示妇人的"心田"已经是一块成熟了、可以"收割"的"庄稼"了。好些撒玛利亚人结果也跟妇人一样"信"了耶稣（四 39、41），证实了叙加这个撒玛利亚人的城镇已经是一片已经"发白"了（*leukai*）的"庄稼"，是一块可以收割的"田地"（*tas chōras*）。

四章三十六节中的"收割的人"（*ho therizōn*）当然也不是指一般的收割者，而是形容撒"道种"（*logos*）的宣道者。他所得的"工价"（*misthos*）和"五谷"（*karpos*）也不是普通的银钱和食粮。撒播道种的宣道者因此不是为了一般的工资或其他的利益而劳作。他是为了"永生"（*eis zōēn aiōnion*）献上一切。希腊文的 *eis*（和修版译作"为"）在此表达方向和目标。换句话说，"永生"是宣道者（"收割的人"）一切劳作（*ergon*）的依归。"收割的"（*ho therizōn*），除了耶稣自己以外，按四章三十八节也应当包括耶稣的门徒在内。这肯定也是耶稣对门徒的期望："我差你们去收"（*egō apesteila humas therizein*）。

"我差"在希腊原文（*apesteila*）是一个简单过去式动词（RSV，I sent），表示门徒实际上在这之前已经从耶稣那里承担了宣道者（"收割的"）的使命了。若是这样，则四章三十五节所说的那种缺乏使命感和紧迫感的心态——"到收割的时候，还有四个月"——可能就是门徒当时的写照。它似乎是反映了某种懒散的态度。

假使"收割的"在这段经文是耶稣以及祂的门徒，则"撒种的"（*ho speirōn*）又是指谁呢？就时间的先后秩序而言，"撒种的"肯定是在"收割的"之先。广义地来说，在耶稣以前的"列祖"（*hoi pateres*，来一 1），包括撒玛利亚人所尊敬的亚伯拉罕、以撒、雅各（约四 20），以及历代的"众先知"（*hoi prophētai*）等耶和华上帝的忠心见证者和仆人，都可说是"撒种的"（*hoi speirōntes*）。就这个意义来说，耶稣可说是一位最重要的"收割者"。如今，祂的门徒也被差遣参与这项神圣的收割"工作"（*ergon*）。

在短暂的人生旅途中，撒种的和耕耘的人往往都见不到自己劳苦的成果或是分享丰收的喜乐，正所谓"前人种树后人享"。申命记二十章六节、二十八章三十节、弥迦书六章十五节等，也带出了同样的信息。

可是，耶稣在此所说的撒种和收割，是指天国和永生的事，与人世间的情况不完全相同。因为关乎"永生"的事，撒种的和收割的，只是时间上的先后秩序不同而已。最终,"撒种的和收割的一同快乐"(*hina ho speirōn homou chairē kai ho therizōn*,四36)。

四章三十八节提及那些"劳苦"撒种的人(*alloi kekopiakasin*)。按上下文的意思,他们"劳苦"的工作最终也不会徒然(见林前十五58)。

四章三十七节所引的"俗语","那人撒种,这人收割"(*Allos estin ho speirōn kai allos ho therizōn*),不知出自何处。Bruce认为这句俗话所指的"撒种"者可能是施洗的约翰,而"收割"者可能是指耶稣自己。[40]

较早时所提及的申命记二十章六节、二十八章三十节以及弥迦书六章十五节所带出的信息都是消极的,都是表明劳苦的撒种者不能享受收割的成果。因此与约翰福音四章三十六、三十七节所表达的正面和积极意义完全不同。

耶稣虽然没有说明撒种的和收割的两者之间哪个比较重要或辛苦,但是,"你们去收你们所没有劳苦的。别人劳苦,你们享受他们所劳苦的"这一句话,却似乎是有意提醒门徒说,他们的收割工作是比较轻省的。若是这样,门徒就更应当趁着"庄稼已经熟了"这个时候,更积极地多作工,免得失去了美好的时机。

四39 那城里有好些撒玛利亚人信了耶稣,因为那妇人作见证说:"他将我素来所行的一切事,都给我说出来了。"

"信"(*pisteuein*)和"见证"(*marturein*)在约翰福音中都同样占了很重要的地位。"因为"(*dia*)在此表明了妇人的见证的感染力。

有一点必须指出的是,那些撒玛利亚人在现阶段的"信",并不是基于他们对耶稣的身分或是对祂所宣讲的"道"有深度的认识和领悟,而是基于耶稣对妇人的身世那种"超人"的知识能力:"他将我素来所行的一切事,都给我说出来了"(*eipen moi panta ha epoiēsa*)。

这些初信的撒玛利亚人跟四章四十一、四十二节那些较后才信的,就信的内容和背景而言,有很大的不同。

---

[40] Bruce,p. 115.

四 40　于是撒玛利亚人来见耶稣,求他在他们那里住下。他便在那里住了两天。

约翰福音已在四章九节声明说,犹太人与撒玛利亚人在耶稣那个时代是"没有来往"的。这两个族群既然没有来往,甚至共用器具都不可能,这城里的撒玛利亚人现在竟然"求"耶稣在他们那里住下,真可说是这两个族群之间交往的一个大突破了。"求"字在原文(*erōton*),正如四章三十一节门徒请求耶稣吃一样,并非是一个普通客套的邀请,而是"不断在恳求"的意思。这个过去未完成式动词表达了撒玛利亚人当时不断地恳请耶稣留下来的诚意与决心。

身为客人的耶稣最终也没有令热诚的撒玛利亚人失望:"他便在那里住了两天"(*kai emeinen ekei duo hēmeras*)。

族群与族群之间,或是人与人之间的交往是需要双方互动和彼此接纳的。撒玛利亚人的诚意固然重要,耶稣善意的回应也同样不可缺少。

四 41　因耶稣的话,信的人就更多了。

较早时有"好些撒玛利亚人信了耶稣",是因为那妇人的见证(四39)。如今,"信的人就更多了"(*kai pollō pleious episteusan*)是因为他们自己有机会亲自聆听了"他[耶稣]的话"(*dia ton logon autou*)。

经文并没有记述耶稣在这"两天"的活动。可是,有一点似乎是肯定的:耶稣一定是讲了不少的"道"(*ho logos*),撒玛利亚人也因此有难得的机会听了不少的"道",因为这显然是撒玛利亚人恳请耶稣留下来的目的,也是耶稣答应邀请的主因。就信的内容而言,后来这些信的撒玛利亚人自然会比起较早时因妇人的见证而信的人(四39)更丰富和扎实。这不仅是因为后者聆听的道更多,也是因为他们与耶稣的接触是直接的,甚至是个体(personal)的。这些人所受到的感染不但来自耶稣的"道",也来自祂个人所具的生命力。

道与宣道者是绝对分不开的,也是同样重要的。"道成了肉身"的耶稣,不但住在人们中间(*ho logos sarx egeneto kai eskēnōsen en hēmin*),也同时"充充满满的有恩典有真理"(*plērēs charitos kai alētheias*,一14)。

四 42　便对妇人说:"现在我们信,不是因为你的话,是我们亲自听见了,知道这真是救世主。"

这一节经文所提及的信者的人数可能不少,因为他们可能包括较早时因听了妇人的见证而信的,以及现在初信的。这些人都一起"亲自听见了"(akēkoamen)耶稣所讲的"道"(ho logos)。

约翰的著作不论是福音或是书信,都非常重视信徒与历史上的耶稣亲身接触的经验。给读者印象最深的,也许是约翰壹书的序言:"论到从起初原有的生命之道,就是我们所听见所看见,亲眼看过,亲手摸过的。……我们将所看见所听见的,传给你们……"(一 1~3)。

对作者约翰来说,这一种亲身的经历和体会,结果是保证和肯定了他所见证的道的真实性(authenticity)和可靠性(reliability)。历代信徒的见证是否真实与可靠,也同样决定于他们切身的体会,因为"生命之道"(ho logos tēs zōēs)要求见证者(witness)对生命之道的主宰耶稣基督有个体(personal)的认识和领悟,虽然他们不可能跟昔日跟从耶稣的门徒那样,以肉身来"亲眼看过,亲手摸过"那位历史上的耶稣。

"[我们]知道这真是救世主"(oidamen hoti houtos estin alēthōs ho sōtēr tou kosmou),这一句话可说是撒玛利亚人当时对耶稣的一个强有力的"宣信"或是"信仰告白"(confession,希腊文 homologia)。这样的宣信肯定是撒玛利亚人在宗教信仰上的一个历史性的突破。因为在这之前,至少对那妇人来说,耶稣只不过是一位有某种"超人"能力的"先知"(prophētēs)或是她一知半解的"弥赛亚"(Messias),或是一位像撒玛利亚人所期待的"复兴者"(Taheb)那样的人物而已。可是,他们现在已经一致明确地宣告耶稣是"救世主"了。

在约翰的著作中,"救世主"(ho sōtēr tou kosmou;RSV, the savior of the world)只出现过两次,即约翰福音四章四十二节以及约翰壹书四章十四节。

在旧约,耶和华上帝肯定是救主,特别是祂的子民以色列的救主。作为上帝的子民,以色列最难忘,也是最关键性的,当然是他们从"为奴之地"的埃及被拯救出来的历史经历。结果是这一个特殊的拯救经历给了他们上帝子民的身分(identity)和使命(mission)。[41]

在旧约的希伯来文,"救主"(*moshia'*)一词其实是一个分词(participle),源自动词 *yasha'*("拯救")。[42] 在旧约希腊文译本 LXX,*moshia'* 这一词有时译作希腊文 *sōtēr*(如赛四十五15)。另外一个用以表达上帝拯救行动的希伯来文动词是 *go'el*。

在旧约与新约之间的犹太教,除了上帝仍旧是救主之外,基督或弥赛亚也被看作是"救主"。在犹太教的著作中,就有不少典籍探讨和推测"救主"这个重要题目。其中最显著的,应该是《以诺书》,尤其是《以诺一书》三十七至七十一章。在这些篇章中,"人子"(*ho huios tou anthrōpou*;the Son of man)就常以"救主"的身分出现。

"救主"(*sōtēr*)一词,在希腊的文献中,也常用在一些神明或半神明的人物身上。在耶稣以及较后的时代,罗马人也以这词语来尊称罗马皇帝。在现存的一些碑文中,罗马皇帝赫特利安(Hadrian,A. D. 117 - 138)便被崇奉为"世界的救主"(*sōtēr tou kosmou*)。[43]

在希腊罗马的诸神中,除了宙斯(Zeus)之外,也有其他源自东方神秘宗教(mystery cults)的神明,如埃及的女神伊西斯(Isis)及塞拉皮斯(Serapis),也享有"救主"的尊称。

基于上述这些多元的宗教背景,耶稣被撒玛利亚人宣信(confess)为"救世主"(*sōtēr*)则显得格外意义深长了。四章四十二节的副词 *alēthōs*("真";RSV,indeed)是带着强调的语气的。它似乎是有意把耶稣这位"真的救世主"(*alēthōs ho sōtēr tou kosmou*)与其他的所谓"救世主"或虚假的"救世主"明确地区分出来。

撒玛利亚人对耶稣的宣信,可说是在耶稣现阶段宣道工作中的一个高潮。然而,"宣信"(confession)以及"作门徒"(discipleship)却是一个必须不断持续下去的"天路历程"(pilgrim's progress)。

新约圣经有关撒玛利亚信徒以及教会的现存资料不多。使徒行传八章四至二十五节记述了"腓利下撒玛利亚城去"宣讲基督的事

---

[41] 参出十九5～6;何二23;彼前二9～10。

[42] 见诗一〇六21;赛四十三3,四十五15,四十九26;何十三4等。

[43] Barrett,*John*,p. 244.

(八5)。从地图的位置看去,撒玛利亚是在耶路撒冷以北,腓利应当是"北上"撒玛利亚才对。使徒行传八章五节中的"下"(*katelthōn*;RSV,went down)是当时一般的习惯。因为犹太人习惯都说是"上"那建在锡安山上的圣城耶路撒冷。

使徒行传八章五节的希腊原文只说"腓利下撒玛利亚城去"(*Philippos de katelthōn eis [tēn] polin tēs Samareias*;RSV,Philip went down to a city of Samaria),并没有声明是撒玛利亚的哪一座"城"(*polis*)。

耶稣的门徒腓利下撒玛利亚城这件事,按使徒行传所记述的历史发展来估计,大约是发生在主后 32 或 33 年左右,也就是耶稣在撒玛利亚城叙加宣道以后大约四年。[44]

假使使徒行传八章五节中的"城"(*polis*)是指撒玛利亚人的京城"撒玛利亚城",则这京城就在叙加以北不远的地方。按使徒行传八章四至二十五节,腓利在撒玛利亚的宣道工作是成功的。只是经文没有说明这些信徒是否包括大约四年前已经"信了"耶稣的那些撒玛利亚人。

无论如何,听了腓利的道而信的撒玛利亚人都"奉主耶稣的名受了洗"以及"受了圣灵"(*elambanon pneuma hagion*,徒八 17)。使徒行传八章十二至十七节所记述的"受洗"以及"受圣灵"应该是这些撒玛利亚人信了耶稣以后的第一次经验,因为耶稣的门徒是在耶稣复活以后,遵照"大使命"的吩咐(太二十八 19;可十六 16)在五旬节圣灵降临(徒二 1~4)的时候,才开始奉主耶稣的名给信者施洗的(徒二 38、41)。另一方面,圣灵也是在耶稣复活以及升天以后才赐下给信徒的。

新约圣经在使徒行传第八章以后,就只有两次很简单地提到撒玛利亚人的教会(九 31,十五 3)。耶稣当年(约四 35~38)曾经跟门徒讲解有关"撒种"和"收割"的道理。大约四年以后,腓利在撒玛利亚城的"丰收",是否也包括了耶稣昔日在叙加城所撒下的"道种"呢? 使徒行传在九章三十一节以及十五章三节所提到的"撒玛利亚"教会是否也有叙加城的信徒在内? 这些都是耐人寻味的问题。

---

[44] 耶稣在叙加城宣道日期大约是主后 28 或 29 年。

拾壹 耶稣在加利利行的 第二件神迹 （四 43～54）

耶稣原来的行程计划是从犹太北上加利利的（四 3）。结果在经过撒玛利亚的途中遇上了撒玛利亚的妇人，又藉着这次相遇向叙加城的撒玛利亚人宣道。在撒玛利亚人的城里住了两天以后，耶稣继续北上加利利。福音书的作者在这一段经文中，引述了耶稣曾经说过的一句话："先知在本地是没有人尊敬的"（四 44）。作者紧接下去记述了耶稣在加利利行的第二件神迹（四 46～54）。

四 43　过了那两天，耶稣离了那地方，往加利利去。

耶稣虽然在撒玛利亚人的城镇叙加得到很好的接待，以及获得不少的宣道成果，祂仍旧必须继续北上加利利的路程。

四 44　因为耶稣自己作过见证说："先知在本地是没有人尊敬的。"

耶稣曾经说过这样的一句俗语是肯定的，因为三部符类福音都有类似的记载，虽然四部福音书所用的词句并不完全相同。①

"在本地"（en tē idia patridi）更直接的翻译应该是"在自己的祖家"或"在自己的家乡"。后者也是思高本以及和修版的译文。这句俗语虽然不知出自何处，但却是以色列历史的一个真实写照。

使徒行传所记载的第一位初期教会的殉道者司提反，就曾经很严厉地对审问他的犹太人公会说："哪一个先知，不是你们祖宗逼迫迫呢？"（tina tōn prophētōn ouk ediōxan hoi pateres humōn，徒七 52）。

符类福音所指的"本地"或"家乡"与约翰福音不相同。前者是指耶

---

① 太十三 57;可六 4;路四 24。

稣长大的地方拿撒勒，后者是指犹太。但不是指耶稣出生的犹太伯利恒城，而是指犹太的京城耶路撒冷。约翰福音五章四十三节以及十二章三十七节等经文都可以证实耶路撒冷的确是不接待耶稣的地方。不但如此，这京城也是耶稣最终受审、被定罪以及受难的地方。

当耶稣引用那句俗语说，"先知在本地是没有人尊敬的"，心中一定充满了许多说不出的叹息。作者在此把耶稣曾引用过的俗语记录了下来，似乎是有意以它来对照耶稣较后到了加利利时所受到的接待和尊敬（四 45～54）。

四 45 到了加利利，加利利人既然看见他在耶路撒冷过节所行的一切事，就接待他，因为他们也是上去过节。

这一节经文其实只是回顾上一次（二 13），耶稣上耶路撒冷过逾越节时所得到的正面反应。

四 46 耶稣又到了加利利的迦拿，就是他从前变水为酒的地方。有一个大臣，他的儿子在迦百农患病。

作者约翰非常重视耶稣行神迹的地方与时间。这是他所记载的第二个神迹。

耶稣上一次在迦拿所行的神迹是为了解决婚宴主人当时面对的困境："没有酒了"（二 3）。这一次耶稣要处理的，是一个病重的孩子的生死问题。

所有四部福音书有关神迹的记载和见证，都一致说明了一个很重要的事实。那就是，耶稣的神迹都是为了回应实际情况的需要而行的，绝不是为了要表现祂那超人的能力。

"大臣"在原文是 *basilikos*，源自 *basileus*（"王"），是一个形容词，在此当名词用。这"大臣"很可能是在加利利分封之王希律安提帕（Herod Antipas，4B. C.－A. D. 39）属下任职的一个官员。思高本把 *basilikos* 译作"王臣"也是合理的。这个大臣的儿子在距离迦拿约二十多公里的迦百农患了病（*ēsthenei*）。

四 47 他听见耶稣从犹太到了加利利，就来见他，求他下去医治他的儿子,因为他儿子快要死了。

迦百农的大臣慕名而来见耶稣,求祂医治自己的儿子,是一件很自然的事,尤其是当他的儿子已经是在病危的时候。

大臣"求他下去"(*erōta hina katabē*)迦百农医治他的儿子也是很自然及合理的一个意愿,因为他没有理由期望耶稣可以不必亲身到现场,就可以给他儿子治病。

四 48　耶稣就对他说:"若不看见神迹奇事,你们总是不信。"

耶稣这句话其实是对众人("你们")说的,并没有责备大臣的意思。事实的确是如此,"若不看见神迹奇事"人们总是不愿相信的。在这之前,不论是在迦拿或是在耶路撒冷过逾越节的时候,众人包括祂的门徒(二 11),都是因为看见"神迹奇事"(*sēmeia kai terata*)才相信的。因此,与其把耶稣的话作责备论,不如把它看作是在人面前所表露的一个感叹——感叹人们信心的肤浅。

约翰福音一致用 *sēmeia* 来表明耶稣所行的神迹,只有在此加上 *terata*("奇事")来形容类似神迹的事物。新约著作一般都以 *terata* 来称"神迹"。

四 49　那大臣说:"先生,求你趁着我的孩子还没有死,就下去。"

内心焦虑像热锅上的蚂蚁的大臣,此刻继续坚持他对耶稣的请求,是完全可以理解的。福音书给人在不同境遇中的描绘都非常真实和深刻。这只是其中的一幕。

四 50　耶稣对他说:"回去吧,你的儿子活了。"那人信耶稣所说的话,就回去了。

纵使众人不"看见"神迹奇事总是不信,至少这位大臣可以证实说,有些人还是可以"不看见"而相信的。对耶稣来说,"那没有看见就信的,有福了"(二十 29)。这位大臣因此可说是"有福"(*makarios*)的人了。事实也的确是如此。

四 51　正下去的时候,他的仆人迎见他,说他的儿子活了。

加利利海(或湖)是在地中海平面二百公尺之下。因此,像迦百农这些建立在湖边上的城镇,都是处在很低下的地理位置,所以习惯上都说是"下去"(*katabainō*)迦百农这些地方,虽然就地图的位置而言,从迦拿到迦百农应该是"上去"(*anabainō*)才比较正确。

仆人在途中带给大臣的好消息——"说他的儿子活了"(*legontes hoti ho pais autou zē*)——证明大臣对耶稣的信靠完全没有落空。

四 52～53　他就问什么时候见好的。他们说:"昨日未时热就退了。"他便知道这正是耶稣对他说"你儿子活了"的时候,他自己和全家就都信了。

大臣询问他儿子医好的时间并不是出于怀疑,而是要进一步肯定他的儿子医好的那个时辰,是否正是耶稣向他保证他的儿子将会活下去的那个时刻。这也就是说,耶稣这一次医治病人的神迹(*sēmeion*),就只凭祂当时向大臣保证时所说的那一句话而已。

中文的"未时"(*hōran hedomēn*),也就是思高本的"第七时辰"。按犹太人计算昼夜的方式,就是下午一时整。这也是和修版的译文。耶稣说话的时刻以及大臣的儿子退热的时辰吻合,很清楚表示孩子被治并不是任何"巧合",而是耶稣施行神迹的结果。这也正是大臣以及"全家"(*hē oikia auto holē*)立即信靠了耶稣的原因和基础。

大臣未"看见"儿子被医治就已经信了。这是一种很难得的信心。当他"看见"儿子确实已经获得医治,他原有的信心肯定会得到进一步的坚定和发展。

新约圣经不仅多次提到"全家"(*ho oikos* 或 *hē oikia*)信了耶稣的事,②还把"全家得救"看作是上帝整个拯救计划中不可缺少的"应许"(*hē epangelia*；RSV, promise)。③

四 54　这是耶稣在加利利行的第二件神迹,是他从犹太回去以后行的。

---

② 例如徒十六 15、31;林前一 16 等。
③ 见徒二 39 及十六 31 等。

　　约翰福音并不像一些人所假设的那样,只是一部"属灵的福音"
(a spiritual gospel)。事实正好相反。因为约翰对地理、历史、时空的记
述和见证等,也跟符类福音一样重视。不但如此,约翰福音还习惯地在
一些关乎时间和地点的细节上提醒它的读者,或帮助他们把一些先后
发生的事连接起来。四章四十六节以及四章五十四节便是很好的
例子。

拾 贰　第三个神迹：瘫腿者得医治 （五 1～18）

约翰在这段经文中记述耶稣第二次上耶路撒冷以及祂在那里所行的神迹：治好一个病了三十八年的瘫腿者。虽然这是作者所记述的第三个神迹，但在耶路撒冷，却只是第一次。较早的两个神迹都发生在加利利。

五 1　这事以后，到了犹太人的一个节期，耶稣就上耶路撒冷去。

约翰福音正如其他三部福音书一样，所记载的事情都是经过作者的选择和安排的。[①]

这节经文中的"这事以后"（*meta tauta*）可能是指五章一节以前，特别是耶稣在撒玛利亚和加利利所发生的事（四 1～54）。它也可能是广泛地指五章一节之前所发生的其他各类的事。

耶稣上一次到耶路撒冷去是在逾越节的时候（二 13）。这一次又是碰上了"犹太人的一个节期"（*heortē tōn Ioudaiōn*）。可是，经文并没有说明这一次是什么"节期"（*heortē*）。有一些希腊文古抄本如 P⁶⁶、P⁷⁵、A、B 等只有 *heortē*（"节期"）这个字。另一些如 ℵ、C、L 等则在 *heortē*（"节期"）的前面加上一个定冠词 *hē*（"那"或"那个"）。结果变成 *hē heortē*（"那节期"或"那个节期"）。Bruce 认为，若是希腊原文有指定"那个节期"（the feast）的话，则那个所指定的节期可能就是"住棚节"（the Feast of Tabernacles）。[②] "住棚节"也称作"收藏节"。[③] Barrett 则认为经文中的 *heortē* 在此指逾越节或是住棚节都可能，因为

---

① 见约二十 30，二十一 25；路一 3。
② Bruce, p. 121.
③ 见利二十三 33～44。

犹太人都习惯地称这两个节期为 *hachag*(the feast)。④

五 2　在耶路撒冷,靠近羊门,有一个池子,希伯来话叫作毕士大,旁边有五个廊子。

在希腊文古抄本,"毕士大"这个池子的名字有几个稍微不同的写法:*Bethsaida*(P⁷⁵,B)、*Bēzatha*(L)、*Belzetha*(D)、*Bēthzatha*(א)。

"羊门"在原文其实就只有一个形容词 *probatikē*("羊的"或"关于羊的")。和合本译作"羊门"(RSV,Sheep Gate)应该是有一定的道理。⑤

"羊门"在古抄本 A、C 是 *Bēthesda*。根据 1960 年在死海古卷中发现的"铜卷"*Bethesda*,源自希伯来文的 *bêth 'eshdah*(意思是"倾流之处";place of outpouring),应该是池子的正确名字。⑥ 有趣的是,在铜卷上面"毕士大"的写法是 *Beth 'eshdāthain*。*'eshdāthain* 是 *'eshdāh* 的双数,表示有两个"倾流",也即是两个成双的池子。

早在主后 333 年从法国波尔多(Bordeaux)去耶路撒冷的朝圣者,就曾经记录了那里的确有两个成双的池子。自 1856 年法国的拿破仑三世(Napoleon III)获得这块位于古城东北的地之后,考古学家便断断续续地在此展开挖掘的工作,结果他们发现情况跟约翰福音五章二至四节所描写的吻合。⑦

假使约翰写作的日期是在主后 70 年以后,则五章二至三节所指的这些门和池子等已经被毁了。作者约翰因此只能凭着自己往日的记忆,去见证当年耶稣在那里施行神迹的情况了。

五 3　里面躺着瞎眼的、瘸腿的、血气枯干的,许多病人。

有一段在五章三节下至五章四节之间的经文,在一些希腊文古抄

④ Barrett,*John*,p. 251.

⑤ 尼希米记共三次提到耶路撒冷的"羊门"(三 1,32,十二 39)。这是在城墙之北面所开的一道门。

⑥ Bruce,p. 122.

⑦ Ibid. 参 J. M. Allegro,*The Treasure of the Copper Scroll*(Garden City,1960),pp. 53,165;J. Jeremias,*The Rediscovery of Bethesda*(Louisville,1966);J. Wilkinson,*Jerusalem as Jesus Knew It*(London,1978),pp. 95-104.

本中出现(如 A、K、L 等),另一些古抄本则没有(如 P⁶⁶、P⁷⁵、ℵ、B 等)。⑧五章三节这里所描写的那种贫者求乞、病者求医的可怜和无奈情况,在古今中外的殿宇及神庙周围都是常见的。

　　五5　在那里有一个人,病了三十八年。

　　这一节简短的经文不仅说明了那个病人可怜以及无助的实况,也表示当时的目击者,不论是作者约翰自己或是别人,在追忆这件事的时候,都没有忽略这些细节。这件事的发生与成书的日期之间,至少也应该有三四十年以上。

　　五6～9　耶稣看见他躺着,知道他病了许久,就问他说:"你要痊愈吗?"病人回答说:"先生,水动的时候,没有人把我放在池子里。我正去的时候,就有别人比我先下去。"耶稣对他说:"起来,拿你的褥子走吧。"那人立刻痊愈,就拿起褥子来走了。

　　马可福音也记述了一个瘫子被耶稣医治的事(二1～12)。但在细节上与约翰在此的记录不太一样。

　　耶稣向瘫子的发问——"你要痊愈吗?"——不能说是完全没有必要的。因为在一般的情况下,耶稣是不会勉强去做那些违背他人心愿的事。当然,对瘫子来说,要痊愈很自然是他的心愿。他给耶稣的回应也证实了这个心愿。可是,病人的初步回应并没有表示他期望耶稣会给他医治。他只是希望"水动的时候"会有好心人把他"放在池子里",因而获得医治。

　　较早时所引的五章三节下至五章四节,那段希腊文古抄本已经为读者们提供了一些有关池水在耶稣那个时候的传说。"传说",而不能肯定它是一个"事实",主要是因为圣经本身没有表明这里的池水确实

⑧ 它的希腊原文是:*ekdechomenōn tēn tou hudatos kinēsin angelos gar kuriou kata kairon katebainen entē kalumbēthra kai etarasseto to hudōr ho oun prōtos embas meta tēn tarachēn tou hudatos hugiēseginetо hoi' ō dēpot' oun kateicheto nosēmati.* 和合本有小体字的译文:"等候水动。因为有天使按时下池子,搅动那水,水动之后,谁先下去,无论害什么病就痊愈了。"思高本也有类似的译文。上述这段在一些希腊古卷中出现,可能是为了解释五7那个句子(*hotan tarachthē to hudōr*;"水动的时候")。

有"医百病"的效果。但是,在另一方面,假使这"传说"是毫无根据的话,又很难解释为何会有那么多人躺在那里,希望有机会"下水"得医治。在没有获得可靠的资料足以断定是非之前,就把这"传说"看作是真的,或是武断地将它贬为"迷信",也许都不是很明智的做法,何况耶稣自己以及作者约翰也没有对这件事表态。不论事情的真相如何,有一点是绝对肯定的,那就是,耶稣不只是有能力,并且也采取了主动给那个可怜的病人医治。

在马可福音二章一至十二节那一个类似的神迹中,病人的"信心"被看作是很重要的因素。但是,约翰在这里并没有特别突出人的信心,而是在强调耶稣在这个神迹上所采取的主动以及祂医病的能力。结果"那人立刻痊愈,就拿起褥子来走了"(*egeneto hugiēs ho anthrōpos kai ēren ton krabatton autou kai periepatei*)。

五 10　那天是安息日,所以犹太人对那医好的人说:"今天是安息日,你拿褥子是不可的。"

犹太人对遵守安息日所持的严格态度,已是众所周知的常识。

按照米示拿有关安息日(*shabbat* 或 *shabbath* 7:2)的严格规定,一共有三十九项动用到劳力的工作是在安息日被禁止的。这禁令包括把一个物件从一个地方搬运到另一处(第三十九项)。

又按 *Shabbath* 10:5 II G 的规定,"一个人可以在[安息日]用一张床(或褥子)来抬(或移动)一个活人。因为在这件事上,床(或褥子)是次要的(II. H)。如果在床上的是一具尸体,就算是犯法了。"[9]

根据上面所引述的这项禁令,那位被耶稣以神迹医好的人也应该算是"犯法"了。因为他当时是在安息日拿着空的褥子行走。

五 11～13　他却回答说:"那使我痊愈的,对我说:'拿你的褥子走吧。'"他们问他说:"对你说'拿褥子走'的,是什么人?"那医好的人不知道是谁。因为那里的人多,耶稣已经躲开了。

---

⑨ J. Neusner, *The Mishnah*.

被医治好的人对犹太人所说的,的确是实话。但是,犹太人的追究,至少从他们自己的立场来说,也是可以理解的。因为按刻板的法律字面条文来说,那个人拿着褥子行走的做法确实是不合法的。他们因此要追究叫他"犯法"的人是谁。

和合本和思高本都以"躲开"来翻译希腊原文的 *exeneusen*。也许"离开"或是"避开"会比较好一些(正如 RSV 一样,译作 had withdrawn)。因为中文的"躲开"似乎带一些负面的意思,可能会给读者们造成一点误解,以为耶稣当时是"畏罪"而"躲藏"起来。"因为那里的人多",可能才是耶稣暂时"离开"或"避开"人群的真正原因。

耶稣绝对不是一位故意制造声势或提高自己"知名度"的那一类人物。相反的,耶稣往往是在祂最受群众拥戴或是在工作最"成功"的时候,暂时隐退起来,免得祂长远的工作计划和进程受到不必要的干扰或破坏(见六 15)——因为"他的时候还没有到"。耶稣由始至终都是"胸有成竹"。祂有既定的行事原则以及时间表。

五 14　后来耶稣在殿里遇见他,对他说:"你已经痊愈了。不要再犯罪,恐怕你遭遇的更加利害。"

耶稣在较早时医治了病人以后,便很匆忙地离开了现场。祂后来在池子之南的圣殿里,再次与那位已经痊愈的人相遇,给了他一个忠告。

经文并没有说明那个曾经病了三十八年的人的病,是否因为"犯罪"的结果。耶稣对他说"不要再犯罪"(*mēketi hamartanē*),这一句严肃的警告似乎有这个意思。可是,经文既然没有明说,任何武断的看法都是不可取的。在马可福音二章五节,耶稣也曾对另外一个瘫子说,"你的罪赦了"。这似乎也意味着人的病痛是与犯罪有关连的。

把犯罪和病痛作为一种"因果"论的观念,在当时的犹太人之中却是普遍的。这也是耶稣的门徒对一个生来瞎眼的人的自然反应(约九 1~2)。可是,耶稣自己却对那件事有其他的解释(九 3)。

"恐怕你遭遇的更加利害"(*hina mē cheiron soi ti genētai*),这一个句子的意思不太明确。就上下文而言,把"更加利害"看作是肉体的病痛,似乎是很合理的。但是,Morris 却认为,"更加利害"比较可能是

指罪所导致的"永恒后果"(the eternal consequences of sin)。⑩ Barrett
更进一步地断言说,"更加利害"(*cheiron ti*)只能是指[最后的]审判
(参五 29)。⑪

五 15　那人就去告诉犹太人,使他痊愈的是耶稣。

五章十二节已经提及,一些犹太人向那个被医治好的人追究,叫他
在安息日拿着褥子行走的是谁。他当时确实不知道医治他的那个人的
身分(五 13)。他现在把耶稣的身分向犹太人透露出来了。

有趣的是,这个被耶稣治好的人在回答犹太人的时候,只提及他医
治好的事实。可是,追究者所关注的,却是干犯安息日的律法禁令这件
事! 使徒保罗说,"字句"(*gramma*;RSV,the written code)是叫人
死,"精意"(*pneuma*;RSV,the spirit)是叫人活(林后三 6)。这句话一
点都不错。

五 16　所以犹太人逼迫耶稣,因为他在安息日作了这事。

"逼迫"在原文(*ediokon*)是一个过去未完成式动词,表示犹太人当
时逼迫(*ediokon*)耶稣的行动和态度是持续下去的(参五 18;可三 6)。

就具体的行动来说,违反安息日规条的,是那个被医治的人,不是
耶稣自己,因为是那个人拿着褥子行走。可是,犹太人要对付的并不是
那个人,而是吩咐那个人拿起褥子行走的耶稣。可见他们已经把耶稣
看成是首要的犯法者。

五 17　耶稣就对他们说:"我父作事直到如今,我也作事。"

耶稣给犹太人的回应,已经假设了在这之前他们对耶稣的所作所
为,已经给予指责,并且就这件事曾经引发了一些争辩。

从表面上看去,耶稣的回应似乎是在回避问题或只是一种狡辩。
其实不然。遵守安息日,很明确是十诫其中一条诫命,凡是上帝的子民
都有遵守的责任。这是不争的事实。

---

⑩ Morris,p. 272.
⑪ Barrett,*John*,p. 255.

根据出埃及记二十章八至十一节的记载与诠释,安息日的诫命是基于两个理由。其一是宗教理由,安息日被定为"圣日"是因为耶和华上帝在六日之内完成了创造的工作以后,便在第七日"安息"了。其二是以人的实际需要为理由,并且富有很明显的"仁道"精神。因为安息日不但让主人有机会休息,甚至他的"儿女、仆婢、牲畜并你城里寄居的客旅"都可以休息。

福音书给人的印象是,耶稣似乎比较重视安息日的"仁道"精神和意义。难怪祂对那些向祂责难的法利赛人说:"安息日是为人设立的,人不是为安息日设立的"(可二 27)。

耶稣对安息日的理解很符合十诫的原旨。其实,米示拿中有关安息日的各项规条和禁令都是人为的。另一方面,犹太人的一些拉比和释经者对上帝的"安息"也有各种争议和不同解说。但是,他们最终仍旧能达成一个很基要的共识。那就是,上帝不论是在安息日或是其他日子,都是一直不断在工作的。[12]

纵使是这样,上述共识与耶稣对犹太人的回答——"我父作事直到如今"(*ho patēr mou heōs arti ergazetai*)——还是有很大区别的。承认上帝"作事直到如今"不是拉比以及一般犹太人的问题。问题是耶稣在此称上帝为"我父"(*ho patēr mou*)。这样来称呼上帝是任何敬虔的犹太人绝对不敢作的。不但如此,耶稣还紧接下去说,"[我父作事到如今]我也作事"(*kagō ergazomai*)。这一点对约翰福音书的读者来说也许不足为奇,因为在这之前耶稣的身分早已被确认了。祂是太初的"道",祂就是上帝(一 1),祂是生命的源头和真光(一 4、5),是上帝的独生子(一 18),是弥赛亚(一 41),是以色列的王(一 49),是救世主(四 42)等。可是,对当时在圣殿里的犹太人来说,耶稣所说那些有关上帝的话,肯定是"僭妄的"(*blasphēmei*;参可二 7)。

五 18　　所以犹太人越发想要杀他。因他不但犯了安息日,并且称上帝为他的父,将自己和上帝当作平等。

---

[12] 参 Bruce, p. 127；Barrett, *John*, p. 256.

在五章十六节,犹太人已经定了耶稣干犯安息日规条的罪。现在他们进一步宣判祂犯了一个更大的罪。

作为上帝的子民,犹太人都宣信上帝是他们群体的"父"。他们在崇拜和颂赞中,包括在会堂里的崇拜和祷告,也宣信上帝是"我们的父"(*patēr hēmōn*)。但是,却没有任何犹太人胆敢宣称上帝是"我父"(*ho patēr mou*),更不敢把自己看作是与上帝同等的。对犹太人来说,这样的宣称很肯定是"僭妄"或"亵渎"(*blasphēmia*)。干犯者将被处死(参十 33)。

拾叁　子是父所差来的，子与父原为一（五 19～47）

　　上一段经文(五 10～18)已经说明了,犹太人"逼迫耶稣"是因为祂干犯了安息日的禁令。他们进一步"想要杀他",是因为祂不但被肯定是干犯了安息日的规条,并且还称上帝为自己的父,把自己看成是与上帝同等的。五章十九至四十七节是耶稣对上述指控的辩解。耶稣在辩解中表明自己是一位完全遵照父上帝的旨意去完成使命的人,说明祂并不是一位自我夸大者。

　　五 19　耶稣对他们说:"我实实在在的告诉你们,子凭着自己不能作什么,惟有看见父所作的,子才能作。父所作的事,子也照样作。"

　　五章十八节中的句子——"[他]将自己和上帝当作平等"(*ison heauton poiōn tō Theō*)——是犹太人对耶稣所作出的结论,并不是耶稣自己所说的。耶稣称上帝为自己的父,虽然对犹太人来说是一件绝对不能接受的事,可是这样的称呼其实已经表明"父"和"子"之间仍旧是有等次之分的。

　　"父"永远是"父","子"也永远是"子"。两者之间是绝对不可能完全"平等"(*isos*)的。耶稣因此以最严肃的语气("我实实在在的告诉你们")对那些想杀害祂的犹太人说:"子凭着自己不能作什么"。其实,原文的语气比和合本的译文更强:"子凭着自己没有任何事可以作"(*ou dunatai ho huios poiein aph' heautou ouden*; RSV, the Son can do nothing of his own accord)。这肯定不可能是一个夸耀自己者的态度。不但如此,耶稣还进一步说,祂自己只不过是一位仿效以及顺从父上帝的人:"惟有看见父所作的,子才能作。父所作的事,子也照样作。"也只有这样,父与子所作的,才能真正一致,并且合而为一。

五 20～21　"父爱子，将自己所作的一切事指给他看，还要将比这更大的事指给他看，叫你们希奇。父怎样叫死人起来，使他们活着，子也照样随自己的意思使人活着。"

五章十九节表明耶稣"照样作"（*homoios poiei*）祂的父上帝所作的事。不但如此，父上帝也将自己所作的"一切事"（*panta*）"指给他看"（*deiknusin autō*）。"指给……看"这个动词在原文是现在式，表示这是一个持续不断的做法。意思就是，父与子在所作的一切事上，都保持着紧密的交流。可是，子的"照样作"也绝对不是盲目的仿效。父与子能够在所作的事上一致并且合而为一，都是因为"父爱子"（*ho gar patēr philei ton huion*）。

耶稣较早时在毕士大医治好了一个瘸腿的人。这肯定是一件"大事"。可是，耶稣却在此预告说，祂的父上帝"还要将更大的事［*meizona erga*］指给他看"，好叫犹太人"希奇"（*thaumazēte*）。所谓更大的事乃是指"使人活着"（*zōopoiei*）这一些事。

子"随自己的意思"这一句，表面上看去似乎跟子"照样作"的说法有些矛盾，其实不然。因为父既然将所作的"一切"不断地指示给子看，则子"自己的意思"其实也即是父的意思了。五章二十一节的"父怎样"（*hōsper gar ho patēr*）以及"子也照样"（*houtōs kai ho huios*），仍旧是在强调子对父的尊重和顺服。

五 22～23　"父不审判什么人，乃将审判的事全交与子，叫人都尊敬子如同尊敬父一样。不尊敬子的，就是不尊敬差子来的父。"

根据旧约以及犹太教的正统神学，只有上帝是一切的审判者。因此，耶稣在这里所说的审判权柄，乃是受托的，而不是自主的。"交"（*dedōken*）在原文是一个现在完成式的动词，表明耶稣审判的权柄已经是一个事实，并且将继续是这样。

假使读经者明白"全权大使"的身分和使命的意思，就会知道耶稣在此所说的"尊敬"与"不尊敬"的含义。这个比喻其实也是给那些图谋杀害祂的犹太人一个警告。

五 24　"我实实在在的告诉你们，那听我话又信差我来者的，就有永生,不至于定罪,是已经出死入生了。"

就神学的基本意义而言,五章二十四节这一节的信息与三章十六至十八节是一样的。可是,就表达的方式来说,它却有一点是与三章十六至十八节不太相同的。三章十七节表明不信者被定罪是因为"不信上帝独生子的名";五章二十四节则是说人有永生,不至于定罪是因为"听我[耶稣]的话",并且信父上帝。

"我的话"的原文(*ho ton logou mou*)也可以译作"我的道"。五章二十四节是耶稣给那些敌视祂的犹太人的一个慎重的提醒。因为他们既不听祂的道,也不信祂是被上帝差来的福音使者。

五25 "我实实在在的告诉你们,时候将到,现在就是了,死人要听见上帝儿子的声音。听见的人就要活了。"

跟以往的语气一样,"我实实在在的告诉你们"(*amēn amēn legō humin*)这一句在此仍旧是表明耶稣要说的,是极重要的一件事,是关乎生死的事。

"时候将到"(*erchetai hōra*)以及"现在就是了"(*nun estin*)这两个短句子曾先后在四章二十一节及二十三节出现过。前者只是说明某一件事将会发生,后者则富有"实存性"的意义。Brown 把后者看作是约翰福音的"已实现了的末世观"。[①]

"死人要听见上帝儿子的声音"这个句子中的"死人"(*hoi nekroi*),当然不是指肉身已经死了的人。因为这样的"死人"是不可能再"听见"(*akousousin*)什么声音的。所有死去的人,只能在末世的时候,才会听到上帝或耶稣的声音(见五28~29)。因此,"死人"在这里应该是指"灵命的死亡"(spiritually dead)。[②] 就这个意义上说,所有世人都处在这个光景之下(三3、16~18,五24)。这就使人想起先知以西结在"平原中"所看见那可怕的一幕:"平原遍满骸骨⋯⋯甚多⋯⋯极其枯干"(结三十七1~2)。

当先知以西结看到那一幕景观以后,耶和华上帝便紧接下去问他

---

① Brown, p. 219.
② Brown, p. 219;Bruce, p. 131;Morris, p. 282.

说："人子啊，这些骸骨能复活吗？"以西结只能回答说："主耶和华啊，你
是知道的。"（意即，"怎么可能呢？"）可是，"耶和华的话"（*dabar
Yahweh*）以及祂的"气息"（*ruaḥ*）（结三十七 4～10）最终却使这些骸骨
活起来了。很明显的，骸骨在以西结书是象征没有灵命的人。如果先
知以西结所见到的"骸骨"听了主耶和华的话可以活起来，则那些"听见
上帝儿子的声音"的"死人"也照样可以活过来。若是这样，那些图谋杀
害耶稣的犹太人"现在"（*nun*）仍旧有活过来的机会。关键的问题是，
这些犹太人有没有"听见"或愿意不愿意"听见"（*akouein*）上帝的"声
音"（*phōnē*）。对那些犹太人来说，这是一个死亡与复活两者之间的
抉择。

　　五 26～27 **"因为父怎样在自己有生命，就赐给他儿子也照样在
自己有生命。并且因为他是人子，就赐给他行审判的权柄。"**

　　"生命"（*zōē*）是约翰福音最重要以及最突显的主题。耶稣在五章
十九至四十七节所阐明的，也是关乎生命的事。五章二十六至二十七
节其实是福音书的序言（一 1～14）有关生命之源的重述。

　　"父怎样在自己有生命"（*ho patēr echei zōēn en heautō*）这一句，在
此再次表明上帝是生命的源头，是"自有永有的"（出三 14）。上帝的儿
子耶稣的生命虽说是被"赐"（*edōken*）的，这只不过是一个以人有限的
语言来表达神学思想的方式而已，目的仍是在强调上帝是一切生命的
源头。因为就本体论而言，这位"道成了肉身"的耶稣，本来就是"与上
帝同在"（*ho logos ēn pros ton Theon*），并且"道就是上帝"（*kai Theos
ēn ho logos*）（一 1）。不但如此，"生命［本来就］在他［上帝的儿子］里
头"（一 4）。

　　读经者必须明白，在承认惟有父上帝是生命之源的同时，又宣信生
命本来就"在他［上帝的儿子耶稣］里头"的神学思想，是极其奥秘
（mysterious）以及富吊诡性（paradoxical）的。

　　父上帝不仅"赐给"（*edōken*）祂的儿子"在自己有生命"（*zōēn
echein en heautō*），也"赐给"（*edōken*）祂"行审判的权柄"（*exousian . . .
krisin poiein*）。

　　"审判"作为名词（*krisis*；judgement）在约翰福音共用十一次，作

为动词(*krinein*；to judge)则出现了十九次(比较马太福音各六次)。"审判"也很明显是约翰福音的主题之一。

在犹太人的神学观念中,只有上帝是最终的审判者。但是,五章二十七节这里却说,上帝已经赐给了祂儿子耶稣"审判的权柄","因为他是人子"(*hoti huios anthrōpou estin*)。"人子"怎么会有这样的权柄呢? 可见这里的"人子",正如福音书绝大部分所出现的"人子"一样,并不是指普通"人的儿子"。学者们普遍都把"人子"指向先知但以理在夜间的异象中,所看见的那一位"像人子的"人物(LXX,*hōs huios anthrōpou*；RSV, one like a son of man；但七 13)。假使耶稣所指的"人子"真是这一位人物,则祂有审判的权柄是完全可以理解以及意义深长的。因为但以理所见证的"人子"是一位"驾着天云而来,被领到亘古常在者面前,得了权柄、荣耀、国度,使各方各国各族的人都事奉他"的不寻常人物,"他的权柄是永远的,不能废去,他的国必不败坏"(但七 13~14)。

五 28~29 "你们不要把这事看作希奇。时候要到,凡在坟墓里的,都要听见他的声音,就出来。行善的复活得永生,作恶的复活定罪。"

五章二十八节的"这事"(*touto*)就上下文来看,可以指上述有关人子审判的"事",也可能是指五章二十八、二十九节关乎死人复活的那件"事"。倘若是指前者,则耶稣在此要表明的就是:"不要为人子行审判这件事感到希奇。时候将到[*erchetai hōra*],还有其他更希奇的事会发生呢。"

"凡在坟墓里的"(*pantes hoi en tois mnēmeiois*)在这里应该是指那些已经死去的人,而不是指五章二十四、二十五节那些"在灵里已经死了的人"(the spiritually dead)。

"听"(*akouein*),在约翰福音一般都具有正面的积极意义(如五 24,十 3,16 等)。但是,"听"也意味着一个选择。那就是,人们对耶稣或是上帝所说的,可以选择"听"或"不听"(参八 43)。可是,耶稣却在此提醒人们说,"时候将到",凡是死了的人,不管愿意不愿意,"都要听见他[人子耶稣]的声音"。"时候将到"在此含有极深的"末世"

（eschatological）含义。经文在这里所指的"复活"（*anastasis*）是普遍性的（general）。到时将会出现两种绝然不同的情况："行善的"（*hoi ta agatha poiēsantes*）复活得生，"作恶的"（*hoi ta phaula praxantes*）复活定罪。

然而，在约翰福音，所谓"行善的"以及"作恶的"，不一定就是指行善"工"或是作恶"事"。在约翰福音，"善"与"恶"往往是人们的一种"心态"，特别是人们对耶稣的态度。这样一来，最大的"善"，就是人们对耶稣的信靠。最大的"恶"，就是他们对耶稣的拒绝（三 16～18）。

保罗在论及"上帝的忿怒"（*orgē Theou*）临到世人的时候，也特别声明说，这是因为他们故意"阻挡真理"（*tēn alētheian ... katechontōn*）（罗一 18）。这也是一个心态的问题。当然，这并不表示耶稣和保罗不重视人具体的善行或恶行。"审判"、"复活"、"定罪"在约翰福音中既有"实存的"（existential）意义，也是"末世的"（eschatological）警语。人在今生给上帝的回应不仅影响了他在世的生命以及生活方式，也决定了他永远的命运。

五 30　"我凭着自己不能作什么。我怎么听见就怎么审判。我的审判也是公平的。因为我不求自己的意思，只求那差我来者的意思。"

人对审判者的期望与要求是"公正"或"公平"（*dikaia*；RSV，just）。为了表示祂的审判是公正无私的，耶稣在此再次向人提醒说，祂自己只是一位听命于父上帝的使者。"我怎么听见就怎么审判"（*kathōs akouō krinō*）这个句子是以现在式动词来表达的，说明这是耶稣一贯的做法，是祂不断在遵守的原则，最终目的是要成全父上帝的旨意。

五 31～32　"我若为自己作见证，我的见证就不真。另有一位给我作见证。我也知道他给我作的见证是真的。"

在一般的情况之下，一个人为自己作的见证都被看作是无效，或是很难成立的。这在耶稣的时代也一样。申命记十九章十五节就明说："人无论犯什么罪，作什么恶，不可凭一个人的口作见证，总要凭两三个人的口作见证，才可定案。"因此，耶稣就声明说："另有一位给我作见证"(*allos estin ho marturōn peri emou*)。"另有一位"(*allos*),根据上下文应该是指父上帝。若是这样,这个"见证"(*marturia*)肯定是"真的"(*alēthēs*)。

五 33～35　"你们曾差人到约翰那里,他为真理作过见证。其实我所受的见证,不是从人来的。然而,我说这些话,为要叫你们得救。约翰是点着的明灯。你们情愿暂时喜欢他的光。"

耶稣在此提醒犹太人一个很重要的历史事实。那就是,犹太人自己也曾主动差派人到施洗的约翰那里去查明约翰以及耶稣的身分。约翰也曾为此给耶稣作过很忠实的见证(一 19～28)。

纵使是这样,施洗的约翰毕竟还是"人"(*anthrōpos*),虽然他是上帝所差来的使者。约翰这个"从人来的见证"(*para anthrōpou tēn marturian*)诚然有一定的价值和意义,但是,最可靠和最关键性的见证者,最终还是上帝自己,也即是耶稣所说"另有的一位"(*allos*,五 32)。

此外,耶稣也清楚声明,祂所说的"这些话"(*tauta*)并非是要贬低约翰的身分和见证,乃是"要叫你们得救"(*hina humeis sōthēte*)。因为不论是约翰的见证或是上帝自己的见证,最终目的都是为了人的得救。

耶稣把施洗的约翰比喻作"点着的明灯"(*ho luchnos ho kaiomenos kai phainōn*)是很恰当的。因为"明灯"的作用是给人们光照和指引。这也正是约翰被差遣的使命。不但如此,就犹太人对他的反应来说,约翰的使命也的确有一定的果效(一 29～42;参太三 1～12;可一 2～8;路三 15～17)。

正如耶稣所说的,犹太人至少"暂时喜欢他[约翰]的光"。约瑟夫也记载说:"其他的人群也蜂拥到他[约翰]那里去。因为他们深受他的话感动。"[3]可是,"暂时"(*pros hōran*;思高本译作"一时")也表示那些喜欢约翰的光的犹太人,最终并没有真正接受约翰的见证,特别是他为耶稣[真理]所作的见证,施洗的约翰是因为讲"真理"的话,最终死在希律王的手下(可六 14～29),而成了一位殉道者(*martur*)。

---

③ Josephus, *The Antiquities of the Jews*, 18:118.

五 36～38 "但我有比约翰更大的见证。因为父交给我要我成就的事,就是我所作的事,这便见证我是父所差来的。差我来的父,也为我作过见证。你们从来没有听见他的声音,也没有看见他的形像。你们并没有他的道存在心里。因为他所差来的,你们不信。"

约翰虽然是一位忠心的使者,但他毕竟是"人"。不仅他的见证是暂时的,甚至他的生命也是一样。可幸的是,耶稣的身分与使命并没有取决于人的见证,而是基于上帝自己的见证。这是"比约翰更大的见证"(tēn marturian meizō tou Iōannou)。也只有这样的见证,才永远不变和经得起考验。耶稣在此特别强调,上帝给祂作的见证是从祂的使命中证实出来的。可惜犹太人"从来没有听见他的声音,也没有看见他的形像"(oute phōnēn autou pōpote akēkoate oute eidos autou heōrakate)(五 37)。

不但如此,犹太人也没有上帝的"道"(logos)存在心里(五 38)。这是因为他们"不信"(ou pisteuete)上帝所差来的那些人的话和见证(五 38)。这是一个很严重的情况。

犹太人或任何人,都没有看见过上帝的"形像"(eidos;RSV,form)(五 37),因为这是不可能的。这是一个事实。别说"看见"(heōrakate),甚至直接听见上帝说话的人都可能会死亡(出二十 19)。犹太人的祖先雅各虽说是曾经"面对面见了上帝"(LXX, eidon Theou prosōpon pros prosōpon,创三十二 30),并且还可以存活,这只是一种"拟人说"(anthropomorphism)的表达方式而已。正如约翰福音一章十八节所说的一样,"从来没有人看见上帝"。

至于上帝的"声音"(phōnē)又如何呢?假使五章三十七节所指的"声音"是指上帝通过祂的众仆人、使者以及先知们向历代犹太人以及他们祖先所说的"话"或"道"(logos),则上帝的"声音"可说是从来就没有中断过。正如希伯来书作者所说的一样,"上帝既在古时藉着众先知,多次多方地晓谕列祖,就在这末世,藉着他儿子[耶稣基督]晓谕我们"(一 1～2)。

希伯来书一章一至二节的"晓谕"在原文(lalesas 和 elalēsen)更直接的翻译是"说话"(RSV, spoke 及 has spoken)。既是这样,耶稣又为何说,"你们[犹太人]从来没有听见他的声音"呢?答案是,耶稣在此所说的,是指人的心态以及灵性状况。

纵使上帝的"声音"(*phōnē*)或"话"(*logos*)确实早已记录在犹太人的圣经中,人不一定因此就会真正"听见"(*akouein*)、"听进去"或"愿意听"。因为除了上帝主动向人说话或晓谕以及圣灵存在的客观事实之外,人自己的心态和灵性状况也同样重要。上帝就曾经向先知以赛亚那个时代叛逆的犹太人说:"你们听是要听见,却不明白,看是要看见,却不晓得"(赛六 9)。结果那些人都没有真正"看"或"听"见。因为他们"心蒙脂油,耳朵发沉,眼睛昏迷"(六 10)。这是犹太人的心灵状况(参可四 12)。因此,耶稣所说的是一个极其严肃的警告和提醒。这点对那些有意要杀害耶稣的犹太人来说(五 18)尤其重要,因为他们当时的心灵状况与他们的祖宗一样。

那些敌对耶稣的犹太人,"没有他[上帝]的道存在心里"(*ton logon autou ouk echete en humin menonta*)(五 38)可说是意料中的事。因为他们与老祖宗一样,不信上帝所差来的使者和先知们。耶稣讲了五章三十七、三十八节这些话以后大约三年,初期教会的第一个殉道者司提反也曾经在受公审的时候,大胆地指控犹太人的公会说:"你们这硬着颈项,心与耳未受割礼的人,时常抗拒圣灵。你们的祖宗怎样,你们也怎样。哪一个先知不是你们祖宗逼迫呢? 他们也把预先传说那义者的人杀了。如今你们又把那义者卖了,杀了"(徒七 51~52)。

五 39~40 "你们查考圣经,因你们以为内中有永生。给我作见证的,就是这经。然而你们不肯到我这里来得生命。"

"查考"这个动词在原文(*eraunate*),就它的形态而言,可以是直说式(indicative),也可以是命令式(imperative)的。若是后者,就表示耶稣要求或盼咐犹太人好好去查考圣经,看里面讲的是什么。意思即是:"你们好好去查考圣经吧!"如果是直说,就意味着耶稣知道那些犹太人已经有查考圣经的习惯:"你们经常在查考圣经。"

就经文的上下文以及耶稣所要表达的意思来看,把原文 *eraunate*("查考")看作是直说,也许是比较合适的。犹太人的确是经常在"查考圣经",因为他们实际上也"以为内中有永生"(*dokeite en autais zōēn aiōnion echein*)。

　　"查考"（*eraunaō*）圣经对犹太人，特别是对专业的拉比和文士来说，是一件极其严肃的工作。"查考"（*eraunate*；RSV，search）在五章三十九节也因此可以译作考证、求证、考究等。和修版把 *eraunate* 译作"研究"也是很正确的。*eraunaō* 这个希腊词语在圣经中是源自希伯来文的 *dâraš*。这词语早就在拉比之间成了一个专业的术语。不但如此，对严谨的犹太人来说，圣经，尤其是律法（*Torah*）的查考和研究，几乎已经是他们在来世得永生的途径。

　　大拉比希列（Hillel，70B. C. ‒ A. D. 10）就曾经这么说道："律法［的查考］愈多，生命也愈长……人若在律法中有所获得，则他已经是得着永生了。"④可见耶稣所说的那一句——"你们查考圣经，因你们以为内中有永生"——是有类似根据的。

　　犹太人查考圣经的严谨态度，的确是令人敬佩。可惜的是，当他们最尊重的圣经所指向和见证的那位"生命之道"真正藉着耶稣，"道成了肉身"来到他们中间的时候，他们却"不肯到"（*ou thelete elthein*）他那里去"得生命"（*hina zōēn echēte*）。这个历史的悲剧，在意义上是跟一章十一节所说一样："他到自己的地方来，自己的人倒不接待他。"

　　五 41～42　"我不受从人来的荣耀。但我知道你们心里没有上帝的爱。"

　　从表面上看去，这两节经文似乎跟上面那一段没有直接关连。其实不然。在这之前，耶稣已经宣称犹太人拒绝了来自三方面的见证：施洗的约翰的见证（五 33）、上帝的见证（五 36～37）、圣经的见证（五39～40）。与见证有密切关系的，是耶稣在工作中所彰显出来的"荣耀"（*doxa*）（二 11，四 45）。荣耀与见证一样，只是一种指标，最终是要把人引领到耶稣或上帝那里去。可惜犹太人并没有因耶稣所彰显出来的荣耀而寻找到他们所渴望寻找的生命。耶稣所惋惜的，正是这个，而不是"从人来的荣耀"。

　　犹太人对耶稣的敌视和拒绝，最终还涉及了一个爱上帝的问题。

---

④ "Lots of Torah, lots of life ... ［If］ he has gotten teachings of Torah, he has gotten himself life eternal. " *The Mishnah*, Abot 2:7.

爱上帝是律法对犹太人最崇高的要求:"你要尽心、尽性、尽力爱耶和华你的上帝"(申六 5)。它也是最大的诫命(可十二 28～31)。因此,耶稣对犹太人的指控是非常严重的:"你们心里没有上帝的爱"(*tēn agapēn tou Theou ouk echete en heautois*)。

在原文,五章四十二节中的"上帝的爱"(*tēn agapēn tou Theou*)可以有两个不太相同的意思。这是因为"上帝"(*tou Theou*)在原文是属所有格(genitive case)。第一个意思是,将"上帝的爱"看作是"对象"(object),正如和合本的译文一样:"你们心里没有上帝的爱"。第二个意思是,把"上帝"看作是人所爱的"对象"(object)。那就是,人有或没有爱上帝的心,或对上帝有爱心。⑤正如和修版的译文一样:"你们没有爱上帝的心"。

就上下文而论,"上帝的爱"和"爱上帝的心"两个意思都可能同时存在。但后者,也即是和修版所译出来的意思也许比较可取或明显。因为如果犹太人真有"爱上帝的心"或"对上帝有爱心",他们也就会爱上帝所差来的耶稣了。上帝与耶稣不仅是在"父子"的关系上合一,也在所做的一切事上完全一致。人不能只爱"父"而不爱"子"。

五 43～44   "我奉我父的名来,你们并不接待我。若有别人奉自己的名来,你们倒要接待他。你们互相受荣耀,却不求从独一之上帝来的荣耀,怎能信我呢?"

约翰福音从序言开始以来(一 11),就曾多次提及犹太人"不接待"(*ou parelabon*)耶稣的事,纵使耶稣是奉上帝的名来的。但是,若"有别人"(*allos*;另一个人;RSV, another)"奉自己的名来"(*ean ... elthē en tō onomati tō idiō*),犹太人反而愿意接待他。

有学者曾尝试寻找这"另一个人"(*allos*)的身分,结果都是徒劳无功,因为耶稣在此似乎只是作一个一般性的比喻而已,祂并不是在指定某一个历史人物。但有一点却是事实,那就是在耶稣那个时代,曾有不少自称是"弥赛亚"的人物先后在犹太人中出现。McClymont 及其他

---

⑤ 见 Bruce,p. 137.

学者就从犹太人的史家中，找到了四十多位这一类的人物。⑥

按使徒行传五章三十三至三十七节，犹太人所尊敬的迦玛列一世，也即是使徒保罗信靠耶稣以前在大数城的老师（徒二十二 3），就提及两位曾经领导过犹太人起来造反的领袖，他们分别是丢大（*Theudas*，约活跃于主后 6 年左右）以及"加利利的犹大"（*Ioudas ho Galilaios*，大约是同时期）。⑦

耶稣在五章四十四节是以上帝的荣耀和人的荣耀作一个比较。"荣耀"（*doxa*）本身就是很吸引人的东西。很少人可以面对荣耀而无动于衷的。就犹太人的宗教来说，真正的荣耀是出于上帝以及最终归于上帝的。因此，一个敬虔的犹太信徒的最崇高理想和心志，就是为上帝的荣耀而活，最终将一切荣耀都归于永生的上帝。可是，当人一旦失去了这个崇高的理想和心志以后，他就会把目标转移到追求人自己的荣耀。

因为荣耀永远对人有无限的魅力，他不是追求上帝的荣耀就是人自己的荣耀。有些人甚至还以为鱼与熊掌可以兼得。因此，耶稣对犹太人的观察以及给他们的挑战是正确的：他们只能在上帝与人的荣耀之间作一个明确的选择。

犹太人选择了人的荣耀，这其实也是很自然的。因为以上帝为依归的荣耀往往都是隐藏起来的，人必须用灵性去领悟和追求。而以人为本的荣耀则很明显是比较"光彩"以及富有吸引人的"魅力"（charm 或 charisma）。它还可以在人际的交往中彼此"照耀"。这也就是耶稣所说的，"你们互相受荣耀"的意思（*doxan para allēlōn lambanontes*；RSV，you receive glory from one another）。和修版的翻译是："你们互相尊崇"。和修版也把 *doxa*（glory）译作"尊荣"。

爱慕来自人的尊崇或尊荣的人，当然也就不会以上帝或耶稣为信仰的对象和人生的依归了。难怪耶稣有感而发地问道："你们……怎能信[我]呢？"（*pōs dunasthe humeis pisteusai*）

⑥ Morris，p. 294，fn. 123.

⑦ Bruce，*Acts*，pp. 147 - 148.

　　五 45～47 "不要想我在父面前要告你们。有一位告你们的,就是你们所仰赖的摩西。你们如果信摩西,也必信我。因为他书上有指着我写的话。你们若不信他的书,怎能信我的话呢?"

　　在这之前,耶稣确实已经对犹太人作出了不少的指责。这些指责很自然会给听者一个印象,以为耶稣是在"告"他们。"告",思高本译作"控告",在原文(*kategoreso*)是一个很强的词语,富有法律术语的意义。在约翰福音八章六节,文士和法利赛人以摩西的律法"告"淫妇以及在使徒行传二十五章五节,犹太人在罗马巡抚非斯都面前"告"保罗的"告",都是采用 *kategoreso* 这个希腊词语。

　　耶稣在五章四十五节向敌对祂的犹太人澄清说,祂无意成为犹太人的"控告者"或是法庭上的"控方"(*kategoros* ; accuser)。按耶稣的解释,真正控告犹太人的,正是他们向来"所信赖的摩西"(*Mouses, eis hon ... elpikate*)。

　　就律法而论,在犹太人漫长的历史和宗教传统中,肯定没有任何人可以和摩西相提并论了。约翰福音在序言中也证实这点说,"律法本是藉着摩西传的"(*hoti ho nomos dia Mouseos* ,一 17)。

　　控告犹太人的,竟然是他们最敬仰的摩西? 这样的想法对犹太人来说,的确是太不可思议,甚至是近乎荒谬了。当然,耶稣所说的,是根据一套犹太人至少在现阶段不能接受的逻辑:"你们既然信赖摩西,就应当信我了。因为摩西原是指向我而写的。摩西所预言的,已经在我身上应验了。"这样的逻辑也并非毫无根据。因为摩西的确曾在申命记十八章十五节预言说:"耶和华你的上帝要从你们弟兄中间,给你兴起一位先知像我。你们要听从他。"

　　到了耶稣那个时代,犹太人早已普遍地期望这位摩西所预言的"先知"(*prophetes*)会在他们中间出现(见约一 21,六 14,七 40、52 等)。摩西在申命记十八章十五节的经文中,还特别嘱咐上帝的子民要"听从"(LXX, *akouo*)那位先知。

　　对耶稣来说,犹太人肯定没有"听从"祂这位摩西所预言,并且已经来到他们中间的"先知"。因为犹太人不但没有"接待他",反而还"想要杀他"(五 18)。这也就表示犹太人实际上并"不信他[摩西]的书"(五 47)。既是这样,他们又"怎能信我[耶稣]的话呢?"(*pos tois emois rhēmasin pisteusete*）（五 47）因为摩西本是见证耶稣的。五章四十六节中的"如果……也必"在原文（*ei . . . an*）已经足以表明犹太人其实并不信摩西。他们既然不信摩西，也就必然不会相信耶稣了。这也正是约翰福音的作者最深切关注的问题。

拾肆　短暂的饱足（六 1～15）

　　约翰福音六章一至十四节记述了耶稣以"五个大麦饼，两条鱼"（六9）给大约五千人（六 10)吃饱的"神迹"（sēmeion，六 14）。这一段在表面上看起来是很简单的叙述文，却在学术界引起了不少的探讨和争议。争议包括：一、这段经文在约翰福音本身的安排秩序（order)问题。二、这个神迹的内容与符类福音的异同问题。三、这个神迹所要传达的信息问题。

　　一、有些学者如 W. F. Howard、A. Wikenhauser 和 R. Bultmann 等认为，约翰福音第五章的先后秩序不可能是原有的安排。因为六章一节说："这事以后，耶稣渡过加利利海。"可是，第五章是记述耶稣在耶路撒冷的事（五 1)，并非是在加利利发生的事。因此，不论是在地点或是在时间上，第五和第六章所记载的事似乎很难接得上去。另一方面，第四章却很自然地可以直接与第六章连接起来，因为第四和第六章都同样说明耶稣当时是在加利利。其次，七章一节也假设耶稣在第五和第六章所记载的那些事以后，继续留在耶路撒冷。因为七章一节解释说："这事以后，耶稣在加利利游行，不愿在犹太游行。因为犹太人想要杀他。"Bultmann 把七章一节中的"犹太"狭义地看作是"耶路撒冷"。①

　　根据上述的观察，Bultmann、W. F. Howard 和 Wikenhauser 肯定原有的先后秩序应该是四，六，五，七章这样顺序下去。② 但是，F. F.

---

① Bultmann, p. 209.

② Bultmann, p. 209；Barrett, p. 272；Brown, p. 235："Nowhere has the theory of rearrangements in John〔see Introduction, p. XXVI〕had more following than in the reversal of chapters v and vi. Not only those who practice rearrangement on a large scale〔Bernard, Bultmann〕, but even those who make little of rearrangement in general〔Wikenhauser, Schnackenburg〕reverse these chapters.

The reasons for rearrangement are patent. In chapter v Jesus has been in Jerusalem；but at the beginning of vi he is in Galilee and we are never told how he got there. If we reverse v and vi, however, we have a better geographical sequence：

end of iv：Jesus is at Cana in Galilee（转下页）

Bruce 却认为 Bultmann 等人的判断并非没有问题，至少没有任何经文可以证实这样的判断是正确的。③ 还有，正如 Bruce 所指出的那样，七章一节有关"犹太人想要杀他[耶稣]的事也让人很自然地想起五章十八节所记载的：'犹太人越发想要杀他[耶稣]'"。④

D. A. Carson 也同样认为 Bultmann 和 Brown 等人的观点其实也引发了一些迄今悬而未决的问题。例如，第五章的地理背景是耶路撒冷。它又是怎样从第五章的末了直接"跳跃"（leap）到第七章的开始的？因为第七章的开始就明说："耶稣在加利利游行，不愿在犹太[很自然包括耶路撒冷]游行"（七 1）。七章一节因此表明耶稣那时不在耶路撒冷或犹太。七章三节也同样证实了这一点。不然，耶稣的弟兄又怎么会对他说："你离开这里上犹太去吧，叫你的门徒也看见你所行的事"？假使耶稣那个时候已经在犹太或耶路撒冷（像第五章所记载的一样），七章三节便完全没有意义，甚至是误导人了。另一方面，六章一节却清楚说明耶稣那时候是在加利利海一带，完全符合七章一节所说的："这事以后，耶稣在加利利游行，不愿在犹太游行。因为犹太人想要杀他"。⑤

总而言之，上述的观点，不论是 Bultmann 和 Brown 等人的，或是他们提出疑问的，都未能给人一个完美的答案。这主要是因为约翰福音有关资料的来源以及秩序的安排等，都有其独特性和复杂性。因此，任何太武断的观点都是不明智的。如 Bultmann 的大胆判断："so the original order must have been chs. 4, 6, 5, 7"，⑥以及 Brown 的过分自信："The reasons for rearrangement are patent"。⑦ 既是这样，Carson

---

（接上页）vi：Jesus is on the shore of the Sea of Galilee

　　v：Jesus goes up to Jerusalem

　　vii：Jesus can no longer travel in Judea so he goes about Galilee.

　　The sequence is not perfect, however, even with the rearrangement."

③ Bruce, *John*, p. 169.

④ Ibid.

⑤ Carson, p. 267.

⑥ Bultmann, p. 209.

⑦ Brown, p. 235.

就为 Schnackenburg(2.8)的立场深感困惑。[8] 因为 Schnackenburg 一方面支持 Bultmann 和 Brown 等人"更换"(transposition)章节的秩序之说,另一方面又意识到约翰福音所记载有关耶稣的那些情节的发展(movement),是不断在转移和"变换"(shift)的。[9] 若是这样,学者们就不应当那么武断地说,"肯定是"(must have been,Bultmann)这样或那样;或是像 Brown 那样自以为事情就是那么"明显"(patent)。

二、所有四部福音书都有记载耶稣给五千人吃饱的神迹(太十四13～21;可六 35～44;路九 10～17;约六 1～15)。大部分学者都认为约翰熟悉马可福音的资料,甚至还采纳了马可的资料。[10] 可是,在一些细节上,约翰所记述的这一个神迹,却有自己的一些独特性。例如,只有约翰特别说明"五个大麦饼,两条鱼"是"一个孩童"(*paidarion*)带来的(六 9);也只有约翰进一步说饼是"大麦"(*krithinous*)做的。"大麦"所做的饼或"面包"(RSV,bread)是当时贫穷者的粮食。[11] 符类福音的"鱼"在希腊原文是 *ichthus*,在约翰福音则是 *opsaria*,与二十一章九至十三节一样,虽然在二十一章是单数,*opsarion*;它是指"小鱼"或"咸鱼"(salted fish)。[12]

约翰记载这个神迹与符类福音更重要的不同之处是:按符类福音,当门徒看见"天已经晚了",便主动要求耶稣叫众人散开(可六 36;太十四 15;路九 12)。可是,在约翰福音,却是耶稣主动问腓力说:"我们从哪里买饼叫这些人吃呢?"(六 5)经文还特别解释说,"他[耶稣]说这话,是要试验腓力。他自己原知道要怎样行"(六 6)。

上述约翰福音与符类福音那些不太相同的记载,再次提醒读经者和释经者约翰福音与符类福音的关系,甚至三部符类福音之间的关系是非常错综复杂的。因此不能太执迷于 Bultmann 等人对福音书经文的"形式评审[或批判]"(Form Criticism;德文也称作"形式历史",*Formsgeschichte*)的观点和结论。因为福音书所采纳的资料以及这些

---

⑧ Carson，p. 267.

⑨ Ibid.，pp. 267 - 268.

⑩ Barrett，p. 271.

⑪ Barrett，p. 275；Morris，p. 300.

⑫ Bruce，*John*，p. 144.

资料的背景,往往不是任何"形式"(form)或公式(formula)可以圈套起来的。

其实,除了四部福音书都共同见证的这一个给五千人吃饱的神迹之外,马可福音八章一至九节和马太福音十五章三十二至三十八节还记载了耶稣在另外一个场合中给"四千人"(可八 9;太十五 37)吃饱的神迹。表面上看起来,这"四千人"的神迹好像是重复了"五千人"的神迹或是两者被混淆了起来。Brown 就认为马可和马太的"四千人"其实就是"五千人"的两个"有差异的记述"(variant reports)。[13] 但是,在仔细的查考之下,便会发现"五千人"和"四千人"的神迹是两个不相同的事件。

三、除了探讨约翰福音六章一至十五节在整部福音书章节安排的秩序,以及它和符类福音的关系之外,还有一个基要的历史与神学的问题。那就是,这"神迹"(约翰称之为 *sēmeion*;RSV,sign)是一个历史事件(a historical event),还是一个"象征性的故事或传说"(a symbolic story or legend)。它的神学意义又何在? 作者约翰把这个"神迹"记载下来是否有两个相关的意义或目的?

1. 肯定它是一个真正发生的神迹,为了要彰显耶稣的身分;正如耶稣在迦拿所行的第一个神迹一样,要"显出他[耶稣]的荣耀来"(二 11)。

2. 与此同时,作者约翰也有意把这个真正发生的神迹比喻作"天上的筵席"(heavenly banquet);把它看成是一个"预表"(type);并且还希望读者能从"预表论"(typology)的观点去看这个神迹,与耶稣在"最后的晚餐"(the Last Supper)所设立的那个"圣餐"(Holy Communion)的关系;最后以这个神迹为"背景"(background),去领悟耶稣在六章二十四至五十九节有关"生命的粮"(*ho artos tēs zōēs*)的启示。

假使将历代以来各种有关约翰福音第六章的诠释和论说都收集起来的话,情况也许会像约翰福音的作者所说的一样,"我想所写的书,就是世界也容不下了[!]"(二十一 25)。这里只能从简。

宗教改革先驱马丁路德在论及"道与圣礼"(word and sacrament)的时候,对约翰福音六章十一节如此注释道:"因为我们知道平常和普通

---

[13] Brown,p. 237.

的饼,就算是经过基督和使徒的祝祷后,仍旧是平常和普通的饼,而不可能因此成为属天的东西;正如基督在约翰六章[11 节]把饼分给人,并且为它而感谢和赞美上帝,但它仍旧是平常的饼,而没有变成属天的。"⑭

加尔文也照样把约翰福音六章一至十四节的"神迹"看作是一个真实的历史事件;并且还特别强调耶稣所赐的饼和鱼是真正供应给人"肉身"(body)所需的粮食:"基督很明确地表明,祂不只是给予世界属灵的生命,也从祂的天父那里奉命来喂养[人的]肉身……各种丰盛的祝福都已经交托在祂的手中……如今,虽然我们不是天天都看到神迹,然而,基督却显示祂真正喂养我们的能力。"⑮

现在的学者们对六章一至十四节这个神迹的观点和诠释,比马丁路德和加尔文这些宗教改革先驱复杂多了。

简单来说,属于"福音派"(Evangelical)的学者如 Bruce、Morris、Ridderbos、Carson 等基本都相信六章一至十四节的神迹,是一个可靠的历史事件,但他们都不认为这事件本身含有什么明显的"圣餐"(Holy Communion, the Lord's Supper 或 Eucharist)的意义。⑯

Bruce 认为六章十一节中"祝谢"这个希腊文(eucharisteō)本身在此并没有什么"圣餐的意义"。⑰ 对 Bruce 而言,这个神迹的意义是要显示耶稣真是摩西在申命记十八章十五节所预言的那位"先知"。当时吃耶稣所分的饼和鱼的群众,也自然会从这个意义上去看耶稣。⑱

Morris 认为,人们是否接受这个神迹是真实的历史事件,主要是

---

⑭ Luther's Works, vol. 37,"Word and Sacrament III," p. 117. 当然,路德在此引用约翰福音六章十一节是为了批判罗马天主教弥撒(Mass)中的"变质论"(Transubstantiation)以及有关"献祭"(offering)的错误思想。无论如何,路德肯定是将约翰福音六章一至十五节看作是真正发生的神迹。

⑮ The Gospel According to St. John, 1 - 10, in Calvin's Commentaries (Edinburgh: Oliver and Roya, 1959), p. 147.

⑯ 参 Bruce, John, pp. 142 - 145; Morris, pp. 299 - 305; Ridderbos, pp. 208 - 214; Carson, pp. 267 - 270.

⑰ "... this [word] in itself would not require a eucharistic significance." Bruce, John, p. 145.

⑱ "The people who had been fed with bread and fish thought they had factual evidence that the prophet like Moses (foretold in Deut. 18:15 - 19) was present among them." Bruce, John, p. 145.

取决于他们对耶稣的身分的看法,因为,"如果主[耶稣]真是道成肉身的上帝,则这故事就不会引起任何不能克服的困难了"。[19] Morris 可说是一针见血地把问题的关键所在(the crux of the matter)点出来了。其实,这也是圣经中所有关乎"神迹"的症结所在。Morris 也反对把这个喂饱五千人的神迹看作是一个像"圣餐"(Holy Communion)那样的"圣筵"(sacramental meal)。他认为,把六章一至十四节看作是"圣筵"的观点,如 Alan Richardson 等人所持的,是"不能成立的"(untenable)。[20]

相信六章一至十四节这个神迹是一个历史事实的 Ridderbos,也照样反对把它解释为富有"圣餐"(Eucharist,Holy Communion)或是"最后的晚餐"(the Last Supper)的意义。这包括 Raymond E. Brown 所作的解释。[21] Ridderbos 也反对 C. F. D. Moule 和 B. Lindars 把六章一至十四节这段经文和"十二使徒遗训"(The Didache,约成文于 A. D. 100－130 年间)中的圣餐神学相提并论。[22]

Ridderbos 的看法是:约翰福音六章一至十四节这个神迹的目的,是要具体地彰显耶稣是旧约先知书中"不断在预表"(repeatedly prefigured)的那一位(例如:赛二十五6～7;四十九8～13 等)。[23] 这个神迹的主题因此是预表末日在弥赛亚的天国中那种"末日的丰盛"(eschatological abundance)。[24] Ridderbos 认为六章一至十四节这个神迹的启示,与耶稣接下去有关生命的粮的论说确实有关连。可是,学者

---

[19] "If the Lord was indeed God incarnate, the story presents no insuperable difficulties." Morris, p. 300.

[20] Ibid.

[21] Ridderbos, p. 214.

[22] Ridderbos 所指的,是 C. F. D. Moule 的文章,"A Note on Didache IX4", JTS 6(1955), 240－243. Moule 在这篇文章中尝试以约翰福音第六章来诠释 Didache 的圣餐神学,特别是其中的"圣餐祝圣祷文"(Eucharistic Prayer):"The eucharistic prayer of the Didache (ix. 4) has been influenced by John: 'As this broken bread was scattered on the hills and was gathered up and so became one, so may thy Church be gathered up from the ends of the earth into thy Kingdom.'" Ridderbos 所提及的 Lindars 的观点出现在 Lindars 所著的 The Gospel of John (New Century Bible), p. 243. 见 Ridderbos,p. 214,note 76.

[23] Ridderbos, p. 213.

[24] Ibid., p. 214.

们却不能本末倒置地以后来的论说(六51～63)去解释原先所发生的事(六1～14)。因为这样的做法会导致神迹本身的历史性被忽视,最终只能把"故事"(story)看作是有关"最后的晚餐"(the Last Supper)"寓意式的呈现"(allegorical presentation)而已。㉕ 这恐怕已经不是六章一至十四节这段经文记载下来的原意了。

　　Carson 特别提醒读者们说,六章一至十四节是所有四部福音共同见证的唯一的一个神迹。他也相信当时的群众也会因为看见了这个神迹后,把耶稣看作是摩西在申命记十八章十五节中所预言的那一位"先知"。㉖Carson 与 Bruce、Morris 和 Ridderbos 三位福音派的学者一样,不以为这分粮的神迹本身有什么"圣餐的象征性"(eucharistic symbolism)。㉗

　　Raymond E. Brown 详细地把约翰福音六章一至十四节和符类福音相关的记载评述了以后,㉘得出了一个结论:"[四部福音书]所有的特征、省略、加增和对比的结果,只能得出一个合逻辑的解释。那就是,[约翰]福音的作者并没有摹仿符类福音,而是在分粮这件事上有一个与符类福音的传统相似,但却不一样的传统。"㉙

　　Brown 不仅重视约翰福音的个别"传统"(tradition),同时也肯定这个独特传统的"独立价值"(independent value)。㉚ 可是,Brown 却似乎始终都没有明确肯定六章一至十四节这个神迹是一个历史事实。他只是重复地说,这是"约翰的叙述"(the Johannine account),但没有声明这"叙述"(account)是否根据可信赖的历史。在细读之下就不难发现,Brown 的兴趣其实不是在这个"叙述"(account)的历史性以及神迹

㉕ Ibid.

㉖ Carson,pp. 269－271.

㉗ Ibid., p. 270.

㉘ Brown,pp. 235－244.

㉙ "There is one logical explanation for all of these features, omissions, additions, and parallels, namely, that the evangelist did not copy from the Synoptists but had an independent tradition of the multiplication which was like, but not the same as, the Synoptic traditions." Brown, p. 239.

㉚ Ibid., p. 250.

性，而是它的"圣餐色彩"（eucharistic colouring）㉛以及"圣餐主题"
（eucharistic motif）。㉜

Brown 很肯定地声称："纵使我们不可能对每个细节都确定，约翰
对分粮这个叙述的圣餐色彩似乎是不可置疑的。"㉝不但如此，他也认
为同样的"圣餐色彩"，也出现在所有符类福音的叙述中。

与这"色彩"有关的，是 Brown 的另外一个假设。那就是，正如其
他福音书的情况一样，约翰所叙述的那一个"神迹"，是为了要配合耶稣
设立圣餐那一幕的"情景"（scene）而"改编"或"适应"（adaptation）的。
稍微有一点思想的读者，都会觉察到 Brown 所提出有关"色彩"
（colouring）以及"改编"或"适应"（adaptation）的构想，其实无形中是对
"神迹"本身的"历史性"（historicity）和"可靠性"（reliability），甚至福音
书作者的"诚实性"（integrity）提出了非常严重，但却是很灵巧（subtle）
的怀疑。这种或是类似的情况在"学术界中"（scholarly circle）其实屡
见不鲜。这一点的提出，只是给读者一个重要的提醒，并无意否定
Brown 作为一位圣经学者，在多方面对约翰福音的研究所作出的学术
贡献。

Rudolf Schnackenburg 回避了六章一至十四节这个神迹的历史性
问题。他认为六章一至十四节这一个叙述的重心，是在它的"象征性
质"（the symbolic character）。㉞ 他相信六章十一节中那些含有圣餐意
义的词语，乃是后来一些编辑们所描述的。福音书的作者自己并没有
兴趣把六章一至十四节这件事，与圣餐这个圣礼连贯起来。㉟ 纵使是
这样，Schnackenburg 却相信六章一至十四节这段经文，就"背景"
（background）而言，还是可能涉及到圣餐这个圣礼的。㊱

㉛ Ibid., p. 248.

㉜ Ibid., p. 249.

㉝ "... even if we cannot be sure of every detail, the eucharistic coloring of the Johannine
account of the multiplication seems beyond doubt." Brown, p. 248.

㉞ Schnackenburg, vol. 2, p. 17.

㉟ "It might be concluded from this that it was the editors who first placed the description of
6：11 in this perspective, whereas the evangelist himself had little interest in associations
with the sacrament of the Eucharist." Schnackenburg, vol. 2, p. 17.

㊱ Ibid.

Brown 的忠心支持者 Thomas Brodie 却有一些不完全与 Brown 相同的观点。他相信六章一至十四节这个"神迹"与圣餐的思想有关。可是,"这并不意味着耶稣给众人吃饱这件事是一个圣餐的筵席"。㊲像耶稣分粮这一类的"筵席"(meals)以及它所显示的上帝的能力(providence)只是给"圣餐"(eucharist)提供了一个"背景"(background)以及一定的意义。㊳

C. K. Barrett 似乎没有对六章一至十四节这个神迹的历史性,表达完全明确的立场。他只是肯定耶稣分粮这个叙述,是深深地植根于教会传统的。㊴ 约翰只是"复制"了(reproduced)这个传统而已。㊵ 但是,"没有人有理由怀疑约翰自己相信他是在记述一个真实的事件;一个严格上来说是属于神迹的事件……他自己肯定没有制造这一个以及紧接下去的那一个故事。"㊶

Barrett 的观点表面上看去的确是有道理,甚至还不缺乏某些创意。但关键性的问题是:Barrett 自己是否分享福音书的作者约翰对这个神迹的"信念"(conviction)呢? 事实是,Barrett 与 Brown 在这件事上的看法基本上一样,都认为可以在约翰福音第六章和第十五章找到对"圣餐"(eucharist)最肯定的"暗示"(the most certain allusions to the eucharist are found in chs 6 and 15)。㊷

Barnabas Lindars 在处理六章一至十四节这段经文时表达了很中肯的立场。他认为这个神迹的历史性是不容置疑的。它可以严格地被看作是一个神迹。㊸ 当然,Lindars 也同时很清楚地指出,读者是否接

㊲ Brodie, p. 263.

㊳ Ibid.

㊴ "The narrative of a miraculous multiplication of food has deep roots in the tradition. " Barrett, p. 271.

㊵ Ibid.

㊶ Ibid.

㊷ Ibid., p. 84.

㊸ "Concerning the historicity of the feeding miracle, the account is so well attested that there is no need to doubt that a real incident lies behind it. ... It may be taken as a miracle in the strict sense. Jesus used his supernatural powers to create the bread as he broke it in his hands. The theme of the twelve baskets of fragments is precisely to attest this miraculous aspect. " Lindars, p. 238.

受所叙述的是一件神迹，则必须取决于他对基督身分的某些先决条件（presuppositions）。㊹

　　基于六章十一节所用的词语与四部福音书所记述的"最后的晚餐"（the Last Supper）的密切关系，Lindars 认为，人们若把约翰福音六章一至十四节这个神迹解释成"某一类型的基督圣餐"（as a type of Christian eucharist）是可以理解的。假使耶稣分粮这件神迹有"圣礼的"（sacramental）意义，则它就必须与耶稣有关天国的教导和对"末日的筵席"（eschatological banquet）的"期待"（anticipation）连接在一起来看，正如在迦拿的婚宴中所行的神迹一样。㊺

　　六 1　这事以后，耶稣渡过加利利海，就是提比哩亚海。

　　约翰福音的作者有时很明确地告诉读者事情发生的时间和地点（例如：一 28、29、35、43，二 3，11～13 等），但有些时候却不是那么明确。

　　"这事以后"（meta tauta）在约翰福音是曾经多次出现的词语（见二 12，三 22，五 1，七 1 等）。在此不易肯定是指什么"事"（tauta）"以后"（meta）耶稣渡过加利利海。一个合理的推测是，它是指六章一节之前发生的那些事，特别是指第五章所叙述的事（见较早时有关第六章经文先后秩序安排的讨论）。

　　既然没有古抄本作其他的记述，读经者比较明智的看法，便是把现有的安排看作是"顺序"下来的。那就是说，把现有的第六章看作本来就是紧接着第五章的。可是，第五章的事是发生在耶路撒冷（五 1）。既是这样，作者又怎能说耶稣渡过加利利海（六 1）呢？从耶路撒冷到加利利海的最南端有一百多公里那么远。因此，耶稣在耶路撒冷（第五章）以及渡过加利利海之间（第六章）很可能有一段时间和空间的"间隔"（gap）。若是这样，六章一节中的"这事"（tauta），除了包括第五章

㊹ "Whether the reader is willing to accept this must depend upon his presuppositions concerning the divine-human personality of Christ. " Ibid.

㊺ Ibid., p. 239.

所记述的事之外,还可能包括其他约翰福音没有记载下来的一些事。⑯倘若上面的解释有一定的道理,则六章一节所说的"渡……海",从时空的角度来看,就不会显得那么突然了。

原文在此只说是 *peran*("渡过"),并没有进一步说明是从海的哪边"渡"到哪一边。和合本的中译文,"加利利海,就是提比哩亚海"这一句,并不是希腊原文的直译(literal translation),但却是一个很好的解释。原文 *tēs Thalassēs tēs Galilaias* 的直译应该是"提比哩亚的加利利海"(the Sea of Galilee of Tiberias)。

两个地名在此同时出现,是因为这"海"(*thalassa*)至少在约翰福音成书时已经有两个不同的名字。"加利利海"是古老的名字。"提比哩亚海"(见二十一 1,*tēs thalassēs tēs Tiberiados*)是后来才出现的。这主要是因为希律王安提帕(Herod Antipas, A. D. 14 - 37)在加利利海的西南岸建了一座城叫"提比哩亚"(Tiberias)。"提比哩亚海"因此得名。可是,这个新的名字在耶稣的时代似乎还不太通用。福音书的作者在此用了这个名字,也许是有意告诉他的读者们说,至少到了作者自己的那个时代,这海已有了两个名字。⑰

六 2　有许多人因为看见他在病人身上所行的神迹,就跟随他。

古今中外,"神迹"或任何"神通"都是富有魅力的。这许多人来"跟从"耶稣,也是因为他们"看见"了(*etheōroun*)祂的神迹。"看见"在希腊原文(*etheōroun*)是过去未完成式(imperfect)动词;表示人们不断在"看见"耶稣所行的神迹。"神迹"在原文是复数(*ta sēmeia*),意味着不只是耶稣在耶路撒冷治好瘸腿的病人那一次(五 2~9)。此外,"病人"在原文也是复数(*tōn asthenountōn*),表示多人曾被耶稣通过神迹治好的。

"行"在原文 *epoiei* 也表示耶稣是不停地在"行"神迹。这些"神迹"很可能包括在六章一节的"这[些]事"之中。

约翰福音虽然是从积极面去看"神迹"所导致的"信"(如二 11),可

---

⑯ "这事",原文 *tauta* 是复数,也可以译作"这些事"。
⑰ Barrett, p. 273.

是它也同时提醒人们说,只因"看见"而引发的"信",其实并不是最可靠或最有深度的"信"(见四 48,二十 26～29 等)。正如耶稣自己所说的,"那没有看见就信的,有福了"(二十 29)。

到了最关键性的考验时刻,那些喊着说"除掉他,除掉他,钉他在十字架上"(十九 15)的"暴民"(mob)之中,很可能也包括了不少曾经"看见"过耶稣行"神迹"的人。其中也许有人曾经是"信"过或是"跟从"过耶稣的人。

六 3　耶稣上了山,和门徒一同坐在那里。

加利利一带地方有不少高低不平的山冈或山区和旷野地(参可六 31)。耶稣似乎也常"上山"去祷告,[43]或是在山区做宣道和教导的工作(见太五 1;路六 17)。

约翰在此没有说明"山"的地点和位置。这山可能是在加利利海的东岸一带,也即是今日的"戈兰高原"(Golan Heights)。从这块高地看下去,加利利海和部分的约旦河都清楚地在眼帘之下,是一幅非常怡人的景观。[49]

耶稣当时"和门徒一同坐在那里"可能是休息或灵修。

六 4　那时犹太人的逾越节近了。

这是约翰第二次提及"逾越节"(to pascha)。上一次是在二章十三节,耶稣上了耶路撒冷。耶稣第三次,也就是最后一次上耶路撒冷,也是在逾越节期间(见十一 55 以后的经文)。

有些学者认为约翰在六章四节这里提到逾越节,只是在时间上作了交代,并没有任何其他的意思。[50]可是,也有学者认为作者在此特别提及逾越节,主要是因为它有一定的神学意义。Barrett 的看法是:"作者提及逾越节,主要是因为……这一章经文中的一些动作和字句有圣餐的意义。圣餐,正如最后的晚餐一样(参十三 1),必须以犹太人的逾

[43] 参可三 13,六 46,九 2;路六 12 等。
[49] Bruce, *John*, p. 142.
[50] Ibid., p. 143.

越节为背景才可以理解。"[51]

　　Rudolf Schnackenburg 认为,在四福音中,只有约翰在此提及耶稣这个分粮的神迹,是发生在靠近逾越节的时候。其意义并不是"时间性"(chronological),而是"神学性的"(theological)。他还补充说,约翰福音六章四节特别提及的节期,并不是后人的"注解"(gloss),或是福音书作者自己的某些"作文的手法"(literary touch)。"因为对作者来说,饼这个话题之所以重要,是因为它把吗哪这个主题引进来。这个主题在逾越节期间,在犹太人的经课中是很重要的。"[52]

　　六5　耶稣举目看见许多人来,就对腓力说:"我们从哪里买饼叫这些人吃呢?"

　　"举目"(eparas)在四章三十五节和十七章一节也同样出现。它在这里除了表示耶稣很清楚地看见或对众人深表关注之外,似乎没有别的意思。有"许多人"或"一大群人"(polus ochlos;RSV,multitudes)来寻找或跟从耶稣,肯定是与耶稣这个时候的"名声"有关。因为在这之前,耶稣的言行,包括一些犹太人对祂的敌视态度,以及要除掉祂的意图,已足以使祂成为几乎家喻户晓的"传奇人物"了。

　　根据符类福音的记载,面对着一大群人的需要,是门徒主动向耶稣建议将他们遣散,让他们自己去解决肚腹的问题。约翰在此则特别强调,是耶稣自己先采取主动来为他们解决问题。其次,也只有约翰福音六章五节在这里记载耶稣的关怀,是首先向祂的门徒腓力(Philippos)表达的:"我们从哪里买饼叫这些人吃呢?"耶稣的提问本身,已经很清楚显示要为当前的困境寻找一个解决方案的确不容易。下一节说明了耶稣向腓力所发的问题后面的真正意思。

---

[51] "He mentions the Passover primarily because ... some of the acts and words of this chapter have a eucharistic significance, and the eucharist, like the supper (cf. 13. 1) must be understood in the context of the Jewish Passover." Barrett, p. 274.

[52] "For him [the Gospel writer] the importance of the bread discourse is that it introduces the theme of manna, which is important in the Jewish lessons for Passover time." Schnackenburg, vol. 2, p. 14.

六 6　他说这话，是要试验腓力。他自己原知道要怎样行。

"试验"在原文（*peirazein*）也可以译作"试探"。和修版译作"考验"似乎更美好。"试探"在福音书中一般都带负面的意思：例如撒但在旷野"试探"耶稣（太四 1；可一 13；路四 2［希腊原文；和合本是四 1]）；法利赛人和希律党人就纳税的问题"试探"耶稣（可十二 13～15）；法利赛人以"休妻"的问题来"试探"耶稣（可十 2）等。当然，耶稣在此绝对不是负面地对待自己的门徒腓力。祂只是要"考验"腓力而已。因此，思高本的"试探"在此并不是很恰当的翻译；因为思高本也照样把马太福音四章一节、马可福音一章十三节和路加福音四章二节中的 *peirazein* 译作"试探"：撒但"试探"耶稣。

耶稣在这个时候"考验"腓力，似乎也有道理。腓力是最早跟从耶稣的门徒之一（一 43）。他对耶稣的言行，包括神迹，到如今应该是有一定程度的认识和体验了。耶稣这次要"考验"他如何回应当前群众的饥饿问题，虽然"他［耶稣］自己原知道要怎样行"。这句话可以有两个意义。一、表示耶稣身为上帝的儿子或"人子"的主权（sovereignty）、能力（power）以及主动（initiative），意即祂在任何场合和情况之下都因为胸有成竹而能应付自如，处之泰然。二、这是一位"智者"教导门生的方法之一，不论是耶稣、孔夫子还是苏格拉底。

六 7　腓力回答说："就是二十两银子的饼，叫他们各人吃一点，也是不够的。"

"二十两银子"是大约一百年前和合本的圣经译者，按当时货币价值计算出来的大约等值。希腊原文是 *diakosiōn dēnariōn*。思高本直译作"二百块德纳"。一个"德纳"（希腊文 *dēnarion*；RSV，denarius，复数 *denarii*）大约等于耶稣那个时代普通劳工一天的工资。㉝ 二百 *denarii* 即是二百个劳工一天的工资。这个数目，至少对腓力这一位普通的犹太平民而言，是不小的数目。可是，对腓力来说，纵使是以这一大笔钱去购买"饼"（*artoi*；RSV，bread），每个人也只能分到"一点"

㉝ 见 I. D. B. I. "Denarius."

（*brachus*）而已，最终还是无济于事。

腓力对耶稣的回应，不论是从"理性"或是"人意"看，都可说是非常合理的。可是，事情的最终演变，也即是从信仰以及灵性去领悟的话，则腓力的错也正好是错在他那"合理性"的回应。这当然也就表示腓力对自己所跟从的耶稣还未有深层的认识。可是，耶稣肯定会很幽默地提醒腓力的"批评者"（critic）说："你也是腓力！"

六8～9　有一个门徒，就是西门彼得的兄弟安得烈，对耶稣说："在这里有一个孩童，带着五个大麦饼、两条鱼，只是分给这许多人，还算什么呢？"

根据约翰福音，安得烈是两位最早跟从耶稣的门徒之一（一40）。四部福音在同一个神迹的记载中，只有约翰在此特别提及安得烈。也只有约翰在此声明"五个大麦饼、两条鱼"是属于一个"孩童"（*paidarion*）的。不但如此，三部符类福音只提及"饼"（*artoi*；RSV，loaves）；只有约翰说是"大麦饼"（*artous krithinous*；RSV，barley loaves），并且以 *opsaria* 来称"鱼"（RSV，fish），而不是符类福音所有的希腊文 *ichthuas*。*opsaria* 一般是指干鱼或是腌过的鱼，是用来送饼或面包之类的粮食。[54]

约翰在六章四节曾说，那是靠近逾越节的时候，也正好是收割大麦的季节。上述这一些表面上看起来似乎不是很重要的细节，却给人一个印象：这一段叙述是源自"目击者"（eye-witness），而不是道听途说的。福音书有不少记述都给人同样的印象。

安得烈当时把他的发现告诉了耶稣，其实也只能表达类似腓力那种无奈的感受而已：僧多粥少，一点食物根本就解决不了问题。当然，他们此时此刻是不可能知道耶稣自己"原知道要怎样行"（*autos gar ēdei ti emellen poiein*）。

六10　耶稣说："你们叫众人坐下。"原来那地方的草多，众人就坐

---

[54] Lindars，p. 242.

下,数目约有五千。

"草多"(*chortos polus*)是约翰在此的记述。马可福音六章三十九节还特别强调那是一块"青草地"(*tō chlōrō chortō*)。这的确是逾越节前后春天的情景。

六章十节经文中的第一个"众人",原文是 *anthrōpous*,应当包括女人及小孩。第二个"众人",原文则是 *andres*,应该译作"男人"(RSV,men)才对,像思高本一样。和修版因此译作:"你们叫大家坐下……人们就坐下,男人约有五千。"所有符类福音书也提及这五千男人(太十四21,"约有五千";可六 44,"五千";路九 14,"约有五千")。马太福音十四章二十一节还特别声明"除了妇女孩子"约有"五千"(男人;原文*andres*)。

假使仅"男人"就有"五千",这数字与妇人和孩童加起来的总人数,最保守估计也应该在一万以上。因此,中文圣经常见的标题,"给五千人吃饱"或是依照英文圣经,"The Feeding of the Five Thousand",就数字来说,其实都是不太准确的。

六 11　耶稣拿起饼来,祝谢了,就分给那坐着的人。分鱼也是这样,都随着他们所要的。

有关这节经文可能含有的圣餐意义,可参阅本注释较早时的讨论。有关问题的争议将会继续下去。

就词语来说,六章十一节这一节经文中的三个明确动作,"耶稣拿起饼来,祝谢了,就分给……"(*elaben oun tous artous ho Iēsous kai eucharistēsas diedōken*),的确与耶稣在最后的晚餐设立圣餐时的基本"举动"(acts)类似。

按马可福音的记载,耶稣在设立圣餐时的四个举动是,"拿起饼来,祝了福,就掰开,递给……"(*labōn arton eulogēsas eklasen kai edōken*)(十四 22)。马可福音比约翰福音六章十一节多了一个"掰开"(*eklasen*)的举动。马可用"祝福"(*eulogēsas*)一词;约翰则是用"祝谢"(*euchristēsas*),与路加福音二十二章十九节完全一样。

"祝福"(*eulogēsas*)和"祝谢"(*eucharistēsas*)其实都可以翻译希伯来文的动词 *bârak*。这个举动也是犹太人在逾越节筵席或其他聚餐中为饼和酒(杯)祝福或祝谢的习惯。他们习惯是分别为"饼"和"酒"献上祝福(blessings)或祝谢(thanksgivings):"祢是有福的,我们的主上帝,宇宙的君王,祢从地上生产出饼来。祢是有福的……祢赐给我们葡萄的果实"(Blessed are thou, O Lord our God, King of the universe, who bringst forth bread from the earth; and blessed are thou ... who givest us the fruit of the vine)。⑤⑤

Barrett 认为,从犹太人的背景来说,"祝谢"(*eucharistein*)和"祝福"(*eulogein*)在意义上不应该有所区分。另一方面,耶稣在约翰福音六章十一节以及其他经文所记述的举动,完全符合犹太人用餐时的规矩和习惯。可是,Barrett 也同时指出,"祝谢"(*eucharistein*)"比较肯定是基督徒的专门术语"。⑤⑥

Barrett 的看法是,约翰福音六章十一节并没有以耶稣所施行的神迹来教导有关"*eucharist*"的事。作者只是以它作为六章二十六至五十八节这一段"论说"(discourse)的介绍而已。⑤⑦

一般来说,*eucharistein*("祝谢")在新约圣经的用法上,还不具"圣餐"的特殊意义;它与 *eulogein*("祝福")的意思很相近。可是,到了使徒时代以后(Post-Apostolic period),*eucharistein* 便开始与圣餐密不可分了。这主要是因为从这个时代开始,教会似乎已将圣餐的焦点放在 *eucharistia*("祝谢",或"感恩",thanksgiving)上面。这一点可以从使徒时代以后,约主后 100－150 年间的文献中看出来。例如成文于主后 100－130 年间,于 1873 年被发现的《十二使徒遗训》(Didache, The Teaching of the Twelve Apostles)便是很好的例子。⑤⑧

Didache 九章一至三节在论及圣餐的"祝谢"时,就这样清楚地指示说:"至于祝谢,应当如此感恩。首先,关于酒杯[当说],'我们的天

---

⑤⑤ Barrett, p. 276.

⑤⑥ Ibid.

⑤⑦ Ibid.

⑤⑧ 虽然 Didache 这文献的名字早已被亚历山大的克莱门特(Clement of Alexandria)以及奥利金(Origen)等教父提及,文献本身却迟至 1873 年才被发现。全文于 1883 年出版。见 *Dictionary of the Later New Testament and Its Developments*, ed. R. P. Martin and P. H. Davids (Leicester: IVP, 1997).

父,我们感谢祢,因为藉着祢的[义]仆耶稣,祢已经将祢仆人大卫的圣
葡萄树向我们显明[启示]。愿荣耀永远归于祢'。接着,关于[圣]饼
[当说],'我们的天父,我们感谢祢,因为藉着祢的[义]仆耶稣,祢已经
将生命和知识向我们显明[启示]。愿荣耀永远归于祢……'"⑤⑨

就 Didache 以及 Justin Martyr 和 Ignatius 的著作而论,*eucharistia*
("祝谢"或"感恩",thanksgiving)似乎已经成了"圣餐"(Holy
Communion)的同义词了。⑥⓪

六 12 他们吃饱了,耶稣对门徒说:"把剩下的零碎收拾起来,免
得有糟蹋的。"

"他们吃饱了"(*eneplēsthēsan*),清楚地表明众人是真正享用了耶
稣用"五个大麦饼、两条鱼"分给他们的粮食,而不是像在守"圣餐"时那
样,每个人只领受到"象征性"的一小块饼,虽然作者在此不一定排除耶
稣在分粮这个神迹中所"象征"的圣餐意义。

耶稣在喂饱众人后,吩咐门徒把"剩下的零碎"收拾起来,以免食物
被糟蹋了,本来是一个很自然以及合理的事。但是,使徒时代以后的教
会,却在其中看到了一些象征性的意义。Didache(9.4)在圣餐的礼文
中,在为酒和饼祝谢了以后,便以下面这一句话接下去说:"正如这散发
在山上各处的[饼]在收拾成一堆那样,愿[上帝]祢的教会也从地上的
各角落被召聚到祢的国度里。"⑥①

Didache(9.4)因此很明确地把门徒当天在山上"收拾"(*sunagein*;

---

⑤⑨ 希腊原文是:*Peri de tēs eucharistas*,*houtōs eucharistesate. prōton peri tou potēriou.
Eucharistoumen soi*,*Pater hēmōn*,*huper tēs hagios ampelou Dauid tou paidos sou*,*hēs
egnōrisas hēmin dia Iēsou tou paidos sou. soi hē doxa eis tous aiōnas. peri de tou artou.
Eucharistoumen soi*,*pater hēmōn*,*huper tēs zōēs kai gnōseōs hēs egnōrisas hēmin dia
Iēsou tou paidos sou. soi hē doxa eis tous aiōnas.* 希腊原文取自 Kurt Niederwimmer,*The
Didache* (Minneapolis:Fortress Press,1998),p. 139. 中文是本注释作者所译。

⑥⓪ Schnackenburg,vol. 2,pp. 16 – 17 及 fn. 28.

⑥① 希腊原文是:*hōsper en touto* 〈…〉 *dieskorpismenon epanō tōn oreōn kai sunachthen
egeneto hen*,*houtō sunachthētō sou hē ekklēsia apo tōn peratōn tēs gēs.* Niederwimmer,
Didache,p. 139. Linda M. Maloney 的英译文是:"As this 〈…〉 lay scattered upon the
mountains and became one when it had been gathered,so may your church be gathered
into your kingdom from the ends of the earth." Niederwimmer,p. 144.

RSV，gather up)零碎的行动,看作是象征日后耶稣吩咐门徒往普天下去召聚教会众信徒的使命。

"免得有糟蹋的"(*hina mē ti apolētai*；RSV，that nothing may be lost)这个句子中的"糟蹋"在原文是 *apollunai*。它常被译作"失落"、"灭亡"、"消失"等。约翰福音三章十六节"不至灭亡"中的"灭亡",也就是这个动词。耶稣在约翰福音十七章十二节的祷告中所说的"灭亡",也是同一个字。基于这一些考虑,Barrett 认为约翰福音六章十二节这一节经文,可能含有耶稣召聚门徒的象征性意义,以及基督将永远保守祂的门徒"不至灭亡"的信念。[62]

六 13　他们便将那五个大麦饼的零碎,就是众人吃了剩下的,收拾起来,装满了十二个篮子。

以色列共有"十二"个支派。耶稣最初所召选的门徒或使徒也有十二位。这就难怪有些读经者或释经者也把"十二个篮子"(*dōdeka kophinous*)看作是有"象征的"(symbolic)意义。这类"象征的"解释或推测不容易成立,因为整个神迹的历史性要求读经者或释经者把经文中的数字,包括"五个"大麦饼、"两条"鱼、"五千"人以及"十二个"篮子,都看作是一般"字义上的"(literal)数字。门徒腓力起初所关心的,是食物"不够"(六 7),现在门徒要处理的,却是"剩下"的问题。

六 14　众人看见耶稣所行的神迹,就说:"这真是那要到世间来的先知。"

这一节经文中的"神迹"在ℵ、D、W 等希腊文古抄本中是个单数(*sēmeion*；RSV，sign),意思是指耶稣喂饱五千人这一个神迹而已。然而,在 P75、B 等古抄本中,"神迹"则是复数(*sēmeia*),不仅是指这一次的神迹。

"这真是那要到世间来的先知"(*houtos estin alēthōs ho prophētēs ho erchomenos eis ton kosmon*)这一句所指的,很明显不是普通的一位

先知,而是所指定的以及很特殊的一位。绝大部分的释经者都认为众人所指的那一位先知,似乎肯定是摩西在申命记十八章十五节所预言的那一位:"耶和华你的上帝要从你们弟兄中间,给你兴起一位先知像我,你们要听从他。"

在路加福音七章十六节,当耶稣在拿因叫一个寡妇的儿子复活以后,众人都惊奇,归荣耀与上帝说,"有大先知在我们中间兴起来了"。上述两节经文中的"先知"到了耶稣那个时代,已很明显地富有弥赛亚的意义(Messianic significance)。那就是,把这一位先知看成是一位弥赛亚式人物(a messianic figure),甚至是弥赛亚本身。

六 15　耶稣既知道众人要来强逼他作王,就独自又退到山上去了。

在记载同一个神迹的四部福音书中,只有约翰在此提及"众人要来强逼他作王"(*harpazein auton hina poiēsōsin basileia*)的意图。耶稣在众人之间的行动,在这个阶段可说是已经达到了一定的"高潮"。众人已经把祂看作是"那要到世间来的先知",也就是把他们自己对弥赛亚的期望寄托在耶稣身上。

识透人的心思意念的耶稣,肯定不难感受到众人在这个时刻不断高涨的情绪。假使耶稣不迅速采取应变的行动,情况将会很快就发展到不可收拾的地步。

经文中的"强逼"(*harpazein*; to force)是一个具有暴力的行为。约翰福音十章十二节所指的"狼抓住羊"的"抓"字,也是同一个希腊文。众人这个近乎以施暴来"强逼"耶稣作王的意图,主要是源自那个时代犹太人那种强烈的民族主义狂热,以及对弥赛亚国度的长期盼望。他们在那个时候,急需一位像耶稣那样能行"神迹奇事"的弥赛亚人物,来领导他们抗拒罗马帝国的政权和统治。

"王"(*basileus*)以及"王国"(*basileia*)是约翰以及其他三部福音书的最重要主题之一。耶稣一生那富有争议性的身分(identity),直到祂受审以及最终被处决,都一直围绕着这个关于"王"以及"王国"的重要课题。

耶稣的确是"王"。约翰福音很早就作了这样的宣告(一 49)。耶稣在罗马巡抚彼拉多的审问下,承诺了祂身为"王"的身分。但是,这位"王"以及祂的"王国"或"国度",却完全与犹太人所期盼以及罗马政权所理解的不同(见约十八 33～37)。

不但如此,撒但当日在旷野也曾经用了一番极大的苦心,以世界上的"王"以及"王国"来引诱和试探耶稣(太四 7～9;路四 5～7),结果都被耶稣拒绝了。因为正如耶稣在巡抚彼拉多面前清楚和坚决表明的一样:"我的国度不属这世界"(*hē basileia hē emē ouk estin enteuthen*,约十八 36)。上述这一切就解释了为什么当"众人要来强逼祂作王"的时候,祂反而"独自又退到山上去了"(*anechōrēsen palin eis to oros autos monos*,约六 15)。

但是,耶稣的"退",绝对不是一种畏缩的退,而是一种坚毅果断以及富有胆识和眼光的退。因为就当时的实况和情势而论,耶稣若采取"进"的决定也许是比较容易和明智的。所谓"进",就是接受群众的拥戴,响应他们的呼声,满足他们的意愿,顺着潮流的趋势去"作"他们的"王"。

历代以来,古今中外,不知有多少"英雄豪杰"就是这样顺着情势,甚至刻意制造或促成某种有利的情势,"作"起"王"来! 耶稣当时若以这种"进"路为"上策",祂就很可能会免受十字架的苦刑,甚至还可能借助于那股似乎势不可挡的群众力量(people power),把罗马人在巴勒斯坦的政权推翻,作起犹太人的"政治的弥赛亚"(a political Messiah)。

大约在耶稣之前二百年,犹太人的一个家族首领马他提亚(Mattathias),岂不是这样带领了马加比(Maccabean)家族,以及一群犹太民族主义者奋勇抵抗希腊化主义者安提阿哥四世(Antiochus IV)的压迫,最终成功地建立起哈斯摩尼(Hasmonean)王朝吗?

事实是,耶稣并没有被那个"进"的试探所诱,因为那个来自狂热的群众的试探,在本质上与当日撒但在旷野所设下的陷阱是一样的。耶稣最终仍旧坚守了"退"的道路。这是一条孤单寂寞的道路:"[耶稣]就独自又退到山上去了"。经文中的"又"字(希腊原文 *palin*;RSV,again)——"又退到山上去了"——意义深长,它似乎表示耶稣多次或经常作类似的隐退。

拾伍　耶稣在海面上走；众人继续追踪（六 16～26）

按约翰福音的秩序安排，耶稣在海面上走这件事，可算是第五个"神迹"了（*sēmeion*；RSV，sign）。

这个神迹基本上与马太福音十四章二十二至二十三节，以及马可福音六章四十五至五十二节很相似，虽然在细节上有一两点差异。马太福音十四章二十二节和马可福音六章四十五节同样记载说，在给五千人吃饱后，"耶稣随即催门徒上船"。约翰福音六章十六节却没有强调这一点，只记述说："到了晚上，他的门徒下海边去"了。马可和约翰都没有记述彼得尝试在海面上走，结果几乎沉下去那件事；马太却有记述（十四 28～31）。

至于六章十六至二十一节所记载的，是否一件"神迹"，学者们主要有两个不同的看法。那些否认它是神迹的，主要是根据约翰福音六章十九节希腊原文中的一个介词（preposition）*epi* 以及 *tēs thalassēs*（"海"）的格（case）来决定的（详见六 19 的注释）。另一方面，那些相信六章十六至二十一节所记载是一个神迹的学者，则是基于上下文的要求以及作者约翰记述这件事的目的而得出结论。

六章二十二至二十六节这段经文清楚说明，耶稣给五千人吃饱的神迹所具的魅力继续发挥它的作用。众人对耶稣的追踪，清楚暴露了群众那极其现实和功利性的宗教情操。

六 16～18　到了晚上，他的门徒下海边去，上了船，要过海往迦百农去。天已经黑了，耶稣还没有来到他们那里。忽然狂风大作，海就翻腾起来。

迦百农位于加利利海的西岸。因此，门徒所乘那只船的方向很自然是朝西航行。加利利海的海面虽然最长只有 12 英里半(约 20 公里),最宽是 7 英里(约 11 公里),但是海因为受周围特殊地形和地势的影响,狂风有时会忽然大作,使海浪翻腾。因此,门徒当晚在海面上所遭遇的,并非是完全料想不到的意外。真正"意外"的,倒是较后发生在耶稣身上的事。

六 19～21　门徒摇橹约行了十里多路,看见耶稣在海面上走,渐渐近了船,他们就害怕。耶稣对他们说:"是我,不要怕。"门徒就喜欢接他上船,船立时到了他们所要去的地方。

"十里多",希腊原文是 25 或 30*stadia*。一个 *stadion* 大约等于 600 英尺(约 180 公尺)。RSV 把门徒摇橹的航程译作"three or four miles"("3 或 4 英里")基本上是准确的(约 5 或 6 公里半)。

"耶稣在海面上走"的希腊原文,*ton Iēsoun peripatounta epi tēs thalassēs*(RSV, Jesus walking <u>on</u> the sea),也可以译作"耶稣在海边上走"(Jesus walking <u>by</u> the sea)。① 那些不相信这是一件神迹的学者,普遍都把 *epi tēs thalassēs* 译作"在海边上"。假使耶稣当时是"在海边上"走,当然就没有什么"神迹"(*sēmeion*)可言了。因为海岸边水浅,谁都可以沿着海岸边行走。相反,如果耶稣当时是"在海面上走"(walking <u>on</u> the sea)的话,则神迹的意义就很明显了。

六章十九节,当门徒"看见耶稣在海面上走,渐渐近了船,他们就害怕"。假设耶稣只是"在海边上"行走,门徒又何必"害怕"呢? 马太记载这件事的时候,还很明确地说:"那时[门徒的]船在海中……②耶稣在海面上走,往门徒那里去。"(太十四 24～25)

马可也同样清楚地见证说,当时门徒的船是"在海中,耶稣独自在

---

① 这是因为希腊文的介词 *epi* 可以同时取紧接下去的名词的三个不同的"格"(case),那就是"直接受格"(accusative case)、"所有格"(genitive case),以及"间接受格"(dative case)。当 *epi* 所取的名词是属所有格(genitive case),正如六章十九节的 *tēs thalassēs*("海")一样的时候,则 *epi* 这个介词是可以译作"on"("在上面")或"by"("在边上")。约翰福音二十一章一节"耶稣在提比哩亚海边走"(*ho Iēsous ... epi tēs thalassēs tēs Tiberiados*; RSV, Jesus ... by the sea of Tiberias)这个句子的希腊文说明介词 *epi* 所取的名词 *tēs thalassēs*("海")是"所有格"(genitive case)。

② 希腊文古抄本 ℵ、C 等是:*meson tēs thalassēs*.

岸上"(*to ploion en mesō tēs thalassēs, kai autos monos epi tēs gēs*)
(可六 47)。可见耶稣是从岸上往"海中"的船走去的(可六 48)。这就难
怪当门徒"看见他[耶稣]在海面上走"来的时候,还"以为是鬼怪,就喊
叫起来"(可六 49;太十四 26)。如果门徒当晚只是看见耶稣沿着水浅
的海岸边走,又怎么会如此大惊小怪呢?

　　耶稣对那些害怕的门徒说:"是我,不要怕。""是我"或"我"的希腊
原文 *egō eimi*,在约翰福音中多次出现。在某些经文中,例如九 9,"是
我"(*egō eimi*),除了表明讲者自己的身分以外,并无其他含义。但是
在其他地方,例如八 12"我是世界的光"中的"我是"(*egō eimi*;RSV,
I am)则很明显不只是在表明一个普通人的身分。十章七节(我就是羊
的门),十章十一节(我是好牧人)等也是一样。

　　当晚"在海面上走"的耶稣,如果只是对那些恐慌的门徒说:"是我"
(*egō eimi*),也许只是为了表明自己是门徒所熟悉的夫子而已。然而,
情况可能不只是这样。因为耶稣紧接下去说:"……不要怕"(*mē
phobeisthe*),并且"不要怕"在希腊原文还是一个命令式(imperative)动
词。这就很自然会让读经者明白经文中的"是我"(*egō eimi*)是在表明
讲者并非只是一个普通的人。当然,耶稣本来就不是普通的人。因为
普通的人怎能"在海面上走"呢? 若是这样,"是我,不要怕"这一句话,
可说是既充满了权威又富有安慰和激励的佳音了。难怪那些在翻腾的
海面上恐惧万分的门徒,听后就欢欢喜喜地接耶稣上船。

　　"船立时到了他们所要去的地方",这个句子中的"立时",希腊文
eutheōs(RSV,immediately)与 *euthus* 的意思一样。

　　耶稣上了船以后,船便"立时"到达目的地。这一点可以有两个很
不相同的解释。一、耶稣上船的时候,船其实已经将要靠岸了。因此,
船很快或"立时"就到达目的地了。二、船"立时"到达了目的地,实际上
也是一个神迹,是耶稣那超然的能力使然。

　　就整段叙述(六 16～12)的上下文而言,上述的第二个可能性不但
存在,而且也合乎逻辑。因为那位可以"在海面上走"以及有能力平息
大风浪的耶稣(可四 35～41),按逻辑论,为何不能以同样超自然的能
力,叫船"立即"或"立时"到达目的地呢? 如果这样的"神迹"被视为
"神话",则圣经包括所有福音书的"神话"可多得很了!

　　最终,读经者和释经者如何看待"神迹",当然是一个基要性和关键性的信念(conviction)问题了。有关约翰福音六章十六至二十一节所记载的这件事,C. K. Barrett 的观点是正确的。那就是,不论读经者如何解释,作者约翰(以及马可)很明显是有意把它当神迹来记述。至于"神迹"是否真的发生(the question whether a miracle actually took place)则是另一个问题。[3]

　　华人教会及信徒不但普遍地把六章十六至二十六节的叙述看作是真正发生的神迹,同时也习惯以一种"寓意"(allegorical)的方式,把这神迹应用到自己"实存的"(existential)境遇中,期望从中获取所需的力量、激励和安慰。尽管这类的"寓意"或"灵意"解经法常被认为是不合乎今天那些所谓"严谨"以及"科学"的"释经法"的规范,但是,那些曾经或是不断从中获得"帮助"和"力量"的信徒的见证,是不容许别人轻易去抹杀或否认的。

　　六 22～23　第二日,站在海那边的众人,知道那里没有别的船,只有一只小船,又知道耶稣没有同他的门徒上船,乃是门徒自己去的。然而,有几只小船从提比哩亚来,靠近主祝谢后分饼给人吃的地方。

　　六章十五节很清楚地说明耶稣为了不让众人来"强逼他作王",便独自隐退到山上去了。一直在追踪耶稣的众人也应该知道,到了晚上只有门徒下到海边去乘船这回事。至于从提比哩亚来的"几只小船"是何时抵达的,经文并没有说明。它们可能是昨晚,或是较早时已停泊在那里的。但是,众人所最关注的问题是:"耶稣到哪儿去了?"

　　六 24～26　众人见耶稣和门徒都不在那里,就上了船,往迦百农去找耶稣。既在海那边找着了,就对他说:"拉比,是几时到这里来的?"耶稣回答说:"我实实在在的告诉你们,你们找我,并不是因见了神迹,乃是因吃饼得饱。"

　　众人乘船往迦百农去寻找耶稣是很自然的一件事,况且迦百农也

---

[3] Barrett, pp. 280 - 281.

是一个小乡镇，要找到耶稣也并不会太难。

"拉比，是几时到这里来的"(*Rabbi，pote hōde gegonas*)这一句问话，表面上看好像是表达了众人对耶稣个人的关怀，其实不然。耶稣的回应也正好道出了众人寻找祂的真正动机。"你们找我，并不是因见了神迹"(*zēteite me ouch hoti eidete sēmeia*)这一句话，并没有把耶稣的意思完全表达出来。表面上看，众人找耶稣，似乎是"因见了神迹"，并且还赞叹说："这真是那要到世间来的先知"(六 14)，最终他们甚至"要来强逼他作王"。但是，对看透人心思意念的耶稣来说，众人"见"(*eidete*)的，只是表层的东西，而没有深层的领悟和认识。正如耶稣在马可福音四章十二节引用了以赛亚书六章九节所说的那句话一样："他们看是看见，却不晓得。听是听见，却不明白。"那就是说，众人完全是从人自己那肤浅和现实，甚至是功利的眼光去看耶稣的神迹、权力和上帝的国度，结果误解了耶稣的真正身分(identity)、使命(mission)以及祂所带来的那个"国度"(Kingdom)的本质(nature)。最终，众人"乃是因吃饼得饱"的一群而已。

"我实实在在的告诉你们"(*amēn amēn legō humin*)这一句，充分地表达了耶稣那极其严肃的语气和态度。"民以食为天"。这是完全可以理解的。可是，"饼"或"面包"(*artoi*)毕竟还是物质的东西。因此，肚腹的饱足也不过是暂时的。耶稣因此紧接下去就给众人谈论"那存到永生的食物"(*tēn brōsin tēn menousan eis zōēn aiōnion*)。

拾陆 生命的粮（六 27～59）

约翰在此所记录的,并非只是耶稣自言自语的"独白"(monologue),因为中间多次穿插了犹太人的回应及议论(六 28、30、34、41、42、52)。这一段在约翰福音中算是较长的经文。释经家各自有不同的分段方法和根据。Brown 将六章二十五至三十四节看作是"序言"(preface)。[1] 六章三十五至五十九节才是有关生命的粮(the bread of life)这个主题的"谈论"(discourse)重心。[2] Barrett 则把六章二十七至五十九节这段经文分成四部分:六 22～27;28～40;41～51;52～59。[3]

这段论说"生命的粮"的经文在释经学上有着很大的争议。Morris 所陈述的三个观点,基本上可说是总括了绝大部分学者们的看法。[4]

第一个观点,也是今天大部分释经者所持的,认为六章二十七至五十九节所谈论的内容是关乎"主的晚餐"(the Lord's Supper)或"圣餐"(Holy Communion)。在四部福音书中,只有约翰福音没有记述耶稣在最后的晚餐中设立圣餐的事,虽然约翰有记述耶稣与门徒最后告别的那一幕。

可是,圣餐却是在初期教会中,包括约翰福音成书的时期,占有非常重要地位的。因此,约翰纵使没有明文记载圣餐的设立,但又岂能对圣餐神学以及教导(sacramental teaching)完全避而不谈呢? 有些学者因此以为这段经文可说是为此而记载的。[5]

第二个观点认为,耶稣在此完全是在论说有关"属灵"(spiritual)的事物,与圣餐无关。因此,耶稣所说的"肉"(*sarx*)和"血"(*haima*),

---

[1] Brown, p. 263.
[2] Ibid., pp. 268 - 294.
[3] Barrett, p. 282.
[4] Morris, pp. 311 - 315.
[5] Ibid., p. 311.

是指祂自己通过死亡（即舍身流血）所带来的救赎。耶稣是在这个意义上宣告自己是"生命的粮"，让那些信靠祂的"必定不饿……永远不渴"；正如 J. D. G. Dawn 所说的："［经文］的主要重点是放在耶稣自己身上。它的主题是表明耶稣自己是永生的根源及营养……强调道成了肉身的耶稣唯有藉着舍身才是那生命的粮。"⑥

第三个观点的立场介于前面两个观点之间，也是 Morris 等学者认为比较可以接受的。这个观点首先肯定耶稣的论说主要是有关属灵的事物；正如第二个观点所强调的。可是，这第三个观点却不排除耶稣在论说属灵事物的同时，也论及圣餐的可能性，特别是关于人应当如何领受和看待圣餐的问题。这就如 F. D. Maurice 所表达的一样："当你问我，祂［耶稣］在此是否是在谈论圣餐，我应当说，不是。假使你问我，可以从何处认识圣餐的意义，那我就应当说，没有别处比这里讲解得更好"。⑦

上述三个观点，只是 Morris 自己对这一段富有争议性的经文（六27～59）的不同立场的概要性介绍而已。希望读经者在进一步研读经文本身之后，可以得出自己的结论，或至少能对学者们不同的看法，有深一层以及比较客观和公正的理解和评论。

六 27　"不要为那必坏的食物劳力，要为那存到永生的食物劳力，就是人子要赐给你们的。因为人子是父上帝所印证的。"

"那必坏的食物"（ten brōsin tēn apollumenēn）是针对上一节"吃饼得饱"这件事说的。

物质的东西，包括食物，都是上帝所赐的。圣经因此并不鄙视食物本身。耶稣自己藉着"五个大麦饼、两条鱼"施行神迹给五千人吃饱，也肯定了他对人肉身的需要的重视。

但是，食物也跟其他物质的东西一样，必然是会"坏"的。它因此不能永远给予人满足。既是这样，有智慧的人就不应该为"那必坏的食物"终日"劳力"了。相反，人理当为"那存到永生的食物劳力"才对。这

---

⑥ NTS, xv11（1970－71），pp. 337－338；Morris, p. 313.

⑦ Morris, p. 313, fn. 58.

其实是一个价值观的问题。这也正是耶稣尝试向众人灌输的思想。

"那存到永生的食物",希腊原文(*tēn brōsin tēn menousan eis zōēn aiōnion*)并不是说食物本身会"存到永生",或是永远常存。它是说这食物,也即是耶稣应许将要赐给人的,将会给予吃者永生。存在和永存的"存"(*menein*; to remain, to abide)是约翰福音常用的一个动词。它共出现四十次之多,是富有神学意义的一个词语。例如,耶稣在八章三十一节中,就劝勉人要"常存在"(*menein*)祂的"道"中。⑧门徒若要多结果子,就必须像枝子和葡萄树的密切关系一样,"常在"(*menein*)祂里面(十五4);门徒也必须"常在"(*menein*)祂的爱里(十五9)。

六章二十七节中的"赐给",按希腊文古抄本 P⁷⁵、A、B 等是一个将来式的动词,*dōsei*(RSV, will give)。可是,根据古抄本ℵ、D 等,"赐给"则是现在式,*didōsin*(gives)。那些接受将来式动词的,认为耶稣在此是预告祂将要藉着圣餐把自己的身体当作"食物"赐给人。⑨相对来说,接受将来式动词(*dōsei*)也许是比较合理的。因为不论释经者把经文中的"食物"看作是圣餐中耶稣的"身体",或是指耶稣在十字架上所献上的身体,耶稣都是在预告未来的事。

关键的问题是:耶稣是凭着什么预言,祂将要把永生的食物赐给人呢?答案是在紧接下去的那一句话:"人子是父上帝所印证的"。

"印证"在希腊原文 *esphragisen* 是一个简单的过去式(aorist)动词,是指已经实现了的事。*esphragisen*,源自 *sphragizein*(to seal, to prove, to acknowledge, to affirm, to be true 等);它含有盖印章、印证、确定、确认等意思。可是,耶稣究竟是指什么事物呢?上帝何时给祂"印证"呢?"印证"些什么呢?

不少学者如 J. H. Bernard、Barrett、Bruce 等都一致认为,"印证"在此可能是指耶稣的洗礼。因为四部福音书不但记载了耶稣的洗礼,还共同见证耶稣在洗礼时有圣灵仿佛鸽子从天降在祂身上。符类福音还见证当时"天开了",并且还有声音说:"这是[或'你是']我的爱子,我喜悦你[或'我所喜悦的']"。施洗的约翰还特别强调说:"我看见了,就

⑧ 和合本译作"常常遵守我的道"。
⑨ Brown, p. 261.

证明这是上帝的儿子"(约一 34)。上述这些都可说是上帝给祂儿子耶稣盖上的印证:确认祂的身分和使命。

不但如此,初期教会似乎也习惯地以"印证"(名词 *sphragis* 或动词 *sphragizein*)来表示信徒信而受洗后在上帝面前的身分与地位:"他用印印了我们,并赐圣灵在我们心里作凭据"(林后一 22);"你们……信了基督,既然信他,就受了所应许的圣灵为印证"(弗一 13)。

耶稣既是凭着上帝给祂的"印证"行事,众人就必须以谨慎的态度来听祂所说,看祂所行的一切了,包括祂对"生命的粮"的论说。

六 28　众人问他说:"我们当行什么,才算作上帝的工呢?"

众人的问题是针对耶稣刚说的话而发的。因为耶稣劝勉人们要为"那存到永生的食物劳力[或工作]"。可是,什么或怎样才算是作上帝的工呢? 众人的问题因此是很合理的。因为在一般的情况下,人必须为物质的食物,也即是"那必坏的食物"劳力,何况那可以给人"永生"的食物呢。

六 29　耶稣回答说:"信上帝所差来的,这就是作上帝的工。"

在犹太教的背景下成长以及生活的众人,会很自然地以为人得永生或进入上帝的国度的途径,必定是"工作"或"善工"。正如那位财富很多的犹太人向耶稣所提出的问题一样:"良善的夫子,我当作什么事,才可以承受永生?"(可十 17)因此,耶稣的回答也许会令众人感到意外:"信上帝所差来的,这就是作上帝的工"(*Touto estin to ergon tou Theou, hina pisteuēte eis hon apesteilen ekeinos*)。然而,"信"上帝所差来的耶稣,作为得永生的途径,却是约翰福音一开始就宣告的信息(一 12,二 11,三 16～18)。

Bernard 对耶稣的回答下了这样的评语:"耶稣的回答,在一定的小范围内,包含了保罗有关'信'这个教义的要点。"[10]Brown 在注释中说:"有信心就是工作了;它其实就是上帝最重要的工作。"[11]

---

[10] Morris, p. 319, fn. 81.
[11] Brown, p. 265.

六 30 他们又说："你行什么神迹，叫我们看见就信你？你到底作什么事呢？"

众人向耶稣回应的这句话，并非表示他们不相信耶稣有能力行神迹或是没有见过祂行神迹。其实，恰好相反，他们那么热心去寻找耶稣，正是因为他们见过祂的神迹；他们至少曾亲身体验过耶稣以五个大麦饼和两条鱼给五千人吃饱的事，并且还作出积极的回应："众人看见耶稣所行的神迹，就说，这真是要到世间来的先知"（六 14）。众人最终还尝试"强逼他作王"（六 15）。只是他们在此所要求的，是更多的神迹。

众人与耶稣在约翰福音第六章所记载的对话以后大约二十五年，使徒保罗还特别提起犹太人对"神迹"的追求："犹太人是要神迹"（*Ioudaioi sēmeia aitousin*，林前一 22）。

可是，神迹本身，不论多少，都是不能永远满足人的好奇和渴望的，除非人能够通过神迹去认识施行神迹的那一位。这也正是耶稣那个时代众人的问题。他们以为神迹看多了就会相信："叫我们看见就信你"（*hina idōmen kai pisteusōmen soi*，六 30）。英文有句俗语说"seeing is believing"。意思就是，"看见就是[或等于]相信"。对一般的事物而言，这句俗语基本上是正确的。可是，在属灵性或信仰的事物上，只是肉眼或感官的"看见"（seeing）不一定会导致人对属灵事物的"相信"（believing）。因为属灵的事物要求一种领悟的心和正确的态度与动机以及真正寻求信仰的心志。

当然，从另外一个角度来看，众人要求耶稣施行更多的神迹或作更多"事"，也是很自然的。因为当耶稣施行了给五千人吃饱的神迹以后，众人就已经认定祂是上帝在申命记十八章十五节所预言，将来要来"像"摩西的那一位"先知"（六 14）。可是，耶稣到如今只行了一次给众人"分粮"的神迹，而摩西为以色列全民供应粮食（"吗哪"）却是"四十年"之久（出十六 11～35）。

假使耶稣真是那位"像"摩西一样的"先知"，祂就应该可以重复或是继续不断地施行神迹给众人供应粮食。这也正是那一群"以食为天"的众人所期待的"王"或"弥赛亚"。这一类的"弥赛亚"观在那个时代其实也很普遍。犹太人启示文学（apocalyptic literature）中的《巴录二书》

(2 Baruch)二十九 28 就有这样的预言:"到了那个时候,吗哪的仓库又将从天上倾倒下来。他们[上帝的子民]在那些年日也将以它为粮食。因为他们是那些到时已经进入了末世的子民"。⑫

　　六 31　"我们的祖宗在旷野吃过吗哪,如经上写着说:'他从天上赐下粮来给他们吃。'"

　　众人在此所引的经文似出自诗篇七十八篇二十三、二十四节:"他[上帝]……降吗哪像雨给他们吃,将天上的粮食赐给他们。"其他相似的旧约经文是尼希米记九章十五节以及诗篇一○五篇四十节。这些经文的历史背景很明显是出埃及记十六章。众人在这里与耶稣的对话中以上述的旧约经文回应耶稣,进一步地显示他们的确是对耶稣,也即是"像"摩西一样的那位"先知"寄予很大的期望。

　　六 32　耶稣说:"我实实在在的告诉你们,那从天上来的粮,不是摩西赐给你们的,乃是我父将天上来的真粮赐给你们。"

　　耶稣所说的这句话,似乎是意味着众人当时对他们的祖宗在旷野所享用的粮食,有一个基本上的误会。那就是,他们误以为粮食是来自摩西的,因此也同样期望那一位"像"摩西的耶稣,可以继续不断地给他们提供粮食。耶稣在此要众人知道,祂的天父上帝才是粮食的真正供应者。就神迹而言,耶稣自己也曾公开表示祂"凭着自己不能作什么,惟有看见父[上帝]所作的,子才能作"(五 19)。

　　耶稣在六章三十二节句子的开始,正如在六章二十六节一样,用了"我实实在在的告诉你们"(*amēn amēn legō humin*)这个表达的方式,来强调祂所论说的事物的重要性。

　　"不是摩西赐给你们"(*ou Mōusēs dedōken humin*)这个句子中的"你们"(*humin*),很明显不是指那些与耶稣对话的"众人",而是指他

---

⑫ "And it will happen at that time that the treasury of manna will come down again from on high, and they will eat of it in those years because these are they who will have arrived at the consummation of time." *The Old Testament Pseudepigrapha*, ed. James H. Charlesworth (New York: Doubleday, 1983).

们的祖宗。因为就历史事实而论,摩西根本没有赐过什么"粮"给那群"众人"。

"乃是我父将天上来的真粮赐给你们"(*all' ho patēr mou didōsin humin ton arton ek tou ouranou ton alēthinon*)这一句,至少有两个意思:一、正如上帝过去将来自天上的粮食赐给他们的祖宗一样,上帝也要赐下粮食给耶稣这一代的犹太人。六章三十二节的第二个"赐给"这个动词,希腊原文是现在式(*didōsin*;RSV,gives)。二、表明天父上帝现在要赐给犹太人的粮食,与他们祖宗昔日所领受的,在本质上完全不同。

"真粮"的"真"字(*alēthinon*),在此是要特别强调上帝藉着祂的儿子耶稣,现在要赐给众人的粮在本质上是与普通属物质的粮不同的。耶稣在此并无意贬低或鄙视食物的价值。祂只是要清楚说明粮食,不论是犹太人的祖宗昔日在旷野所享用的,或是耶稣自己不久前分给众人的"饼"和"鱼",作为物质,最终还是会败坏及消失的。

六 33 "因为上帝的粮,就是那从天上降下来赐生命给世界的。"

耶稣在此给"真粮"作诠释:"真粮"是上帝要赐给"世界"(*kosmos*)的生命(*zōē*)。"给"字在原文(*didous*)是现在式分词(participle);表示上帝要给世界的"真粮",也即是"生命",是一件新的事物,是犹太人的祖宗昔日在旷野没有尝过的。既是这样,"真粮"与"生命"在此就无形中具有新的"末世的"(eschatological)意义了。紧接下去的一段经文(六 34~59),记述了耶稣对"生命的粮"这个重要主题的进一步论说与诠释。

六 34 他们说:"主啊,常将这粮赐给我们。"

众人渴望从耶稣那里获得生命的粮的心愿是可以理解的,纵使他们在那个时候还不明白"生命的粮"究竟是什么。这就好像撒玛利亚那位妇人当时听了耶稣有关"活水"的道理之后,就立即渴望能够获得那"活水"一样(四 13~15)。

六 35 耶稣说:"我就是生命的粮。到我这里来的,必定不饿。信我的，永远不渴。"

从第六章耶稣和众人的对话中看起来，读经者应该可以得出一个很清楚的印象。那就是，众人的领悟能力并不高。因为他们只能从一般的物质世界以及当时通俗的犹太宗教背景去理解和谈论问题。因此，当他们要求耶稣"常将这粮赐给我们"的时候，他们所渴望得到的粮，恐怕还是超不出他们的祖宗在旷野所享用的"吗哪"的范畴。既是这样，耶稣在六章三十五至五十九节所说的"生命的粮"（*ho artos tēs zōēs*；RSV，the bread of life），对他们来说，肯定是一个崭新的思想。

"我就是"（*egō eimi*；RSV，I am）这词语在约翰福音多次出现，是耶稣在约翰福音中惯用来表明自己的身分（identity）和使命（mission）的方式，曾多次出现在耶稣公开的宣告中。耶稣除了在此表明自己是"生命的粮"之外，还有下列几个重要的"自称"（self designation）："我是世界的光"（*egō eimi to phōs tou kosmou*，八 12）；"我就是门"（*egō eimi hē thura*，十 7,9）；"我是好牧人"（*egō eimi ho poimēn ho kalos*，十 11、14）；"我就是复活和生命"（*egō eimi hē anastasis kai hē zōē*，十一 25）；[13]"我就是道路，真理，生命"（*egō eimi hē hodos kai hē alētheia kai hē zōē*，十四 6）；"我是真葡萄树"（*egō eimi hē ampelos hē alēthinē*，十五 1）。

"我是"或"我就是"（*egō eimi*）是一个关键性的词语，主要是因为在旧约圣经，耶和华上帝也常以这词语来表明自己的身分和自己主动的启示（self-revelation）。耶和华上帝在何烈山的荆棘火焰中向摩西显现的时候说："我是你父亲的神，是亚伯拉罕的神……"（出三 6）。"我是"在出埃及记三章六节的希伯来原文是 *'ānōkî*，LXX 希腊文本译作 *egō eimi*，与约翰福音中出自耶稣自己口中的"我是"或"我就是"（RSV，I am）完全一样。

当摩西问耶和华上帝"叫什么名字"的时候，耶和华给摩西一个耐

---

[13] 这是按希腊原文的直接翻译：*egō eimi hē anastasis kai hē zōēs*. RSV 是：I am the resurrection and the life. 和合本译作"复活在我，生命也在我"；没有把"我就是"（*egō eimi*；I am）这个关键性的词语表达出来。思高本与和修版则是比较明确地将原文直译出来："我就是复活，就是生命"。

人寻味,但充满着丰富的神学,甚至是哲学本体论(ontology)的回答:"我是自有永有的"(出三 14)。希伯来原文是 *'eh*ʿ*yeh 'asher 'eh*ʿ*yeh*。LXX 译作 *egō eimi ho ōn*(RSV,I am who I am)。出埃及记三章十四节这一句经文在英文的众多翻译中,译得最巧妙,并且是最忠于希伯来文和希腊文的神学思想与哲学意味的,应该是 Sir Launcelot Lee Brenton 的译文:⑭ I am THE BEING(中文可以直接译作"我就是本体")。

在以赛亚书五十一章十二节,耶和华上帝安慰祂的子民说:"惟有我,是安慰你们的。"和合本的译文"惟有我"虽然基本上正确,却略嫌弱了一些。思高本的译文是:"是我,是我亲自安慰了你。"意思与和合本相近。可是,以赛亚书五十一章十二节的希伯来原文以及 LXX 的希腊文译文,基于上述出埃及记三章六节、三章十四节等丰富的神学背景,似乎是可以容许一些比和合本和思高译本更富创意,但又不失忠实的翻译的。耶和华上帝在以赛亚书五十一章十二节一句表达自我身分的希伯来原文是 *'ānōkî 'ānōkî hû'*。LXX 译作 *egō eimi,egō eimi*。因此这节经文的第一句话是可以很忠实,但灵活地译作"我是自有永有的,是自有永有的我在安慰着你";或"我就是[一切的]本体,是我在安慰着你"(或"正在安慰着你的就是我")。倘若只是"我"或"是我",本身没有多大神学意义或哲学旨趣。因为任何人都可以以"我"自称,或说"是我"。可是,"自有永有"或"本体"则完全不同了。因为它赋予发言者的身分某种关键性的意义,以及这意义所涉及的其他含义,例如权威(authority)、能力(power)、永恒(eternity)等。那就是说,如果上帝的子民确信安慰他们的那一位并非是普通的一个"我",而是"自有永有"的那一位,或是一切的"本体"(*ho ōn*)本身,他们就会真正得着安慰了!真神与偶像之间的无比差别也在于此。

基于上述有关耶和华上帝的身分,以及本体的背景和相关的神学含义,读经者就不难想像及领悟到耶稣用 *egō eimi*("我是"或"我就是";RSV,I am)这个词语的特殊意义及其严谨性了。

---

⑭ Brenton 也就是 Samuel Bagster 的 *The Septuagint Version of the Old Testament and Apocrypha* 的英文翻译者。

　　就犹太人当时的宗教背景以及他们对"正统"（orthodoxy）和"异端"（heresy）之间绝对二分化的思想来说，耶稣的各种"自称"（self-designation）——"我就是生命的粮"、"我就是复活"等，是极端严重的。因为最终只有两个可能性：耶稣若不是真如自己所说的，就是一位狂傲的、说僭妄或是亵渎（blasphemous）话的异端者（heretic）。犹太人最终把耶稣处死也正是因为他们判决祂是后者。

　　"天上的粮"（*ho artos ek tou ouranou*）或"生命的粮"（*ho artos tēs zōēs*）的观念，对犹太人来说，主要是源自摩西及他们的祖宗昔日在旷野的经历。根据新约学者 W. Bauer 的考证，类似的思想也可以在希腊及一些东方宗教中找到。从希腊大诗人荷马（Homer）的作品中开始便有了。[⑮] 可是，这些来自圣经以外的思想，甚至是旧约的背景，与耶稣在这里所说的"粮"是很不相同的。因为耶稣在此并不是说祂自己或是祂的天父上帝可以供给人"生命的粮"，而是在公开宣告祂自己"就是生命的粮"（*egō eimi ho artos tēs zōēs*）。祂在自己（*egō eimi*）和"生命的粮"之间划上了等号。

　　"到我这里来的"（*ho erchomenos pros eme*；RSV，he who comes to me）或类似的词句，在约翰福音中多次重复出现。只在第六章就出现了五次（六 35、37、44、45、60）。它的意义与"信我的"（*ho pisteuōn eis eme*；RSV，he who believes in me）基本上一样。

　　就约翰福音的神学思想而论，"来"到耶稣那里的"来"（*erchesthai*；to come）或是"信"靠祂的"信"（*pisteuein*；to believe），并非是一般的"来"或"信"，而是通过对耶稣个人的跟从，以及委身的信靠而导致的生命交流。也只有这样的"来者"或"信靠者"才"必定不饿"（*ou mē peinasē*）以及"永远不渴"（*ou mē dipsēsei pōpote*）。

　　"必定不饿"这一句在希腊原文（*ou mē peinasē*）是强调性的。"永远不渴"的"渴"（*dipsēsei*）在希腊文虽然与"饿"（*peinasē*）不属同一类的语气（mode），但就上下文而论，"永远不渴"也同样是强调性的，目的是表示发言者在此是作一个绝对可靠的保证及承诺。

――――――――――

⑮ Barrett，p. 293.

六 36 "只是我对你们说过,你们已经看见我,还是不信。"

在人世间,理想往往与事实相左。耶稣在上一节的经文中,刚刚给了众人一个激奋人心的承诺,却又要立即面对众人不信的事实。"只是",也即是希腊文的 *alla*(RSV, but),常在约翰福音中给理想和现实作一个强烈的对照。

"我对你们说过"(*ei pon humin*)在此大概是指耶稣在六章二十六节所说过的那句话。那就是,众人并没有因为"看见"耶稣所施行的神迹而真正信靠祂。

中文句子"你们已经看见我"是根据希腊文古抄本 P⁶⁶、B、D、K 等的 *heōrakate me* 而翻译的。其他一些古抄本如 ℵ、A 等没有"我"(me)这个字。句子因此是:"只是我对你们说过,你们已经看见,还是不信。"缺少"我"(me)字的古抄本应该更能表达耶稣原来的意思。因为正如耶稣较早时在六章二十六节所说的一样,众人所"见"(*heōrakate*)的,是神迹本身,并非是耶稣自己("我")。六章三十六节所说的"你们已经看见",也同样是指"看见"神迹,而没有真正通过神迹去"看见"或认识神迹后面那位耶稣("我",me)究竟是谁。因此,六章十四节中众人所说的"先知",结果也只是一个表面和肤浅的认知而已。假使众人果真是"已经看见"(*heōrakate*)了那位真正的耶稣自己,其结果就肯定会很不相同了。约翰福音就充满了这一类近乎讽刺性(ironic)的事。但这似乎也是人生的忠实写照。

"还是不信"(*ou pisteuete*)是一个现在式动词,表明众人仍旧不信的事实。

六 37 "凡父所赐给我的人,必到我这里来。到我这里来的,我总不丢弃他。"

"凡父所赐给我的人"(*pan ho didōsin moi ho patēr*)这一句话孕育着很丰富,甚至是充满着争议性的神学思想。

一、它表示那些跟从或信靠耶稣的人,并非是因为耶稣自己本身的能力或魅力所吸引的结果,而是天父上帝恩赐的;因此是上帝"赐给"(*didōsin*)祂儿子耶稣的。这个基要的神学思想在约翰福音重复地出现,其中最显著的是在十七章。

二、上帝所"赐"这个构想似乎有某种"预定论"(predestination 或 foreordination)的含义。可是,约翰福音中的"预定论"又与一般的"命定论"或"宿命论"(fatalism)有极大的区别。因为约翰福音所强调的,是一位"有位格"(personal)的主宰以及祂那善美的"旨意"(will)。但一般的"命定论"则相信"命运"(fate)本身的盲目以及人自己的无奈。

三、但是,约翰也同时把"信"与"不信"看作是人自己的选择。这样一来,人自己的"选择"(choice 或 decision)就很明显地与上帝的定旨先见构成了一个非常微妙的"吊诡"(paradox)和"张力"(tension)。

这一名经文的诠释也许只能在此限于两三个基本问题的提出而已。深层的工作只能待圣经神学和系统神学去做了。

"必到我这里来"(*pros eme hēxei*)这一句的思想与上一句完全一致。它显然是在强调人对上帝的"恩召"(calling)或"拣选"(election),作为蒙召者或被拣选者很难、甚至是不可能抗拒的。

"到我这里来的,我总不丢弃他"(*ton erchomenon pros eme ou mē ekbalō exō*)这一句话的语气是很强的。它既给那些慎重考虑、要到耶稣那里去的人莫大的鼓励,也让那些已经信靠了耶稣的人深感安慰。

六 38　"因为我从天上降下来,不是要按自己的意思行,乃是要按那差我来者的意思行。"

耶稣在六章三十五及三十七节所说的话,显然是被众人误解了。他们以为耶稣是在说狂妄的话。祂因此在六章三十八节这里重申较早时(四 34,五 19～20)所表明的。那就是,祂是完全按父上帝的"意思"行事的。

"意思"或"旨意"(*thelēma* ;RSV,will)在福音书中是一个很重要的神学思想。它一方面表示上帝的主权及能力,强调上帝是一位有意志及有计划的主宰;另一方面又表明耶稣的使命的成败,是完全取决于祂是否遵照天父上帝的旨意行事。耶稣是否忠于和顺服上帝的旨意,并不是一件理所当然或是机械式的事,而是祂自己必须不断地挣扎、选择和肯定的。正如耶稣到了将要走上十字架的关键时刻,仍然需要作最后的挣扎和选择那样:"阿爸,父啊,在你凡事都能。求你将这杯撤

去。然而不要从我的意思，只要从你的意思。"（可十四 36）

六 39～40　"差我来者的意思，就是他所赐给我的，叫我一个也不失落，在末日却叫他复活。因为我父的意思，是叫一切见子而信的人得永生，并且在末日我要叫他复活。"

上帝的"意思"（thelēma），可被看作是很抽象和笼统的东西。但是，耶稣在此却很具体地把上帝的意思的焦点，放在人的得救以及永生这件事上。

耶稣在六章三十九至四十节这两节经文中，两次宣告祂将要在"末日"（tē eschatē hēmera）叫天父赐给祂的信徒复活（anastēsō）。这个句子至少含有如下两个意思。第一，表示天父上帝赐给耶稣的人，也即是信徒，虽然有"永生"，但就"肉身"而言，这些人还是会"死"的。耶稣在此明确地应许他们说，祂将会在"末日"叫他们复活。第二，表示信徒现今的存在以及生命，既可以被看作是不断持续下去的，也可以被理解为是从现今的阶段进入"末日"，也即是将来的新阶段。那就是，从现今受"时空"（time and space）限制的领域（realm）进入将来那无限和永恒的新领域。上述这两个意思，可说是新约"末世论"（eschatology）最基要的一部分思想。

"见子而信的人"（ho theōrōn ton huion kai pisteuōn；RSV，everyone who sees the son and believes）这个句子，似乎是给众人的一个慎重提醒。耶稣在较早时已经坦率地对众人说，不要"因见了神迹"来跟随祂（六 26），或是要求祂行更多的神迹。因为神迹本身最终并不能导致人对上帝或耶稣的信靠。人只有通过一颗真正领悟的心或是属灵的"慧眼"才能真正"见子而信"。这样的见（theōrein）不是肉眼的"见"，而是心眼的"见"。这才是真正进入永生的途径。

六 41～42　犹太人因为耶稣说，"我是从天上降下来的粮"，就私下议论他，说："这不是约瑟的儿子耶稣吗？他的父母我们岂不认得吗？他如今怎么说，'我是从天上降下来的'呢？"

这里的"犹太人"（hoi Ioudaioi；RSV，The Jews）与较早时的"众

人"(*ho ochlos*；RSV，the people)应该是同一群的人。⑯ 这一群犹太人似乎并不是不明白耶稣所说的"我是从天上降下来的粮"这一句话的意思,而是不同意或是不能接受祂所宣称的。因此,中文的"议论"应译为"发怨言"或"埋怨"则比较接近原文 *egonguzon*(RSV，murmured)以及上下文的意思。

犹太人不能接受耶稣所说的话,其实是基于一个关键性的观念问题。那就是说,他们是从人的观点去看耶稣这一位他们自以为很熟悉的"人",因此不能领悟或认识耶稣的真正身分。耶稣的父母约瑟和马利亚,对他们来说,只不过是普通的人。因此,他们的儿子("木匠的儿子",太十三 55)耶稣也应该是一位普通的人。耶稣在这之前虽然曾多次表明上帝是祂的天父,但是对这些犹太人来说,这类宣称似乎早已成了他们的耳边风了。

约翰福音在书写从天而降这件事时所用的"降下"这个动词(*katabainein*；RSV，to descend),希腊文时态(tenses)值得一提。在三章十三节、六章四十一节、五十一节、五十八节,"降下"在希腊原文是简单的过去式(aorist)动词 *katabas*。这个动词的时态有意强调耶稣从天而降这个"道成肉身"的历史事实。在六章三十三及五十节,"降下"在希腊文是现在式(present)动词 *katabainōn*,旨在表明耶稣身为一位道成肉身者的身分。在六章三十八及四十二节,"降下"在希腊原文则是现在完成式(perfect)动词 *katabebēka*,说明已经从天降下那位道成肉身的耶稣,将继续在人们中间。⑰

六 43～44　耶稣回答说:"你们不要大家议论。若不是差我来的父吸引人,就没有能到我这里来的。到我这里来的,在末日我要叫他复活。"

耶稣给众人的回答,既是在说明一个事实,也似乎是表达了耶稣内心的一些感叹。那就是说,期望罪人自己采取主动去信靠或跟从耶稣,

---

⑯ 有关约翰福音中的"犹太人"(*hoi Ioudaioi*),可参阅 R. Bieringer 等所编的 *Anti-Judaism and the Fourth Gospel* (Louisville：Westminster John Knox Press，2001)。

⑰ Morris，p. 327，fn. 112.

确实是一件很难,甚至是不可能的事,"除非"(希腊文以 *ean mē* 来表达;RSV,unless)上帝自己主动地把人"吸引"过来。

"吸引"这个希腊文动词(*hēlkein*)在约翰福音共出现了五次。它有三个不同的意思。第一,在六章四十四节和十二章三十二节,*hēlkein* 可以译作"吸引"。第二,在十八章十节,可以译作"拔"刀的"拔"。第三,在二十一章六及十一节,译作"拉网"的"拉"。就神学含义来说,六章四十四节和十二章三十二节的"吸引"是最重要的,甚至是最富争议性的。因为不论是上帝把人"吸引"过来(六 44),或是耶稣自己被钉在十字架上以后"吸引万人"来归从他(十二 32),"吸引"这个行动都被看作是上帝或是耶稣凭着自己的主权和旨意所采取的"主动"(initiative)。换句话说,人对耶稣的信靠以及最终的"得救",是完全基于上帝或耶稣的主动。这就是涉及到人自己的"意愿"(will)以及"选择"(choice 或 decision)等有关"自由意志"(free will)的问题,这是一个历代以来不断引起争议的神学与哲学问题。

自十六世纪欧洲宗教改革(reformation)以来,有关自由意志这些问题的争议,尤其跟马丁路德(Martin Luther)和约翰加尔文(John Calvin)的基要神学思想分不开。加尔文在所写的约翰福音注释中,就给六章四十四节"若不是差我来的父吸引人,就没有能到我这里来的"这一句话作了如下的评语:"祂[耶稣]不仅是在指控他们[犹太人]抗拒真道的心态,也同时向众人说明,接纳祂所传扬的道理[其实]是上帝一个很特殊的恩赐……再者……基督也在声明,虽然福音有教无类地传开,但是它毕竟不是所有人都能领悟的。若要领悟,就必须要有一个新的思想和态度。因此,信心不是人自己可以随意处置的一件事,而是上帝所赐予的。"⑱

---

⑱ "He does not merely accuse their perversity, but also tell them that the embracing of the doctrine which He proclaims is a peculiar gift of God. ... And so ... Christ says that although the teaching of the Gospel is preached to all indiscriminately, it cannot be understood by all, but that a new mind and a new attitude are necessary. Therefore faith is not at men's disposal but conferred by God. "John Calvin, *The Gospel According to St. John*, 1 - 10, ed. David W. Torrance and Thomas F. Torrance, tr. T. H. L. Parker (Edinburgh: The St. Andrews Press, 1959), pp. 163 - 164.

　　人到耶稣那里去信靠祂,是上帝吸引人的结果。可是,在"末日"叫信者复活的,却是耶稣。这就说明父、子两位所作的,不仅有连续性,并且还完全一致。这是耶稣在整段有关"生命的粮"的谈论中,第二次提及要在末日叫信者复活的事。

　　六 45 "在先知书上写着说:'他们都要蒙上帝的教训。'凡听见父之教训又学习的,就到我这里来。"

　　这里所指的"先知书"(*prophētais*)似乎是以赛亚书五十四章十三节的意译(paraphrase),而不是完全按原文字句的直接引句(quotation)。这节经文,依照希伯来原文的中译文应该是:"你们所有的孩子[儿子]都要蒙主[耶和华]的教训。"LXX 的希腊译文是:*kai pantas tous huious sou didaktous Theou*。约翰福音六章四十五节在此可能是引自 LXX,因此用 *Theou*("上帝",而不是用 *Kuriou*"主")。"凡听见父之教训又学习的,就到我这里来",是和合本的译文,和修版是:"凡听了父的教导而学习的,都到我这里来。"耶稣所引的经文对那些犹太人来说,即是警戒,也是邀请。这是因为犹太人,尤其是他们的宗教领袖,常自以为是蒙上帝教导的一群。若果真是那样,他们就理当到耶稣那里去,因为祂是"从天上降下来的"。

　　六 46 "这不是说,有人看见过父;惟独从上帝来的,他看见过父。"

　　这一节经文可能是为了避免先知书中"他们都要蒙上帝的教训"那一句话引起的误会所作出的解释。那就是说,犹太人也许以为"蒙上帝的教训"就意味着他们的祖宗或是他们自己曾经见过(*heōraken*)上帝。耶稣在此否定了这个可能性。因为"惟独从上帝来的[也即是指耶稣自己],他看见过父"。至于这关键性的一点,约翰早已在一章十八节中慎重地表明过了:"从来没有人看见上帝,只有在父怀里的独生子将他表明出来"(*Theon oudeis heōraken pōpote, monogenēs Theos ho ōn eis ton kolpon tou patros ekeinos exēgēsato*)。

　　六 47 "我实实在在的告诉你们,信的人有永生。"

耶稣曾多次宣告祂与天父的特殊关系,并且重述自己是"从天上降下来的"。这并非是为了夸耀自己的特殊身分和地位,而是为了使听者能因此归向祂得永生。这其实也正是整个"道成肉身"的"终极关怀"(ultimate concern;见三16~18),也是约翰写福音书的明确目的(二十30~31)。

六48~51 "我就是生命的粮。你们的祖宗在旷野吃过吗哪,还是死了。这是从天上降下来的粮,叫人吃了就不死。我是从天上降下来生命的粮。人若吃这粮,就必永远活着。我所要赐的粮,就是我的肉,为世人之生命所赐的。"

耶稣在六章四十八至五十一节所说的,基本上是重述六章三十五节、四十八至五十节有关生命的粮的谈论。历代以来,一直在释经学和神学上争议不休的,是六章五十一节"我所要赐的粮,就是我的肉"这一节经文以及六章五十二至五十九节这段经文中有关"吃"耶稣的"肉"(*sarx*;RSV,flesh)以及"喝"祂的"血"(*haima*;RSV,blood)的论说。

学者们所争议的,不仅是释经学以及神学思想的问题,也是历代教会不同宗派的传统所积累下来的历史包袱的问题,使得学者们很难跳出自己宗派的门户和框框,去客观地处理学术性的问题。

纵使是这样,绝大部分的学者们对六章五十一至五十九节这段充满争议的经文所围绕的一个关键问题倒有共识。那就是,这一段经文是否与"圣餐"(Holy Communion 或 Eucharist)以及它的"圣礼神学"(sacramental theology)有关?若是有,则这关系又是怎样建立或连贯起来的?假设没有,则这一段经文又当作怎样的诠释?所有尝试诠释这一段经文的学者们,似乎都无法逃避上述基要的问题以及在回应的时候表态。

属于荷兰加尔文派(Calvinist)改革宗教会(Reformed Church)的新约学者 Herman Ridderbos,在综合了多家的论说和立场后,把它们归纳为三大主要观点。[19] 其纲要如下:

---

[19] Ridderbos,pp. 236 – 238.

一、认为耶稣不仅在六章五十一至五十八节所说的"肉"和"血"明确地是指圣餐,因此具圣礼的(sacramental)意义,甚至六章二十七至六十五节整段经文以及耶稣给五千人吃饱那个神迹(六 1～14)都与圣餐有关。历代以来天主教的释经者以及新教的 Cullmann,这些学者们可说是这个观点的代表人物。他们相信耶稣在最后的晚餐设立圣餐(the Lord's Supper)时分给门徒的饼和酒,就是耶稣在约翰福音第六章所说的"肉"和"血",虽然约翰福音本身并没能记述设立圣餐那一幕。

二、认为耶稣给五千人吃饱的神迹以及六章二十七至五十节这一段论说并没有任何清楚的圣礼的(sacramental)含义。可是,这观点却认为六章五十一至五十八节所用的"生命的粮"等词语,是从较早时象征性(symbolic)和隐喻式(metaphorical)用法转化成富有圣餐意义的思想,最终把六章五十一至五十八节的"吃我肉喝我血"解释作"真实的"吃与喝(to be understood realistically)。持这种观点的学者之中,有一些则把六章五十一至五十八节这段经文看为较后才附加在约翰福音书上的,目的是要补充约翰福音没有清楚记载耶稣设立圣餐这个重大事件的空缺,因为这段空缺的补充将有助于约翰福音书的地位。⑳也有一些学者们认为,六章五十一至五十八节这一段经文不一定是后来引进或穿插进来的,而是整个论说发展的自然结果,使得原有关乎圣餐的低调(eucharistic undertones)可以突显出来。

三、不少当代释经者都同意从圣礼或圣餐的观点去诠释六章五十一至五十八节(但其他经文如六十一节、二十七至五十节就不必考虑了)。他们甚至承认六章五十一至五十八节这一段经文中,如"吃我肉喝我血"这些词语,的确含有"圣礼语言"(sacramental language)

⑳ Bultmann 在论及这一点的时候说:"[福音书的编辑]在这个时候利用较早的谈论中所用的风俗(style)和语言(language)以及从'主的晚餐'(the Lord's supper)的观点来给'生命的粮'(the bread of life)加添第二层的注释。"(At this point the editor, employing the style and language of the foregoing discussion, has added or inserted a secondary interpretation of the bread of life in terms of the Lord's Supper. Bultmann, p. 234.)

的意义。然而,这些人却不以为"吃我肉喝我血"这些语言是指人在主的晚餐(the Lord's Supper)中真正在物质意义上(materially)吃喝主耶稣的"肉"和"血"。他们相信是约翰福音的"作者"(the evangelist),而不是耶稣自己,有意借用圣餐中的"比喻"(imagery)和"术语"(terminology)来讲解耶稣作为"生命的粮"的意义,特别是以此来表明耶稣在十字架上的献身,[21]以及耶稣和信徒之间的合一,[22]结果就把圣餐的"神秘性"(mystery)转移到基督道成肉身的神秘性上去了。

此外,也有一些天主教的释经者不仅从圣餐的观点去诠释六章五十一至五十八节,还认为这段经文主要是指藉着基督的"肉"和"血"所建立起来的"团契"(fellowship),而不只是指信徒在圣餐(eucharist)中与基督的团契。

Schnackenburg虽然是一位天主教的神父,但他对六章五十一至五十八节的诠释,却与一般天主教的学者不太相同。他所代表的观点是既不否定六章五十一至五十八节这一段经文含有圣礼的(sacramental)和圣餐的(eucharistic)意义,但也同时强调耶稣道成肉身的历史性,以及圣灵与物质在圣餐中的微妙关系。[23]

有关物质的"血肉"和"被[圣]灵充满的肉和血"(the Spirit-filled flesh and blood)的区别,Schnackenburg解释说:"虽然对[约翰福音的]作者来说,强调耶稣的肉身和血是重要的,但他仍是要指出信徒们在'圣餐'[the Eucharist]中所领受的并非是地上的耶稣那属'物质的'[physical]血和肉,而是'天上的人子'[the heavenly Son of man]那'被[圣]灵充满的肉和血'[the Spirit-filled flesh and blood]"。这样一来,

---

[21] Ridderbos, p. 237.

[22] de Jonge, *Jesus: Stranger from Heaven and Son of God*, p. 208.

[23] Schnackenburg说:"圣餐(the Eucharist)见证耶稣的十字架是持久和无比的救赎(参约十九34,约壹五6~8),以及耶稣身为历史的救赎主(historical redeemer)是藉着肉身(flesh)而来的(约一14,六51,约壹四2~3)。"(The Eucharist bears witness to the Cross of Jesus as the enduring and unsurpassable source of salvation [cf. 19:34; 1 Jn 5:6-8], and to the historical redeemer who came in the flesh [1:14; 6:51; 1 Jn 4:2-3].)Schnackenburg, vol. 2, p. 61.

领受圣餐者便可以"宣信"(confess)，如今在天上的那一位与在历史上的那位耶稣是同一个"身分"(identity)。[24]

在某程度上，Schnackenburg 这个"圣餐论"(Eucharistic view)，可说是很接近不少新教(Protestant)学者的立场。他的论说具有很大的说服力和吸引力。这主要是因为他很成功地避免了圣餐神学(Eucharistic theology)中的两个极端。这两个极端是：传统罗马天主教弥撒(Mass)中的"变质论"(transubstantiation)以及深受理性主义影响的"象征论"(symbolism)。

"变质论"的神学过分地"神秘化"圣餐的"奥秘"(mystery)，甚至含有某些法术或魔术的意味。"象征论"则把圣餐中的饼(或面包)和杯中的酒(或葡萄汁)只看作是"象征"(symbolize)耶稣的肉身和血的物质而已。这种似乎是完全以人的理性去理解和解释圣餐的方法，结果忽视了圣餐中原有的真正奥秘。因为不仅是圣餐和圣洗充满了永远不能单凭理性去理解或领悟的奥秘，上帝的创造，祂的整个救赎计划，祂的话语、启示、耶稣的道成肉身、死和复活、升天以及再来，无处不充满了似乎完全不可思议的奥秘。失去了奥秘性的信仰，就可能不再是上帝藉着祂永恒的道，以及道成肉身的耶稣所启示的圣经信仰(biblical faith)了。

"因信称义"(justification by faith)可说是马丁路德所带动的宗教改革中最具争议性的教义，但它也同时是整个宗教改革中信仰的支柱。

1517 年以后，路德的圣餐神学(Eucharistic theology)仍旧以因信称义的教义为主要的依据。路德在 1520 年所写的《教会被掳巴比伦》(On The Babylonian Captivity of the Church)论著中，除了正面地表达了自己的圣餐神学之外，也给中世纪以来罗马天主教的弥撒(Mass)

---

[24] "Important though it is to the author to stress the reality of Jesus flesh and blood, he still wants to point out that believers receive in the Eucharist not the physical flesh and blood of earthly Jesus, but the Spirit-filled flesh and blood of the heavenly Son of man. The communicants then confess the identity of the heavenly figure of the present with the Jesus of history." Ibid.

神学及其实践，一个很严厉的批判，包括对天主教当时的"变质论"（transubstantiation）㉕以及"献祭论"（Sacrifice of the Mass）。自此以后，路德所带领的宗教改革派，可说是与罗马天主教的弥撒神学决裂了。当时路德批判弥撒的神学论据，普遍得到瑞士及其他宗教改革者支持。很不幸的是，自 1525 年开始，瑞士改革派领导之一的茨温利（Ulrich Zwingli，1484－1531）等，却在圣餐论中，尤其是在有关基督的肉身和血的诠释上，与路德有很基要的分歧，结果演变成了一场在宗教改革的历史上令改革派各方都深感痛苦的所谓"主的晚餐之争"（the Supper Strife），最终造成了路德和茨温利的决裂。

　　路德对约翰福音第六章的诠释，其实是出现在他于 1530 年 11 月 1 日（即"众圣日"，All Saints' Day）开始至 1531 年 5 月 13 日为止，每个星期六早上在威登堡大学（Wittenberg University）崇拜中的二十一篇讲稿里。㉖

　　到了 1530 年路德与茨温利在圣餐诠释上的分歧已经到了一个无法复合的地步。因此，路德当时给约翰福音第六章的诠释，一方面反映了他对罗马天主教弥撒神学的批判，另一方面又表达了他对茨温利这一派的非议，称他们为"分离主义者"（schismatics）和"轻视圣餐者"（sacramentarians）。㉗ 下面是路德给约翰福音第六章所作的诠释的要点。

　　路德首先肯定约翰福音第六章不是指［圣餐的］圣礼（Sacrament），而是论及"灵性的滋养和吃喝"（. . . this chapter does not refer to the sacrament but to spiritual nourishment and eating）。㉘

㉕ 很简单地说，罗马天主教的"变质论"或"化质论"是指在圣餐（弥撒）中所摆设的饼和酒在"祝圣"（consecrate）后，其"质"（substance）便会"转变"成为耶稣基督的肉体和血，虽然摆上的饼和酒仍然保持它们的外形。

㉖ *Luther's Works*，vol. 23，p. 197. 路德在 1527 年写了一篇有关圣餐的争议的著作〈这是我的身体；这些话仍旧有效〉（This is My Body；These Words Still Stand），*Luther's Works*，vol. 23，pp. 167－207.

㉗ 在路德的词语中 sacramentarian 与 sacramentalist 正好相反；后者是指"圣礼主义者"，常用以形容着重"圣礼"（Sacraments，包括圣餐和洗礼）过于上帝的"道"的罗马天主教及其信徒。见 *Luther's Works*，vol. 23，pp. 14，119 等。

㉘ *Luther's Works*，vol. 23，p. 118.

　　路德接下去说："〔这约翰福音第六章〕不能应用到圣礼上去……基督在这里是谈论首要的教义。那就是,关乎真正的基督徒的信仰那件事。它要求你不折不扣地相信祂〔基督〕的肉身和血……你如果愿意成为一位基督徒的话,你就必须相信基督的肉身和血……虽然你可能会拒绝吃喝,但是基督却说,吃喝已被肯定是所有人要得着上帝的唯一途径。这段经文是对付狂热分子(fanatics)㉙的晴天霹雳。"

　　路德认为,正如昔日耶稣那个时代的犹太人和门徒不能接受耶稣所说的"吃喝"一样,茨温利派的人也同样在理念上有极大的障碍:"这一点〔有关吃喝的事〕在血肉之躯的人听起来,的确是荒谬和愚蠢极了。其实,没有什么比这个更加胡言的了,说谁吃了〔基督〕这肉就有永生。理性〔肯定会〕反驳道:肉就是肉,血就是血,不论你如何尝试去改变它都是徒然的。这也正是那些'轻视圣礼的人'〔sacramentarians〕所说的。"㉚

　　路德认为人不能接受耶稣所说的"吃我肉喝我血"这个观念,主要是因为他们,也即是当时的犹太人以及路德那个时代"轻视圣礼的人",完全以人的眼光去看和去听耶稣所说的,结果以为祂所指的是普通的"肉"和"血"。路德因此说:"你要睁开你的眼,倾你的耳和你的心,并且在'肉'这一个字与'我的肉'这些字之间作区别。如果你能预早对自己说,讲这一些话的那一位是基督,并且相信在祂里面完全有上帝一切的

㉙ "Fanatics"在此是指茨温利那一派的人。"This cannot be applied to the Sacrament. ... Christ is speaking here of the chief doctrine, of the true Christian faith, which demands no more and less than that you believe in His flesh and blood. ... If you wish to be a Christian, you must believe in the flesh and blood of Christ. ... Though you may refuse to eat, Christ says, it has nonetheless been ordained that all the world can have God in no other way than by eating. This text is a thunderbolt against the fanatics."*Luther's Works*, vol. 23, pp. 118-119.

㉚ 路德在此是指茨温利等否认基督的身体和血"真实临在"("real presence")圣餐中的人。"This sounds altogether ridiculous and foolish to carnal ears. In fact, nothing could seem more nonsensical than this, that he who eats this flesh has eternal life. Reason retorts; 'flesh is flesh, blood is blood; try as you will to change it, you will not succeed.' That is what the Sacramentarians who say."*Luther's Works*, vol. 23, p. 119.

丰盛所充满的那一位,就会对自己有莫大的好处了。这样一来,当你听基督说:'我的肉真是可吃的,我的血真是可喝的',这些话就会带来完全不同的意义了。"③

对路德来说,基督的"道"(the Word)是隐藏在祂的"肉"和"血"之中,正如上帝自己隐藏在道成肉身的基督身上一样。② 他用了两个比喻来说明这个奥秘。第一,糖水和普通的水不同的地方是前者有了糖精和糖的味道。但是,糖水中的"水"仍旧保持"水"的特质。基督的"肉"和"血"也是一样。因为"道"隐藏在其中,基督的"肉"和"血"便与普通的肉和血有区别了。但是,它仍旧保持"肉"和"血"的特质。③ 第二,烧到通红的铁块与普通(冷)的铁块不同的地方是,前者有像火一样的热能。但烧到通红的铁块仍旧保持"铁"的物质。基督的"肉"和"血"也是一样。因为有上帝的力量(divine power)"具体地临在基督的人性中"(the divine power is present bodily in the humanity of Christ),让基督能够自发地做上帝所做的工作。④

比喻固然有帮助,可是对路德来说,这一切的奥秘仍旧要凭着信心去接受:"唯有通过信心,才能在基督的肉和血中理解和寻找到上帝"(God is to be apprehended and found in the flesh and blood of Christ solely by faith)。⑤ 路德的这一句结语,很清楚地显示,就是在对基督的"肉"和"血"的诠释上,路德仍旧是以"惟独信心"(*sola fide*;faith only)为神学依据的。

加尔文(John Calvin,1509 - 1564)的约翰福音注释,是以拉丁文

---

③ "But open your eyes, incline your ears and heart, and distinguish between the word 'flesh' and the words 'My flesh'. It will prove of great advantage to you if you can be convinced in advance that He who speaks these words is Christ and if you believe in Him as the One in whom the entire Godhead dwells. Then if you hear the voice of Him who says: 'My flesh is food indeed, and My blood is drink indeed' (John 6:55), these words have an entirely different significence. " Ibid.

② Ibid., p. 123.

③ Ibid., p. 119.

④ Ibid., pp. 123 - 124.

⑤ Ibid.

书写的。它于 1552 年写成,1553 年 1 月出版。㊱

　　当加尔文的约翰福音拉丁文本面世时,马丁路德所带动的宗教改革已经进入第三十七个年头了。路德自己也于 1546 年去世。然而,就加尔文这部注释的内容而论,它反罗马天主教的态度和情绪仍旧是很明显的。这样的情况当然也就很自然地影响了加尔文对约翰福音第六章的诠释。

　　加尔文在约翰福音第六章一开始的注释中,就强调耶稣在旷野给五千人吃饱的神迹,只是祂以食物来喂养人肉身的一个行动而已。㊲加尔文也跟路德一样,并不以为约翰福音第六章是在诠释圣餐的教义或神学,虽然他相信"主的晚餐"(the Lord's Supper)所彰显的,"符合"(corresponds)耶稣在第六章有关吃祂肉和喝祂血的论说。㊳

　　他在诠释约翰福音六章二十七节时,便强调耶稣在此所说一切有关"食物"(food)的"隐喻"(metaphor)只是关乎"生命的新"(newness of life)而已。㊴ 对加尔文来说,所谓"食物"也就是"福音"和"信心":"我们知道我们的灵魂是被福音之道喂养的。当它通过[圣]灵的能力在我们里面运行的时候,就产生果效了。因此,信心既是灵魂的生命,凡是滋养和促进信心的,都可以比喻作食物。"㊵因为加尔文所强调的是福音和信心,他也因此抗拒罗马天主教以其他的方法和途径来取代基督的拯救。㊶

　　与路德一样,加尔文对"道成肉身"的信念很执着。因此,当他诠释

㊱ 加尔文在 1553 年 1 月 9 日把一本刚出版的拉丁文约翰福音注释赠送给日内瓦的议会(Senate,"Seigneurie")。他于同年把注释译成法文。最早的英译本由 Christopher Fetherstone 负责,于 1584 年在伦敦出版。本注释是采用 1959 年由 T. H. L. Parker 所译的英文版。见 John Calvin, *The Gospel According to St. John*, 1 - 10 (Edinburgh: The St. Andrews Press, 1959),"Introduction", pp. v-vi.

㊲ "Christ made it plain that He not only bestows spiritual life on the world but was also commanded by His Father to nourish the body." Ibid., p. 147.

㊳ Ibid., p. 171.

㊴ Idid., pp. 153 - 154.

㊵ "And we know that our souls are fed by the teaching of the Gospel, when it is efficacious in us by the power of the Spirit. Therefore, as faith is the life of the soul, all that nourishes and advances faith is compared to food." Ibid., p. 154.

㊶ 加尔文称教皇的拥护者为"Papists"。Ibid., p. 155.

约翰福音六章五十一节时,就明确地说,耶稣所指的"生命"是在祂的
"肉身"(flesh)里面的(this life resides in His flesh)。[42] 耶稣是"生命的
粮",因为在祂"肉身"(flesh)中的生命是来自另外一个"源头"(source)
的:"正如上帝那永恒的道是生命的泉源,祂[基督]的肉身也就成了为
我们的生命而涌流的渠道了⋯⋯。"[43]

　　加尔文紧接下来把"生命的粮"引中到基督在十字架上的献身和救
赎的教义上去。结果他把六章五十一节"为世人之生命所赐的"这一
句,作如下的解释:"[赐]这个字含有多方面的意义。第一个'赐',正如
祂[基督]较早时已经说过的一样,是天天供给的,就如基督常把自己赐
给我们那样。第二个'赐'是指基督将自己当作祭物,在十字架上献给
天父[上帝]那个无比的'赐'。那时,祂为世人的生命将自己献上;如
今,祂邀请我们来领受祂死亡的果效。"[44]

　　六52　　因此,犹太人彼此争论说:"这个人怎能把他的肉给我
们吃呢?"

　　"争论",希腊原文(*machomai*)是一个很强的词语。它除了表示口
头的争议之外,有时也用以表达如动武一类的暴力行为。难怪 Barrett
把希腊文 *emachonto oun pros allēlous*(和合本:"犹太人彼此争论")这
一个句子译作:"They disputed violently with one another"("他们彼
此猛烈地争论")。[45] 由此可见,耶稣的言论对那些犹太人来说,是何等
的难以接受。

　　"他的肉"(*sarka autou*;RSV, his flesh)是按希腊文古抄本 P[66]、

---

[42] Ibid., p. 167.

[43] "For as the eternal Word of God is the fountain of life, so His Flesh is a channel to pour
out to us the life … "加尔文解释说,耶稣的"肉身"是在这个意义上成了赐生命的粮。
Ibid., p. 169.

[44] "The word 'give' is used in various ways. The first giving, which he mentioned earlier, is
made daily , as often as Christ offers Himself to us. In the second place, it denotes that
unique giving which was made on the cross when He offered Himself to the Father as a
sacrifice. Then He delivered up Himself for the life of men; and now He invites us to
receive the fruit of His death. " Ibid., p. 168.

[45] Barrett, p. 298.

B 等翻译的。另外一些古抄本如 א、C、D 等则只是"肉"（*sarka*；flesh），没有"他的"（*autou*）。P⁶⁶ 和 B 手抄本应该是比较正确的，因为耶稣在上一节（六 51）的确是指祂自己的肉（"我的肉"；*hē sarx mou*）而说的。

六 53　耶稣说："我实实在在的告诉你们，你们若不吃人子的肉，不喝人子的血，就没有生命在你们里面。"

耶稣这句话很明显是针对犹太人那激烈的争论而说的。他们争论的激烈情况使得耶稣有必要更慎重地加强自己的语气："我实实在在的告诉你们"（*amēn amēn legō humin*）。

在六章五十一节，耶稣是说"我的肉"（*hē sarx mou*）。在六章五十三节这里，祂以"人子的肉"（*tēn sarka tou huiou tou anthrōpou*）来取代"我的肉"。⁴⁶ 耶稣这一句带着强调语气的话，似乎是有意提醒正在激烈争论的犹太人说，真正能赐给他们"生命的粮"的，并非是他们只凭人的眼光去看的那位"耶稣"，而是"人子"。⁴⁷ 因此，这位"人子"所说的"吃喝"就不是一般的"吃喝"，而是关乎"生命"（*zoē*）的"吃喝"了。

六 54　"吃我肉喝我血的人就有永生，在末日我要叫他复活。"

耶稣在此似乎只是重述先前所说的（见六 40、44）。可是，Barrett 却认为这些有关"吃喝"的类似重述，可能是指向"圣餐"（the Eucharist）。⁴⁸

Brown 的看法是，在六章三十五至五十节"圣餐的主题"（the Eucharistic theme）只是次要的。可是，在六章五十一至五十八节却成了"专有的主题"（the exclusive theme）。⁴⁹ Brown 以两个要点来说明耶稣在六章五十一至五十八节这段言论中是指圣餐（the Eucharist）而言。⁵⁰

---

⁴⁶ 和合本的"人子的血"，原文是"他的血"（*autou to haima*）。

⁴⁷ 有关"人子"（*ho huios tou anthrōpou*）这称号，见一 51 注释。

⁴⁸ "... the parallel mention of flesh and blood seems to confirm the reference to the eucharist." Barrett, p. 299.

⁴⁹ Brown, p. 284.

⁵⁰ Ibid., pp. 284 - 285.

一、耶稣一直在强调，人必须"吃喝"祂的"肉"和"血"。这不可能是隐喻(metaphor)。因为吃别人的肉在旧约圣经是表明一种"敌对的行为"(a hostile action)，例如诗篇二十七篇二节、撒迦利亚书十一章九节。其实，在受了叙利亚文(Syriac)影响的亚兰文(Aramaic)传统中，"吃人肉者"已经成了魔鬼的名号。在旧约的律法中，喝血被看作一个非常恐怖的行为，因此被律法禁止(见创九 4；利三 37；申十二 23；徒十五 20)。在以西结关乎末日的异象中，人类将会经历一场大屠杀。那时，各类的飞鸟和走兽将会吃人的肉，喝人的血(结三十九 17～18)。"吃肉"和"喝血"既然有这些可怕和负面的背景和隐喻，耶稣又为何偏偏要用这些"吃喝"肉和血的词语呢？对 Brown 来说，合理的结论肯定是指"圣餐"(the Eucharist)而言。[51] 这就如符类福音记述圣餐的设立时所用的词语一样："你们拿着吃，这是我的身体……你们都喝这个……这是我……的血"(太二十六 26～28)。

二、Brown 继续说，如果我们认为约翰并没有把耶稣在"最后的晚餐"(the Last Supper)为分饼和酒的话记录下来，则六章五十一节中"我所要赐的粮，就是我的肉，为世人之生命所赐的"这一句话，很可能就是以约翰的形式保存下来的圣餐词语(we have preserved in vi 51 the Johannine form of the words of institution)。[52] 还有一个特点是，六章五十一节的词句和路加福音二十二章十九节那一段很相似："这是我的身体，为你们舍的"(*touto estin to sōma mou to huper humōn didomenon*)。不同的地方是：约翰福音所说的是"肉"(*sarx*)，但符类福音在记载最后晚餐时是用"身体"(*sōma*)这个字。然而，希伯来文和亚兰文其实是没有一般所理解的"身体"(body)这样的字的。因此，很多学者认为在最后的晚餐时，耶稣自己当时说的，其实是相同于亚兰文的词句："这是我的肉"(This is my flesh)。初期的重要教父，安提阿的主教伊格那修(Ignatius of Antioch)曾多次在提及圣餐(the Eucharist)时，用"肉"(sarx；*flesh*)这个字。[53] 再者，安提阿可能也是耶稣原有的

---

[51]　Ibid.

[52]　Ibid.

[53]　例如，伊格那修所写的下列书信：罗马书七 3；非拉铁非书四 1；示每拿书七一。

犹太语言传统的一个城市。这种情况在殉道者游斯丁(Justin the Martyr，A. D. ？－165)的作品中也是一样(如 *Apology*[1]66)。既然是这样,约翰福音第六章所用的词语,就可能比其他三部福音书都更接近耶稣在最后的晚餐原来所用的词语了。

六 55 "我的肉真是可吃的,我的血真是可喝的。"

这一节经文在希腊原文,有两种类似但不尽相同的古抄本。第一,*hē gar sarx mou alēthēs estin brōsis，kai to haima mou alēthōs*("我的肉是真的食物,我的血是真的饮料")。第二,*hē gar sarx mou alēthōs estin brōsis，kai to haima mou alēthōs*("我的肉真是食物,我的血真是饮料")。第一类的古抄本(如 P⁶⁶、P⁷⁵、ℵᵃ、B 等)是用"真的"(*alēthēs*；true)这个形容词(adjective)。第二类的古抄本(如 P⁶⁶ *、ℵ *、D 等),则用"真是"(*alēthōs*；truly)这个副词(adverb)。

Barrett 选择了第二类(即 *alēthōs*),认为约翰在一章九节所用的是 *alēthinos*,不是 *alēthēs* 这个形容词；并且 *alēthōs*(副词)也比较符合约翰福音的文体(style)。再者,耶稣在六章五十五节所强调的是:你们必须把我的"肉"和"血"看作"真是"(*alēthōs*；truly)生命的粮。[54] 和修版选择了第一类。译文是:"我的肉是真正的粮；我的血是真正的水",与原有的和合本译文不太相同。

六 56 "吃我肉喝我血的人,常在我里面,我也常在他里面。"

来到耶稣那里的人,不仅是享用祂所赐给的"生命的粮",也跟祂建立起生命的交流:"[他]常在我里面的,我也常在他里面"(*en emoi menei kagō en autō*)。

"常在"(*menei*)这个字在约翰福音共用了四十次之多。它主要是表达一种密切的关系:天父上帝与祂的儿子耶稣的关系(十四 10)；圣灵与耶稣的关系(一 32)；门徒与基督的关系(六 56,十五 45)；以及基督的道与信徒的关系(五 38,八 31,十五 7)等。

---

[54] Barrett，p. 299.

六57 "永活的父怎样差我来,我又因父活着,照样,吃我肉的人,也要因我活着。"

这一节经文是接着上面有关生命交流这个思想继续讲下去的。"永活的父"(ho zōn patēr)不只是生命之源,也是差祂的儿子耶稣来到世上赐给人生命之粮的那一位。

"我又因父活着"(zō dia ton patera)一方面表示上帝的儿子耶稣完全依靠天父而活,另一方面也说明天父所托付耶稣的使命,成了祂存活的焦点与终极关怀:"我的食物,就是遵行那差我来者的旨意,作成他的工"(四34)。同样,那些领受了耶稣所赐的"生命的粮"的人,也不可能只是继续依赖这生命而活。他们也必须遵行天父或主耶稣的旨意,并作祂所作的工。

六58 "这就是从天上降下来的粮。吃这粮的人,就永远活着,不像你们的祖宗吃过吗哪还是死了。"

这是耶稣在第六章中第十次提到"从天上降下来的粮"。耶稣在即将结束有关"生命的粮"的言论之前再次提醒犹太人,祂所赐的生命的粮的永存性,以及他们的祖宗所享用那种纯属物质的粮的短暂性。因此,那些领受前者的"就永远活着",吃了后者的却"还是死了"。

六59 这些话是耶稣在迦百农会堂里教训人说的。

六章二十四节已经说明了耶稣在迦百农的事实。作者在此重提迦百农,目的似乎是要再次肯定耶稣在第六章所作的谈论的历史性。

"耶稣在迦百农会堂里教训人"这句话给人的印象好像是,耶稣关乎"生命的粮"的言论是一篇"讲章"(sermon)。可是,从犹太人多次的回应看起来(六28、30、31、34、41、42、52),整段经文既有教训也有与犹太人的对话(dialogue)。

自第二世纪以来,诠释约翰福音第六章,尤其是六章五十一至五十八节的各家各派和学者真是不胜枚举。仅主后二至四世纪就有亚历山大(Alexandrian)、安提阿(Antiochene)以及拉丁(Latin)教父等主流派系。

奥古斯丁(St. Augustine, A. D. 354 – 430)对宗教改革领袖马丁

路德和加尔文等人的影响也是巨大和深远的。其至在十六世纪宗教改革时期的一些罗马天主教的神学家,仍然保持很大程度的奥古斯丁思想,包括对圣餐的诠释。这包括曾经代表教皇主持奥斯堡(Augsburg)议会,审讯路德,并且把路德驱逐出教会的意大利红衣主教迦耶坦(Cajetan,1468－1534)的圣餐神学(Eucharistic Theology)。难怪在"天特会议"(The Council of Trent)中,出席的代表们也在约翰福音第六章的诠释上有分歧,结果无法达成协议。[55]

纵使十六世纪罗马天主教和宗教改革派之间,以及双方自己内部对约翰福音第六章的诠释,有着各种不同的观点和歧见,至少还有一个共识是存在的。那就是,各宗各派的神学家们都紧紧捉住圣餐(the Eucharist)中"宗教的真实性和力量"(the religious reality and power of the Eucharist)。[56] 这样的情况一直持续到十九世纪。

但是,从二十世纪开始,学者们对约翰福音第六章,尤其是六章五十三至五十八节的诠释,就有了很大的变化。这主要是来自"理性主义"(rationalism)和"比较宗教"(comparative religion)的影响。在这两个因素的影响下,约翰福音六章五十三至五十八节虽然仍旧被看作是与圣餐有关连的,但其"圣礼教义"(sacramental teaching)却被解释作是"巫术性的"(magical),并且又被看作是与"神秘宗教[异教]"(mystery cults)相关连的。[57] 上述二十世纪的观点,按逻辑的推论来说,简直就是否认了约翰福音第六章是出自约翰福音的原作者。因为约翰福音书的主导思想,是基于道成肉身的神学以及对信心的要求,它是跟"神秘宗教"或异教扯不上关系的。因为后者根本不可能接受道成

---

[55] 天特会议于 1545 年开始在意大利境内召开,会期先后延了十八年之久。会议主要目的是要处理教会因宗教改革所造成的分裂,以及对付宗教改革派的问题。该会在第二十一次的会议(*Sessio* xxi)上,在讨论圣餐(the Eucharist)时提及了约翰福音第六章。结果没有结论。有九位代表支持"属灵的解释"(spiritual interpretation),并且还以奥古斯丁等教父的观点为依据。十九位接受把圣餐中的饼和酒看作是耶稣的"真体"的观点,也即是所谓"圣餐的真实主义"(eucharistic realism)。二十一位同时接受上述的两个诠释。十位出席者弃权。见 Schnackenburg,vol. 2,pp. 65－67 及 n. 201。

[56] Schnackenburg, p. 67.

[57] Ibid.

肉身的历史性,也不会重视福音书所强调的那种"信心"。[58]

另一方面,认真从约翰福音的历史背景和神学看第六章的释经者就不难发现,六章五十一至五十八节这一段经文,其实是完全与整部福音书的主导思想一致的。正如 Eduard Schweizer 所指出的一样,圣礼(包括圣餐和圣洗)的主旨,是见证耶稣道成肉身的"真实性"(reality)。耶稣从降生一直到祂在十字架上献身的历史事实,特别是针对"幻影说"或"假现说"(Docetism)这个异端而发出的驳斥。[59] 这个异端尝试将道成肉身的耶稣,以及发生在祂身上事物的历史真实性(historical reality)"灵性化"(spiritualized),甚至给否认掉。圣餐既是确认以及见证耶稣是道成肉身的,也就表明圣礼(sacrament)是处在"道的宣讲"(the Word of preaching)之下的。[60] 就约翰福音的神学而论,圣餐是那位死、复活而后"升天的人子"(the exalted Son of man)通过"祂的肉和血"(his flesh and blood)把生命赐给信徒,以保守他们灵命的一个"圣礼的方式"(sacramental form)。[61]

基于上述的背景,Schnackenburg 为约翰福音第六章有关圣餐的教义(the Johannine Doctrine of the Eucharist)作了下列纲要性的总结:[62]

一、在教会群体举行的圣餐(the Eucharist),正如圣洗一样,并非是一个独立于整个基督的救赎工作的圣礼(sacrament)或拯救的恩具(means of salvations)。因此,对约翰(或是保罗)来说,圣餐是不可能离开这个救赎的意义来举行的。正如 J. Betz 所说的,"约翰福音中的主的晚餐(The Johannine Lord's Supper)是耶稣救赎工作的真正实践(applicatory actualization)。约翰表明,人最终只能从"基督论"(Christology)这个立场去理解圣餐,并且也必须在这个基础上给它诠释。[63]

─────────────────

[58] Ibid.

[59] "幻影说"或"假现说"(Docetism),是大约在第一世纪八十年代开始的一个基督教异端思想。这异端主要是不相信耶稣"道成肉身"的真体,否认祂的人性,认为历史上的耶稣只是一个"幻影",祂的肉身和人性只是一个"假现"而已。参约翰壹书四 1~3。

[60] Schnackenburg, p. 67.

[61] Ibid.

[62] Ibid., pp. 67 - 69.

[63] Ibid., p. 67, n. 205.

二、约翰福音第六章的整个重心,是耶稣基督所带来的启示和救赎。祂因此是从天降下来的"生命的粮"。祂超越以及成全了上帝在旧约所赐给祂子民的吗哪。作为生命的粮,耶稣一方面是那些不信的犹太人面前的见证,另一方面对那些信祂,并且不断举行圣餐的信徒社群来说,圣餐让他们对基督有深一层的认识。

三、上帝对人唯一的要求就是信(faith):信耶稣基督是从天上来的启示者和救赎者。这信也是领受圣餐者的唯一条件,让他们能够领悟这圣礼的奥秘(mystery),并且使得他们的"参与"(participation)真正有意义。

四、在历史上道成肉身的耶稣,与圣餐中通过饼和酒赐给我们的耶稣之间,有一个非常关键的环节,这环节就是十字架,因为耶稣在十字架上"为"(*huper*; for)世人献上自己。这样有救赎果效的死亡(this saving death)呈现在圣餐中。它的救赎力量(redemptive force)也藉着饼和酒赐给领受圣餐的信徒。因此,圣餐的遵守也就扮演了见证道成肉身的耶稣,以及祂的献身的作用了。它也是抗拒任何错误的基督论的有效工具。

五、在宣道(preaching)和圣餐两者的关系上,给予灵命的"道"(the Word)是占"首要"(priority)地位的。因为这"道"是耶稣启示自己最直接的媒介(这也就是"道成了肉身,住在我们中间"的意思),它也要求人在信与不信之间作一个明确的选择。这"道"也通过地上信徒的社群,以及圣灵的能力,继续宣扬下去。基于这"道"的能力,圣餐已不再是一个"象征性的"(symbolic)圣礼,而是可以藉着耶稣在设立圣餐时所说的话(through Jesus Words of institution),所给的吩咐以及能力带来生命,并且建立和维系信徒与基督的联合。

六、圣餐中的饼和酒本身,本来是不重要的。可是,作为"恩具"(means [of grace]),它们却在圣餐中具体地活现耶稣基督的肉身和血。"肉"(*sarx*)和"血"(*haima*)这两个词语很可能是"约翰的群体"(the Johannine community)常用的"圣餐语言"(eucharistic language),令人不断想起那一位曾经道成肉身的耶稣,以及祂的舍身流血,虽然祂现在已经复活了,并且成了不断与信徒群体同在的"天上的人子"(the heavenly Son of man)。约翰福音的思想虽然与十六世纪宗教改革时

期以及后来争论不休的"实体临在论"⑭在时间上有一大段距离，但是
约翰福音第六章的确含有"实体临在"（real presence）的思想。这一点
是不容否认的。圣餐最主要的"作用"（function）是让人有机会来领受
耶稣所赐的"生命的粮"（the bread of life），与祂建立和保持生命的
交流。

---

⑭ "实体临在论"，拉丁文 *praesentia realis*，德文 *Realprasenz*，英文 real presence。意思是，
耶稣的"真体"是实在"临到"圣餐中的饼和酒中的。

拾柒　门徒对"生命的粮"的回应（六60～71）

　　耶稣谈论"生命的粮"这个大道理的时候，犹太人曾数次提出了疑问以及彼此争论。结果整段经文给人的印象是：犹太人最终拒绝了耶稣是"生命的粮"的道理。六章六十至七十一节简单地记述了门徒的回应，以及耶稣自己的结语，包括祂对门徒犹大将要出卖祂的预言。

　　六60　他的门徒中有好些人听见了，就说："这话甚难，谁能听呢？"

　　"这话甚难，谁能听呢？"（*Sklēros estin ho logos houtos. Tis dunatai autou akouein*）这一句，和修版译作："你这话很难，谁听得进呢？"

　　这一节经文并没有说明耶稣的门徒感到"甚难"（*sklēros*）的"话"（*logos*）究竟是指什么。可是，按上下文来看，门徒觉得很难听得进去的，也是接受不来的，应该也是跟其他犹太人一样的。那就是："这个人怎能把他的肉给我们吃呢？"（六52）换句话说，耶稣自己的门徒也是和其他不信的犹太人一样，完全从人的思想去"听"（*akouein*）耶稣论及"生命的粮"的道理，结果不能领悟其中奥秘的属灵真理。

　　六61　耶稣心里知道门徒为这话议论，就对他们说："这话是叫你们厌弃吗？"

　　"耶稣心里知道"（*eidōs de ho Iēsous en heautō*）这一句，表示耶稣时刻都在关注门徒对祂的言论及行动的反应。

　　"这话是叫你们厌弃吗？"（*touto humas skandalizei*）这一句问话，正如和合本的小字体所注释的一样，可以更直接地译作："这话使你们跌倒了吗?"或是像和修版的译文一样:"这话成了你们的绊脚石吗?"思高本的译文:"这话使你们起反感吗?"虽然离原文的意思不远,却稍嫌弱了一些。因为原文的 *skandalizei* 是很强的一个动词。它有叫人跌倒,使人犯罪,叫人生气,令人深感震惊等意思。

从六章六十六节一些门徒的消极反应来看("从此门徒中多有退去的"),耶稣的言论,尤其是关于"吃我肉喝我血"这个绝对惊人的观念,的确是成了"绊倒"(*skandalizei*)人——包括祂自己的门徒——的一块大石头。①

六 62　"倘若你们看见人子升到他原来所在之处,怎么样呢?"

犹太人的疑问以及门徒心中作难的问题,其实还是一个"信"与"不信"的基本问题。耶稣的问话有比较性的意思:如果门徒对"生命的粮"这个道理都感到"甚难",甚至被它"绊倒",那么假设有一天他们"看见"(*theōrēte*)"人子"升天,岂不是会更加难以相信和难以接受吗? 如是的比较方式,其实早已经出现在耶稣对拿但业和其他门徒所说的一段话中(一 49~51)。拿但业当时是因为耶稣那超人的知识而信靠祂(一 49)。耶稣却提醒门徒说,这种超人的知识还不是最了不起的事。因为他们"将要看见比这更大的事":"你们将要看见天开了,上帝的使者上去下来在人子身上。"(一 51)拿但业只是凭着"听"就相信了。可是,耶稣预言说,他将要"看见"比这个更大的事。那些门徒只是"听"了耶稣有关"生命的粮"的言论就被绊倒了,倘若有一天"看见"(*theōrēte*)人子升天,又将会作出怎样的反应呢?

耶稣在六章二十四至六十二节这一段经文中,共有三次以"人子"(*ho huios tou anthrōpou*)自称(六 27、53、62),并且还有八次称上帝为"父"(*patēr*)(六 27、32、37、40、44、45、57)。然而,门徒以及其他犹太人似乎没有从耶稣上述自我启示中领悟到耶稣真正的身分(identity)。不然,他们就不会被祂的言论绊倒了。

Barrett 在诠释六章六十二节时,提出了一个有意义的思想。② 他

---

① 保罗在林前一 23 特别强调"钉十字架的基督"是犹太人的"绊脚石"(*skandalon*)。
② Barrett,p. 250.

认为"人子升到他原来所在之处"(ton huion tou anthrōpou anabainonta hopou ēn to proteron)这一句很明显是指耶稣复活后的升天。可是,耶稣被钉在十字架的事实,也是整个升天过程中最关键性的环节。钉十字架(crucifixion)这件事,对犹太人,甚至对当时的门徒来说,是最大的绊脚石(the supreme scandal)。可是,耶稣在十字架上的死以及紧接下去的复活和升天,却证实了耶稣真是"生命的粮"。因此,那些吃祂的肉、喝祂的血的人"就有永生",并且基督要在末日"叫他复活"(六 54)。[3] 门徒在这过渡的阶段中,虽然因为缺乏领悟的心,被耶稣的言论绊倒了,可是耶稣一旦死了、复活以及升天以后,祂所说的一切都必然会得到明确的证实(vindication)。

六 63　"叫人活着的乃是灵,肉体是无益的。我对你们所说的话,就是灵,就是生命。"

耶稣这句话很明显是针对犹太人和祂的门徒的困扰以及争论所说的。他们不能领悟和接受耶稣有关"生命的粮"的言论,主要是因为他们完全从"肉体"(sarx)这个物质的表层去听耶稣所说的。因此,他们误以为耶稣要赐给他们"吃"和"喝"的,果真是物质的"肉"和"血"。正如尼哥底母以前对"重生"的误解一样,以为"重生"就是"再进母腹生出来"的意思(三 4)。

耶稣在此向误解祂的犹太人和门徒澄清说,祂跟他们谈论的,是属"灵性"的道理:"我对你们所说的话,就是灵,就是生命"(ta rhēmata ha egō lelalēka humin pneuma estin kai zōē estin)。

耶稣在这之前曾多次重复地说,祂自己就是"生命的粮"(六 34、48、50、58)。可是,祂在六章六十三节这里,却说祂"所说的话……就是生命"(ta rhēmata ha agō lelalēka ... zōē estin)。换句话说,所谓"生命的粮"就是"生命的话"或"生命之道"。若是这样,领受耶稣所赐的"粮"就是领受或"信"(pisteuein)祂所说的"话"或"道"(rhēma 或 logos)。

rhēma 和 logos 在希腊文原是两个不同的名词,在意义上也不是

③ Ibid., p. 303.

完全相同。可是,在约翰福音,这两个字基本上是没有什么区别。例如,在六章六十八节西门彼得所指"永生之道"的"道"字,原文并不是 *logos*,而是 *rhēma*。

永恒的"道"藉着"肉身"(*sarx*)而来,也就是"道成了肉身"(*ho logos sarx egeneto*)(一 14)。既是这样,"肉身"就是"传"道以及彰显道的具体媒介了。作为"道"的"载体",耶稣的"肉身",因此也就不是一般只属物质的"肉身"了。只属物质的普通"肉身",是不可能"叫人活着的"(*to zōopoioun*),也的确是对人的灵命"无益的"(*ouk ōphelei ouden*)。总而言之,犹太人和门徒只能从"道成肉身"这个关键性的神学基础才能领悟耶稣所说"生命的粮"的真谛。

六 64　"只是你们中间有不信的人。"耶稣从起头就知道,谁不信他,谁要卖他。

"你们中间有不信的人"(*eisin ex humōn tines hoi ou pisteuousin*)在此似乎不是指一般的犹太人,而是针对祂自己的门徒中那些"不信的人"。"耶稣从起头就知道"(*ēdei gap ex archēs ho Iēsous*)这一句,与一章四十八节、六章六十一节一样,是指耶稣那超人的知识和辨别能力。

有些古希腊抄本如 P⁶⁶ᶜ、B、C 等,有"谁不信他"(*tines eisin hoi me pisteuontes kai*)这一句。古抄本如ℵ等则写作"谁信他"(*tines eisin hoi pisteuontes*)。P⁶⁶* 等则没有"谁不信他"以及"谁信他"这一句;只是"谁":"耶稣从起头就知道'谁'要卖他"。这里所指的出卖者,也就是六章七十至七十一节中的犹大。耶稣既然有先见之明,当然也就不会对那些"不信"的门徒和出卖祂的犹大完全感到意外了。

六 65　耶稣又说:"所以我对你们说过,若不是蒙我父的恩赐,没有人能到我这里来。"

这一节经文的思想与六章四十四节一样,都是在强调人对耶稣的信从是上帝给人的"恩赐",而不是人凭着自己主动的选择。④ 这一点

---

④ Ibid., p. 305.

对那些相信,甚至迷信"自由意志"（free will）的人来说,确实是很难理解和接受的。

六 66　从此他门徒中多有退去的,不再和他同行。

"从此"在希腊文（*ek toutou*）可以指时间,意思就是:"从那个时候起"或"从今以后"。它也可以表示"为此",因为耶稣先前所说的话,让他们不能接受,结果"退去",不再跟从祂了。就上下文而言,上面两个意思都很合理。

"不再和他同行"（*ouketi met' autou periepatoun*）是一个希伯来文（Hebraic）的表达方式,意即"不再跟从祂"或是"不再作祂的门徒了"。⑤

六 67　耶稣就对那十二个门徒说:"你们也要去吗?"

在这之前,耶稣曾先后跟"犹太人"或"众人"以及一般的门徒谈论有关"生命的粮"的道理。在此,祂是针对"十二个门徒"说话。希腊原文只有"十二"（*dōdeka*；RSV, the twelve）,并没有"门徒"这个字,虽然和合本所加添的"门徒"两个字是正确的。

约翰以"十二"（*dōdeka*）这个字来形容那十二个门徒,完全与马可福音三章十四节一致。马太和路加除了用"十二"这个字以外,也用"门徒"（*mathētai*,太十 2；路六 13）来称这十二个人。

"你们也要去吗?"中的"你们"在希腊文（*kai humeis*）是强调的语气。意思就是,普通的"犹太人"或"众人"以及"门徒中有好些人",因为不信耶稣所说的,都先后离耶稣而去了。这还是比较可以理解的。现在更关键性的问题是:莫非这十二位特别被耶稣选召出来的"使徒"（*apostoloi*）"也要去"吗? 这个问题当然也就是对十二个门徒的直接挑战,意味着他们选择继续跟从或是"退去"的时刻已经来到。这其实也是历代以来的信徒在"作门徒"（discipleship）这件事上,不断要作出的选择。这个挑战因此是门徒在整个"天路历程"（pilgrimage）中绝对不可回避的。

───────────────

⑤ Ibid., p. 306.

六 68　西门彼得回答说:"主啊,你有永生之道,我们还归从谁呢?"

"永生之道"中的"道",在此不是 *logos*,而是 *rhēma* 的复数,*rhēmata*(RSV, words)。但在意义上,*rhēmata* 在此与 *logos* 或 *logoi* 一样。

彼得在此所说的,就其内容和意义而言,已经不是一个普通的回答,而是一个很严肃的"宣信"(*homologia*;confession):"主啊,你有永生之道"(*Kurie ... rhēmata zōēs aiōniou echeis*)。这宣信似乎意味着彼得这时已经明白"生命的粮"的道理,因为承认耶稣有"生命之道"也即是表示相信并且接受祂是"生命的粮"(*ho artos tēs zōēs*,六 35)。

彼得上述的"宣信"是在耶稣分粮喂饱五千人之后不久。因此,约翰在时间的顺序上与马可和路加的"宣信"相近,虽然前者与后两部福音书中的"宣信",在内容上不完全相同。

马可记载彼得的"宣信"是在八章二十九节:"彼得回答说:'你是基督'"(*su ei ho Christos*)。这事发生在耶稣给四千人分粮(八 1～9)后不久。路加在九章二十节记载了彼得的宣信:"彼得回答说:'[你]是上帝所立的基督'",也发生在耶稣喂饱五千人(九 12～17)以后不久。

六 69　"我们已经信了,又知道你是上帝的圣者。"

"我们已经信了,又知道"在希腊文是用两个现在完成式动词(perfect tense)表达的:*pepisteukamen*(RSV, we have believed)和 *egnōkamen*(RSV, have come to know)。意思是,"我们已经信了,也知道了,并且还会继续信和知道"。换句话说,彼得和这些门徒将会继续跟从耶稣。

"你是上帝的圣者"(*su ei ho hagios tou Theou*)这一句是源自 P⁷⁵、א、B 等希腊文古抄本。教父德尔图良(Tertullian)的抄本是:"你是基督"(*su ei ho Christos*)。P⁶⁶ 是:"你是基督,是上帝的圣者"(*su ei ho Christos ho hagios tou Theou*)。syrᶜ 是:"你是上帝的儿子"(*su ei ho huios tou Theou*)。教父西普里安(Cyprian)的抄本是:"你是永生上帝的儿子"(*su ei ho huios tou Theou tou zōntos*)。古抄本 P⁷⁵、א、B 中的"你是上帝的圣者"(*su ei ho hagios tou Theou*),应该是比较原始的

(可一 24；路四 34 有同样的称号)。除了约翰福音六章六十九节这一节经文之外，耶稣也在十七章十一节的祷告中称上帝为"圣父"(*Pater hagie*；RSV，Holy Father)。此外，"圣"(*hagios*)这个形容词在约翰福音中只用以称呼"圣灵"(*to pneuma to hagiou*)(如十四 25 等)。

六 70～71　耶稣说："我不是拣选了你们十二个门徒吗？但你们中间有一个是魔鬼。"耶稣这话是指着加略人西门的儿子犹大说的。他本是十二个门徒里的一个，后来要卖耶稣的。

耶稣既不表示怀疑彼得对祂的信从，也没有拒绝他的"宣信"(*homologia*；confession)："你是上帝的圣者"。与此同时，耶稣又感到有必要向门徒提出忠告，说他们中间有一个是"魔鬼"(*diabolos*)。

那十二个门徒既然是耶稣自己"拣选"的(*exelexamēn*)，又怎么会有一位出卖祂的"魔鬼"呢？除了相信上帝的主权之外，这个问题也许永远不会有答案。

在新约圣经中，"魔鬼"(*diabolos*)和"撒但"(*Satanas*，即是"敌对者"，the Adversary 的意思)是等同的(见八 44，十三 2、27)。十三章二及二十七节不仅重提犹大出卖耶稣的事，还特别说明这个出卖的意念是魔鬼"放在……犹大心里"的。

约翰福音共有八次提到"犹大"。其中四次被称作"犹大"(*Ioudas*，十三 29，十八 2、35)，两次叫"卖耶稣的犹大"(*Ioudas ho paradidous*，十八 2、5)，一次被称作"加略人犹大"(*Ioudas ho Iskariotēs*，十二 4)，三次是"加略人西门的儿子犹大"(*Ioudas Simonos Iskariōtou*，六 71，十三 2、26)。和合本的"加略人"在希腊文的古抄本中有稍微不同的写法：*Iskariōtou*(P⁶⁶、P⁷⁵、ℵᶜ、B、C)；*Iskariōtēn*(K、Δ)；*Skariōth*(D)；*apo Karuōtou*(ℵ*、θ；意即"来自加略的")。

"他本是十二个门徒里的一个"(*houtos gar ... heis ek tōn dōdeka*)这一句其实是重复了六章七十节较早时的意思，目的在强调犹大作门徒的身分。作者约翰似乎有意在此提醒并警告读者说：在耶稣自己所拣选的十二个门徒中，竟然也有一位出卖祂的人。这是多大的悲剧呢！

拾捌 议论纷纷，杀机处处（七 1～52）

耶稣在第六章论及"生命的粮"的时候，曾在犹太人之中引起了极大的误会和争议。不但"众人"无法接受，甚至是在祂的门徒中，也"多有退去的，不再和他同行"（六 66）。然而，那些人的负面反应，到如今仍未对耶稣的人身安全造成真正的威胁。可是，到了第七章，犹太人对耶稣的态度，却很明显地有了很大的改变。因为犹太人到了这个时候，除了对耶稣的身分和言论继续争论不休之外，还产生了要杀害祂的可怕意念，以及要捉拿祂的具体行动。但是，纵使是在这个杀机四伏的危急情况之下，耶稣仍然可以在住棚节末了的那一天，抓住了良好的时机，给众人"高声"地宣告像"活水的江河"那样震撼人心的信息（七 37～39）。

七 1　这事以后，耶稣在加利利游行，不愿在犹太游行，因为犹太人想要杀他。

"这事以后"（meta tauta；RSV，After this），是约翰常用以介绍一件或一些事物或课题的方式。它也可以被看作是两段经文之间的一个连接词（conjunction）。可是，在约翰福音的希腊原文中，"这事以后"有时候是以单数（meta touto）来表达的（例如二 12，十一 7、11，十九 28 这几节经文，比较明确的翻译应当是："这一件事以后"）。"这事以后"有时是以复数（plural）出现（meta tauta）（例如三 22，五 1、14，七 1，十九 38，二十一 1 这几节经文，比较明确的翻译应当是："这些事以后"）。因此，七章一节的 meta tauta 应当译作"这些事以后"。

但是，七章一节的"这些事"（tauta）究竟是指什么呢？一个似乎合理的假设是："这些事"在此是指第六章所记述的那些事。那些事大约是在靠近逾越节的时候发生的（见六 4）。七章二节提到了"住棚节"（*hē heortē hē skēnopēgia*；RSV，The feast of Tabernacles）；①六章四节则谈到"逾越节"（*to pascha*；RSV，the Passover）。"住棚节"和"逾越节"这两个大节日之间大约相距六个月之久。②

这样看来，第七章所记述的事，很可能是在耶稣谈论了"生命的粮"以后大约六个月发生的。

"在加利利游行"这句子中的"游行"，希腊原文是过去未完时态动词 *periepatei*，表示耶稣继续不断在加利利一带活动。紧接下去的句子清楚说明耶稣为何在那个时候选择留在北方的加利利，而不愿意在南方的犹太地"游行"："因为犹太人想要杀他"（*hoti ezētoun auton hoi Ioudaioi apokteinai*）。

这是约翰第二次提及犹太人想要杀耶稣的事。首次是在五章十六至十八节。那一次是因为耶稣在安息日治病，被认为是干犯了安息日的法规。虽然七章一节没有说明犹太人这一次要杀害耶稣的原因，但根据上下文来推测，犹太人要杀害祂的动机，仍旧是跟五章十六至十八节有直接关系的。不但如此，在五章十九节至六章七十一节之间所发生的事，包括那些没有记载在五章十九节至六章七十一节这段经文中的，可能还进一步加强了犹太人想要杀害耶稣的决心。

七 2　当时犹太人的住棚节近了。

住棚节、逾越节和五旬节，是犹太人三个最大的节期。住棚节（*hē heortē hē skēnopēgia*）除了记念犹太人的祖先出埃及以后，在旷野四十年"住棚"的生活以及耶和华上帝与他们"同在"的经历之外，也是一个秋收之后的感恩节。住棚节从犹太历法的提斯利月（Tishri）十五日开

---

① 马氏译作"列帐之礼宴"。

② 犹太人的历法与华人的类似，是以一年分十二个阴历月来计算的。而阴历和阳历的差距，则以"闰月"来补足。逾越节是在犹太历法中的第一月，即"尼散月"（Nisan），约在阳历三、四月间举行。住棚节则在犹太历法中的第七月，即"提斯利月"（Tishri），约在阳历的九或十月间举行。

始至二十一日,共举行七天。③

　　在这个时候(也即是公历九至十月间),犹太人不仅已将大麦小麦收入了仓库(这工作一般早就在六月间完成),也把葡萄和橄榄收成了。这也就是出埃及记二十三章十六节所说的"收藏节"(LXX, *heotē suntcleias*;RSV, the feast of ingathering)的尾声了。

　　农忙过后的欢乐是不难想像的。为了使这个节期成为名符其实的"住棚节"(希伯来语叫 *sukkoth*),④家家户户都在这个时候住在用棕树枝和叶子搭成的"棚"子里。人们在乡间固然有许多空旷的地方把棚子搭起来,在市镇的居民也照样可以把棚子搭在屋子的庭院中或是平坦的楼房上。犹太各地以及居留在很远的境外的犹太人(希腊文 *diaspora*;the Dispersion)都会尽量设法回到"圣城"耶路撒冷去完成他们"朝圣"(pilgrimage)的义务。

　　七 3～5　耶稣的弟兄就对他说:"你离开这里上犹太去吧,叫你的门徒也看见你所行的事。人要显扬名声,没有在暗处行事的。你如果行这些事,就当将自己显明给世人看。"因为连他的弟兄说这话,是因为不信他。

　　耶稣的弟兄在七章三至四节对耶稣所说的话,假使没有七章五节的解释,是很难明白的。七章五节清楚表明他们说这话"是因为不信他"(*oude gar ... episteuon eis auton*)。"不信"在希腊文是过去未完时态的动词(*oude episteuon*),表示耶稣的弟兄一直到那个时候,仍旧不信祂。不但如此,弟兄们不信的态度也意味着他们对耶稣所说的话,是带着讽刺性的语气的。

　　"叫你的门徒也看见你所行的事"(*hina kai hoi mathētai sou theōrēsousin sou ta erga ha poieis*)这句话意思很模糊。因为耶稣的门徒,尤其是那些一直在祂身边的,至今已多次"看见"祂所行的事,包括神迹。既然如此,耶稣的弟兄又何必说"叫你的门徒也看见"呢?

---

③ 按 Bruce 的推算,假设七 2 所指的"住棚节"是在主后 29 年,则那一年的提斯利月(Tishri)十五日应该是阳历的 10 月 12 日(October 12, A. D. 29)。Bruce, p. 170.

④ 见利二十三 39～44。利二十三 39 所说的"七月十五日"即是指犹太历法中的提斯利月十五日。

耶稣的弟兄所说的那些话，是在"加利利"对祂说的。七章三节中的"行"字，希腊文是现在时态动词（*poieis*），表示耶稣当时在加利利继续不断地"行"事，甚至还可能包括神迹，虽然约翰没有记述这些"事"或"工作"（*ta erga*）是什么。若是这样，七章三节中的"门徒"（*hoi mathētai*）可能是指那些在犹太（包括耶路撒冷）的门徒，因为那些在犹太的门徒没有机会亲自"看见"耶稣在加利利所行的事，只有那些跟耶稣一起"在加利利游行"（七 1）的门徒才有机会"看见"。

另一方面，正如拿但业所说的一样，"拿撒勒还能出什么好的吗？"（一 46）加利利一带的地方，正如拿但业的观点一样，在当时是没有地位的。因此，耶稣的弟兄们以讽刺性的语气劝祂上犹太去"显扬名声"（*en parrēsia einai*）（七 4），而不应该留在加利利这个"暗处"（*en kruptō*；RSV，in secret）（七 4）。

从某些观点来看，耶稣的弟兄们所说的，也并不是没有道理。第一，在犹太人当时的心目中，犹太而不是加利利，才是弥赛亚出现的地方。因此，任何想作弥赛亚，或是以弥赛亚自居的人，包括耶稣自己在内，很自然地应该到犹太去"显扬名声"才是。到了这个阶段，耶稣的弟兄们是不可能不知道有关祂是弥赛亚式人物的传闻，纵使他们那个时候仍旧"不信他"。

第二，假使任何人要彰显自己的身分，住棚节期间的犹太，特别是耶路撒冷，将是最理想的地点和时机了。当时，"显扬名声"可能是耶稣的弟兄们对祂的误会。因为耶稣对自己的身分、使命以及"时间表"是绝对清楚的。况且，身为真正的弥赛亚，耶稣也不必像一般人那样刻意地"显扬名声"，虽然祂所做的事，会很自然地把祂的名声宣扬出去（例如六 14）。

七 6～9　耶稣就对他们说："我的时候还没有到。你们的时候常是方便的。世人不能恨你们，却是恨我，因为我指证他们所作的事是恶的。你们上去过节吧！我现在不上去过这节，因为我的时候还没有满。"耶稣说了这话，仍旧住在加利利。

七章六节"我的时候还没有到"以及七章八节"我的时候还没有满"这两个句子中的"时候"（*kairos*）在意义上与二章四节中的"时候"

(*hōra*)基本上是一样的,都是在表明耶稣在完成祂使命的过程中,完全依照父上帝为祂所定的时间去行事。

希腊文可以用两个不同的字来表达"时间"或"时候",即是 *kairos* 和 *chronos*。*kairos* 好多时候表示"时机"或"成熟的时候"。*chronos* 则比较普遍地指"时间"(time)的长短、时候或日子。可是,两者的区分肯定不是绝对的;⑤虽然和修版在约翰福音七章六节和七章八节这里以"时机"来翻译 *kairos* 是很明智的,因为它比和合本的"时候"更能表示耶稣在上耶路撒冷过住棚节这件事上早已"胸有成竹"了。

身为一位富有使命感的人,耶稣的时间完全取决于使命本身。其他人,包括祂自己的弟兄们,则不然。因为他们的时候"常是方便的"(*pantote estin hetoimos*)。思高本的译文是"常是现成的",和修版是"随时都有",都是不错的翻译。那就是说,他们可以完全随着自己的意思(也即是"人意",而不是上帝的"旨意")去做事。但是耶稣却要凡事按照父上帝的旨意去完成任务。

"世人不能恨你们,却是恨我"这一句,表面上看起来似乎跟耶稣在上一节经文所说的没有什么关系,其实不然。因为它不但表明"世人"(*kosmos*)拒绝耶稣所做和所说的,同时也意味着祂的弟兄也是和"世人"一样,因为他们也同样"不信他"(*oude episteuon eis auton*)。

"世人不能恨你们"(*ou dunatai ho kosmos misein humas*)这一句话,还可能反映了另外一种情况。那就是,"世人"对耶稣的恨恶,可能波及了祂的"弟兄",使得他们有被"连累"的感受。耶稣因此向他们澄清说,世人所恨恶的,并不是他们,而是祂自己。正如约翰在一章十节及十一节所宣告的一样,"他在世界[或世人之中],世界也是藉着他造的,世界却不认识他。他到自己的地方来,自己的人倒不接待他"。

七章七节的下半句说明了世人恨恶耶稣的原因:"因为我指证他们所作的事是恶的"(*hoti egō marturō peri autou hoti ta erga autou ponēra estin*)。意思与三章十九及二十节一样。

---

⑤ 见 J. A. T. Robinson, *In The End God* (London, 1950); John Marsh, *The Fullness of Time* (London, 1962); James Barr, *The Semantics of Biblical Language* (Oxford, 1961); *Biblical Words for Time* (London, 1962).

　　七章八节中的"我现在不上去过这节"这一句，是根据希腊文古抄本 P⁶⁶、P⁷⁵、B 等翻译的：*egō oupō anabaino eis tēn heortēn tautēn*。思高本译作"我还不上去过这庆节"，把希腊原文 *oupō*（"还"）这个字的原意突现出来。意思就是："我现在还不会上去，因为我的时候还没有到，到时将会上去。"这个意思至少在表面上是比较符合七章十节的事实："但他弟兄上去以后，他也上去过节。"其实 א、D、K 等希腊文古抄本的意思也是正确的："我不上去过这节"（*egō ouk anabainō eis tēn heortēn tautēn*）。意思是："我不上去过这节，因为我的时候还没有到，到时将会上去。"耶稣"仍旧住在加利利"（*autos emeinein en tē Galilaia*）（七 9），表示祂的弟兄比祂早上去过节。

　　七 10　但他弟兄上去以后，他也上去过节，不是明去，似乎是暗去的。
　　耶稣"暗去"（*en kruptō*）犹太过节，主要还是因为祂的"时候还没有到"，绝对不是出于恐惧或是考虑到自己的安全。一旦时机成熟，耶稣便坦然无惧地在众人的拥戴下，公然进入圣城耶路撒冷（十二 12～19）。祂这次静悄悄地上耶路撒冷的举动，正好与祂弟兄要祂"显扬名声"的劝说成了强烈的对照。和合本的"不是明去"（*ou phaneros*）在和修版译作"不是公开去"；"暗去"（*en kruptō*）译作"秘密地去"。

　　七 11　正在节期，犹太人寻找耶稣说："他在哪里？"
　　"犹太人"（*hoi Ioudaioi*）在过节期间"寻找"（*ezētoun*）耶稣，是为了要"捉拿"（*piasai*）祂（见七 30、32、44）。这个图谋的首脑是犹太人公会的领袖（七 32）。犹太人的领袖不能在加利利下手，因为加利利是分封的王希律安提帕（Herod Antipas，4 B. C. ‑ A. D. 39）所管。公会没有权力捉拿属于加利利的耶稣。
　　但是，耶路撒冷却是公会的权力中心。除了罗马巡抚有权否决之外，公会拥有管辖犹太人的绝对权力。⑥ 这一次的节期，因此是公会捉拿耶稣的良好时机。

⑥ Bruce，p. 173.

七 12～13　众人为他纷纷议论,有的说:"他是好人。"有的说:"不然,他是迷惑众人的。"只是没有人明明的讲论他,因为怕犹太人。

"众人"(单数 *ho ochlos* 或复数 *hoi ochloi*)与"犹太人"(*hoi Ioudaioi*)在约翰福音是有区别的。在一般的情况下,"众人"对耶稣是友善的,至少是比较客观和中立的。"犹太人"则普遍对耶稣采取比较批判和敌视的态度。⑦

七章十二节说明"众人"在对耶稣的观点上分成正面和负面两群人。七章十三节的"犹太人"则很明显是敌对耶稣的,以致使人不敢公开地"讲论"(*elalei*)耶稣,尤其是对耶稣的赞扬。结果连被耶稣医治好的那一个瞎子的父母,都"因为怕犹太人"而不敢公开透露耶稣的身分(九 18～22)。

七 14～15　到了节期,耶稣上殿里去教训人。犹太人就希奇,说:"这个人没有学过,怎么明白书呢?"

"到了节期"并不是很好的翻译。原文 *ēdē dē tēs heortēs mesousēs* 应当译作"节期已经过了一半"比较正确。思高本是"庆节已过了一半",和修版的译文是"住棚节已过了一半",都是不错的翻译。马氏的译文是"去礼宴约半时"。

经文并没有说明耶稣何时抵达耶路撒冷。祂在节期过了一半以后才"上殿里去教训人"(*anebē Iēsous eis to hieron kai edidasken*)似乎意味着祂事先作了一些筹划工作。

希腊文有两个字可以译作中文的"殿"。那就是 *hieros* 和 *naos*。前者一般指耶路撒冷的整个殿宇或是圣殿的建筑群,或是"外殿",后者一般表示"内殿"或"圣所"。在耶稣那个时代,"外殿"(outer Court)设有好几个场所供拉比们教导用。耶稣应该是利用其中的一处"教训人"(*edidasken*)。

犹太人为耶稣的教训感到希奇(*ethaumazon*)是一个很自然的反应,因为正如犹太人所说的一样,耶稣并不像当时著名的拉比以及他们

---

⑦ 见 *Anti-Judaism and the Fourth Gospel*, ed. R. Bieringer et al. (Louisville: Westminster John Knox Press, 2001).

的子弟，的确是"没有学过"(*mē memathēkōs*)。

"没有学过"中的"学"(*manthanō*)有时是指进过拉比的学校或是受过正规的教育。既是这样，耶稣又"怎么明白书呢?""明白书"(*grammata oiden*)也可译作"有学问"。和修版译作"熟悉经典"。在使徒行传四章十三节，耶稣的门徒彼得和约翰被犹太人的领袖看作是"没有学问的小民"(*anthrōpoi agrammatoi*)。当时那些犹太人也同样为彼得和约翰所宣讲的道感到"希奇"。

Gramma 在五章四十六至四十七节是指摩西的"书"或"经"，在七章十五节这里也许译作"学问"或"经典"比较恰当。根据上下文，耶稣当时在殿里的教训，让犹太人感到希奇的，并不是一般类似拉比们的"学问"(*gramma*)，而是祂在教训中所彰显的"权威"或"权柄"(*exousia*；RSV，authority；见可一 22)。耶稣这一种属于灵性(spiritual)以及道德性(moral)的权威，是当时的犹太教拉比们所缺少的(可一 22)。

七 16～19　耶稣说:"我的教训不是我自己的，乃是那差我来者的。人若立志遵着他的旨意行，就必晓得这教训或是出于上帝，或是我凭着自己说的。人凭着自己说，是求自己的荣耀，惟有求那差他来者的荣耀，这人是真的，在他心里没有不义。摩西岂不是传律法给你们吗?你们却没有一个人守律法。为什么想要杀我呢?"

耶稣在这一段经文中的辩解与五章三十九至四十七节完全一致。第五和第七章都反映了一个关键性的背景。那就是，犹太人想要杀害耶稣的图谋(五 18，七 1、25、30)。因此，耶稣的发问是完全有根据的:"[你们]为什么想要杀我呢?"

"你们却没有一个人守律法"(*kai oudeis ex humōn poiei ton nomon*，七 19)。这一句控诉，表面上看去似乎是对犹太人有欠公正。因为犹太人，尤其是他们的宗教领袖，事实上是不断尝试，甚至还自以为是已经常"守律法"或是"按律法做事"(*poiei ton nomon*)。可惜事实并非如此，耶稣控诉他们的逻辑根据是:"假使你们犹太人真是遵守律法的话，你们就不会想要杀我了。因为摩西的律法是指着我写的。摩西自己就是我的见证人。"(五 39、46)

七 20　众人回答说:"你是被鬼附着了。谁想要杀你?"

按约翰福音给"众人"(*ho ochlos* 或 *hoi ochloi*)一般的描绘,这里的"众人"似乎不是一概而论。它只是指"众人"中那些敌对耶稣的人而言(见七 12 注释)。

"你是被鬼附着了"(*daimonion echeis*)。犹太人在此对耶稣的指控,虽然听起来令人深感惊讶,但却在约翰福音中多次出现(见八 48、52,十 20)。当然,指责耶稣的犹太人不一定真相信祂是被鬼附着的。他们只是说耶稣已经疯狂了或是神志不清的意思,并且有意藉这指责来否认他们想要杀害耶稣的意图。

七 21～24　耶稣说:"我作了一件事,你们都以为希奇。摩西传割礼给你们(其实不是从摩西起的,乃是从祖先起的),因此你们也在安息日给人行割礼。人若在安息日受割礼,免得违背摩西的律法,我在安息日叫一个人全然好了,你们就向我生气吗? 不可按外貌断定是非,总要按公平断定是非。"

那些敌对耶稣的人,在七章二十节否认他们想要杀害耶稣的意图,并且还指责耶稣是"被鬼附着的"。耶稣因此在七章二十三节以一个实际例子来证明犹太人的确是因为祂在安息日治好了一个病人(五5～17)而"想要杀他"(五 18)。这也就是耶稣在七章二十三节所说的"你们就向我生气"那件事。不但如此,耶稣还以犹太人"在安息日给人行割礼"为例,说明祂在安息日给人治病的合理性。

其实,按人的迫切需要而论,人的病痛在一些特殊的情况之下,也许比人的割礼还显得更紧急。当然,对传统的犹太人来说,他们也是有一套说法来辩解在安息日给人行割礼的合法性。⑧ 耶稣不但没有对犹太人行割礼的做法给予批判,反而以这个例子和祂自己在安息日治病相比较,认为两者至少在"精神上"(spiritually)都没有违背摩西的律

---

⑧ Mishnah, *Shabbat* 18:3: "And all things required for circumcision do they perform on the Sabbath;" 19:1: "R. Eliezer says, 'If one did not bring a utensil [used for circumcision] on the eve of the Sabbath, he brings it openly on the Sabbath'"; 19:2: "They do prepare all that is needed for circumcision on the Sabbath"; 3:11: "R. Yose says, 'Great is circumcision, since it overrides the prohibitions of the Sabbath, which is subject to strict rules.'"

法："人若在安息日受割礼，免得违背摩西的律法，我在安息日叫一个人全然好了，你们就向我生气吗？"

值得一提的是，耶稣在七章二十三节所强调的，是祂在安息日叫一个病了三十八年的人（五 35）"全然好了"。"全然好了"，希腊原文（*holon anthrōpon hugiē*）可以译作"整个人的身心灵都健全起来了"（或康复了）。思高本的译文是："完全恢复健康"。这也就是五章六、九、十一、十四、十五节所说的"痊愈"（*hugiē*）的意思。耶稣当时给那位已经"痊愈"了的病人的警告，也清楚说明了那人病情的严重性："你已经痊愈了。不要再犯罪，恐怕你遭遇的更加利害"（五 14）。

七章二十四节"不可按外貌断定是非，总要按公平断定是非"（*mē krinete kat' opsin, alla tēn dikaian krisin krinete*），这一句结语，很明显是针对犹太人批判耶稣在安息日治病那件事说的。和合本的"按外貌"译自希腊文的 *kat' opsin*。它也可以译作"凭外在的准则"。和修版译作"凭外表"。"外在的准则"在此似乎是指犹太人自己所规定的那些有关安息日的条文。

"总要按公平断定是非"这个句子中的"公平"（*dikaian*）是一个形容词，也可以译作"公正的"或"公义的"（righteous）。这个形容词很明显是指内在的事物，或是属于精神和灵性的东西，而不是"外在的准则"。对耶稣来说，守安息日的真正意义是在乎它的"精神和灵性"（spirit），而不是它外在的"条文"（letters）。这一点是关键性的。

就安息日的外在条文或规则来说，耶稣在安息日治病的行为以及那位被治者在安息日"拿褥子走"（五 8～16）的行动，的确是犯了犹太人自己所定的安息日规条。可是，如果以"公义的"态度来评论耶稣的行为，则祂当时在安息日所做的，却是真正符合了安息日的原有"精神"（spirit）。这样的观点完全有旧约圣经为依据。

按出埃及记二十章八至十一节，上帝当日藉着摩西向以色列全民颁布有关安息日的诫命，至少有两个意义是很明显的。第一，守安息日是为了记念创造主耶和华以六日来创造宇宙万物的工作；把第七日，也即是"安息日"，"守为圣日"（出二十 8、11）。这可说是一个"宗教的"（religious）理由。第二，安息日是为了人以及牲畜的福利，也即是基于人以及牲畜的实际需要而设立的。这是基于"人道主义"（humanitarian）

的精神。因为在安息日,按照十诫的条文(出二十 8～11),不仅主人或是
"自由人"需要"安息",甚至"仆婢、牲畜,并你城里寄居的客旅,无论何
工都不可作"。那就是说,上述的一切,都有享受"安息"的权利。这也
就是安息日这条诫命的原旨。难怪耶稣大胆地宣告说:"安息日是为人
设立的,人不是为安息日设立的。"(可二 27)

　　七 25～27　　耶路撒冷人中有的说:"这不是他们想要杀的人吗?
你看他还明明的讲道,他们也不向他说什么。难道官长真知道这是基
督吗? 然而我们知道这个人从哪里来,只是基督来的时候,没有人知道
他从哪里来。"

　　从七章二十五节看来,犹太人的领袖想要杀害耶稣的图谋到了现
阶段已经是一个"公开的秘密"了。可是,令耶路撒冷人深感困惑的是:
既是这样,那些领袖又为何继续容许耶稣那样公开的"讲道",而不采取
行动呢? 莫非这些"官长"们已经改变了他们原有的看法和态度,真的
知道,甚至相信祂就是"基督"了? 当然,官长们的看法和态度是不太可
能改变的。无论如何,那些提出疑问的耶路撒冷人的观点和立场却很
明确:我们知道耶稣这个人的背景和底细。他绝对不可能是我们犹太
人期待中的那位基督。因为基督来的时间以及祂的背景和其他详情,
是人不可能知道的。⑨ 按约翰福音的记载,这是基督的身分首次在耶
路撒冷公开地被提出来讨论。

　　七 28～29　　那时耶稣在殿里教训人,大声说:"你们也知道我,也
知道我从哪里来。我来并不是由于自己,但那差我来的是真的。你们
不认识他,我却认识他,因为我是从他来的,他也是差了我来。"

　　经文说明耶稣那时并没有直接与那些议论祂的耶路撒冷人对话,

---

⑨ 耶稣那个时代的犹太人,对基督或弥赛亚出现的时间和地点富有争议以及存在着各种的猜
　测。按但以理九 24～26 等旧约经文,"受膏者"(九 25 在 LXX 是 Christos;英文 Christ)出现
　的时间是一个秘密。玛拉基书三 1 说,以色列人所寻求的主基督必"忽然"出现。在次经以
　斯拉下十三 25、51 的异象(或梦)中,基督是忽然"从海里出来的"。祂也就是"上帝的儿子"
　(十三 32,34)。可是,当希律王询问"祭司长和民间的文士"有关"基督当生在何处"的时候,
　他们的回答,根据弥迦书五 2,却似乎是很肯定的:"在犹太的伯利恒"(太二 1～6)。

而是"在殿里教训人"(*en tō hierō didaskōn*)。可是,耶稣却非常清楚耶路撒冷那些人当时谈论的内容,因此"大声"(*ekraxen*)地作出回应,目的似乎是要让更多人知道,并不只限于那一群谈论祂的耶路撒冷人。RSV 因此把希腊文的 *ekraxen* 译作"proclaimed"("宣告")。

"你们也知道我,也知道我从哪里来"这一句和合本的译文,在表面上看去是肯定性的(affirmative)。可是,它的希腊原文 *kame oidate kai oidate pothen eimi*,也可以以提问的方式来翻译,正如 RSV 的译文一样:"You know me,and you know where I come from?"("你们知道我,也知道我从哪里来?")

从七章二十八节的下半句来看,耶稣当时以提问的方式来回应众人的议论似乎比较合理。换句话说,虽然那些耶路撒冷的人自以为"知道这个人[耶稣]从哪里来"(七 27),其实不然。因为他们自认为"知道"的,完全是"按外貌断定是非"(七 24)的结果。那就是,他们只凭人自己的认知和眼光去看耶稣身为"拿撒勒人"或是"加利利人"那个非常卑微的身分。正如拿但业起初对耶稣所持的貌视态度一样:"拿撒勒还能出什么好的吗?"(一 46)或是一些犹太人在七章四十一节所发出的疑问一样:"基督岂是从加利利出来的吗?"难怪耶稣那么慎重地对他们说:"我来并不是由于自己"(*ap' emautou ouk elēlutha*)。那就是说,耶稣并不是像普通人那样,通过"人意"的途径来到世间,自己冒充作"弥赛亚"的,更不是"从血气生的";乃是"从上帝生的"(一 13),是永恒的"道"(*logos*)成了肉身(*sarx egeneto*)(一 14)。可惜那些议论祂的人并不知道这个奥秘和启示。耶稣因此对他们说:"但那差我来的[我父上帝]是真的,[只是]你们不认识他。"这一句话是关键性的,也是约翰福音不断在重述的:犹太人并"不认识"(*ouk oidate*)那位差遣耶稣来的上帝。他们若是真的"认识"上帝就不会拒绝,甚至图谋杀害祂了。这样的情况,不断在约翰福音中重现。

七 30   他们就想要捉拿耶稣,只是没有人下手,因为他的时候还没有到。

"他们就想要捉拿耶稣"(*ezētoun oun auton piasai*)。这完全是人的意念与图谋。"只是没有人下手,因为他的时候还没有到"(*kai oudeis epebalen ep' auton tēn cheira*，*hoti oupō elēluthei hē hōra autou*)这一句解释，清楚表示上帝是掌管一切的主宰。正所谓"谋事在人，成事在天[上帝]"。

耶稣身为上帝所差遣来的使者，完全依照上帝的旨意行事。祂也因此对"时候"(*hōra*)或者"时机"(*kairos*)有着非常敏锐的意识感(consciousness)。祂深深地意识到，若不是上帝许可或"时候还没有到"(*oupō elēluthei hē hōra*)，任何人都不能向祂"下手"。这一个重要的思想在八章二十节重现。同样的，当"时候"一旦来临，耶稣会作好一切准备，毅然面对一切，包括与死亡的最后约会(见十二23、27，十三1，十七1等)。

七31～32　但众人中间有好些信他的，说："基督来的时候，他所行的神迹，岂能比这人所行的更多吗?"法利赛人听见众人为耶稣这样纷纷议论，祭司长和法利赛人就打发差役去捉拿他。

关于"耶稣究竟是谁"这个基要问题的争议，好多时候都是属于理论和观念层面的东西。当争议没有扎实的依据，个人的猜测或是对某一些经文的诠释，甚至个人对耶稣的态度与偏见，都可能成为人真正认识耶稣的阻碍或绊脚石(*skandalon*)。

犹太教的领袖们自己的体制、组织以及既得利益，也同样使得他们很难以开放和公正的心态看待耶稣。纵使是这样，在"众人中间"(*ek tou ochlou*)却有"好些"(*polloi*)不受上述障碍的影响，而能以一种"平常心"，实事求是地坦然表达他们对耶稣的看法："纵使基督真正来到，他所行的神迹，会比这位耶稣所行的更多吗?"(*ho Christos hotan elthē mē pleiona sēmeia poiēsei hōn houtos epoiēsen*)。结果他们是根据实际的观察，对耶稣表达了他们的信仰。这就叫人想起施洗的约翰涉及耶稣的身分时所提出的疑问。这件事记载在马太福音十一章二至六节和路加福音七章十八至二十三节，这两段应该是属于"Q"的资料。那时施洗的约翰正在监里听见耶稣所作的事。但他心中仍旧对耶稣的真正身分有重要的疑问，于是打发自己的两个门徒出去，直截了当地向耶稣问个究竟："那将要来的[基督或弥赛亚]是你吗，还是我们等候别人呢?"(太十一3;路七19)耶稣当时并没有直接回答是或否，而是以祂当时的具体行动来解答了施洗的约翰的疑问："瞎子看见，瘸子行走，长大麻风的洁净，聋子听见，死人复活，穷人有福音传给他们"（太十一 5；路七 22）。

根据约翰福音七章三十一节的记载，有好些人是因为见证了耶稣的"神迹"（*sēmeia*）而"信"（*episteusan*）祂的。但是，这些人的信不但丝毫没有改变或影响"祭司长和法利赛人"对耶稣的偏见，反而激发了他们要捉拿耶稣的更大决心（七 32）："祭司长和法利赛人，就打发差役去捉拿他"（*apesteilan hoi archiereis kai hoi Pharisaioi hupēretas hina piasōsin auton*）。

七 33～34　于是耶稣说："我还有不多的时候和你们同在，以后就回到差我来的那里去。你们要找我，却找不着。我所在的地方你们不能到。"

"我还有不多的时候和你们同在"（*eti chronon mikron meth' humōn eimi*）这句话，似乎是在提醒那些图谋要捉拿耶稣的祭司长和法利赛人，希望他们能够回心转意，抓紧机会信靠祂，因为耶稣与他们在一起的机会的确已经不多了。这就正如先知以赛亚给人的警诫一样："当趁耶和华可寻找的时候寻找他，相近的时候求告他。恶人当离弃自己的道路，不义的人当除掉自己的意念，归向耶和华"（赛五十五 6～7）。

"……回到差我来的那里去"（*… hupagō pros ton pempsanta me*）是指耶稣在"地上"完成了祂的使命以后，回到"天上"上帝那里去。当然，犹太人在那个时候不会明白祂所说的是什么，误会就因此产生了。

七 35～36　犹太人就彼此对问说："这人要往哪里去，叫我们找不着呢？难道他要往散住希利尼中的犹太人那里去教训希利尼人吗？他说：'你们要找我，却找不着，我所在的地方，你们不能到'，这话是什么意思呢？"

在不能领悟耶稣的意思的情况下，犹太人只能对祂所说的话作一番猜测。

"散住希利尼中的犹太人"（*tēn diasporan tōn Hellēnōn*；RSV，

the Dispersion among the Greeks)在耶稣的时代是广义地指那些居住在犹太本土之外的犹太人而言。⑩ 但是,在彼得前书一章一节,*diaspora*("分散的";RSV,the Dispersion)却不是狭义地指属犹太民族的人,而是概括性地指散居在各处的基督徒,不论他们是犹太基督徒(Jewish Christians)或是外邦基督徒(Gentile Christians)。

"希利尼人"(*Hellēnes*;RSV,the Greeks;和修版,"希腊人")在约翰福音十二章二十节也有提及。在耶稣那个时代,热心的犹太人也在外邦人,包括"希利尼人"中宣教。那些归依犹太教的外邦人结果被纳入犹太人的群体中。因此,犹太人的猜测——"难道他[耶稣]要往散住希利尼中的犹太人那里去教训希利尼人吗?"——并非完全没有根据,虽然那是一个误会。

七章三十六节表示犹太人不但对耶稣所说的不能领会,甚至对自己的猜测也起了怀疑。约翰福音接下去的记述,清楚说明了耶稣实际上并不是要到"希利尼人"那里去"教训"(*didaskein*)他们,虽然耶稣自己的门徒后来在这些人群中展开了很全面的宣教工作。这也是初期教会宣教史上明确的见证。

七 37~38 节期的末日,就是最大之日,耶稣站着高声说:"人若渴了,可以到我这里来喝。信我的人,就如经上所说,从他腹中要流出活水的江河来。"

"节期的末日,就是最大之日"(*en de tē eschatē hēmera tē megalē tēs heotēs*)究竟是指哪一日? 按利未记二十三章三十三至三十九节,犹太人必须在住棚节"守这节七日"(即从犹太人年历的七月十五日至二十一日,也就是提斯利月[Tishri],大约是公历的十月间)。可是,"第八日"也是犹太人当守的"圣会"(LXX,*klētē hagia*;RSV,a holy convocation;利二十三 39)或"圣安息"(LXX,*anapausis*;RSV,solemn rest;二十三 39)。⑪ 大部分学者似乎都认为七章三十九节所指

---

⑩ Barrett,p. 325.

⑪ Josephus 在 *Ant.* III, 245 中说明,住棚节是一个为期八天的节日("a festival for eight days")。

的"节期的末日"或"最大之日"是"第八日"。⑫

住棚节主要的意义之一,就是为过去一年农作物的收成,向创造天地万物的主宰上帝感恩。祈求祂在新的一年中,再赐给祂的子民丰足的雨水,使一切都能"风调雨顺"。对生长在农业社会的子民来说,也许没有什么比这更重要和更切身了。

旧约的撒迦利亚书特别强调守住棚节与雨水的直接关系,并且警告列国和万民说:"凡不上耶路撒冷敬拜大君王万军之耶和华的,必无雨降在他们的地上"(亚十四 16～18)。这就说明了在守节的七天期间,都有"倒水"或是"泼水"的礼节(the ceremony of water-pouring)。根据这个礼节,每天的黎明时分,参与节日的犹太人都在祭司的带领下,列队到耶路撒冷的西罗亚池子(the pool of Siloam;希腊文 *silōam*,是"奉差遣"[sent]的意思,*a pestalmenos*;见约九 7)去取水,接着把所取的水带回圣殿去。这时正好是圣殿在清晨献祭的时刻。参与这礼节的犹太人然后将水倒入祭坛两边的漏斗里。⑬圣殿的诗班随即开始以诗篇一一三至一一八篇颂赞上帝。这颂赞在希伯来文叫 *Hallel*,即是"颂赞称主上帝"(Praise Thou [the Lord])的意思,与"哈利路亚"(Hallelujah)相似。⑭

根据上面的一些背景和礼节,"水"包括犹太人为上帝赐雨水感恩和祈求,以及整个住棚节七天持续不断的倒水习惯,已经成了当时参与盛会者心目和思想中的主题(theme)和象征符号(symbol),以及这符号所引发和涉及的各种意义了。因此,当耶稣在"节期的末日,就是最大之日"站起来高声向众人公开宣告有关"活水"(*hudatos zōntos*)的福音信息的时候,各样不同的思想及联想,都会很自然地在听众的脑海中涌现出来,结果让耶稣所宣告的信息可以达到预期的果效。不但如此,假设这"末日"真是第八天,则倒水的礼节也就是已经终止了。这样,耶

---

⑫ Bruce,p. 181;Morris,p. 373,fn. 79;Barrett,p. 326.

⑬ 有关"倒水的礼节"("The water libation"),Mishnah,*Sukkah* 5:1 有这样的记载:"他们说,任何人假使一生还未见过取水的快乐,就是从未见过快乐了。"("They said, Anyone who was not seen the rejoicing of bet hashshoebah [water-drawing] in his life has never seen rejoicing. ") Jacob Neusner,p. 288.

⑭ 见 *IDB*,"Hallel";"Hallelujah".

稣公开宣告的信息——"人若渴了,可以到我这里来喝"——就会更令
人深感好奇或是渴慕了。因为人在干渴的时候,很自然地就会更渴慕
水的满足和滋润。

水或是雨水,是住棚节的主题之一。整个节期间的不少庆典和礼
节,都直接或间接地与水有关。但是,耶稣在那个时候邀请人"来喝"
的,并不是普通的水,而是"生命的水",是"活水的江河",是不断涌流的
活泉(七 38)。这也就是耶稣以前与那位撒玛利亚妇人所谈论的"活
水"(四 10)。

耶稣在四章十四节私底下对妇人说:"我所赐的水,要在他[人]里
头成为泉源,直涌到永生。"可是在七章三十八节里,祂却公开地向众人
宣告说:"信我的人就如经上所说,从他腹中要流出活水的江河来"
(七 38)。在第四章,耶稣与撒玛利亚妇人的谈论从"活水"开始,然后
进入有关"心灵"以及"上帝是个灵"(pneuma)的事(四 23~24)。在第
七章这里,耶稣把"活水"和"灵"连接起来论说(七 39)。

耶稣在七章三十八节引"经"(tē graphē)来说明信靠耶稣者将要
从他的腹中"流出活水的江河来"。可是,这节经文究竟出自何处呢?
就希腊原文来说,potamoi ek tēs koilias autou rheusousin hudatos
zōntos("从他腹中要流出活水的江河来"),并没有整句出现在任何旧
约圣经中。但是,它的背景和意义很可能是源自下列以及其他类似的
旧约经文:

——以赛亚书十二章三节:"所以你们必从救恩的泉源欢然
取水。"[15]

——以赛亚书五十八章十一节:"耶和华必时常引导你,在干旱之
地使你心满意足,骨头强壮。你必像浇灌的园子,又像水流不绝的
泉源。"

——箴言十八章四节:"人口中的言语,如同深水;智慧的泉源,好

---

[15] 上面已经说过,犹太人在住棚节时取水和倒水的礼节是一个最快乐的时候(Mishnah,
Sukkah 5:1)。犹太人所流传的古代法典"耶路撒冷他勒目"(The Jerusalem Talmud),将
以赛亚书十二 3 和取水的礼节以及圣灵连串一起来解释说:"这取水的礼节叫什么? 因为
圣灵的浇灌,正如[以赛亚书十二 3]所说的一样:你们必从救恩的泉源欢然取水。"
见 Morris, p. 373.

像涌流的河水。"

——撒迦利亚书十四章八节："那日，必有活水从耶路撒冷出来，一半往东海流，一半往西海流，冬夏都是如此。"⑯

——以西结书四十七章九节："这河水所到之处，凡滋生的动物，都必生活，并且因这流来的水，必有极多的鱼，海水也变甜了。这河水所到之处，百物都必生活。"

"人若渴了，可以到我这里来喝"(*ean tis dipsa erchesthō pros me kai pinetō*)这一个宣告的背景，很明显是以赛亚书五十五章一节："你们一切干渴的都当近水来……"

不论是以赛亚书或是耶稣在七章三十七节所说的"水"(*hudōr*)，都不是指普通的水，而是指"活水"，或"生命的水"，或"泉源"。在以赛亚书五十五章一节，是上帝自己在邀请人来取水。耶稣在七章三十七节的宣告中，是邀请干渴的人到祂那里去"喝"祂赐给人的活水。

七 39　耶稣这话是指着信他之人要受圣灵说的，那时还没有赐下圣灵来，因为耶稣尚未得着荣耀。

这一节经文似乎是福音书作者的注解，目的是要帮助读者明白耶稣在七章三十七至三十八节所说的是什么。

"信"(*pisteuein*)是约翰福音的基要思想之一。只有"信"耶稣的人，才能从腹中"流出活水的江河来"(七 38)。同样的，也只有"信"祂的人，才会"受圣灵"(七 39)。这节经文带出了一个很重要的神学信息，那就是，圣灵是在耶稣"得着荣耀"(*edoxasthē*)，也就是完成了在十字架上代罪的工作以及复活和升天以后，才会赐下来给信徒的。

在重要的希腊文古抄本如 P⁷⁵、א 等中并没有和合本的"赐下"。这些希腊原文只是说，"因为那时还没有［圣］灵"(*oupō gar ēn pneuma*)。当然，这一节经文并非表示"灵"(*pneuma*)或"圣灵"(*to pneuma hagion*)那时还不存在。这是不可能的，因为约翰福音已清楚见证，早在耶稣受洗的时候，"圣灵"就已经降在祂的身上了(一 32～34)。七章

---

⑯ 根据"巴比伦他勒目"(The Babylonian Talmud，tractate Megillah 31a)，犹太人在住棚节的第一天所念的先知书经文便是撒迦利亚书十四章。见 Bruce，p.182 及 endnote 12.

三十九节要说明的是，圣灵在那个时候还没有赐下来给信徒："因为耶稣尚未得着荣耀"。因此，就意义上来说，和合本的译文是正确的："那时[上帝或耶稣]还没有赐下圣灵来。"思高本的译文是："圣神还没有赐下。"不但如此，有一些希腊文古抄本和教父的著作是有"赐下"（*dedomenon*）这个字的。此外，P⁶⁶*、B、L、W 等古抄本也用 *pneuma hagion*（"圣灵"；RSV，Holy Spirit）这两个字，不只是 *pneuma*（"灵"；RSV，spirit）单独一个字。

　　"得着荣耀"（*edoxasthē*）作为一个动词（*doxazein*），在约翰福音共出现了二十三次之多。七章三十九节是第一次，它在约翰福音中特别用以表明耶稣的使命中那不可回避的死亡。耶稣的使命是必须通过死亡这个必然的途径才能完成的。因此，从使命以及耶稣对上帝的顺服这两个层面去看，死亡本来就是那位满有使命感的耶稣所期待的，因为死亡以及死亡以后"回到父那里去"，也就是祂"得着荣耀"的时候（见十二 23，十七 1）。

　　到此为止，约翰已经三次清楚记载了"水"和"圣灵"的密切关系：三章五至八节（有关"重生"的途径）；四章十三至二十四节（有关"活水"和"心灵"的敬拜）；七章三十七至三十九节（有关"活水"和"圣灵"的赐下）。对熟悉旧约圣经的犹太人来说，上述这些道理不应该是完全陌生的。例如，先知约珥除了预言耶和华将在新的日子把祂的灵"浇灌"在"凡有血气的"（也即是人的意思），也同时期待活水的"泉源从耶和华的殿中流出来"，好"滋润"那些干旱之地（珥二 28～29，三 18）。其实，读经者也不难从上帝创造天地万物的行动以及生命起源的奥秘去领悟"上帝的灵运行在水面上"这句经文的神学意义。⑰

　　耶稣在七章三十八节所说的，以及福音书的作者在七章三十九节所作的解释，都在耶稣死而复活后，圣灵赐下来给信徒的时刻实现了（约二十 22；徒二 1～5，十 44 等）。

　　七 40～44　　众人听见这话，有的说："这真是那先知。"有的说："这

───────────────

⑰ 创一 2，LXX，*kai pneuma Theou epephereto epanō tou hudatos.*

是基督。"但也有的说："基督岂是从加利利出来的吗？经上岂不是说，'基督是大卫的后裔，从大卫本乡伯利恒出来的'吗？"于是众人因着耶稣起了纷争。其中有人要捉拿他，只是无人下手。

"这真是那先知"(*houtos estin alēthōs ho prophētes*)，与六章十四节"这真是那要到世间来的先知"是相同的，同样是指摩西在申命记十八章十五节所预言的那一位。然而，两节经文的背景却是不相同的。在六章十四节，众人是因为"看见耶稣所行的神迹"(给五千人吃饱)以后有此反应。在七章四十节，有些听众是在"听见"耶稣宣告有关"活水"的预言以后，才相信祂"真是那先知"。这样看来，七章四十节的"众人"似乎比六章十四节中的一群更有领悟能力了，因为他们只凭听觉，而不是眼见，就认定耶稣是摩西所预言的那一位"先知"。那些认为耶稣是"基督"(*Christos*)的人，又是另外一群。⑱ 至于那些否认或怀疑耶稣是基督的人，则以为自己的观点有旧约的圣经为依据。

"基督岂是从加利利出来的吗？"(*Me gar ek tēs galilaias ho hristos erchetai*)。这样的怀疑，甚至是带讥讽性的态度，跟当时还未认识耶稣的拿但业所提问的是类似的："拿撒勒还能出什么好的吗？"(一46)因为拿撒勒也是加利利的一个乡镇。

"基督是大卫的后裔"(*ek tou spermatos Dauid ... erchetai ho Christos*)确实是有旧约圣经的依据。早在大卫王还在位的时候，上帝就已经通过先知拿单对他应许说："你寿数满足，与你列祖同睡的时候，我必使你的后裔接续你的位，我也必坚定你的国……直到永远"(撒下七 12～13)。

大卫的父亲是耶西(路四 17)。因此，以赛亚书十一章一至二节也被看作是预言弥赛亚或基督将是"大卫的后裔"的经文："从耶西的本必发一条，从他根生的枝子必结果实。耶和华的灵必住在他身上……"(参罗十五 12)。同样，以赛亚书九章七节也被解释作有关基督国度的预言："他的政权与平安必加增无穷。他必在大卫的宝座上治理他的

---

⑱ 因为当时的犹太教以及昆兰(Qumran)社群等，普遍都认为摩西在申命记十八 15 所预言的那位"先知"和弥赛亚是两个不同的人物。只有初期教会相信耶稣既是"那先知"，也是弥赛亚或基督。

国，以公平公义使国坚定稳固，从今直到永远。万军之耶和华的热心，必成就这事。"

马太福音追溯耶稣基督的家谱时，称耶稣为"亚伯拉罕的后裔，大卫的子孙"（太一1）。路加福音也把耶稣基督看成是大卫的后裔（路三23、32）。

不但如此，旧约圣经也的确明言"基督是……从大卫本乡伯利恒出来的"。先知书弥迦书说得最明确："伯利恒、以法他啊，你在犹大诸城中为小。将来必有一位从你那里出来，在以色列中为我作掌权的。他的根源从亘古，从太初就有。"（五2）路加还特别强调，耶稣的父亲约瑟，在罗马皇帝该撒亚古士督（Caesar Augustus）下旨要人民都报名上册的时候，"从加利利的拿撒勒城上犹太去，到了大卫的城，名叫伯利恒，因他本是大卫一族一家的人"（路二4）。结果耶稣出生在伯利恒城（二5～7）。第一个"圣诞夜"（Christmas night）的那一幕，也出现在"伯利恒之野地"（路二8）。天使在向野地的牧羊人"报佳音"的时候说："不要惧怕，我报给你们大喜的信息，是关于万民的。因今天在大卫的城里〔伯利恒〕为你们生了救主，就是主基督"（路二10～11）。

有关"基督当生在何处"这个问题，耶路撒冷的祭司长和文士给希律王的回答，也是根据旧约弥迦书五章二节的预言："犹大地的伯利恒啊……将来有一位君王，要从你那里出来……"（路二6）。根据马太福音的记载，约瑟和马利亚以及小孩耶稣从埃及避难回来以后，回到加利利的拿撒勒居住。从此以后，耶稣也就被"称为拿撒勒人"（*Nazōraios klēthēsetai*）。"拿撒勒人耶稣"因此是一般的犹太人所熟悉的。可惜的是，他们只是凭着这"外貌"（*Kat' opsin*，约七24）来看待耶稣，甚至藐视祂成长的家乡"拿撒勒"，结果不知道祂正是像犹太人自己的圣经所预言的一样，是真正"从大卫本乡伯利恒出来的"。⑲

按约翰福音七章三十二节，当众人为了耶稣的身分"纷纷议论"，甚至还有"好些信他"的时候（七31），祭司长和法利赛人就想"捉拿"耶稣。这一次，当众人又因着耶稣的身分"起了纷争"（*schisma*，七43）

---

⑲ 难怪 Bruce 把这看作是"约翰福音中的一个讽刺性的例子"（"a signal instance of Johannine irony"）。Bruce, p. 183.

的时候，也同样"有人要捉拿他"(*tines de ēthelon ex autōn piasai auton*)。可是，又为什么"无人下手"(*oudeis epebalen epē auton tas cheiras*，七 44)？从人的观点以及就当时的情况而论，这很可能是因为耶稣在众人之中，有不少支持者(七 40)，使得犹太人的领袖不敢或不便公开下手捉拿他，免得引起对他们不利的骚动。另一方面，从上帝或是耶稣自己的"时间表"来看，无人在这个时候下手，是因为"他的时候[*kairos* 或 *hōra*]还没有到"(七 31)。

七 45～46　差役回到祭司长和法利赛人那里。他们对差役说："你们为什么没有带他来呢？"差役回答说："从来没有像他这样说话的。"

和修版把 *hupēretai* 译作"警卫"(和合本是"差役")。从差役或是警卫被打发出去捉拿耶稣(七 32)直到他们回来(七 45)之间，已经有一段时间。在这期间，差役们的见闻肯定不少。这包括众人对耶稣的身分和言行的不同看法和争议，以及耶稣自己在"节期的末日"那非常令人惊讶的公开宣告(七 37)。这一切都会对差役们产生正面的影响，结果使得他们不得不坦诚地回答他们的领袖说："从来没有像他这样说话的"(*oude pote elalēsen houtōs anthrōpos*)。他们简直就是为原本想要捉拿的耶稣作了一个最有力的见证！

和合本七章四十六节的译文似乎是根据最简短的希腊文古抄本如 P[66*]、א[c]、B、L 等：*oude pote elalēsen houtōs anthrōpos* (RSV，no one ever spoke like this man!)。思高本却是按照较长的古抄本如 P[66*]、א[*]等：*houtōs anthrōpos elalēsen hōs houtōs lalei ho anthrōpos*。因此译作："从来没有一个人如此讲话，像这人讲话一样。"无论希腊原文是长或是短，正如 Barrett 的观点一样，这些差役的印象才是最要紧的。那就是，耶稣并不像一般"人"(*anthrōpos*)那样讲话，而是富有权威和魅力的，是一位"超人"(superman)。[20]

---

[20]　见 Barrett，p. 331；参可一 22。

七 47～49　法利赛人说:"你们也受了迷惑吗? 官长或是法利赛人,岂有信他的呢? 但这些不明白律法的百姓,是被咒诅的。"

法利赛人用"迷惑"(peplanēsthe)这词语来盘问差役是可以理解的。可是,从希腊原文问话的语气中,读经者应该可以看出,法利赛人其实不相信差役已经被"迷惑"了,因为希腊原文的语气是:"你们不可能也被迷惑了吧?"(mē kai humeis peplanēsthe)其实,差役较早时的回答已经明确地表示,他们的确是已经被耶稣所讲的说服了(或是所谓"迷惑"了):"我们从来没有见过像他这样说话的人。"

七章四十八节中的"官长"(archotes)似乎是广泛地指像祭司和法利赛人这一类的领袖。在三章一节,法利赛人尼哥底母也被称为"犹太人的官"(archōn tōn Ioudaiōn)。"官长或是法利赛人,岂有信他的呢?"这句问话,在希腊原文也很清楚是期待着一个否定的答案:mē tis ek tōn archontōn episteusen eis auton ē ek tōn Pharisaiōn。意思就是:"官长或是法利赛人,岂有信他的呢? 这是不可能的。"

七章四十九节中的"百姓"译自希腊文的 ochlos。ochlos 在六章二、五及二十四节译作"人"或"众人",类似希伯来文的'amme ha'arets,意即"大地的子民"或"百姓"。在拉比的文献中,这些普罗大众与拉比传统中的"学者"(talmide ḥᵃkamim)成了强烈的对照。这些百姓普遍都被藐视为没有教养的,尤其是对犹太人的律法和传统无知。甚至比耶稣年长一辈,被公认是比较开明的大拉比希列尔(Rabbi Hillel,生于70B. C. - A. D. 10 左右),也清楚表达了自己对百姓们的偏见:"百姓中没有任何人是敬虔的。"㉑因此,"百姓"在七章四十九节这里,简直就是类似华文的"老土"。

法利赛人在七章四十九节把"百姓"看作是"被咒诅的"(eparatoi;RSV, accursed)。这当然也反映了当时的背景。根据拉比文献Pesahim 49 的记载,拉比阿其巴(Rabbi Aqiba)就曾经这样自我表白过:"当我还是一个百姓['am ha'arets]的时候,我一直在说,我希望能够找着一个学者,然后就像一只驴子那样咬他。"他的学生问他说:"您

㉑ 见 Barrett, p. 332; Bruce, p. 185.

的意思是，像一只狗那样咬他？"拉比阿其巴回答道："驴子会把人的骨头咬断，狗不能。"由此可见，"百姓"与拉比之间的仇恨之深。[22]

　　七 50～52　内中有尼哥底母，就是从前去见耶稣的，对他们说："不先听本人的口供，不知道他所作的事，难道我们的律法还定他的罪吗？"他们回答说："你也是出于加利利吗？你且去查考，就可知道加利利没有出过先知。"

　　约翰福音到此为止还没有说明这一位曾经在夜间下去见耶稣的法利赛人尼哥底母(三 1～12)后来是否已经成了耶稣的门徒或同情者。和合本的"内中"(heis ōn ex autōn)，很清楚表示尼哥底母迄今仍旧是法利赛人中的一个成员。可是，他却自告奋勇为耶稣讲一句公道话。他所说的，也确实是有旧约律法的精神为依据。[23]

　　先听取被告本人的"口供"，希腊文(akousē prōton par' autou)的直译是："先听取他[被告]的意思"，然后再下判断，是公正的做法。它不但符合旧约圣经的教导，也与当时罗马法律的基本原则和精神一致。罗马巡抚非斯都(Festus)也因此向犹太的亚基帕王(King Agrippa)表明他的立场，决定给被告保罗"分诉"或自我辩护(希腊文 apologia；RSV，defence)的机会："我对他们[犹太的长老]说，无论什么人，被告还没有和原告对质，未得机会分诉所告他的事，就先定他的罪，这不是罗马人的条例"(徒二十五 16；参二十五 13～16)。

　　尼哥底母除了重视耶稣的"口供"之外，还要求其他的法利赛人考虑耶稣"所作的事"(ti poiei)。这一点对尼哥底母来说特别重要，因为他从前正是因为知道耶稣"所行的神迹"(也即是"所作的事")，并且相信祂是"由上帝那里来作师傅的"，才特别来会见耶稣(三 1～2)。那些不信耶稣的法利赛人的主要问题是：既不先听耶稣的"口供"，也"不知道他所作的事"(七 51)。就这样来"定他[耶稣]的罪"，不论是根据旧约律法或是罗马法律的原则，都可说是知法犯法了！难怪法利赛人对尼哥底母公正的发言，显得那么不耐烦："你也是出于加利利吗？"

㉒　见 Barrett, p. 332.
㉓　参出二十三 1；申一 16，十七 4；Josephus，Ant. 14；167.

（*mē kai su ek tēs Galilaias*）这句话似乎有两个意思。第一,耶稣是来
自加利利的。莫非你也是祂的同乡,因此为"老乡"辩护? 第二,难道你
也成了加利利人耶稣的跟随者,跟那些"百姓"一样无知?

　　总括来说,加利利在历史上的确不是人才辈出的地方。可是,说
"加利利没有出过先知"倒也不完全符合事实。先知以利亚就是出自加
利利的基列(王上十七 1),㉔先知约拿也是一样(王下十四 25)。㉕ 可见
这些法利赛人自己并没有真正去"查考"圣经。㉖ 在七章四十一节,法
利赛人肯定基督不可能出自加利利。在七章五十二节这里,他们甚至
断言"加利利没有出过先知"。就算过去的历史真如法利赛人所说的那
样,他们也不能否定加利利现在或将来出先知的可能性。无论如何,法
利赛人似乎对耶稣出生于犹太的伯利恒城这个历史事实无知,或是不
愿意接受这个事实。

㉔ 见 Bruce,p. 186.

㉕ 见 Morris,pp. 384 - 385;按 Mishnah,*Sukkah*,276,拉比以利尔沙(Rabbi Eliezer,
　C. A. D. 90)也曾说过,"在以色列,没有一个城镇是没有出过先知的"。参阅 Barrett,
　p. 333.

㉖ 在希腊原文"查考"(*eraunaō*),在此是指查考圣经。参阅五 39。

拾玖　耶稣让淫妇重获生机（七 53～八 11）

　　马礼逊译本、和合本、思高译本以及和修版中文圣经都是紧接着七章五十二节，把七章五十三节到八章十一节这段经文，排在七章五十二节与八章十二节之间，成为约翰福音文本的一部分。大多数的英译本，包括 RSV、NEB、NIV 等，都有注解简单说明七章五十三节至八章十一节这段经文与整部约翰福音书的关系以及它排列的位置的问题。NEB 甚至还把它放在二十一章二十五节之后，以"附录"（Appendix）来处理它。大部分现代注释者，也将它安排在二十一章二十五节之后才给予注释。Ernst Haenchen 只把七章五十三节至八章十一节插在七章五十二节与八章十二节之间，但是没有给它作注释。①

　　本注释的作者将在简要讨论七章五十三节至八章十一节这段文本（text）的基要问题之后，按和合本的原有安排给它作注释。下列的几点被不少学者认为是七章五十三节至八章十一节这段经文的主要问题。

　　一、这一段经文出现在七章五十二节与八章十二节之间，很明显给读经者感觉到它不论在思想的转移（或演进）或是在秩序的连接上都不太顺畅。七章五十二节刚刚记述了尼哥底母和法利赛人有关耶稣的对话，七章五十三节就紧接下去说，"于是各人都回家去了"

---

① Haenchen"并不认为淫妇被拿这一幕是第四部福音书原有的部分。它是希腊文古抄本 D 以及一些拉丁文本把它穿插在七 52 后面的。它［七 53～八 11］没有出现在 P⁶⁶、P⁷⁵⁽ᴬ⁾ᴮ⁽ᶜ⁾……这些最好的手抄本中"。Haenchen，*John* 2，22。Bultmann 在注释中完全省去了七 53～八 11 这一大段经文。

（*kai eporeuthēsan hekastos eis ton oikon autou*）。② 这就使人怀疑它是否属于约翰福音的原稿。

　　二、文本研究（textual study）的结果显示，七章五十三节至八章十一节这段经文只出现在较迟的一些希腊文抄本中，如 D（属第五世纪，藏于剑桥）、E（属第八世纪，藏于巴黎）、K（属第九世纪，藏于巴黎），以及一些古拉丁文手稿和哲罗姆（Jerome，约 A. D. 347－420）在主后382 年所译的拉丁文"武加大译本"（The Vulgate）。较早的希腊文古抄本如 P⁶⁶（约 A. D. 200，藏于日内瓦）、P⁷⁵（属第三世纪初，藏于日内瓦）和 B（Vaticanus，属第四世纪，藏于梵蒂冈）等，都没有包括七章五十三节至八章十一节这一段经文，虽然教父奥古斯丁（Augustine，345－430）等曾为它的可靠性辩解。

　　三、有些希腊文抄本，如 225（1192 年）则把七章五十三节至八章十一节放在约翰福音七章三十六节之后。f13（包括手抄本 13、69、124、174、230）甚至还把它安插在路加福音二十一章三十八节的后面。f1（包括手抄本 1、118、131）把它放在约翰福音二十一章二十五节之后。

　　上述三点表面上看去，似乎是给七章五十三节至八章十一节这一段经文的可靠性带来很大的问题。但是，这些问题并非不能辩解。

　　一、虽然一些重要的希腊文古抄本如 P⁶⁶、P⁷⁵、B 等并没有包括七章五十三节至八章十一节这一段经文，但是它们毕竟不是约翰福音本身的"原稿"（original manuscript），只是较古老的"抄本"（copies）而已。就理论上来说，那些包括了七章五十三节至八章十一节这一段经文的手抄本如 D（第五世纪）、E（第八世纪）等，虽然是较迟，但却可能是根据很早的希腊文本抄写下来的。不但如此，那些包括了七章五十三节至八章十一节的古拉丁文手稿以及 Vulgate（主后第四世纪）和教父如奥古斯丁（345－430）的见证，也是非常值得重视的。

---

② 在马礼逊的译本中，*kai eporeuthēsan hekastos eis ton oikon autou*（译作"且各散往本家"）这一句是属于七 53。和合本则将 *kai eporeuthēsan hekastos eis ton oikon autou*，*Iēsous de eporeuthē eis to Oros tōn Elaiōn*（译作"于是各人都回家去了，耶稣却往橄榄山去"）这整个句子定为八 1。

二、七章五十三节至八章十一节的古抄本之多及其流传之广,也有力地说明了它在历代教会中的地位。学者 Ridderbos 就基于这个客观的历史事实评述道:"它[七 53～八 11]的年代无疑是古老的。它的内容显示了它那真实传统的本质,并不是源自一个虚构的故事"(It is undoubtedly of ancient date and in content envinces the character of an authentic tradition, not that of a fictitious story)。③ Schnackenburg 也以类似的观点判断说:"它不太可能是捏造出来的"(... it is unlikely to have been invented)。④

三、虽然七章五十三节至八章十一节的文体和词语与约翰福音整体不完全相同,但是它的内容和神学思想却与福音书没有任何抵触或不一致之处。因此,没有具体的理由可以有力地说明七章五十三节到八章十一节所记载的事,不可能发生在耶稣的言行中。U. Becker 在一篇专论中⑤就提出了三个理由,尝试说明七章五十三节到八章十一节这一段的记述是属于耶稣的言行的。第一,这一段经文所涉及有关律法和死刑的争议,在耶稣那个时代的犹太教中,的确是富有很大的争议性。第二,耶稣在所争议的这件事上,明确地表示祂反对文士和法利赛人按照律法的表面条文,以石头将淫妇处死。第三,耶稣凭着自己的权柄,毫无条件地赦免了淫妇的罪行。Schnackenburg 也赞同 U. Becker 的看法,认为耶稣在约翰福音七章五十三节至八章十一节所表现的态度完全符合符类福音书中所描述的那一位"历史上的耶稣"。⑥ Brown 也认为从七章五十三节至八章十一节中的故事或是它的语言来看,没有任何理由足以让他怀疑这件事不可能发生在耶稣的生平。⑦

既是这样,七章五十三节至八章十一节这一段经文又为何会迟到第三世纪才进入圣经的"正典"(Canon)呢?⑧ 针对这个问题,教父奥古

---

③ Ridderbos, p. 286.

④ Schnackenburg, vol. 2, p. 170.

⑤ *Jesus und die Ehebrecherin* (*Jesus and the Adulteress*) 1963, pp. 165 - 174。见 Schnackenburg, vol. 2, p. 170; Ridderbos, p. 286, n. 105.

⑥ Schnackenburg, vol. 2, p. 170.

⑦ Brown, *John* I - XII, p. 335.

⑧ 其实,约翰福音七 53～八 11 这一段经文是否真是迟到第三世纪才进入"正典",仍是有争议的。

斯丁早就作了这样的解释：这段经文（七53～八11）本来就是约翰福音原有的部分，可是后来却被省掉了，这是因为有人担心它可能有助于那些淫乱的支持者。⑨

当代学者 H. Riesenfeld 的看法与奥古斯丁有类似之处：耶稣如此轻易就赦免了那个淫妇的做法，很难与初期教会当时严厉的悔罪纪律相协调。这一段记载，因此要等到教会后来采取了较宽松的纪律措施时，才普遍被接纳。学者 W. Heitmuller 把这一段经文看作是"古代传统所失去的珍珠"（The lost pearl of ancient tradition），⑩虽然它在圣经正典中的地位，以及在约翰福音中所属的位置，将会继续成为学者们探讨的课题。

Bultmann 和 Strathmann 把它完全省略了。在英语圈的学者中，Westcott、Lightfoot、Hoskyns、Bernard 和 Barrett 等，都把它当作附录（Appendix）来处理。大部分的天主教学者，因为受了拉丁文圣经 Vulgate 的影响以及天主教天特会议（the Council of Trent）于 1546 年 4 月 1 日以 34 对 17 的多数票不对这段经文作出裁决的结果，普遍都尊重这段经文是正典（Canon）的地位。⑪

爱尔兰的多明我会会士（Dominican）Thomas L. Brodie 并没有给七章五十三节至八章十一节作注释。他只以一页的篇幅（p.338）写了一小段的补充（Excursus）。可是，他却给这一段"戏剧性以及意义深长"（dramatic and meaningful）的经文很正面的评价。⑫

纵使许多学者都认为七章五十三节至八章十一节这段经文，穿插在七章五十二节和八章十二节之间，造成了一些连贯性的问题，Brodie

---

⑨ 参阅 Ridderbos，p. 286.

⑩ 见 Schnackenburg，vol. 2，p. 162.

⑪ 罗马教廷也于 1897 年 2 月 13 日再次肯定经文的正典地位。当代的天主教学者一般也确认约翰福音七53～八11 这段经文在神学以及教义上的正确性。可是，关于它是否约翰福音原稿的问题，则是属于个别学者自由探讨的事。参阅 Hoskyns，*The Fourth Gospel*，p. 563.

⑫ "耶稣面对［犹太教］权势空洞的指控，但其重点不是对抗，而是怜悯……在处理那个已经知罪的淫妇这件事上，耶稣为她开了一个新的赦罪和平安的空间……然而，祂处理的态度却是祥和的。"（"Jesus confronts the empty accusations of the authorities, yet the emphasis is not on confrontation but on mercy. ... And in dealing with the woman, who is already quite aware of her sinfulness, he opens up for her a new place of forgiveness and peace ... yet he does it with a kind of serenity." Brodie，*John*，p. 338.

却觉得经文现有的位置也不见得完全不恰当。因为耶稣在处理淫妇这件事上,是为了要表明摩西律法的原意并不是要置人于死地,而是要让人因它而活。这一点正好与七章十四至二十四节对摩西律法的讨论有关系。[13]Schnackenburg 进一步以经文中一些议论的问题,如"断定是非"(*krinein*,七 24、51),"定罪"(*katakrinein*,八 10、11)及律法(*nomos*,七 19、23、49、51,八 5)等,说明七章五十三节至八章十一节被安置在七章五十二节之后并非格格不入。[14]

　　总而言之,在没有更充分的客观理由,说明七章五十三节至八章十一节应该从现有七章五十二节与八章十二节之间抽出来的情况之下,本注释作者决定按和合本、思高本以及和修版的安排,顺序为七章五十三节至八章十一节这段有争议的经文作注释。

　　七 53(八 1)～八 2　于是各人都回家去了。耶稣却往橄榄山去,清早又回到殿里。众百姓都到他那里去,他就坐下教训他们。

　　假设七章五十三节(八 1)是紧接七章五十二节,则这里所说的"各人"(*hekastos*)应该是指"节期的末日"(七 37)或是较后与耶稣在耶路撒冷有接触的那些人(七 38～52)。当然,如果七章五十三节(八 1)至八章十一节这一段经文是穿插进来的,而不是在时间和地点上顺序接下去的,则"各人"(*hekastos*)在这里就不知道是指谁了。

　　"耶稣却往橄榄山去,清早又回到殿里。众百姓都到他那里去,他就坐下教训他们。"这一句话很符合马可以及路加有关耶稣受苦之前那几天在耶路撒冷的实际活动情况(见可十一 11～19,十三 1～3;路十九 47～二十 1,二十一 37～38)。

　　八 3～5　文士和法利赛人带着一个行淫时被拿的妇人来,叫她站在当中,就对耶稣说:"夫子,这妇人是正行淫之时被拿的。摩西在律法上吩咐我们,把这样的妇人用石头打死。你说该把她怎么样呢?"

　　马丁路德理所当然地把七章五十三节(八 1)至八章十一节这一段

⑬ Ibid.
⑭ Schnackenburg, vol. 2, p. 171.

经文看作是约翰福音的原有部分。他在 1531 年 9 月 23 圣米高日
(St. Michael's Day)前的星期六,根据这一段经文讲了约翰福音第八
章的第一篇道。⑮

路德认为这一段经文叙述这个故事的目的,是要"明确地区别律法
与福音、基督的国度和世界的国度"。⑯ 对路德来说,基督所传讲的,是
"恩典的国度,在此有赦罪的恩典在统管着"。⑰

加尔文在开始诠释这一段经文的时候,表示他知道经文在约翰福
音书的穿插位置以及它的来源等所产生的问题:"古代的希腊教会很明
显不知道这一个故事,因此使人猜测它是从别处穿插进来的。可是,它
却一直都被拉丁教会所接纳,并且它也出现在许多希腊文的古抄本中,
而且它的内容也没有什么地方不符合一位使徒的精神。因此我们没有
理由拒绝使用它。"⑱

路德所留下来的,是一篇讲章。加尔文所写的,则是经文注释。因
此,他们对文本(text)的处理方式也就不太相同。然而,在对这一段经
文的信息的理解上,两人却是相当一致。

"文士和法利赛人"(*hoi grammateis kai hoi Pharisaioi*; RSV,
the scribes and the Pharisees)这两群犹太教领袖在符类福音书中,是
常在一起出现的人物(例如太五 20;可二 16;路六 7)。可是,在约翰福
音,这是唯一记载"文士和法利赛人"在一起的经文。

"文士"(*grammateis*)是一群研究和诠释律法的"专业人士"
(professionals)。另一方面,"法利赛人"(*Pharisaioi*)则是犹太教的一
个"门派"(*hairesis*; party)。他们在使徒行传十五章五节被称为"法利
赛教门"(*hairesis tōn Pharisaiōn*)。不是所有的文士都出自"法利赛教

---

⑮ *Luther's Works*, vol. 23, p. 319, n. 3.

⑯ "This story is related to show the clear distinction between the Law and the Gospel, or
between the kingdom of Christ and that of the world." *Luther's Works*, vol. 23, p. 310.

⑰ "... it was a kingdom of grace in which forgiveness of sin held sway." Ibid.

⑱ "It is quite clear that this story was unknown to the ancient Greek Churches. Hence some
conjecture that it was inserted from another place. But it has always been received by the
Latin Churches and is found in many Greek manuscripts, and contains nothing unworthy of
an apostolic spirit; so there is no reason why we should refuse to make use of it." John
Calvin, *St. John*, 1 - 10, p. 206.

门",也不是所有法利赛人都是文士。

因为七章五十三节至八章十一节这一段记载,是关于死刑这样严重的问题,并且文士和法利赛人的目的是要"试探耶稣,要得着告他的把柄"(八 6),他们中间也因此可能有代表犹太人最高组织"公会"(*sunedrion*;sanhedrin 或 council)的成员。

八章三节只提到"一个行淫时被拿的妇人"(*gunaika epi moicheia kateilēmmenēn*)。"行淫"(*moicheia*;RSV,adultery)所涉及的,至少应该有两个人,一男一女。既是这样,与妇人一起"行淫"的男人[19]又去了哪儿呢?他侥幸地逃走了?无论实况究竟如何,这一段经文似乎只着重文士和法利赛人不良的动机,以及耶稣对这起事件的回应。

"摩西在律法上"(*en tō nomō Mōusēs*)对行淫者的处罚是很清楚的。利未记二十章十节明文规定:"与邻舍之妻行淫的,奸夫淫妇,都必治死。"申命记二十二章二十二节原则上也是一样。但申命记却特别声明,在某种情况下,行淫者必须"用石头打死":"若有处女已经许配丈夫,有人在城里遇见她,与她行淫,你们就要把这二人带到本城门,有石头打死……"(二十二 23～24)。约翰福音七章五十三节到八章十一节所记载的那个淫妇,可能是"已经许配丈夫"的处女。但事实也不一定就是那样。因为用石头将行淫者或是把其他罪犯处死的做法,在犹太人中是很普遍的。[20]

有一个与经文相关的问题是:在耶稣那个时代,罗马政权或法律是否容许犹太人按自己的宗教法置人于死地,包括"用石头打死"(*lithazein*)?新约圣经本身记载了两件可供参考的事件。第一,当犹太人捉拿耶稣,把祂带到罗马巡抚彼拉多的衙门,要求彼拉多审判祂的时候,彼拉多首先不愿意处理这件棘手的案件。他于是对犹太人说:"你们自己带他去,按着你们的律法审问他吧。"可是,犹太人却回答说:"我们没有杀人的权柄"(约十八 28～31)。第二,耶稣被钉死以及从死

---

[19] 这是一个合理的假设,因为经文没有任何一处令人怀疑那是"同性恋"者的淫乱行为。

[20] 见 Ridderbos, p. 287. Bruce 还引述了梵蒂冈教廷一份期刊 *Oriento Moderno* 所刊登的一项新闻:"有两个伊斯兰教徒于 1957 年 7 月 11 日在麦加朝圣的回程中,正在行淫的时候被发现;然后被拿到麦加的法官那里,被判以石头处死的极刑。服刑的日期是 7 月 12 日[即隔日]。伊斯兰教的教长亲自动手投第一块石头。"Bruce, p. 414.

里复活之后大约两年,犹太人的公会竟然把耶稣的一位门徒司提反当作是异端者,活活地用石头将他打死(徒七54~60)。可是,没有任何经文显示那些迫害司提反的犹太人,曾经在下手之前请示过罗马当局。这似乎意味着犹太人可以按着自己的律法:"有杀人的权柄",只要这样的极刑在罗马官长的眼中被看作是没有危害到社会的安宁,或是涉及到敏感的政治问题。当然,当时犹太人的公会在极端气忿之下,也许根本没有考虑到法律程序的问题。另一方面,使徒行传的作者路加,也可能只是把焦点放在司提反殉道这件事上,因此无意涉及司提反被处决的合法性问题。

八章五节说明文士和法利赛人是有备而来的。他们完全清楚该如何按摩西的律法去处决那个被拿的淫妇。

八章六节进一步解释了他们阴险的动机。难怪马丁路德毫不客气地称这些人为"恶徒"(rogues)。[21]

"你说该把她怎么样呢?"这一句问话中的"你"在原文(su)是强调性的。它特别是针对耶稣而发,目的是"要得着告他的把柄"(hina echōsin katēgorein autou)。如果耶稣反对将淫妇处死,就明确表示祂是违反摩西的律法。文士和法利赛人也就可以以这为"把柄"来"告"祂了。正如路德所说的,"祂[耶稣]不可能反对处决,而又可以避免显示自己是摩西最坏的敌人"。[22]

当然,耶稣是完全可以选择支持摩西的律法,同意把淫妇处死,因此使得文士和法利赛人没有"把柄""告"祂了。可是,如此的选择就会使得耶稣与文士和法利赛人完全没有分别了。约翰福音所见证的耶稣,当然是不可能作出这个选择的。因为"律法本是藉着摩西传的,恩典和真理,都是由基督来的"(hoti ho nomos dia Mōuseōs edothē, hē charis kai hē alētheia dia Iēsou Chritou egeneto,一17)。虽然这一节经文绝对不表示耶稣敌对摩西的律法,但它确实是在说明摩西所传的律法,与耶稣所彰显的恩典和真理,在本质上是不相同的。淫妇被拿这件事清楚显示摩西的律法只能定罪以及将罪人处死,而不能给人一条

㉑ *Luther's Works*, vol. 23, p. 310.

㉒ "... he [Jesus] cannot object without revealing himself as Moses' worst enemy." Ibid.

生路。这就是律法的局限。且看耶稣所带来的恩典和真理,如何帮助
那个淫妇和祂自己走出这个极大的困境。

八 6　他们说这话,乃试探耶稣,要得着告他的把柄。耶稣却弯着
腰用指头在地上画字。

文士和法利赛人的不良动机以及耶稣的困境已经在上面提及了。
至于耶稣这个不寻常的"画字"(*kategraphen*)举动的意思,就没有人可
以真正理解了。但有一点似乎是可以肯定的:耶稣不可能是在故意拖
延时间,企图回避问题。

八 7～8　他们还是不住的问他,耶稣就直起腰来,对他们说:"你
们中间谁是没有罪的,谁就可以先拿石头打她。"于是又弯着腰用指头
在地上画字。

耶稣和指控淫妇的那些人似乎是在进行一场"心理战"。因为当耶
稣继续用指头在地上写字的同时,他们还是不住地向祂施压,继续追问
下去。㉓可是,当时间一旦成熟,轮到耶稣向指控者发出挑战了——向
他们的良心和诚实挑战:让那自以为没有罪的(*anamartētos*)先动手
吧。耶稣发出挑战后继续在地上画字的目的,似乎是要给文士和法利
赛人一些时间去省察自己。

八 9　他们听见这话,就从老到少,一个一个的都出去了。只剩下
耶稣一人,还有那妇人仍然站在当中。

"他们听见这话……都出去了",是和合本根据希腊文手抄本 S(主
后 949,藏于罗马)、U(第九世纪,藏于威尼斯)等而翻译的。有一些希腊
文古抄本是:*hoi de akousantes kai hupo tēs suneidēseōs elegchomenoi
exērchonto heis kath' heis arxamenoi apo tōn presbuterōn*("他们听见这话,
并且被良心责备以后,就从老到少一个一个的都出去了")。这些古抄
本包括 E(第八世纪,藏于瑞士的巴色)、G(第九世纪,藏于伦敦和剑

㉓ 希腊文 *kategraphen* 在此是一个过去未完成式动词,可译作"继续不断在写"。同样的,希
　腊文 *epemenon* 也可译作"他们不住在施压"。

桥)等。加尔文的约翰福音注释的八章九节,也是根据这些希腊原文句子较长的手抄本而解释的。他还特别给 *kai hupo tēs suneidēseōs elegchomenoi*("并且被良心责备";and being reproved by their conscience)这个句子作诠释。[24]

约翰福音八章九节的希腊文古抄本 E、G 等,是所有四部福音书中唯有出现过 *suneidēsis*("良心")的一节经文。可是,*suneidēsis* 却曾多次出现在保罗的书信中,如罗马书二章十五节、哥林多后书一章十二节、提摩太前书一章五节等。

基于 *suneidēsis*("良心")在新约时代以及在华人文化和思想中所占的重要地位,本注释将在此给它一个简短的"专论"(*exursus*)。

古希腊人很早就有一种"自知之明"的思想。这思想常以 *sunoida emautō* 这个词语来表达。大约从主前五至三世纪间,就出现了两个由 *sunoida emautō* 发展出来的名词,即是 *to suneidos* 和 *hē suneidēsis*("良心"或"良知";英文 conscience)。可是,在这期间,这两个名词并没有完全一致或确定的意思。到了主前一世纪,这两个名词不仅在一般希腊人中间通用,也被那些深受希腊化影响的犹太人(*Hellenized Jews*)以及罗马社会所采用,尤其是 *suneidēsis* 这个名词。可是,就意义上来说,*suneidēsis* 一般是指"坏的良心"(bad conscience),并且着重它的道德性(moral)意义。*suneidēsis* 的正面意义当然也有,只是比负面意义少得多。

斯多亚(Stoic)哲学家的良心论直接受到他们的"自然"(*phusis*;nature)观的影响。他们因此认为,只要人顺着"自然"的本性和指引去做事,就不会违背良心了。这样的理想主义也跟他的"道"(*logos*)观有着很密切的关系。对斯多亚派的哲学家来说,*logos* 就是最崇高和永恒的"天理"或"理性"(reason)。他们很乐观地相信,*logos* 可以引导人去作合理性和道德的决定。这一个信念可说跟华人传统的道家和儒家思想很接近。

斯多亚学派对良心指导人的功能的思想,到了第一世纪爱比克泰

---

[24] John Calvin, *St. John*, 1 - 10, p. 208.

德(Epictetus,约 A. D. 55‒135)的时候,得到进一步的发展。有关良心给人的责备、指控、甚至折磨等,讲得最明确和有力的,当首推柏拉图学派的哲学家和传统历史家普鲁塔克(Plutarch,约 A. D. 46‒120)。他对良心或良知(suneidos)的诠释,深受他自己在罗马与知识分子接触的影响。他认为 suneidos 是一根刺或是苦口的良药。它的责备指控以及提醒,虽然令人难受,但却能够不断驱使和激发一个崇尚和追求"德行"(virtue)的人向上与向善。

旧约圣经并没有发展出类似上述希腊和罗马思想的"良心论"或是"良知论",甚至连类似 suneidos 和 suneidēsis 这样的词语都没有。

因深受"原罪论"的影响,旧约圣经相信真正指导人的心思、意念和行为的,不是"良心"或是"良知",而是上帝向人启示的"道"或是"话"(希伯来文 dâbâr;word)以及随着"圣约"(bᵉrith;covenant)所带来的典章和律例。既是这样,罪人只有顺服上帝的话,并且具体实践,才不至于违背自己的"良心"。因此,当一个人深深地感觉到自己"内在的声音"(the inner voice)与"上帝的声音"(the voice of God)一致的时候,他其实就是已经在遵照上帝的"话"或是"旨意"(will)去行了。

在七十士译本(LXX)中,sunoida emautō("自知"或是"自知之明")只出现了一次,就是约伯记二十七章六节。和合本把它译作"我心";思高本译成"我问心"(无愧);RSV 是"my heart"。

Suneidēsis 在 LXX 中也只是出现了三次而已(例如传十 20),suneidos 没有出现过。可是在 LXX,agathē kardia(可译作"好心";good heart)却在好几处用以翻译希伯来原文的 lêbâb shâlêm(例如代上二十九 19)。LXX 也用希腊词语 agathē dianoia(可译作"好的心意"或是"善良的意念";kind thought)来翻译希伯来原文的 ṭôwb lêbâb,意思很接近中文的"良心"、"好心"或"清心"。

犹太教的拉比文献以及死海古卷(The Dead Sea Scrolls),正如旧约圣经一样,也没有一个词语在技术上类似希腊文的 suneidēsis 或是中文的"良心"。它们只能以"善良之心"或是"败坏之心"(a good or a bad heart)来形容人的某些本性和行为。

斐洛(Philo)继承了旧约和两约之间犹太教的神学,以及吸取了不少希腊的思想。他因此在"良心"这个课题上有一些创见。这包括他对良心的"功能"（function 或 task）的看法。至于良心对人的"指控"或是"控诉"（希腊文 *elegchein*；英文 to accuse）这一点，斐洛认为它除了具有神学和伦理的意义以外，还有类似法官在法庭上经过正规的审讯后，给人下判决的那种涵义。

　　Sunoida 只在新约圣经出现过两次（徒五 2；林前四 4）。*suneidos* 没有用过。*suneidēsis* 在四部福音书中只有一次出现在约翰福音八章九节的希腊文古抄本 E、G 等。在一般学者肯定是使徒保罗的著作中，*suneidēsis* 共出现十四次；其余的新约书著作用了十六次（教会书信六次；希伯来书五次；彼得前书三次；使徒行传二次）。在肯定是保罗的著作中，*suneidēsis* 约有八次是跟祭拜偶像之物有关（林前八 7～13，十 25～30）。当保罗提到 *suneidēsis* 的时候，他特别强调一个基督徒必须把自己的"知识"或"自知之明"与他人的利益和感受以及基督徒在耶稣基督里的自由，一起放在考虑中。

　　以"福音"或上帝的道为中心的保罗，并没有一套"良心神学"。他在罗马书二章十五节所说的"是非之心"（也即是"良心"，*suneidēsis*；RSV，conscience）主要是指"外邦人"（*ethnē*；RSV，Gentiles）那种能够分辨和考虑"是非"的能力和天性。这个观点在一定程度上可说是比较接近斯多亚学派的思想，虽然保罗是不可能认同斯多亚人对"良心"或"良知"的那种信心。㉕

　　八 10～11　耶稣就直起腰来，对她说："妇人，那些人在哪里呢？没有人定你的罪吗？"她说："主啊，没有。"耶稣说："我也不定你的罪。去吧，从此不要再犯罪了。"

　　"那些人在哪里呢？"（*pou eisin*）是根据古抄本 D、M 等译过来的。古抄本如 E、F、G、K 等则有 *pou eisin ekeinoi hoi katēgoroi sou* 这一句问话。意思是："那些控告你的人在哪里呢？"

　　"没有人定你的罪吗？"（*oudeis se katekrinen*）这句问话，对耶稣自己来说，其实是没有必要的，因为当那些作出指控的文士和法利赛人

㉕ 参阅 *TDNT* 有关 *sunoida*，*suneidēsis* 项目，vol. VII，pp. 898－919 以及项目中所列的有关资料。

"从老到少,一个一个地都出去了"的时候,已经明显表示"没有人"定那淫妇的罪了。可是,对那一个曾经被指控,现在刚刚从死里逃生的淫妇来说,却是一个很重要的肯定:"没有人定你的罪了。"妇人自己给耶稣的简要回答,也表示她已经明白了这个事实:"主啊,没有"(*oudeis*, *kurie*)。"我也不定你的罪"(*oude egō se katakrinō*)这一句表达了耶稣给妇人赦罪的恩典(*charis*;grace)。句子中的"我"(*egō*)字,加强了耶稣的语气。可是,耶稣赦罪的恩典,绝对不意味着祂轻看或忽视罪本身的严重性。正视罪本身的严重性也是一个关于"真理"(*alētheia*;truth)的事。

"从此不要再犯罪了"(*apo tou nun mēketi hamartane*),是耶稣给蒙恩的妇人的警诫,也是对真理的一个明确交代。耶稣很清楚地把"罪人"(*hamartōlos*)和"罪"(*hamartia*)区分出来。耶稣以恩典来对待"罪人",但是对"罪"本身却绝不妥协。

七章五十三节至八章十一节这一段有关淫妇被控,以及最终蒙赦免的记述,其实是给"律法与福音"(Law and Gospel)作了一个很清楚和有力的诠释。摩西的律法虽然是来自上帝,但是作为律法(*nomos*),它的功能有一定的局限。在绝大部分的情况之下,律法只能显露人的罪性与罪行,最终指控和审判了罪人。赦罪和拯救是律法本身做不到的。耶稣基督,正如律法一样,也是来自上帝的。祂以恩典和真理来完成了律法基于本身的局限所不能完成的赦罪和救赎工作。这也正是一章十七节这一节经文的意思:"律法本是藉着摩西传的,恩典和真理都是由耶稣基督来的。"

贰拾 因"光"所引起的争议（八 12～30）

"光"字（*phōs*；RSV，light）在约翰福音一共出现了二十三次；是福音书的主题之一。一章三至九节已经很清楚地宣告了耶稣是"世界的光"和"生命的光"。那是作者约翰的见证。八章十二节却是耶稣自己的公开宣告："我是世界的光……生命的光"（*egō eimi to phōs tou kosmou ... to phōs tēs zōēs*）。法利赛人立即对耶稣的宣告作出反应，结果再次引发了有关耶稣的身分的一场争议。

八 12　耶稣又对众人说："我是世界的光。跟从我的，就不在黑暗里走，必要得着生命的光。"

后面的八章二十节中将要说明，耶稣作这个宣告的时候，是在圣殿里的"库房"（*gazophulakion*；RSV，the treasury；思高本译作"银库院"；和修版是"银库"）。

八章十二节与一章三至九节基本上一样，把世人分成属"黑暗"（*skotia*；RSV，darkness）和属"光"（*phōs*；RSV，light）两大类。在一章十二节，"接待"（*lambanō*）或"信"（*pisteuō*）耶稣使人得着"生命的光"。在八章十二节这里，"跟从"（*akoloutheō*）耶稣使人走出黑暗，进入光明。

八 13　法利赛人对他说："你是为自己作见证，你的见证不真。"

其实耶稣并没有在上一节说明谁是"在黑暗里走"的。可是，法利赛人既然不是"跟从"耶稣的，就无形中表示他们是"在黑暗里走"的人。他们也因此对耶稣的宣告立即作出强烈的反应："你是为自己作见证，你的见证不真"（*su peri seantou martureis，hē marturia sou ouk estin alēthēs*)。

耶稣公然宣告自己是"世界的光"(*to phōs tou kosmou*)。这是一个绝对大胆的做法。因为在旧约圣经,只有"耶和华是亮光"(诗二十七1),也只有祂的"话"是人"脚前的灯……路上的光"(诗一一九 105)。①在先知以赛亚书四十九章六节,耶和华的"仆人"(希伯来文*'ebed*;LXX *paida*)被选召作"外邦人的光",并且叫他施行耶和华的救恩,直到地极。此外,没有人有资格作"光"。因此,耶稣在八章十二节的宣告,实际上就是在公开表明自己的身分:既是与上帝同等的(参一 1～2),也是上帝的"仆人"。难怪法利赛人对祂说:"你是为自己作见证,你的见证不真"("不真",希腊原文是 *ouk estin alēthēs*)。

耶稣在住棚节期间,在圣殿公开宣告自己是"世界的光",其实也很配合节期的实况。因为在这节期间,圣殿到处都是明亮的灯光。"光"(*phōs*)因此成了节期最明显和最重要的标志(sign)之一。②

法利赛人不接受耶稣为自己所作的见证,倒是有圣经以及犹太人的传统为根据的。特别是在处理严重案件如杀人等,律法书就明文规定:"要凭几个人的口……只是不可凭一个见证的口……"(民三十五30;申十七 6,十九 15)。③

八 14　耶稣说:"我虽然为自己作见证,我的见证还是真的。因我知道我从哪里来,往哪里去。你们却不知道我从哪里来,往哪里去。"

根据摩西的律法或是犹太人的传统,耶稣单独为自己所作的见证,在法庭上肯定是不能被接纳的。可是,就祂的身分与使命而论,祂是不受人间法庭的规范所限制的。只要祂是从上帝那里来的使者或是上帝

---

① 中文的"话"在诗篇一一九 105 的希伯来原文是 *dābār*;LXX 译作 *nomos*(律法)。
② Mishnah, *Sukkah* 5:3 记述:"……他们[祭司们]点起了烛光。耶路撒冷的庭院没有一处不被倒水礼[*bet hashshoebah*]的亮光所照耀。"死海古卷中的"昆兰社群规章"(Qumran's Rule of the Community)对"光"有这样的诠释:"通过上帝的灵真正的指引,人的一切行为,包括他的罪恶,都被赦免了,使他能够面向生命的光。"1QS3. 6. 见 Bruce, p. 188, n. 2.
③ 根据上述摩西的律法,Mishnah, *Rosh Hashshanah* 3:1 也规定在法庭上要有两三个人的见证才能被接纳或被看作是"成圣的"(sanctified);"……让他们中的两个人起立,在其余的人面前作见证……然后众人必须同声说,这是成圣的,这是成圣的……因为一个人自己[的供证]是被认为不可靠的。"Jacob Neusner, p. 303.

的代言者,祂的见证"还是真的"(*alēthēs estin*),尽管人不一定会接纳祂的见证。法利赛人不接纳耶稣的见证,是因为他们不知道祂的"来龙去脉",也即是不知道祂的真正身分。

八 15~18　"你们是以外貌判断人,我却不判断人。就是判断人,我的判断也是真的,因为不是我独自在这里,还有差我来的父与我同在。你们的律法上也记着说:'两个人的见证是真的。'我是为自己作见证,还有差我来的父,也是为我作见证。"

法利赛人既然不认识或是不承认耶稣是从上帝那里差来的,也就是很自然地"以外貌"来"判断"耶稣了。"以外貌"在希腊原文是 *kata tēn sarka*。直译是"按肉身"或是"按血气"。思高本译作"只凭肉眼"(RSV, according to the flesh)。意思是根据人的眼光或按照人的看法,与一章十三节的"从血气"和"从人意"(*ex haimatōn*;*ek thelēmatos sarkos*;*ek thelēmatos andros*)类似。和修版把八章十五节的 *kata tēn sarka* 译作"以人的标准",意思很不错。

八章十四至十八节是耶稣给法利赛人的回应,因为他们在八章十三节表明不接受耶稣为自己个人所作的见证。耶稣在此解释说,祂的见证按照旧约的律法以及法利赛的传统其实也是可以成立的,因为作见证的,实际上是两位。除了耶稣自己以外,还有差祂来的父上帝。耶稣在此所说的,与五章三十至三十二节的意思基本上是一致的。有关"判断"(*krisis*;RSV, judgment)也是一样。这是耶稣和父上帝两位共同的判断。

八 19　他们就问他说:"你的父在哪里?"耶稣回答说:"你们不认识我,也不认识我的父。若是认识我,也就认识我的父。"

法利赛人所提出的问题是关键性的,虽然这个问题并不新鲜,因为这个争论较早之前,也即是住棚节开始的时候已经引发了。耶稣也早在那个时候就声称犹太人"不认识"(*ouk oidate*)那位差祂来的父上帝(见七 14~29;特别是七 28~29)。"人若是认识耶稣,也就认识上帝"这个假设,很明显是整部约翰福音书的主题,也是约翰那段序言开宗明义宣告的信息(一 1~18)。

八 20　这些话是耶稣在殿里的库房教训人时所说的。也没有人拿他,因为他的时候还没有到。

八章十二至十九节的言论,是耶稣在犹太人的圣地——殿里所说的。作者还特别说明,耶稣当时教训人的地方是"库房"(参八 12 的注释),进一步肯定了这件事的历史性。耶稣当时自称是"世界的光"(*egō eimi to phōs tou kosmou*),又称上帝为"父"(*patēr*),并且也是父上帝所差来的。这些叫听众哗然的宣称以及在这以前的类似言论,都可以在犹太人的律法面前构成"妄称耶和华你上帝的名"的罪状,也就是干犯了十诫之一(出二十 7)。但令人惊奇的是,纵使是这样,"也没有人拿他"(*oudeis epiasen auton*),"因为他的时候还没有到"(*hoti oupō elēluthei hē hōra autou*)。这里的意思与七章三十节一样,是表明上帝在耶稣的使命中所掌握的"时机"(*kairos*)以及绝对的主权(sovereignty)。因此,对上帝来说,没有任何事物是"偶然"、"意外"或"失控"的。但这绝对不是一般的"宿命论"(fatalism),因为在普通的"宿命论"或是"命定论"中,并没有一位有"位格"(person)和"意志"(will)的上帝作为主宰者。因此,一切都由"命运"(fatal)本身盲目地去运作和安排。

八 21　耶稣又对他们说:"我要去了,你们要找我,并且你们要死在罪中。我所去的地方,你们不能到。"

当耶稣和法利赛人为了祂的身分继续争论不休的时候,误会相继产生(例如八 22)。耶稣的言词也相对地显得格外强烈(例如八 21、24)。

耶稣在八章二十一节这里除了重复祂在七章三十三至三十四节所说的,也同时向听众提出了一个非常严厉的警告:"你们要死在罪中"(*en tē hamartia humōn apothaneisthe*)。这个警告在八章二十四节又出现两次。

在约翰福音,信与不信是关乎生与死的大问题,并不是理念(conceptual)或是学术(academic)的思维。三章十八节早已宣告"不信的人,罪已经定了"(*ho de mē pisteuōn ēdē kekritai*)。"定"在希腊原文是现在完成时态动词(*kekritai*),并且在"定"(*kekritai*)前面还有一个副词 *ēdē*("已经";RSV,already),是在强调一个既成的事实。

在八章二十一及二十四节，共出现三次的"要死"（和修版译作"会死"），希腊原文 *apothaneisthe*（RSV 先后是［will］die，would die，will die）是一个将来时态动词。它在意义上似乎与三章十八节的"罪已经定了"（*ēdē kekritai*；RSV, condemned already）不完全相同。因为三章十八节所强调的，是世人"已经"（*ēdē*）被定罪了（*kekritai*；RVS, condemned）；在肯定一个既成的事实。换句话说，世人被看作是"已经死在罪中了"。在八章二十一及二十四节，*apothaneithe*（"将要死"或是"将会死"）则似乎是在提醒听者要尽快抓紧"现在"的机会，相信耶稣所宣告的福音，不然就会太迟了。耶稣在八章二十一节所说的"我要去了"（*egō hupagō*）似乎也有提醒听者的意思。可惜，当时的犹太听众，并没有感受到耶稣在警告中所表达的紧迫感（sense of urgency）。不然，他们就不会紧接下去作出那样负面以及带有讥讽性的回应了。

八 22　犹太人说："他说，'我所去的地方，你们不能到'，难道他要自尽吗？"

犹太人在上一次（七 33～36）的误会是比较可以理解的，并且也没有讥讽耶稣的意思。可是在这一次，他们的回应不仅带着讽刺，甚至还有故意歪曲耶稣的言论之嫌，说他要"自尽"（*apoktenei heauton*；RSV, kill himself）。这话也可能是对耶稣所说"你们要死在罪中"那句话的强烈反击。

八 23～24　耶稣对他们说："你们是从下头来的，我是从上头来的。你们是属这世界的，我不是属这世界的。所以我对你们说，你们要死在罪中。你们若不信我是基督，必要死在罪中。"

耶稣在八章二十三节对犹太人说的话，其实也有一定的逻辑。那些人不知道祂要往哪里去，甚至还讥讽他可能要去自尽，正是因为他们与耶稣可说是属于两个不同世界的人。那些犹太人是属人间这个"血肉"或是"人意"的世界的；也就是耶稣所说，是"从下头来的"（*ek tōn katō*）。另一方面，耶稣自己却是"从上头来的"（*ek tōn anō*；RSV, from above），是来自祂的天父上帝那里的。

在约翰福音，"属这世界的"（*ek touto tou kosmou*；RSV, of this

world)和"不是属这世界的"(*ouk ek tou kosmou toutou*；RSV，not of this world)之间的界线是绝对分明的(参十七 14~19)。这两个不同的"世界"(*kosmos*)的人，很难找到"共同语言"。这也正好解释了犹太人和耶稣在对话中，为何这么难沟通，结果产生了这么大的误会。对耶稣来说，犹太人脱离这个困境的唯一途径就是"信"(*pisteuein*)。不然，"他们必要死在罪中"。

可是，"信"必须有信的"对象"(object)以及"内容"(content)。在福音书中，信的对象和内容一般都是很清楚的，例如三章十二节"信他的名"，二十章三十一节"信耶稣是基督"等。然而，八章二十四节就不是那么清楚了。和合本的译文，"你们若不信我是基督"这个句子中的"基督"，是希腊原文没有的。原文只是：*ean gar mē pisteusēte hoti egō eimi* (RSV，unless you believe that I am he)，[4]可以直译作："你们若不信我是"。可是，中文的"我是"，并不能真正把原文 *egō eimi* 的意思表达出来，因为只有"我是"两个字，在中文并不能说明任何事物。中文因此需要有个补足词(complement)才能使句子完整。它必须是"我是什么，什么"才真正有意义。和合本在八章二十四节这个句子中的"基督"因此是加上去的补足词。[5]

从上下文来看，和合本在八章二十四节加上"基督"作为补足词，也是有一定道理的，虽然这不一定就是作者原来的意思。*egō eimi* ("我是"；RSV，I am)曾多次出现在约翰福音书中。下列几处都在 *egō eimi* 之后加上补足词(complement)：六章三十五节 *egō eimi ho artos tēs zōēs* ("我是世界的粮")，八章十二节 *egō eimi to phōs tou kosmou* ("我是世界的光")，十章七及九节 *egō eimi hē thura* ("我是门")，十章十一及十四节 *egō eimi ho poimen ho kalos* ("我是好牧人")，十一章二十五节 *egō eimi hē anastasis* ("我是复活"，和合本译作"复活在我")，十四章六节 *egō eimi hē hodos kai he alēthia kai zoē* ("我是道路、真

---

[4] NEB，"If you do not believe that I am what I am." NIV，"if you do not believe that I am the one I claim to be."

[5] 思高本以"那一位"作为补充词："你们若不相信我就是那一位"。和修版的译文是："你们若不信我就是那位"。其实，"那一位"或"那位"在此已经不只是一个补足词，而是根据希腊文或是希伯来文的诠释了。

理、生命"),十五章一及五节 *egō eimi hē ampelos* ("我是葡萄树")。

　　虽然中文的"我是"需要补足词才能表达整个句子的意思,希腊原文的 *egō eimi* 则可以单独存在来表达很深奥的神学思想。这主要是因为旧约的希腊文译本,即"七十士译本"(Septuagint,LXX)使用 *egō eimi* 这两个希腊词语的特殊背景的缘故。*egō eimi* 在 LXX 中出现多次,它是从希伯来原文的 *'ani hu'* 翻译过来的。*'ani hu'*(和合本"我是")是耶和华上帝向人启示或说话时自称的常用词语。在旧约圣经,如果是耶和华上帝自称的时候,*'ani hu'* 只能差强人意地译作"我[就]是他";意思就是,"我[就]是那一位[真神耶和华]"。*'ani hu'* 因此就很明确地把"真神"耶和华上帝与所有的"假神"和偶像分别出来了。⑥下面是几个很好的例子:

　　申命记三十二章三十九节,希伯来文是 *'ani 'ani hu'*。LXX 译作 *egō eimi*。RSV 是"I, even I, am he"。和合本是"我,惟有我是神[上帝]"。思高本是"只有我是[那一位]"。

　　以赛亚书四十一章四节,希伯来文是 *'ani yehôvâh . . . 'ani hu'*。LXX 译作 *egō Theos . . . egō eimi*。RSV 是"I, the Lord . . . I am He"。和合本是"就是我耶和华"。思高本是"我,上主……是我"。⑦

　　以赛亚书四十三章十节也是一节关于耶和华上帝自我启示(self-revelation)的经文。它的意义深长。LXX 的希腊译文是:*hina gnōte kai pisteusēte kai sunēte hoti egō eimi* (*'ani hu'*)。RSV,"... that you may know and believe me and understand that I am He"。和合本是"……既是这样,便可以知道,且信服我,又明白我就是耶和华"。思高本"为叫你们认识和信仰我,并明白我就是'那位'"。⑧

　　上面所举几个例子中的 *egō eimi*,主要是表明耶和华上帝的自称(self-designation)或自我启示(self-revelation)。出埃及记三章十四节的 *egō eimi* 虽然也有这样的意义,但却同时启发了一个有关上帝"本

---

⑥ Barrett 等把 *'ani hu'* 直译作"I [am] he"。Barrett, p. 342.

⑦ LXX 在以赛亚书四十一 4 把 *Yehôvâh*(Jehorah 或 Yahweh)译作 *Theos*(神或上帝),而不是 *Kurios*(主或上主)。

⑧ 见以赛亚书其他经文,如四十三 13,四十六 4,四十八 12 等。

体"(ontology)的神学内涵。当摩西询问那一位向他显现的上帝"叫什么名字"的时候,上帝回答说:"我是自有永有的"(出三 13~14)。和合本的译文很精辟地把原文的神学内涵道了出来。LXX 的希腊译文也很精巧地把希伯来原文(*'eheyeh 'asher 'eheyeh*)的思想表达了出来:*egō eimi ho ōn*. Sir Launcelot Lee Brenton 也很巧妙地把 LXX 的希腊文译作:"I am THE BEING"("我就是[那]本体")。一切的"神学"(theology)都必须以这个最关键的信念(conviction)作为根基和起点。

基于上述的旧约背景,耶稣在八章二十四节用 *egō eimi*("我是")自称,似乎是有意向法利赛人表明祂是与耶和华上帝同等的。若真是这样,也完全符合约翰福音开宗明义宣告的神学信息:"太初有道,道与上帝同在,道就是上帝"(一 1)。问题是,当时和耶稣议论的犹太人能真正领悟这个最基要的道理吗?

八 25　他们就问他说:"你是谁?"耶稣对他们说:"就是我从起初所告诉你们的。"

"你是谁?"(*su tis ei*)在这里可能有下列三个不同的意思。

第一,"你究竟是谁? 我们不明白你在说什么。"这样的提问主要是好奇,并不一定含有什么恶意。

第二,"你究竟是谁? 竟然这么大胆胡说我们要死在罪中!"这样的责问除了表示希奇之外,还有抗议的意思。

第三,"你究竟是谁? 竟然口出狂言,把自己看作是与耶和华上帝同等的!"这样的责问当然是假设犹太人已经明白 *egō eimi*("我[就]是")在旧约圣经的神学意义,因此提出强烈的质疑。

耶稣给犹太人的回答是:*tēn archēn ho ti kai lalō humin*。F. F. Bruce 认为耶稣这一个回答的希腊原文"可能是整部福音书最难翻译的一个句子"。⑨ 从上下文来看,和合本的译文其实是很不错的:"就是我从起初所告诉你们的。"思高本的翻译也很可取:"难道从起初我没有

⑨ "Jesus' reply to his questioners' 'who are you?' is perhaps the most difficult clause to translate in this whole Gospel. " Bruce,p. 193. Barrett 则认为这句子的难处也许是被夸大了:"The difficulty of this sentence has perhaps been exaggerated. " Barrett,p. 343.

对你们讲论过吗?"RSV 是:"Even what I have told you from the beginning"。NIV 是:"Just what I have been claiming all along"。上列译文中,英文的翻译都可说是很符合犹太人和耶稣持续不断争论的情况,以及他们争议的焦点。那就是,都是直接涉及耶稣的身分(identity)的问题。若是这样,耶稣的确是已经多次表明了自己的身分。只是那些犹太人,尤其是法利赛人,不愿意接受或是不肯相信。耶稣因此回答说:"难道从起初我没有对你们讲论过吗?"⑩

八 26 "我有许多事讲论你们,判断你们,但那差我来的是真的。我在他那里所听见的,我就传给世人。"

耶稣没有在此明确地解释祂要"讲论"(lalein)法利赛人的"许多事"(polla;RSV,much)究竟是指什么。就犹太人与耶稣那时争论的情况来看,那"许多事"恐怕都是负面的事物,尤其是耶稣对法利赛人的指控。至于耶稣对他们的"判断"(krinein;RSV,to judge)其实只是重述五章三十节、八章十五至十六节所说过的。那就是,耶稣只是按着父上帝的意思"判断",因此是公正无私的。这一节经文也没有进一步说明耶稣要"传给世人"(或是对世人说)的究竟是什么。它可能是很广泛地指耶稣从上帝那里得到的启示,包括真理、恩典、生命及审判等。

八 27~29 他们不明白耶稣是指着父说的。所以耶稣说:"你们举起人子以后,必知道我是基督,并且知道我没有一件事是凭着自己作的。我说这些话,乃是照着父所教训我的。那差我来的,是与我同在,他没有撇下我独自在这里,因为我常作他所喜悦的事。"

根据约翰福音的记述,耶稣自从上耶路撒冷去过住棚节(七 10)开始,就不断地与犹太人,包括法利赛人,在争论有关祂的身分和使命的问题。耶稣也曾经多次公开声明,祂的言行是完全听命于那位"差他[我]来者"的(七 16、18、28、29、33,八 16)。祂也曾经清楚表明那位差祂来的,就是祂的父上帝(八 17~19)。可是,八章二十七节却说"他们

---

⑩ 思高本的译文有意保存希腊原文耶稣反问的语气,和合本则没有。

［犹太人］不明白耶稣是指着父说的"(*ouk egnōsan hoti ton patera autois elegen*)。这样看来,那些犹太人不是缺少悟性,就是存着一颗刚硬的心拒绝相信。

八章二十八节的"我是［基督］"(*egō eimi*),在意义上与八章二十四节一样,都是关于耶稣的真正身分。耶稣在八章二十八节第二次提到"人子"(*ton huion tou anthrōpou*)被"举起"(*hupsōsēte*)这一件重大的事。第一次是在三章十四节。直到如今,按约翰福音的评述,犹太人仍旧不明白或是不知道耶稣究竟是谁。可是,时候将到,当祂被钉在十字架上(也就是"被举"的意思)的时候,他们就会明白过来,并且知道祂就是天父上帝所差来的那一位救主基督。与此同时,那些与祂争论的人,也会完全肯定祂以往所说的一切都不是狂言,而是"照着父所教训"祂的。

另一方面,身为上帝所差来的那一位,上帝与祂的"同在"也是很重要的。因为上帝的同在就是表明耶稣所作的一切,蒙上帝自己的"喜悦"(八 29)。

八 30　耶稣说这话的时候,就有许多人信他。

这里所说的"许多人"(*polloi*)可能是指法利赛人以外的一些听众。这"许多人"信了耶稣,表面上看起来是一件令人兴奋的事。但是,紧接下去的那段经文(八 31～39)却说明了这些人的所谓"信",其实还是非常肤浅。

贰拾壹　真理给人自由 （八 31～59）

　　这是一段令读者深感惊讶，甚至是失望的记载。因为这一次跟耶稣激烈争辩的，竟然是"信他的犹太人"（八 30～31）。争辩的课题很重要：道、真理、自由、亚伯拉罕的子孙、罪、魔鬼等。结果不仅双方不欢而散，还引发了一起可能致命的暴力事件（八 59）。

　　八 31～32　耶稣对信他的犹太人说："你们若常常遵守我的道，就真是我的门徒。你们必晓得真理，真理必叫你们得以自由。"

　　就八章三十一至五十九节这整段经文的内容来看，八章三十一节所说的那些"信他的犹太人"与耶稣的"门徒"（*mathētai*；RSV，disciples）是很不相同的。他们对耶稣的"信"只能说是对祂有一些初步的正面回应而已。耶稣自己肯定很清楚这一点。祂因此强调"遵守"祂的"道"（*logos*）的重要性。"遵守"（*menō*）也可以译作"住在"或"活在"。只有那些"遵守"或是"活在"祂的道里面的，才"真是"（*alēthōs*）祂的"门徒"（*mathētai*）。

　　八章三十二节的"晓得"，在原文是 *ginōskein*（"知道"）。和修版译作"认识"。在圣经中，尤其是在约翰福音，所谓知道，不仅是指理性或思想上的某种"认知"，也是建立人际或是个体关系的必需条件。真正的"知道"或者"认识"，也要求知者作出坚决的"委身"以及"承诺"（commitment）。

　　在约翰福音，"道"（*logos*）与"真理"（*alētheia*）几乎可说是等同的。因为耶稣既是"道"，也是"真理"。既是这样，认识"道"也就是认识"真理"。真理叫人自由（*hē alētheia eleutherōsei humas*），也即是道叫人自由。这才是真正的"解放神学"（Liberation Theology）。偏离了耶稣的"道"和"真理",既无"解放"也无"神学"可言。

八 33　他们回答说:"我们是亚伯拉罕的后裔,从来没有作过谁的奴仆。你怎么说,'你们必得以自由'呢?"

耶稣所说的"自由",立即引起了犹太人的回应。因为只有"奴仆"(*douloi*)才需要获得自由。他们既然是"亚伯拉罕的后裔(*sperma Abraam*),从来没有作过谁的奴仆(*oudeni dedouleukamen pōpote*)",又何必需要得自由呢?

犹太人回应耶稣的逻辑思维也的确有一定的历史根据。按旧约最古老的历史,亚伯拉罕的确是犹太人的老祖宗(创十二 3,二十二 18等)。不但如此,亚伯拉罕的儿子以撒也是自由的妇人撒拉(Sarah)所生的,而不是奴仆女子夏甲(Hagar)所生(创十六 15,二十一 1～3)。此外,又因亚伯拉罕从上帝那里所得到的祝福和应许,使得犹太人(以色列人)最终成了上帝的"选民"。这些古老和漫长的历史,很自然会让犹太人为自己的"自由"身分深感自豪;纵使他们的祖宗曾经在埃及作过奴隶,也曾"被掳"到巴比伦去,如今又在罗马人的管辖之下。可惜的是,这个因亚伯拉罕而得来的祝福,因上帝的"拣选"(election)所给予的特殊身分(identity)等等,却往往因为犹太人的自负,错误的"圣洁"观以及不正确的安全感,而成了"绊脚石",甚至咒诅(curse)。[1]

施洗的约翰就曾经很严厉地批判过犹太人那不正确的安全感:"约翰对那出来要受他洗的众人[犹太人]说:'毒蛇的种类,谁指示你们逃避将来的忿怒呢? 你们要结出果子来,与悔改的心相称。不要自己心里说,有亚伯拉罕为我们的祖宗。我告诉你们,上帝能从这些石头中,给亚伯拉罕兴起子孙来。现在斧子已经放在树根上,凡不结好果子的

---

[1] 已故剑桥大学新约学者 C. H. Dodd 误以为八 31 所指的"犹太人"(*Ioudaioi*)是那些不断坚持自己与生俱来的特权的犹太基督徒:"It would appear that the evangelist [the writer of John's Gospel] had in mind Christians of Jewish extraction who continue to insist on their privileges as 'birthright members' of the messianic community, over against gentile proselytes." C. H. Dodd, *Historical Tradition in the Fourth Gospel*, p. 379.

树,就砍下来丢在火里。'"②

八34～36　耶稣回答说:"我实实在在的告诉你们,所有犯罪的,就是罪的奴仆。奴仆不能永远住在家里,儿子是永远住在家里。所以天父的儿子若叫你们自由,你们就真自由了。"

犹太人在八章三十三节是从他们民族的历史以及血缘的根源去看自己的身分和地位,因此自以为是"自由"的。耶稣在八章三十四节却是从信仰和灵性的观点去判断他们是"罪的奴仆"(*doulos tēs hamartias*)。③

如果"所有犯罪的,就是罪的奴仆"是一个正确的判断,则犹太人自己所尊重的施洗的约翰,早就已经下了类似的判断了,不然他就不会称犹太人以及他们的领袖为"毒蛇的种类"(*gennēmata echidnōn*),并且要求他们"悔改"(*metanoeō*)了(太三7～9)。

八章三十五节表面上看起来,似乎与八章三十四节没有直接的关系。可是,从上下文来看倒是有关系的,因为这一段经文(八31～59)的争论是关于"自由"以及谁是亚伯拉罕的真子孙这个重要问题。

当然,从历史的背景而论,犹太人的确是亚伯拉罕的后裔,是自由人所生的。可是,新约时代却是从生命和灵性去看整个问题了,包括人与亚伯拉罕的关系以及上帝对人的要求。至少对施洗的约翰来说,历史根源、民族血缘都不再是犹太人的自由、身分和地位的保障。只有敬虔的生活与行为才能带来保障,人因此"要结出果子来,与悔改的心相称"(太三8)。这是一个属灵的生命和见证的问题,而不是外在的历史和宗教传统的问题。

其实,按耶稣自己所用的"凶恶园户的比喻"(可十二1～12),犹太人已经失去了作为亚伯拉罕的子孙的原有地位和"特权"(privilege)了,因为"葡萄园的主人"(即是上帝)已经"将葡萄园转给别人"了(可十二9)。犹太人一旦失去"自由身",就只能沦为"奴仆"。既然是奴仆,

---

② 太三7～9。在路三7,这警告是特别向犹太人的领袖("许多法利赛人和撒都该人")提出的。

③ 希腊文古抄本 P⁴⁶、P⁷⁵、ℵ、B、C 等都有 *tes harmartias*[罪的]这两个字。D 以及克莱门特等抄本则没有。

也就没有永远的家可言了,因为奴仆是可以被主人从一个家转卖到另一个家的。当然,这只是一个比喻而已,因为耶稣在八章三十四节所说的,其实比作为人的奴仆更严重。祂是在论说"罪"(*hamartia*)以及"罪的奴仆"(*doulos tēs hamartias*)的事。

八章三十五节中的"儿子"(*huios*),在约翰福音一般是指上帝的儿子耶稣自己,这里也应该是一样。*tekna*("儿女",例如一 12),则是用以形容信耶稣的人。假设八章三十五节的"儿子"是耶稣的自称,则八章三十六节的意思就可以很自然地连贯下去了。

"奴仆"与"家"的关系是可以随时变更的,"儿子"则不然。他永远属于既定的家,也是"家业"的法定继承者。他与家主的关系是子与父的关系,不是奴仆与主人的关系。耶稣身为上帝的儿子(*huios*),之所以有权柄叫人自由,是因为"父[上帝]爱子,已将万有交在他手里"(*ho patēr agapa ton huion kai panta dedōken en tē cheiri autou*,三35)。若是这样,耶稣在八章三十六节所说的,就不是狂言了:"所以天父的儿子叫你们自由,你们就真自由了"(*ean oun ho huios humas eleutherōsē, ontōs eleutheroi esesthe*)。希腊原文在八章三十六节并没有"天父的"或"上帝的",只是"儿子"而已。这是和合本与和修版分别加上去的,为了使句子更加清楚。

"真理"既然是"由耶稣基督来的"(*dia Iēsou Christou egeneto*,一17),并且耶稣基督自己"就是真理"(*egō eimi ... hē alētheia*,十四6),结果,(上帝的)儿子(耶稣基督)叫人自由(八 36),也即是真理叫人自由了(八 32)。

八 37～38　"我知道你们是亚伯拉罕的子孙,你们却想要杀我,因为你们心里容不下我的道。我所说的,是在我父那里看见的。你们所行的,是在你们的父那里听见的。"

耶稣并不否认,就历史和血缘而论,犹太人是亚伯拉罕的子孙(*sperma*)。可是,从真正的信仰和属灵的层面去测验,他们却不是亚伯拉罕的真子孙。不然,他们就不会"想要杀"耶稣了。这个可怕的恶念,按耶稣自己的判断,是基于一个更深的根源,那就是:这些犹太人心里容不下祂的道。希腊原文并没有"心里"这两个字:*hoti ho logos ho emos ou chōrei en humin*。可以译作:"我的道在你们中间不被接纳。"

犹太人不能接纳耶稣的"道"或是"话"(*logos*),是因为他们以为耶稣所说的一切,都是来自自己的。耶稣因此在八章三十八节慎重地说:"我所说的,是在我父那里看见的"(*ha egō heōraka para tō patri lalō*)。当然,耶稣在这里所说的,是人无法证实的,因为没有人可以真正知道或"看见"祂在祂父那里看见的。这最终又是耶稣的身分的关键问题。假设耶稣真是像祂自己所宣称的一样,是上帝的儿子,则祂所说的一切,都应该是可以接纳的。

和合本八章三十八节的译文是根据希腊文古抄本ℵ、K 等,因此是"我父"(*tō patri mou*)。古抄本 P⁶⁶、P⁷⁵、B、C 等则只是"父"(*tō patri*)。但两类手抄本的意思都是一样的。因为这里所说的"父",当然是指耶稣的父上帝了。

令人费解的,倒是耶稣在八章三十八节所说的第二句话:"你们所行的,是在你们的父那里听见的。"表面上看,和合本这一句话中的"父",应该是指亚伯拉罕。因为耶稣自己在八章三十七节中也明确地对犹太人说:"我知道你们是亚伯拉罕的子孙"。既是这样,亚伯拉罕当然也就是犹太人的"父"了。但是,这并不是耶稣在八章三十八节第二句所说的"父"的意思。八章四十一及四十四节就清楚表明犹太人的"父"或是"你们的父"是另有所指的。

和合本的译文——"你们所行的,是在你们的父那里听见的"——是根据希腊文古抄本ℵ、C、K 等而来的;有"你们的"这三个中文字,原文是 *humōn*。另一类的古抄本如 P⁶⁶、B、L 等则没有"你们的"(*humōn*),只是"父",而不是"你们的父"。和合本的选择是对的。因为假设原文没有 *humōn*("你们的"),正如 P⁶⁶、B、L 等,句子的译文就变成:"你们所行的,是在父那里听见的"。若是这样,"父"在此就更不清楚是指谁了。那肯定不可能是指上帝。若真是这样,就什么问题也没有了,那它只是指别的。答案在八章四十一至四十四节。

八 39~41 他们说:"我们的父就是亚伯拉罕。"耶稣说:"你们若是亚伯拉罕的儿子,就必行亚伯拉罕所行的事。我将在上帝那里所听见的真理告诉了你们,现在你们却想要杀我。这不是亚伯拉罕所行的事。你们是行你们父所行的事。"他们说："我们不是从淫乱生的，我们只有一位父，就是上帝。"

　　耶稣并没有在八章三十八节说明"你们的父"（ℵ、C、K 等是 *tou patros humōn*）或是"父"（P⁶⁶、B、L 等是 *tou patros*）是谁。犹太人因此在八章三十九节这里的回应中，肯定亚伯拉罕是他们的父。耶稣紧接下去用"以子之矛，攻子之盾"的方式，说明那些犹太人实际上并不是亚伯拉罕真正的子孙："你们以为自己是亚伯拉罕的子孙吗？倘若你们真是他的子孙，就必定会以亚伯拉罕为属灵的榜样，信靠和顺服上帝。我是从上帝那里被差来向你们传达真理的使者。你们不但不相信，反而图谋要杀害我。这肯定不是亚伯拉罕的行为，也证实你们不是他的真子孙。"

　　犹太人对耶稣所说的，立刻作出强烈的反应和抗议："我们不是从淫乱生的，我们只有一位父，就是上帝"（*hēmeis ek porneias ou gegennēmetha，hena patera echomen ton Theon*，八 41）。犹太人的反驳，也许可以分两个层面来看。第一，对犹太人来说，耶稣的言论简直就是质疑以及否定了他们是亚伯拉罕的子孙的"合法"或"嫡系"的（legitimate）身分和地位。这一点，不论是从历史根源或是从正规律法的角度来看，都是犹太人绝对不能接受的。他们因此强烈抗议说："我们不是从淫乱生的"（*hēmeis ek porneias ou gegennēmetha*）（八 41）。换句话说，犹太人是通过老祖宗亚伯拉罕与他的"原配妻子"或是"发妻"在"合法"（legitimate）的婚姻下，"传宗接代"下来的（见创二十一1～4 等）；因此，绝对"不是从淫乱生的"。假设八章十二至五十九节这一大段经文是从八章十一节以后，顺着当时事件发生的时间先后秩序下来的，则犹太人在八章四十一节所提问的"淫乱"（*porneia*）也可能是某种"联想"的结果。那就是说，耶稣在较早时（七 53～八 11）处理淫妇那起事件让犹太人"联想"到"非法"与"合法"的后裔问题。当然，这只是一个猜测而已。第二，犹太人在反驳耶稣时宣称："我们只有一位父就是上帝"（*hena patera echomen ton Theon*）。这一句的反驳与上一句是很不相同的。它的意义远远超越了亚伯拉罕的子孙的问题。这一个绝对大胆的"宣称"（claim），可说是针对耶稣自己较早时的宣称而发的，因为在这之前，耶稣曾多次公开地宣称上帝为"父"，甚至是"我父"。

最后一次是在八章三十八节:"我所说的,是在我父那里看见的。"犹太人因此也不甘示弱,刻意地跟耶稣一样,称上帝为他们的"父"。当然,犹太人的宣称,也不是没有一定的历史根据,因为耶和华上帝确实早已承认"我是以色列的父"(耶三十一·9)。耶稣将在八章四十二节以后针对这点作出回应。

学者 F. F. Bruce 给八章四十一节犹太人所说的那一句话("我们不是从淫乱生的")作了一些很有趣的诠释。Bruce 认为,若是把这一句话和八章四十八节犹太人指耶稣是"撒玛利亚人"(Samarites)的那一句串连起来,就可能反映了犹太人和撒玛利亚人在当时争辩的一个问题。那就是:谁有资格被称为真正的"以色列人"(genuine Israelites)。犹太人当时对撒玛利亚人"混种"(mixed origin)的历史背景,自有一套说法。同样的,撒玛利亚人对犹太人最原始的根源,也有一些传说的故事(legend)。其中有一段是:创世记四章一节所记载的该隐(Cain)并不是人类始祖亚当和夏娃同房所生的,而是魔鬼撒但诱惑夏娃产下来的。犹太人就是这个该隐的后裔,而不是塞特(Seth)的子孙。创世记五章三节特别强调塞特"形像样式和[亚当]自己相似"。

基于上述的一些背景,当耶稣在八章四十一节对犹太人说,"你们行你们父所行的事"的时候,犹太人可能以为耶稣所指的"父"是跟上述的传说有关的。他们因此立即反驳说:"我们不是从淫乱生的"。④ 耶稣在八章四十四节指犹太人"是出于你们的父魔鬼",又说他们的父"从起初是杀人的"。这样的言论更加让人怀疑它可能真是与上述的传说有关系。

八 42～43　耶稣说:"倘若上帝是你们的父,你们就必爱我。因为我本是出于上帝,也是从上帝而来,并不是由着自己来,乃是他差我来。你们为什么不明白我的话呢? 无非是因你们不能听我的道。"

耶稣和犹太人到了这个阶段其实已没有真正的"对话"(dialogue)可言了。这是因为说话的两方已没有"共同语言"(common language),

---

④ 参阅 Bruce, p. 199。Bruce 的资料取自 J. Bowman, "Samaritan Studies", in *Bulletin of the John Rylands Library*, 40(1957‑58), pp. 306‑308.

以及正面的"接触点"(point of contact)。

犹太人在八章四十一节宣称他们"只有一位父就是上帝"。耶稣却在八章四十二节按自己的逻辑否定犹太人的宣称。另一方面,犹太人也无法接受耶稣是来自上帝的(八 42)。

八章四十三节第一个句子的"话"(*lalia*)与第二个句子的"道"(*logos*)不同。这两个字的重要区别有助于理解耶稣的原意。⑤ 中文圣经给八章四十三节第二个句子的希腊文作了不同的翻译(*hoti ou dunasthe akouein ton logon ton emon*)。马氏本:"即因尔不能听我言"。和合本:"无非是因你们不能听我的道"。思高本:"无非是你们不肯听我的话"。和修版:"无非是你们听不进我的道"。"不能听","不肯听","听不进",都各有不太相同的意思。基于犹太人不断在敌视耶稣的强硬态度,甚至有杀害祂的意图,"不肯听"也许比较符合实况。犹太人既然采取了"不肯听"耶稣的"道"(*logos*)的消极态度,耶稣对他们所说的"话"(*lalia*)也就没有多大意义了。

八 44～45　"你们是出于你们的父魔鬼,你们父的私欲,你们偏要行。他从起初是杀人的,不守真理,因他心里没有真理。他说谎是出于自己,因他本来是说谎的,也是说谎之人的父。我将真理告诉你们,你们就因此不信我。"

耶稣在八章四十四节对犹太人的指控是极端严重的:"你们是出于你们的父魔鬼"(*humeis ek tou patros tou diabolou este*)。如果这个指控真是事实,那犹太人对耶稣的敌对态度也就完全可以理解了。正如魔鬼"从起初"(*ap' archēs*)就以上帝为敌,如今他的子孙犹太人也敌对上帝的儿子耶稣。

"他从起初是杀人的,不守真理……他说谎……"(*ekeinos anthrōpoktonos ēn ap' archēs kai en tē alētheia ouk estēken ... hotan lalē to pseudos ...*)这一些指控,应该是指创世记三章一至六节,魔鬼藉着蛇引诱人堕落那一件重大的事件。

---

⑤ Bruce 认为"话"(*lalia*)是指"外在的言语"(outward speech),而"道"(*logos*)则是表明它所"表达出来的信息"(the message it expressed)。Bruce, p. 201.

魔鬼"从起初是杀人的"(*anthrōpoktonos ēn ap' archēs*),是因为他的诱惑导致了人的始祖亚当和夏娃以及他们的后裔的死亡:"因为你吃[禁果]的日子必定死"(创二 17,三 3)。

为何说他[魔鬼]"不守真理"(*en tē alētheia ouk estēken*)呢?因为耶和华上帝向人类的始祖所说的话,包括禁令,就是"真理"(*alētheia*)。结果魔鬼叫始祖违背上帝的话,就表示他"不守真理"了。

魔鬼"本来是说谎的,也是说谎之人的父"(*hotan lalē to pseudos … hoti pseustēs estin kai ho patēr autou*),是因为他一开始就向人类的始祖撒谎:"你们不一定死"(创三 4)。亚当和夏娃的第一个儿子该隐(Cain)也因为始祖的堕落,成了一位撒谎者(*pseutēs*)和杀人者(*anthrōpoktonos*),因为该隐把自己的弟弟亚伯(Abel)杀了以后,还在耶和华面前否认说,他"不知道"被自己杀了的弟弟在哪里(创四 8~9)。

倘若耶稣所指的犹太人的"父"(*patēr*)是这样的一个"魔鬼"(*diabolos*),那么他们不信(*ou pisteuete*)耶稣所告诉他们的真理(*alētheia*),乃是意料中的事了。

八 46~47 "你们中间谁能指证我有罪呢?我既然将真理告诉你们,为什么不信我呢?出于上帝的,必听上帝的话。你们不听,因为你们不是出于上帝。"

耶稣在此提出了"罪"(*hamartia*)的问题——"你们中间谁能指证我有罪呢?"——表面上看去似乎是离题了,因为经文自八章三十一节开始到现在,犹太人在跟耶稣的争论中,并没有"指证"(*elegchei*)耶稣有什么"罪"(*hamartia*)。若是那样,耶稣在八章四十六节这里所说的,也许是指犹太人较早时对祂的指控。当耶稣安息日在耶路撒冷的毕士大池边医治好一个病人以后,犹太人就已经"越发想要杀他。因他不但犯安息日[的罪],并且称上帝为他的父,将自己和上帝当作平等"(五 18)。在八章三十一至五十九节的争论中,耶稣至少有两次提及犹太人想要杀祂的事(八 37、40)。除了上述这个有关"罪"的问题以外,八章四十六至四十七节并没有新的内容。

八 48 犹太人回答说:"我们说你是撒玛利亚人,并且是鬼附着的,这话岂不正对吗?"

犹太人明知耶稣是来自加利利的犹太人(七41、52),因此不是"撒玛利亚人"(*Samaritēs*)。犹太人在此称耶稣是"撒玛利亚人",很明显是具有很大侮辱性的,因为那个时代的犹太人尤其是轻视撒玛利亚人过去"混种"的背景。

"鬼附着"(原文 *daimonion echeis* 也可以译作"你[身上]有鬼"),在此大概是指耶稣神志不清或疯狂的意思(参七20,八52,十20)。

八49～51　耶稣说:"我不是鬼附着的。我尊敬我的父,你们倒轻慢我。我不求自己的荣耀。有一位为我求荣耀、定是非的。我实实在在的告诉你们,人若遵守我的道,就永远不见死。"

耶稣在回答中,没有澄清祂不是"撒玛利亚人"。这显然是没有必要,也是无济于事的。但是,祂却否认自己是"鬼附着的"。因为一个被鬼附着的人,是不可能理性地和犹太人议论的。犹太人早已怀疑耶稣是一个狂妄者,因为耶稣"称上帝为他的父,将自己和上帝当作平等"的(五18)。这一个被犹太人看作是狂妄的宣称,耶稣至今还是坚持着。针对犹太人对祂的指控,耶稣在八章四十九节很明确地向他们表态:"我尊敬我的父"(*timō ton patera mou*)。这样,真正不尊敬天父上帝的,反而是那些犹太人;因为他们"轻慢"(*atimazete*)上帝自己所差来的耶稣(八49)。

耶稣的宣称很自然会引起犹太人的误会,以为祂是在追求自己的"荣耀"(*doxa*,八50)。祂因此向犹太人解释说,祂完全没有必要这样做,因为"有一位"最终会荣耀祂以及为祂断定是非(*estin ho zētōn kai krinōn*)的,这"一位"当然就是上帝自己了。

耶稣在较早的时候已经三次警诫犹太人说,那些不信祂的道的人,将会"死在罪中"(八21、24)。可是,耶稣在八章五十一节却是从正面来表达同样的警诫:"人若遵守我的道,就永远不见死"(*ean tis ton emon logon tērēsē, thanaton ou mē theōrēsē eis ton aiōna*)。

八52～53　犹太人对他说:"现在我们知道你是鬼附着的。亚伯拉罕死了,众先知也死了。你还说:'人若遵守我的道,就永远不尝死味。'难道你比我们的祖宗亚伯拉罕还大吗? 他死了,众先知也死了。你将自己当作什么人呢?"

犹太人在八章五十二节对耶稣强烈的回应,是完全可以理解的,因为听了耶稣那许多的言论以后,听众只能作出两种相反的回应:不是正面相信祂所说的,就是负面判断祂是一个极端的妄自尊大者,甚至怀疑祂是神志不清,被鬼附着的。

这其实也是历代以来那些认真阅读福音的人似乎无可回避的选择——一个"实存性的抉择"(an existential decision)。这也就是存在主义(existentialism)大师祈克果(Kierkegaard,1813 - 1855)所说的either/or("非此即彼")。

八章五十二至五十三节很清楚显示耶稣当时的听众,是完全从人的观点和层面去看和评论耶稣所宣讲的属灵的(spiritual)信息。约翰福音常出现类似八章五十节的"难道":"难道你比我们的祖宗亚伯拉罕还大吗?"⑥这些"难道",都是在表明提问者的怀疑态度。例如尼哥底母对"重生"的怀疑及误会(三 4,问题中的"岂能",也即是"难道"的意思);撒玛利亚的妇人对"活水"的怀疑及误会(四 12,"难道你[耶稣]比他[雅各]还大吗?"意思是:那是不可能的!);八章五十三节的"难道"也是一样。发问者绝对没有意料到耶稣的确是比他们的老祖宗亚伯拉罕还大! 这又是约翰福音书中的一个"反语"或"讽语"(irony)。

"你将自己当作什么人呢?"(*tina seauton poieis*;RSV, Who do you claim to be?)这个提问,再次表示与耶稣议论的犹太人继续把耶稣看作是一个妄自尊大的人。

八 54~56　耶稣回答说:"我若荣耀自己,我的荣耀就算不得什么。荣耀我的乃是我的父,就是你们所说是你们的上帝。你们未曾认识他,我却认识他。我若说不认识他,我就是说谎的,像你们一样。但我认识他,也遵守他的道。你们的祖宗亚伯拉罕欢欢喜喜的仰望我的

---

⑥ 当希腊文以否字词 *me* 来提问的时候,一般都已经暗示答案是负面的。因此,当犹太人问:"难道你比我们的祖宗亚伯拉罕还大吗?"(*me su meizōn ei tou patros hēmōn Abraam*),他们其实已有了自己的答案。那就是:"你[耶稣]肯定不会比我们的祖宗亚伯拉罕还大。"

日子,既看见了,就快乐。"

八章五十四及五十五两节,就内容来说,基本上是跟耶稣过去所表白的一样。八章五十四节的最后一句("就是你们所说是你们的上帝",*hon humeis legete hoti Theos hēmōn estin*)表示耶稣并不承认上帝真是犹太人的"父",纵使犹太人自以为是。这是因为犹太人拒绝了耶稣从祂的父上帝那里带来的见证和信息。

八章五十六节仍旧是耶稣"以子之矛,攻子之盾"批判犹太人的做法:"你们的祖宗亚伯拉罕欢欢喜喜的仰望我的日子,既看见了,就快乐。"在这之前,犹太人曾经以非常肯定和自信,甚至是骄傲的语气,反驳耶稣说:"我们是亚伯拉罕的后裔"(八 33),"我们的父就是亚伯拉罕"(八 39)。可是,犹太人对待耶稣的态度,却不是亚伯拉罕的真子孙应有的表现。这就跟犹太人自己所宣称的有矛盾了。因为对耶稣来说,假使亚伯拉罕仍然活着,他肯定会"欢欢喜喜的"来接待祂[耶稣]。耶稣在八章五十六节这里所说的,只是一个合理的逻辑推论而已,并没有明确的经文作为依据。有些学者尝试通过一些犹太人的文献来解释和诠释耶稣所说的,可是对经文的理解并没有很大的帮助。⑦

读者们也许会自己作一些猜测说,像亚伯拉罕这样的"信心之父"以及蒙上帝大恩大德的老祖宗,必然会因自己的"真子孙"耶稣所作的,深感快慰。马太和路加两部福音书都从耶稣的"家谱"中证实耶稣是亚伯拉罕的"后裔"(太一 1～17;路三 23～38)。耶稣在此所提到有关亚伯拉罕的"仰望"、"看见"和"快乐"(八 56),可能会令人想起虔诚的犹太人西面(Simeon),当年手抱着婴孩耶稣时,所表达的喜乐和满足:"主啊,如今可以照你的话,释放仆人安然去世。因为我的眼睛已经看见你的救恩……"(路二 28～30)

八 57　犹太人说:"你还没有五十岁,岂见过亚伯拉罕呢?"

犹太人的回应再次显示他们完全是从人的意念去看待耶稣所说的,结果又是一个大误会。

---

⑦ 例如,Barrett, pp. 351 - 352;Bruce, pp. 204 - 205 以及 end notes 18 和 19 所提及的资料。

和合本的中译文,"你……岂见过亚伯拉罕呢?"是从希腊文古抄本 P⁶⁶、A 等翻译过来的。有些古抄本如 P⁵³ 则是 *Abraam heōraken se*("亚伯拉罕曾见过你吗?")两类古抄本的意思都是一样。那就是:"你是跟亚伯拉罕同一辈的人吗? 你的年纪有多大!? 五十岁还不到!"

有一个问题倒是耐人寻味的。按路加福音的记载:"耶稣开头传道,年纪约有三十岁"(*kai autos ēn Iēsous archomenos hōsei etōn triakonta*,路三 23)。祂前后"传道"的时间大约是三年左右。八章五十七节所记载的耶稣,大概也只有三十三岁左右,犹太人为什么会把一位原是三十多岁的人看作是近"五十岁"的呢? 莫非耶稣真像以赛亚书五十三章所形容的那一位"受苦的仆人"(the Suffering Servant)以及代罪的羔羊那样,三十多岁便已经"无佳形美容……被藐视,被人厌弃,多受痛苦,常经忧患"(赛五十三 2~3)?

八 58　耶稣说:"我实实在在的告诉你们,还没有亚伯拉罕就有了我。"

"有了我",希腊原文是 *ego eimi*,与八章二十四、二十八节中的"我是"一样,意思也相同,目的是在提醒那些继续和祂争论的犹太人,祂就是那一位"自有永有的"(见出三 14;赛四十一 4 等)。和修版把八章五十八节的希腊文 *prin Abraam genesthai egō eimi* 译作:"还没有亚伯拉罕我就存在了。"意思也正确。

耶稣在这里的宣称,也完全以约翰福音序言中所叙说的"太初"(*en archē*)之"道"(*logos*)一致。倘若耶稣真是那位永恒者,则"还没有亚伯拉罕就有了我"这个宣称,肯定就不是狂言了。不然,祂就可能真像犹太人所指控的一样,"是鬼附着的"。

约翰福音处处都有这些要求人在耶稣面前表态或作出抉择的挑战。"中立"(neutral)或是像墙上的随风草那样摇摆不定的立场是不可能的。犹太人在下一节的强烈反应,也正好证实了这一点。

八 59　于是他们拿石头要打他。耶稣却躲藏,从殿里出去了。

犹太人不愿意接受耶稣那自称是"自有永有"的身分,就已经清楚表明他们已经把祂看作是一个僭妄者或是亵渎者(blasphemer)了。这样的人,按照旧约摩西的律法,是应当被"石头打死的"(利二十四 14)。因此,犹太人的做法是可以理解的,虽然事实说明这是一个严重的误会。对耶稣来说,这事件又是一次"身分的危机"(identity crisis)。

耶稣在面对那样的危机时刻,决定"躲藏"(*ekrubē*)起来,应该是一个明智的行动,正所谓"好汉不吃眼前亏"。但这肯定不是贪生怕死的举动。只是因为祂的时候还没有到。八章五十九节第二个句子在希腊文古抄本A、K等是 *hierou dielthōn dia mesou autōn kai parēgen houtos*,可译作:"从殿里出来,他就在他们中间走出去了。"

贰拾贰 "看见的"与"瞎眼的"（九 1～41）

约翰福音所见证的耶稣,是一位言行一致者。耶稣在第六章施行神迹给五千人吃饱以后,就公开宣告祂是"生命的粮"(六 35)。祂在八章十二节和九章五节说祂是"世界的光"(*to phōs tou kosmou*),结果在第九章治好了一个生来瞎眼的人。祂在十一章二十五节说:"复活在我,生命也在我"(希腊原文是:"我就是复活和生命",*egō eimi hē anastasis kai hō zōē*)。不久之后,祂就叫死了的拉撒路复活(十一 41～44)。

第九章的焦点,不仅在瞎子被医治好这一件大事上,也在于这起事件所引发的争论及其严重后果。不信的犹太人在这一段的叙述中所表现的态度,反映了他们的心正在渐渐硬化的可怕事实。他们在这个阶段中与耶稣的关系已经不再是信或不信那么简单了,因为他们不但继续坚持不愿意相信的立场,还进一步要阻止那些自愿相信耶稣的犹太人公开表示他们的信念,甚至决定把那些信者"赶出会堂"(*aposunagōgos genētai*)(九 22、34)。

第九章虽然是以瞎子被治好这个神迹揭开了序幕,但它最终所涉及的,已不再是"肉眼"的看见或看不见的问题,而是更严重的"灵性盲目"(spiritual blindness)的问题。

九 1～5　耶稣过去的时候,看见一个生来是瞎眼的。门徒问耶稣说:"拉比,这人生来是瞎眼的,是谁犯了罪? 是这人呢? 是他父母呢?"耶稣回答说:"也不是这人犯了罪,也不是他父母犯了罪,是要在他身上显出上帝的作为来。趁着白日,我们必须作那差我来者的工。黑夜将到,就没有人能作工了。我在世上的时候,是世上的光。"

九章一节并没有说明耶稣这个时候在哪里。按上下文来看,祂应该仍旧在耶路撒冷。上节经文(八 59)说,耶稣"从殿里出去了"。

"生来是瞎眼的"(*tuphlon ek genetēs*；RSV，blind from birth)，在此不仅告诉读者这个瞎子可怜的身世以及病情的严重性,也提供了门徒在九章二节所提的那个问题的背景。九章二节只表示门徒知道那个人生来是瞎眼的,但没有说明这知识来自何处。

门徒向耶稣发问的时候,把那个人生来就瞎眼那件事跟犯罪直接联想起来:"拉比,这人生来是瞎眼的,是谁犯了罪？ 是这人呢？ 是他父母呢?"(九 2)门徒的联想,似乎是反映了当时犹太人的一些有关病和犯罪的思想。约伯(Job)的三个朋友对约伯不幸的遭遇的解释,就是一个很典型的旧约例子。按约伯的三个朋友当中提幔人以利法的看法,约伯的遭遇是"因果报应,罪有应得"的结果:"请你追想,无辜的人,有谁灭亡？ 正直的人,在何处剪除？ 按我所见,耕罪孽、种毒害的人,都照样收割。"(伯四 7～8)当然,对约伯记的内容有全面认识的读者都会知道,上述这一类刻板式的(mechanical)"因果论"或是"赏罚论"的"神学",是绝对不能死硬地套在约伯身上的,虽然恶有恶报,善有善报,在一般的情况下是合理的,也是正统的(orthodox)信仰的一部分。

耶稣在耶路撒冷毕士大的池边治好的,是一位病了三十八年的人(五 2～8)。约翰福音并没有说明他的病因。可是,耶稣后来却对他说:"不要再犯罪,恐怕你遭遇的更加利害。"(五 14)这个警诫似乎意味着那人过去三十八年的病可能是他自己犯罪的结果。① 因此,可说是某种"罪的报应"。当然,这只是一点猜测而已。圣经既然没有明言,任何武断的看法都是不明智的。

门徒的问题的另一部分,似乎比较难以理解:"是他父母的罪使得这人生来就瞎眼?"

就一般情况而论,不论是犹太人的社会,或是其他文化的社会,祖宗或父母辈所做的一切,包括他们的"罪行",确实可以直接或间接地波及和影响后代,不论是群体或个人。可是,圣经却似乎没有很明确和

---

① 犹太人并没有某些亚洲宗教那一类的"轮回说"(reincarnation)。因此,门徒是不太可能想像这个生来就是瞎眼的人是在承受自己前生的罪恶。门徒提问的另一部分倒是比较容易理解的。

具体的实例,说明父母的罪直接导致儿女生下来就瞎眼等严重的残缺或病害。但马太福音却有一段记载,至少可以间接说明,耶稣时代的犹太人相信杀人的血是可以归到子孙身上的。当罗马的巡抚彼拉多首先不肯把耶稣钉死在十字架上的时候,犹太人竟然回答说:"他[耶稣]的血归到我们,和我们的子孙身上"(太二十七 24～25)。

耶稣在九章三节回答门徒的时候,并没有处理上述有关罪和报应的问题。祂首先否定了门徒的猜测:"也不是这人犯了罪,也不是他父母犯了罪"(*oute houtos hēmarten oute hoi goneis autou*)。祂紧接下去给了他们一个预想不到的答案:"是要在他[瞎子]身上显出上帝的作为来"(*hina phanerōthē ta erga tou Theou en autō*)。中文的"是要"在希腊原文 *hina*,按文法是可以表达"目的"(purpose)或是"结果"(result)的。[②] 在九章三节这里,选择"结果"(result)是比较合理的。意思就是,虽然瞎子的残缺是一个很大的不幸,人也无从解释原因何在,但事情的"结果"却是:上帝通过这一件很不幸的事,彰显了祂奇妙的作为(*erga*)。耶稣的回答也因此意味着祂即将施行神迹来医治这个瞎子的病,不然上帝的"作为"(*erga*)就无法"显示"(*hina phanerōthē*)出来了。这也是约翰福音很一致性的思想。那就是,上帝藉着祂所差遣的儿子耶稣的"作为"(*erga*)及"神迹"(*sēmeia*)来彰显(*phaneroō*)自己的恩典、能力和荣耀(见二 11 等)。

要作任何"工"或藉着"工"来彰显上帝的恩典、能力和荣耀,需要时间和机会。九章四节的"趁着白日"(*heōs hēmera estin*),就是指工作的机会说的。"趁着白日"与九章四节下一句的"黑暗将到"(*erchetai nux*)连接在一起,就明确地表达了一种"紧迫感"(sense of urgency)。耶稣对祂自己的处境有很清楚的理解和体会,包括犹太人要杀害祂的图谋。对耶稣来说,工作的机会的确是不多了。

九章四节的"我们"(*hemas*)出现在 P[66]、P[75]、B、L 等古抄本,表示耶稣和门徒一起,都必须要抓紧机会工作。一些古抄本如 A、C、K 等则是"我"(*eme*),只是指耶稣自己。耶稣在九章五节所说的,与八章十二

---

② 见 Barrett, p. 295.

节一样："我是世上的光"（*phōs eimi tou kosmou*）。可是，九章五节也可能是因瞎子这件事所引起的一个"联想"，或是对那个仍在黑暗中摸索的瞎子的一个福音的宣告。当然，"光"（*phōs*）作为约翰福音的主题之一，也是为了"普照"一切在黑暗中摸索的人而来的（一 9）。

九 6～7 耶稣说了这话，就吐唾沫在地上，用唾沫和泥抹在瞎子的眼睛上，对他说："你往西罗亚池子里去洗。"（西罗亚翻出来，就是奉差遣。）他去一洗，回头就看见了。

九章五节只是一个福音的宣告。九章六至七节所记载的，却是具体的行动，结果证实了宣告者作为"世界之光"的能力。

耶稣施行神迹，在一般的情况下，只凭着一句话或是用手摸一摸就行了。这包括耶稣出耶利哥城的时候所医治的那两个瞎子（太二十一34）。既是这样，耶稣又为何在九章六至七节用唾沫和泥，并且还吩咐那个行动本来就不方便的瞎子往西罗亚的池子去洗呢？经文既然没有给予解释，读经者就只能作一些猜测而已。一件神迹的产生，除了行神迹者的能力和意愿之外，还必须要求当事人（病者或其他的人）有一定程度的信心，甚至"合作"。

从瞎子被医治以后所面对的考问和压力来看，他对耶稣的信心以及对耶稣的指示所采取的行动，肯定有一定的意义。他在较后的见证（九 11）也跟他被治时所发生的事一致。耶稣所行的这一个治病的神迹，是在公众的场合中行的。九章六至七节可说是具有"戏剧"（drama）效果的一幕。它远比一句话留给人更深刻的印象，结果让那些怀疑，甚至不愿意面对现实的法利赛人，都无法否认这一个有目共睹的事实。

中文的"西罗亚"（池）源自旧约希伯来文的 *Shiloaḥ*（见赛八 6）；LXX 译作希腊文的 *Silōam*。西罗亚池的水源，根据以赛亚书二十二章九及十一节、尼希米记三章十五节及其他资料的考证，来自汲沦山谷（Kidron Valley）的基训泉（the Spring of Gihon）。③

---

③ 见 Bruce, p. 210.

　　作者约翰好几次把希伯来文或亚兰文的一些词语译成希腊文,让读者能明白它的意思(例如一 38、41、42)。他在九章七节也是一样:"西罗亚翻出来,就是奉差遣"(Silōam [ho hermēneuetai apestalmenos])。有学者认为,这里的翻译可能还有更深一层的意思。因为"奉差遣"(思高本译作"被差遣的")在原文是 apestalmenos,源自动词 apostellō(差遣)。在福音书中,耶稣也常自称是 ho apestalmenos,也就是被上帝"差遣"来的那一位,并且藉此说明祂的"使命"(mission)确实是来自上帝的。"西罗亚"池子在希腊文也是"被差遣"的意思,与耶稣的自称一样。这就引发了一个有趣的问题:作者约翰在九章七节这里是否有意把耶稣这一位"被差遣的"(ho apestalmenos)使者与"西罗亚"池子的意思"联想"在一起,并且通过这个联想来表达某些"神学"或"属灵"的意义? 这是不易回答的问题。若真是有意义的话,它的意义可能是这样的:耶稣身为一位"被[上帝]差遣的",现在正参与上帝的工作,并且藉着那瞎子的医治"显出上帝的作为来"(九 3)。耶稣于是吩咐瞎子凭着信心到"西罗亚"那个"被差遣的"池子去洗,使他可以看见。结果"他去一洗,回头就看见了"(九 7)。

　　在上帝的手中,"被差遣者"耶稣或是"西罗亚"池子的水,都同样是上帝工作的"器皿"或是"媒介"(vehicle)。耶稣所用的唾沫和泥、池子的水这些属"物质"的东西,使人想起基督教会的两个"圣礼"(sacraments),即洗礼(baptism)和圣餐(Holy Communion)。洗礼所用的水以及圣餐所用的饼(或面包)和酒(或葡萄汁),也只不过是"物质"(material)的东西而已。可是,它们都是上帝所创造的,因此是"好"的。因为基督教的神学没有像希腊哲学或是东方神秘宗教那样,把"物质"(matter)看作是"恶"(evil)的"二元论"(dualism)。

　　宗教改革者如马丁路德和加尔文等,都一致把圣礼中的水、饼和酒看作是"恩典"(恩典的工具;means of grace)。那就是说,创造主上帝可以通过祂的"道"(words)的能力以及圣灵奥秘的运作,使这些本来是物质的东西,成为祂赐给人恩典(charis;grace)的工具。

　　新约学者如 Morris、Bruce 和 Barrett 等,都一致认为九章七节这个希腊文 apestalmenos("被差遣的"),除了翻译希伯来文 Shiloah("西罗亚")的意思之外,是还有其他涵义的。Morris 认为,"对约翰来说,[西罗亚, Shiloaḥ]这个名字很明显是含有不可忽视的属灵意义。"④

Bruce 的看法是:"福音书的作者指向另一个意义。'西罗亚'源自希伯来文 Shiloaḥ,是'被差遣的'意思。它因此是喻表上帝所差遣的耶稣,而只有耶稣才能给人内在的心灵亮光。"⑤

Barrett 诠释道:"耶稣自己就是那位'被差遣的'(apestalmenos)。祂也把亮光赐给瞎子,正如祂自己是活水的泉源一样。以赛亚书八章六节说,犹大的百姓厌弃西罗亚缓流的水;在[约翰福音]这一章,犹太人也照样拒绝耶稣……"。⑥ Barrett 还特别提醒读者说,犹太人在住棚节献祭时所用的水,也是取自西罗亚池子的。⑦

九8～9　他的邻舍和那素常见他是讨饭的,就说:"这不是那从前坐着讨饭的人吗?"有人说:"是他。"又有人说:"不是,却是像他。"他自己说:"是我。"

被耶稣医治好的那位瞎子,现在似乎已是判若两人了。难怪连他的"邻舍"(geitones)对他现在的身分都议论纷纷了。那些议论,也无形中表示那的确是一个令人难以置信的神迹。最终给人解谜的,也是最有说服力的,当然就是被治好的那个人自己了:"他自己说:'是我'"(ekeinos elegen hoti egō eimi)。这里的 egō eimi("是我"),只是表明见证者自己的身分而已,并没有出自耶和华上帝或是耶稣口中所具的神学意义。

九10～12　他们对他说:"你的眼睛是怎么开的呢?"他回答说:"有一个人,名叫耶稣,他和泥抹我的眼睛,对我说:'你往西罗亚池子去洗。'我去一洗,就看见了。"他们说:"那个人在哪里?"他说:"我不知道。"

---

④ "For John such a name has obvious spiritual significance and is not to be overlooked." Morris, p. 428.

⑤ Bruce, p. 210.

⑥ "Jesus himself is *ho apestalmenos*, and he gives light to the blind, just as he is himself a spring of living water. In Isa. 8. 6 it is said that the Jews refused the waters of Shiloah, just as in this chapter they refuse Jesus ..." Barrett, p. 359.

⑦ Ibid.

　　众人在九章十节的询问,应该只是出于好奇,并没有什么恶意。他们只是想知道这起事件是怎样发生的。这也是很自然的,因为九章一至七节只提及耶稣和祂的门徒在现场,并没有说明那些询问的人当时是否在场的旁观者。又按九章七节,瞎子开始看见的时刻是发生在西罗亚池子洗眼睛以及回程的路上。经文并没有提及当时有见证人在现场的事。

　　九章十一节不仅重述被治好的那个人在九章六至七节已经讲过的事,并且还清楚告诉那些询问的人说,给他治病的那一位是耶稣。经文也没有说明他是怎样知道耶稣的名。被治的那人在众人的追问下,说不知道耶稣在哪里(九 12)。他的回答应该是诚实的,因为耶稣很可能在给那个人治病后,就已经离开现场了。在这之前,耶稣是为了暂时躲避犹太人的追打才从圣殿出去的(八 59)。

　　九 13～14　他们把从前瞎眼的人带到法利赛人那里。耶稣和泥开他眼睛的日子是安息日。

　　较早时那些出于好奇心询问被治那个人的邻舍,似乎已经对他的解释感到满意(九 11～12)。既是那样,他们又何必把他"带到法利赛人那里"去呢?只是为了告诉法利赛人有那样一件神迹发生?还是为了要那些宗教领袖解释一个困扰他们的问题,也就是九章十四节所提到的,有关安息日的问题?假使那些人真是为所发生的事感到困扰,也是可以理解的,因为他们一方面承认和接受瞎子被治的事实,另一方面又觉察到事发那一天正好是"安息日"(sabbaton)。在严谨的法利赛人教导下的犹太人,对安息日的规条理当很清楚,也很尊重。法利赛人紧接下去的回应,说明当时的情况很可能就是那样。

　　九 15～16　法利赛人也问他是怎么看见的。瞎子对他们说:"他把泥抹在我的眼睛上,我去一洗,就看见了。"法利赛人中有的说:"这个人不是从上帝来的,因为他不守安息日。"又有人说:"一个罪人怎能行这样的神迹呢?"他们就起了纷争。

　　和合本及和修版的"问"(九 15)并没有完全把希腊原文动词 ērōtōn 的原意表达出来。思高本译作"诘问",算是好一些,因为 ērōtōn 在此有重复或不断追问,甚至责问的意思。这其实也非常符合上下文的情况,因为法利赛人非常慎重地看待这件事,特别是当它发生在安息日的时候。

那个被治好的人给法利赛人的回答和见证,仍旧跟较早时一样明确和干脆(九 15):"他把泥抹在我的眼睛上,我去一洗,就看见了。"

根据约翰福音的叙述,这是耶稣第二次被指控干犯安息日的规条。第一次是在三章十节,那一次导致犹太人"逼迫耶稣……越发想要杀他"(三 16～18)。这一次,法利赛人"因为他不守安息日"就断定耶稣"不是从上帝来的"(*ouk estin houtos para Theou ho anthrōpos*,*hoti to sabbatou ou tērei*,九 16)。

耶稣这一次又怎样"不守安息日"呢? 就九章一至七节而论,耶稣和瞎子都不能被看作是干犯了任何旧约有关安息日的规条。只有犹太人自己对旧约的诠释(midrah)和传统中的法典(talmud)禁止人在安息日治病,除非人的病情极端危急。⑧ 此外,在犹太人的传统律法Mishnah 所列出那三十九项不可在安息日劳作的禁令中,有一项(Shabbat 7:2(10))是禁止人在安息日中揉面粉和水成团,或是揉湿的泥土成团等劳作。若是这样,耶稣当时"吐唾沫在地上,用唾沫和泥抹在瞎子的眼睛上"(九 6)这些动作,也可能被斤斤计较的法利赛人看作是像揉泥土和水一样干犯了安息日! 这在现代人,尤其是非犹太人看来,是令人啼笑皆非的"小动作",但在当时可能被看成是很严重的。当然,经文并没有解释法利赛人对耶稣"不守安息日"的指控,是否是像上面所推测的那样。无论如何,法利赛人对耶稣的判断是已经下了:"这个人不是从上帝来的,因为他不守安息日"(九 16)。这样的判断也就表示法利赛人到现在仍旧把耶稣看作是普通的一个犹太"人",而不是"道成肉身"的那一位。

九章十六节的"这个人",在和合本的译文并没有其他特别的意思。但 Barrett 却认为"这个人"在希腊原文(*estin houtos . . . ho anthrōpos*)是强调式的。意思是:He is not from God — this man(中文可译作"这个人,他不是从上帝那里来的")。⑨ Morris 根据 NEB 的翻译(this fellow;

---

⑧ 参阅 Barrett 对九 14 的诠释。
⑨ Barrett,p. 360.

有"这个家伙"的意思),认为希腊原文表达方式带有蔑视耶稣的含义。[10]

　　法利赛人虽然在批判耶稣"不守安息日"的同时没有明指祂是一个"罪人";可是,九章十六节的提问意味着至少在一些法利赛人的心目中,祂已经是一个"罪人"(*hamartōlos*)了:"一个罪人怎能行这样的神迹呢?"(*pōs dunatai anthrōpos hamartōlos toiauta sēmeia poiein*)。提问者似乎有正气感,也有一定的逻辑思维。当然,提问者也可能只是深感困惑而发问。

　　九章十六节中的"神迹"在原文是复数(*sēmeia*; RSV, sings),可能表示那些为耶稣抱不平或感到困惑的人,[11]并非只是凭着耶稣这一次医治瞎子的神迹(*sēmeion*; a sign)来发问的。

　　在一般的情况下,那些为耶稣讨公道的法利赛人根据他们传统的信仰所得到的结论是合理的:"一个罪人怎能行这样的神迹呢?"耶稣既然行了这些神迹(复数,*sēmeia*),可见祂并不是一个"罪人"。

　　可是,在一般情况之外,还是有一些特例的。在旧约圣经以及耶稣的教训中,就有一些例子显示,"坏人"或是"罪人"也有行神迹的能力或可能性。出埃及记七章八至十一节、二十二节、八章七节就记述了埃及法老的"博士和术士"(LXX, *tous sophistas kai tous phamakous*)也能用"邪术"照着摩西和亚伦的样子行"神迹"或"奇事"(LXX, *to sēmeion ē to teras*)。耶和华上帝也通过摩西警告以色列人,不要因为某些假"先知"或是"作梦"的人所显的"神迹奇事",就被他们所迷惑(申十三1~3)。

　　耶稣在关于"末世"(eschatology)的预告中,也提到一些"假基督、假先知将要起来,显神迹奇事,倘若能行,就把选民迷惑了"(可十三22)。

　　法利赛人自己因为对耶稣有不同的看法和意见,结果"他们就起了纷争"(*kai schisma ēn en autois*,九16)。约翰福音在这之前已经多次记载了犹太人和法利赛人,因为耶稣的言行引起"议论"和"纷争"

---

⑩ Morris, p. 431, fn. 30.

⑪ 按上下文,这些为耶稣讨公道的("一个罪人怎能行这样的神迹呢?"),似乎是其中的一些法利赛人。因此,"他们就起了纷争"(*kai schisma ēn en autois*),表明这"纷争"(*schisma*)是在法利赛人自己内部产生的。

(*schisma*，见六 41～43、60～61，七 40～43、46～52)。

九 17　他们又对瞎子说："他既然开了你的眼睛，你说他是怎样的人呢？"他说："是个先知。"

法利赛人似乎是在自己争论不休之后，才到瞎子这里来尝试寻找解决的方案。这在当时的犹太教，可说是非常罕见的事。因为在一般的情况下，宗教和社会地位都很高的法利赛人，是不会向瞎子那样一位身分低贱的百姓请示任何问题的。

"你说他是怎样的人呢？"这一句问话中的"你"，在原文(*su*)很清楚是带有强调语气的，表示瞎子的回答对他们自己内部的纷争起了关键性的作用。瞎子的回答直截了当："[他]是个先知"(*prophētēs estin*)。在这之前，瞎子只知道医治他的人"名叫耶稣"。现在，他竟然相信耶稣"是个先知"。这可说是一个很重要的"宣信"(confession)，因为在不知道耶稣作为上帝的儿子或"人子"的身分之前，那位被耶稣医治好的犹太人，是不太可能给耶稣更崇高的地位的。

九 18～19　犹太人不信他从前是瞎眼，后来能看见的，等到叫了他的父母来，问他们说："这是你们的儿子吗？你们说他生来是瞎眼的，如今怎么能看见了呢？"

九章十六节的"纷争"是法利赛人之间的事。经文并没有说明瞎子在九章十七节中的回答是否已经平息了那场纷争，或是满足了那些为耶稣辩护的人。

作者约翰在九章十八节突然很笼统地以"犹太人"(*hoi Ioudaioi*)来取代了较早时的"法利赛人"(*hoi Pharisaioi*)，说"犹太人不信他从前是瞎眼的"(*ouk episteusan oun hoi Ioudaioi peri autou hoti ēn tuphlos*)。"犹太人"这名词在此笼统，是因为到如今至少已经有一些"信"那人从前是瞎眼的(九 9、16)。[12]　无论如何，九章十六节那些不信的"犹太人"，可能仍旧包括那些曾经判断耶稣是"罪人"的法利赛人。

---

[12]　Bruce 在此假设九 18 中的"犹太人"是九 13 中所说的"法利赛人"。Bruce，p. 214.

若是这样,就意味着那位被耶稣治好的人的见证(九17)并没有对那些"不信"的法利赛人产生果效。

　　法利赛人较早时纷争的焦点是耶稣的"身分"(identity)问题:耶稣是不是一个"罪人"。那个人的回答("是个先知")至少解决了一部分人的疑问。九章十八节的疑问却是关乎那个被治的人以前的身世:他是否生来就是瞎眼的。最有资格回答这个问题的,当然是瞎子的父母了。他们因此"叫了他的父母来"(九18)。

　　犹太人如此追究的方式,主要还是出于怀疑,甚至是刻意否认耶稣给瞎子治好的神迹。可是,那个瞎子现在确实是已经复明了。这已是无法否认的事实。不信的犹太人,现在似乎只能退而求其次,去尝试证实那个被治好的人不是"生来是瞎眼的"(*tuphlos egennēthē*)。

　　一个生来是瞎眼的,现在竟然被治而复明,实在是太不可思议了。能够施行这个神迹的那一位,也因此肯定不是寻常人了。这也正是那些坚持不信的犹太人不愿意面对和接受的事实。因为正如那个被治好的人后来所说的那样:"从创世以来,未曾听见有人把生来是瞎子的眼睛开了"(九32)。

　　九20～21　他父母回答说:"他是我们的儿子,生来就瞎眼,这是我们知道的。至于他如今怎么能看见,我们却不知道。是谁开了他的眼睛,我们也不知道。他已经成了人,你们问他吧。他自己必能说。"

　　那个被治的人父母对他的身世的确认,按理是不会引起什么问题的。可是,由于他的被治所导致的各种纷争,特别是那些不信的法利赛人对耶稣所采取的敌视态度,任何人若公开承认这个神迹是耶稣所行的,恐怕就有麻烦了。九章二十二节接下去也清楚解释了为人父母的,为何尝试回避犹太人的问题(九20～21)。

　　"他已经成了人"(*hēlikian echei*),和修版是"他已经是成人"。按犹太人的规定,"成人"至少是十三岁。年满十三岁的人是可以在律法面前申辩的。⑬ 根据那人对答的能力来判断,他似乎肯定不止十三岁

---

⑬ 参阅 Barrett, p. 361; Bruce, p. 215.

了。若是这样，他父母的回答，除了是"怕犹太人"（九 22）之外，也是有道理的："你们问他吧，他自己必能说"（*auton erōtēsate . . . autos peri hēautou lalēsei*）。

九 22～23　他父母说这话，是怕犹太人，因为犹太人已经商议定了，若有认耶稣是基督的，要把他赶出会堂。因此他父母说："他已经成了人，你们问他吧。"

这两节经文其实是可以一目了然的。可是，有些学者却怀疑九章二十二节所提到的那个议决案的历史性。这个怀疑假使得不到令人满意的回应，将会严重地影响读经者对约翰福音的可靠性（reliability）以及作者的诚实（integrity）的信心。

Barrett 就肯定，犹太人已经商议要把认耶稣是基督者"赶出会堂"这件事，与耶稣的时代不符。[14] 他认为，作者在九章二十二节所提到的议决案，比较像是犹太教在主后 90 年左右所采纳的那一项特别是针对犹太基督徒的咒诅。这咒诅源自犹太人的会堂中，每日都要念三次的"十八个祝福"中的第十二个。"十八个祝福"最早是在拉比迦玛列（Rabban Gamaliel, A. D. 85 - 90）的带领下，于八十年代在犹大的城镇 Jamnia 拟定的。第十二个"祝福"的意思是："叛［犹太］教者是没有希望的；但愿他们那狂傲的国度在我们有生之年被铲除。愿那些'拿撒勒人'［希伯来文 *Nazarenes*，指犹太基督教徒］和'异端者'［希伯来文 *minim*］在刹那间消灭，并且从生命册上被删掉……蒙福的主啊……"。[15] 就内容来看，所谓"祝福"是对犹太人自己所信的上帝而言。但是，对那些已经叛离犹太教的基督徒来说，上面的所谓"祝福"，却是针对他们的"咒诅"（curse）。与 Barrett 的观点类似的，还有 Bultmann 等学者。[16]

J. L. Martyn 对 Barrett 等所提的问题，作了进一步的讨论。[17] 对

---

[14] "The whole matter, including both the offence and the punishment, is anachronistic." Barrett, p. 361.

[15] 参阅 Beasley-Murray, p. 153；Barrett, p. 362.

[16] 例如 Bultmann, p. 335, n. 5.

[17] 见 J. L. Martyn, *History and Theology in the Fourth Gospel* (Nashville: Abingdon, 1979), pp. 26 - 36. 参阅 Beasley-Murray, pp. 152 - 154.

J. L. Martyn 来说,约翰福音第九章的结构是一个戏剧(drama),主角是耶稣和瞎子。Beasley-Murray 分析了 Barrett 和 Martyn 的观点之后,提出了自己的意见。

Beasley-Murray 同意约翰福音第九章是为约翰自己那个时代的教会书写的。但是,他却认为 Barrett 和 Martyn 等学者对这段经文的诠释,并没有充分考虑到当时复杂的情况。[18] 他说:"我们必须记得,耶稣的跟从者自耶稣那个时候开始,便已经不停地受到瞎子那种[被逼迫的]苦头了。"[19]他因此提醒 Barrett 说,耶稣在世时已多次警告门徒关于作他的门徒所要付上的代价(见可八 37;路十二 8～9;太十 32～33)。马太福音五章十一至十二节和路加福音六章二十二至二十三节特别类似约翰福音第九章的情况。保罗自己也体验过从犹太人的会堂中被赶出去的经历(徒十三 50)。

至于 Barrett、Martyn 和 Bultmann 等人所提及的咒诅,Beasley-Murray 认为,在犹太教领袖 Rabban Gamaliel 指导下,由 Samuel the Small 根据原有的"第十二个祝福"(the Twelfth Benediction)所拟定的咒诅,也是有一段比较复杂的前因才逐渐形成的,因为原有的"第十二个祝福",似乎早就在犹太人的会堂中,在咒诅"异端者"的时候念颂了。它有时是单独的,或是跟其他的"祝福"一起念颂。正如前面所说过的一样,这里所说的"祝福"的对象是上帝,被"咒诅"的,是犹太人自己所指控的"异端者"或是"叛教者"。

Beasley-Murray 同意另一位学者 W. Horbury 的看法,[20]认为"第十二个祝福"本身是不足以迫使基督徒离开犹太人的会堂的,它只能是加强在这之前就已经严厉执行的规条而已。此外,也没有人可以肯定那咒诅异端者或是叛教者的"第十二个祝福"是在 Jamnia 拟定的,并且是在约翰福音成书那个时候已经在散居的犹太人会堂中普遍地流传。

---

[18] "... the interpretation ... does not sufficiently take into account the complexity of the circumstances." Beasley-Murray,p. 153.

[19] "We must remember that the followers of Jesus suffered much in the manner of the blind man from the time of Jesus on." Beasley-Murray,p. 154.

[20] W. Horbury, "The Benediction of the *Minim* and the Early Jewish-Christian Controversy," in *JTS* 33(1982),pp. 19-61.

Barrett 等人的基本假设是：约翰福音九章二十二节所提到有关犹太人决定把认耶稣是基督的人赶出会堂的事，并不是耶稣那个时候（约主后 30 年）的历史事实，而是反映了约翰福音成书时（约主后 90 年）的情况。这是一个非常严重以及具误导性的假设。它简直是在怀疑约翰福音的可靠性（reliability）以及作者的诚实（integrity）。Beasley-Murray 的结论是比较合理的："法利赛人在约翰福音九章二十二节所决定的，应当被看作是在 Jamnia 的'第十二个祝福'条文还未颁布之前[即主后 80 或 90 年之前]，就在不同的地方普遍都会发生的事。这一类的决定，也不会是一概被遵守，或是一旦执行后，就不会被取消。"[21]

Ridderbos 对 Barrett、Martyn 和 Bultmann 等人的评论与 Beasley-Murray 很相同。[22] 他也补充了下面一些看法。

一、把法利赛人在九章二十二节的决定看作是反映了或是源自 Jamnia 那"第十二个祝福"的假设，除了涉及约翰福音书写的日期之外，还忽略了很重要的一点，那就是，Jamnia 对异端者或是叛教者（minim）只是咒诅而已，并没有涉及把人赶出会堂的事。但九章二十二节却是强调信耶稣是基督的犹太人被"赶出会堂"（aposunagōgos genētai；RSV, to be put out of the synagogue）。

二、那个被治好的人的父母，对被赶出会堂那种恐惧感，就是在耶稣那个时候，也并非像一些学者们所想像的那样不可思议，因为当九章二十二节说犹太人"已经"（ēdē；RSV, already）商议定了要把"认耶稣是基督的"从会堂赶出去的时候，它只是意味着犹太人，尤其是法利赛人，对耶稣的敌对行动，已经达到了一个新的阶段。这个恶化的情况完全与福音书所记述的演变一致。如果犹太人在更早的时候就已经"越发想要杀他[耶稣]"（五 18）了，又为什么不能在这个时候（第九章）就明确作出决定把信者赶出会堂呢？其实，约翰福音已经在七章十三节明确表示，"没有人明明的讲论他[耶稣]"是"好人"（七 12），因为他们

---

[21] "The decision of the Pharisees in 9:22 should be viewed as typical of what took place in varied localities prior to Jamnia's promulgation of the twelfth benediction; it will have been by no means universally observed, or regarded as irrevocable when taken." Beasley-Murray, p. 154.

[22] 见 Ridderbos，pp. 341–344.

"怕犹太人"(七 13)。不但如此,法利赛人也已经开始"咒诅"那些他们认为是"不明白律法的百姓"(七 49)。既是这样,犹太人最终把那个已经被治好的瞎子逐出去的行动(九 34),实际上也只是具体地执行七章四十九节的"咒诅"以及九章二十二节所说的议决案而已。

总而言之,九章二十二节所提到的议决案,是可以完全反映耶稣那个时候的实际历史情况。学者们因此不必以怀疑的态度把它推后六七十年,生硬地将它与犹太人在 Jamnia 发生的事扯在一起。又何况围绕着 Jamnia 的事物,仍旧是很复杂以及不太明朗的。

　　九 24～25　　所以法利赛人第二次叫了那从前瞎眼的人来,对他说:"你该将荣耀归给上帝。我们知道这人是个罪人。"他说:"他是个罪人不是,我不知道。有一件事我知道,从前我是眼瞎的,如今能看见了。"

法利赛人的各种考问和追究,不但没有达到他们毁坏耶稣的声望的邪恶目的,反倒弄巧成拙,让被考问的人有机会有意或无意地为耶稣作了美好的见证。第一,被治的瞎子说出了耶稣医治他的过程(九 15)。第二,法利赛人之中,也有一些根据自己的听闻,为耶稣讨公道(九 16)。第三,那个被治的人,自己认耶稣是个"先知"(九 17)。第四,他的父母确认他生来就是瞎眼的(九 20)。

根据上面所说的情况,法利赛人到了九章二十四节的时候,可说是已经陷入了自己所设的困境,因此"第二次叫了那从前瞎眼的人来,对他说:'你该将荣耀归给上帝'(*ephōnēsan oun ton anthrōpon ek deuterou hos ēn tuhplos kai eipan autō, dos doxan tō Theō*)"。"你该将荣耀归给上帝"这句话的表层意思具有误导性,让人以为法利赛人真是在鼓励那个人为了自己的医治而"将荣耀归给上帝"。其实不然。按旧约约书亚记七章十九节以及次经以斯拉记上九章八节的背景,"将荣耀归给上帝"(*dos doxan tō Theō*)这一句话,到了耶稣的时代,已经成了"人在作见证或是认罪前的一个宣誓方式"了。[23]

约书亚记记述了约书亚要求亚干(Achan)为了偷藏财物认罪,并

---

[23] "This was an oath formula used before taking testimony or a confession of guilt (Josh. vii19; I Esdras ix 8)." Brown, *John I-XII*, p. 374. 参阅 Barrett, p. 362; Bruce, p. 216.

且吩咐亚干说："……将荣耀归给耶和华以色列的上帝，在他面前认罪，将你所作的事告诉我，不要向我隐瞒"（书七 19）。以斯拉记上九章八节记载了以斯拉要求那些娶了外邦女人为妻子的犹太人认罪和宣誓："如今通过认罪，将荣耀归给我们列祖的上帝耶和华"（LXX，*kai nun dote homologian doxan tō Kuriō Theō tōn paterōn hēmōn*）。

法利赛人在死都不肯罢休的情况下，可能怀疑那个被治好的人还隐瞒着一些事。现在他们要求他发誓，企图强迫他招供出来，好让他们能够藉此证实耶稣"这人是个罪人"。

法利赛人已明知被治者其实是没有什么可以隐瞒的。因此，他们简直就是在刻意歪曲事实，强迫那人公开宣告耶稣是个"罪人"。事实证明，那人没有其他可以招供出来的东西。但是，为了避免不必要的麻烦，他很聪明地回答说："他是个罪人不是，我不知道"（*ei hamartōlos estin ouk oida*）。其实，他不直截了当地像法利赛人那样宣告耶稣"这人是个罪人"，已经意味着他相信耶稣是一个好人（见九 30～32）。

无论如何，在整个争议中，也许没有任何见证比那个被治好的人紧接下去那句话更有说服力了："有一件事我知道，从前我是眼瞎的，如今能看见了"（*hen oida hoti tuphlos ōn arti blepō*；RSV，one thing I know，that though I was blind，now I see）。历代以来，这样的见证不知道在多少信徒的心灵和生命中激起了共鸣。深感人心的《奇异恩典》（Amazing Grace）正是为抒发这样的心声而作的："奇异恩典，何等甘甜，赦我深重罪愆；我曾失丧，今蒙寻回，瞎眼今能看见。"（Amazing grace，how sweet the sound … I once was lost，but now am found，was blind，but now I see.）

九 26～27　他们就问他说："他向你作什么？是怎么开了你的眼睛呢？"他回答说："我方才告诉你们，你们不听。为什么又要听呢？莫非你们也要作他的门徒吗？"

法利赛人重提旧问题，一方面是企图从那个人的回答中找到一些新线索、毛病或漏洞，另一方面也反映了他们不愿意接受事实的决心。

瞎子第一部分的回答非常合理，也表示他已经开始感到不耐烦了。"你们不听"（*ouk ēkousate*）在此也许译作"你们不愿意听"，更能表达实况。"为什么又要听呢?"(*ti palin thelete akouein*)在这里的意思似乎是:"你们既然不愿意听,又何必要我再重述一次呢?"

"莫非你们也要作他的门徒吗?"这一句,根据希腊原文的提问方式(*mē kai humeis thelete autou mathetai genesthai*),已经表示提问者不会期待一个正面的答案。不但如此,被问的法利赛人也立即意识到这是一种反语或是带讽刺的话(irony)。㉔ 因为摆在眼前的事实早已说明,期待那些法利赛人作耶稣的门徒是绝对不可能的。

九 28～29　他们就骂他说:"你是他的门徒,我们是摩西的门徒。上帝对摩西说话,是我们知道的。只是这个人,我们不知道他从哪里来。"

法利赛人在此很清楚是把那被治好的瞎子先前那句话("莫非你们也要作他[耶稣]的门徒吗?")看成一种侮辱,因此提出了强烈的抗议,并且向他责骂:"你是他的门徒,我们是摩西的门徒。"经文中的"你"(*su*)和"我们"(*hēmeis*)都是强调性的,故意把两者明确地划分界线。这又是约翰福音的另一个反语(irony),因为两者本来就不应该有分别的。它的逻辑是:摩西的真"门徒"(*mathētai*),不但可以,并且也应当成为耶稣的门徒。正如耶稣自己较早时所说的一样:"你们如果信摩西,也必信我。因为他书上有指着我写的话"(五 46)。当然,这样的推论肯定不是当时的法利赛人可以接受的,于是他们给了九章二十八至二十九节那样的回应。

在旧约以及犹太人的传统中,摩西一向都被看作是律法最原始和最权威的老师。约翰福音一章十七节也肯定"律法本是藉着摩西传的"。犹太人的拉比们,传统上都被称作是"摩西的门徒"(希伯来文 *talmîdâw shel Mošheh*;希腊文 *mathētai tou Mōuseōs*)。他们都一概以此为无限的光荣。直到今日,Moses 仍被尊称为"我们的老师摩西"

㉔ John Lightfoot 则认为被治好的那个人向犹太人发出的问话似乎是温和,并且是带着劝说语气的。他好像是诚心盼望他们也考虑作耶稣的门徒。"The man, as it should seem, had in gentile and persuasive terms asked them,'will ye also be his disciples?' As if he heartily wished they could." John Lightfoot, *A Commentary on the New Testament from the Talmud and Hebraica*, vol. 3 (USA: Hendrickson, 1997), p. 345.

(*Mosheh rabbēnū*)。又根据"巴比伦他勒目"(Babylonian Talmud) *Iōmā* 4a(或 *Joma* 4：1),撒都该人(Sadducees)是被排除在"摩西的门徒"之外的。㉕

从法利赛人的背景来看,他们在九章二十九节所作的比较是可以理解的。因为他们对摩西的地位和身世,甚至传说,都非常清楚;"只是〔耶稣〕这个人,我们不知道他从哪里来"(*touton de ouk oidamen pothen estin*)。这一直都是困扰着他们的谜。最终,这仍旧是关乎耶稣真正"身分"(identity)的问题:"他究竟是谁?"

九 30～33　那人回答说:"他开了我的眼睛,你们竟不知道他从哪里来,这真是奇怪。我们知道上帝不听罪人,惟有敬奉上帝遵行他旨意的,上帝才听他。从创世以来,未曾听见有人把生来是瞎子的眼睛开了。这人若不是从上帝来的,什么也不能作。"

对那一个被耶稣医治好的人来说,也许没有任何事物比他的眼睛开了更重要。作为一个被治者,他切身的经历就是他说话的基础(basis)和权威(authority)。难怪在整个争论中,他不断在重述他的眼睛被开的事实——一个没有人可以否认的事实。与此同时,他也像普通的人一样,以很简单的逻辑去看问题。那就是,只有"好人"或是"从上帝来的人",才能行那样的神迹奇事。㉖ 耶稣既然能行那样的神迹奇事,必然是一个"好人"。又按旧约有关弥赛亚来临的预言,当耶和华上帝藉着祂的弥赛亚来到世间施行公义的审判和拯救的时候,"瞎子的眼必睁开"(赛三十五 5,四十二 7;路七 21～23)。法利赛人既然自称是"摩西的门徒"以及旧约圣经的诠释者,竟然"不知道他〔耶稣〕从哪里来,这真是奇怪"。被治者在九章三十一节的看法,基本上和那些为耶稣辩护的人的观点是一致的(九 16):"一个罪人怎能行这样的神迹呢"(九 16),"我们知道上帝不听罪人"(九 31)。

被治者在九章三十二节再次强调他并不是普通的一个瞎子,而是生来就是瞎的(*tis ophthalmous tuphlou gegennēmenou*)。意思就是,

---

㉕ John Lightfoot, vol. 3, p. 345; Bruce, p. 217, n. 7; Barrett, p. 300.
㉖ 这也是犹太人的官,法利赛人尼哥底母的观点(约三 1～2)。

那是很严重的症状,原来是完全没有机会被医治的。可是,他如今却被耶稣开了眼睛,真是"从创世以来,未曾听见"的(*ek tou aiōnos ouk ēkousthē*)。因此,那一个施行神迹的人,肯定是"从上帝来的"(*para Theou* ,九 33)。

施洗的约翰很早就被看作是"从上帝那里差来的"(*apestalmenos para Thou* ,一 6)。尼哥底母第一次会见耶稣的时候,就肯定祂是"由上帝那里来作师傅的"(*apo Theou elēluthas didaskalos* ,三 2)。耶稣自己在这之前,也曾多次宣称是"父[上帝]所差来的"(四 34,五 30、36、38,六 44,七 16、29,八 16、18、42;九 4)。

九 34　他们回答说:"你全然生在罪孽中,还要教训我们吗?"于是把他赶出去了。

法利赛人对那个被治者的考问,现在已经沦为谩骂了。结果他们还采取了具体的行动,去执行那个已经通过了的议决案,把那个人"赶出去了"(*exebalon auton exō*)。那个人的父母较早时恐怕会发生在自己身上的事,现在竟然临到了他们的儿子。也许有人会希奇法利赛人为什么还没有把耶稣本人赶出去。John Lightfoot 的看法是:"他们正在计划以更血腥的方法来对付耶稣。"[27]

九 35～38　耶稣听说他们把他赶出去,后来遇见他,就说:"你信上帝的儿子吗?"他回答说:"主啊,谁是上帝的儿子,叫我信他呢?"耶稣说:"你已经看见他,现在和你说话的,就是他。"他说:"主啊,我信。"就拜耶稣。

"耶稣听说"(*ēkousen Iēsous* ,九 35),表示祂这个时候还逗留在圣殿那一带地方,并且还继续关注被祂治好的那个人的动向以及法利赛人对他的追究。法利赛人的追究是消极和恶意的,为了要破坏耶稣的声誉,证实祂是个罪人:"因为他不守安息日"(九 16)。

当耶稣再遇见那个被治者的时候,祂所关怀的是他的信心的问题。

---

[27] "It seems something strange that they did not excommunicate Jesus himself; but they were contriving more bloody things against him." John Lightfoot,vol. 3, p. 346.

在未被法利赛人赶出会堂之前,他已经很勇敢地为耶稣作了一些辩护,并且公开地在法利赛人面前承认耶稣是"先知"(*prophētēs*,九 17),也是"从上帝来的"(九 33)。可是,现在他已经被赶出去了。对一个犹太人来说,那是一项极端严重的处罚,因为受这样处罚的人,在当时的犹太人社群中,是会被孤立起来的。因此,耶稣向他发出的问题("你信上帝的儿子吗?"),在那个极端困难的情况下,似乎有两层意义。第一,尝试确定那个人的信心是否会因为法利赛人的逼迫而动摇。第二,进一步向他表明自己是"上帝的儿子"(*ho huis tou Theou*)或是"人子"(*ho huios tou anthrōpou*)。㉘

九章三十六节中的"主"(*kurie*)在此应该只是普通的尊称,类似"夫子"或"先生",并不是指"主上帝"或是"救主"。因为那个被治好的人,在这个时候还不会对耶稣的身分有那样明确的认识,不然他就不会追问说:"谁是上帝的儿子?"(九 36)㉙对他的追问,耶稣的回答是非常明确的:"你已经看见他,现在和你说话的,就是他"(*kai hēōrakas auton kai ho lalōn meta sou ekeinos estin*)。那个人的回应也一样明确:"主啊,我信","就拜耶稣"(*pisteuō, kurie, kai prosekunēsen autō*)。

"就拜耶稣"的"拜"字,原文 *prosekunēsen* 是指很敬虔的"俯伏朝拜"(思高本译文)。㉚ 这是约翰福音第一次记载人向耶稣表达这样具体的敬虔。

耶稣与那个生下来就是瞎子的人相遇(encounter),肯定是那个人一生中最大的"启示"(revelation)和"得救"(salvation)的经历了。

九 39～41　耶稣说:"我为审判到这世上来,叫不能看见的,可以看见;能看见的,反瞎了眼。"同他在那里的法利赛人听见这话,就说:"难道我们也瞎了眼吗?"耶稣对他们说:"你们若瞎了眼,就没有罪了。

㉘ "人子"(*ho huios tou anthrōpou*)出现在 P⁶⁶、P⁷⁵、ℵ、B 等希腊古抄本中。"上帝的儿子"(*ho huios tou Theou*)则是古抄本 A、K、L 以及一些初期教父的记载。虽然到了约翰福音成书的时候,"人子"以及"上帝的儿子"都普遍地在教会中成了耶稣的名号(titles),但是,大部分学者都认为"人子"应该是比较原始的。和修版选用了"人子"。

㉙ 希腊原文只是 *tis estin*;思高本因此译作:"是谁?"和修版译文是:"人子是谁?"

㉚ Bruce 译作"bowed low in reverance."Bruce, p. 220.

但如今你们说：'我们能看见'，所以你们的罪还在。"

　　福音书常记载耶稣在对话告了一个段落或是在一件事发生之后，来一个"结语"或作一个很重要的宣告或警诫。九章三十九节就是一个很好的例子。

　　因为瞎子被治而引发的这一场争论，迫使法利赛人至少在四方面不得不表态。第一，不愿意接受瞎子被耶稣治好的事实。第二，不容许任何人向耶稣表示宣信，不然就以"赶出会堂"（excommunication）的手段来对付。第三，仍旧坚持说，耶稣不是从上帝那里来的。第四，遵守安息日，尤其是根据犹太教所规定以及诠释的那一套，比人的切身需要和福利更重要。

　　基于上述的考虑，难怪九章三十九节耶稣以"审判"（*krima*；judgement）来警诫那些敌对祂的法利赛人。

　　"叫不能看见的，可以看见；能看见的，反瞎了眼"（*hina hoi mē blepontes blepōsin kai hoi blepontes tuphloi genōntai*），是一个意义深长的吊诡（paradox）。这里所说的"看见"，对那个被治好的瞎子来说，有两个意思：肉眼的"看见"以及灵性的"看见"。因为他两个经历都有：肉眼被开了，悟性或灵性也被启发了。结果他信从了耶稣。但是，对其他听众，尤其是坚持敌对耶稣的法利赛人，耶稣所说的"看见"和"瞎了眼"，是指灵性或是悟性的。

　　像那个被治的，被法利赛人鄙视为"不明白律法的百姓"，甚至是"被咒诅的"，现在却因单纯的信心，能"看见"属灵性和生命的真理和亮光。相反，那些自认是，以及被尊为"摩西的门徒"的宗教领袖和教师，则因为坚持不愿意面对和接受真理和亮光，而成了"瞎了眼"的一群。这岂不是一个极大的吊诡（paradox）、讽刺（irony）和悲剧（tragedy）吗?!㉚

　　法利赛人的迅速回应（"难道我们也瞎了眼吗？"），表示他们明白耶稣的警诫是针对他们的。可是，他们的回应也意味着他们其实并没有真正领悟耶稣的意思。希腊文的问法，*mē kai hēmeis tuphlos esmen*

㉚ 有关灵性的"瞎眼"或"耳聋"，见赛六 9；可四 12；以及钟志邦著：《马可福音注释》（香港：基督教文艺出版社，1991），页 109-110，对有关经文的简短诠释。

（"难道我们也瞎了眼吗?"）说明法利赛人并不以为自己是"瞎了眼"的。

耶稣在九章四十一节所说的，又是一个极大的吊诡："你们若瞎了眼，就没有罪了。但如今你们说：'我们能看见'，所以你们的罪还在"（*Ei tuphloi ēte*，*ouk an eichete hamartian*，*nun de legete hoti Blepomen*，*hē hamartia humōn menei*）。

耶稣的意思应该是："你们法利赛人倘若知道并且谦虚承认自己在灵性上'瞎了眼'，就会去寻找和接受上帝真理的光照。凡是被真理光照的'瞎子'，不但属灵的眼睛'开了'，也被真理释放成为自由的人，不再作罪的奴仆（八 31～34）。可惜你们现在却很自信地说，'我们能看见。'若是这样，你们肯定不会去寻找和接受上帝真理的光照，结果仍旧像瞎子一样，在黑暗中摸索，继续作罪的奴仆。"

耶稣的警诫，不但是针对当时自以为义的法利赛人，也是历代的"劝世良言"。就华人来说，他们也包括那些深受儒家"性善论"和礼教洗礼过的，并且自认是一贯凭着"良心"作人的"仁人君子"。

受耶稣警诫的法利赛人，较早时无理谩骂那个被治好的瞎子是"全然生在罪中"的（*en hamartiais su egennēthēs holos*，九 34）。如今，他们却让那个咒诅临到自己身上。这是何等大的一个讽刺（irony）。

贰拾叁　"好牧人"所引起的争议（十 1～42）

　　按内容来看，"好牧人"以及这个主题所引起的争议，是跟前面一章的经文连接在一起的。文中所说的"贼"、"强盗"和"雇工"，无疑是影射法利赛人这些犹太教的领袖。十章二十一节所提及那件关于瞎子的眼睛开了的事，是十章一至二十一节和第九章之间一个很重要的环节。

　　只要是熟悉旧约圣经背景的听众或是读者，都会从耶稣这个有关"好牧人"的论说中，联想起以西结书三十四章和撒迦利亚书十一章那些以牧人为主题的经文和思想。

　　至于十章一至二十一节这一段的文体，Bruce 认为是"比喻"（parable，希腊文 *parabolē*）。Brown 把十章一至五节看作是好几个比喻（several parables）；十章七节以后则是"寓意式的解释"（allegorical explanations）。① Barrett 却以为这一段经文"既不是比喻也不是寓意，虽然它与这两类表达的方式都有关连。它是一种象征式的（symbolic）谈论，其中象征的意义和直接的陈述互相交替和平行。"②

　　J. Jeremias 在 *TDNT* VI（页 485 - 502）所写的有关 *poimēn*（"牧人"；shepherd)的一篇文章中，从古老的东方、旧约、巴勒斯坦的犹太教以及新约的背景，评述"牧人"的意义。他给约翰福音第十章的"牧人"作了这样的结论："关于约翰福音第十章所用的那个比喻的来源、巴勒斯坦的资料，以及许多闪族和无数的旧约回声[特别是以西结书第三十

---

① Bruce，p. 23；Brown，p. 390.

② "It is neither parable nor allegory, though it is related to both forms of utterance. It is a symbolic discourse in which symbolism and straightforward statement alternate and stand side by side." Barrett，p. 304.

四章］，都一致指向它的旧约和巴勒斯坦的资料。"③

十章一至二十一节有关"好牧人"的争议，一直到耶稣在"修殿节"在耶路撒冷出现的时候(十 22)仍旧持续下去。耶稣在回应犹太人时，依旧谈及牧人与羊的主题(十 25～29)。紧接下去的争论，是有关耶稣与天父上帝原为一的问题(十 30～39)。第十章的结尾，简单地记载了耶稣往约旦河外去的事，以及在那里所得到的良好反应(十 40～42)。

十 1～2 "我实实在在的告诉你们，人进羊圈，不从门进去，倒从别处爬进去，那人就是贼，就是强盗。从门进去的，才是羊的牧人。"

"我实实在在的告诉你们"(amēn amēn legō humin)这样的语气，不但表示耶稣已经从第九章与犹太人的"对话"(dialogue)转变成耶稣个人的"独白"(monologue)了，也同时预告独白者将有很重要的信息要宣告。

"羊圈"(aulē；RSV，sheepfold)在古代的畜牧社会，主要是在夜间给羊群聚合的地方。这是为了防卫盗贼和野兽的侵害。从属灵的意义来说，aulē("羊圈")因此也象征着上帝所提供的安全和保护。④

"羊圈"既然是围起来为羊群的安全而建设的，那些私下"爬进去"的(anabainōn；RSV，He who climbs in)，肯定就是贼或强盗之类的不速之客了。⑤ 在希腊原文中，"贼"(kleptēs；RSV，thief)与"强盗"(lēstēs；RSV，robber)是有分别的。约翰在十二章六节形容出卖耶稣的门徒犹大"是个贼"(kleptēs)。犹太人要求彼拉多给他们释放的巴拉巴则"是个强盗"(lēstēs)。⑥ "从门进去的，才是羊的牧人"(poimēn)。

---

③ "As regards to the origin of the imagery of Jn. 10, the Palestinian materials, the many Semitisms and the numerous echoes of the OT (esp. Ez. 34) all point to an OT and Palestinian background." *TDNT*, vol. VI, "poimen," p. 496.

④ "The sheepfold amongst the Talmudists is *dir*, some enclosure or pen；wherein, I. The sheep were all gathered together in the night, lest they should stray；and where they might be safe from thieves or wild beasts. II. In the day time they were milked. ... III. There the lambs were tithed." John Lightfoot, vol. 3, pp. 350 - 351.

⑤ 作者约翰以 *anabainō* 来表示"爬"，可说是很例外的。因为他有九次是以 *anabainō* 这个动词来记述耶稣"上"耶路撒冷过节，五次指"上"到天上去。在二十一 11 中 *anabainō* 是形容彼得"上"船。见 Morris, p. 446, n. 11.

⑥ 见 Barrett, p. 305.

这是不言而喻的。究竟"贼"和"强盗"在这里是指谁呢？答案在十章七至十节。

十 3～5 "看门的就给他开门，羊也听他的声音。他按着名叫自己的羊，把羊领出来。既放出自己的羊来，就在前头走，羊也跟着他，因为认得他的声音。羊不跟着生人，因为不认得他的声音，必要逃跑。"

在十章一至十八节这段经文中，"看门的"（ho thurōros；RSV, gatekeeper；John Lightfoot，"porter"，p. 351）这个名词，只是在十章三节这里出现。Morris 认为，牧人雇用"看门的"，表示羊圈内所容纳的，可能不只是一小群的羊，而是几群的羊。[7]

"看门的"责任，顾名思义，是很重大的。有些学者尝试猜测，想找出"看门的"在耶稣这个比喻中，究竟是指谁。结果都是徒然。因为在一个比喻中，不是每一个人物或细节都有一定的含义的。

十章三至五节所描绘的这幅情景，不但在古代的畜牧生活中常见，就是现在仍是存在的。耶稣是用这幅图画来形容牧人与羊的亲切关系。[8] 生动的词语如牧人"叫"自己的羊，把羊"领"出来，"放"出自己的羊，在前头"走"，羊"认得"牧人的声音等，都深具信者跟从耶稣以及"作门徒"（discipleship）的含义。

十 6 耶稣将这比喻告诉他们。但他们不明白所说的是什么意思。

在马太、马可和路加三部符类福音书中，"比喻"的希腊原文普遍都是用 parabolē（英文"parable"）。只有约翰福音是用另外一个希腊词语 paroimia 来表示"比喻"。约翰一共用了 paroimia 四次。除了十章六节这里之外，其他地方是十六章二十五及二十九节。在整部新约圣经中，除了约翰福音，paroimia 只有在彼得后书二章二十二节出现过

---

⑦ Morris, p. 447.

⑧ Bruce 还以他自己童年在苏格兰高原的亲身体验，来证实这一幕的真实性。作者本人在澳大利亚以及内蒙古大草原等地所目睹的情景也是一样。Bruce 还特别强调在圣经那个时代，牧羊人是没有牧羊犬（sheep dog）来协助他的。这样，牧人与羊群的关系就显得格外直接和亲密了。参阅 Bruce, p. 224.

（和合本译作"俗语"；RSV，proverb）。⑨

约翰在十章六节这里说："他们不明白［耶稣］所说的是什么"（*ekeinoi de ouk egnōsan tina ēn ha elalei autois*）。在马可福音，耶稣所用的比喻也不全是一听就明白的（参可四 10～20）。

十 7　所以耶稣又对他们说："我实实在在的告诉你们，我就是羊的门。"

希腊文的 *palin*（和合本："又"）是连接十章六节和十章七节的一个小环。十章六节说听众"不明白"（*ouk egnōsan*）耶稣所说的比喻是什么。他因此继续讲下去。

"实实在在"（*amēn amēn*）在这里跟其他地方的用法一样，仍旧是表示所说的事物是很重要的。作为犹太人，听众对"牧人"和"羊"这些事物和比喻，应该是很熟悉的。他们听不明白的，是耶稣用普通的词语和事物所要表达出来的"信息"（message）。

耶稣现在又说自己是"羊的门"（*hē thura tōn probatōn*）。这个新的比喻，似乎更难叫人明白了。难怪有些希腊文的古抄本如 P⁷⁵ 以及一些古埃及文抄本以 *ho poimēn*（"牧人"）来取代 *hē thura*（"门"）。因为"牧人"——"我是好牧人"（十 11、14）——的比喻是不难明白的，纵使听众不承认耶稣是一个"好牧人"（*ho poimēn ho kalos*）。但是，把人自己称作"门"（*hē thura*），就肯定不是犹太人所熟悉的比喻了。其实，在福音书中，这也是唯一记载耶稣自称是"门"的经文。为了解决"我就是羊的门"这个比喻所引起的一些问题，有释经者尝试解释说，这是用来形容牧人在夜间横卧在羊圈的出入口处的一个比喻。它表示牧人自己就是一道"门"，在守卫着他的羊群。可是，这样的比喻在犹太人之间恐怕极少，甚至可能没有。因此，作为一个"比喻"就更不恰当了，因为"比

---

⑨　在圣经里，*parabolē* 和 *paroimia* 的意思，基本上是一样的。希腊文的 *parabolē* 只用以翻译希伯来文的 *mashal*。但 *mashal* 有时也被译作希腊文的 *paroimia*。在 LXX 中，希伯来圣经的"箴言"（*mashal*）也被译作希腊文的 *paroimia*。"箴言"、谚语、格言或俗语，至少在华文，一般都是指众人皆知的事物。可是，"箴言"或"比喻"（*paroimia*）在约翰福音十六25、29 却不表示它是一听就明白的事物，因为它是与"明明的"或是"明说"（*en paroimias*）相对照的。参阅 Barrett, p. 307.

喻"一般都是取材于人们所熟悉的那些事物。

　　另外一个难处是，耶稣已经在十章三节提及"看门的"（*ho thurōros*）。既有"看门"者，牧人又何必横卧在羊圈的出入口处，成为一道"门"呢？Bruce、Morris 以及 Ridderbos 对这个问题的解释，应该是可以接受的。他们都把十章七节这里的"门"（*hē thura*）解释作"道路"（the way），途径或渠道的意思。那就是说，耶稣就是"羊〔人〕进入羊圈"得救的唯一道路。⑩ 耶稣在十章十节的确是把人很清楚地比喻为"羊"。祂也在十四章六节宣告自己"就是道路、真理、生命"。

　　Jeremias 在诠释 *egō eimi hē thura tōn probatōn*（"我就是羊的门"）这句话的时候，下了这样的结论："就内容来说，基督作为羊的门这个观念所要带出来的教训是，耶稣使人成为弥赛亚群体的成员，以及领受救恩所应许的祝福，也就是脱离审判并且获得那个蒙拯救的圣洁群体的成员的身分。"⑪

　　十 8　"凡在我以先来的，都是贼，是强盗，羊却不听他们。"

　　"凡在我以先来的"（*pantes hosoi ēlthon pro emou*）的希腊原文是根据 P⁶⁶、A、B 等古抄本的记载。其他一些古抄本如 P⁷⁵、ℵ* 等则没有"在我以先"（*pro emou*；RSV，before me）。"凡"字（*pantes hosoi*；RSV，all）在此应该是一个相对性（relative）的说法，而不是绝对性的（absolute）。因为耶稣肯定不会说"凡"在祂以前来的人物，如亚伯拉罕、摩西、旧约的众先知以及施洗的约翰等，"都是贼，是强盗"（*kleptai*

---

⑩ "It appears that we have a short parable, in which Jesus is compared to the door. . . . 'I am the door' is not unlike 'I am the way' (John 14:6)." Bruce, p. 225. "The thought is not unlike that of 1:51, where Jesus is the ladder connecting heaven and earth, or 14:6 where he is the way, but here it gets its force from the imagery of the sheepfold." Morris, p. 450. "If one wishes to restrict . . . the meaning of the door in v. 7, then Jesus is saying that he alone represents lawful access to the sheepfold. . . ." Ridderbos, p. 356.

⑪ "In content the idea that Christ is the door for the sheep carries the lesson that Jesus mediates membership of the Messianic community and reception of the promised blessings of salvation, i.e., deliverance from judgment (*sōthēsetai*), citizenship in the divine community of salvation, (*eiseleusetai kai exeleusetai*) and eternal life (*nomēn*) . . . ." Jeremias, *TDNT*, III, p. 18.

eisin kai lēstai)。⑫

　　若是那样，文中的"贼"和"强盗"又是指谁呢？这是读经者和释经者同样面对的难题。Bultmann 认为很难从经文本身去确定"凡"(*pantes hosoi*)在耶稣之前来的那些"贼"和"强盗"是指谁。⑬ 在他看来，"贼"和"强盗"究竟是指历史上的哪些具体人物，其实是次要的问题；只要明白它是广泛地指过去所有"虚假的启示者"(pretended revealers)或"伪救世主"(pretended saviours)就行了。⑭

　　Bultmann 上述的观点并非完全没有道理。可是，基于这样广泛的理解，Bultmann 结果却否认十章八节有暗示或影射耶稣那个时代的犹太宗教领袖的意思。⑮ Bultmann 这个结论是错误的，因为它完全忽视了耶稣在约翰福音第十章有关"好牧人"的具体历史现实(concrete historical reality)。Bultmann 的结论，当然也是不难理解的。因为他在大部分的情况下，都不会相信耶稣在约翰福音中所记载的谈论(discourses)是真正反映了耶稣生平中的历史实况。

　　与 Bultmann 的结论相比较，前剑桥大学新约研究泰斗 C. H. Dodd 的观点是比较可取的。⑯ 论到约翰福音十章一至十八节，Dodd 明确地肯定它的旧约背景是以西结书三十四章，并且认为约翰福音十章一至十八节和以西结书三十四章的相似是意义深长的。⑰ 正如上帝在旧约时代通过先知以西结向以色列那些不负责任的宗教领袖宣告上帝的审判一样，上帝如今也藉着耶稣向那个时代的犹太教领袖，如法利

---

⑫ Bultmann 也认为约翰福音的作者，是不可能把摩西和旧约的先知看作是贼或是强盗的。"Naturally this was not the way in which it was taken by the Evangelist. " Bultmann, p. 376.

⑬ "It is thus difficult to say whom he had particularly in mind as those who came before. " Bultmann, p. 377.

⑭ "It is a purely secondary question to ask which particular historical figures might be referred to here as those who came before Jesus. The saying is of fundamental significance and refers to all pretended revealers, all pretended saviours who have ever called men to them, who have ever been followed by men. " Bultmann, p. 376.

⑮ "Thus there is no allusion here ... to the religious authorities of that time. " Ibid.

⑯ Dodd 的《第四福音注释》第一版于 1953 年面世。Bultmann 的约翰福音注释德文版(*Das Evangelium des Johannes*)则于 1941 年出版。

⑰ "The resemblance [of Ezekial 34] to John x. 1 - 18 is far-reaching. "*The Interpretation of the Fourth Gospel*, p. 359.

赛人(即是十章八节中所说的"贼"和"强盗")发出最严厉的指责。不但如此,Dodd 也将九章四十一节耶稣对法利赛人的宣判和十章一至十八节紧密地连接在一起。[18]

Dodd 详细地分析以及比较了以西结书三十四章和约翰福音十章一至十八节之后,作了这样的结论:

"以西结的预言主要是向以色列那些无用的统治者宣告审判……。同样的,约翰福音第十章的论说,是在控诉那些盗窃、杀害和毁灭羊群者(十 1、10)……。根据我们的观察,除了第九章之外,约翰福音并没有其他地方提及犹太人的掌权者,和在他们管治下的以色列的羊群的关系,而那个关系是与那些羊群和耶稣自己的关系不同的。因此,没有任何地方[比第十章]更适合将'真'和'假'的牧人的论说提出来了。"[19]

十 9～10 "我就是门。凡从我进来的,必然得救,并且出入得草吃。盗贼来,无非要偷窃、杀害、毁坏。我来了,是要叫羊得生命,并且得的更丰盛。"

"得救"或"得生命"是整部约翰福音书的主题(二十 31)。在一至三章,约翰特别强调信耶稣是得永生的途径(一 12,三 15～18、36)。第五章宣告耶稣就是"生命的粮",凡"吃"这粮的,必得"永生"。

在十章九节这里,耶稣以"门"来比喻自己是人"得救"的渠道。不但如此,"门"也把人分成两大类:门"外"和门"内"的。通过耶稣这道"门"进去的,不只是"必然得救"(*sōthēsetai*),并且还"出入得草吃"(*kai eiseleusetai kai exeleusetai kai nomēn heurēsei*)。"出入得草吃"

---

[18] "At the end of ch. ix the judicial sentence pronounced by Jesus leads without interruption to the discourse of the shepherd and the flock, which in a purely formal sense is the direct continuation of the pronouncement in ix. 41, though, as we have seen, the emphatic words *amen amen lego humin* serve, as elsewhere, to mark the transition from dialogue to monologue." Dodd, *Interpretation*, p. 358.

[19] "Observe that no where in this gospel, except in ch. ix, are we concerned with the relations between the Jewish authorities and the flock of Israel which is under their care, as distinct from their relations with Jesus himself. There is therefore no other place where the discourse about true and false shepherds could be so fitly introduced." Dodd, *Interpretation*, p. 359 and n. 2.

在此不仅表示跟从耶稣这个好牧人的羊群会因祂所提供的"活水"(四10、14)以及"生命的粮"(六 35)而得到满足,也意味着他们是"自由的"一群(八 31～32)。

十章十节所说的"偷窃、杀害、毁坏",除了让读经者联想起以西结书三十四章所描述的那些羊群不幸的遭遇以外,也可能是在暗示耶稣时代那些掌权的犹太教领袖,因为那些领袖不仅在图谋杀掉耶稣这个"牧人",也采取了行动,迫害像被治好的瞎子那样的"羊"。十章十节所说的那"更丰盛"(perisson)的"生命"(zoēn),也正是以西结书三十四章十一至十六节所应许以色列人将来要获得的。

同样重要的是,十章十节的"我来了"(egō ēlthon;RSV,I came)在这里应当被看作是以西结书三十四章二十三节那个应许(promise)的应验(fulfilment):"我必立一牧人照管他们,牧养他们,就是我的仆人大卫。他必牧养他们,作他们的牧人"(三十四 23)。先知以西结所预言的"大卫",当然不是指在他之前数百年就已经死去了的那个历史上的大卫王。先知以西结在三十四章二十三节,是指从大卫的根源出来的救主弥赛亚。⑳

十 11～13 "我是好牧人,好牧人为羊舍命。若是雇工,不是牧人,羊也不是他自己的,他看见狼来,就撇下羊逃走。狼抓住羊,赶散了羊群。雇工逃走,因他是雇工,并不顾念羊。"

十 11"好牧人为羊舍命"中的"舍命"(RSV,lays down ... life),是从古抄本 P⁶⁶、P⁷⁵、A、B 等的希腊文 psuchēn ... tithēsin 译过来的。古抄本 P⁴⁵、D 等则是 psuchēn ... didōsin("献上生命",gives ... life)。但两者的意思基本上是一样的。㉑

就实际的情况来说,"好牧人为羊舍命"的例子是很少的。㉒ 纵使有的话,也大概是意外,例如野兽或盗贼来攻击羊群或牧人自己的时

⑳ "He [the promised shepherd] will save His sheep (sōsō ta probata mou), and will set over them one shepherd (anastēsō ep' autous poimena hena), namely David (i. e. the Messiah of David's line)." Dodd, *Interpretation*, p. 359.

㉑ 可十 45,耶稣也以"舍命"来表达自己的献身:tēn psuchēn dounai。

㉒ "这在巴勒斯坦的牧人中应该是很少的。"Morris,p. 453.

候。但是，对耶稣来说："好牧人为羊舍命"，却是祂的救赎使命。这是
一项主动的、自愿的，并且是有计划的任务（见十 17～18）。更巧妙的
是，耶稣自己不仅是"为羊舍命"的"好牧人"（*ho poimēn ho kalos*），也
是那只代罪的"羔羊"（*ho amnos*；RSV, the lamb；一 29）。这一个极其
深奥，也是圣经最基要的代罪或赎罪论的神学思想，是以西结书三十四
章没有的，它只能在以赛亚书五十三章里找到。

　　十章十二至十三节提到"雇工"在危难时刻弃羊而逃的事，应该是与
实际情况相符的。"雇工"与负责任的"牧人"毕竟不一样。"雇工"，顾名
思义是为了"工资"来看羊的。"牧人"却是把羊看作是属于自己的。

　　十 14～15　"我是好牧人，我认识我的羊，我的羊也认识我。正如
父认识我，我也认识父一样。并且我为羊舍命。"

　　十章十四节只是重述十章三至四节的主要意思。十章十五节是以
天父上帝和耶稣之间密切的关系来强调"好牧人"（耶稣）与他的羊群的
特殊关系。

　　经文中的"认识"（*ginōskō*），正如约翰福音一贯的用法一样，不单
是指一般通过感官以及思想所得到的"认知"；更重要的，是指关系的建
立以及生命的交流。㉓

　　十 16　"我另外有羊，不是这圈里的。我必须领他们来，他们也要
听我的声音，并且要合成一群，归一个牧人了。"

　　大部分学者都认为"另外有羊"（*alla probata*；RSV, other sheep）
是指外邦的基督徒（gentile Christians）。"这圈里的"（*tes aulēs tautēs*；
RSV, this fold），则是形容犹太基督徒（Jewish Christians）。㉔ 许多学
者也同意，初期教会在犹太人以外的宣教工作，以及犹太和外邦基督徒
在初期教会中的合一，都是很复杂的问题。可是，学者们却对十章十六
节这一节经文的历史性，持不同的看法。有些人相信它是出自耶稣自

㉓ 有关不同古抄本所出现的 *tithēmi*（"舍命"）和 *didōmi*（"献上生命"），见十 11 的注释。
㉔ 例如 Brown, p. 396；Barrett, p. 312；Ridderbos, pp. 362－363；Bruce, pp. 227－228；
　　Beasley-Murray, p. 171；Hoskyns, pp. 377－378.

己当时的论说(discourse)。其他的人则认为它是较后才加添的,因此是反映了耶稣以后的教会情况。㉕

Brown 认为,把十章十六节所涉及的问题看作是后来的人加上去,而不是出自耶稣的看法,未免是太简单化了,因为所有福音书的传统,都包括了耶稣关乎外邦人进入天国的言论。例如马太福音八章十一至十二节、马可福音十一章十七节,以及耶稣所讲的其他比喻。把耶稣这些言论看作是后来才加插进去的说法,是很难解释问题的。㉖

当牧人耶稣把"另外"(alla)的羊,就是外邦信徒,都领来的时候,他们就会跟那些较早进入"圈里"(aulē)的羊,也就是犹太基督徒,"合成一群"(genēsontai mia poimnē)。这也是耶稣将要建立的新约教会的最终目标。

中文的"要合成",原文是未来时态动词(genēsontai;RSV,shall be),表示外邦信徒要进入"羊圈",仍是将来的事。信徒的"合一"在第十七章成了耶稣祷告的深切关怀(十七11、20～23)。信徒在基督里的合一,也是初期教会最关注的事(见弗二11～22,四3～6等)。

当所有的羊都"合成一群"(mia poimnē)的时候,他们就很自然会"归一个牧人了"(heis poimnē)。这也正是先知以西结在耶稣之前五百多年所预言的:"我必立一牧人照管他们,牧养他们"(结三十四23;LXX,kai anastēsō ep' autous poimena hēna, kai poimanei autous)。

十17～18 "我父爱我,因我将命舍去,好再取回来。没有人夺我的命去,是我自己舍的。我有权柄舍了,也有权柄取回来。这是我从我父所受的命令。"

耶稣和天父上帝之间的爱,是约翰福音多次明确提到的。"我父爱

㉕ J. Jeremias 所著的 *Jesus' Promise to the Nations*(London:SCM,1958)对这个问题有很不错的分析。

㉖ "It is oversimplification to claim that these indications of struggle and doubt preclude any direction on the subject from Jesus himself. All the gospel traditions include statements by Jesus pertaining to the conversion of the Gentiles (e. g. Matt vii 11; Mark xi 17; some of the parables), and it is not easy to explain all of these statements as later compositions. " Brown,1-xii,p. 396.

我，因我将命舍去"，在此并不表示耶稣以"舍命"来获取天父上帝的爱。它只是强调"舍命"后面的顺服与"命令"（*entolē*；RSV，charge）。那就是说，天父爱祂的儿子耶稣，是因为祂顺服和忠心地完成天父所托付祂的使命。这使命最终要求祂"舍命"，祂也在所不惜。"将命舍去"（*tithēmi tēn psuchēn*），只是一个具体的表现。更重要的，是这舍命后面的心志。

十章十七节"好再取回来"，句子中的"好"（思高本译作"为"），希腊原文 *hina* 是表达目的（purpose）或动机（intention）。意思就是，耶稣因顺服父上帝的旨意而"舍命"，目的是把"命"（*psuchē*）舍去以后，又再将它"取"（*lambanō*）回来。这样的思想，表面上看似乎有一些逻辑上的问题：耶稣既然自愿和顺服地（十 18）把自己的命舍去，又何必要"再取回来"（*hina palin labō autēn*）呢？这个问题需要从耶稣救赎的神学，包括祂的受苦、被钉、死以及复活的整个过程去看。

根据新约圣经以及历史的见证，"历史上的耶稣"（the historical Jesus）的道成肉身、受苦、被钉以及死亡，都是真实的。可是，耶稣的死，却不仅是一般伟人那种"献身"的死，或是"英雄式"的悲壮的牺牲。古今中外不少历史上的"英雄豪杰"或"伟人"的死，其"精神"诚然可感，可是，他们的死，无论是多伟大或是多壮烈，毕竟都是"死了就完了"。没有人盼望或是有意把那已舍去的命"再取回来"的。耶稣的死，固然与一般英雄豪杰的死有类似之处，例如不惜代价，为了崇高的理想和信念把自己献上。可是，对耶稣来说，祂舍命之举本身并非使命的最终点，因为死亡的结果，是耶稣身为一只"羔羊"（一 29）"代罪"功效的完成，以及紧接下去"复活"的实现。那就是说，耶稣通过死的途径，像一只羔羊那样，作为献上的祭，来"除掉世人的罪孽"（*ho airōn tēn hamartian tou kosmou*，一 29），结果又藉着复活的能力和体现来战胜死亡。这是在耶稣的救赎论中一个极大的吊诡（paradox）和奥秘（mystery；希腊文 *mustērion*）。基于这个对死而复活的基要信念和盼望，难怪耶稣可以大胆地宣告说："复活在我，生命也在我。信我的人，虽然死了，也必复活"（十一 25）。这也就是初期教会，包括使徒保罗所"领受"（*paralambanō*）以及所"传"（*paradidōmi*）的"福音"（*euangelion*；Gospel，林前十五 1～4）。

舍己或是献身,是人自己的选择和自由,因此可说是自愿,而不是被迫的。耶稣也是一样。这也是十章十八节的意思:"没有人夺我的命去,是我自己舍的"(oudeisairei autēn ap' emou, all' egō tithēmi autēn ap' emoutou)。但是,把自己的命舍去以后,"再取回来",就肯定不是世人所有的"权柄"(exousia; RSV, power)。这也是道成肉身的耶稣与一般伟人或是英雄豪杰很不相同的地方。然而,这个权柄是在上帝的旨意以及耶稣在完成使命的大前提下行使的。

十 19～21　犹太人为这些话,又起了纷争。内中有好些人说:"他是被鬼附着,而且疯了。为什么听他呢?"又有人说:"这不是鬼附之人所说的话。鬼岂能叫瞎子的眼睛开了呢?"

"耶稣是一位富争议的人物"(Jesus is a controversial figure)。这句评语并非没有道理。十章十九节所提到的,是犹太人紧接七章四十三节和九章十六节以后,因耶稣的言论所引起的第三次"纷争"(schisma; RSV, division)。这也是耶稣在七章二十节和八章四十八节以后,第三次被看作是"被鬼附着"的(daimonion echei; RSV, He has a demon),也是第一次被人认为是"疯了"(mainetai; RSV, He is mad)。

上面这些非常负面的评语,表示耶稣先前所说的比喻,以及有关"舍命"那些评语,已经完全被犹太人误解或是根本就没有被听进去。"为什么听他呢?"(ti autou akouete),是犹太人一个必然的结论。纵使是那样,还是有人对耶稣持比较公正的态度。那些人不但凭理性,也根据一些具体的例证,表达了他们客观的看法:"这不是鬼附之人所说的话。鬼岂能叫瞎子的眼睛开了呢?"

十 22～23　在耶路撒冷有修殿节,是冬天的时候。耶稣在殿里所罗门的廊下行走。

Egkainia,和合本译作"修殿节",思高本是"重建节",和修版译作"献殿节"。犹太人称之为 Hanukkah。RSV 译成"the Feast of Dedication"。犹太人的次经马加比贰书一章十八节叫它"殿之洁净"节(katharismos tou hierou; the purification of the temple)。

这个节期从犹太人年历的第九个月,也即是基斯流月(Kislew,约公历的十二月,December)的二十五日开始庆祝(马加比贰书一 18),共举行八天(马加比壹书四 59)。

主前 167 年,希腊王安提阿哥四世伊皮法尼(Antiochus IV Epiphanes)将希腊的神像安置在耶路撒冷圣殿的坛上,亵渎了犹太人的上帝和圣殿,结果导致了犹太人的马加比氏族的强烈反抗,成功地把希腊神像清除掉,于基斯流月二十五日(主前 164 年 12 月 14 日)把洁净了的圣殿重新献上。以后的"修殿节"或"献殿节"(Hanukkah)就是为了纪念这个历史性的日子而举行的。这个节日后来也被称作"灯光节"(the Feast of Lights),是一个非常欢乐的日子。⑰

根据约翰福音七章二及十节,耶稣是在"住棚节"(the Feast of Tabernacles)的时候,从加利利上耶路撒冷去的,那是提斯利月(公历十月间)。按十章二十二节,如今已经是基斯流月(公历十二月间),是"冬天"(*cheimōn*;RSV, winter)。从七章十节至十章二十二节,约翰福音没有在任何地方记载耶稣有离开过耶路撒冷。这就表示在过去的两个月间,祂都一直留在城里,特别是在圣殿一带。这一次(十 23),耶稣出现在"所罗门的廊下"(*en tē stoa tou Solomōnos*)。这个走廊位于希律的圣殿外院的东边。按使徒行传三章十一至二十六节,使徒彼得曾在这廊下向犹太人讲道。使徒们也在那里行了许多神迹奇事,如赶鬼和治病等(徒五 12～16)。

十 24　犹太人围着他,说:"你叫我们犹疑不定到几时呢?你若是基督,就明明的告诉我们。"

犹太人和耶稣对话以及争议已经有好一段时间了。他们现在"围着他"(*ekuklōsan oun auton*)发问,明显表示他们已经开始感到不耐烦了。

"你叫我们犹疑不定到几时呢?"是和合本的翻译。思高本译作:"你使我们的心神悬疑不定,要到几时呢?"和修版是:"你让我们犹豫不定到几时呢?"RSV:"How long will you keep us in suspense?"这些译

---

⑰ 见马加比壹书四 36～59;马加比贰书一 9、18,十 1－8;Josephus, *Ant.* xii, 316－325;Bruce, pp. 229－230;Barrett, p. 315.

本都可说是很清楚地把希腊原文的语法(idiom)的原意表达出来了：
heōs pote tēn psuchēn hēmōn aireis。但是,犹太人的提问也可能有两
个很不相同的意义。第一,正面看去,"犹疑不定"在此可能表示发问的
犹太人,尝试深一层去认识耶稣的真正身分,以及明白他的论证。第
二,负面来说,所提出的问题除了表达犹太人不耐烦的心境之外,可能
还企图迫使耶稣道出一些他们可以作为控诉他的凭证。

　　就耶稣紧接下去在十章二十五节的回答以及从整个争议的上下文
而论,犹太人提问的负面意义可能比较明显。耶稣是不是"基督",对那
发问的犹太人来说,是关键性的。直到如今,甚至是在整部约翰福音
中,耶稣都没有直接公开宣告说："我是基督"(*egō eimi ho Christos*),
虽然安得烈曾经对他的兄弟彼得说："我们遇见弥赛亚[基督]了"(一
41)。当耶稣在撒玛利亚妇人面前表明自己是弥赛亚或是基督的时候
(四 26),祂也是在私底下透露的,并且妇人当时所理解的"基督"只是
具宗教意义的。

　　在耶稣那个时代,犹太人所谈论、期待以及理解的"基督",是非常
复杂的。因为"基督"(*Christos*)这个名号(title),除了宗教含义之外,
还涉及了政治甚至军事等极其敏感和复杂的问题。这些都是当时罗马
政权非常关注的。㉘

　　犹太人对耶稣的真正身分至今仍旧未弄清楚。他们在此要求耶稣
"明明的"(*parrēsia*)告诉他们。希腊文 *parrēsia*(明明的)这个词,曾经
在七章四、十三及二十六节出现过三次,都是指公开的言论或表态。

　　十 25　耶稣回答说："我已经告诉你们,你们不信。我奉我父之名
所行的事,可以为我作见证。"

　　耶稣在此所说的"告诉"(*eipon*),当然不像犹太人所要求的那种
"明明的告诉",因为祂从来就没有公开地向众人宣告说："我就是基
督。"其实,对耶稣来说,没有什么必要向犹太人公开表示祂是不是"基
督"。因为到如今,犹太人倘若真是有心相信的话,他们已经可以从耶

㉘ 有关"基督"这个名号的背景及神学意义,见 *TDNT*, IX, pp. 493-580, *Chriō, Christos*.

稣"所行的事"上(*ta erga*)找到答案,因为那些具体的事物,已足够为
祂"作见证"(*marturei*)了。耶稣在十章二十五节的回答,对熟悉圣经
的犹太人来说,是特别有道理的。因为当他们所期待的"基督"真正出
现的时候,祂必须以"所行的事"来具体证实祂的身分(identity)。㉙ 因
此,当施洗的约翰要肯定耶稣是不是人们所期待的那一位"基督"的时
候,耶稣并没有直接回答说"我是"(*egō eimi*),而是引了以赛亚书有关
基督"所行的事"的预言来回答:"你们去把所看见所听见的事告诉[施
洗的]约翰。就是瞎子看见,瘸子行走,长大麻风的洁净,聋子听见,死
人复活,穷人有福音传给他们"(赛二十九 18～19,三十五 5～6,六十一
1;路七 22)。正如那些信耶稣的犹太人自己所说的一样:"基督来的时
候,他所行的神迹,岂能比这人[耶稣]所行的更多吗?"(七 31)

十 26～30　"只是你们不信,因为你们不是我的羊。我的羊听我
的声音,我也认识他们,他们也跟着我。我又赐给他们永生,他们永不
灭亡,谁也不能从我手里把他们夺去。我父把羊赐给我,他比万有都
大。谁也不能从我父手里把他们夺去。我与父原为一。"

对耶稣来说,犹太人的问题已不再是对祂认识多少的问题。祂也
没有必要"明明的告诉"他们什么。他们的关键是肯不肯信、愿不愿意
接受耶稣的问题。

耶稣在十章二十六至二十九节这段经文中,又回到了牧人与羊那
个比喻去了。与此同时,那些对以西结书三十四章熟悉的犹太人,也应
该可以领悟到那个"好牧人"的比喻,是深具弥赛亚的意义(messianic
significance)的,虽然耶稣在此没有以"弥赛亚"或"基督"自居。㉚

耶稣在十章十节说,"我来了,是要叫羊得生命[*zōēn*],并且得的更
丰盛"。祂在十章二十八节又说要"赐给他们永生"(*didōmi autois
zōēn aiōnion*)。"永生"(*zōē aiōnios*)这个词语在这之前已经出现多次

㉙ 见赛二十九 18～19,三十五 5～6,六十一 1。

㉚ Grundmann 说得对,在约翰福音,特别是第十章"耶稣作为弥赛亚的身分是以牧人这个隐
喻(metaphor)来表达的……说明牧人那源自与上帝合一的能力,胜过死亡的破坏力量以
及这个'世界的王'的能力(十二 31 等处经文)"。Grundmann, *TDNT*, IX, p. 569.

（三 15、16、36，六 40、47）。

　　十章二十八至二十九节表达了一个新的思想。那就是，谁也不能从耶稣或是天父上帝的手里把跟从耶稣的人（"羊"）"夺去"（*harpazein*；RSV，snatch）。经文在此所强调的，是天父上帝以及祂的儿子耶稣保护信徒（"羊"）那无比的能力。因为"他［上帝］比万有都大"（*ho patēr ... pantōn meizon estin*）。思高本把 *pantōn meizon estin* 译作"超越一切"，意思与和合本基本上一致。

　　"谁也不能从我手里把他们夺去"（十 28）以及"谁也不能从我父手里把他们夺去"（十 29）这两句，主要是耶稣给信徒（"羊"）的保证，要他们知道祂以及父上帝有能力保护他们到底。可是，读经者或释经者是很难只根据这两节经文来建立一套完整的"预定论"（predestination）或是"一次得救，永远得救"之类的"神学"的。纵使是这样，加尔文（Calvin）却基于他对这一段经文的理解，要那些"蒙召的信徒"（the elect）知道，他们的拯救是"绝对肯定的"（absolutely certain）。③ 加尔文也因此批评那些"教皇派人士"（the Papists）的拯救观，因为加尔文认为他们把拯救的盼望和信念寄托在自己的"自由意志"以及自己的"功德"与"善工"上。③

　　十 31～33　犹太人又拿起石头来要打他。耶稣对他们说："我从父显出许多善事给你们看，你们是为哪一件拿石头打我呢？"犹太人回答说："我们不是为善事拿石头打你，是为你说僭妄的话。又为你是个人，反将自己当作上帝。"

　　上一次犹太人拿石头要打耶稣，是因为祂说"还没有亚伯拉罕，就有了我"（八 58～59）。这一次是因为他说，"我与父［上帝］原为一"（*egō kai ho patēr hen esmen*，十 30）。

---

③ "This is a remarkable passage, by which we are taught that the salvation of all the elect is not less certain than the power of God is invincible. ... Therefore, we infer that the statement of Christ is intended to show that the elect are absolutely certain of their salvation." John Calvin, *John's Gospel*, vol. 1, p. 416.

③ "Hence, too, we infer how mad is the confidence of the Papists, which relies on free-will, on their own virtue, and on the merits of their works." Ibid.

到如今,读经者应该已经可以看见一幅相当清晰的画面了。那就是,敌对耶稣的犹太人主要是从耶稣的言语中找毛病来控诉祂;而耶稣却是不断尝试从祂的"工作"(*ta erga*)或"善事"(*erga kala*)来表明祂的身分,特别是要证实祂是上帝差来的那一位。因此,当犹太人在十章三十一节因祂说了"我与父原为一"那句话就拿石头要打祂的时候,耶稣再次提到祂的工作(十 32)。③

犹太人无法否认耶稣所做的"善事"(*erga kala*),因为那些都是有目共睹的事实。不但如此,还有不少人也是因为亲自见证了那些事物而信了祂。敌对耶稣者因此只能根据耶稣所说的"僭妄的话"(*blasphēmia*;RSV,blasphemy)来用石头打祂。

和合本十章三十三节的翻译给读者的印象是:犹太人是因为两件事要打耶稣。第一,"是为你说僭妄的话"。第二,"又为你是个人,反将自己当作上帝"。其实希腊文原文只说明一个理由:因为耶稣说"僭妄的话"。"又为你是个人,反将自己当作上帝"(*hoti su anthrōpos ōn poieis seauton Theon*)这一句话只是用以说明"僭妄的话"的内容而已。思高本译文比较明确:"是为了亵渎的话,因为你是人,却把你自己当作天主。"和修版的译文也很好:"……你亵渎了上帝;因为你是个人,却把自己当作上帝。"④

所谓"僭妄"或"亵渎",在此很明显是指上帝的"圣名"而说的。按摩西的律法(如利二十四 11、16),"那亵渎耶和华名的,必被治死,全会众总要用石头打死他"。犹太人当时肯定耶稣是干犯了这样的律法,因此才"拿起石头要打他"。⑤

犹太人那近乎暴力的行动,又一次反映了他们对耶稣的身分的误会。他们至今仍旧是只将祂看作是普通的"人"(*anthrōpos*)而已。既

---

③ Barrett 认为,在英文中找不到恰当的词语将希腊文的 *erga kala* 完整地翻译出来。因为在希腊原文,*erga kala* 不只是说明"事"或"工"(*erga*)是源自某种力量(power),也是出于美好和崇高的道德(moral excellence);结果带给人健康以及其他的好处。Barrett,p. 318.

④ RSV 的译文也很清楚:"We stone you for blasphemy;because you,being a man,make yourself God."

⑤ 根据 Mishnah,Sanhedrin,7:5,"人只有在完全说出[耶和华的]圣名的时候,才算是犯了亵渎的罪"("He who blasphemes is liable only when he will have fully pronounced the divine Name." Jacob Neusner,*The Mishnah*,p. 597.

然是一个"人",又怎能胆敢"将自己当作上帝",或把自己看作与上帝同等呢? 这是他们最简单的逻辑思维。

其实,约翰福音早已在开宗明义的序言中,宣告"太初有道,道与上帝同在,道就是上帝"(一 1)。这才是耶稣真正的"身分"(identity)。祂并不是普通的"人"。使徒保罗在腓立比书的"基督论"中也有类似的宣告:"他[耶稣基督]本有上帝的形像,不以自己与上帝同等为强夺的。反倒虚己,取了奴仆的形像,成为人的样式"(腓二 6～7)。

十 34～36　耶稣说:"你们的律法上岂不是写着'我曾说你们是神'吗? 经上的话是不能废的。若那些承受上帝道的人尚且称为神,父所分别为圣,又差到世间来的,他自称是上帝的儿子,你们还向他说'你说僭妄的话'吗?"

在约翰福音,耶稣重复称上帝为"父"或"我父",也肯定自己与上帝是合一的。祂甚至多次用 egō eimi("我是")这个意义深长的词语。可是,耶稣却从来没有直接地公开宣告说:"我就是上帝。"

耶稣在十章三十四至三十六节回答犹太人的指控的时候,仍旧是把焦点放在"上帝的儿子"这一个争议上。耶稣作为"上帝的儿子"的身分,也正是约翰福音所要宣告的主题信息:"但记这些事,要叫你们信耶稣是基督,是上帝的儿子。并且叫你们信了他,就可以因他的名得生命"(二十 31)。

耶稣在十章三十四节首先以律法作为祂回应的依据和权威:[36] "你们的律法上岂不是写着'我曾说你们是神'吗?"(ouk estin gegrammenon en tō nomō humōn hoti Egō eipa, Theoi este)。"你们的律法"是从古抄本 P[66]、P[75]、ℵ[a]、A、B 等译过来的。古抄本 P[45]、ℵ*、D 等,则没有"你们的"(humōn;RSV,your)。

倘若耶稣原来是有用 humōn("你们的")这个字,祂的目的应该是以 humōn 来提醒那些与祂争辩的犹太人,要尊重自己的律法。耶稣的意思因此是:"看你们自己的律法吧(十 34),既然你们也知道经上的话

---

[36]　"律法"(nomos;"law")在拉比的文献中,有时是很广义地包括整部旧约圣经。

是不能废的(十 35)"。这当然不表示耶稣自己不认同犹太人律法或是旧约圣经。耶稣只是在此采取一种争辩的方式而已。这种方式在犹太的拉比之间,以及当时的希腊和罗马人中也很普遍。它很类似华人"以子之矛,攻子之盾"的策略。

"我曾说你们是神"这一句是引自诗篇八十二篇六节的。十章三十四节的希腊原文完全与 LXX 一致:*egō eipa, Theoi este*(RSV, I said, you are gods)。[37] 旧约的诠释者不能一致肯定希伯来原文的 *'elohim* 或是 LXX 的 *theoi*(中文"诸神"或"众神";RSV, gods)在诗篇八十二篇六节究竟是指谁。可是,就约翰福音十章三十四至三十六节的上下文来看,*theoi*("神"或"诸神")很明显是指人,而不是灵界中的东西。[38] 不然,耶稣的反驳就毫无意义了。

耶稣在十章三十五节进一步地把诗篇八十二篇六节(约十 34)的"神"(*theoi*)看作是"承受上帝道的人"(*ekeinous ... ho logos tou Theou egeneto*)。换句话说,诗篇八十二篇六节所指的,是那些领受了"上帝的道"的犹太人的祖先。

值得注意的是,耶稣在十章三十四节并没有把诗篇八十二篇六节的整节经文引出来。他只是引了八十二篇六节的前面一句话:"我曾说你们是神"。八十二篇六节接下去的一句话是:"都是至高者的儿子"(希伯来文 *beni 'elyōn kul'kem*;LXX, *huioi hupsistou pantes*;RSV, sons of the Most High, all of you)。[39] 耶稣没有引诗篇八十二篇六节"[你们]都是至高者的儿子"这一句话,也许是因为上一句("我曾说你们是神")已经足够支持祂的论证了。耶稣的论证是:"既然犹太人的祖先,也就是'那些承受上帝道的人',都有资格被称为'神'(*theoi*;gods)

---

[37] "你们是神"中的"神"(RSV, gods)在希伯来圣经原文是 *'elohim*;可以译作"god"单数的"神",或是复数"诸神"(gods)。就诗八十二篇的上下文来看,把 *'elohim* 译作复数是比较适合的。LXX 也因此译成希腊文的 *theoi*(gods)。

[38] 有关 *'elohim* 及 *theoi* 在诗篇八十二 6 的诠释,可参阅 Ridderbos, pp. 372 - 373;Barrett, pp. 319 - 320;Brown, pp. 408 - 412;Bruce, pp. 234 - 235。在死海 Cave 11 发现的昆兰古卷 11Q Melchizek,把诗篇八十二 1 中的 *'elohim*(LXX, *Theos*)看作是麦基洗德。见 G. Vermes, *The Dead Sea Scrolls in English*, 2nd ed. (Penguin, 1976), pp. 266 - 267;Bruce, p. 234, n. 11。

[39] 希伯来原文 *beni* 是复数("儿子们")。

或至高者的'儿子们'(*huioi*；sons)，则那一位'父[上帝]所分别为圣，又差到世界来的'，又为何不能'自称是上帝的儿子'呢？(十 36)若是能，你们又为什么以僭妄的罪名来指控我呢？"这样的逻辑是那些敌对耶稣的犹太人很难反驳的。⑩

当然，还有关键性的一点，是那些与耶稣争辩的犹太人当时不知道或不愿意接受的。那就是，耶稣不仅可以"自称是上帝的儿子"，还是那成了肉身的"道"(*ho logos*)。犹太人的祖先只是"那些承受上帝道的人"(十 35)，而耶稣却是那"道"本身。

"经上的话是不能废的"(*ou dunatai luthēnai hē graphē*)这个重要的信念，可说是犹太人和耶稣的共识。这就使得那些与耶稣争辩的犹太人更难反驳耶稣引经据典的论证了。

十 37～38　"我若不行我父的事，你们就不必信我。我若行了，你们纵然不信我，也当信这些事，叫你们又知道，又明白，父在我里面，我也在父里面。"

耶稣很清楚地知道，不管祂的论证有多大的说服力，都是很难叫祂的敌对者"信"(*pisteuein*)的。于是祂再次以实际所行的"事"或"工作"(*erga*)向他们挑战，并藉此再强调祂与父上帝的合一："父在我里面，我也在父里面"(*en emoi ho patēr kagō en tō patri*)。

十 39　他们又要拿他，他却逃出他们的手走了。

耶稣因为在上一句再说"我与父[上帝]原为一"(十 30、38)，难怪犹太人"又要拿他"了。但祂依旧逃了出去，与八章五十九节的情况相似。耶稣这一次的躲避，像以往一样，肯定不是基于惧怕，而是像作者在七章三十节所解释的一样："因为他的时候还没有到"。

十 40～42　耶稣又往约旦河外去，到了约翰起初施洗的地方，就

---

⑩ Brown 称耶稣这样的论证方法为 *a fortiori* (*John*，i - xii，p. 410)，意思是，以更强的理由或更完整的结语来驳倒对方原有的观点。Barrett 认为这个辩论的方式，在拉比的文献中是常有的，并且也很普遍地被纳入逻辑的思辨过程中。Barrett，pp. 385 - 386.

住在那里。有许多人来到他那里。他们说："约翰一件神迹没有行过，但约翰指着这人所说的一切话都是真的。"在那里信耶稣的人就多了。

这三节经文并没有说明耶稣是否从犹太人的手中逃出去之后(十39)，就立刻离开耶路撒冷，"往约旦河外去"。若是立刻离开，就表示耶稣是在这个行动以后的三或四个月，也就是在"棕枝节主日"(Palm Sunday)，再重回耶路撒冷的(十二 12)。

十章四十节所说的"约旦河外……约翰起初施洗的地方"(*peran tou Iordanou eis ton topon hopou ēn Iōannēs to prōton baptizōn*)，应该是指河的东边，比利亚(Peraea)一带的地区(见一 28)。那一带的人对耶稣有一些认识，因为施洗的约翰曾经在那里为耶稣作见证(一 19～34)。因此，当耶稣故地重游的消息被传开以后，"许多人"都到祂那里去了。

"他们说，约翰一件神迹没有行过"(*Iōannēs men sēmeion epoiesen ouden*，十 41)。那的确是事实。可是，那丝毫不影响施洗的约翰作为耶稣的开路先锋以及见证人(*martur*)所作出的巨大贡献。"行神迹"，对一般犹太人来说，当然很重要。可是，这并不是施洗的约翰的使命和任务。因为"这人〔施洗的约翰〕来，为要作见证，就是为光〔耶稣基督〕作见证"(一 7)。他见证的力量和感染的果效不一定需要"神迹"(*sēmeion*)之类的东西来辅助。关键性的，倒是像十章四十一节所见证的："〔施洗的〕约翰指着这人〔耶稣〕所说的一切话都是真的"(*panta de hosa eipen Iōannēs peri toutou alēthē ēn*)。"一切"(*panta*)在此只是概括性的说法，并非指一切事实的细节。因为施洗的约翰所说那"一切"耶稣的事物，有一些是仍待实现的。例如，他所预言有关耶稣将要"用圣灵施洗"那件事(一 33)。这是因为迄今耶稣"尚未得着荣耀"(七39)。更重要的是，耶稣必须被钉在十字架上的时候，才算是真正成为施洗的约翰所预言的"上帝的羔羊，除去世人罪孽的"(一 29)。纵使是那样，那些在约旦河东边一带的人，只凭着他们迄今从耶稣身上所发生的事物，就"信"祂了，并且人数众多(*polloi episteusan*；RSV，many believed，十 42)。

天道圣经注释

约翰福音注释（卷下）

钟志邦 著

上海三联书店

目录

注释

贰拾肆　拉撒路的复活（十一 1～45）

约翰福音可以简单地分成两大部分。一至十二章是第一部分；十三至二十一章是第二部分。因此，从十一章一至四十五节拉撒路从死里复活开始至十二章五十节这一段，可说是约翰福音第一部分的尾声了。耶稣叫拉撒路从死里复活这件神迹，正如较早时耶稣治好瞎子那个神迹一样，引起了犹太人正负两面的反应。既有不少因此信祂的（十一 45），也有存着不良的动机把这件事告诉法利赛人的（十一 46）。结果导致了公会杀害耶稣（十一 49～54）以及拉撒路的可怕意图（十二 10）。

十章四十节说耶稣去了"约旦河外"，也即是河的东边，比利亚一带的地方。但作者并没有说明耶稣在那里逗留了多久。读经者因此无法肯定耶稣在"约旦河外"和到伯大尼（十一 1～7）之间究竟相隔了多长的日子。但这显然不是福音书的作者所关注的。因为十一章一至四十五节这一段经文的焦点，是拉撒路在伯大尼的复活，以及围绕着这事件的其他事物。值得注意的是，耶稣叫祂所爱的朋友拉撒路从死里复活这一件事，也是祂在受难之前所行的最后一个神迹（sēmeion）。符类福音书，如路加福音七章十一至十七节，虽然也有记载耶稣叫人从死里复活的事，但是约翰福音十一章一至四十五节的情节和内容却是比较复杂以及充满着戏剧性。不论读者如何看待这事件，福音书的作者很肯定是把拉撒路从死里复活的事，看作是真实的历史事件。可是，读经者绝不能将这里所记述的复活与耶稣自己的复活混为一谈，虽然两者都同样彰显了上帝的能力。拉撒路的复活只是暂时性的。因为圣经并没有记载这次从死里复活以后的拉撒路，从此就永远存活下去。只有耶稣自己被钉死在十字架上以后的复活，才是真正战胜死亡和"阴间的权势"的绝对凭证。因此，人们只能将永生的信念和寄托放在复活的主耶稣基督身上,而不是在拉撒路的复活这件事上,虽然这也让人在拉撒路身上看见了"上帝的荣耀"(十一 40, *tēn doxan tou Theou*),结果导致许多人对耶稣的信靠(十一 45)。

十一 1　有一个患病的人,名叫拉撒路,住在伯大尼,就是马利亚和她姊姊马大的村庄。

这里的"伯大尼"(*Bēthanias*)是在犹太境内(十一 7),而不是约旦河外(一 28)的那一个乡镇。它位于耶路撒冷往耶利哥的路上,在圣城以东约三公里外,靠近橄榄山。这是约翰福音第一次提及这个小乡镇以及镇里的这一家三口:马大、马利亚和拉撒路。根据十一章二至五节来看,耶稣和这一家的关系是很密切的。十一章一至四十六节这一幕的主角人物,除了耶稣以外,就是那位患病死后以及复活的拉撒路。

十一 2　这马利亚就是那用香膏抹主,又用头发擦他脚的。患病的拉撒路是她的兄弟。

中文的"马利亚"(RSV,Mary)源自希伯来文的 *Mariam*。这原是摩西的姊姊,女先知"米利暗"的名字。LXX 译作 *Mariam*(出十五 20)。在新约的希腊文圣经,"马利亚"有两个写法。一个是根据希伯来文的音译,*Mariam*(如太十三 55;路一 27;约十一 2;徒一 14)。另一个是希腊化了的音译 *Maria*(如太一 16;可六 3;路一 41;约十一 1;徒十二 12;罗十六 6)。

在新约圣经有好几个妇人都叫"马利亚"。除了十一章二节这里所记载的,伯大尼的马利亚以及耶稣的母亲马利亚之外,还有"抹大拉的马利亚"(*Maria hē Magdalēnē*;RSV,Mary Magdalene;太二十七 56)和"革罗罢的妻子马利亚"(*Maria hē tou Klōpa*;RSV,Mary the wife of Clopas;约十九 25)等。既有好几位不同的"马利亚",作者便很自然地认为有必要在此清楚说明,这里所指的"马利亚"是"用香膏抹主"的那一位。这点声名也表示这一位"马利亚"以及所提及的那一件事(十二 1~7),是约翰福音的读者群所熟悉的。

十一 3　她姊妹两个就打发人去见耶稣说:"主啊,你所爱的人病了。"

这两位姊妹向耶稣传达的信息非常简单。她们并没有直接请求耶稣来为拉撒路治病。她们只告诉耶稣说:"主啊,你所爱的人病了"。这似乎意味着只要耶稣知道她们的情况和需要,就自然会作出积极的回应。这也是她们对耶稣那种单纯,但却是坚定的信心。

病人在十一章三节这里被称作是"你〔耶稣〕所爱的"(hon phileis ; RSV,he whom you love),表示耶稣与病人拉撒路在这之前,就已经有了一段很深的交情。

十一章三节中的"爱"字,希腊原文是 philein,与十一章三十六节一样。十一章五节的"爱"字,则是译自另一个希腊文 agapan。但两个字的意思都是一样。①

十一 4～6　耶稣听见就说:"这病不至于死,乃是为上帝的荣耀,叫上帝的儿子因此得荣耀。"耶稣素来爱马大和她妹子并拉撒路。听见拉撒路病了,就在所居之地仍住了两天。

较后的经文其实已证实了拉撒路后来是病死的。因此,耶稣在此所说的"这病不至于死"是指着拉撒路死后复活而说的,并不是否认他死的事实。十一章四节"乃是为上帝的荣耀"这一句的意思与耶稣论及那位生来是瞎眼的人的情况很相似。"要在他身上显出上帝的作为来"(九 3)。两个不同的神迹因此都有一个相同的积极意义。

十一章五至六两节很明显是作者给读经者的一个解释,旨在说明耶稣知道拉撒路病了以后,并没有立即赶去给他医治,反而在原地多逗留了两天,并不表示耶稣不爱他们。恰好相反,正是因为耶稣爱他们,结果容许拉撒路病死之后,给他们有机会亲自见证和体验上帝叫死人复活的能力。给人治病,在耶稣的工作中是比较常见的事,叫死人复活却是一件很不寻常的神迹。

十一 7～8　然后对门徒说:"我们再往犹太去吧。"门徒说:"拉比,

---

① 关于 philein 和 agapan 这两个字的意思与用法,较后见二十一 15～17 的注释。

犹太人近来要拿石头打你,你还往那里去吗?"

　　耶稣在原地多逗留了两天之后才决定"再往犹太去"。这样的安排当然令祂的门徒难以理解。因为他们认为:一、耶稣本来应当在接到拉撒路生病的消息后,就立即赶到现场才对;二、犹太人曾在不久前拿起石头来要打祂(十31),耶稣较后也从他们的手中逃了出去(十39),现在又何必再往犹太去自投罗网呢? 耶稣难道没有更佳的途径吗?

　　十一9~10　耶稣回答说:"白日不是有十二小时吗? 人在白日走路,就不至跌倒,因为看见这世上的光。若在黑夜走路,就必跌倒,因为他没有光。"

　　耶稣的门徒当时所关心的,是他们的夫子往犹太去将要面对的危险。可是,作为一位身负重命的使者,耶稣自己却把这一段路程看作是祂工作以及荣耀上帝的良好机会。

　　经文在此所说的"白日"(tēs hēmeras)与九章四节的"白日"在意义上是相同的,都是指人工作的时机。因此,是具有紧迫感的:因为"黑夜将到,就没有人能作工了"(九4)。

　　"这世上的光"(to phōs tou kosmou toutou)在此可能有两个意思。一、指白天的太阳所带来的光;二、隐意地指耶稣自己,因为祂就是"世界的光"(一9;八12)。第二个意思也带着警告的信息,表示时候已经不多了,人当乘着"光",也即是耶稣还在世间的时候来就光,来跟从光所指引的道路;免得光在世上消失以后,人就只能在黑暗中摸索,最终必然会"跌倒"(proskoptei)。

　　十一11~13　耶稣说了这话,随后对他们说:"我们的朋友拉撒路睡了,我去叫醒他。"门徒说:"主啊,他若睡了,就必好了。"耶稣这话是指着他死说的,他们却以为是说照常睡了。

　　希腊文的"睡"字(koimaomai)在新约圣经出现十四次,其中四次是指普通睡眠(如太二十八13;徒十二6),十次是用以形容信徒的去世或"安息"(如太二十七52;徒七60;林前十五18;帖前四13)。希腊文的"坟墓"(koimētērion)是基督徒惯用的。它与"睡"字(koimaomai)是同字根,是"安眠之处"的意思。②

正因为"睡"字有两个不同的意思,所以当耶稣说拉撒路"睡"了的时候(*Lazaros kekoimētai*),门徒还以为祂是指普通的睡眠;并不明白耶稣是在说,他们的朋友拉撒路已经死了。既是这样,耶稣所说的"叫醒他"(*hina exupnisō auton*),其实就是向门徒预告祂将会叫已经死去的拉撒路复活。当然,门徒在此刻的误会也是可以理解的,因为当时只有耶稣自己知道实况如何。

十一 14～16 耶稣就明明的告诉他们说:"拉撒路死了。我没有在那里就欢喜,这是为你们的缘故,好叫你们相信。如今我们可以往他那里去吧。"多马,又称为低土马,就对那同作门徒的说:"我们也去和他同死吧。"

门徒既然是误会了耶稣的意思,祂就只好向他们说明拉撒路已经去世的真相。十一章五节解释了耶稣为何听到拉撒路生病的消息后,没有立即赶到现场给他医治,好让他不致死去。"这是为你们的缘故,好叫你们相信"这一句话,一方面表达了耶稣故意延迟去看拉撒路的真正动机,另一方面说明了当时的门徒也正像其他的犹太人一样,是要亲眼看见死人复活这一类的"神迹"(*sēmeion*)才会"相信"的。和合本与和修版的十一章十五节译文都不是很理想。和合本的译文"我没有在那里就欢喜,这是为你们的缘故,好叫你们相信……",虽然把希腊原文 *chairō* 的意义翻译了出来("我欢喜"),但整个句子并不太通顺。和修版的译文算是比较顺畅:"为了你们的缘故,我不在那里反倒好,为要使你们信。"可是,它并没有将耶稣为这件事演变的积极结果,深感"欢喜"或"满意"(*chairō*)的意思表达出来。和合本十一章十六节的"低土马"是希腊原文 *Didumos* 的音译。和修版则把 *Didumos* 的意思"双胞胎"(英文 twin)翻译出来。

十一章十六节表明门徒中的多马不但不期望任何神迹出现,反而以责怪和讥讽的语气,回应耶稣要去犹太的伯大尼看已经死去的拉撒

---

② Leon Morris, *The Gospel According to John*, Revised Edition (Grand Rapids: Eerdmans, 1995), p. 481, note24.

路的建议。

十一 17～18　耶稣到了,就知道拉撒路在坟墓里已经四天了。伯大尼离耶路撒冷不远,约有六里路。

"拉撒路在坟墓里已经四天了"(*tessaras ēdē hēmeras echonta en tō mnēmeiō*),表示他已经死了四天,因为犹太人一般的惯例是尽快或立即给死者下葬的。③ "四天"(*tessaras hēmeras*)的时间也许还有其他意义,因为在犹太人中有一个传说,认为人在死后的三天期间,灵魂仍旧在尸体周围徘徊,希望能重返死者的身体。到第四天,若还魂乏术,当尸体开始腐化的时候,灵魂才一去不返。④ 若是这样,耶稣可说是在拉撒路的灵魂已经完全离开他的尸体的时候,才抵达现场的。这样一来,也就只有真正的奇妙神迹才能叫拉撒路从死里复活了。

十一 19～20　有好些犹太人来看马大和马利亚,要为她们的兄弟安慰她们。马大听见耶稣来了,就出去迎接他。马利亚却仍然坐在家里。

亲友们到丧家去慰问的习惯是普世性的。犹太人也不例外。不但如此,按犹太人的规矩,守丧及追思可分作三部分。人死后的首三天是哀哭期,接下去的四天则是至深的哀伤期,然后在这个月所剩下的时间内(约二十三天),是比较淡化的守丧期。⑤

根据路加福音十章三十八至四十二节的描述,马大是比较活跃,马利亚是属于安静的。因此,马大一听见耶稣来了以后,便立即出去迎接他。这是马大一个很自然的反应。马利亚除了个性本来就是安静以外,也许在那个时候也有必要"坐在家里"(*en tō oikō ekathezeto*)接待来往的客人,或是与客人在屋子内继续守丧。犹太人在接待慰问的亲

---

③ 例如徒五 1～6 所记载的亚拿尼亚和他的妻子撒非喇。

④ Morris, p. 485, n. 40. The *Mishnah*, Yebanot 16:3 也说,人只能在一个人死后的三天内见证或辨认死者的身分,Jacob Neusner, fr. The *Mishnah* (New Haven and London: Yale UP, 1988), p. 376.

⑤ 见 A. Edersheim, *Sketches of Jewish Social Life* (London) 一书;引自 Morris, p. 486, n. 46.

友的时候一般都是"坐"着的。⑥

　　十一 21～22　马大对耶稣说:"主啊,你若早在这里,我兄弟必不死。就是现在,我也知道,你无论向上帝求什么,上帝也必赐给你。"

　　假设十一章二十一节这一节经文没有十一章二十二节紧接下去的话,那么马大向耶稣所表达的,似乎就会变成一句怨言了:"主啊,你若早在这里,我兄弟必不死"(*Kurie ei ēs hōde, ouk an apethanen ho adelphos mou*)。可是,紧接下去的那一句话,明确地表达了马大对耶稣的坚定信心:"就是现在,我也知道,你无论向上帝求什么,上帝也必赐给你"(*Kai nun oida hoti hosa an aitēsē ton Theon dōsei soi ho Theos*)。像马大这样的信心,在圣经上记载的并不多。

　　十一 23～27　耶稣说:"你兄弟必然复活。"马大说:"我知道在末日复活的时候,他必复活。"耶稣对她说:"复活在我,生命也在我。信我的人,虽然死了,也必复活。凡活着信我的人,必永远不死。你信这话吗?"马大说:"主啊,是的。我信你是基督,是上帝的儿子,就是那要临到世界的。"

　　马大较早时只是表达了她对耶稣的信靠,并没有直接要求耶稣叫她的兄弟从死里复活。因此,当耶稣向她保证说,她的兄弟必然复活的时候,她还误以为耶稣所说的是指"末日复活的时候"(*en tē anastasei en tē eschatē hēmera*)。

　　耶稣在十一章二十五至二十六节的回应中,表明祂主宰着人类的复活。"信我的人,虽然死了,也必复活"(*ho pisteuōn eis eme kan apothanē zēsetai*),这句话的表面意思是指信徒肉身死亡以后,将来普遍性的复活。那就是,凡是信靠耶稣的人,肉身虽然死亡,将来必然还是会复活的。若是这样,它的意思就与十一章二十四节马大所说的一样:"我知道在末日复活的时候,他必复活。"既是这样,"凡活着信我的人,必永远不死"这一句话的意思又是什么呢? 它肯定不是说凡是信靠

―――――――――――

⑥ 根据 Edersheim(p. 174)的研究,当尸体从屋内抬出去之后,家中所有的椅凳便倒置了起来。守丧者这时只能坐在地上或是矮的凳子上;引自 Morris, p. 487, n. 48.

耶稣的人,肉体的生命永远不会死亡。若是这样,可真是"长生不老"或"长生不死"了。这是绝对不可能的。因为"按着定命,人人都有一死"(来九 27)。因此,它的意思应该是,那些在有生之年,也即是仍在"活着"的时候信靠耶稣的人,在肉体死亡之后,必然会复活。因此,"必永远不死"。根据这样的解释,十一章二十六节("凡活着信我的人,必永远不死")这一句话,在真正的意义上是与十一章二十五节("信我的人,虽然死了,也必复活")一样的。

"永远不死"这个简短的句子,在希腊原文是以强调性的语法来表达的:*ou mē apothanē eis ton aiōna*;旨在强调信者死后复活的绝对肯定性。这样的基本信念,本来也就是像马大这样的犹太人当时知道,并且普遍都相信的。可是,耶稣在拉撒路死后才赶到现场,并非只是要宣告这个犹太人本来就相信的信息,而是要具体彰显一个叫人从死里复活的神迹,好印证祂在十一章二十五至二十六节所说的并不是空谈。若是这样,十一章二十五节那一句——"信我的人,虽然死了,也必复活",似乎也有意在预言拉撒路的复活。拉撒路即将从死里复活的事,也叫人想起耶稣较早时所宣告的:"我实实在在的告诉你们,时候将到,现在就是了,死人要听见上帝儿子的声音。听见的人就要活了"(五 25)。

在翻译方面,和合本把原文在十一章二十五节那一句(*Egō eimi hē anastasis kai hē zōē*)译作:"复活在我,生命也在我"。思高、吕氏、现代中文与和修版都更直接地译成"我就是复活,就是生命",与原文完全一致。

当耶稣在复活这件事上作出了明确的宣告以后,马大就立即表达了一个坚定的信念:"我信你是基督,是上帝的儿子"(*egō pepisteuka hoti su ei ho Christos ho huios tou Theou*)。[7]

"就是那要临到世界的"(*ho eis ton kosmon erchomenos*)在此的意义,基本上与序言(一 1~14)中所表达的一致。它除了表达耶稣的身分

---

[7] "我信"在原文是一个现在完成式的动词,表示"我已经信了"(*pepisteuka*)。关于约翰福音对现在完成式(present perfect tense)的用法,特别是"信"(*pisteuō*)这个字,可参考 C. K. Barrett, *The Gospel According to John*, 2nd ed. (London: SPCK, 1978), p. 253. 马太在此所表达的信念,可以比较约一 41,49;四 29;九 35~35;可八 29;太十六 16。

(identity)之外,还同时见证了祂的本体(ontology)和使命(mission)。

十一 28~30　马大说了这话,就回去暗暗的叫她妹子马利亚,说:"夫子来了,叫你。"马利亚听见了,就急忙起来,到耶稣那里去。 那时,耶稣还没有进村子,仍在马大迎接他的地方。

马大"暗暗的"(lathra)通知马利亚耶稣来访的事,也许是因为不想惊动其他在家里守丧的人。另一方面,那也可能是因为耶稣有吩咐说祂当时只是要见马利亚。十一章二十九至三十节两节经文的记述,很像是源自见证者的回忆。

十一 31~32　那些同马利亚在家里安慰她的犹太人,见她急忙起来出去,就跟着她,以为她要往坟墓那里去哭。马利亚到了耶稣那里,看见他,就俯伏在他脚前,说:"主啊,你若早在这里,我兄弟必不死。"

十一章二十八至三十节完全可以解释十一章三十一节马利亚急忙出去时所引起的误会。马利亚当时急忙出去是要见耶稣,不是要往坟墓那里去哭。马利亚见到耶稣时所表达的遗憾,与姐姐马大较早时(十一 21)所说的完全一样。只是马利亚没有像她姐姐马大那样,仍旧相信耶稣有挽救局势的能力:"就是现在,我也知道,你无论向上帝求什么,上帝也必赐给你。"(十一 22)假使马利亚在十一章三十二节所表达的遗憾中带有某些责怪耶稣的意思,她的姐姐马大则肯定没有。两者的表态是不太相同的。

十一 33~36　耶稣看见她哭,并看见与她同来的犹太人也哭,就心里悲叹,又甚忧愁。便说:"你们把他安放在哪里?"他们回答说:"请主来看。"耶稣哭了。犹太人就说:"你看他爱这人是何等恳切。"

十一章三十一节以及三十三节的"哭"字,在希腊文(klaiō)是用以表达人的感情非常激动的一个动词。译作"哭号"或"尖声喊叫"也许会更突显它的意思。英文可译作 cry 或 wail。若是译成"哭号"或"尖声喊叫"就更能解释耶稣当时相对激动的反应:"耶稣……心里悲叹,又甚忧愁"。"心里悲叹"(NRSV, greatly disturbed)的希腊原文是 enebrimēsato(现在时态 embrimaomai)。学者们对这个动词及其上下文有不同的诠释。[⑧] 表面上看,把 *enebrimēsato* 译作"心里悲叹"是很合理的。这也是大部分英文圣经以及释经者的理解。[⑨] 意思是,当耶稣看见马利亚和同来的犹太人都在哭号的时候,耶稣自己也情不自禁地"心里悲叹……"。可是,自从宗教改革家马丁路德在十六世纪把原文的 *enebrimēsato tō pneumati* ("心里悲叹")翻译成德文的 *Er ergrimmte im Geist* (英文可译作"He was angry in the spirit"; "他心里忿怒")以后,这个句子的意思便深深地影响了不少其他语文的翻译,以及一些德国释经者的观点,包括 Bultmann、Schnackenburg、Haenchen 等。[⑩] 甚至英国学者如 Barrett 也肯定地说 *embrimasthai* (即和合本的"悲叹")这个希腊文动词毫无疑问包含了"忿怒"的意思。[⑪] Hoskyns 也以多处经文为例(哀二 6;可一 43,十四 5;太九 30),说明 *embrimasthai* 含有"忿怒"(anger)的意思。[⑫]

假设希腊原文 *enebrimēsato tō pneumati* 不单是指耶稣"心里悲叹",也是用以表达祂"内心的忿怒",则这"忿怒"(anger)又究竟是向谁发的呢? 学者如 Brown、Bultmann、Hoskyns、Schnackenburg、Wikenhauser 等,都认为耶稣的忿怒是向那些哭号的人发的,因为这些哭号者的行为是显示他们对在场的耶稣没有信心。[⑬] 这观点是有一定

---

⑧ 有关教父如 Origen、Chrysostom、Cyril 等的注释,可参阅 Hoskyns, *The Fourth Gospel* (London: Faber and Faber, 1940), pp. 403 – 405.

⑨ RSV 和 NIV 因此译作"greatly disturbed",NEB 是"sighed heavily"。学者如 Bernard、Temple、Strachan、Sanders、Morris、Marsh、Lindars、Bruce 等,也作这样的理解。参阅 Beasley-Murray, p. 192. 吕振中译作"心灵上就悲愤",和修版是"心里悲愤"。

⑩ 详见 Beasley-Murray, *John*, 2nd ed. (Nashville: Tomas Nelson, 1999), pp. 192 – 193.

⑪ "It is beyond question that *embrimasthai* ... implies anger. This is suggested by biblical (e. g. Daniel 11:30, *embrimēsontai autō ... orgisthēsontai epi tēn diothēkēn*) and other (e. g. Lucian, Merippus 20, *enebrimēsato hē Brinō* ...). " Barrett, p. 332.

⑫ Hoskyns, p. 404.

⑬ "It is the unbelief of the Jews and the half-belief of Martha (v. 39) and Mary that in the context of the Johannine narrative cause Jesus to burst angrily into tears. " Hoskyns, p. 405. "Does the evangelist think he [Jesus] is angered by the lack of faith of the wailers, or is his indignation directed at the power of death, which reveals Satan, the destroyer of life? The first is much more likely .... " Schnackenburg, *The Gospel According to St. John* (New York: Crossroad, 1990), vol. 2, p. 336. "As the context (v. 33) strongly indicates, the immediate reason for this anger is the unbelief of Mary and the Jews. " Brodie, *The Gospel According to John* (Oxford: OUP, 1997), p. 395.

道理的。一、因为这些人的哭号表示绝望,至少显示他们根本就不指望或相信在场的耶稣会对拉撒路的死做出些什么,或能行使什么神迹。其实,在这些人中应该会有人曾经见证过或至少听闻过耶稣行神迹的能力。不然,马大也不会在较早时(十一 22)对耶稣表达信心说:"就是现在,我也知道,你无论向上帝求什么,上帝也必赐给你"。二、按十一章三十七节,在犹太人中甚至还有人说:"他既然开了瞎子的眼睛,岂不能叫这人不死吗?"这至少表示他们知道,甚至相信耶稣有行神迹的能力,并且也因此为了耶稣没有阻止拉撒路病死而感到遗憾。三、"信"(faith),特别是对耶稣的信靠,是整部约翰福音的主题。耶稣对犹太人,尤其是敌视祂的犹太领袖,最大的指责和批判就是他们的"不信"(unbelief),纵使耶稣在他们面前已经多次以神迹来彰显了祂的身分和能力。当然,马利亚以及那些守丧的犹太人那样"不信"的表现是不可以跟故意抗拒,甚至迫害耶稣的法利赛人等相提并论的。因此,读经者和释经者也许只能说:十一章三十三至三十七节所反映出来的,其实只是这些哭号的人当时缺乏信心,而不是出自刚硬不信或是故意敌对耶稣的心态。

另一方面,有些学者却认为耶稣的"忿怒"不是针对人的"不信",而是对死亡及死亡背后的撒但发的。[14] Brown 认为十一章三十三节所提及的哭号并非是不信的表现,因为耶稣自己也哭了(十一 35)。[15] 可是,Brown 在此似乎忽略了一点,那就是,马利亚和其他犹太人是在"哭号"(*klaiousan* 和 *klaiontas*),而耶稣却在低声哭泣或流泪(*edakrusen*,十一 35)。两者不论是在内在的意义或是外在感情的表达上都是很不相同的。Barrett(pp. 333 - 334)在诠释"耶稣哭了"(*edakrusen ho Iēsous*)这一句时说:"这里所表达的情感与十一章三十三节是不同的。"

Brown 觉得一个更好的解释是把耶稣在十一章三十三节所表达的忿怒,看作是对死亡所代表的撒但而发的。[16] Brodie 则采取了一个兼

---

⑭ 如 Schanz、Zahn、Schick、R. E. Brown 等,见 Schnackenburg, p. 516, n. 55 所列名单。

⑮ Brown, vol. I, p. 435.

⑯ Ibid.

容的立场。他首先认为十一章三十三节的上下文很肯定地表示耶稣的
忿怒,首先是被马利亚和其他犹太人所表现的"不信"(unbelief)所激动
的。他同意 Schnackenburg 的看法说,那些哭号的犹太人是"不信的代
表"(representatives of unbelief)。这样一来,他们可说是代表着"罪的
本质"(the essence of sin)。⑰Brodie 观点的是或非暂且不论,在约翰福
音,"不信"(unbelief)确实是被看作是"罪",甚至是最大的罪。Brodie
因此继续说,罪是与死亡紧密连接在一起的。他引用了 Hoskyns
(p. 404)的一句话说,"在基督徒的思想中,死亡与罪是分不开的"
(In Christian thought death and sin are inseparable)。若是这样,再加
上较后(十二 27,十四 1、27)死亡不断给耶稣带来的困扰和威胁的事
实,那么死亡以及死亡后面的撒但是耶稣发怒的对象的说法,似乎是有
一定的道理。⑱

　　不论学者们如何诠释耶稣"心里的悲叹"或"忿怒",有几点观察是
不容忽视的。一、拉撒路病死以后复活这事件,是约翰福音,甚至是整
部圣经中,很特殊的一段记载。因此,它的情节和内容具有深层的意
义。二、拉撒路的死对耶稣来说,原是可以避免的。因此,马大(十一
21)和她的妹妹马利亚(十一 32)先后表达的遗憾是完全正确的:"主
啊,你若早在这里,我兄弟必不死。"三、若是从整个事件的发展情节去
看,耶稣延迟来到现场,可说是"故意"的,目的是要藉着拉撒路的死来
彰显上帝的能力和荣耀,好让人有机会看见神迹而信(见十一 4、15、
42),也因此具体地证实了祂是生命和复活的主宰(十一 25)。四、纵使
耶稣在十一章三十三节所表达的忿怒,如一些学者们所假设的那样,是
向人的"不信"(unbelief)而发的,它肯定也不意味着耶稣自己是在禁止
人在守丧时自然表达悲伤以及流露真情。不然,耶稣就会表现得非常
不近人情了。事实也表明,耶稣自己也很自然地哭泣了,流露出他对死
者的爱,使得在场的犹太人也有感而发地说:"你看他爱这人[拉撒路]
是何等恳切"(Ide pōs ephilei auton)(十一 36)。

---

⑰ Brodie, p. 395.
⑱ Ibid.

十一 37～38　其中有人说："他既然开了瞎子的眼睛,岂不能叫这人不死吗?"耶稣又心里悲叹,来到坟墓前。那坟墓是个洞,有一块石头挡着。

十一章三十七节的疑问可能含有两个不太相同的意思。一、表达某种怀疑,甚至是带着一些讥讽的态度,因为发出提问的人根本就不相信耶稣曾经"开了瞎子的眼睛"。假使耶稣医治瞎子的事只是传闻,而不是事实,祂也就不能医治拉撒路的病了。二、表达某种遗憾或惋惜,因为发出提问的人是相信耶稣曾经"开了瞎子的眼睛"。他们因此相信耶稣是可以"叫这人[拉撒路]不死的"。只可惜耶稣来得太迟了! 可是,这些人的"遗憾"或"惋惜"也无形中表示他们根本就没有期待耶稣最终会叫拉撒路从死里复活这样完全出乎人意料的神迹。因此,不管发问者是谁,他们所关注的以及深感悲痛的,基本上都是一样:拉撒路的死亡这个残酷以及绝对无法挽回的事实。

耶稣在十一章三十八节的反应:"耶稣又心里悲叹"(*Iēsous oun palin embrimōmenos en heautō*),很明显是被十一章三十七节的提问所引起的,意思与十一章三十三节应该是类似的。

"坟墓"(*mnēmeion*),是指一般的墓地。"洞"(*spēlaion*),则表示安放尸体之处。这样的安葬方式在耶稣那个时代是很普遍的。⑲

十一 39～40　耶稣说:"你们把石头挪开。"那死人的姊姊马大对他说:"主啊,他现在必是臭了,因为他死了已经四天了。"耶稣说:"我不是对你说过,你若信,就必看见上帝的荣耀吗?"

耶稣那个时代的犹太人虽然有为死尸涂抹油膏或香料之类的东西,但却不像埃及人为木乃伊所做的那类高度防腐的工作。因此,在一般的情况下,死了四天的人开始发臭是很自然的。这一点也无形中清楚证实拉撒路已经死亡的事实。虽然约翰福音的作者没有在较早时记载耶稣在十一章四十节对马大所说的那句话——"你若信,就必看见上帝的荣耀",却在十一章二十三至二十七节中清楚记述了耶稣和马大二人有关死人复活的对话。

---

⑲ 有关石头(*lithos*)挡着坟墓洞口的记载,可参阅耶稣被葬的情况(太二十七 59～60)。

在约翰福音中,耶稣没有任何神迹不是为了彰显上帝的"荣耀"(*doxa*;RSV,glory)以及激奋人心而行的。耶稣紧接下去为拉撒路的复活所行的神迹也不例外。耶稣曾在十一章二十六节向马大的信心挑战:"你信这[有关死人复活的]话吗?"他在十一章四十节这里再一次向马大提及信心的重要:"你若信"(*ean pisteusēs*)。

十一 41～42　他们就把石头挪开。耶稣举目望天说:"父啊,我感谢你,因为你已经听我。我也知道你常听我。但我说这话,是为周围站着的众人,叫他们信是你差了我来。"

把石头挪开的,极可能是那些守丧的犹太人。按理来说,不论石头有多大,那位有能力叫死人复活的耶稣,也必然可以亲自把石头挪开。如今,那些人把石头挪开,不但表示他们顺服耶稣的指示,也表示他们有分参与其事的意义。

"举目望天"(*ēren tour opthalmous anō*),作为一个向上帝祷告的习惯,可参阅十七章一节。"父啊"(*Pater*)在此明确地表达了耶稣与上帝那非常亲切的关系。

"你已经听我",原文是一个简单的过去式动词(*ēkousas*),表示耶稣在这之前已经为这神迹作了祷告,并深信这神迹必定会实现。难怪耶稣在此以感谢开始:"父啊,我感谢你"(*Pater, eucharistō soi*)。

"我也知道你常听我",不只是耶稣自己的信念和经验,也是马大所相信的(十一 22)。"是为周围站着的众人,叫他们信是你差了我来"(*alla dia ton ochlon ton periestōa eipon, hina pisteusōsin hoti su me apesteilas*),这一句不仅是耶稣在此叫拉撒路从死里复活的目的,也是祂"道成肉身"所要完成的使命(参十一 4、15)。

十一 43～44　说了这话,就大声呼叫说:"拉撒路出来!"那死人就出来了,手脚裹着布,脸上包着手巾。耶稣对他们说:"解开,叫他走。"

耶稣"大声呼叫"(*phōnē megalē ekraugasen*),除了显示祂命令死人拉撒路从坟墓里出来的权柄和能力之外,肯定也会给在场的目击者留下难忘的印象和记忆。

　　拉撒路身上包裹着布是犹太人普遍的习惯。⑳ 众人除了按耶稣的指示把石头挪开以外,还遵照祂的吩咐,把拉撒路手脚上的布和脸上的手巾解开。这对参与者来说,肯定是一个毕生难忘的经历。整个神迹,就这样完成了。作者约翰并没有在这个神迹上加添什么评语。不论作者自己当时是否在场或是根据其他人的见证和述说,整段经文都可说是一个"实录"。

　　十一 45　那些来看马利亚的犹太人,见了耶稣所作的事,就多有信他的。

　　作者约翰多次把耶稣所行的神迹看作是激发或导致人信靠祂的有力见证(二 23,七 31,八 30,十 42,十二 11,42)。这是其中的一次。㉑

---

⑳ The *Mishnah*, Shabbat 23:4 有清楚的指示。

㉑ "耶稣所作的事",在希腊文古抄本中,有一些(如 P⁶˒⁴⁵、ℵ、A* 等)是复数(*ha epoiēsen*)。意思是:人们在看见了耶稣所作的好些事(*ha epoiēsen*)以后,就信了。另一些古抄本(如 P⁶⁶*、Aᶜ、B 等)则是单数(*ho epoiēsen*),表示那些人是因为看见了拉撒路复活这一件事以后才信的。目的是在强调这一个很特殊的神迹所带来的影响。

贰拾伍　公会的议决：耶稣必须"替百姓死"（十一 46～57）

　　拉撒路的复活，可说是耶稣行神迹（sēmeia）的高峰以及终点。这一个惊人的神迹在犹太人中间所引起的正面影响，使得犹太教的最高领导层，也就是公会（sunedrion），对耶稣的容忍到了极限。公会结果正式议决"要杀耶稣"（hina apokteinōsin auton，十一 53）。在十二章一至八节那一段经文中，耶稣自己也明确地预告了祂即将面对死亡的消息（十二 7～8）。

　　大祭司该亚法对耶稣的死所作的预言（十一 49～52），无形中肯定了耶稣就是施洗的约翰所指的代罪的"上帝的羔羊"（ho amnos tou Theou）（一 29）。

　　十一章四十六至五十七节这一段经文因此是整部约翰福音书一个关键的转折点。在这以后，作者便将焦点放在逾越节的来临（十一 55），以及在这节日期间耶稣公开进入耶路撒冷以后所发生的一连串事件上。

　　十一 46～48　但其中也有去见法利赛人的，将耶稣所作的事告诉他们。祭司长和法利赛人聚集公会，说："这人行好些神迹，我们怎么办呢？若这样由着他，人人都要信他。罗马人也要来夺我们的地土和我们的百姓。"

　　自耶稣开始负起祂的使命那天开始，祂的一举一动、一言一语都在别人的监视下。那些别有居心的"侦探"，这一次照样把耶稣所作的事，以及事后众人的正面反应，向法利赛人打报告。

　　公会随即召开紧急会议，明确显示犹太教的领导层对事态演变的重视。公会是犹太人最高的议会，也是他们的"终审法庭"。"祭司长"（hoi *archiereis*；RSV，chief priests）都是当时主要祭司家族的成员。①

公会如今所面对的极大困境是：耶稣这个人迄今已在众人面前行了"好些神迹"（*polla sēmeia*）。这一切都是他们无法否认的。可是，容许这样的情况继续发展下去，将会导致最严重的后果。

"我们怎么办呢？"（*Ti poioumen*）表达了犹太领袖们的困境。"若这样由着他"（*ean aphōmen autou houtōs*）②这句话其实已经表示公会将会采取一定的步骤，去阻止耶稣继续活动下去。

"人人都要信他"（*pantes pisteusousin eis auton*），当然是夸张的说法，虽然耶稣所做的事很自然会吸引更多跟从他的人。但无论如何，公会所夸张的，也正好反映了他们内心的恐惧。至于当时的罗马人是否会像他们所预测的那样，"要来夺我们的地土和我们的百姓"，则是无法证实的事。另一方面，罗马政权一向都很关注治安，并且对民间兴起的"动乱"等社会和政治问题特别敏感，诚然是一个清楚的历史事实。罗马政权因此也肯定不会容忍任何"弥赛亚"人物或"救世主"利用宗教来搞任何革命或图谋推翻罗马政权的活动。

回顾历史，犹太人在过去也的确有过一些叛乱的事（见徒五 33～37）。在约翰福音第六章，从众人想"强逼"耶稣"作王"（六 15）的举动，以及耶稣的门徒对"复兴以色列国"（徒一 6）的期待来看，罗马人对当时犹太人可能因为耶稣的言行造成的治安问题，肯定是不敢掉以轻心的。

另一方面，当时的犹太教在罗马帝国中仍旧是一个"合法的宗教"（罗马政权官方的词语是 *religio licita*）。罗马的巡抚彼拉多也因此容许犹太教的领袖按照他们自己的律法去审问，甚至处置耶稣（十八 31）。既然是那样，罗马人也不一定就会像公会所想的那样，只因为"人人都要信他[耶稣]"，就要来夺取犹太人的"地土"和"百姓"，除非罗马人有证据或是真正的理由怀疑跟从耶稣的那些信徒，确实有造反或是革命的活动与意图。

---

① The *Mishnah*，Sanhedrin 详细地说明犹太人公会（Sanhedrin）的组织及职权。Sanhedrin 1：6 说明"大公会"由七十一位成员组成；"小公会"则只有二十三人。Sanhedrin 1：4A 规定，涉及死刑的案件可由二十三位成员的"小公会"来审判。

② 思高本的译文是："如果让他这样"。和修版："若让他这样做"。

　　"我们的地土"(*hēmōn ton topon*)在十一章四十八节这里可能是特别针对耶路撒冷或圣殿而言。因此思高、现代中文以及和修版等中文圣经都一致把原文的 *ton topon* 译作"圣殿"。③

　　十一 49～53　内中有一个人,名叫该亚法,本年作大祭司,对他们说:"你们不知道什么。独不想一个人替百姓死,免得通国灭亡,就是你们的益处。"他这话不是出于自己,是因他本年作大祭司,所以预言耶稣将要替这一国死。也不但替这一国死,并要将上帝四散的子民都聚集归一。从那日起他们就商议要杀耶稣。

　　该亚法从主后 18 至 36 年任犹太教的大祭司。十一章四十九节所说的"本年"(*tou eniautou ekeinou*;RSV,that year),应该是主后 30 年。④

　　身为"大祭司"(*archiereus*;RSV,high priest),该亚法是犹太人公会的当然主席。他对其他公会成员所说的"你们不知道什么"(*humeis ouk oidate ouden*)那句话,是非常不尊敬和没有礼貌的。⑤ 这是因为公会的成员较早时显得完全束手无策地问:"我们怎么办呢?"胸有成竹的大祭司却认为处理耶稣的办法其实是很明显的,完全没有必要再浪费时间去多加考虑。那就是,把那个令他们深感烦恼,并且可能带给犹太国土和民族大灾祸的耶稣除掉就是了。

　　十一章五十节的"独不想"(*oude logizesthe*)也同样带着不尊敬的语气,大祭司似乎是在说他的公会成员根本没有动脑筋去思考。和修版因此把 *oude logizesthe* 译作"也不想想"。

　　大祭司自己处理这件极端棘手的事的逻辑很简单:公会成员既然已经很清楚地意识到让耶稣继续活动下去的严重后果(十一 48),就应当尽快把耶稣这个祸根除掉,免得整体犹太民族都因祂所引发的灾难而灭亡。这也就是十一章五十节的意思。

---

③ 耶七 14;尼四 7;《马加比二书》五 19;出 14。参 Barrett,p. 338;Morris,p. 502。在 The *Mishnah*,Bikkurim 2;2C 这"地土"是指耶路撒冷。

④ 耶稣被钉死在十字架上的日期大约在主后 30 年的 4、5 月间。见 Bruce,*Acts*,1975,p. 55.

⑤ 思高本:"你们什么都不懂";RSV,"you know nothing at all"。这些都是很准确的翻译。

耶稣"一个人替百姓死"(*heis anthrōpos apothanē huper tou laou*)这一句出自大祭司口中的解决方案,本来是极其功利和现实的。可是,作者约翰却给它一个更深层的诠释,把那句话看作是一个神学意义深长的预言(*eprophēteusen*)。⑥ 与此同时,作者约翰也很明确地澄清说,讲预言的大祭司该亚法其实并不知道自己当时是在说预言:"他这话不是出于自己"(*Touto de aph' heautou ouk ei pen*)。这个观点也符合犹太拉比文学他勒目(Talmud)和米大示(Midrash)所引的一些例子。⑦

新约的一些作者似乎也以类似上述的看法,引用一些旧约的经文。例如何西阿书十一章一节:"以色列年幼的时候,我爱他,就从埃及召出我的儿子来。"这一句旧约经文,很自然是指以色列出埃及的历史经历。这也很明显是先知何西阿原来的意思。至于何西阿是否在这一节经文中说"预言",特别是有关耶稣基督的事,就不易肯定了。至少先知何西阿自己没有明说。可是,约在何西阿以后七百年,马太福音的作者却以同样的一节旧约经文(何十一 1)来解释,婴孩耶稣从埃及避难回到犹太这一件事是先知何西阿早就预言的(太二 15)。

诗篇十六篇,被称为"大卫的金诗"。研究旧约的学者们普遍都把这首诗篇看作是原作者自己(不论他是否真是大卫)表达他对耶和华上帝的坚强信念。至于原作者自己是否也同时在说"预言",就很难从这首诗篇本身去断定了。大约一千年以后,使徒彼得在五旬节圣灵降临那一天的讲道中,却公开地宣告说诗篇十六篇的作者大卫在十六章八至十一节中,是指着耶稣的复活而说的。那就是说,大卫约在一千年前所写下的,其实是针对耶稣的复活所说的"预言"(prophecy)。

上述这些例子涉及了一些很基要的问题。例如旧、新两约圣经的关系、新约的作者和使徒们对旧约的应用与诠释、"预言"的本质和定义以及"默示"(inspiration)和"启示"(revelation)等问题。

对大祭司该亚法来说,耶稣"一个人替百姓死"是解决困境以及免

---

⑥ 大祭司能说"预言",在旧约是有根据以及先例的,例如民二十七 21;撒下十五 27。

⑦ 参 Barrett,p. 339.

除民族灾难的最简单的办法。可是,福音书的作者约翰所理解和领悟的却是"上帝的羔羊"耶稣(一 29;赛五十三章)为了要"除去世人的罪孽"而献身在十字架上的"代罪"使命。这也正是整部约翰福音书的主题(三 16)。

不但如此,大祭司该亚法所关注的,只是当日犹太民族的存亡问题,而作者约翰的关怀,却是更全面和广大的。因为他深信耶稣身为"上帝的羔羊",不只是"替"(*huper*;RSV,for)犹太的"百姓"(*laos*;RSV,the people)死,而是替"世人"或全"世界"(*kosmos*,RSV,the world,三 16)献身。这也是十一章五十二节的意思:"也不但替这一国死,并要将上帝四散的子民都聚集归一"。

"上帝四散的子民"(*ta tekna tou Theou ta dieskorpismena*;RSV,the children of God who are scattered abroad)在旧约以及犹太作品中,一般都是指以色列人或犹太人。旧约的先知书也曾多次预言上帝最终会像一位好牧人那样,将那些分散了的子民如迷失的羊群一般召集起来。[8]

基于上述的旧约背景,身为第一代犹太基督徒的福音书作者使徒约翰,很自然地就会把旧约的"子民"及"羊"这一类富深厚历史和神学意义的词语,应用在信靠和跟从耶稣的群体身上。同样是犹太基督徒的彼得和雅各,也很明确地以"分散"(*diaspora*;RSV,dispersion)这词语来形容他们那个时代的教会和信徒。[9] 这样的词语也反映了信徒当时在社会上的处境,包括罗马社会对他们的敌视,甚至多方面的排斥与逼迫。

十一章五十二节的"都聚集归一"(*sunagagē eis hen*;RSV,together into one)这个神学思想,不仅表明上帝子民的一体性以及教会信徒的合一是耶稣自己所关注的(十 16,十七 11、20～30),也是作者约翰在此突显的一个思想,旨在强调耶稣代罪以及教会的普世意义。

---

[8]　见赛四十三 5;耶二十三 2～4;结三十四 11～16。

[9]　见彼前一 1。雅一 1 还以"十二个支派"(*tais dōdeka phulais*;RSV,The twelve tribes)这些富有旧约色彩的词语,来称呼教会中的信徒。

"从那日起他们就商议要杀耶稣"（*Ap' ekeinēs oun tēs hēmeras ebouleusanto hina apokteinōsin auton*）这一句，表示大祭司个人的强烈意见，最终成了全体公会的"议决案"。⑩

十一 54　所以耶稣不再显然行在犹太人中间，就离开那里往靠近旷野的地方去。到了一座城，名叫以法莲，就在那里和门徒同住。

身为一位富有使命感的使者，耶稣有自己的时间表与行事的步骤。当祂既定的时间还未到来，祂是不会轻举妄动，让自己落入谋害者的罗网中的。在现阶段暂时躲避众人的耳目，很自然是明智的做法。

"以法莲"（Ephraim）这座城可能是指现在的 *El-Taiyibeh*，位于伯特利（Bethel）东北六公里外。⑪

十一 55～57　犹太人的逾越节近了。有许多人从乡下上耶路撒冷去，要在节前洁净自己。他们就寻找耶稣，站在殿里彼此说："你们的意思如何？他不来过节吗？"那时，祭司长和法利赛人早已吩咐说："若有人知道耶稣在哪里，就要报明，好去拿他。"

这是约翰福音第三次提及"逾越节"（*to pascha*；RSV，Passover）的来临。其他两次是二章十三节及六章四节。倘若第一次所记载的逾越节（二 13）是在主后 28 年，也即是希律王重建耶路撒冷圣殿的第"四十六年"（二 20），则这一次（十一 55）所指的逾越节应该是主后 30 年了。⑫ 这一点很有意义，因为它不仅表明耶稣在十字架上的受难是发生在主后 30 年的 4、5 月间，⑬也同时显示，按约翰福音书的记述，耶稣真正活动的时间先后大约只有三年左右。

那些上耶路撒冷过节的乡下人，要在逾越节之前"洁净自己"

---

⑩ 见徒五 33～40 那个与此类似的例子，虽然那一个发言者不是一个大祭司，而是法利赛人迦玛列。

⑪ 参 Morris，p. 505；Barrett，p. 340.

⑫ Bruce，*John*，p. 252.

⑬ Bruce，*Acts*，p. 55.

(*hagnisōsin heautous*),是根据摩西律法的规定行事(见利七 21；民九 6)。⑭

因为耶稣在过去的两次逾越节中都公开露面,并且引起争议(见二13～25),犹太人这一次也期待着祂的来临。

当他们不能很快发现耶稣的踪迹,便开始怀疑祂是否因怕被公会捉拿而不敢上来过节了:"他不来过节吗?"(*hoti ou mē elthē eis tēn heortēn*)

从十一章五十七节祭司长和法利赛人预早给众人的吩咐来看,耶稣这个时候已经很明显地成了他们的"通缉犯"了。因此,耶稣的被拿只不过是迟早的事而已。

---

⑭ 犹太历史家约瑟夫(Josephus)在《犹太人战争史》(*The Jewish Wars*)1.229,也有提及这个洁净礼。因为上耶路撒冷过节的人数众多,不少犹太人在逾越节前一周左右就先上到圣殿去遵守这个洁净礼。

贰拾陆　耶稣以香膏的涂抹预告自己的安葬（十二 1～11）

　　作者约翰以公会图谋杀害耶稣的议决，以及耶稣暂时的躲避，来结束福音书对耶稣公开活动的叙述。约翰记述了马利亚用香膏涂抹耶稣（十二 1～8）以及耶稣最后一次进入耶路撒冷（十二 12～22）之后，便把焦点放在耶稣给门徒的教训以及祂的受难和复活上。

　　新约圣经的四部福音都有记载耶稣被妇人以香膏涂抹的事（太二十六 6～13；可十四 3～9；路七 36～50；约十二 1～8）。经过比较之后就不难发现，在四部福音书的记载中，马太与马可的记载几乎完全一样，两者也与约翰福音十二章一至八节有不少相似的地方。比较特殊的是路加的记述。①

　　马利亚以香膏给耶稣涂抹的不寻常做法，被耶稣解释为是为祂"安葬之日"存留的（*hina eis tēn hēmeran tou entaphiasmou mou tērēsē auto*，十二 7）。这个意义深长的诠释和预告，使十二章一至八节这一段经文成了耶稣最终受难、安葬和复活的序幕。

　　十二 1　逾越节前六日，耶稣来到伯大尼，就是他叫拉撒路从死里复活之处。

　　十二章一节有一个希腊文连接词（*oun*），中文圣经没有翻译出来。若是把这连接词考虑在内，句子就变成："耶稣于是（*oun*）在逾越节前六日，来到伯大尼"（*Ho oun Iēsous pro hex hēmerōn tou pascha ēlthen eis Bēthanian*）。作者在上一段经文，也即是十一章五十五至五

---

① 有关四部福音书在记载这件事上的异同及相关的观点，参 Morris, p. 508; Brown, vol. I, pp. 449 - 454.

十七节,曾提及"犹太人的逾越节近了"以及犹太人在圣殿里询问耶稣是否上去耶路撒冷过节的事。*oun*(于是;therefore 或 accordingly)正好把十一章末了的记述和十二章一节以后发生的事紧紧地连接在一起。这也表示福音书的作者对叙述中的情节和事物的演变与发展的重视。另一方面,"于是"也无形中表示耶稣是按照自己的计划与时间表行事的。时间一到,祂就会毅然面对一切的挑战,包括与死亡最终的约会。

约翰福音所记载的"逾越节"(*pascha*),是从星期五晚上开始的(十三 1,十八 28,十九 31、42)。② 若是这样,"逾越节前六日"(*pro hex hēmerōn tou pascha*)应该是指逾越节前的那个星期六了。

耶稣暂时躲开公会的捉拿后,来到耶路撒冷附近的伯大尼是很自然的事。因为据上一章的记载,耶稣与拉撒路这一家的交情是很深的。十二章一节特别提及拉撒路从死里复活的事,也是可以理解的。因为这一件神迹所引起的反响太大了(见十一 45、十二 9~11)。③

十二 2　有人在那里给耶稣预备筵席。马大伺候,拉撒路也在那同耶稣坐席的人中。

这节经文并没有清楚说明是谁在伯大尼为耶稣"预备筵席"(*epoiēsan ... deipnon*)。他们可能是拉撒路这家人,也可能是其他人。马大的伺候并不表示她就是主人。

"筵席"(*deipnon*)的意思很广,它可以指早、午或晚餐。但在约翰福音,除了这里是个例外,"筵席"只是指"最后的晚餐"(the last supper)(十三 2、4,二十一 20)。无论如何,十二章二节的"筵席",大概是在星期六晚上安息日正式结束以后举行的。不然的话,按犹太人严格的安息日禁令,马大是不可能随意"伺候"(*diēkonei*)客人的。④

Barrett(p. 342)认为十二章二节的"筵席"与犹太人为分别安息日

---

② 星期五晚上是 Barrett(p. 342)的计算。Brown(vol. I, p. 447)认为是星期五晚上至星期六。Morris(p. 510)相信那一年的逾越节是尼散月(Nisan)十四日,星期五。
③ 希腊文古抄本 P⁶⁶、A、D、K 等还在十二 1 的"拉撒路"(*Lazaros*)之后,加上 *ho tethnēkōs* 两个字,特别强调拉撒路是死了之后再复活的。
④ Brown, vol. I, p. 447.

为圣而举行的仪式"哈大拉"(Habdalah)有关。Brown(I，p. 447)则认为很难肯定。Bruce(p. 225)相信这筵席可能是一些亲友为了庆祝拉撒路从死里复活而举行的。若是这样，耶稣和拉撒路可说是成了筵席的座上"嘉宾"(guests of honour)。

十二 3　马利亚就拿着一斤极贵的真哪哒香膏，抹耶稣的脚，又用自己头发去擦。屋里就满了膏的香气。

马利亚所用的，肯定是一种"香膏"(*muros*；oil, ointment 或者 pertume)。*Pistikos*(中文"真")这个希腊文只有在十二章二节这里出现。就上下文来判断，所谓"真"(RSV，pure)大概是指纯正的意思。因此和修版译作"纯哪哒香膏"。"哪哒香膏"(*murou nardou*)也在雅歌一章十二节出现过。

中文的"一斤"是从希腊文的 *litra* 译过来的。按当时罗马人的量衡，*litra* 大约是相等于现在的十二安士(ounces)。

马利亚的做法确实是很不寻常。难怪它很快就引起了很负面的回应(十二 4)。"屋里就满了膏的香气"这一句不仅反映了现场的实况，也让人相信它是源自当时的目击者的回忆。

十二 4～6　有一个门徒，就是那将要卖耶稣的加略人犹大说："这香膏为什么不卖三十两银子周济穷人呢？"他说这话，并不是挂念穷人，乃因他是个贼，又带着钱囊，常取其中所存的。

希腊文古抄本 ℵ、P⁶⁶、B 等都是 *Ioudas ho Iskariōtēs*("加略人犹大"；RSV，Judas Iscariot)。另一些古抄本如 A、x 等，则是 *Ioudas Simōnos Iskariōtēs*("加略人犹大西门")。

表面上看去，犹大的不满，甚至是强烈的抗议，是有一定的道理的。因为至少在人看来，马利亚的做法的确是太浪费了。⑤　根据马太福音二十章二节，当时一个工人一天的工资大约是"一钱银子"，即希腊文的 *dēnarion*。约翰福音十二章五节在希腊文其实是"三百钱银子"

---

⑤ 参可十四 4："有几个人心中很不喜悦，说：'何用这样枉费香膏呢？'"

(*triakosiōn*)。和合本译作"三十两银子",思高本则按希腊文直译作"三百块德纳",⑥和修版译作"三百块银币"。三百钱银子或三十两银子因此就是一个普通工人整整一年的工资了,因为犹太人在安息日是不能照常工作的。⑦

耶稣的门徒犹大对穷人的关怀表面上看精神可嘉。可是,作者约翰在紧接下去的评语中,很清楚地揭露了犹大的假面具和人格。

作者约翰在这之前(十二 4)已经明确地指出犹大是"那将要卖耶稣的"门徒。在伯大尼的筵席上,为了"三十两银子"向马利亚抱怨,说她浪费的犹大,竟然在数天后为了"三十块钱"把自己的老师出卖给犹太人的公会(太二十六 14~16)。⑧

十二 7~8 耶稣说:"由她吧,她是为我安葬之日存留的。因为常有穷人和你们同在,只是你们不常有我。"

耶稣回应犹大的埋怨时,并没有指出他的虚伪。其实,身为一位犹太人,耶稣自己也常对穷人深表关怀。这也是摩西律法(如申十五 11)及先知们的教训(赛一 16~17,六十一 1;摩四 1 等)。

犹大的问题,不仅是他的虚伪,也是一个价值观的基本错误。因为他只看到马利亚所用的那一斤贵重的香膏的"市价"("三十两银子"),结果完全忽视了或是根本就没有考虑到,马利亚这个很不寻常的举动是为谁而做,以及这个做法后面的真正意义。

当然,当时在场的旁观者以及后来的读经者,是无法知道马利亚行事的动机何在的。甚至马利亚自己也不太可能领悟到她那个举动后面那更深层的意义。也许她当时只是为了感恩,特别是为她的弟弟拉撒路的复活而向耶稣深表感激。当然,至少还有一个可能性,那就是,马利亚在这举动之前已经从耶稣那里意识到或被告知,他们所熟悉的朋友耶稣即将在来临的逾越节中遇难。若是这样,就正如耶稣所说,马利

---

⑥ "德纳"在此是 *dēnarion* 的音译。

⑦ NIV 因此按这个计算,把十二 5 的"三十两银子"(*triakosiōn dēnariōn*)译作:"It was worth a year's wages"。

⑧ 按出二十一 32,"银子三十舍客勒"是一个奴仆或婢女的身价。

亚的举动,确实是为祂的"安葬之日"(*tēn hēmeran tou entaphiasmou*)所做的。上面所说的,都可能只是猜测而已。只有耶稣自己所作的诠释,才是作者约翰记载这件事的意义和目的。

耶稣的死,并非是寻常的死,而是代罪的死(一 29,三 16)。明白了耶稣为代罪而死的深层意义,以及这代罪的行动所带来的赦罪恩典和拯救的道理之后,犹大所关注的"三十两银子"一斤的香膏,就会显得微不足道了。从这样的价值观来审视马利亚的举动,香膏的"市价"根本就不应该被放在慎重的考虑中了。所当重视的,应该是马利亚那个令人惊讶的行动后面的真正意义,也就是耶稣自己所作的诠释。难怪在类似的记载中,马太福音二十六章十三节以及马可福音十四章九节还特别强调耶稣所说的:"我实在告诉你们,普天之下,无论在什么地方传这福音,也要述说这女人所作的,以为纪念"。

耶稣自己所预告的"安葬",清楚显示祂即将要经历的死亡,是不可逃避的事实。这也就是"你们不常有我"(*eme de ou pantote echete*)的意思。

当耶稣真正受难的日子一旦实现,任何人都不会再有机会为祂的安葬"存留"什么了。至于"穷人"(*hoi ptōchoi*),只要人们真有诚意关怀及"周济"(*edothē*)他们,机会总是存在的。因为"常有穷人和你们同在"(*tous ptōchous gar pantote echete meth heautōn*)。⑨ 要做"善事",机会还多得很呢。

十二 9～11 有许多犹太人知道耶稣在那里,就来了,不但是为耶稣的缘故,也是要看他从死里所复活的拉撒路。但祭司长商议连拉撒路也要杀了,因有好些犹太人,为拉撒路的缘故,回去信了耶稣。

这是逾越节即将来临的季节,有许多犹太人在这个时候早已聚集在圣城耶路撒冷,它距离伯大尼只有大约三公里。公会的那些情报人员这个时候也正在四处寻找耶稣或打听祂的下落。

不久前拉撒路的复活曾引起了很大的震撼(十一 45～48)。因

---

⑨ 希腊文古抄本 P⁶⁶、ℵ、A、B 等,都有十二 8 这整节经文。P⁷⁵ 等则只有 *tous ptōchous gar pantote* "因为你们常有穷人"这一句而已。

此,十二章九节所述说的情况是不难理解和想像的。祭司长和其他公会成员到了这个阶段不仅企图追杀耶稣,甚至还起了要除掉拉撒路的邪恶念头。这主要是因为拉撒路自从死里复活以后,就已经成了一个活生生的,以及强有力的见证人,正如那一个被耶稣治好的瞎子一样。

耶稣的身分和言论是可以争辩的。别人也可以敌视或拒绝祂。然而,祂使拉撒路从死里复活的能力和事实就不是那么轻易可以忽视或否认了。何况在犹太人中,除了撒都该这一派的人士之外,其余的都一概对复活的事有一定的信念。祭司长们(*hoi archiereis*)特别为拉撒路的复活深感苦恼和尴尬是很自然的,因为当时的祭司成员有许多是属于不相信复活的撒都该派。

十二章十一节的"回去信了耶稣",这一句的和合本翻译似乎不是很准确。因为希腊原文 *hupēgon ... kai episteuon eis ton Iēsous* 中的动词 *hupēgon* 可能并不像和合本中文的翻译那样指"回去"——"回去信了耶稣"。它的原意比较可能是指"离开"或"离弃"。[10] 思高本因此把希腊文的句子译作:"有许多犹太人为了拉匝禄的缘故,离开他们,而信从了耶稣。"和修版的译文也很类似:"因有好些犹太人为拉撒路的缘故离开他们,信了耶稣。"经文中的"他们"在此应该是指犹太人的公会成员,包括大祭司在内。那就是说,因为许多犹太人看见了耶稣在拉撒路身上所彰显的那种使人复活的能力,就离弃了公会,信从了耶稣。因为这些大部分是属于撒都该派的公会成员不相信有死人复活的事,并且还一直在仇视耶稣,图谋杀害祂。

Morris 还基于"离弃"(*hupēgon*)这一个动词在希腊原文的时态,给公会企图要杀害拉撒路这件事作了进一步的诠释。Morris 认为 *hupēgon* 作为过去未完成式(imperfect tense)动词,可能意味着犹太人"离弃"他们的领袖,也即是公会的成员,结果信靠了耶稣这件事,是持

---

[10] 正如同一个动词 *hupagein* 在六 67 被译作"去",或"离去"一样。那就是,耶稣当时是在问那十二个门徒说:"你们也要离弃(*hupagein*)吗?"Barrett 也持类似的观点:"*hupagein* is a common word in John. Here it means that many Jews left their former alligiance and way of life to become disciples. " p. 346.

续不断发生的。若是这样,祭司长们要杀掉拉撒路的企图,就更加可以理解了。因为犹太人离弃以及他们对耶稣的信从,主要是"因为他"(*di'auton*)所引起的。⑪

---

⑪ Morris,p. 517,n. 35.

贰拾柒 耶稣最后一次进圣城（十二 12～19）

　　耶稣最后一次公开进入耶路撒冷这件事，是新约圣经四部福音书共同的见证（太二十一 1～9；可十一 1～10；路十九 28～40；约十二 12～19）。就经文的结构和内容而论，马太和路加似乎是以马可为依据。路加比马太更接近马可所描述的。除了耶稣骑着的驴驹以及众人给祂的君王称号之外，约翰的记述是比较独特的。

　　在约翰福音的记述中，耶稣进入了圣城耶路撒冷之后，似乎都把焦点放在对门徒的教导上，尤其是在十三至十六章。十七章是耶稣向天父上帝的祷告。这个祷告的特殊性，不仅在约翰福音其他地方没有，甚至在其他三部福音书中也是找不到的。十八章见证了耶稣受难的开始，十九章达到了高潮。二十及二十一章是耶稣的复活以及复活后显现的记述。

　　十二 12～13　第二天，有许多上来过节的人，听见耶稣将到耶路撒冷，就拿着棕树枝出去迎接他，喊着说："和散那，奉主名来的以色列王，是应当称颂的。"

　　"第二天"（*Tē epaurion*）是和十二章一节连接起来说的。假使十二章一节的"逾越节前六日"是星期六的话（见十二 1 注释），十二章十二节的"第二天"就应该是星期日了。[①]

　　随着逾越节的逼近以及犹太教领袖捉拿耶稣的心切，再加上一般百姓对耶稣的追随和好奇，耶稣到了现阶段无疑已成了一位很重要的

[①] Carson, *The Gospel According to John* (Grand Rapids: Eerdmans, 1991), p. 427. 但是 Bruce 却不以为这是星期日，倘若是根据约翰福音的时间顺序去计算的话(p. 258)。

"新闻人物"了。

按十二章十三节的记载,那些上耶路撒冷过节的群众给予耶稣的热烈迎接(*hupantēsis*)是很不寻常的。不论是群众拿着的"棕树枝"(*ta baia tōn phoinikōn*)或是他们呐喊的口号,都充满了非常浓厚的宗教、甚至是政治色彩和意义。在四部福音中,只有约翰明确地提到"棕树枝"。[②]

犹太人在当时庆祝逾越节时,都没有用"棕树枝"的习惯;"住棚节"(tabernacles)则有。

按利未记二十三章四十节,在住棚节的第一日,犹太人"要拿……棕树上的枝子……在耶和华……面前欢乐七日"。既是这样,那些热烈迎接耶稣进入耶路撒冷的群众又为何拿起棕树枝来呢? 一些重要的犹太历史背景,可能有助于读经者找到答案。

根据《马加比贰书》十章七节的记载,当犹太人的领袖犹大马加比在主前 164 年从希腊的安提阿哥的政权中,重新夺回耶路撒冷的圣殿,并将它洁净以及献给上帝的时候,"他们手执绿色棕榈枝和缠有常春藤的花枝,列队游行,唱着赞歌感谢主使祂的圣殿得以净化"(LXX, *Dio thursous kai kladous hōraious, eti de phoinikas* [棕榈枝] *echontes, hunous anepheron tō euodōsanti katharisthēnai ton heautou ta pon*)。

犹太人重夺并洁净耶路撒冷圣殿之后二十三年,当犹太国民在西门的领导下,于主前 141 年完全取得政治独立的时候,他们也同样拿着"棕榈枝"等热烈庆祝:"在 171 年[即主前 141 年]二月二十三日,全城举行了盛大的庆祝活动,因为对以色列安全的严重威胁终于结束了。西门和他的部下唱着赞美诗和感恩歌走进了要塞,他们手擎棕榈枝……"。[③]

基于《马加比书》所记述的犹太民族反抗希腊政权的英勇历史,"棕树枝"所象征的宗教和政治意义是不言而喻的。若是把当时犹太群众

[②] 太二十一—8 只记载"树枝";可十一—8 也是一样;路加则没有提及这件事。

[③]《马加比壹书》十三 51 的 LXX 希腊文是: *Kai eisēlthen eis autēn tē tritē kai eikadi tou deuterou mēnos etous henos kai hebdomēkostou kai hekatostou meta aineseōs kai baiōn* (棕榈枝)……。

迎接耶稣拿着的棕树枝和他们所喊的口号,以及十三章十五节所引的圣经紧接在一起的话,就会更加意义深长了。

"和散那"是希伯来文 *hoshi'ah-na* 的音译,它是"求祢[耶和华]拯救"的意思。它取自诗篇一一八篇二十五节。在犹太人的住棚节期间,圣殿的诗歌班每天早上都以诗篇一一三至一一八篇来颂赞耶和华上帝。当诗歌班唱到一一八篇二十五节"和散那"的时候,每一位在圣殿中的男人和男孩,便一边高举并摇动手上所持的"露拉"(希伯来文 *lulab*),一边同声呼喊"和散那"三次。④

当天的犹太群众似乎也是以他们所熟悉的方式来迎接耶稣。他们一边摇着棕树枝,一边高唱"和散那,奉主名来的以色列王,是应当称颂的"这一句引自诗篇一一八篇二十六节的经文。只是诗篇原文并没有"以色列王"(*ho basileus tou Israēl*)这一个富有宗教和政治含义的名号。因此,群众所高喊的名号以及十三章十五节引自撒迦利亚书九章九节那一节经文,很明确地表示他们当时的确是有意以"以色列王"的身分来看待和迎接耶稣的,尽管他们当时心目中的"王"以及"国度"与耶稣自己的理念很不相同。

犹太群众当时那样高涨的情绪,很显然是反映了他们对以色列"复国"的热望(参阅徒一 6)。这一个极其敏感的政治关怀,也是当时罗马政权深切关注和担忧的。这就解释了为什么较后当罗马巡抚彼拉多一见到耶稣的时候,就直截了当地问祂说:"你是犹太人的王吗?"(*Su ei ho basileus tōn Ioudaiōn*;十八 33)

"奉主名来的,是应当称颂的"(或是"有福的")这一句,⑤原来是对那些进入圣殿的朝圣者(pilgrims)说的,是给他们的问安或祝福。可是,这一句原本是问安或祝福的话,却在那群迎接耶稣的犹太人口中,变成了对"王"者的称颂。然而,历史所带来的讽刺,却令人难以置信:几天以后,这一群狂热地迎接耶稣进入圣城耶路撒冷的犹太人,却把自己所称颂的"王"——"犹太人的王"(*ho basileus tōn Ioudaiōn*)——钉

---

④ *Lulab* 是把柳枝和一种叫桃金娘(myrtle)的常绿灌木的枝子一起绑在棕枝上的一束东西。见 Beasley-Murray, p. 210.

⑤ 希伯来文是 *bārūkh habbâ*.

在十字架上！

十二 14～16　耶稣得了一个驴驹，就骑上。如经上所记的说："锡安的民[原文是女子]哪，不要惧怕，你的王骑着驴驹来了。"这些事门徒起先不明白。等到耶稣得了荣耀以后，才想起这话是指着他写的，并且众人果然向他这样行了。

耶稣当天所骑的，只是一头很普通的"驴驹"（onarion；RSV，ass）。若不是有紧接下去那一句引自先知撒迦利亚书九章九节的经文作为背景，耶稣骑在驴驹背上这一个行动，其实就会没有什么特殊意义了。

可是，至少对福音书的作者约翰来说，耶稣那个行动实际上就是应验了先知撒迦利亚有关以色列王驾临的预言。然而，对耶稣的门徒来说，这一个先知预言的应验，就必须要等到耶稣从死里复活以后，才能真正明白它的意义。

在字句上，作者约翰并没有在十二章十五节很完整地把先知撒迦利亚书的原文引录下来。这样一来，那些不太熟悉这部先知书的读者便无法更全面去领悟个中的含义。

先知撒迦利亚书九章九至十节两节经文，不仅表达了耶稣当天骑着驴驹的意义，也诠释了道成肉身的耶稣在世上的拯救使命及其本质："锡安的民哪，应当大大喜乐。耶路撒冷的民哪，应当欢呼。看哪，你的王来到你这里。他是公义的，并且施行拯救，谦谦和和的骑着驴，就是骑着驴的驹子。我必除灭以法莲的战车和耶路撒冷的战马，争战的弓也必除灭。他必向列国讲和平，他的权柄必从这海管到那海，从大河管到地极。"

先知撒迦利亚所预言的"王"将要带给世界"公义"（LXX，dikaios）和"拯救"（LXX，sōzōn），并且还是以"谦谦和和"（LXX，praus）的姿态出现。这位"王"不但没有骑着战马或驾着战车而来，并且还会将这一切消灭，然后以"和平"（LXX，eirēnē）来治理万国。⑥

---

⑥ 古代的统治者，包括罗马帝国的皇帝和将领，一般都是骑着战马或是驾着战车出入的。这就与耶稣骑着驴驹那个谦和与低调的姿态形成了非常鲜明的对照。

十二 17～18 当耶稣呼唤拉撒路,叫他从死复活出坟墓的时候,同耶稣在那里的众人就作见证。众人因听见耶稣行了这神迹,就去迎接他。

经文很清楚地说明,那些上耶路撒冷过逾越节的群众之中,有不少是曾经亲眼见过耶稣行神迹叫拉撒路从死里复活。这些目击者的见证,结果影响了众多其他的人,也即是十二章十八节所说的"众人"(*ho ochlos*),使得他们也一起来迎接耶稣,让整个欢迎的队伍显得更加浩荡。

十二 19 法利赛人彼此说:"看哪,你们是徒劳无益,世人都随从他去了。"

眼看着群众给予耶稣如此热烈的迎接和拥戴,法利赛人那时显得特别无奈(*ouk ōpheleite ouden*)。经文中的"世人"(*kosmos*;RSV, the world)既是出自无奈的法利赛人的口中,很自然是夸张之词。他们所指的,主要还是那一大群情绪高涨到似乎不可收拾的犹太人。⑦

犹太公会的成员在较早时(十一 47～48)曾担心耶稣的言行会导致某种被罗马政权看作是危害治安或是反叛的群众运动。当然,事实证明这绝对不是耶稣道成肉身的使命。祂最终要建立的王权和国度也肯定不是属"这世界"的,正如祂后来向罗马巡抚所表白的一样(十八 33～37)。

---

⑦ 可是,C. H. Dodd 却以为作者约翰在此所用的 *kosmos* 一词含有更广大的意义,是指上帝所爱的一切世人,正如三 16～17 和四 42 的意思一样,虽然十二 19 所记载的,只是世人归向耶稣基督的一个前奏而已。Dodd,*The Interpretation of the Fourth Gospel* (Cambridge: CUP, 1953),p. 371.

贰拾捌　耶稣受难的时刻即将来临（十二 20～36）

　　耶稣进圣城耶路撒冷时所得到的热烈迎接和拥戴，以及众人公开为祂使人复活的能力所作的见证，并没有改变法利赛人对祂的抗拒。可是，法利赛人在极端无奈中所表达的感叹，却讽刺地成了"预言"——"世人都随从他去了"（ho kosmos opisō autou apēlthen）。当然，这个"预言"必须要等到耶稣受难和复活以后，才渐渐通过初期教会的宣道工作得到应验。

　　从约翰福音的结构来看，十二章十九节和十二章二十节之间可说是一个很关键的转折点。那就是，在犹太教领袖拒绝了耶稣的同时，却有一些"希利尼人"（Hellēnes tines），也即"外邦人"，来求见耶稣。犹太领袖与外邦人对耶稣的不同态度，于是形成了非常鲜明以及意义深长的对照。

　　十二 20～22　那时，上来过节礼拜的人中，有几个希利尼人。他们来见加利利伯赛大的腓力，求他说："先生，我们愿意见耶稣。"腓力去告诉安得烈，安得烈同腓力去告诉耶稣。

　　十二章二十节中文翻译的句子也许没有注意到希腊原文 ēsan de Hellēnes tines 中的 de 这个质词（particle）在这里的意义。假使作者约翰有意将十二章十九节与十二章二十节形成一个强烈的对照，则 de 应该可以译作"但是"或"然而"，而不是像中文圣经那样，译成"那时"。这样一来，经文的句子就变成："但是［de］，上来过节礼拜的人中，却有几个希利尼人……"。若是这样，那些希利尼人来求见耶稣的积极意愿，就与法利赛人对待耶稣的消极反应，成了鲜明的对照。①

---

① 见 Morris，p. 525，n. 63，关于 de 在希腊文中的意义。

"希利尼人"（*Hellēnes*；RSV，Greek）并非单是指希腊民族的成员，而是广泛地用以形容非犹太民族的"外邦人"（gentiles），好像七章三十五节一样。马可福音七章二十六节那一位被称作"希利尼人"的妇女（*Hellēnis*）也是如此，虽然她是属于"叙利腓尼基族"的人。

在新约，*Hellēnes* 都是广义地指那些讲"希利尼"或希腊语的外邦人，也即是非犹太人。当时的犹太教，特别是因为它的绝对一神论（monotheism），以及崇高的伦理，也吸引了一些外邦人入教，成了"皈依犹太教者"（proselytes）。有一些则没有正式入犹太教，只是接受犹太教某些基要的宗教信仰，包括遵行该教那些被认为是崇高的伦理道德。他们被称作是"敬畏上帝者"（God-fearers）。②

正如十二章二十节所记载的一样，在那些敬虔的外邦人中，也有一些在犹太教的节日期间，上耶路撒冷去礼拜和朝圣的。当时的圣殿也有特别为他们而设的"外邦人的院"（the court of the Gentiles）。

十二章二十节并没有说明这几个外邦人（*Hellēnes*）是从何处得知耶稣的消息。当然，到了这个阶段，耶稣的名声肯定已经在各处流传了。因此，这几个好奇的外邦人应该是不难获得耶稣的音讯。

十二章二十节这一节经文也同样没有解释这几个外邦人为何到腓力那里去请求会见耶稣。根据一章四十四至四十五节以及六章五至七节来看，腓力这个耶稣的门徒似乎是比较活跃和爱主动的一位。腓力的名字是希腊文（*Philippos*）。他较后找到的另一个门徒安得烈也同样有一个希腊名字（*Andreas*）。这是否意味着语言的背景是那几个"希利尼人"首先来见腓力，以及腓力接下去告诉安得烈的理由？进一步的猜测也许就没有什么必要了。

十二 23　耶稣说："人子得荣耀的时候到了。"

希腊原文的意思其实是："他［耶稣］回答他们说"（*apokrinetai autois legōn*）。思高本因此把经文译作："耶稣开口向他们说"。

上一段经文（十二 20～22）并没有交代说，那几个希利尼人结果有

---

② 例如路七 2～10 那个"百夫长"（*hekatontarchēs*）和使徒行传第十章的哥尼流（*Kornēlios*）以及埃提阿伯的太监（*Kithiops eunouchos*，徒八 27）。

没有真正会见了耶稣。既是这样,十二章二十三节中的"他们"(*autois*)就不知道是指谁了。③ 是指那几个希利尼人,或是指门徒腓力和安得烈,或是指他们在一起,或是包括更多其他的人?④ Ridderbos 认为耶稣在十二章二十三节的回答,至少没有直接跟希利尼人要求见耶稣那件事有关。⑤ 耶稣在此只是像以往一样(六 62,七 33,八 21),再次重提祂自己那一个决定性的时刻——"得荣耀的时候"(*hē hōra hina doxasthē*)。

"到了"(*elēluthen*)表示耶稣的使命,特别是祂的受难,已经开始进入关键性的阶段。耶稣在十二章三十二至三十三节更加明确地预告祂在十字架上的死亡。Barrett 也持类似的观点,认为耶稣从十二章二十三节开始的主题是祂自己即将经历的死亡。Barrett 还特别强调说,耶稣的回答并非是针对那几个希腊人,因为向外邦人(Gentiles)的宣道工作并不是耶稣在地上的使命;那是耶稣从死里复活以后,初期教会的使命(mission)。⑥ 可是,Beasley-Murray 却持很不相同的看法,他认为福音书的作者约翰把那些希利尼人看作是耶稣在外邦人中的"第一批果子"。⑦ 耶稣在十二章二十三节的回答,表示外邦人的到访预告着祂的使命已进入高潮。⑧

十二 24～26 "我实实在在的告诉你们,一粒麦子不落在地里死了,仍旧是一粒。若是死了,就结出许多子粒来。爱惜自己生命的,就失丧生命。在这世上恨恶自己生命的,就要保守生命到永生。若有人服事我,就当跟从我。我在哪里,服事我的人,也要在那里。若有人服

---

③ 也许是因为这样,和合本可能就认为没有把 *autois* 译出来的必要。和修版也是一样。
④ Morris 认为耶稣从十二 23 开始,似乎是在回答腓力和安得烈,或加上其他人在内,但肯定不包括那几个希利尼人。因为在十二 22 以后,约翰只字都没有再提起他们了。Morris, p. 526.
⑤ Ridderbos, p. 428.
⑥ Barrett, p. 352.
⑦ "... The first fruits of the Gentile world that was to own Jesus as Lord." Ridderbos, p. 211.
⑧ "The reply of Jesus indicates that the coming of the Gentiles heralds the climax of his ministry." Ibid.

事我,我父必尊重他。"

耶稣已经在十二章二十三节以"得荣耀"来形容自己的受难。十二章二十四节只是耶稣以一个很普通的例子,来诠释祂自己献身的意义。

死亡虽然是耶稣必须经历的途径,但是死亡并不是最后的结果或答案。因为对耶稣来说,死亡以及死亡之后的复活所产生的效果是丰厚的——"就结出许多子粒来"(*polun karpon pherei*)。

以种子或麦子来比喻天国的福音和生命的增长,在符类福音中有很好的例子,如马太福音十三章二十四至三十节、马可福音四章三至九节、二十六至三十二节。可是,以自己的死亡来比喻一粒麦子在泥土中的消失,以及将自己复活后所产生的生命果效,看作是稻麦所结出的众多子粒,却是约翰福音独有的记载。十二章二十五至二十六节有关生命的丧失与获得的论说,也可以在符类福音中找到。⑨

虽然十二章二十四至二十六节这段经文中的"生命"在原文都是同一个词,*psuchē*(RSV,life),可是,不是所有的 *psuchē* 都是指同样的东西。"爱惜自己生命的"以及"恨恶自己生命的"(*ho philōn tēn psuchēn autou . . . ho misōn tēn psuchēn autou*,十二 25)这两个句子中的 *psuchē* 应该是指人肉身的"生命"。这个属肉体的"生命",因为罪的缘故,被看作是短暂,最终会死亡的(诗九十 1~12;来九 27)。另一方面,"就丧失生命"和"就要保守生命到永生"这两个句子中的"生命"(希腊原文以 *autēn* 来表示 *psuchēn*),根据上下文来判断,很明显是指永恒的生命。若是这样,耶稣所说的不但不相互矛盾,反而将正确的价值观摆在人的面前,让人自己去选择。这是一个很大的挑战。这里的构思与耶稣在马可福音八章三十六至三十七节所说的,基本上一致:"人就是赚得全世界,赔上自己的生命,有什么益处呢?人还能拿什么换生命呢?"

十二章二十五节的"这世界"(*en tō kosmō*)与"到永生"(*eis zōēn aiōnion*)成了强烈的对照。两者是绝然不同的。前者是有形的,短暂的,在恶势力操纵下的;后者却是属灵的,永恒的,属上帝的国度的。人

---

⑨ 见太十六 24~25;可八 34~37,十 45;路九 23~24,十七 33。

只能依据正确的价值观和灵性的领悟,才能在两者之间作一个明智的选择。

"恨恶"(miseō；RSV，hate)很明显是受了希伯来语文影响的一种表达方式,它的原意并非是真正"恨恶"属世的生命,而是说,在属世的生命与永恒的生命相比较之下,人们应当明智地舍弃或轻视前者,去追求和选择后者。⑩

耶稣在这个时候把一个关乎抉择的挑战,摆在祂的听众面前——不论当时的听众是谁,是完全可以理解,也是最合时宜的。因为到了这个将近关键性的时刻(kairos),那些认识耶稣的人,必须"表态",必须对耶稣"爱恨分明"。这就正如哲学家祈克果(Kierkegaard，1813－55)所说的"非此即彼"(either／or)之间,绝对明确和肯定的抉择。用存在主义者(existentialist)的构思来说,人在与耶稣"相遇"(encounter)以后,是不可能再像墙上的随风草那样,继续作机会主义者或是"中立"的观望者了。事实其实也是这样。那些对耶稣的言行有认识的人,有不少到如今已经采取了两个完全不同的态度和立场:信从祂或是抗拒祂。

从正面来看,耶稣在十二章二十四至二十六节所发出的挑战,是针对那些已经信从祂或是正在面临抉择的人说的。从负面来看,这个挑战也是慎重提醒和警告抗拒祂的人,特别是犹太教的领袖。耶稣有资格和权利向人们发出上述的挑战,是因为祂自己也不断在面对着同样的挑战和抉择。

自旷野四十昼夜受魔鬼撒但的试探那个时刻开始(太四 1～11),一直到走上十字架那条死亡之路为止,耶稣自己也无时无刻不在作"实存性的抉择"(existential decision)。那一位自愿成为一粒"落在地上死了"的耶稣,如今也要求祂的追随者作出关键性的抉择。同样的,那一位以事奉上帝为终极关怀的使者,也要求祂的门徒紧跟着祂的脚踪走。"作门徒的代价"(the cost of Christian discipleship)以及"天路历程"(pilgrim's progress)的意义,完全可以从耶稣上述的挑战中去领悟。

---

⑩ 希腊文 miseō 后面的希伯来词语应该是 sane'，如申二十一 15。

十二 27 "我现在心里忧愁,我说什么才好呢? 父啊,救我脱离这时候。但我原是为这时候来的。"

约翰福音在开宗明义的第一章里,就已经把许多"超人"的名号(titles)冠在耶稣的身上:祂是永恒的"道"(logos),是创造者,是人的光及生命,是救主弥赛亚,是上帝的儿子等。

从表层看,上述的"超人"名号,跟十二章二十七节这里所描绘的耶稣,简直判若两人。这正是耶稣的身分(identity)的吊诡(paradox)。祂同时是神也是人。十二章二十七节所呈现的耶稣,正是祂真实的"人性"的一面,完全与"道成肉身"(incarnation)的神学相符。初期教会中的异端"幻影说",或"假现论"(Docetism)笔下的耶稣,就没有耶稣真实的人性存在的可能性。假使耶稣不是一位真正有血肉之躯(sarx)的历史人物,则祂"心里的忧愁"(hē psuchē mou tetaraktai)以及面对死亡那个时刻的挣扎与矛盾,就完全是虚假的。

和合本的"父啊,救我脱离这时候"这一句的翻译有商榷的余地。就语气来说,这样的翻译把耶稣的祷告变成了一个请求。那就是,耶稣当时在心灵焦虑以及挣扎中,请求父上帝救祂脱离那即将来临的痛苦与死亡。可是,希腊原文的句子似乎是以提问的方式来表达的:Pater, sōson me ek tēs hōras tautēs("父啊,[莫非要你]救我脱离这时刻?")。⑪

就上下文以及耶稣当时内心的矛盾与挣扎来看,耶稣向父上帝的提问似乎是比较能够反映实况。这样的理解也能够更自然和顺畅地连接下一句的意思:"但我原是为这时候来的"(alla dia touto ēlthon eis tēn hōran tautēn)。

耶稣的自问自答,结果很清楚地表达了祂当时的心思与意念:"我的内心深处确实是忧虑万分。我真不知道该说什么才好。父啊,难道我要祈求祢救我脱离这时刻的困境吗? 不,这肯定不能。因为我原是为这个痛苦的时刻而来的。我的使命本来就是如此。"

约翰福音十二章二十七节所刻画的耶稣,与马可福音十四章三十二至三十六节所记述的那一幕在实质内容上基本一致。

---

⑪ 思高本因此译作:"父啊,救我脱离这时辰罢?"和修版也一样。RSV,"Father, save me from this hour?"

十二 28～29 "父啊,愿你荣耀你的名。"当时就有声音从天上来说:"我已经荣耀了我的名,还要再荣耀。"站在旁边的众人听见,就说:"打雷了。"还有人说:"有天使对他说话。"

耶稣在挣扎之后,继续顺服于上帝托付祂的使命。心志再次坚定后,耶稣现在又可以坦然无惧地向上帝祷告说:"父啊,愿你荣耀你的名"(*Pater*,*doxason sou to onoma*)。天上立即有声音作出回应。这声音表示通过耶稣以往的顺服和见证,上帝的名已经得着荣耀了(*edoxasa*)。不但如此,上帝还会因祂的儿子至死的忠心和顺服再(*palin*)得着荣耀。

十二章二十七至二十八节的对话,是在耶稣与上帝之间进行的。站在旁边的那些人,因为不知道对话的内容,只听到他们认为是"打雷"(*brontēn gegonenai*)或是天使对耶稣说话的声音(*Angelos autō lelalēken*),便只能作各种的猜测了。

十二 30～31 耶稣说:"这声音不是为我,是为你们来的。现在这世界受审判,这世界的王要被赶出去。"

猜测是不会带给听众什么好处的。耶稣于是主动地向他们说明那声音的内容,并对它加以诠释。

耶稣与天父上帝的交流和沟通是非常密切的,不必假借任何其他的媒介,不管是雷声或是天使。可是其他的人则不然,他们必须通过一些媒介来领悟上帝向他们的启示。因此,耶稣在十二章三十节对众人说:"这声音不是为我,是为你们来的"(*Ou di' eme hē phōnē hautē gegonen alla di' humas*)。可是这"声音"(*hē phōnē*)的内容究竟是什么? 十二章三十一节应该是那声音的诠释:"现在这世界受审判,这世界的王要被赶出去"(*Nun krisis estin tou kosmou toutou*,*nun ho archōn tou kosmou toutou ekblēthēsetai echō*)。

耶稣的诠释表明祂的使命所涉及的,是一个全面的属灵斗争。参战的双方绝对是黑白分明。那就是,在魔鬼撒但("这世界的王")所操纵下的邪恶势力("这世界";*ho kosmos*)与耶稣所代表的"国度"之间的斗争。更具体来说,抗拒甚至图谋杀害耶稣的犹太教领袖,这是这个邪恶势力或是"这世界的王"(*ho archōn tou kosmou*)的代理人。

　　到了现阶段,两股势力或是两个国度的较量已经快要达到最高峰了。这正是十二章三十一节中两次出现的"现在"(*nun*；RSV, now)的意思。撒但势力的瓦解,是一个过程(process),它不需要等到耶稣从死里复活之后,才算是真正的瓦解。它的瓦解已经在耶稣最后一次进入圣城耶路撒冷的那个关键性的时刻开始了。因此,耶稣可以很肯定与慎重地向周围的听众宣告说:"现在这世界受审判,这世界的王要被赶出去。"

　　凡是有意义的斗争都要付上巨大的代价。耶稣所参与的这一场属灵斗争也不会例外。只是祂斗争的真正武器并不是别的,而是祂自己的生命。

　　有关世界的王受审判的事,耶稣将在提及圣灵来临的时候重述(见十六8〜11)。

　　十二 32〜33　"我若从地上被举起来,就要吸引万人来归我。"耶稣这话原是指着自己将要怎样死说的。

　　"我若从地上被举起来"(*kagō ean hupsōthō ek tēs gēs*)这一句,正如十二章三十三节的解释一样,是指耶稣被钉死在十字架上这件事。这是与三章十四节"人子……被举起来"的意思完全一致的,其效果也一样。十二章三十二节说,耶稣的十字架将"吸引万人"(*pantas helkusō*)来归向和信靠祂。三章十五节表明"一切"(*pas*)举目仰望和信靠那一位被挂在十字架上的耶稣的人,"都得永生"。

　　有关上帝的"仆人"(servant)耶稣在十字架上"被举起来"的描述,以赛亚书中的"仆人诗歌"(the Servant's Song)有这样的一句:"我的仆人行事必有智慧,必被高举上升,且成为至高"(五十二 13,LXX, *idou, sunesei ho pais mou, kai hupsōthēsetai, kai doxasthēsetai sphodra*)。假设以赛亚书在五十二章十三节所说的"高举上升"(*hupsōthēsetai*)是在预言耶稣被钉在十字架上那件事,则它紧接下去的那一句,"且成为至高"(*kai doxasthēsetai sphodra*),也跟约翰福音三章十四至十五节和十二章三十二至三十三节的神学思想完全一致。这是一个很大的吊诡(paradox)及奥秘(*mustērion*；mystery)。十字架本来是罗马政权为严重的罪犯所预备的最残酷和耻辱的极刑。难怪自以为有智慧(*sophia*)的希腊人把十字架的道理看作是"愚拙"(*mōria*；RSV, folly,

林前一 23）。可是，在上帝真正的"智慧"（*sophia*，希伯来文 *hoḥmah*）里，那被"高举上升"，被钉死在十字架上的代罪"羔羊"（一 29，三 14～15，十二 32～33；赛五十二 13～五十三 12），最终将"成为最高"（赛五十二 13）。⑫ 结果令"君王"们（LXX，*basileis*）都要在那代罪羔羊面前"闭口"（LXX，*suneixousi . . . to stoma autōn*；shall keep their mouths shut，赛五十二 15）。

十二 34　众人回答说："我们听见律法上有话说，基督是永存的，你怎么说人子必须被举起来呢？这人子是谁呢？"

十字架的刑罚是耶稣进入"荣耀"（*doxa*）的必然途径。这一个很深奥的道理，自然是普罗大众（众人；*ho ochlos*；RSV，the crowd）很难领悟的。因此，十二章三十四节这节经文中所记载的众人的回答是可以理解的。不但如此，根据路加福音二十四章十三至二十七节的记载，甚至耶稣自己的门徒在祂死而复活之后，仍旧不明白"基督这样〔在十字架上〕受害，又进入他的荣耀"是"应当的"（路二十四 26）。

众人在回答中所指的"律法"（*nomos*），并非狭义的摩西五经，而是广义地指旧约圣经（与十 34 一样）。他们并没有进一步引有关的旧约经文来证实或说明"基督是永存的"（*ho Christos menei eis ton aiōna*）。撒母耳下七章十二至十七节、诗篇八十九篇三十七节、以赛亚书九章六至七节等都可能是众人所能想到的旧约经文。无论如何，耶稣那个时代的犹太人似乎普遍都已经相信"基督是永存的"。⑬

另一方面，众人在十二章三十四节的回答中，其实已经把"基督"（*Christos*）和"人子"（*ho huios tou anthrōpou*）等同起来了。那个句子的逻辑很明显是这样。不但如此，根据耶稣在犹太人的公会前受审时

---

⑫ 参阅腓二 9："上帝将他升为至高"（*ho Theos auton huperupsōsen*）。这是因为上帝的儿子和身为"受苦的仆人"（The suffering servant）的耶稣"自己卑微，存心顺服，以至于死，且死在十字架上"（腓二 8）。

⑬ 见 Barrett, p. 356. Beasley-Murray："For most Jews〔at this time〕the perpetuity of the Kingdom of God included the continuance of the Messiah, contrary to the later view represented in 4 Ezra 7：28 - 29, that the Messianic Kingdom will be temporary and will end with the death of the Messiah and all flesh with him." p. 215.

与大祭司的对话,好几个名号——"上帝的儿子"、"基督"以及"人子",都是指同一个人物(可十四61～64)。这当然也是整部约翰福音书的基要信念。基于上述的背景,至少对犹太人来说,"基督"或"人子"必须(*dei*;must)被举起来被钉死在十字架上,是完全不可思议的。⑭

就犹太人的宗教背景而论,"人子"必须被人处死在十字架上的道理确实是无法接受的。因为他们所理解的"人子"(*ho huios tou anthrōpou*;the son of man),不论是根据但以理书七章十三至十四节或是《以诺一书》四十八章,很明确是"永存"不死的。

也许有人会问:以赛亚书五十二与五十三章所描述的那一位"受苦的仆人"(the suffering servant),也即是那"代罪的羔羊"(the sacrificial lamb),不是必须受苦至死的吗? 这在理论上似乎一点都不错。可是学者们迄今仍未发现任何充分的犹太文献或其他凭证,可以表明在耶稣那个时代的犹太人已经清楚明白以赛亚书五十二及五十三章以及其他相关经文中所提及的"仆人"究竟是指谁而说的。更不必说那一位"受苦的仆人"就是指"基督"或是"人子"了。

使徒行传还记载了一段与上述问题相关的事。经文记述了一个埃提阿伯的太监从耶路撒冷朝拜在回程中,正在念先知以赛亚书五十三章七至八节"羊羔"(也即是那位"受苦的仆人")被宰杀的事。当时这太监并不明白经文中的"羊羔"或"受苦的仆人"是指谁。他对耶稣的门徒腓利说:"请问,先知说这话是指着谁? 是指着自己呢? 还是指着别人呢?"(徒八34)结果腓利给太监清楚解明那预言是指着耶稣说的。结果太监不但明白过来,还自愿要求受洗,信靠了耶稣(徒八35～39)。

犹太人在耶稣那个时代,甚至到了二十一世纪这个时候,对某些关键性的经文(如以赛亚书五十二及五十三章)深感困惑的事实,往往不是历代以来那些已经被基督的福音"光照"或是"启发"了的信徒可以理解或想像的。因为当耶稣基督从死里复活以后,基督徒再去查考或对证旧约圣经或是耶稣自己的言语(包括祂的预言)的时候,许多以往很

---

⑭ 众人当时强调"基督是永存的",就明显表示他们至少已经明白耶稣所说的"被举起来"是指祂在十字架上的死亡。不然,他们就不必坚持说"基督是永存的",是有"律法"(广义地指旧约圣经)为根据的。

难,甚至是根本无法理解和领悟的预言和事物,包括预言的具体"应验"
(fulfillment),都明白过来了。这可说是那些历代以来不断拒绝信靠耶
稣的犹太人没有的"亮光"与"恩典"。

其实,有关耶稣死而复活的道理,也不是耶稣自己的门徒可以立即
或是很快就可以领悟和理解的。这就说明了为何耶稣在复活以后,仍
旧需要在往以马忤斯的路上向二位门徒"讲解"祂自己受害以及复活的
事:"无知的人哪,先知所说的一切话,你们的心信得太迟钝了。基督这
样受害,又进入他的荣耀,岂不是应当的吗?"耶稣"于是从摩西和众先
知起,凡经上所指着自己的话,都给他们讲解明白了"(路二十四 25～
27)。不但如此,根据路加福音的作者路加医生在另一部作品使徒行传
(应被看作是路加福音后的"下册")的记述,复活后的耶稣,在"四十天之
久向他们[门徒]显现,讲说上帝国的事"以后,门徒仍旧问一些似乎是无
知或是缺乏悟性的基要问题:"主啊,你复兴以色列国就在这时候吗?"
(徒一 3、7)耶稣没有直接回答那问题,但以圣灵的降临以及门徒今后的
"见证"使命来训诲他们。这似乎已意味着门徒的提问是不正确的。

总而言之,众人在十二章三十四节的回答——"我们听见律法上有
话说,基督是永存的,你怎么说人子必须被举起来呢?"——确实是反映
了一般犹太人当时对"基督"和"人子"这些问题在认识上所面对的难
处。这样的情况也是完全可以理解的。若是用神学的术语来说,当时
回答耶稣的犹太人,只知道有关"基督"以及"人子"的"荣耀神学"
(*theologia gloriae*;"theology of glory"),而对"十字架的神学"
(*theologia crucis*;"theology of the cross")无知。换句话说,他们只
知道或是只愿意迎接一位荣耀和尊贵的"基督"或"人子",而不知道或
是不愿意接受一个被人钉死在十字架上的"仆人"或"羔羊"。难怪他们
问道:"[你所说的]这人子是谁呢?"(*Tis estin houtos ho huios tou
anthrōpou*)。意思就是:耶稣所说的"人子"不可能是他们所熟悉的那
一位。较后的事物演变,将会证实犹太人这样的结论意义深长。

十二 35～36 耶稣对他们说:"光在你们中间,还有不多的时候,
应当趁着有光行走,免得黑暗临到你们。那在黑暗里行走的,不知道往
何处去。你们应当趁着有光,信从这光,使你们成为光明之子。"耶稣说

了这话,就离开他们,隐藏了。

众人在十二章三十四节的回应中,很明显地表示了他们不能接受"基督"或"人子"必须受难的道理。读经者也许还以为耶稣接下去可能会解释这个困扰他们的疑问。可是耶稣却没有那样做。祂紧接下去是以两句更全面的警语来点出那些人当前所处的境况,希望他们会明智、果断地"趁着有光"(*hōs to phōs echete*)的时候,选择光并随着光行走。

约翰在序言中已经很清楚地宣告耶稣就是照亮所有世人的"真光"(*to phōs to alēthinon*)。生命也在光里头(*en autō zōē ēn*)(一4、9)。

耶稣也在八章十二节向众人宣告祂是"世界的光"(*to phōs tou kosmou*),跟从祂的"就不在黑暗里走,必要得着生命的光"。不但如此,耶稣还在第九章医治好一位生来是瞎眼的人之后,再次宣告祂在世上的时候,"是世上的光"。

如今,耶稣在世上的使命即将告终。这也就是"光在你们中间,还有不多的时候"(*ēti mikron Chronon to phōs en humin estin*)那句话的意思,它带着明确的紧迫感。因为耶稣是世上的光,因此,当祂完成了使命,在地上消失的时候,光也就随着熄灭了。当然,这是指"道成肉身"的耶稣在历史上的时光而说的。它并不意味着耶稣在地上完成使命之后,就永远没有光存留下来了。这其实也是不可能的,因为福音本身的见证,就是光在世上的延续。耶稣的警告主要是向那些仍旧徘徊在光之外的犹太人发出的。它反映了那些人当时的灵性状况。

表面上看去,耶稣在十二章三十五至三十六节的言论似乎是跟众人对基督"永存"那个疑问无关的。其实不然,因为耶稣那两句慎重提醒众人的话,是极富吊诡性的(paradoxical)意义。

毫无疑问,身为一位熟悉旧约圣经的犹太人,耶稣也一样知道,并且接受"基督是永存的"信念。可是,祂却比一般的犹太人,包括他们的宗教领袖,所知道的更多。因为祂还可以清楚地看见"银角子的另一面"。那就是,道成了肉身的"基督"或"人子",将在不久后"被举起来"钉死在十字架的木头上。这样的一位"基督"或"人子"于是成了"受苦的仆人"以及"代罪的羔羊"。这样的"基督"就不是"永存"的。[15] 因此,

---

[15] 这也就是耶稣较早时在伯大尼所说,"你们不常有我"的意思(十二8)。

犹太人就必须"趁着有光"（十二 35，36）的时候,信靠这光并行在光中,
"成为光明之子"（*hina huioi phōtos genēsthe*）。

在约翰福音,"光明"（*phōs*）与"黑暗"（*skotia*）是绝对分明的。既
是这样,那些不愿意选择成为"光明之子"的,就只能继续作"黑暗之子"
了。"光明之子"的称呼,并不是作者约翰首创的。早在约翰福音未成
书之前,使徒保罗就已经称信徒为"光明之子"（*huioi phōtos*）;他并且
还提醒信徒说,他们"不是属黑夜的,也不是属幽暗的"（帖前五 5）。

"子"（*huioi*）在约翰和保罗的用法都是源自希伯来的惯用语
（*idiom*）。⑯保罗在以弗所书五章八节也称信徒为"光明的子女〔或儿
女〕"（*tekna phōtos*）。彼得也形容信徒是一群蒙召"出黑暗入……光明"
（*ek skotous humas kalesantos eis to ... phōs*）的子民（彼前二 9）。

对约翰、保罗和彼得这些使徒来说,"光明之子"不仅是信徒的身分
（identity）的事,也是他们的生命见证以及道德行为要具体彰显和流露
出来的。因此,上面所引"光明之子"或"光明的子女"那些经节的上下
文,全部都是有关信徒的行为和见证的。约翰福音十二章三十五节的
"行走"（*peripatein*；RSV，walk）也同样有类似的意义与要求。它涉
及了信从耶稣者全面的生活行为。约翰福音八章十二节与十一章九节
的意思也是一样。⑰

十二章三十六节的最后一句:"耶稣说了这话,就离开他们,隐藏
了",似乎是在提醒读者说,耶稣关乎"光"的这些话 *tauta* 是关键性的。
因为他讲完这些话之后,"就离开他们隐藏了"（*kai apelthōn ekrebē ap'
autōn*）。当然,这里的所谓"隐藏",只是暂时的。因为在这不久之后,
耶稣又再次露面,"大声"地向众人宣告有关"光"和"上帝"的信息（十二
44～50）。

---

⑯ 见 Bruce，*John*，p. 269.
⑰ 犹太人有很严谨的一套典章律例来规范自己的生活,简称作 *Halachah*（或 *Halakha*）。它
源自一个希伯来语的动词字根 *halak*（见出十八 20 等）,也即是"行"或"行走"（walk）的意
思。它的字义与另一个动词 *yalak* 相似（见出十六 4）。犹太人对 *Halachah* 的理解,也许
可以和华人文化传统中的"德"或"德行"相比较。参阅《易·乾·文·言》:"君子进德修
业";《书·盘庚上》:"汝克黜乃心,施实德于民",易节:"君子以制数度,议德行"。华人另
一个类似 *Halachah* 的思想也许是"操守"。

贰拾玖 一段关键性的评语（十二 37～43）

作者约翰在这之前也曾多次在叙述过程中作过一些简要的评语。但是就内容而论，十二章三十七至四十三节这一段的评语似乎是为前面十二章经文所记述的事物作一个"小总结"，它因此也显得格外重要。

十二 37 他虽然在他们面前行了许多神迹，他们还是不信他。

自从耶稣在迦拿行第一个"神迹"（*sēmeion*；RSV，sign）开始，作者约翰就把神迹和它的果效紧紧地联系在一起（二 11）。对耶稣自己或是对作者约翰来说都是一样：神迹和信心的关系是非常密切的。

耶稣行神迹的目的，绝对不是孤立起来的行动，或是为行神迹而行神迹的。作者约翰自己至终仍旧对神迹的正面果效满怀信心（二十 30～31）。因此，十二章三十七节这句简要的评语，不仅是说明一般犹太人以及他们的领袖不肯信靠耶稣的事实，也表达了作者自己的感叹，甚至惊讶。因为耶稣在他们面前，确实"行了许多神迹"（*tosauta ... sēmeia pepoiēkotos*）。根据二十章三十至三十一节以及二十一章二十五节来看，约翰在十二章三十七节所说的"许多神迹"应该不只是约翰福音前面十二章所记载的那几个。若是那样，绝大部分犹太人以及公会成员的不信，就更令人感到困扰了。作者紧接下去所引的那段旧约经文，可说是他自己对这个困扰人的难题的诠释了。

十二 38～41 这是要应验先知以赛亚的话说："主啊，我们所传的，有谁信呢？主的膀臂向谁显露呢？"他们所以不能信，因为以赛亚又说："主叫他们瞎了眼，硬了心，免得他们眼睛看见，心里明白，回转过来，我就医治他们。"以赛亚因为看见他的荣耀，就指着他说这话。

这是作者约翰先后引自以赛亚书五十三章一节和六章十节的两节经文。他既然以这经文来解释绝大部分犹太人"不信"(ouk episteuon，十二 37)的理由,并且以这经文来总结了耶稣在前面十二章所记载的言行,读经者就必须对所引的经文有正确的认识和理解了。

与以赛亚书六章十节相比,五十三章一节是比较容易诠释的。约翰所引的以赛亚书五十三章一节是根据 LXX 的希腊译文。① 句子开始时的呼格(vocative)"主啊"(LXX，Kurie；RSV，Lord),是希伯来原文没有的。若是这样,整个句子"主啊,我们所传的,有谁信呢? 主的膀臂向谁显露呢?"就变成了先知以赛亚在主耶和华面前,对自己传道的失败极其失望的感叹了。②

耶稣自己虽然没有在约翰福音的记述中引用以赛亚书五十三章一节这节经文,来表达自己对犹太人"不信"的失望和感叹,但是作者约翰在此以耶稣的使命与先知以赛亚的相比较,却是很恰当。至于约翰所说的"应验"(plerothē)以及十二章四十一节那一句("以赛亚因为看见")(Esaias hoti eiden),则是新约以及初期教会的作者引用旧约圣经时常用的方式,目的是要证实旧约圣经作者的"预言"在耶稣身上得着"应验"。③

在诠释以及神学思想上比较困难的,是作者约翰在十二章四十节所引的那一句源自以赛亚书六章十节的经文。读经者必须对这一节经文在先知以赛亚书中的背景有一些基本认识,才能理解它的意义以及约翰在此引用它的原因和恰当性。④

约翰在十二章四十节所引的以赛亚书六章十节这一节经文的背景很清楚是先知以赛亚的"蒙召"(calling)和"使命"(mission)。以赛亚书六章一至七节记述了先知与耶和华上帝那一幕非常戏剧性的相遇(encounter)。它非常振奋人心。难怪先知以赛亚对耶和华的呼召"我

---

① 它与保罗在罗十二 16 所引的一样。
② "主的膀臂"(LXX，ho brachiōn kuriou；希伯来文：zeroa' YHWH),在旧约圣经主要是用以形容耶和华上帝的能力和作为,包括祂的拯救(见出六 6；申五 15；伯四十九 9；诗七十七 15；赛四十 10；耶三十二 17 等)。
③ 见太一 22～23,二 15,17；可一 2～3；徒二 25～36 等。
④ 这也是诠释太十三 14 以及可四 12 时,同样需要处理的问题。

可以差遣谁呢？谁肯为我们去呢?"(六 8)毫不犹豫地立即作出了正面的回应："我在这里,请差遣我"(六 8)。

基于上述以赛亚书六章一至八节的背景,上帝在紧接下去向先知所预告的,不论对任何人来说,都是非常费解的:⑤"你去告诉这百姓说,你们听是要听见,却不明白。看是要看见,却不晓得。要使这百姓心蒙脂油,耳朵发沉,眼睛昏迷。恐怕眼睛看见,耳朵听见,心里明白,回转过来,便得医治"(赛六 9～10)。

至少从表面上看,上面这两节经文已经意味着先知以赛亚先前所领受的"使命"注定是失败的。难怪本来满腔热情的以赛亚,立即感到失望,只好无奈地问道:"主啊,这到几时为止呢?"(六 11)耶和华的回答是,直到以色列国破家亡,百姓流离失所为止(六 10～13)。但是,这并不表示以色列这个国家和民族就会完全灭绝,因为这个国家和民族虽会像树木一样被砍伐,"树不子却仍存留。这圣洁的种类,在国中也是如此"(六 13)。思高本这一句的译文虽然对经文的理解有帮助,却已经是加上一些诠释了:"就如松树和樟树在伐倒后,尚有余干,圣善的苗裔将由这余干产生。"

以赛亚书六章十三节所说的,就是所谓"余民"(剩余下来的子民)的神学(the theology of the remnant)。那就是说,公义和慈悲的耶和华上帝,虽然因为百姓的重大罪恶而必须惩罚他们,却仍旧会在惩罚之后,给祂的子民保留一些"余种",好让他们可以继续存活下去。这完全是出自耶和华自己的恩典。正如以赛亚书一章九节清楚表明的一样:"若不是万军之耶和华给我们稍留余种,我们早已像所多玛、蛾摩拉的样子[完全灭绝]了。"

深受上述"余民的神学"影响的犹太人,在他们的亚兰文圣经(the Aramaic Bible)中,也即是"他尔根"(the Targums),把以赛亚书六章十三节这节经文译作:"……纵使是这样,这[被砍伐后的]树干仍然保持一定的清绿,使苗裔可以保存下来。因此,被放逐的以色列子民将会被[耶和华]召聚后回归他们的国土。因为那圣洁的苗裔[或种子]就是那

---

⑤ John N. Oswalt 因此形容赛六 10 是这段令人费解的经文的核心("The heart of the difficult statement");见 Oswalt, *Isaiah*, 1～39 (Grand Rapids: Eerdmans, 1986), p. 189.

些树木的残干。"⑥

　　上面所说的,只是以赛亚书六章九至十节的历史和神学背景。关键的问题是:耶和华上帝为何在召唤了先知以赛亚的时候,要他去向以色列民宣告一个似乎是"宿命论"(fatalism)的信息呢? 宣告信息或"福音"的目的,难道不是希望听者可以回心转意,因此获得赦免和拯救吗?这一类的问题都是很自然并且合理的。可是,就以色列的历史而论,反面的问题也是一样自然与合理:以色列在先知以赛亚之前以及在他那个时代曾有多少听"福音"和"悔改"的机会? 他们结果有向公义和慈爱的耶和华回心转意吗? 事实证明没有。这也说明了以赛亚书一开始(一 2～3)就严厉地指责以色列是忘恩负义的子民。先知称他们为"犯罪的国民,担着罪孽的百姓,行恶的种类,败坏的儿女"(一 4)。因为他们"离弃耶和华,藐视以色列的圣者"(一 4)。

　　耶和华其实已经忍耐这个国民很久了:"若不是万军之耶和华给我们稍留余种,我们早已像所多玛、蛾摩拉的样子了"(一 9;见三 8～9,五18～19)。总而言之,以色列到了先知以赛亚那个时代,几乎已经病入膏肓,到了无可挽救的地步。既是这样,不断在忍耐和等待着以色列悔改的耶和华,只能作出如下的回应。一、消极地采取完全不理会并且放弃以色列的态度。这就类似保罗在罗马书一章二十六至二十八节所说的:"上帝任凭他们"(*paredōken autous ho Theos*)去犯罪,结果自取灭亡。二、主动地使拒绝悔改的以色列耳目昏沉,心地刚硬,结果再不会有回转的机会。不论是从人的"理性"(reason)或是上帝的"本性"(character)来说,第一个回应看起来是比较合理的,第二个回应则很难接受。上帝竟然会主动使人的心刚硬到不能回转的地步? 这简直是完全不可思议的事。其实不然,因为第二个回应虽然说是上帝的"主动",事实却是,这一个悲剧是以色列自己不愿意或不肯悔改的必然"结果"。

---

⑥ "... Even then they [the scorched trees] are green enough to retain from them *the seed*. So the exiles of Israel will be gathered and they will return to their land. For *the* holy seed is *their* stump." *The Isaiah Targum*, Introduction, Translation, Apparatus and Notes by Bruce D. Chilton (Wilmington: Michael Glazier, 1987), p. 15.

换句话说,以色列民耳目昏沉、心地刚硬是自己造成的。⑦ 若是这样,所谓上帝的"主动",实际上也只是印证了以色列民不愿意悔改的必然"结果"而已。

上帝公义的惩罚肯定会来到。可是,惩罚——纵使是像国破家亡那样的悲剧,最终也只是必然的过程,而不是终结本身(赛六 13)。⑧

上面有关以赛亚书六章九至十节的背景,是否真的有助于诠释约翰福音十二章三十九至四十一节?

首先,就经文而言,约翰福音十二章四十节并没有逐字地(verbatim)引以赛亚书六章九至十节的希伯来原文圣经或是它的希腊文译本 LXX。约翰所用的词语比较接近希伯来圣经的文本,只是没有引用"耳"及"听见"这些字。另一方面,LXX 中的 *epachunthē*("蒙")以及*ekammusan*("昏迷")和 *sunōsin*("明白")并没有出现在约翰福音十二章四十节。

上述的情况可能表示作者约翰当时只是凭着记忆来引用以赛亚书六章九至十节,而不是照抄原文。但是,总的来说,约翰福音十二章四十节的意思却和以赛亚书六章九至十节基本上吻合。不但如此,先知以赛亚的历史背景也和耶稣当时所处的情况相似。

正如他们的老祖宗那样,在耶稣那个时代的犹太人,也是绝大部分继续不断在抗拒上帝藉着耶稣所作的一切。他们还通过犹太公会的议决案,图谋杀害耶稣(十一 47～53)。身为犹太人,并且熟悉旧约圣经的作者约翰,在仔细地观察和见证了耶稣在犹太人中的言行以及犹太人的负面反应之后,以耶稣当时的情况来比较先知以赛亚的时代,既合理也恰当。对作者约翰来说,这既是先知以赛亚的预言在耶稣身上的"应验"(十二 38、41),也是历史悲剧的重演。

---

⑦ "It cound easily be said here that the people 'hardened their heart.'" Hans Wildberger, *Isaiah* 1～12, a Continental Commentary (Minneapolis: Fortress Press, 1991), p. 272. "Here the prophet is saying that the disease of pride and rebellion has gone so deeply that they will simply misperceive the truth of what they hear (cf. 2 Tim. 3:7)." John N. Oswalt, p. 189.

⑧ "Utter desolation is sure, but that desolation is not the end." John N. Oswalt, p. 191.

十二 42～43 虽然如此,官长中却有好些信他的。只因法利赛人
的缘故,就不承认,恐怕被赶出会堂。这是因他们爱人的荣耀过于爱上
帝的荣耀。

正如以赛亚书六章十五节所呈现的那一道细微的亮光一样,作者
约翰也同样在十二章四十二节提醒读者说,并非所有的犹太人都是"不
信"的。甚至在犹太人的"官长中"(ek tōn archontōn;RSV,many of
the authorities)也有不少信祂的。⑨ 只可惜这些已经"信"了耶稣
(episteusan;RSV,believed)的官长不敢公开表态或是为耶稣作见
证。理由是十二章四十二至四十三节所说明的。早在这之前,犹太人
的领袖已经下了一个议决案要把那些"认耶稣是基督的"(ean tis auton
homologēsē Christon),赶出会堂(九 22)。那一位被耶稣治好的瞎子,
为了坚持他对耶稣的信心,结果确实是被赶出犹太人的会堂(九 34)。
犹太人的"官长"们必然也会知道信耶稣所带来的后果。他们在现阶段
显然还不愿意面对那么严重的后果。

"被赶出会堂"不仅是涉及宗教问题,它还有社会及其他方面的后
果要面对。因为"会堂"(sunagōgē)在当时已经成了犹太人生活的一
个中心。

"荣耀"(doxa)在约翰福音是一个很重要的词语和主题。可是,它
在不同的地方有着不同的意义。例如,在一章十四节,"荣耀"或"荣光"
主要是上帝藉着道成肉身的耶稣所带来的启示,以及祂所彰显的神性、
亮光和真理等(参阅二 11,十七 22)。七章十八节以及八章五十节等经
文中的"荣耀",是指上帝的旨意。因此,"求"上帝的"荣耀"就是遵行上
帝的旨意,忠于它并最终去完成它。"求"自己荣耀的,也是一样。十二
章四十三节(参阅八 54)所说的"荣耀"是指称赞和赞赏。⑩ 这也正是那
些在私底下或暗中"信"了耶稣的"官长"们的问题和困境。这些官长似
乎是在经过很慎重的考虑之后,才决定"信"耶稣的。可是,身为"官
长",他们也有既得的利益和地位要维护。这包括人(anthrōpoi)因身

---

⑨ 这些"官长中"肯定包括十九 38～39 的亚利马太人约瑟以及尼哥底母。按路二十三 50,前
  者是一位"议士"。
⑩ Barrett 把十二 43 中的 doxa 解释作"praise"是正确的。

分和地位所给予的尊敬和称赞(*doxa*)。要是公开地表达或是见证他们对耶稣的"信",最终将会使他们"丢官"。这个作门徒所要付上的代价,至少是官长们在这个时候还不愿意付上的。既是那样,他们的确是符合了作者约翰给他们所下的结论:这是因为他们爱人的称赞,过于爱上帝的称赞(十二 43,*ēgapēsan gar tēn doxan tōn anthrōpōn mallon ēper tēn doxan tou Theou*)。

作者约翰在十二章四十三节对官长们的评语是非常合时的。因为那一位决志要完成上帝旨意的耶稣也正在面临着一个关键性的抉择:要得人的赞赏(*doxa*)还是上帝的? 若是选择前者,耶稣就不必经历被捉、受审、挨打、被遗弃以及最终走上十字架那条孤寂的道路了。祂最后还是选择了后者,因为祂"原是为这时候来的"(十二 27)。

约翰那个时代的信徒以及历代以来的门徒(disciples)无时无刻不在"人"与"上帝"之间表态以及作出明确的抉择。

叁
拾　身分和使命的
　　再次宣告
　　（十二 44～50）

在结构上,这一段经文不一定是上一段(十二 37～43)的直接延续,也没有这个必要。作者约翰曾经在十二章三十七至四十三节给耶稣的言行下了评语。十二章四十四至五十节就内容而言,可说是耶稣的身分和使命的再次宣告。其中的重要词语和思想,例如信、差遣、世界、光、黑暗、审判、拯救、话、永生等,全都是前面十二章里已经记述和谈论过的。

作为再次的宣告,十二章四十四至五十节这一段经文,不仅是一个慎重的提醒,也是非常合时的。因为在这宣告之后,直到十八章十二节祂被捉拿的那一刻为止,耶稣的教诲对象就将不再是普通的犹太群众,而是祂自己的门徒而已。

十二 44～45　耶稣大声说:"信我的,不是信我,乃是信那差我来的。人看见我,就是看见那差我来的。"

在这之前,作者约翰至少两次记载了耶稣当众"大声说"(*krazō*)的事(七 28、37)。十二章四十四节这一节经文虽然没有说明耶稣这一次"大声说"的对象是谁,读经者若假设那些听众的人数不少,应该是一个合理的推测。[①]

"信我的,不是信我,乃是信那差我来的"(*Ho pisteuōn eis eme ou pisteuei eis eme alla eis ton pempsanta me*)这句话是关键性的。因那些不信耶稣的犹太人,包括公会成员和法利赛人,以为他们所抗拒的并

[①] C. H. Dodd 同意 Moulton 的观点,认为"耶稣大声说"(*Iēsous de ekraxen*)这个词句并不是指耶稣在一定的时空内向人讲说什么,而是指耶稣所宣告的福音的内容("This is the content of the *kērugma* of Jesus")。Dodd 在 *The Interpretation of the Fourth Gospel* (Cambridge：CUP，1953)，p. 382 引 Moulton，*Grammer of New Testament Greek I*，*Prolegomena*，pp. 109,115 - 118 来说明这一点。参阅 Beasley-Murray，p. 217.

不是上帝(即耶稣所说的那位"差我来者"),而是耶稣。因此耶稣认为有必要再次向人公开表明祂与上帝那密不可分的关系,并且藉此向听众发出严肃警告:"不信我的,就是不信上帝。"反之亦然。十二章四十五节只是进一步的诠释而已。它与一章十八节的意思完全一致。

十二 46 "我到世上来,乃是光,叫凡信我的,不住在黑暗里。"

这一节经文的意思与一章四、五、九节、三章十九节、八章十二节、九章五节、十二章三十五、三十六节一样。

十二 47~48 "若有人听见我的话不遵守,我不审判他。我来本不是要审判世界,乃是要拯救世界。弃绝我、不领受我话的人,有审判他的,就是我所讲的道,在末日要审判他。"

十二章四十七节的"我不审判他"(*egō ou krinō auton*)这一句,可说是八章十五节的重述。十二章四十七节则与三章十七节的思想一样。耶稣曾经在较早时对犹太人说,在上帝面前"告"(*katēgorein*)他们的是摩西(五 45)。在此,祂对那些不领受祂"话"(*ta rhēmata*)的犹太人说,在"末日"(*en tē eschatē*)要"审判"(*krinein*)他们的,是祂所讲的"道"(*logos*)。

"告"(*katēgorein*)和"审判"(*krinein*)在上句中并没有基本区别。但 *rhēmata*("话",RSV,sayings)和 *logos*("话",RSV,word)则不完全一样。*Rhēmata* 应指道成肉身的耶稣向人所说的"话语"。它不能与约翰福音中那太初之道(*logos*)及生命之道(*logos*)完全等同,虽然耶稣所说的话语(*ta rhēmata*)都源自道(*logos*),也是道(*logos*)对外的宣告(*kērugma*;proclamation)及诠释(*hermēneia*;interpretation)。②

---

② "The words (*rhēmata*) of Jesus are summed up in his 'message' (*logos*), and with this message, the sum and substance of eternal truth, the final word of adjudication would lie. " Bruce,*John*,p. 275. "The *rhēmata* are the logos which Jesus bears as it is split up into particular utterances; logos is a kind of collective noun for the *rhēmata*. " Barrett,p. 362. 实际上,人的语文总是有它的局限。它因此往往不能完全清楚地表达属灵性的真理和思想。既是这样,Barrett 所说的那一句"the logos which Jesus bears"("耶稣所负载的道"),也不是最完全的表达方式。因为耶稣何止是"道"的"负载者"("bearer")?祂就是"道"本身。这也正是整部约翰福音所要见证和宣告的。

十二章四十八节所提及的"末日"的"审判"，很明显是一句很严肃的警语，旨在听众心中激起责任感和紧迫感。

十二 49～50 "因为我没有凭着自己讲。惟有差我来的父，已经给我命令，叫我说什么，讲什么，我也知道他的命令就是永生。故此，我所讲的话，正是照着父对我所说的。"

十二章四十九节的意思与五章十九、三十节、七章十七节、十四章十节完全一致。"命令"（entolē；RSV，commandment）曾经多次在约翰福音出现。十章十八节、十二章四十九节、十四章三十一节、十五章十节说父上帝把"命令"给祂的儿子耶稣。十三章三十四节、十四章十五、二十一节、十五章十、十二、十四、十七节论及耶稣自己将"命令"托付祂的门徒。

十二章四十九节、五十节这两节经文中的"命令"（entolē）在意义上似乎与"道"（logos）、"话"（rhēma）、"教训"（didachē）没有基本上的差异。凡是信靠这一切的，就是信靠和听从耶稣以及差祂来的那位天父上帝，这就是永生。

叁拾壹　耶稣受难前给门徒的教诲:引言（十三 1～十七 26）

　　耶稣在犹太人群中公开的言行到了十二章五十节已经结束了。从十三章一节开始一直到十七章二十六节，作者约翰很明确地把焦点集中在耶稣受难之前给门徒的教诲。从十八章一节开始至整部福音书的结尾(二十一 25)，是作者对耶稣被拿、受审、被钉、复活以及显现的叙述。

　　十三章一节至十七章二十六节这一段很重要和非常特殊的经文，是约翰福音研究中常被重视的环节之一。

　　学者 D. F. Tolmie 曾于 1995 年为这一段经文出版了一本专著:《从叙述的观点看耶稣向门徒的告别:约翰福音十三 1～十七 26》。①

　　根据 Tolmie 的考究，近年来研究约翰福音的学者们普遍是从三方面去研讨十三章一节至十七章二十六节这一段经文，即文学评审（literary criticism）、历史评审（historical criticism）以及神学评审（theological criticism）。②

　　在文学评审方面，学者对十三章一节至十七章二十六节的考究主要有两个不同的假设。一、这一段经文的文本是在初期教会传统的基础上，在不同的阶段中发展出来的。二、这一段经文的文本的整体（literary whole）都是出自作者自己的手笔。第一个假设是强调十三章一节至十七章二十六节这一段经文的文本，与教会传统的关系及其发展。第二个假设则比较重视经文的文本的整体性。本注释认为，基于

---

① D. F. Tolmie, *Jesus' Farewell to the Disciples: John 13: 1～17: 26 in Narratological Perspective* (Leiden: Brill, 1995).

② Ibid., pp. 1－7.

约翰福音书的突出独特性，以及作者自己对他的见证的严肃态度，第二个假设是比较合理的。换句话说，作者约翰基本上是一位原创者，而不是一位编辑。

在历史评审方面，大部分的学者基本上都有下列三个共识。一、约翰福音书的思想背景大概是主后 80 年代一个综合性的(syncretistic)犹太教。二、福音书作者所属的社群(community)反映了它在思想上的再塑(reshaping)。这个再塑是因为犹太教把基督徒从会堂中赶出去所引发的。三、约翰福音书是由一位或多位不知名的作者，根据"耶稣所爱的那门徒"(二十一 20)所收集的传统而完成的。成书的年代是在主后 70 至 90 年间。本注释已在导论中表明上述三个共识都是很难接受的。

在神学评审方面，近年来有关约翰福音的神学探讨似乎都是以主题(themes)居多。这些主题包括基督论、末世论、二元论、见证、神迹、信、圣灵、教会及圣礼。在十三章一节至十七章二十六节这一段特殊经文的研讨上，兴趣似乎是集中在有关圣灵、"耶稣所爱的那门徒"的身分和角色，以及对耶稣为门徒洗脚这件事的诠释上。其他主题如耶稣向门徒告别的言论、爱的命令、教会与世界的关系等。

有不少学者认为十三章一节至十七章二十六节这段经文，应该放在作者约翰所属的那个群体的历史背景下来探讨。③

耶稣在给祂门徒的教诲中，最显著的思想很清楚是"爱"，以及耶稣与门徒的密切生命交流。其次就是有关"圣灵"的来临和门徒在世上的合一与见证。

耶稣在告别的教诲中的某些论说，虽然在约翰福音第一至十二章中也有涉及，但却没有像十三章一节至十七章二十六节这段经文中那样显著及详细。C. H. Dodd 就曾针对这关键性的一点，作了一个很有意义的比较。他以下面一些很重要的词语，分别在一至十二章和十三至十七章出现的次数，来说明这两大部分经文在思想上和焦点上的转移：

---

③ Ibid., p. 6.

（希腊文）词语	一至十二章 （出现次数）	十三至十七章 （出现次数）
zōē（名词，"生命"）	32	4
zēn（动词，"生"或"活"）	15	2
zōopoiein（动词，"活" 　　或"给生命"）	3	0
phōs（名词，"光"）	23	0
phōtizein（动词，"光照"）	1	0
skotos，*skotia*（名词，"黑暗" 　　或"罪恶"）	8	0
agapē（名词，"爱"）	1	6
agapan（动词，"爱"）	5	25
philein（动词，"爱"）	4	4

　　Dodd 认为上述重要的词语在出现次数上的剧变，肯定不是偶然的。在一至十二章所出现的希腊文词语，是在希腊罗马的宗教和哲学中比较惯用的，如 *zōē*、*phōs*、*skotia*。在十三至十七章所出现的词语，则是被比较个体化（personal）以及富伦理道德性（ethical）的希伯来和基督徒的惯用语和思想所取代了，如 *agapē* 及 *agapan*。④

----

④ Dodd，*Interpretation*，pp. 398 – 399.

叁拾贰 最后的晚餐（十三 1~30）

　　根据符类福音的记述（太二十六 17~29；可十四 19~25；路二十二 7~38），所谓"最后的晚餐"（the Last Supper）很明确就是耶稣在受难前与门徒一起参与的那个"逾越节的筵席"。可是，在约翰福音，就比较难断定"晚餐"与"筵席"是否同一件事。也正因为符类福音与约翰福音两者之间在记述上不完全相同，学术界至今仍旧不断在寻找一些比较可以取得共识的解释。一个一劳永逸的方案不太可能出现。难怪新约学者 Beasley-Murray 很坦白地说，这个问题是"无了期的"。[①]

　　可是，正如 Beasley-Murray 所说的一样，上述有关"最后的晚餐"的确实情况，如日期和时间的讨论，以及符类福音与约翰福音之间的异同的比较等，都是次要的。因为四部福音书一致关注的，最终是耶稣在十字架上的死与逾越节的密切关系。在这个关键性的问题上，四部福音书都完全一致地表明逾越节的真正意义，最终是在耶稣这被杀以及献上的"上帝的羔羊"（*ho amnos tou Theou*）身上得到应验：耶稣就是上帝所预备的"逾越节的羔羊"。[②]

[①] "The difference between the synoptic and Johannine representations of date of the Last Supper and its relation to the Passover celebrations has been endlessly discussed without a solution being found that meets all the evidence. " Beasley-Murray, p. 225. 关于这个问题的详细讨论，可参阅 Beasley-Murray, pp. 222 - 227；Barrett, pp. 39 - 45；Jeremias, *Die Abend-Mahlsworte Jesu* (1949, 德文版，英文译名是 *The Eucharistic Words of Jesus*)。

[②] "Fortunately, despite intrinsic interest of the matter, it [the date of the Passover meal] is of secondary importance, in as much as the Synoptic Gospels and the Fourth Gospel alike are concerned to show the relation of the *death* of Jesus with the Passover; in this primary matter all agree that the latter finds its fulfillment in the offering of the Lamb of God, slain as God's Passover Lamb. " Beasley-Murray, p. 225.

　　学者 Ridderbos 虽然基于自己的考证和推理(页 451 - 458),相信约翰福音十三章一至三十节是"逾越节的筵席"(the Passover meal),却认为耶稣当晚对自己门徒那番"最后"(final)教诲的话,才是重要的。因为正是耶稣在受难前所说的那些话,使当晚的"筵席"或"晚餐"成为历史上所指定的那一个晚餐:"the" meal(*to deipnon*,二十一 20)。③

　　十三 1　逾越节以前,耶稣知道自己离世归父的时候到了。他既然爱世间属自己的人,就爱他们到底。

　　作者约翰在十一章五十五节曾说:"犹太人的逾越节近了"("近了",*engus*;RSV,at hand)。他又在十二章一节明确地声明,耶稣在伯大尼受马利亚以香膏膏抹的时间是在"逾越节前六日"。可是,十三章一节这节经文却没有那么清楚了。它只是说"逾越节以前"(*Pro de tēs heortēs tou pascha*;RSV,before the feast of the Passover)。Ridderbos 认为,希腊文中的 *pro*("以前")在此并不表示这是完全不能肯定的一段时间,或是说明逾越节这个节日还需好一些时候才会到来。*Pro* 在此是在强调节日的"逼近"(imminence)。④

　　Barrett 根据十八章二十八节、十九章十四、三十一、四十二节这些经文的提示,认为"逾越节以前"是指"逾越节的前一天"(the day before the Passover)。那就是说,十三章二节所指的"晚餐"并不是"逾越节的筵席"。⑤

　　Barrett 等学者们的观点当然有一定的道理。不过,Barrett 在针对十三章一节"逾越节以前"这个句子的诠释上似乎忽略了一点。那就是,十三章一节这整节经文,不论是在结构、时间甚至意义上,并不一定需要跟十三章二节紧接在一起。意思就是,作者约翰可能只是在十三

---

③ "In any case this was the last meal of Jesus with his disciples and the setting for his 'final' words to them — 'final' in more than one sense. As much it was to enter history as 'the' meal (21:20) and as 'the night when he took bread and was betrayed' (cf. /1Cor. 11:23)." Ridderbos,p. 458.

④ Ibid.,p. 452,n. 2.

⑤ Barrett,p. 364. Lindars 的看法也是一样:"John means the night before the Passover." Lindars,p. 448.

章一节里告诉读者说,在"逾越节以前"——"以前"究竟是多久不要紧,
耶稣心中"知道自己离世归父的时候到了……"。这样一来,十三章二
节所说的"晚餐"是记载当晚开始发生的事。至于那个"晚餐"是否就是
"逾越节的筵席",倒是另外一个问题。无论如何,至少对作者约翰来
说,他从十三章二节开始所记述的"晚餐",肯定是耶稣在受难之前与门
徒分享的"最后的晚餐"(the Last Supper)。

约翰福音曾多次提到耶稣对自己的"时候"或"时间"(*hē hōra*)的
清楚意识(consciousness 或 awareness)。有些地方,例如二章四节,只
是指耶稣的"时候"或"时间"还未到来。因为身为一位有绝对清楚的使
命感和紧迫感的人物,耶稣有自己的"时间表",或是祂的天父上帝所定
的时机要遵循。祂因此不可能被其他人或周围的事物来指导祂行事。

可是,"时候"按希腊文 *hōra*,在约翰福音中有时是更清楚地指一
定的"时辰"(RSV, the hour);特别是指耶稣"要得荣耀",也就是祂要
受难以及复活的"时刻"而言,例如十二章二十三节、十三章一节和十七
章一节。

在这之前,尤其是三章十六、十七节,作者约翰所强调的"爱"是上
帝的"博爱",也即是对"世界"或是"世人"(*kosmos*)的爱,这爱是永不
止息的。可是,从一至十二章的记述来看,耶稣所爱的世人,除了一小
群信从祂的人之外,绝大部分都没有以信或是爱来回应耶稣。不但如
此,犹太人的领袖还议决以"恨",也即是谋杀的意图来对付耶稣。

在十三至十七章这一大段的经文中,耶稣所说的爱,很明显是以祂
自己的门徒为对象。当然,这一段有关耶稣对门徒的爱的记载只是作
者约翰叙述的一个过程。因此,它绝对不意味着从今以后耶稣就不再
爱整个世界或是所有世人了。事实证明,当耶稣结束了对门徒的教诲
之后,祂继续因为"爱世人"的缘故,走上了在十字架上献身的道路。

作者约翰在十三章一节作了一个很重要的注释:"他[耶稣]既然爱
世间属自己的人,就爱他们到底"(*agapēsas tous idious tous en tō
kosmō eis telos ēgapēsen autous*)。这个注释很明确地把耶稣自己的门
徒(*tous idious tous*)和"世间"(*kosmos*)那些不属祂的人区分出来。耶
稣在十七章给这个意义深长的区分作进一步的诠释。这个清楚的区分
在现阶段,不论是对耶稣自己或是对祂的门徒来说显得格外重要,这是

因为耶稣在几天之后就要"离世"了(*metabainein*)。

纵使是在这个关键性的时刻,耶稣的门徒对即将发生在耶稣身上的事仍未有很清楚的意识。他们比较清楚的,应该是犹太教的领袖议决要杀害耶稣的图谋以及绝大部分的犹太人拒绝耶稣的事实。既是这样,门徒很自然地就会提出如下这一类的疑问:自称是"好牧人"(*ho poimēn ho kalos*,十11)的耶稣,确实有能力永远保守我们在他的爱中吗(十28～29)? 一旦耶稣"离世"以后,我们这一小群跟随者将如何去面对一个敌视我们的犹太族群,甚至是更大的"世界"(*kosmos*)?

作者约翰在十三章一节的注释,不仅道出了耶稣自己对上面这些疑问的意识和关怀,也是约翰自己对他的读者群的保证和激动:"他〔耶稣〕既爱世间属自己的人,就爱他们到底。"

"爱他们到底"中的"到底",在希腊原文 *eis telos* 不仅表示"永恒",也含有完完全全的意思。⑥

十三2　吃晚饭的时候(魔鬼已将卖耶稣的意思,放在西门的儿子加略人犹大心里)

经文中的"晚饭"(*deipnon*;RSV,supper)肯定是约翰福音书的"最后的晚餐"(the Last Supper)。因为从今以后约翰就没有提及耶稣在受难之前,与门徒还有共享任何其他的晚餐。可是,因为约翰没有明文记载耶稣在受难之前所设立的"圣餐"(the Holy Communion)或"主的晚餐"(the Lord's Supper),就很难确定十三章二节所说的"晚餐",是否就是"逾越节的筵席"(the Passover meal)。根据三部符类福音,"圣餐"或"主的晚餐"这个圣礼(sacrament)很清楚是在逾越节的筵席上正式设立的(太十七17～30;可十四12～26;路二十二7～23)。⑦

Bruce 对"晚餐"或"晚饭"(*deipnon*)的看法是很值得考虑的。他

---

⑥ "*eis telos* may in Hellenistic Greek be adverbial phrase with the meaning 'completely', 'utterly'." Barrett, p. 365.

⑦ 虽然保罗在林前十一20也用约十三2这里的同一个词语 *deipnon*("晚饭"),保罗却是用一个形容词 *kuriakon*("主的";RSV,"the Lord's")来表明他所指的是"主的晚餐"(*kuriakon deipnon*;"the Lord's Supper")或"圣餐"("Holy Communion"或"the Eucharist")。

认为,假使要较为全面地比较和解释约翰与符类福音有关最后的晚餐的记载,就非写一篇"专论"不可了。Bruce 自己相信作者约翰是根据当时耶路撒冷圣殿正式规定的日历,来记述耶稣受难的事。另一方面,耶稣与门徒则可能是遵照另外一套日历来守逾越节的。[8]

Barrett 的立场是,在符类福音中,"最后的晚餐"肯定就是"逾越节的筵席",也即是"主的晚餐"或是"圣餐的设立"。耶稣紧接下去在客西马尼园祷告、被拿、受审以及最终在十字架上受难这一连串的事,全部都是先后发生在犹太人的日历"尼散月"(Nisan,即公历的四月)十五日那一天。[9] 因为犹太人的一天是从日落(约傍晚六时)开始,到第二天的日落(也是大约傍晚六时)为止的。这前后的二十四小时,对犹太人来说,就是尼散月十五日。

若以公历来计算,上述所列的事件,是从星期四(Thurday)傍晚六时(6pm)到星期五(Friday)傍晚六时(6pm)之间发生的。那就是说,符类福音所记载的"最后的晚餐"或"逾越节的筵席"以及"主的晚餐"或"圣餐"是在星期四晚上(即尼散月十五日)举行并设立的。

耶稣在客西马尼园祷告、被拿,在公会前受审问,大约是发生在星期四晚上,深夜至星期五清晨之间(仍旧是尼散月十五日)。接下去就是耶稣在星期五"早晨"(可十五 1)在彼拉多面前受考问(仍旧是尼散月十五日)。

星期五上午九时(可十五 25 的"巳初"),耶稣被钉在十字架上;"从午正到申初(约下午三时)遍地都黑暗了"(可十五 33)。申初(约下午三时),耶稣的气就断了(可十五 37);仍旧是尼散月十五日。

Barrett 认为,根据约翰福音十三章一节、十八章二十八节、十九章十四节、三十一章四十二节,约翰福音中的"最后晚餐"一直到耶稣在十字架上受难那些事件都是发生在尼散月十四日,也即是从公历的星期三(Wednesday)傍晚约六时(6pm)至星期四傍晚约六时(6pm)之间发生的。[10] 若是这样,约翰的"最后晚餐",即十三章二节的"晚饭"

---

⑧ Bruce, p. 279.
⑨ Barrett, p. 39.
⑩ Ibid.

（*deipnon*），就不是马可、马太和路加这三部符类福音书所记述的
"逾越节的筵席"（the Passover meal）了。

无论学者们怎样去解释约翰福音十三章二节的"晚餐"等事件，一
个很明显的事实是不能否认的。那就是，约翰福音不知为何缘故，没有
明文记载"圣餐"或"主的晚餐"这一个圣礼（sacrament）的设立
（the institution）。这至少也是学者们的共识。

关键的问题是："圣餐"（Holy Communion）或"主的晚餐"（the
Lord's Supper）既然是在初期教会中耶稣最早设立的"圣礼"
（sacrament），也是三部符类福音和使徒保罗在哥林多前书十一章二十
三至二十六节以及使徒行传二章四十二至四十六节等的共同见证，[11]
约翰福音为何没有记载呢？学者们在尝试解答这个耐人寻味的问题的
时候，各有自己的观点。

Rudolf Schnackenburg 就针对这个问题评述了好几位具影响力的
学者的观点，包括 Bultmann、Jeremias、Betz、Cullmann、Wilkens Klos、
Barrett、Dodd 等。[12] 他在给有关学者的观点作了简要的评述后，提示
了一些自己精辟的观察和意见。[13] 在问题还未能得到更合理及完美的
答案之前，Schnackenburg 的意见在各学者中应该算是比较平衡以及
可以慎重考虑的其中之一。下面是他的观点的概要：

一、一个不可忽略的事实是，约翰越过了符类福音中的不少资料，
或对一些他显然知道的事物保持沉默，或基于某些原因避而不谈。学
者们普遍也相信作者约翰对自己的读者群的背景是相当清楚的。

二、另一方面，有关耶稣言行的一些事物，虽然在符类福音中已经
有很清楚的记述，约翰福音不但没有省略，反而提供了一些新的资料或
给类似的记载进一步的诠释，例如第六章所记述的五饼二鱼的神迹，以
及紧接下去有关"生命的粮"的论说。至于耶稣的受难和复活的记载就

---

⑪ 另一个圣礼（Sacrament）则是耶稣在复活以后吩咐门徒遵守的"洗礼"（baptism），见可十六
16 和太二十八 19；徒二 38、41 等。

⑫ 见 Schnackenburg, 3：42 – 47，4. "The silence about the Institution of the Eucharist in the
Johannine Account of the Last Supper"以及他的这一段文本和注，包括 pp. 406 – 407 的注
中所涉及的相关资料。

⑬ Schnackenburg, 3：45 – 47.

更不必说了。这些做法很明显是出于约翰自己对这些事的诠释兴趣以及他对基督论的独特领悟。

三、约翰福音在第六章给予耶稣分粮那个神迹的诠释，并不是直接指向"圣餐"(the eucharistic meal)，而是见证耶稣的真正身分(the person of Jesus)，虽然耶稣的"生命的粮"的论说可以应用在"圣餐"的诠释上。可是，对作者约翰来说，有关"基督的诠释"(the Christological interpretation)才是首要的。约翰对"最后的晚餐"(the Last Supper)的态度也是一样。因此，约翰福音十三章一节那一句序言并非只是为了介绍耶稣为门徒洗脚这件事，也是为了接下去的整个受难事件而写的。换句话说，约翰省略了一些其他的资料，是为了要把焦点放在耶稣身上以及祂所走的十字架道路上(concentration on Jesus and his way to the cross)。⑭

四、约翰不可能不知道"圣餐"(the Eucharist)是耶稣在"最后的晚餐"(the Last Supper)席上设立的，正如耶稣为门徒洗脚的行动一样。因此，符类福音所记载的"圣餐"以及约翰所记述的"洗脚"，都会个别有本身的"焦点"(focal point)。既是这样，约翰福音的"洗脚"就不可能被解释作是"圣餐"的一个"象征"(symbol)了。因为耶稣洗脚的行动是指向祂即将在十字架上的死(约十三 7~8)。这就正如使徒保罗在哥林多前书十一章二十六节提醒信徒有关圣餐的意义时，指向耶稣在十字架上的死一样："你们每逢吃这饼，喝这杯，是表明主的死，直等到他来。"两者的意义和目的虽然一致，可是约翰并无意以"洗脚"这个行动来"代替"(replace)"圣餐"的设立。

五、作者约翰对洗礼这个圣礼(the sacrament of baptism)也同样有深层的领悟(insight)。他通过耶稣与尼哥底母的表层对话，记述了耶稣有关来自天上和圣灵的重生道理(约三 1~15)。假使作者所思想的主题是"信"(faith)，则这重生的道理中的"核心内容"(inner

---

⑭ Schnackenburg 说得固然有道理，可是，他并没有根据这个观点来说明约翰福音没有记述"圣餐礼"(the Eucharist)的设立(institution)的原因。因为耶稣自己对这个"圣餐礼"的设立以及注释，不但不会转移 Schnackenburg 所说的"集中点"(concentration)，反而会使它变得更明晰("sharp")。

content),就可以帮助他的读者们对洗礼这个圣礼有更深层的认识。作者也同样知道圣餐是耶稣在最后的晚餐席上设立的,并且还以这圣礼来具体表达袖对门徒的爱,让他们记念袖的死以及分享耶稣那个代罪的死所给予的生命,正如袖在为彼得洗脚时所说的一样:"我若不洗你,你就与我无分了"(十三 8)。[15] 如果约翰可以通过耶稣为门徒洗脚的具体行动来表达"圣餐"的设立所具有的原有内在意义,那么约翰还有必要再重述他的读者们已经很熟悉的圣餐吗?

Schnackenburg 在提出了上述的观点后,作了如下的结论:"我们将无法完全肯定[有关圣餐]这件事的前因后果。但是,根据约翰的写作方式以及他的神学构思来看,他对圣餐的设立保持沉默也许并不是完全不可以理解的。"[16]

十三章二节的句子,"吃晚饭的时候"(*deipnou ginomenou*;RSV,during supper),是根据希腊文古抄本ℵ*、B、L 等的翻译。其他古抄本如ℵᶜ、A、K 等,则是"晚饭结束了以后"(*deipnou genomenou*)。[17] 根据十三章二十一至三十节的记述,耶稣为门徒洗脚的行动应该是在"吃晚饭的时候",也即是正在用饭的时候进行的,而不是在"晚饭结束了以后"。

"魔鬼已将卖耶稣的意思,放在西门的儿子加略人犹大心里"(*tou diabolou ēdē beblēkotos eis tēn kardian hina paradoi auton Ioudas Simōnos Iskariōtou*)这一句,是根据古抄本 A、D、K 以及 Byzantine(拜占庭)等翻译的。英译本 RSV、NEB 的意思也是一样,把经文中的 *kardian*("心")看作是犹大的心。这是因为在上列的古抄本中,犹大的希腊文名字 *Iouda* 是"属格"(genitive case),表示经文中的"心"(*kardian*)是犹大的心,而不是魔鬼的心。可是,在那些更早的古抄本中,如 P⁶⁶、ℵ、B,犹大的名字 *Ioudas* 则是"主格"(nominative case),表示经文中的"心"(*kardian*)不是犹大的,而是魔鬼的。那就是说,是魔

---

[15] 这里所说的"分"希腊文 *meros*,是指在耶稣的生命中有"分",意思是分享耶稣那代罪的死所给予信徒的永生。

[16] Schnackenburg, 3:47.

[17] *ginomenou* 是现在式的分词(present participle),*ginomenou* 则是简单过去式分词(aorist participle)。

鬼的心(或意思)要利用西门的儿子加略人犹大出卖耶稣。这恶念源自魔鬼(*tou diabolou*)。⑱

就约翰的叙述过程来说,P⁶⁶、ℵ、B 这些希腊文古抄本的意思是比较可取的。那就是,强调出卖耶稣的恶念源自魔鬼。作者约翰在十三章二十七节就明确地说,"撒但就入了他[犹大]的心"(*tote eiselthen eis ekeinon ho Satanas*)。恶念虽然出自魔鬼撒但,它却不能成为当事人犹大推辞责任的借口。犹大最终还是要为自己的恶行负责任,并且承担悲惨的后果。⑲

十三 3～5　耶稣知道父已将万有交在他手里,且知道自己是从上帝出来的,又要归到上帝那里去,就离席站起来,脱了衣服,拿一条手巾束腰。随后把水倒在盆里,就洗门徒的脚,并用自己所束的手巾擦干。

基于耶稣与天父上帝的合一,耶稣在一切所行的事上都有自知之明。这是不难理解的事。

十三章三节说:"耶稣……且知道自己是从上帝出来的,又要归到上帝那里去"(*Ho Iesous ... eidōs ... hoti apo Theou exēlthen kai pros ton Theon hupagei*)在此应该是指耶稣的道成肉身以及祂完成使命后最终升天的事。

耶稣既是如此"非凡"的一位救世主,但却自愿在这即将受难的时刻"离席",去"洗门徒的脚",就使这动人的一幕显得格外意义深长了。B. F. Westcott 形容这一幕是一个"以行动来表达的比喻"(a parable in action)。难怪作者约翰以很细致的描绘,见证了耶稣当时的动作(十三 4～6)。Westcott 因此还加上一句评语说:"当基督事奉的时候,他的事奉是完全的"(When Christ serves, He serves perfectly)。⑳

耶稣为门徒洗脚这一不寻常的事,在学术界引起很广泛的讨论,特别是它的神学意义。学者 J. G. Thomas 就曾为它出版了一本专论:

---

⑱ 难怪 Barrett 干脆将句子译作:"The devil had already made up his mind that Judas should betray him [Jesus]"(魔鬼已经下了决心使犹大出卖他[耶稣])。但思高本的译文就与上述的不完全相同:"魔鬼已使依斯加略人西满的儿子犹达斯决意出卖耶稣"。

⑲ 见太二十七 3～10。

⑳ Westcott, *The Gospel According to St. John* (Grand Rapids: Eerdmans, 1950), p. 190.

Thomas 在探讨了学术界有关这件事的各种见解之后，将它归纳为七类主要的诠释：[21]

一、洗脚作为谦虚的榜样（Footwashing as an Example of Humility）。

二、洗脚作为圣餐的象征（Footwashing as a Symbol of the Eucharist）。

三、洗脚作为洗礼的象征（Footwashing as a Symbol of Baptism）。

四、洗脚作为罪的赦免与/或洁净（Footwashing as the Forgiveness of sin and/or Cleansing）。

五、洗脚作为一个与洗礼和圣餐有别的圣礼（Footwashing as a Sacrament Separate from Baptism and Eucharist）。

六、洗脚作为救赎的标志（Footwashing as a Soteriological sign）。

七、洗脚作为一个[与洗礼和洁净礼相关的]争议（Footwashing as Polemic [against baptism and ritual purification]）。[22]

在约翰福音的诠释史上，一、二、三、四、六这几类的诠释都很普遍。有些诠释者只选择其中之一。也有学者认为，耶稣为门徒洗脚的意义是多方面的，因此认定了其中的两个或两个以上的诠释。选择第五和第七个诠释的学者相对而言少得多。

十三6～8　挨到西门彼得，彼得对他说："主啊，你洗我的脚吗？"耶稣回答说："我所作的，你如今不知道，后来必明白。"彼得说："你永不可洗我的脚。"耶稣说："我若不洗你，你就与我无分了。"

"挨到西门彼得"，和修版的译文是"到了西门·彼得"，表示在西门彼得之前已经有其他门徒的脚被耶稣洗过了。只是经文没有说明那个或是那些门徒当时对耶稣的不寻常举动作何反应。一向比较爽直和冲动的彼得在此作出的反应，因此是可以理解的，特别是因为耶稣自己在

---

[21] J. C. Thomas, *Footwashing in John 13 and the Johannine Community* (Sheffield: Sheffield Academic Press, 1991), pp. 11–17.

[22] J. C. Thomas, p. 17. 参阅 Barrett, p. 440；D. Moody Smith, *John* (Nashville: Abingdon Press, 1999), p. 252.

未采取为门徒洗脚的行动之前,没有预先向门徒解释那个非常令人深感惊讶的做法。纵使是在今天的现代东方社会,恐怕也不会有任何门徒或学生敢接受老师这样的"大礼"或"恩情"。

"主啊,你洗我的脚吗?"(*Kurie,su mou nipteis tous podas*)这个回应,不只表达了彼得的惊讶,也表示这是万万不能接受的。这一点与彼得的犹太背景也有一定的关系。

正如彼得那个时代的犹太教以及周边其他一些西亚的文化一样,"洗脚"是一个很普通的习惯,其中宗教和卫生理由都有。可是,根据犹太人的 *Midrash Mekhilta* 对出埃及记二十一章二节("你若买希伯来人作奴仆,他必服事你六年,第七年他可以自由,白白地出去")的诠释,作为一个卑贱的奴仆都不必为主人洗脚。㉓ 在一般的情况之下,不论是按犹太人或是当时的希腊罗马人的习惯,为他人洗脚者的身分都是比较低下或是卑贱的。破例的非常之少或是根本就没有。㉔ 这种情况应该有助于解释彼得在十三章六及八节所记载的反应。更何况彼得当时根本就不明白耶稣那个时刻为他洗脚的真正意义。

"后来必明白"(*gnōsē de meta tauta*)在此是说耶稣为门徒洗脚的意义要等到耶稣死和复活以后,当门徒回想起来的时候,才会明白过来。㉕

"你永不可洗我的脚"这个句子的中译文很准确地把希腊文的原意表达了出来:*Ou mē nipsēs mou tous podas eis ton aiōna*(RSV,"you shall never wash my feet")。

彼得不敢接受耶稣为他洗脚,很明显是出于他对师父耶稣的敬意。这个动机原是善良和美好的。可是,耶稣为门徒洗脚这件事其实是跟身分、地位、辈分以及一般社会上的礼俗无关的。耶稣的行动所要表达的,是神学与生命的意义。因为耶稣立即回答彼得说:"我若不洗你,你就与我无分了"(*Ean mē nipsō se,ouk echeis meros met'emou*)。"无分"的"分"(*meros*)在此是一个非常关键的词语。耶稣既无金银财宝

㉓ Ibid.

㉔ D. M. Smith, p. 252.

㉕ 正如耶稣在二 21～22 所预言的复活以及十二 16 耶稣骑着驴驹进耶路撒冷的意义一样。

或任何产业,这里所说的"分"就肯定不是指物质之类的东西了。跟从耶稣的门徒若是指望在任何事物上与耶稣有"分"的话,这肯定就是在团契与生命的交流上与耶稣有"分"。这也正是耶稣来到世间的目的:"我来了,是要叫羊[人]得生命,并且得的更丰盛"(约十 10)。可是,耶稣为门徒洗脚的"洗",又如何使得被洗的门徒在团契与生命的交流上与耶稣有"分"呢? 这就取决于"洗"在此所要表达的意义了。

耶稣原是上帝的儿子,或是在人看来,至少也是为人师表。后者在古老的犹太(东方)社会是很有身分和地位的。可是祂竟然主动愿意为自己的门生洗脚,这肯定是非常谦卑的行动。这也是门徒彼得首先坚决拒绝耶稣的理由。耶稣事后也清楚提醒门徒,那是非常不寻常的谦卑"榜样":"你们称呼我夫子,称呼我主,你们说的不错,我本来是。我是你们的主,你们的夫子,尚且洗你们的脚……"(十三 13~14)。

耶稣所彰显的谦卑,虽然是一个很好的"榜样",却不是普通人际社会间一般的谦卑或谦虚。耶稣的谦卑与祂作为上帝的"仆人"(*doulos*; servant),特别是"受苦的仆人"(the suffering servant)的身分和使命是分不开的(见赛五十二 13~五十三 12)。"受苦的仆人"最终也必须成为那"代罪的羔羊"(赛五十三 7~12)。约翰福音很早就肯定了耶稣上述的身分和使命:"看哪,上帝的羔羊,除去[或作"背负"]世人罪孽的"(一 29)。

更有意义的是,在约翰福音的叙述中,作者似乎有意突显耶稣是"逾越节的羔羊"的意义。不论是在以赛亚书五十二章十三节至五十三章十二节的预言中,或是在耶稣具体的使命中,"受苦的仆人"都是藉着极卑微的事奉和绝对的顺服去完成祂的使命的。耶稣选择了逾越节这一个犹太人记念上帝藉着羔羊的血,从埃及被救赎出来的日子,来为门徒洗脚,很明显是有意藉着那个具体的谦卑行动向门徒表达祂身为"受苦的仆人"以及"代罪的羔羊"的身分和使命。这样一来,"洗脚"的"洗",就具有最深的救赎象征意义了。既是这样,除非门徒愿意接受这个"洗"所象征的救赎,不然就不会与耶稣的团契和生命有"分"(*meros*)了。

十三 9~11 西门彼得说:"主啊,不但我的脚,连手和头也要洗。"

耶稣说："凡洗过澡的人，只要把脚一洗，全身就干净了。你们是干净的，然而不都是干净的。"耶稣原知道要卖他的是谁，所以说，你们不都是干净的。

从表面上看去，彼得在十三章九节给耶稣的迅速回应，似乎意味着他明白"与我无分"的意思。换句话说，如果接受耶稣的洗就与祂有"分"，倒不如全身洗更全面和更有保障！可是，在现阶段的彼得并不太可能对耶稣为门徒洗脚的举动有深层的领悟。因为正如耶稣自己在十三章七节所说的一样，那件事的真正意义，彼得"如今不知道"（*su ouk oidas arti*），必须要到后来才会"明白"（*gnōsē de meta tauta*）。其他门徒的情况大概也是如此。

其实，彼得当时考虑到的，也许是身体那一类的洗澡。这样的"联想"也很符合当时的犹太人在逾越节期间一些洗澡的习俗。因为按当时犹太人过节的规矩，参与筵席或是晚餐者在赴筵之前，一般都已经在家中先把自己冲洗干净，到了举行筵席的地方，就只需要把脚上在路途上沾染的尘埃洗掉即可，而不必全身再洗一次。这也很可能就是耶稣在十三章十节所说的意思："凡洗过澡的人，只要把脚一洗，全身就干净了"（*Ho leloumenos ouk echei Chreian ei mē tous podas nipsasthai*）。假使彼得当时所联想的是那样的外在的冲洗，则耶稣的回应就再恰当不过了。㉖

耶稣紧接下去所说的，似乎是比较难以领悟了："你们是干净的，然而不都是干净的"（*kai humeis katharoi este, all' ouchi pantes*）。"你们"（*humeis*）在十三章十节这里应该是包括所有在场的门徒，甚至连即将出卖耶稣的犹大也在内。"你们是干净的"这一句很明显是指门徒身体洗澡之后那种外表的"干净"（*katharoi*），包括犹大在内。因为这是参与逾越节的筵席或是晚餐的犹太人一般的习俗。可是，紧接下去的那一句，"然而不都是干净的"，则肯定不是指身体外表，而是针对人

㉖ 和合本十三 10"凡洗过澡的人，只要把脚一洗，全身就干净了"，是根据希腊文古抄本 B、C'、W 等翻译的。另一些古抄本如 ℵ、Vulgate、Tertullian、Origen 等，则没有"只要把脚一洗"（*ei mē tous podas*）这一句。较长的古抄本（也即是加上"只要把脚一洗"这一句的），应该比较符合耶稣和彼得当时对话的内容以及犹太人在那个时候的习惯。

内心的"干净"而言的。

作者在十三章十一节清楚指出了那一个不干净的门徒就是即将出卖耶稣的犹大(见十三 2)。"耶稣原知道"(*ēdei gar*)是作者约翰自己的注释,也是他在福音书中一贯的信念。

十三 12～17　耶稣洗完了他们的脚,就穿上衣服,又坐下,对他们说:"我向你们所作的,你们明白吗? 你们称呼我夫子,称呼我主,你们说的不错,我本来是。我是你们的主,你们的夫子,尚且洗你们的脚,你们也当彼此洗脚。我给你们作了榜样,叫你们照着我向你们所作的去作。我实实在在的告诉你们,仆人不能大于主人,差人也不能大于差他的人。你们既知道这事,若是去行就有福了。"

耶稣已经在十三章七节对彼得说过,祂给门徒洗脚的意义,是要在祂死而复活之后,他们才会明白的。既是这样,耶稣又何必在十三章十二节这里向门徒说,"我向你们所作的,你们明白吗"(*Ginōskete ti pepoiēka humin*)?

在十三章七节耶稣并没有进一步向彼得解释"后来必明白"是什么意义。彼得自己也没有立即追问下去。但是,在十三章十二节,耶稣却在提出了问题之后,便紧接下去在十三章十三至十七节向门徒解释,祂为他们洗脚的意义和目的。那就是:藉着那个令人深感惊讶,为门徒洗脚的行动,具体地在他们面前树立一个谦卑的"榜样"(*hupodeigma*;RSV, an example,十三 15),并且吩咐他们照样去实践。㉗

耶稣上述那个榜样,若是有祂在十三章三十四至三十五节所教导的"爱"为动机和力量,也应该是门徒可以去行的。

保罗在腓立比书二章五节形容这个极其谦卑的榜样为"基督耶稣的心"。但是,正如本注释在诠释十三章八节时所表明的那样,耶稣当晚为门徒洗脚的行动,还有一个更深奥的神学意义,那是门徒当时无法

㉗ 这个"榜样"(an example)若是以路加福音所记述的"最后的晚餐"作为背景,就会更加明显和有意义了。因为按路加的记述,当时"门徒起了争论,他们中哪一个可算为大"(*Egeneto de kai philoneikia en autois，to tis autōn dokei einai meizōn*,二十二 24)。耶稣那时刚刚藉着圣餐的设立来具体表明祂自己即将为门徒及世人在十字架上舍身流血,但门徒却紧接下去争论"谁为大"(*tis . . . einai meizōn*)。这样的事的确是太具讽刺性了!

领悟，也是不能去实践的，不论他们的动机多么的纯良与高尚或心志有多么坚决。那就是，耶稣藉着给门徒洗脚那个行动所要象征的代罪意义。那也就是"受苦的仆人"以及"上帝的羔羊"所要完成的献身使命。这个源自以赛亚书五十二章十三节至五十三章十二节的救赎思想，是跟作者约翰在一章二十九节所要宣告的福音信息完全一致的："看哪，上帝的羔羊，除去世人罪孽的"。不但如此，耶稣洗脚的谦卑行动，也很具体和明确地把"事奉"或"服事"(service)最崇高和深奥的意义诠释出来。这也正是耶稣自己在马可福音十章四十五节所宣告的："人子来，并不是要受人的服事，乃是要服事人，并且要舍命，作多人的赎价。"这样的诠释和意义，耶稣当日的门徒还必须要等到"后来"，也即是在耶稣真正完成了祂的使命以后，才会"明白"的(十三 7)。绝对"明白"这个深奥意义的使徒保罗，也因此非常明智地以耶稣"虚己"(*heauton ekenōsen*；RSV，emptied himself，腓二 7)的榜样，去训诲信徒如何学习与实践谦卑的美德(腓二 1～11)。

十三 18～19 "我这话不是指着你们众人说的，我知道我所拣选的是谁。现在要应验经上的话说：'同我吃饭的人，用脚踢我。'如今事情还没有成就，我要先告诉你们，叫你们到事情成就的时候，可以信我是基督。"

"我这话"(*legō*，我正在说的)，在此应该是指耶稣有关犹大出卖祂的预言。耶稣所说的，既然是关乎犹大个人，当然就"不是指着众人"了。

"我知道我所拣选的是谁"(*egō oida tinas exelexamēn*)中的"谁"(*tinas*)，在此肯定也包括了即将出卖耶稣的门徒犹大。其实，耶稣早就在六章七十节中已经清楚表示了这一点："我不是拣选了你们十二个门徒吗？但你们中间有一个是魔鬼。"

从圣经有关上帝或耶稣的"预知论"(foreknowledge)来说，犹大这个"魔鬼"(*diabolos*)蒙召为门徒，本是耶稣所"预知"(foreknew)的。既然如此，耶稣又为何拣选犹大为十二个门徒或"使徒"(*apostoloi*)之一呢？这是一个关乎上帝的"主权"(sovereignty)或"旨意"(will)以及人的"自由意志"(freewill)等复杂和奥妙的问题。这不仅是希伯来和基督教神学中最难理解的难题之一,也是其他一些宗教深感困惑的。可是,耶稣在此并没有以复杂或玄妙的"哲理"和"逻辑"来理解上述的难题。祂只是直截了当地引用了诗篇四十一篇九节来说明祂被门徒犹大出卖这件事,是"要应验经上的话说:'同我吃饭的人,用脚踢我'"。㉘

　　耶稣在十三章十九节道出了祂被犹大出卖这件事为何要预先向门徒透露:"叫你们到事情成就的时候,可以信我是基督"。这里所说的"事情成就"(*hotan genētai*)应该不只限于犹大出卖耶稣那件事。因为那件事本身并不可能导致门徒对耶稣的"信"。实际上,当耶稣被出卖以及受审的时候,不但其他门徒都远离了祂,甚至西门彼得都接连三次不敢承认他与耶稣的师生关系(十八 15～27)。因此,最终促使门徒对耶稣恢复"信"的,必须是耶稣死后的复活和显现等激奋人心的事。

　　"可以信我是基督"这个句子中的"基督"两个字,是和合本在翻译的时候加上去的,虽然这两个附加的字与上下文的思想基本上一致。这个句子的希腊原文 *hina pisteuēte ... hoti egō eimi* 也许可以简单和直接地译作"叫你们可以信我"。"我"在此是翻译原文的 *egō eimi*。*Egō eimi* 也是耶稣多次用以表达自己的身分(identity)的自称。它是一个自我意识很强的"我";并非是一般第一人称的"我"。这里的"我"(*egō eimi*)在此相等于希伯来文的 *'ani hu*;它在犹太人的观念里几乎已经成了"上帝"、"主"或是"耶和华"的同义词。在某些情况之下,希伯来文的 *'ani hu* 或是 LXX 中的 *egō eimi*,几乎完全不必加以解释就知道它是指上帝。㉙ 有鉴于上述那样的背景,思高本便将这句子译作"你们相信我就是那一位"。"我就是那一位"是原文 *egō eimi* 的翻译。和修版的译文几乎也是一样:"让你们……好信我就是那位"。"那一位"或是"那位"当然是指上帝或是上帝所差遣来世间的"那一位"基督或是弥赛亚了。因此,RSV 也很直截了当地把句子译成"you may know that I am he"。

㉘ 新约圣经的其他一些作者,也作了类似的引证。例如太二十七 3～10 所引的亚十一 12～13 和耶三十二 6～9;彼得在徒一 16～20 所引的诗六十九 25 和一〇九 8。

㉙ 见出三 14;赛四十一 4,四十三 10、13 等。

十三 20　"我实实在在的告诉你们,有人接待我所差遣的,就是接待我。接待我,就是接待那差遣我的。"

"我实实在在的告诉你们"(*amēn amēn legō humin*)在此与其他地方一样,是耶稣作慎重发言时惯用的词语。

基于耶稣与上帝的合一以及祂自己的特殊使命,"接待"上帝或是"接待"上帝所差遣的耶稣,很自然是一样的。耶稣的门徒到这个阶段,也应该不难理解这个简单的道理。纵使是那样,耶稣在此给门徒的慎重提醒,仍是有它一定的合时性。因为当耶稣一旦被出卖以及随后被钉死以后,门徒愿意不愿意或是敢不敢继续"接待"(*lambanein*)他们以往跟从的耶稣,将是一个极大的考验和挑战。作者约翰早已在一章十二节表明"接待"耶稣是至关重大的事:"凡接待他的,就是信他名的人,他就赐他们权柄,作上帝的儿女。"

十三 21～22　耶稣说了这话,心里忧愁,就明说:"我实实在在的告诉你们,你们中间有一个人要卖我了。"门徒彼此对看,猜不透所说的是谁。

耶稣在十三章十节只是暗示门徒中有人将要出卖祂,也就是祂所说的"不干净"的那一个。作者约翰也在十三章十一节给了一些提示。在此,耶稣是"明说"的,只是还未将那个出卖者直接指点出来而已。这种情况对身为老师的耶稣来说,是一件非常痛苦的事,难怪祂此时"心里忧愁"(*etarachthē tō pneumati*;RSV,he was troubled in spirit)。

与约翰福音在其他地方的用法一样,十三章二十一节的"实实在在"也是在表明所说的话的重要性。

门徒中的犹大竟然有意出卖耶稣,这肯定是一件非常令人难以理解以及极端严重的事。其他门徒的随即反应表示他们想知道真相。可是他们在此刻只能猜测耶稣所说的究竟是谁,结果还是"猜不透"。"猜不透"的希腊文(*aporoumenoi*)也可以译作"感到困惑"或是"失落"。门徒的心境是完全可以理解的。

十三 23～24　有一个门徒,是耶稣所爱的,侧身挨近耶稣的怀里。西门彼得点头对他说:"你告诉我们,主是指着谁说的。"

"耶稣所爱的那门徒"(*ho mathētēs hon ēgapa ho Iēsous*;RSV, the disciple whom Jesus loved)在约翰福音共出现四次(十三 23,十九 26~27,二十 2,二十一 20),这是第一次。[30]

"侧身"(*anakeimai*;to recline),表示参加筵席者把左胳臂置于沙发上斜卧着,右手臂可以自由运作。按照犹太人的规矩,只有在正式的筵席上,参加者才会以那样的姿态用餐。在逾越节的筵席上,赴筵者必须这样用餐。可见约翰福音十三章所记载的这个晚餐,若不是真正的逾越节晚餐,也必定是一个很隆重的筵席。[31]

"挨近耶稣的怀里"(*en tō kolpō tou Iēsou*)表示"耶稣所爱的那门徒"当时是斜卧在耶稣的右边,左胳臂靠近耶稣的右边。按照犹太人当时的习惯,在正式的筵席上,最重要的"贵宾"是坐在主人的左边,第二重要的则是在主人的右边。[32]"耶稣所爱的那门徒"当时只要稍微靠近耶稣的身边,就会显得好像是"在耶稣的怀里"了。这也正是原文的意思。

"怀里"的"怀"字(*kolpos*;RSV,breast)在约翰福音只出现过两次。首次是在一章十八节:"从来没有人看见上帝,只有在父怀里的独生子,将他表明出来。"[33]基于 *kolpos*("怀")这个词语在一章十八节的用法以及十三章二十节的内容,Barrett 作了一个令人感到惊讶的结论:"耶稣特别喜爱的那位门徒与耶稣的关系,被看作是和耶稣与上帝之间的关系一样。"[34]

耶稣所爱的那位门徒与耶稣的关系不论是如何密切,都是不能跟耶稣与父上帝那个绝对特殊的关系相比较的。因此,Barrett 的结论是很难被接受的。

那位门徒既是耶稣所爱的,就表示他也是耶稣的亲信了。这样,彼得也就很自然地想从他那里知道耶稣所指的出卖者究竟是谁。

---

[30] 有关这门徒的身分,参阅本注释导论中关于约翰福音的"作者"那一项的讨论。

[31] 见 Barrett,p. 372;Morris,pp. 555 – 556;Bruce,p. 289.

[32] Ibid.

[33] RSV 在此把希腊文 *kolpos*("怀")译作"bosom"。

[34] Barrett,p. 372.

十三 25～26　那门徒便就势靠着耶稣的胸膛,问他说:"主啊,是谁呢?"耶稣回答说:"我蘸一点饼给谁,就是谁。"耶稣就蘸了一点饼,递给加略人西门的儿子犹大。

为了满足彼得的好奇心,耶稣所爱的那门徒果然向耶稣询问那出卖者的身分。耶稣也没有令他失望。可是,为了暂时保密,耶稣以一个至少在表面上看起来是很自然的动作来表示:"耶稣就蘸了一点饼,递给加略人西门的儿子犹大。"

"蘸一点饼"(bapsas . . . to psōmion)㉟这个小动作所传达的信号至少对那个向耶稣提问的门徒来说是清楚的。但是经文并没有直接说明那个门徒有没有立即或随后就将那个信号转达给好奇的彼得。就上下文来看,那个得知信号的门徒大概没有那样做。不然,按彼得一贯比较冲动与浮躁的性情,一旦获知实情之后,他几乎肯定会对出卖者犹大采取某种行动的。无论如何,其他在座的门徒大概是不会领悟耶稣当时那个动作背后的意义。因为身为当晚那个筵席的主人,耶稣以那个身分把蘸了酱料的一块饼递送给座席上的人,其实在犹太人的习惯中,是常见的事。㊱ 因此,其他在座的人也应该不会作任何的猜测。至于领受饼的出卖者犹大当时的感受如何,就不清楚了。

假使耶稣当时是直接将饼递送给犹大,则他的席位应该是相当靠近耶稣的。若是那样,耶稣在较早时(十三 18)所引的那一节经文就格外令人感叹了:"同我吃饭的人,用脚踢我。"

十三 27　他吃了以后,撒但就入了他的心。耶稣便对他说:"你所作的,快作吧。"

这一节经文可以引发读经者或释经者各种不同的思考和猜测。可

㉟ 大部分的学者认为这里所说的"饼"(psōmion),是指逾越节筵席上所摆上的那些普通的"饼"。可是,Barrett(p. 373)却根据犹太人过逾越节的一般习惯(Passover haggada),认为 psōmion 在此不一定是指"饼",而是逾越节所预备的"苦草"(bitter herbs)。学者 Lagrange 甚至还以为希腊原文中的 psōmion,是一小块的"肉"(meat,见 Morris, p. 557, n. 60)。所谓"蘸一点饼",是将饼在以枣和葡萄干及醋或酒做成的酱料上蘸一蘸(baptein)的意思(见 Bruce, p. 290)。上述这些都是逾越节晚餐中常备的食物。

㊱ Bruce,p. 290.

是,最终可能还是找不到一个既能满足自己,也可以说服他人的答案。有一些观点和猜测甚至还会令人啼笑皆非呢。⑰

作者约翰早在十三章二节就说,"魔鬼已将卖耶稣的意思,放在西门的儿子加略人犹大心里",或"魔鬼已经下了决心使犹大出卖他[耶稣]"(Barrett)。作者又在十三章十一节表示"耶稣原知道要卖他的是谁"。他在十三章二十七节这里进一步肯定"撒但就入了他的心"(tote eiselthen eis ekeinon ho Satanas)。中文的翻译在此是取原文的意思,也是译得很正确。原文的直译应该是:"那时[tote]撒但就进入他里面去了"。

较早时十三章二节所说的,只是一个邪恶的意念。如今,这个恶念已经进入了出卖者犹大的心。接下去的,很自然就是具体的行动了。

一个非常困扰人的神学和哲学难题是:犹大出卖耶稣这件事完全是魔鬼"操纵"他的结果,使他"身不由己"? 还是犹大自己心甘情愿,结果与魔鬼"两厢情愿"?

从事件的演变来看,犹大的作为似乎不太可能是一时间的"一念之差"。上面那一类问题的提示以及各种可能给予的回答,将是"无了期的"。从比较广义的圣经神学去看,释经者也许只能很笼统地说,在犹大出卖耶稣这件事上,既有上帝的主权(sovereignty)或旨意(will),也有撒但的恶念和计谋以及人(犹大)自己的意志和选择。

有一点也许是比较肯定的。这不仅是理论,好多时候也是事实。那就是,上帝(或耶稣)可以藉着撒但或是人自己原有的恶念以及邪恶的行为,成全祂美善的旨意,结果完全在人的意料之外。其中的"奥秘"(musterion;mystery),如果出自"尘土"(dust)的人能够完全"理解"或"领悟"的话,则"上帝"也就不再是上帝,"人"也不再是人了。

十三章二十七节的下半句,也同样令人费解:"耶稣便对他[犹大]说:'你所作的,快作吧。'"Bruce 认为耶稣刚才把"蘸了的饼"递送给犹大的举动,可能是有意向他表达特别的善意,⑱藉此给出卖者一个最后

---

⑰ 例如 Bruce, p. 291,n. 19、20 所举的一些例子。
⑱ 在犹太人的筵席上,主人对客人这样的做法,在一般的情况下,确实是有表达尊重、喜爱或是其他正面的意思。

回心转意的机会。㊴ 若是这样，结果是犹大没有领耶稣的"情"。从上下文来看，Bruce 的观察似乎缺乏比较有力的凭证。实际上，说到回心转意的机会，耶稣较早时已经很清楚地给犹大提供了。那就是，当耶稣以沉重的心，公开向众门徒透露他们之中将有一个人要出卖祂的时候（十三 21）。不但如此，门徒接下去彼此的询问和猜疑，对犹大来说，也是另一个清楚的提醒以及回转的机会。至于耶稣递饼给犹大的举动，纵使有善意，其真正的用意和目的，还是为了回答祂所爱的那门徒的追问："主啊，是谁［要出卖你］呢？"

　　十三章二十七节"他［犹大］吃了以后，撒但就入了他的心"这一句，是作者约翰自己的评语。它似乎有意在向读者们解释说：当撒但进了犹大的心以后，一切都已经太迟了；他只能顺从撒但的指示去干撒但要他干的事。这样的解释也很符合耶稣对犹大说的那一句"临别赠言"："你所作的，快作吧"（Ho poieis poiēson tachion）。这样的诠释似乎也是希腊原文的意思。原文在十三章二十七节有一个副词 oun（"因此"，therefore），被和合本译作"便"："耶稣便对他说：'你所作的，快作吧。'"㊵不论将原文的 oun 译作"便"、"于是"或"因此"，整个句子的意思都是很明显的。那就是，当撒但入了犹大的心以后，耶稣也只好接受一个事实：犹大出卖的行动即将实现。

　　当然，接受一件事实并不表示赞同做事者的图谋与行为。读经者也许会好奇地问：耶稣既然早就知道犹大要出卖祂的恶念，为何不积极地采取主动去阻止他呢？圣经似乎没有很直接或明确地为这样的问题提供令人满意的答案或解释。至少作者约翰没有那样做。可是，作者也没有让他的读者们在黑暗中摸索或让他们去瞎猜。因为作者所见证的耶稣，不但是一位充满使命感的，也是完全顺服天父上帝的使者。约翰也多次见证耶稣在面对关键性的时刻，既确信自己的"时候"（hōra；RSV，hour），也能临阵不乱，处之泰然。当然，这并不意味着耶稣自己

㊴ "Jesus' action, in singling Judas out for a mark of special favour, may have been intended as a final appeal to him to abandon his treacherous plan and play the part of a true disciple." Bruce, p. 290.

㊵ 思高本译作"于是"："于是耶稣对他说，你所要做的，你快去做罢！"

没有内心挣扎和交战的体验(见十二 27,十三 21)。至于犹大出卖祂这件事,耶稣倘若要尝试阻止他的话,不论在理论或是在具体的行动上,都是可能的。正如祂被捉拿的时候,对那个"拔刀相助"的人所说的一样:"收刀入鞘吧,凡动刀的,必死在刀下。你想我不能求我父,现在为我差遣十二营多天使来吗?"(太二十六 52～53)不但如此,耶稣还紧接下去为自己的"非暴力"(non-violent)以及"不反抗"(non-resistent)的立场作了如下的解释:"若是这样[反抗的话],经上所说,事情必须如此的话,怎么应验呢?"(太二十六 54)换句话说,耶稣选择了"顺服"的道路,正如约翰福音在同一个事件中所记载的一样:"耶稣就对彼得说:'收刀入鞘吧,我父所给我的那杯,我岂可不喝呢?'"(十八 11)因此,耶稣向犹大告别的那句话("你所作的,快作吧。")绝对不是"无奈"或是"宿命论者"(fatalist)的悲观调子。因为耶稣是有选择的。祂最终在审问祂的罗马巡抚彼拉多面前,仍旧坚定不移地肯定了这个信念:"耶稣回答[彼拉多]说:'若不是从上头赐给你的,你就毫无权柄办我'(约十九 11)。

　　耶稣在完成使命的过程中所做的一切,包括"容许"自己被犹大出卖这件事,可说是"主祷文",也即是耶稣教导门徒的祷文中,那句意义深长的祝愿最完全和具体的实现:"愿你的旨意行在地上,如同行在天上"(太六 10)。

　　十三 28～30　同席的人,没有一个知道是为什么对他说这话。有人因犹大带着钱囊,以为耶稣是对他说:"你去买我们过节所应用的东西",或是叫他拿什么周济穷人。犹大受了那点饼,立刻就出去。那时候是夜间了。

　　当时同席的人不知道耶稣在十三章二十七节对犹大所说的那句话的意思,是可以理解的。因为"你所作的,快作吧"(*Ho poieis poiēson tachion*)这一句话,可以指任何犹大要做的事。十三章二十九节所记载的,只是当时某些门徒自己的猜测或误会而已。

　　"买我们过节所应用的东西"(*Agorason hōn Chreian echomen eis tēn heortēn*)这句子中的"节"(*tēn heortēn*)在此可能是指犹太人的 *hagigah*,也即是"除酵节"(RSV, the Feast of the Unleavened Bread)。

这个节期从逾越节的那晚开始，共举行七天。⑪

"叫他拿什么周济穷人"(*tois ptōchois hina ti dō*)在此意味着犹太人，也可能包括耶稣和他的门徒在内，都有在逾越节这些节日期间周济穷人的习惯。其实，这也是旧约和新约圣经一致的教导；不只是在节日期间，更是要在日常生活中不断地去实践。

对犹大来说，耶稣在十三章二十七节所说的那一句话："你所作的，快作吧"，至少有两个很不相同的意义。一、耶稣早已知道犹大要出卖祂的恶念，但没有主动阻止他去做，甚至还预祝他成功。二、是耶稣给他悔改的最后一次机会。

当"犹大受了那点饼，立刻就出去"的时候，表示他已经完全走上了撒但为他铺设的绝路。"那时候是夜间了"(*ēn du nux*)除了说明时辰之外，可能还有一定的象征意义，表示出卖者已经步入了一个黑暗的世界，成了一个"黑暗之子"(the son of darkness)。

大部分学者都将十三章一至三十节这一段经文看作是约翰福音的一个单元(unit)，焦点是耶稣为门徒洗脚的意义以及门徒犹大出卖耶稣的计划。

总的来说，学者们对上述那两件事的诠释都有一定程度的共识。但是，在论及十三章七至十节有关耶稣所说的"洗"和新约"洗礼"(baptism)的关系时，学者们却有着不同的观点和立场。

Beasley-Murray 对几位具代表性的学者，如 Cullmann、Dodd、Barrett、Brown、J. A. T. Robinson 等的观点，有很精简的评述。

Cullmann 肯定耶稣为门徒洗脚的行动是指向基督徒的洗礼。⑫ B. T. Westcott 在跟希伯来书十章二十二节、以弗所书五章二十六节以及提多书三章五节作了比较之后，认为耶稣在十三章十节所提及的

---

⑪ Barrett (p. 374)以此假设约翰福音中所记载的"最后晚餐"，是在逾越节之前的二十四小时举行的。这里有一个很重要的问题：犹太人可以在逾越节的前夕去"买"东西或做其他的事吗？关于这个问题，The *Mishnah*，Pesahim 4；5 有这样的一段记载："先贤说，在犹大地，人们从逾越节的前夕开始，到隔天中午都做事；但在加利利则不然。至于尼散月[Nisan]十四日前夕，'拉比'沙买[Shammai]这一派是禁止工作的。可是，'拉比'希列尔[Hillel]那一派却容许人们工作至日出。"见 Neusner，tr. The *Mishnah*，p. 236.

⑫ 见 Cullmann，*Early Christian Worship* (London：SCM，1953)，pp. 108－109.

"洗"与"干净",是"基督徒洗礼观的一个预示"(a foreshadowing of the idea of Christian Baptism)。[43] Barrett 基于他对"洗"的两个希腊文词语 *louein* 和 *niptein* 的理解,认为十三章十节的背景与宗教的洁净礼和基督徒的洗礼有关。[44] Brown 的立场是,耶稣为门徒洗脚的行动,主要是象征性地预告祂即将在死亡中经历的耻辱(to prophesy symbolically what he was about to be humiliated in death)。[45] 至于耶稣所说的"洗"(*louein*),对洗礼的解释只是"次要的"。[46] Morris 则不认为十三章十节的"洗"与基督徒的洗礼有关。[47]

[43] B. F. Westcott, *The Gospel According to St. John* (Grand Rapids: Eerdmans, 1950), p. 192.

[44] Barrett, p. 368.

[45] Brown, *John*, xiii-xxi, p. 568.

[46] "The use of the verb 'to bathe' for the footwashing is the principal evidence for a [secondary] baptismal interpretation of the footwashing." Ibid., p. 566.

[47] Morris, pp. 549–550.

叁拾叁　新命令：彼此相爱（十三 31～35）

从十三章三十一节开始到十六章三十三节是耶稣在受难之前给门徒最后的教海，其中包括新命令（彼此相爱，十三 31～35）、生命之道（十三 36～十四 6）、圣灵的赐下（十四 16～20、25～26，十五 26～27，十六 7～14）、主与门徒的生命交流（十五 1～8）等。

十三 31～32　他既出去，耶稣就说："如今人子得了荣耀，上帝在人子身上也得了荣耀。上帝要因自己荣耀人子，并且要快快的荣耀他。"

"他［犹大］既出去"（*Hote oun exēlthen*）在此表示耶稣被卖和受难以及死后复活，都已经成了定局。读经者将会看到整个事件的演变，有如戏剧那样，一幕接着一幕活现在眼前。

面对着即将发生的事，耶稣在十三章三十一节带着强烈的信念说，"如今人子得了荣耀"（*Nun edoxasthē ho huios tou anthrōpou*）。

虽然耶稣从被卖直到复活这一连串的事件仍未发生，可是祂却已经将这一切看作是"如今"（*nun*）已经成就了的事。"荣耀"，在原文（*edoxasthē*）是简单过去式的动词，表示事情已经发生了或肯定会实现。这是对上帝的主权（sovereignty）以及祂对一切局势的掌管（control）的确认。但这绝对不是"宿命论"或"命定论"（fatalism），因为"命定论"的后面没有一位既全能又良善的上帝在主宰和掌管着一切。

"荣耀"或"荣光"是约翰福音的一个重要思想。耶稣在过去所行的"神迹"（*sēmeia*），都清楚地彰显了上帝或耶稣的荣耀或作为（见二 11，六 14，九 3，十一 4、40 等）。可是，这一切的神迹奇事都有一定的暂时性，包括拉撒路肉身的复活。唯有耶稣自己的受难和受难后的复活，这些神迹以及它们所彰显的荣耀才是永恒的。这样的"荣耀"(*doxa*)，"只有在父怀里的独生子"才能表明出来(一 18)。因为天父上帝与祂的儿子耶稣本来就是合而为一的，"人子"耶稣的荣耀也就是天父上帝的。

"并且要快快的荣耀他"(*kai euthus doxasei*)这一句是在强调耶稣的受难和复活即将来临。

十三 33　"小子们，我还有不多的时候与你们同在。后来你们要找我，但我所去的地方，你们不能到。这话我曾对犹太人说过，如今也照样对你们说。"

这是 *Teknia*("小子们"；和修版"孩子们"；RSV，little Children)在约翰福音唯一出现的地方，虽然这个词语在约翰壹书出现了七次。它表达了耶稣对自己的门徒那亲切的语气。它也常用在长者对后辈的教诲中。

耶稣曾在七章三十三至三十四节向犹太人提到祂在他们之中短暂的时刻。祂在此向自己的门徒重提这件事。因为耶稣受难的时刻已经逼近，这个提醒显然就具有一定的紧迫感。

十三 34～35　"我赐给你们一条新命令，乃是叫你们彼此相爱。我怎样爱你们，你们也要怎样相爱。你们若有彼此相爱的心，众人因此就认出你们是我的门徒了。"

爱的"命令"(*entolē*)其实早在摩西五经就有。申命记六章四至五节非常严谨地教导以色列全民说："以色列啊，你要听。耶和华我们上帝是独一的主。你要尽心、尽性、尽力爱耶和华你的上帝。"利未记十九章十八节也要求以色列人要"爱人如己"。耶稣自己也将上述那两条爱耶和华上帝和爱人的诫命，分别看作是第一和第二要紧的(可十二 28～31)。

使徒保罗认为"全律法都包在爱人如己这一句话之内了"(*ho gar pas nomos en heni logō peplērōtai，en tō āgapēseis ton plēsion sou hōs seauton*，加五 14)。

既是那样，耶稣所说的"新"，究竟"新"在什么地方或是指什么呢？首先，"新"这个字在原文 *kainē* 不是指时间上那种新旧的"新"(*neos*)，而是指内容、意义或实质等方面的"新"。这就正如耶稣所设立的"新约"(*kainē diathēkē*，路二十二 20)那种"新"(*kainē*)一样。其次，这里所说的"新"是特别指门徒之间的"彼此相爱"(*agapate allēlous*；RSV，love one another)这件事说的。最后，这个爱的命令之所以"新"，是因为它对爱有一种"新"的要求："我怎样爱你们，你们也要怎样相爱"(*kathōs ēgapēsa humas hina kai humeis agapate allēlous*)。耶稣对门徒以及世人那种爱是无我和舍己的爱(三 16)。如今，耶稣要求门徒也要以这种无我和舍己的爱来"彼此相爱"。这样的一条诫命肯定是"新"的。①

耶稣在即将舍己的前夕将这一条"新命令"赐给门徒，是非常合时以及贴切的做法。因为一旦耶稣离他们而去之后，这一条"彼此相爱"的新命令就会显得格外意义深长了。然而，对那些门徒来说，要做到彼此相爱，像耶稣爱他们一样，的确是任重而道远了。假设他们真能将这命令体现出来，那将是美好的见证。因为众人将会因此而"认出"(*gnōsontai*)他们是耶稣的门徒了。"爱"(*agapē*)也因此成了门徒的标志。

纵使历代的基督徒群体及个人，并没有常常以耶稣所教导的爱作为他们的生活与见证的标志，爱的具体彰显却还是存在的。在约翰福音面世后大约一百年，教父德尔图良(Tertullian)就曾欣慰地引述了当时教外人士对基督徒"彼此相爱"的感言："看他们[基督徒]怎样彼此相爱!(See how they love one another!)……看他们如何准备随时为他人舍己!(How ready they are to die for one another!)"②

第四世纪的拉丁文圣经译本 Vulgate(武加大译本)把"新命令"(希腊原文 *entolē kainē*)译作 *mandatum novum*。因此，不少教会也将"最后的晚餐"(the Last Supper)的周年纪念日称作 Maundy Thursday(即受难节和复活节前的星期四)。③

――――――――

① 见约十五 12~13。
② 德尔图良(Tertullian)《护教篇》(*Apology*)三十九 7。
③ 英国的君主还从 1662 年开始，特别铸造一种叫 Maundy money 的钱币，在这个受难节之前的星期四分给穷人。见《牛津字典》，Maundy、Maundy money 和 Maundy Thursday。

叁拾肆　预言彼得三次不认主（十三 36～38）

　　除了约翰福音十三章三十六至三十八节之外，三部符类福音书都同样记载了耶稣预言彼得将三次不认主的事：马太福音二十六章三十三至三十五节，马可福音十四章二十九至三十一节，路加福音二十二章三十三至三十四节。就约翰福音而言，十三章三十六至三十八节的预言若与二十一章十五至十九节，耶稣在复活后与彼得的对话一起来看，就会更有意义了。前者标志着彼得意志的软弱和失败，后者则指向彼得信心的重建以及使命的重新委托。

　　十三 36　西门彼得问耶稣说："主往哪里去？"耶稣回答说："我所去的地方，你现在不能跟我去，后来却要跟我去。"

　　耶稣在十三章三十三节所说的"去"，正如七章三十三至三十六节一样，是指祂"去"受难。可是彼得和其余的犹太人一样，并不理解耶稣的意思。他因此追问下去："主往哪里去？"（*Kurie, sou hupageis*）。耶稣的回答，虽然对现在的读者们来说是明显的，但对当时的彼得却仍旧是一个谜团。

　　十三 37～38　彼得说："主啊，我为什么现在不能跟你去？我愿意为你舍命。"耶稣说："你愿意为我舍命吗？我实实在在的告诉你，鸡叫以先，你要三次不认我。"

　　"我愿意为你舍命"（*tēn psuchēn mou huper sou thēsō*）在此并不意味着彼得已经明白了耶稣所说的"去"是受难的意思。它只能反映彼得一贯的冲动，表示他愿意一直跟从他的主，甚至为祂"舍命"都在所不惜。可是耶稣认识彼得比彼得认识自己更深。祂明知这是彼得在那个

阶段中绝对做不到的事。耶稣因此明确地预言彼得将在当晚鸡叫之前
"三次"不认主。几个时辰后,耶稣的预言完全应验了(十八 15～27)。
但是,凡是自以为比彼得强的人,都必须牢牢地记住,历代以来,这样的
"彼得"当以千万计!

叄拾伍　道路、真理、生命（十四 1～6）

这是耶稣给了门徒有关爱的"新命令"以及预言彼得三次不认祂以后，紧接下去的教诲。它的主题是通往天父上帝的途径。

耶稣既在较早时（十三 33、36）预告祂即将离开门徒而去，也就接着在此向他们保证在上帝那里有他们的住所，并且还明确地宣告祂自己就是"道路、真理、生命"（*Egō eimi hē hodos kai hē alētheia kai hē zōē*）（十四 6）。

十四 1　"你们心里不要忧愁。你们信上帝，也当信我。"

耶稣的离去，也是门徒的信心面临最大考验的时刻。不但如此，直到此刻为止，门徒对耶稣所"去"的地方，仍旧没有清楚的认识，更不能与祂一道同去。因此，门徒心里的"忧愁"是完全可以理解的。彼得将三次不认主的预告，至少对彼得个人来说，应该是愁上加愁。

"忧愁"，不仅是一般人的常情，甚至耶稣自己也不例外。在面对着拉撒路的死亡和犹太人的哀伤时（十一 33），以及提到自己舍身的那一刻（十二 27）和门徒犹大即将出卖祂的时候（十二 27），耶稣自己也曾情不自禁地在人面前表露了内心的忧愁。这就正如以赛亚书五十三章二节所形容的那一个"常经忧患"（*anthrōpos en plēgē ōn*）的受苦的仆人和代罪的羔羊一样。

这位"常经忧患"者，如今以一位"过来人"的身分对自己的跟随者说："你们心里不要忧愁"（*Mē tarassesthō humōn hē kardia*）。"忧愁"常是缺乏信心的一种表现。信心的恢复和建立是消除忧愁的最有效途径。耶稣因此紧接下去对门徒说："你们信上帝，也当信我"（*pisteuete eis ton Theon kai eis eme pisteuete*）。天父上帝和祂的儿子耶稣既是合而为一的,信上帝和信耶稣也根本就是同一件事了。

十四 2~3　"在我父的家里,有许多住处。若是没有,我就早已告诉你们了。我去原是为你们预备地方去。我若去为你们预备了地方,就必再来接你们到我那里去。我在哪里,叫你们也在那里。"

耶稣曾在洁净圣殿的时候公开宣称圣殿是祂天父上帝的"家"(oikos,二 16)。① 十四章二节这里的"家",②肯定不是圣殿,而是指"天家"或"天堂"。

旧约圣经虽然有很清楚的末世观,却没有一套有关"天堂"和"地狱"的"系统神学"。可是,旧、新两约之间以及新约前后的犹太文献,则对这些问题有着不少的探讨和猜测。有关"天堂"或圣徒死后的"居所",次经中的《以诺一书》(1 Enoch)提供了一些很有趣的资料。下面是以诺在异象中所见到的一幕:

"在那里我看见了其他圣徒的居所和安息的地方。我亲眼看见他们与众圣天使同住的地方以及他们与圣徒安息之处。他们为子民的儿女们代祷和祈求。公义如水一般在他们面前涌流。恩慈像甘露一样降在地上,就这样在他们中间永不止息。"③

《以斯拉二书》八章九十至九十一节也提到"那些遵从至高上帝之道的人"在天家的安息:"这些将是他们所得到的:当他们见到上帝伟大的荣光时,就会感受到其中的快乐。上帝将会接纳他们,他们将分七个快乐的阶段进入安息。"④

"住处"的希腊文 monē 只在约翰福音中出现两次。除了十四章二

---

① 和合本译作"我父的殿"。
② 希腊文 oikia,与二 16 的 oikos 基本上一样。
③ 犹太启示文学(Apocalyptic Literature)中的《以诺一书》,I Enoch 39:4-5 就记载了这样的一个异象:"There I saw other dwelling places of the holy ones and their resting places too. So there my eyes saw their dwelling place with the holy angels, and their resting places with the holy ones, and they interceded and petitioned and prayed on behalf of the children of the people, and righteousness flowed before them like water, and mercy like dew upon the earth, and thus it is in their midst forever and ever. "其他相关的经文可参阅 I Enoch 14:15-23;71:5-10 等。
④ 《圣经次经》,赵沛林等译(长春:时代文艺,1995),页 586。

节这里之外,就只有十四章二十三节。可是,意思与 *monē* 相似的动词 *menein*("住";to dwell,to stay 或 to abide)则在约翰福音出现了四十次之多。它使用的范围很广,包括圣灵与耶稣的同住或同在(一 32)、耶稣与信徒的同在(六 56,十五 5)以及圣灵与信徒的同在(十四 16~17)等。因此,门徒在上帝的"家里"(*oikia*)找到"住处"(*monē*)就是永远与上帝同在或是"以马内利"(*Emmanouēl*,"上帝与我们同在",太一 23)的意思。

耶稣舍身离去,也正是为门徒预备那样的"地方"而去的。不但如此,祂还会再来"接"(*paralēmpsomai*)他们到祂那里去,好让他们永远与祂同在。对那些心里忧愁的门徒以及历代以来的信徒来说,没有任何"福音"比那样的信息更合时宜,更能安慰和激奋人心了。

十四 4~5 "我往哪里去,你们知道。那条路,你们也知道〔有古卷,我往哪里去,你们知道那条路〕。"多马对他说:"主啊,我们不知道你往哪里去,怎么知道那条路呢?"

耶稣到天父上帝的"家里"为门徒预备"住处",并且保证以后将会永远与他们同在,确实是一个大佳音。可是,哪一条才是通往上帝的家的"路"(*hodos*)呢? 令门徒深感惊讶的是,耶稣竟然说他们"知道"(*oidate*)这条"通天"的路。

十四章四节在希腊原文有两类稍微不相同的古抄本。和合本是译自较长的古抄本如 P[66*]、A、D 等:*hopou egō hupagō oidate kai tēn hodon oidate*。思高本则是译自稍短的古抄本如 א、B 等:*kai hopou* (*egō*) *hupagō oidate tēn hodon*("我去的地方,你们知道那里去的路")。和修版基本上也是一样:"我往哪里去,你们知道那条路。"Barrett 和 Schnackenburg 等都认为稍短的古抄本比较可取。⑤

门徒多马的回应完全与约翰福音其他地方给他的描绘一致。⑥ 可

---

⑤ Schnackenburg 等认为稍短的希腊文古抄本比较可取,因为它把耶稣那个话题的重心——"道路"(*hodos*)放在句子的后面:"The way〔*hodos*〕is made the theme even by the linguistic form of this verse(14:4), in which the emphasis falls at end of the sentence〔*oidate tēn hodon*〕."Schnackenburg, vol. 3, pp. 63,64.

⑥ 见十一 16 及二十 25。

是他所承认的无知倒也合乎逻辑:他和其他门徒既不知道耶稣往哪里去(*pou*),也就肯定不可能知道祂所走的那条路(*hodos*)了。

熟读福音书的读者也许会责怪多马这一类的门徒"信得太迟钝了"(路二十四 25)。其实不然。多马的情况只能说是"旁观者清,当局者迷"而已。在这之前,耶稣曾多次以不同的词语和说法,如"被举起来"(十二 32)、"得荣耀"(十三 31)、"去"门徒不能去的地方(十三 33、36)以及为门徒"预备地方"(十四 2～3)等,讲述他的受难和复活。此外,祂还预告犹大出卖祂的意图(十三 21～27)以及彼得将对祂的否认(十四 38)。因此,期望门徒能在耶稣受难之前对耶稣所说的一切找到一条清楚的思路,着实是很难的。无论如何,多马的疑问却再一次为耶稣提供了宣告自己的身分和使命的良机。

十四 6　耶稣说:"我就是道路、真理、生命,若不藉着我,没有人能到父那里去。"

耶稣在回应多马的疑问时所作出的这个宣告,不仅是约翰福音中最重要的一个,也是整部圣经在"宣信"(confession)中最基要和关键的。

正如耶稣在较早时(例如六 35,十一 25)所说过的一样,"我就是"(*egō eimi*; RSV, I am)这词语既表达了耶稣自己的永恒身分,也宣告了"道成肉身"的启示意义。

"真理"(*alētheia*)作为约翰的主题之一,已经在一至十章中出现了十三次(十二次在十三至二十一章中出现)。⑦

耶稣曾在十一章二十五节对马大说:"我就是复活和生命"(*Egō eimi hē anastasis kai hē zōē*;和合本译作"复活在我,生命也在我")。可是,同时宣告自己是"道理、真理、生命"(*hē hōdos kai hē alētheia kai hē zōē*)的,则是约翰福音书甚至是整部圣经中唯一的一次。

就上下文而论,耶稣在十四章六节中的宣告,其重心肯定是在"道路"(*hē hodos*)。因为耶稣在十四章四节所提及的,是祂将要走的路;

⑦ 参 Barrett, p. 382.

并且多马在十四章五节其实是在向耶稣"问路"。

如果耶稣只是说:"我就是道路",这"道路"就可能会显得很抽象。可是,有了"若不藉着我,没有人能到父那里去"这一句的诠释以后,耶稣就是"道路"的含义就明确多了。那就是说,耶稣是人通达上帝的途径或桥梁,但绝不是许多或是好几道途径或桥梁中的一道。希腊原文中的定冠词(definite article)hē(hē hodos;RSV,the way)其实已经将"我就是道路、真理、生命"(egō eimi hē hodos kai hē alētheia kai hē zōē)绝对化了,结果使句子的意义变成:"我就是那唯一的道路、真理、生命。"

十四章六节的诠释,"若不藉着我,没有人能到父那里去"(oudeis erchetai pros ton patera ei mē di' emou),在思高本译文中,进一步被绝对化了:"除非经过我,谁也不能到父那里去"。

这个宣告的绝对性,一方面确定了耶稣的身分和使命,另一方面则造成了圣经的基要信念(conviction)与其他宗教那完全不可避免的张力(tension)及误会。因为耶稣在这个宣告中那个明确的绝对性(absoluteness)在教外人士看来,简直就是排他性的(exclusive)"绝对主义"(absolutism)。这是逻辑推论的必然结果,也是圣经的信念必须面对和接受的事实。

与此同时,那些把耶稣的宣告看作是排他性的,或是"唯我独尊"的,甚至是"狂傲的"(arrogant)或"不容忍的"(intolerant),也就必须诚实地面对一个无可回避的问题:你认为耶稣究竟是谁?因为那自称是唯一的"道路、真理、生命"的,倘若不是上帝(或上帝的儿子),就是一个狂妄的疯子。"万一"祂不是疯子又如何?这样的"万一",不论是从逻辑或是从机遇率(probability)来看,都是存在的。对耶稣所作的宣告,德国奥古斯丁派修士多马肯培(Thomasà Kempis,约1380-1471)曾经作了如下的简要诠释:"没有'道路',就没有[天路]历程;没有'真理',就没有知识;没有'生命',就没有生活。"⑧

---

⑧ "Without the Way, there is no progress; without the Truth, there is no knowledge; without the life, there is no living." Thomasà Kempis, *The Imitation of Christ* (Harmondsworth: Penguin, 1986), p. 174.

叁拾陆　认识耶稣就是认识天父上帝（十四7～15）

作者约翰早就在一章十八节中宣称"道成肉身"的耶稣已经具体地将天父上帝"表明出来"了（*exēgēsato*）。耶稣在回应门徒腓力的要求的时候，再次肯定了这一点（十四8～9）。

十四7　"你们若认识我，也就认识我的父。从今以后，你们认识他，并且已经看见他。"

和合本的译文，"你们若认识我，也就认识我的父"，是根据 B、C 等希腊文古抄本：*Ei egnōkeite me，kai ton patera mou an ēdeite*（RSV，If you had known me，you would have known my Father also）。[①] 若根据 B、C 等古抄本的句子，耶稣这句话是含着一些责备门徒的语气。意思就是："你们若真认识我——其实你们到如今是应该认识我的，可惜并没有——就必认识我的父"。从多马的疑问（十四5）以及腓力的要求（十四8）以及十四章十一节来看，耶稣对门徒的责备可说是合理的。因为他们跟从了耶稣那么久，理当不应该再问十四章五节和十四章八节那类的问题了。

古抄本 P⁶⁶、ℵ 等则没有责备的意思。它只是表达了一个期许或作一个假设：*Ei egnōkate me，kai ton patera mou gnōsesthe*（"你们一旦认识我以后，也将会认识我的父"）。[②] 和修版的译本虽然没有带责备

---

① 第二个"认识"在希腊文古抄本 B、C* 是 *an edeite*；在 P⁶⁶、ℵ、D 则是 *gnōsesthe*；在 A、C³ 是 *egnōkeite an*。

② 关于不同的手抄本及其所含的不同意义，可参阅 Barrett, p. 382；Schnackenburg, vol. 3, pp. 67 - 68.

的语气,却与上述两种译本在意义上并不完全一样:"既然你们认识了我,也会认识我的父。"

"从今以后,你们认识他"(*kai ap' arti ginōskete auton*)这一句,是指从耶稣给门徒教诲的这个时候开始。"你们认识"(*ginōskete*)是现在式动词,表示这是存在的事实和经验。"并且已经看见他"(*kai heōrakate auton*)在此是根据门徒"已经看见"(*heōrakate*)耶稣这个事实来说的。正如耶稣接下去在十四章九节所说的一样,"人看见了我,就是看见了父"。这思想与一章十八节完全一致。

十四8~9　腓力对他说:"求主将父显给我们看,我们就知足了。"耶稣对他说:"腓力,我与你们同在这样长久,你还不认识我吗?人看见了我,就是看见了父。你怎么说,'将父显给我们看'呢?"

腓力虽然是耶稣的门徒,但是他的要求,在本质上却是跟那些不信的犹太人在八章十九节所问的很类似:"你的父在哪里?"因为腓力与其他犹太人一样,都亲眼见过耶稣,并且与祂对话过,可惜都一样不能在耶稣身上"看见"那位与耶稣合而为一的天父上帝。因此,耶稣必须在此慎重地提醒腓力说:"人看见了我,就是看见了父"(*ho heōrakōs eme heōraken ton patera*);正如耶稣在八章十九节对不信的犹太人所说的一样:"你们不认识我,也不认识我的父。若是认识我,也就认识我的父。"

"腓力,我与你们同在这样长久,你还不认识我吗?"(*Tosouton chronon meth' humōn eimi kai ouk egnōkas me, Philippe*)在此既表达了耶稣对门徒(至少对多马和腓力)的失望,也带着几分的责备。

十四10~11　"我在父里面,父在我里面,你不信吗?我对你们所说的话,不是凭着自己说的,乃是住在我里面的父作他自己的事。你们当信我,我在父里面,父在我里面。即或不信,也当因我所作的事信我。"

耶稣在此对门徒说的话,其实早已对不信的犹太人说过(见十38等)。他在这里重述,反映了情况的严重性。

犹太人对耶稣普遍的不信或怀疑,对耶稣来说,倒是比较可以理解和接受的。可是,那些与祂"同在这样长久"的门徒(十四9),像多马和腓力,竟然如今还对祂以及天父上帝缺乏基本的认识,怎能不令祂担忧呢? 正因为这样,耶稣在此以及接下去的"临别赠言",就显得格外意义深长以及更富紧迫感了。③

十四 12　"我实实在在的告诉你们,我所作的事,信我的人也要作,并且要作比这更大的事,因为我往父那里去。"

从表层看去,耶稣这句极端严肃的预告("我实实在在的告诉你们"),确实会令人深感困惑。因为耶稣"所作的事",包括各类的神迹奇事以及舍己的救赎工作,门徒又怎能照样做呢? 纵使门徒可以像耶稣那样行神迹——正如初期教会的使徒们后来所作的一样,耶稣的救赎"工作"(*ta erga*)就肯定不是门徒或是任何人所能作的。"要作比这更大的事"(*meizona toutōn poiēsei*)更绝对不可能了。既是那样,耶稣所指的"更大的事"究竟是意味着什么呢?

John C. Ryle 的推测也许是对的。他认为"更大的事",在此是指耶稣的门徒将来普世宣教的成果。④ Ryle 的观点也符合耶稣在十四章十二节所说的那一句话:"因为我往父那里去"(*hoti egō pros ton patera poreuomai*)。

历史事件的演变也的确证实了耶稣受难、复活、升天以后,圣灵所赐下的能力,使得门徒至少在传讲福音,叫人悔改归向上帝这件事上,作的比耶稣自己在世时所作的"更大"(*meizona*)。

根据使徒行传一章十五节的记载,在耶稣升天之后,圣灵还未降临之前,在耶路撒冷一起聚会的信徒,也只不过是"一百二十名"左右。可是,在五旬节圣灵降临那一天,听了使徒彼得讲道而悔改并受洗的人,就有"三千人"之多(二 41)。使徒行传四章四节还记载了在另一次"听道"的人中,只是男的信者数目就有大约五千人。Ryle 认为没有任何

---

③ 十四 11 最后"信我"(*pisteuete moi*)那两个字,是根据希腊古抄本 A、B、K 等来翻译的。P⁶⁶·⁷⁵、ℵ、D 等,就只有"信"(*pisteuete*)一个字而已。

④ "'Greater works' means more conversions. There is no greater work than the conversion of a soul". 引自 Morris, p. 574, n. 32.

工作比罪人悔改更大。这也是有一定的道理的。耶稣在讲完了一只迷失的羊被找回的比喻以后，也曾说："我告诉你们，一个罪人悔改，在天上也要这样为他欢喜"（路十五 7）。

十四 13～15　"你们奉我的名，无论求什么，我必成就，叫父因儿子得荣耀。你们若奉我的名求什么，我必成就。你们若爱我，就必遵守我的命令。"

耶稣的"名"（onoma），正如天父上帝的名一样，不仅是圣洁的，⑤也是具有权柄和能力的。

"无论求什么，我必成就"（ho ti an aitēsēte . . . touto poiēsō）并不表示耶稣是一位"有求必应"的神明。因为门徒向耶稣所求的，祂是否会"成就"（poiēsō），还得看他们所祈求的，是否合乎祂的旨意，或是像耶稣在十四章十三节提醒门徒的那样，是否会使天父上帝"得荣耀"（hina doxasthē ho patēr）。

由于人自己本身的自私以及常存不该有的各种欲望，人所祈求的，就不一定会合乎耶稣的旨意或叫天父得荣耀。因此，那些不会叫上帝得荣耀的祈求，耶稣也就不会"成就"了。正如使徒保罗在罗马书八章二十八节所说的一样，"万事都互相效力"，并不一定叫所有人"得益处"，只是"叫爱上帝的人得益处"。"爱上帝"因此成了人"得益处"的先决条件。难怪耶稣在应许了门徒说，祂会成就他们的祈求之后，就立即在十四章十五节提醒他们"爱"的要求："你们若爱我，就必遵守我的命令。"换句话说，门徒的祈求是否会蒙耶稣"成就"，就得看他们是否"爱"祂以及遵守祂的命令。⑥

---

⑤ 见主祷文："愿人都尊你［天父上帝］的名为圣"（hagiosthētō to onoma sou，太六 9）。

⑥ 就内容和意义而言，十四 14 这一句像是十四 3 的重复。难怪有些古抄本如 ℵ 等省去了十四 14。可是，更古老以及更重要的希腊文古抄本如 P¹⁴·⁷⁵、ℵ、A、B 等却保留了十四 14。将十四 14 保留应该是对的。因为耶稣对重要的教诲似乎都有重复的习惯。这也非常合乎犹太人的传统。

叁拾柒 耶稣应许保惠师圣灵将与门徒同在（十四 16～17）

作者约翰早在七章三十七至三十九节已经预告耶稣会在"得着荣耀"以后，将圣灵赐下来给门徒。这是耶稣自己第一次清楚向门徒预告这件事。

十四 16～17 "我要求父，父就另外赐给你们一位保惠师[或作训慰师，下同]，叫他永远与你们同在。就是真理的圣灵，乃世人不能接受的。因为不见他，也不认识他。你们却认识他。因他常与你们同在，也要在你们里面。"

耶稣在十四章十三至十四节提到门徒向祂祈求的事。祂在此却是论及祂自己向天父上帝的"要求"。不同的是，耶稣向天父上帝的要求并非是为自己，而是为门徒，因此是无私的代求，是代门徒向上帝要求将圣灵赐下来给他们。

耶稣在十四章十六节称圣灵是"另外……一位保惠师"（*allos parakletos*；RSV, another Counselor）。[①] 如果圣灵是"另外一位保惠师"，另一位或是第一位"保惠师"究竟是谁呢？这个答案只能在希腊原文的新约圣经找到。

在约翰壹书二章一节，耶稣被称为"保惠师"（*parakletos*），与约翰福音十四章十六节这里一样。和合本把约翰壹书二章一节的 *parakletos* 译作"中保"；思高本是"护慰者"；RSV 是 advocate。不论希腊文以外的翻译如何，约翰壹书二章一节的 *parakletos* 肯定是指耶稣。祂因此就是第一位"保惠师"（"中保"），圣灵因此是"另外一位"（*allos*；

---

① 马礼逊译本把 *allos parakletos* 译作"劝导者"。思高本是"另一位护慰者"。

another)。但是这两位先后出现的"保惠师"都是从天父上帝那里来的。

在 *paraklētos* 的中文翻译中,"保惠师"、"中保"及"护慰者"基本上都可说是理解了原文的意思。对现代中文读者来说,"护慰者"也许是比较恰当的翻译。因为它与约翰福音中所说的圣灵的工作也很相符。在英文译本中,"Counselor"(RSV、NIV)也是不错的翻译,因为圣灵在信徒中所扮演的角色,也的确是像一位"辅导者"那样。NEB 把 *paraklētos* 译作 advocate,意思比较接近法庭上的"辩护律师"(拉丁文 *advocatus*)。这个译文似乎就跟圣灵的工作不是那么相符了。

十四章十六节的"叫他〔圣灵〕永远与你们同在"(*hina meth' humōn eis ton aiōna ē*)这一句,是特别与耶稣道成肉身这个历史事件连接在一起来说的。

上帝的儿子耶稣,也即是永恒之"道"(*logos*),虽然是"成了肉身,住在我们中间"(一 14),但是他"住"在(*eskēnōsen*)人间的时间,毕竟还是很短暂的,前后只是三十多年。在约翰福音中,耶稣自己也曾多次告诉门徒,祂不久即将离他们而去的事实。门徒也因这即将来临的事,心里"忧愁"(十四 1)。

耶稣在此带给门徒的好消息是:当祂自己(第一位"保惠师"或"护慰者"〔*paraklētos*〕)去后,"另外一位"(*allos*)护慰者,也即是圣灵,将会被赐下来给他们,并且还会"永远"(*eis ton aiōna*)与他们同在,不像道成了肉身的那一位"历史上的耶稣"(the historical Jesus)那样,只能短暂地与他们同在。

上帝将要赐给门徒的护慰者,也被称作"真理的〔圣〕灵"(*to pneuma tēs alētheias*)。思高本作"真理之神"。

"真理"(*alētheia*)是约翰福音很重要的一个思想。作者早在一章十七节就宣告"恩典和真理都是从耶稣基督来的"。耶稣也在十四章六节宣称自己"就是真理"。"真理的〔圣〕灵"在约翰福音出现了三次(十四 17、十五 26、十六 13),都是指上帝将赐下的"护慰者"(*paraclētos*)。真理的〔圣〕灵的赐下,并非是要取代耶稣的工作,而是要跟耶稣一样,共同见证和传达真理。②

　　约翰壹书四章六节把"真理的灵"(*to pneumas tēs alētheias*)和"谬妄的灵"(*to pneumas tēs planēs*)清楚地区分出来。约翰壹书五章六节还进一步说"[圣]灵就是真理"(希腊文是五 7;*to pneuma estin hē alētheia*)。

　　"世人不能接受[真理的灵]"(*ho ho kosmos ou dunatai labein*)是很自然的,正如世人不能接受耶稣一样。耶稣还在十四章十七节进一步解释说,世人不能接受真理的灵,是"因为不见他,也不认识他"(*hoti ou theōrei auto oude ginōskei*)。这里所说的"见"和"认识",当然是指信心所导致的看见和认识。门徒也正是通过这信心的渠道"认识"耶稣的(*ginōskete auto*)。不但如此,门徒对"真理的灵"的认识,并非是表面和短暂的:"因他[真理的灵]常与你们同在,也要在你们里面。"③

---

② "John means 'the Spirit who communicates truth' . . . especially when it is borne in mind that in Jewish and early Christian Literature *alētheia* often means the truth proclaimed by a missionary preacher and accepted by his converts (e. g. 2 Cor. 4. 2). "Barrett,p. 386.

③ "因他常与你们同在,也要在你们里面"(*hoti par' humin menei kai en humin estai*)是根据希腊文古抄本 P⁶⁶ᶜ、ℵ、A 等的译文。P⁶⁶*、B*、D* 等是"因他与你们同在,也正在你们里面"(*hoti par' humin kai en humin estin*)。第一类的手抄本表示耶稣在此只是预告真理的灵将要住在(*menei estai*)门徒里面。第二类的手抄本则意味着真理的灵正住在或是已经住在(*menei estin*)门徒里面了,这是从约翰写福音书的时间角度来看的。

叁拾捌　耶稣应许向门徒显现（十四 18～24）

　　从"最后的晚餐"那个时候开始，耶稣给门徒的教诲几乎完全脱离不了祂即将离他们而去那个主题（十三 33～36，十四 2～3 等）。祂在此应许门徒说，祂将在受难之后向他们显现，但只有爱祂以及遵守祂的道的人才能看见祂的显现。

　　十四 18　"我不撇下你们为孤儿，我必到你们这里来。"

　　耶稣曾经在十三章三十三节很亲切地称祂的门徒为"小子们"（*taknia*；RSV，little children）。思高本与和修版都同样译作"孩子们"。若是这样，耶稣的离去，对门徒来说，就好像是丧失了父母的孤儿一般。耶稣肯定会理解门徒当时那种深切的感受。祂因此向他们保证说，祂不会"撇下"（*aphēsō*）他们为"孤儿"（*orphanous*）。①

　　"我必到你们这里来"（*erchomai pros humas*）这一句话，很明显是指耶稣在受难和复活后向门徒显现。② 可是，根据耶稣在十四章一至三节所说的预言，"我必到你们这里来"似乎也有指向耶稣将来的"第二次再来"（the Second Coming）的意思。无论如何，耶稣从死里复活后

---

① "孤儿"（*orphanous*）当然是指丧失了父母的孩子（如雅一 27）。可是，*orphanous* 有时候也用以形容那些失去了老师或师父的门生，像柏拉图在 *Phaedo* 116 形容那些在苏格拉底临终时，他的门生及好友们的处境一样："我们像慈父遗留下来的一群，将会如孤儿般度过余生"（*atechnos hēgoumenoi hōsper patros sperēthetes diazein orphanoi ton epeita bion*）。希腊原文引自 Barrett，p. 387。
② 十四 18 的"我……来"（*erchomai*）与耶稣在复活后"来"到门徒当中的"来"字是一样的。见二十 19 的和合本译文"耶稣来……"以及思高本的"耶稣来了……"。两者都是译自原文的 *ēlthen ho Iēsous*。*ēlthen* 是 *erchomai*（"来"）的简单过去式动词。二十 26 也以"耶稣来……"（*erchetai ho Iēsous . . .*）这样的词语来表示耶稣从死里复活后向门徒显现。

向门徒显现,本身就充满了"末世的"(eschatological)意义。因为耶稣复活后向门徒显现虽然只有短暂的"四十天之久"(*di' hēmerōn tesserakonta*,徒一 3),但是这个史实③却成了耶稣在末日"再来"的有力凭证和预告。

还有一点是必须澄清的。那就是,圣灵的赐下虽然在某种意义上可以说是"代表"耶稣的到来和同在,但这件事是绝不能与耶稣自己复活以后亲自向门徒显现以及祂的再来混淆在一起的。④

十四 19～20　"还有不多的时候,世人不再看见我。你们却看见我。因为我活着,你们也要活着。到那日,你们就知道我在父里面,你们在我里面,我也在你们里面。"

"还有不多的时候"(*eti mikron*),其实是很短暂的一段时间。因为在耶稣讲完了这一番话之后的几个时辰里,祂的被捕、受审和被钉都变成了历史事实。祂在十字架上的死亡以及紧接下去的埋葬,当然也就表示"世人不再看见"祂了。可是,祂的门徒却会因祂的显现而再次看见祂。

不但如此,对耶稣当日的门徒以及历代以来那些信靠耶稣的众多信徒来说,耶稣的复活不仅是祂自己个体的特殊经历,也是所有信徒可以"参与"和"分享"的。这也就是"你们也要活着"(*kai humeis zēsete*)的意思。

"到那日"(*en ekeinē tē hēmera*)在此虽然是直接指耶稣复活以后向门徒显现的日子,但是正如马可福音十三章三十二节一样,"到那日"也含有"末日"或是耶稣"再来"的意义。

门徒为何"到那日……就知道"耶稣在天父上帝里面,门徒在祂[耶稣]里面,祂也在门徒里面呢? 首先,这是因为耶稣自己的复活证实

---

③ 使徒保罗就根据这个最关键性的史实,在耶稣复活和显现后二十四年向他的读者们发出挑战。

④ Hoskyns 说得好:"基督的这个再来,并不是[圣]灵到来的一个解释"("This advent of Christ is not an interpretation of the coming of the Spirit.")Hoskyns, p. 459. "这其实是一个特殊的显现,它主要是指[基督]复活后的多次显现。"("It is, rather, a distinct appearance, and the primary reference is the Resurrection appearances.")Ibid.

了祂是永存的。但除了上帝以外，没有人是永存的。既是那样，耶稣也只有"在父里面"（*en tō patri*）才能永远存活。

门徒在耶稣里面，祂也在门徒里面，是指属灵生命的交流。耶稣早已经在十一章二十五节就对马大宣告说，"复活在我，生命也在我，信我的人，虽然死了，也必复活"。既是这样，耶稣一旦复活之后，门徒在祂里面分享祂复活的生命也便是理所当然的。不但如此，耶稣在此也再次清楚表明，祂与父上帝的合一跟祂自己与门徒的合一是完全分不开的。

十四 21　"有了我的命令又遵守的，这人就是爱我的。爱我的必蒙我父爱他。我也要爱他，并且要向他显现。"

每一个犹太人都可说是"有了［上帝］命令"（*Ho echōn tas entolas*）的人，但不一定"又遵守"（*kai tērōn*）。这是一个实践的问题。耶稣在此要求门徒以实践来具体证实他们对祂的爱。这样的人不但是天父上帝和耶稣所爱的，也是有福分见证耶稣显现的。

耶稣并不是一位随意在人面前"显神通"的魔术师，更不是一般人所期待的那类"有求必应"的神明。只有爱祂和遵守祂的命令和教诲的人，才能看见祂复活之后的"显现"。这是耶稣给门徒的一个严肃提醒和挑战。

十四 22～24　犹大（不是加略人犹大）问耶稣说："主啊，为什么要向我们显现，不向世人显现呢？"耶稣回答说："人若爱我，就必遵守我的道。我父也必爱他，并且我们要到他那里去，与他同住。不爱我的人就不遵守我的道，你们所听见的道不是我的，乃是差我来之父的道。"

这里所指的"犹大"应该是路加福音六章十六节以及使徒行传一章十三节的"雅各的儿子犹大"（*Ioudas Iakōbou*）。⑤

犹大的提问表示他还不明白，或是误会了耶稣在十四章二十一节所说的那句话。因为耶稣在较早时特别强调，只有爱祂并且遵守祂的

⑤ 埃及科普的文（Coptic）的古抄本称十四 22 这个"犹大"为"迦南人犹大"（*Ioudas ho Kannanitēs*）。古叙利亚文（Syriac）则是"犹大多马"（*Ioudas Thōmas*）。

命令的人,才是祂显现的对象。既是这样,耶稣又为何会向一般的"世人"(kosmos)显现呢? 彼得后来在外邦人哥尼流的家宣道的时候,也同样强调说:"第三日上帝叫他[耶稣]复活,显现出来,不是显现给人看,乃是显现给上帝预先所拣选为他作见证的人看,就是我们这些在他从死里复活以后,和他同吃同喝的人"(徒十 40～41)。

耶稣在回答犹大的时候,不但重复了祂先前所说的,并且还清楚声明说,那些爱祂的人,天父上帝和耶稣将"要到他那里去,与他同住"(kai pros auton eleusometha kai monēn par' autō poiēsometha)。思高本的译文是希腊原文的直译:"我们要到他那里去,并要在他那里作我们的住处"(RSV, and we will come to him and make our home with him)。这个意思与耶稣较早时在十四章二节所说,实际上是一个银钱的两面,都是指天父上帝并祂的儿子耶稣与门徒"同住"或"同在"的意思。

上帝"住在"人们之中,或是在他们中间建立"住所",本来就是上帝的子民最渴望实现的心愿(见出二十五 8,二十九 45;利二十六 11 等处)。这也是上帝的子民对末日的期盼(见结三十七 26～28;亚二 10～13;启二十一 3～22)。

道成肉身的耶稣只能短暂地与祂的门徒在一起。这也是耶稣在约翰福音中多次提醒门徒的。但是,将来从死里复活以后的耶稣,就不会受"肉身"(sarx)以及时空的限制了。到时,耶稣和天父上帝的"住所"(monē)将会在所有的信徒中间。这将是真正的"以马内利"(Emmanouēl),也就是"上帝与我们同在"(meth' hēmōn ho Theos)的意思(太一 23;见启二十一 3)。

耶稣较早时曾经向门徒提到遵守祂的命令,特别是"爱"的命令(entolē)的重要。祂在十四章二十四节这里要求门徒遵守祂的"道"(logoi)。"命令"和"道"是一致的。遵守耶稣"命令"的人,也因此会守祂的"道"。"不爱我的人就不遵守我的道"在此很明显是指那些不肯信靠耶稣的"世人"或"世界"(kosmos)。

"你们所听见的道不是我的,乃是差我来之父的道"这一句,其实只是重述了七章十六节、八章二十六至二十八节、十二章四十九节的意思。

叁拾玖　保惠师圣灵的教导工作（十四 25～26）

这是耶稣在受难前的教诲中有关圣灵的第二段记载，提及了圣灵两项特殊的工作。

十四 25～26　"我还与你们同在的时候，已将这些话对你们说了。但保惠师，就是父因我的名所要差来的圣灵，他要将一切的事指教你们，并且要叫你们想起我对你们所说的一切话。"

耶稣与门徒同在，迄今已有相当长的一段日子了。祂完全理解门徒对祂以往所说的"这些话"（*tauta*）的领悟能力仍是非常有限的。多马（十四 5）、腓力（十四 8）以及犹大（十四 22）这三位门徒的疑问，就是很具体的例子。因此，保惠师圣灵的一项特殊工作，就是对门徒教导（*didaxei*）"一切的事"（*panta*），并且让他们"想起"（*hupomnēsei*）耶稣以往对他们所说的"一切话"。

"父因我的名所要差来的圣灵"（*to pneuma to hagion ho pempsei ho Patēr en tō onomati mou*）跟十四章十六节"我要求父"以及十四章二十六节"我要从父那里差保惠师来"的意思是完全一致的。

肆拾　耶稣将平安留下给门徒（十四 27～31）

耶稣在此向门徒应许将平安留下给他们，因为他们为了耶稣即将离他们而去这件不可回避的事，深感忧愁和胆怯，正如耶稣在十四章一节所觉察到的一样。经文中所提及的"爱"以及耶稣要到门徒那里去的预告，都是祂先前已经说过的。

十四 27 "我留下平安给你们，我将我的平安赐给你们。我所赐的，不像世人所赐的。你们心里不要忧愁，也不要胆怯。"

"平安"（*eirēnēn*）在这节经文中的思想根源，肯定是希伯来文的 *shalom*。它的意思与十六章三十三节一样，代表了耶稣即将向门徒告别时的慰问。但在二十章十九、二十一、二十六节，"平安"却是主在复活以后向门徒的问安和祝福："愿你们平安"（*Eirēnē humin*；RSV，Peace be with you）。在旧约先知书中，例如以赛亚书五十四章十三节、五十七章十九节，"平安"（*shalom*）是上帝的子民所渴望期待的"太平盛事"日子。先知以西结也提及上帝要与祂的子民立"平安的约"（三十七 26）。①

"我所赐的，不像世人所赐的"（*ou kathōs ho kosmos didōsin egō didōmi humin*）这一句，不仅是带着强调的语气，也将"世人"或"世界"（*kosmos*）的"平安"与耶稣要赐给门徒的"平安"分别出来。事实也的确是那样。世人所寻求的，或是世人彼此问安时所说的"平安"，只是一个祝愿而已。因为问安者和领受者都没有能力将真正的平安赐给对方或留给自己。对门徒来说，只有耶稣所留下给他们的平安，才能真正消

---

① 旧约圣经的希伯来文是 *shalom berith*；LXX 是 *diathēkēn eirēnēs*，RSV，"covenant of peace"。

除他们内心深处的忧愁和胆怯。

十四 28 "你们听见我对你们说了，我去还要到你们这里来。你们若爱我，因我到父那里去，就必喜乐，因为父是比我大的。"

十四章二十八节的前半句是耶稣在这之前已经说过的。下半句是耶稣向门徒解释，祂"到父那里去"其实就是指祂受难后的复活和升天，因此是一件喜乐的事。因为祂的"去"就表示祂已经按着天父上帝所托付祂的一切，忠心和顺服地完成了使命。

"因为父是比我大的"（*hoti ho patēr meizōn mou estin*）在此只是强调耶稣对父上帝的忠心和顺服是完全合理的。

十四 29～31 "现在事情还没有成就，我预先告诉你们，叫你们到事情成就的时候，就可以信。以后我不再和你们多说话，因为这世界的王将到。他在我里面是毫无所有。但要叫世人知道我爱父，并且父怎样吩咐我，我就怎样行。起来，我们走吧。"

耶稣在受难之前给门徒的教诲，主要是让他们心里有所准备。这也就是十四章二十九节的意思。

十四章三十节表达了事情的紧迫性。"这世界的王将到"（*erchetai gar ho tou kosmou archōn*），是在说明耶稣将在黑暗的权势下受难。[2]

"他在我里面是毫无所有"（*kai en emoi ouk echei ouden*），是指"世界的王"，也即是撒但魔鬼，最终在耶稣身上将会一无所获的意思。思高本的译文是："他在我身上一无所能"。和修版是："他奈何不了我"。两个翻译都与 RSV 的英译文很接近："He has no power over me"。就神学的意义而论，这句话是充满了吊诡性的（paradoxical）。那就是说，这"世界的王"将到，并且还会任意地加害于耶稣。可是，在另一方面，他最终却在耶稣身上"一无所能"或是"一无所获"（*ouk echei ouden*）。这是因为在"世界的王"之上，还有一位主宰和管治一切权柄的上帝。"世界的王"撒但最终只是完成至高主宰美好旨意的一个工具而已，虽

---

[2] 关于"世界的王"（*ho tou kosmou archōn*）这个称号，见十二 31。

然撒但,正如出卖耶稣的犹大以及准许耶稣被钉在十字架上的巡抚彼拉多一样,最终仍须为自己的恶行负责任。在耶稣即将离门徒而去之际,也许没有其他的提醒比上述的教诲更能给予他们激励和安慰。

"起来,我们走吧"(Egeiresthe, agōmen enteuthen)这一句,表面上看去,似乎是表示耶稣给门徒的教诲到此告终,接下去便是采取行动,面对受难的时候了。[3] 若是那样,十四章三十一节直接与十八章一节连接起来就会更自然了。可是,按照约翰福音现有的秩序安排,在十四章一节与十八章一节之间,却还记录了一大段耶稣的教诲以及耶稣在十七章的祷文。

读经者如果接受约翰福音现有的秩序安排,就必须将"起来,我们走吧"这一句作一些解释。根据上下文,这个句子的意思可能是:"让我们继续依照天父上帝所安排的去行事吧。其余的一切我们尽可完全交托在祂全能的手中。"

---

③ 参阅可十四 42。

肆拾壹　葡萄树与枝子：生命的交流（十五 1～8）

　　信耶稣或是跟从耶稣就是在耶稣的生命中有分。耶稣在此以葡萄树与枝子那密不可分的关系为比喻，来说明祂与门徒之间的生命交流。

　　葡萄园和葡萄树在旧约圣经中有着很重要的象征意义，因此是犹太人很熟悉的事物。以赛亚书五章一至七节以"葡萄园"（LXX，ampelōn）比喻耶和华上帝所爱的以色列。可惜背逆的以色列却"结了野葡萄"（五 4），叫园主上帝极端失望，最终只能"被践踏"（五 5）。

　　诗篇八十篇八节形容以色列是上帝"从埃及挪出[的]一棵葡萄树"。它起初长得非常茂盛，结果也是因为背逆上帝而被糟蹋（八十 8～13）。① 诗人也只能在祷告中祈求上帝"从天上垂看，眷顾这葡萄树"（八十 14）。符类福音都以葡萄树来比喻以色列（可十二 1～9；太二十一 33～41；路二十 9～16）。

　　上述这些背景虽然都有助于理解耶稣在约翰福音十五章一至八节所用的比喻，但是祂在此所讲的，并不是整体的以色列与上帝的关系，而是祂自己与门徒之间的生命交流。

　　十五 1　"我是真葡萄树，我父是栽培的人。"

　　对耶稣的门徒那些犹太人来说，祂只需要说"我是葡萄树"（Egō eimi hē ampelos），门徒大概就会把许多事物联想在一起了。

　　耶稣为何需要特别强调祂是"真"（hē alēthinē）葡萄树呢？既然有"真"的，当然也就表示有"假"的葡萄树存在了。

　　在这之前，耶稣也曾经用"真"字形容那些"真正"敬拜天父上帝的

---

① 见耶二 4～22；结十五章。

人（*hoi alēthinoi*，四 23）。耶稣也在六章三十二节形容自己是上帝从天上赐下来给人的"真粮"（*ton arton ton alēthinon*）。祂也在十章十一节以"好牧人"来比较"雇工"。这两者，谁是"真"的，谁是"假"的，也是不言而喻。

基于旧约中以色列作为"葡萄园"和"葡萄树"的失败例子，以及犹太教的领袖们对耶稣的敌视态度，耶稣把自己比喻为"真葡萄树"，就显得格外有意义了。

犹太人的次经《巴录二书》三十九章七节预言，当上帝所膏立的弥赛亚出现的时候，他的国度就会"像泉源和葡萄树那样彰显出来"。②

在希律王重建的耶路撒冷圣殿的进口处，也树立了一棵金葡萄树，覆盖着两旁的门柱。③

"我父是栽培的人"（*ho Patēr mou ho geōrgos estin*）。④ 这个思想与旧约的背景不完全相同。因为在旧约，甚至是在符类福音所记录的比喻中，天父上帝一般都被看作是建立葡萄园或是栽葡萄树的"园主"。

在马可福音十二章一至十二节的比喻中，主人（即上帝）建立了"葡萄园"以后，就把它"租给园户"（十二 1）。马可福音十二章一节的"园户"（*geōrgoi*）与约翰福音十五章一节这里的"栽培的人"或是思高本的"园丁"，都是同一个希腊文。上帝作为"栽培的人"或是"园丁"的意义，要在十五章二到八节才会显示出来。

十五 2~3　"凡属我不结果子的枝子，他就剪去。凡结果子的，他就修理干净，使枝子结果子更多。现在你们因我讲给你们的道，已经干净了。"

如果耶稣自己是"葡萄树"（身），那祂的门徒很自然就是"枝子"

---

② "And it will happen when the time of its fulfillment is approaching in which it will fall, that at that time the dominion of my Anointed One which is like the fountain and the vine, will be revealed"（2 Baruch 39:7）.

③ The *Mishnah*, Middot, 3;8F: "A golden vine was standing at the entrance of the sanctuary, trained over the posts."Josephus, *The Antiquities of the Jews*, 15.11.3:"The temple had doors also at the entrance ... under the crown-work, was spread out a golden vine, with its branches hanging down from a great height ..."

④ 思高本："我父是园丁"。RSV,"My Father is the vinedresser."

（*klēma*）了。在葡萄树的众多枝子中，有些是生机勃勃、有开花结果的潜能的，也有枯枝和残枝。

作为一位有经验的"园丁"，上帝必然会将那些"不结果子的枝子"剪去。可是，谁是"不结果子的枝子"，也即是败坏的门徒呢？谁又是"结果子的"（*to karpon pheron*）？

十五章二至三节中的"干净"（*kathairei*，"修理干净"，RSV，prunes；*katharoi*，"干净"，RSV，made clean），让人想起那个在"最后的晚餐"时，被耶稣看作是"不干净的"犹大（十三 10～11、25～27）。当犹大在那个晚上离席出去，进行出卖主耶稣的图谋的时候，他可说已经是被上帝"剪去"了（*airei*）。假使门徒还没有把耶稣当晚的话忘记，他们是不难领悟耶稣在这里所说的。

另一方面，凡是对栽树有一些常识的人，都会明白，有些"剪去"或"修理"是正面和必要的，那就是为了"使枝子结果更多"（*hina karpon pleiona pherē*）。

耶稣在十五章三节进一步说明，使门徒"干净"或"洁净"的（*katharoi*），是耶稣讲给他们的"道"（*ho logos*）。⑤

耶稣并没有在这一段经文中诠释祂所说的"果子"（*karpos*）是什么。祂在这之前曾多次提到"爱"（*agapē*），较后也在十五章九至十七节重提这一点。这就很自然会让人猜测耶稣所说的"果子"，可能是指"爱"这个从生命中自然流露及表现出来的"果子"或德行。保罗在加拉太书五章二十二至二十三节中，也将"仁爱"（*agapē*）列为"圣灵所结的果子"，并且还是首要的。诗篇一篇一至三节形容"义人"是"一棵树栽在溪水旁，按时候结果子"。所谓"义人"（LXX，*didaioi*）与耶稣所说的那些已经被"道"洁净了的人，在神学的意义上是相似的。

十五4 "你们要常在我里面，我也常在你们里面。枝子若不常在葡萄树上，自己就不能结果子。你们若不常在我里面，也是这样。"

耶稣仍旧藉着栽种的普通常识来比喻祂与门徒之间那密不可分的

---

⑤ 关于"道"（*logos*）或是"真理"（*alētheia*）能使人"干净"或"成圣"的论说，见十七 17～19。

生命交流和团契(koinōnia)。这一点没有必要加以诠释。

十五 5～6 "我是葡萄树，你们是枝子。常在我里面的，我也常在他里面，这人就多结果子。因为离了我，你们就不能作什么。人若不常在我里面，就像枝子丢在外面枯干，人拾起来，扔在火里烧了。"

在约翰福音的叙述中，耶稣的话语重复出现是常有的，正如在此一样。这里除了给门徒提醒和警诫之外，似乎没有其他新的意思了。

十五 7～8 "你们若常在我里面，我的话也常在你们里面，凡你们所愿意的，祈求就给你们成就。你们多结果子，我父就因此得荣耀，你们也就是我的门徒了。"

门徒"常在"耶稣"里面"，其实是他们唯一的生存之道。耶稣的"话"(ta rhēmata)⑥常在门徒里面，在此更深一层的意思应该是指祂的"话"完全贯彻在门徒的生命和生活中，最终成了他们整个"人"(being)不可分割的部分。也只有这样，耶稣的"话"才能名符其实地成为门徒的"生命之道"。

门徒若真有耶稣的话在他们里面，他们就会被这话引导，并且明白耶稣的心意，最终也会按祂的旨意去祈求而获得垂听。

耶稣在十五章八节并没有说明门徒要多结什么"果子"才能叫天父上帝"得荣耀"，并且因此证实他们就是耶稣的门徒。基于耶稣的话语在约翰福音中经常重复的现象，十五章八节所说的"果子"(karpon)似乎还是指"爱"或是类似的德行和生活的见证。正如耶稣在十三章十五节所说的一样："你们若有彼此相爱的心，众人因此就认出你们是我的门徒了。"天父上帝最终也就会因为门徒美好的见证"得荣耀"(edoxasthē)。

---

⑥ 十五 7 这一节经文中的 ta rhēmata("话")，在这里的意思与 hoi logoi 是一样的。

肆拾贰　耶稣是为门徒舍命的"朋友"（十五 9～17）

　　这一段经文除了再提及"爱"这个重要的主题之外，还道出了一个前所未有的新思想。那就是，耶稣将自己看作是门徒的"朋友"（*philos*），并且为他们舍命。另一方面，门徒作为耶稣的"朋友们"（*philoi*），也必须以遵行祂的话或"道"来证实他们对耶稣的友情是真诚的。

　　十五 9～10　"我爱你们，正如父爱我一样。你们要常在我的爱里。你们若遵守我的命令，就常在我的爱里，正如我遵守了我父的命令，常在他的爱里。"

　　耶稣在十三至十七章中，曾多次以祂自己与天父上帝之间的相爱比较祂与门徒之间的爱，表示后者也是一样高层次和永恒的。

　　"你们要常在我的爱里"（*meinate en tē agapē tē emē*）这一句，若是孤立起来，就会显得很抽象和空洞。紧接下去的那一节经文，把它具体化了："你们若遵守我的命令，就常在我的爱里"（*ean tas entolas mou tērēsēte，meneite en tē agapē mou*）。耶稣的"命令"（*entolē*），广义的来说，可以包括祂给门徒的所有教诲，是一个永远摆在门徒面前的提醒和挑战。门徒对耶稣的爱，是真或假，就将取决于他们对祂的"命令"是否有遵守。耶稣自己有权利和资格向门徒作出上述的要求，是因为祂自己已经"遵守了"（*tetērēka*）天父上帝的命令（十五 10）。既是那样，祂给门徒的教诲就不只是"言教"，也是"身教"。①

---

① 希腊文的 *tetērēka*（"我已经遵守了"）这一个字，在此应该包括了耶稣在受苦这件事上对上帝的顺服，虽然耶稣现在还未亲身经历被钉在十字架上的痛苦。

十五 11～12　"这些事我已经对你们说了,是要叫我的喜乐存在你们心里,并叫你们的喜乐可以满足。你们要彼此相爱,像我爱你们一样,这就是我的命令。"

"这些事"(*tauta*)不只限于耶稣在十五章九至十节所说的那一些,也包括祂在这之前对门徒所说的激励和安慰的话。是"这些事"叫门徒的喜乐可以满足(*hina ... hē chara humōn plērōthē*)。

至今耶稣已经很清楚地论及了三类的"爱"。一、祂与天父上帝之间的爱。二、祂与门徒之间的爱。三、门徒自己之间的爱。正如十三章三十四节那样,耶稣在十五章十二节这里再次期望门徒之间的相爱,能够达到像祂自己爱他们那样的深度。若真是这样,则上述那三类的爱结果是同归于一了。"这就是我的命令"这一句的意思,与十三章三十四节完全一样。

十五 13～14　"人为朋友舍命,人的爱心没有比这个大的。你们若遵守我所吩咐的,就是我的朋友了。"

耶稣在此把"人为朋友舍命"(*hina tis tēn psuchēn autou thē huper tōn philōn autou*)看作是人的爱心的最伟大的表现。

Bultmann 举出了一些例子,说明"为朋友舍命"所彰显的爱,在其他文化中也同样受到表扬。② 但 Bultmann 也同时指出,耶稣吩咐门徒遵守爱的"命令的基础"(the grounding of the command)以及这为朋友舍命的爱的具体"实现"(realization),是与别的例子不同的。③

耶稣在此所强调的,是人为朋友舍命所表现的那种无比的爱。使徒保罗在罗马书五章六至八节,还进一步地为这无比的爱作了很有意义的诠释。因为保罗的诠释不但把基督的爱提升到一个更高的境界,也让它显得更广和更普世化:"为义人死,是少有的;为仁人死,或者有敢作的。惟有基督在我们还作罪人的时候为我们死,上帝的爱,就在此向我们显明了。"(罗五 7～8)

---

② Bultmann,p. 542,n. 4.

③ "The only thing that is specifically Christian is the grounding of the command,and,in line with this,its realization." Ibid.

为"朋友"（*philos*）舍命所表现的爱固然伟大，但对舍命者来说，"朋友"肯定有"值得爱"之处，使得这样的舍命被看作是有一定价值的牺牲。可是，"罪人"（*asebēs*），顾名思义，一般都被认为是不可爱或是不值得爱的。既是这样，耶稣为"罪人"在十字架上舍命岂不是更难得和更伟大吗？纵使是那样，读者仍旧需要理解约翰福音十五章十三节所说的"为朋友舍命"与罗马书五章八节所讲的为"罪人"死的情况（contexts）是不完全相同的。

十五章十四节清楚表明，门徒是否真是耶稣的"朋友"（*philoi*），就得看他们有没有真正实践爱的命令了。

十五 15 "以后我不再称你们为仆人。因仆人不知道主人所作的事。我乃称你们为朋友，因我从我父所听见的，已经都告诉你们了。"

"以后我不再称你们为仆人"（*Ouketi legō humas doulous*）这句话，也许来得有些突然。因为约翰福音并没有提及耶稣曾直接称门徒为"仆人"（*doulous*）的事，虽然耶稣在十三章十六节曾以"主人"（*kurios*）和"夫子"或"老师"（*didaskalos*）自称，且把门徒比作"仆人"（*doulos*）。

在十一章十一节，拉撒路被耶稣称作"我们的朋友"（*ho philos hēmōn*）。当然，从某种意义上来说，"门徒"被看作是"仆人"也是颇自然和合理的。无论如何，耶稣在十五章十五节却是刻意地以"朋友"来取代"仆人"，为了表明祂与门徒之间，从今以后在关系上的改变，理由是："因仆人不知道主人所作的事"（*hoti ho doulos ouk oiden ti poiei autou ho kurios*）。

随着耶稣的即将离去，很多情况以及人际间的关系如今都将要改变。门徒现在已被耶稣称为"朋友"，是因为耶稣已将祂从天父上帝那里所听见的一切（*panta ha ēkousa para tou patros mou*）都告诉（*egnōrisa*）他们了。耶稣不但将为祂的"朋友"舍命，也把来自天父上帝的"一切"（*panta*）启示，都告诉他们了。圣诗《有何良友像主耶稣？》正是受到这样的启发和灵感而创作的。④

———————————

④ 英文诗歌"What a Friend We Have in Jesus?"。Charles Crozat Converse 曲（1868 年），Joseph Scriven 词（1855 年）。

十五 16～17　"不是你们拣选了我,是我拣选了你们,并且分派你们去结果子,叫你们的果子常存,使你们奉我的名,无论向父求什么,他就赐给你们。我这样吩咐你们,是要叫你们彼此相爱。"

"拣选"(*eklegomai*)门徒,称他们为"朋友",最终为他们"舍命",这一切都是耶稣自己所采取的主动,也是祂的主权。这个重要的事实在希腊原文中的"我"(*egō*)——"是我拣选了你们"(*all' agō exelexamēn humas*),表达得很清楚。

"分派"(*ethēka*;RSV, appointed)在此是一项很严肃的任命。这是犹太教在"按立"(ordain)一位学者成为"拉比"(rabbi)时常用的术语。⑤

"结果子"以及门徒的祷告必蒙垂听,这两件事都是耶稣较早时说过的。十五章十七节也是较早时的训诲的重述。

---

⑤ "... the word commonly used of the ordination of a scholar as rabbi. " Barrett,p. 399.

肆拾叁　来自世界的恨（十五 18～25）

　　耶稣在此以"世界"（kosmos）对门徒恨恶来提醒和警诫他们。经文中的"世界"，正如约翰福音在许多地方所提及的一样，并非指物质的自然世界或是其他的被造之物，而是指在"世界的王"撒但所操纵下的世界或世人，特别是那些为撒但服务，因此抗拒和迫害耶稣的人，包括当日犹太教的领袖以及大部分不信耶稣的犹太人（Ioudaioi）。

　　十五 18　"世人若恨你们，你们知道（或作：该知道）恨你们以先，已经恨我了。"

　　对那些已经跟从了耶稣大约三年之久的门徒来说，"世人"（kosmos）在恨恶他们之先已经恨恶他们的老师这个浅显的事实，是有目共睹的。

　　十五 19　"你们若属世界，世界必爱属自己的。只因你们不属世界，乃是我从世界中拣选了你们，所以世界就恨你们。"

　　约翰福音中的"世界"（kosmos）其实有两个。一个属于撒但的管辖范围，另一个则是属上帝或耶稣的"国度"。在这两个"世界"之间是明确的"楚河汉界"，没有第三个所谓"中立的"（neutral）地带。正如存在主义大师祈克果（Kierkegaard，1813 - 1855）的"非此即彼"（either/or）那样界线分明，不会给骑墙者或随风草留下任何余地。

　　门徒因为跟从了耶稣，很自然就"不属世界"了（ek tou kosmou ouk）。这固然是门徒自己的选择，也是耶稣主动的拣选。经文很明显是在强调耶稣的拣选。是这个门徒的身分,导致世界对他们的恨恶。①

十五 20～21　"你们要记念我从前对你们所说的话:'仆人不能大于主人。'他们若逼迫了我,也要逼迫你们;若遵守了我的话,也要遵守你们的话。但他们因我的名,要向你们行这一切的事,因为他们不认识那差我来的。"

十五章二十节的"仆人不能大于主人"(ouk estin doulos meizōn tou kurion autou)这一句话,是耶稣在最后的晚餐时,给门徒洗脚后已经说过的(十三 16)。

"他们若逼迫了我,也要逼迫你们"(ei eme ediōxan, kai humas diōxousin)这个提示,与十五章十八节"世人……恨你们以先,已经恨我了"的道理一样。它再次表明作耶稣的门徒(discipleship)是要付上代价的。可是,没有任何"代价"(cost)会比耶稣自己"为朋友舍命"所要付上的更大了。

十五章二十一节"因我的名"(dia to omona mou)这几个字意义深长。因为耶稣在此提醒门徒,那个不信的"世界"或"世人"(kosmos),首要的"恨"恶(十五 18)以及"逼迫"(十五 20)的对象,其实是耶稣自己。可是,门徒既然是"信他名的人"(tois pisteuousin eis to onoma autou,一 12),也自然会"因"(dia)耶稣的"名"(to onoma)被人恨恶和逼迫。"耶稣"(Iesous)或基督(Christos)这个"名",因此也就成了门徒"身分"(identity)的标志。今后门徒固然会因为信靠这名"得救"和"得荣耀",也会免不了因这名付上代价。根据使徒行传十一章二十六节的记载,门徒在主后 45 年,也即是耶稣被钉死在十字架上十五年以后,在

---

① 世界(kosmos)对门徒的恨恶,应当是主后 30 年起到约翰福音成书那数十年间的罗马帝国的基督徒所熟悉,甚至是亲身体验过的痛苦经历。这包括主后 64 至 66 年间罗马暴君尼禄(Nero)在罗马京城对大量基督徒的迫害。罗马的历史家塔西佗(Tacitus)形容那些被迫害的基督徒是"一群因做令人憎恶的事而被恨恶的人","a class hated for their abominations, called Christians by the populace." Tacitus, *Annals* 15. 44. 5, in Barrett (ed.), *The New Testament Background: Selected Documents* (London: SPCK, 1961), p. 15.

安提阿首先被称为"基督徒"(*Christianoi*)。[②]

使徒彼得约在主后 60 年代初写信给分散在罗马帝国好几个地区的教会(彼前一 1)时,曾用心良苦地勉励那些在苦难中的信徒说:"若为作基督徒受苦,却不要羞耻。倒要因这名归荣耀给上帝"(*Ei de hōs Christianos*,*mē aischunesthō*,*doxazetō de ton Theon en tō onomati toutō*,彼前四 16)。彼得的勉励似乎表示基督徒当时在各处因"基督"或"基督徒"这个名(*onoma*)受苦是常有的事。

有一点是必须澄清的,那就是,基督徒受苦,并非是因为作恶或是犯了什么罪行。若是那样,可说是罪有应得。上述那些经文所说的,是指信徒因为"基督"或"基督徒"这个"名"本身,就足以遭受社会或是某些人的恨恶、抵制,甚至迫害。

罗马历史家塔西佗(Tacitus,A. D. 56 - 120)在记述罗马暴君尼禄(Nero)于主后 64 至 66 年迫害罗马城的基督徒这件事的时候,还解释说"基督徒"这个名是来自当时的民间。使用它的非信徒常带着贬义和敌视的态度。[③] 另外一位罗马历史家苏埃托尼乌斯(Suetonius,70 - 122)提及尼禄皇帝迫害基督徒这件事的时候,非常负面地形容当时的"基督徒"是"一群沉溺于新的,并且是败坏的迷信的人"。[④]

对耶稣来说,世人逼迫祂以及祂的门徒,归根究底是"因为他们不认识那差我[耶稣]来的[天父上帝]"(十五 21)。[⑤]

十五 22～24　"我若没有来教训他们,他们就没有罪,但如今他们的罪无可推诿了。恨我的,也恨我的父。我若没有在他们中间行过别

[②] 大约在主后 59 年末,当使徒保罗在亚基帕王面前为自己的身分和使命申辩并且乘机询问王的个人信仰的时候,亚基帕王当时就立即深感惊讶,并且带着几分讥讽的语气,回应保罗说:"你想少微一劝,便叫我作基督徒啊"(*En oligō me peitheis Christianon poiēsai*),徒二十六 27～28。

[③] Tacitus,*Annals*,15. 44. 5.

[④] "a class of men given to a new and mischievous superstition. "Suetonius,*Nero* 16. 12 - 13.

[⑤] 根据路二十三 34 的记载,耶稣即将死亡的时候,曾经在十字架上为那些迫害祂的人祷告说:"父啊,赦免他们,因为他们所作的,他们不晓得"(*Pater*,*aphes autois*,*ou gar oidasin ti poiousin*)。耶稣的门徒司提反在临终前也同样为那一群用乱石处死他的犹太人代求:"主啊,不要将这罪归于他们"(*Kurie*,*mē stēsēs autois tautēn tēn hamartian*,徒七 60)。

人未曾行的事，他们就没有罪。但如今连我与我的父，他们也看见，也恨恶了。"

十五章二十二节涉及了人的责任（responsibility）以及上帝的公正（justice）的问题。这一个严肃的提醒，对"上帝的选民"，特别是耶稣时代那些有旧约圣经、有律法，并且还有耶稣在他们中间的犹太人，尤其有意义。它的意思与九章四十一节很相近："耶稣对他们［犹太人］说：'你们若瞎了眼，就没有罪了。但如今你们说："我们能看见"，所以你们的罪还在。'"

因为耶稣与天父上帝是完全合而为一的，恨耶稣也必然恨上帝，纵使当时的犹太人看不到，也不愿相信耶稣与上帝那密不可分的关系。

十五章二十四节的意思与十四章十一节基本上是一样的："你们当信我，我在父里面，父在我里面。即或不信，也当因我所作的事信我。"可惜犹太人当时既不信耶稣与上帝的合一，也不信耶稣"在他们中间行过别人未曾行的事"（*ta erga … epoiēsa en autois ha oudeis allos epoiēsen*）。这里所说的"事"或"工作"（*ta erga*），主要是指耶稣在犹太人中间所行的神迹。

犹太人的确是"看见"过（*heōrakasin*）耶稣。可是，耶稣怎能在十五章二十四节说，犹太人"连……我的父［上帝］"（*kai ton patera mou*）也看见过呢？耶稣所说，当然不是指犹太人或任何人真正"看见"过"上帝自己"（God himself），而是说，人看见了上帝的儿子耶稣，就好像是看见了上帝自己一样，正如一章十八节所宣告的："从来没有人看见上帝。只有在父怀里的独生子将他表明出来。"

十五 25　"这要应验他们律法上所写的话，说：'他们无故的恨我'。"

这里所指的"律法"（*nomō*）其实是广义的（见十 34）。因为这一节经文是引自诗篇三十五篇十九节及六十九篇四节。这传统上都被认为是大卫向耶和华上帝发出的申诉。Barrett 相信十五章二十五节背后的思想来自诗篇六十九篇四节比较可能。因为这有弥赛亚的含义。⑥

---

⑥ Barrett，p. 402.

肆
拾
肆

圣灵与见证
（十五 26～27）

这是耶稣在临别的教诲中第三次提及保惠师圣灵的来临。

十五 26～27　"但我要从父那里差保惠师来,就是从父出来真理的圣灵。他来了,就要为我作见证。你们也要作见证,因为你们从起头就与我同在。"

"真理的圣灵"（to pneuma tēs alētheias）是耶稣在十四章十七节已经说过的。但圣灵来要为耶稣"作见证"（marturēsei）却是新的启示。不但如此,门徒"也要作见证"（kai humeis de martureite）。耶稣提示的理由是"因为你们[门徒]从起头就与我[耶稣]同在"（hoti ap' archēs met' emou este）。

三位一体的真神——圣父、圣子、圣灵——的合一和相互的见证是完全可以理解的。圣灵的来临也跟门徒要作的见证分不开。这就使人想起耶稣在马可福音十三章十一节所预言的:"人把你们拉去交官的时候,不要预先思虑说什么。到那时候,赐给你们什么话,你们就说什么,因为说话的不是你们,乃是圣灵。"

同样的,当耶稣复活以后,升天以前,把传福音的大使命交托给门徒的时候,祂也特别预言说:"但圣灵降临在你们身上,你们就必得着能力,并要在耶路撒冷、犹太全地,和撒玛利亚,直到地极,作我的见证"（徒一 8）。五旬节圣灵降临那天,彼得和其余的使徒果然凭着圣灵所赐的"能力"（dunamis；RSV, power）,大胆地为耶稣作见证（徒二14～37）。不但如此,当犹太人的公会试图禁止门徒作见证的时候,彼得和众使徒坚定地回应说:"我们为这事[即耶稣从死里复活这件事]作见证。上帝赐给顺从之人的圣灵,也为这事作见证"（徒五 32）。这可说是约翰福音十五章二十六至二十七节预言的应验了。

肆拾伍　预告门徒必遭迫害（十六 1～4）

　　耶稣在较早时（十五 18～20）曾经提醒门徒，他们将会因为跟随耶稣的缘故，被不信的世人恨恶和逼迫。祂在此更具体地提到一些门徒的迫害者可能会采取的行动，包括把他们赶出会堂，甚至杀害。不但如此，那些迫害门徒的人，还以为他们迫害门徒的行动，是"替天[上帝]行道"呢。

　　十六 1～2　"我已将这些事告诉你们，使你们不至于跌倒。人要把你们赶出会堂。并且时候将到，凡杀你们的，就以为是事奉上帝。"

　　耶稣在十三至十六章的教诲，以及十七章的祷告，主要是为了要使门徒有充分的心理准备（*hina mē skandalisthēte*）。[①]

　　那些不信，甚至是故意抗拒耶稣的犹太人，因为门徒对耶稣的信靠，要把他们"赶出会堂"（*aposunagōgous poiēsousin*）这件事，至今其实已经不再是一个计谋而已。犹太人不但早已经将这件事"商议定了"（*ēdē gar sunetetheinto*，九 22），还采取了具体的行动，把那个被耶稣治好以及开始为耶稣作见证的瞎子，从他们中间赶出去了（九 34）。

　　虽然约翰福音没有记载其他被犹太人赶出会堂的例子，可是，从十二章四十二节中便可以知道这个很极端的行动已经取得了很大的威胁作用。因为"[犹太人的]官长们中却有好些信他[耶稣]的。只因法利

---

① 和合本把十六 1 的希腊文句子（*hina mē skandalisthēte*）译作"使你们不至于跌倒"。思高本的译文是："免得你们的信仰受动摇"。

赛人的缘故,就不承认,恐怕被赶出会堂"。

　　至于门徒被杀的警告,这些事仅在耶稣作了这个预告的以后两年间,就在耶路撒冷发生了。② 至于"凡杀你们的,就以为是事奉上帝"(*hina pas ho apokteinas humas doxē latreian prospherein tō Theō*)这样的思想,虽然在约翰福音没有记载具体的行动为例,但是在耶稣那个时代,那样的思想却是存在于一些极端的犹太人派系之间。"奋锐党"(the Zealots)便是那样的一群极端分子。③

　　十六 3　"他们这样行,是因未曾认识父,也未曾认识我。"
　　这一节经文重复了耶稣在十五章二十一节所说的。

　　十六 4　"我将这事告诉你们,是叫你们到了时候,可以想起我对你们说过了。我起先没有将这事告诉你们,因为我与你们同在。"
　　耶稣预先将这些有关迫害的事告诉(*lelalēka*)门徒,不仅是希望到了事情真正发生的时候(*hina hotan elethē hē hōra*),让他们可以"想起"(*mnēmoneuēte*)耶稣以前所说的,并且还对门徒有一定的激励作用。因为当事情一旦发生的时候,门徒很自然地就会把耶稣以前所说的,看作是"预言"(prophecy)的"应验"(fulfillment),因此加强了他们对耶稣的言语和教诲的信心。
　　十六章四节最后那一句的意思是不言而喻的。因为当耶稣还一直与门徒同在的时候,那些预告还是"言之过早"。可是,耶稣的使命如今已经进入"非常时期"了。

---

② 见徒七 54～60 关于门徒司提反被犹太人用石头打死的记载。西庇太的儿子,"约翰的哥哥雅各"也在主后 44 年左右死在犹太人的王希律的手下(徒十二 1～2)。
③ 见 Bruce, p. 317.

肆拾陆 第三次预告保惠师圣灵的来临（十六 5～11）

这一段的预告与前面两次不同的，是有关圣灵在人的心中激发的"自我责备"。

十六 5～6 "现今我往差我来的父那里去。你们中间并没有人问我：'你往哪里去？'只因我将这事告诉你们，你们就满心忧愁。"

"你们中间并没有人问我：'你往哪里去？'"这一句似乎是跟十三章三十六节所记载的有矛盾。因为在十三章三十六节，彼得其实有问耶稣说："主往哪里去？"（*Kurie，pou hupageis*）Barrett 对这一点的解释是对的：作者约翰并没有在此（十五 5）用过去式动词 *erōtēse*（意即，"你们过去为何没有问我？"），而是用现在式动词 *erota*（意即，"你们现在为何没有问我？"）。因此，十六章五节与十三章三十六节并没有矛盾。①

在过去，当耶稣告诉门徒，祂即将离开他们而去的时候（十三 31～33），门徒中的彼得的确曾经好奇地问耶稣说："主往哪里去？"（十三 36）可是，自从那一次到现在，耶稣已经教诲门徒更多的事，并且都是围绕着同一个主题而说的。那就是，耶稣要往天父上帝那里去。可是，门徒除了因为耶稣所说的感到"满心忧愁"（*hē lupē peplērōken humōn tēn kardian*，十六 6）之外，便没有更进一步尝试追究耶稣"往天父那里去"这一句话的深层意义。因为耶稣所说的，涉及了祂的身分和使命，以及门徒今后的见证，因此是关键性的。若是这样，耶稣在十六章五至六节除了对门徒表示失望，也许还带着一些责备他们的语气。

---

① Barrett, p. 405.

十六 7 "然而,我将真情告诉你们。我去是与你们有益的。我若不去,保惠师就不到你们这里来。我若去,就差他来。"

"真情",原文是 *alētheia*,因此也可以译作"真理"。"我将真情[或真理]告诉你们"这一句话,在此并不表示耶稣在这之前没把事情的真相告诉门徒。其实,耶稣早已在十四章十二节及十四章三十八节告诉了门徒,祂离开他们而去的好处。假使耶稣不离别门徒的话,圣灵就不会到来"常与"门徒"同在"(十四 17)。耶稣的同在对门徒虽然是很难得的经验,可是历史上的耶稣毕竟还是受时空所限的"肉身"(*sarx*),因此是不可能常与门徒同在的,只有住在门徒里面的圣灵才能。

十六 8～11 "他既来了,就要叫世人为罪、为义、为审判,自己责备自己。为罪,是因他们不信我。为义,是因我往父那里去,你们就不再见我。为审判,是因这世界的王受了审判。"

约翰福音所论及的圣灵,几乎完全是为了门徒的缘故而来的。只有十六章八至十一节这一段经文是例外。

在这里,保惠师圣灵的工作是特别针对"世人"或"世界"(*kosmos*)而说的。圣灵的到来,是要"叫世人为罪、为义、为审判,自己责备自己"(*elegchei ton kosmon peri hamatias kai peri dikaiosunēs kai peri kriseōs*)。这个句子在思高本的译文是:"就要指证世界关于罪恶、正义和审判所犯的错误"。和修版的翻译是:"要在有关罪、义和审判的事上揭露世人的罪状"。这些都是很不错的翻译。它们都一致地突出了那位看不见的圣灵在世人内心或"良心"(*suneidēsis*)所发动的工作。

"自己责备自己"在此表示世人最终不得不接受或同意圣灵"有关"(*peri*;RSV,concerning)"罪"(*hamartias*)、"义"(*dikaiosunēs*)以及"审判"(*kriseōs*)这三件事上所作出的指控和判断。思高本译文中的"指证",很准确并有力地译出了希腊原文 *elegxei* 的意思(RSV,convince 或 convict)。②

耶稣在十六章八节所用的"罪"、"义"和"审判"这三个字,在约翰福

---

② 根据"保惠师"(*paraklētos*)原有的一定法律(legal)意义以及十六 8～11 这一段经文的上下文(context),convict 或 confute(NEB)也许是比较接近原文 *elegchei* 在十六 8 的意思。

音是占核心地位的。因为这三个词语不但正确地描绘了，也有力地证实了世人的宗教和灵性状态。③

　　在这之前，耶稣已经多次慎重地提到了世人，特别是那些不信祂的犹太人的"罪"（*hamartia*，例如三 19~21，八 21~24、34~47，九 41，十五 18~24）。耶稣也论及"义"或"公义"（*dikaiosumē*），特别是"公义"与耶稣到上帝那里去的关系（例如五 30，七 18、24，八 28、46、50、54，十二 32，十四 31）。耶稣也曾预告上帝的"审判"（*krisis*）即将到来，特别是"这世界的王"撒但将要受的审判（例如十二 31，十四 30）。

　　不但如此，"罪"、"公义"以及"审判"这三件事在秩序上的安排也有一定的意义。罪首先确定了人在世上以及在上帝面前的状况。罪人接下去必须面对耶稣死和复活后往上帝那里去的事实，以及它所涉及的"公义"问题。最后，一旦"世界的王"撒但被上帝审判，在撒但操纵下的罪人也自然被牵涉在其中。

　　"罪"、"公义"以及"审判"也可以从另一个角度去审视。当世人承认自己有"罪"之后，他就会面对一个非常关键性的选择：一、选择信靠耶稣，结果获得耶稣因代罪舍己而带来的"公义"，使罪得赦。二、继续活在罪中，作"世界的王"撒但的奴仆，最终与撒但一起被"审判"。④

　　"为罪，是因为他们不信我"（*peri hamartias men*，*hoti ou pisteuousin eis eme*）在十六章九节这里明确地表明了"罪"的最基要性质——"不信"。这也正是始祖犯罪和堕落的根源。因为他们在受到试探的时候，"不信"上帝在这之前所警告的。整部旧约圣约也见证了世人，包括上帝的"选民"的历史，其实就是一部漫长的"不信"历史。整本约翰福音的主题也是"信"与"不信"。世人最终的抉择——永恒性的抉择，也同样是在"信"与"不信"之间。

　　当圣灵到来的时候，他将会像一位"控方律师"（prosecutor）或是"检察官"那样，把世人的罪，尤其是"不信"的罪，指证出来。圣灵所扮演的这个角色，正好与先前（十四 16~26）所说的"保惠师"或"护慰者"

---

③ 见 Westcott, p. 228：" The categories of sin, righteousness, and judgment, included all that is essential in the determination of the religious state of man. "
④ Ibid.

（思高本），也即是希腊文的 *paraklētos*（英文 counsellor 或 advocate）的角色相反。因为对信徒来说，先前所说的圣灵是一位"辩护律师"，但是在十六章八至十一节这里，圣灵对不信的世人来说，却恰好相反地成了"控方律师"或"检察官"。

"为义，是因我往父那里去，你们就不再见我"（*peri dikaiosunēs de，hoti pros ton patera hupagō kai ouketi theōreite me*）这一句话的意思比较难诠释。首先，它涉及了一个关键性的问题。这里所说的"义"或"公义"，很显然是指上帝或是耶稣的"义"。可是，它与耶稣"往父那里去"这件事究竟有何关系呢？一、"往父那里去"表示"道成了肉身"的耶稣在世上已经完成了祂作为"代罪的羔羊"（一 29，三 14、16，十 11，十二 32～33，十五 13 等）的神圣使命，结果以"义"代替了那不义的。二、"往父那里去"表示耶稣在使命上的忠心和顺服，完全得到天父上帝的悦纳。祂的舍己不但把"义"给予那些信靠祂的人，也清楚地证实了祂自己在上帝面前的公义。因为只有公义的人才能到上帝那里去"见上帝的面"。

上述这一切的事实，最终也清楚地暴露了不信的世人把公义的耶稣钉死在十字架上的罪行。大约在耶稣受难和复活数十天以后，耶稣的门徒就凭着这个事实，公然指控不信的犹太人将耶稣钉死在十字架上所犯下的罪行："故此，以色列全家就确实的知道，你们钉在十字架上的这位耶稣，上帝已经立他为主为基督了"（徒二 36）。难怪当时在现场的听众"听见这话，觉得扎心，就对彼得和其余的使徒说：'弟兄们，我们当怎样行？'"（二 37）假使这不是表示听众的良心在"自己责备自己"（十六 8），就不知道是什么意思了。

使徒行传二章三十七节的"觉得扎心"，原文 *katenugēsan tēn kardian*，可以直译作"他们心如刀刺"或"他们心如刀割"。因此 RSV 译作"they were cut to the heart"。思高本的译文是："他们……就心中刺痛"。对那些在五十天前曾经要求彼拉多将耶稣钉死在十字架上的犹太人来说，只有圣灵在他们良心上的指证和感动的力量，才会产生使徒行传二章三十七节所记述的那样不寻常的反应。这个情况也可以说是约翰福音十六章八至十一节的应验。

使徒彼得（徒三 14）在众犹太人面前称被钉死在十字架上的耶稣

是犹太人所弃绝了的"圣洁公义者"(*ton hagion kai dikaion*；RSV，the Holy and Righteous One)。

"你们就不再见我"(*kai ouketi theōreite me*)这一句是在强调耶稣往天父上帝那里去的历史性以及它的永恒意义。[5]

当耶稣的"义"因祂往上帝那里去而被确认后，罪人的"不义"(*adikia*；unrighteousness 或 wrong doing)也就会显得格外明显了。

"为审判，是因这世界的王受了审判"(*peri de kriseōs*，*hoti ho archōn tou kosmou toutou kekritai*)这一句有一定的逻辑。约翰福音中的"世人"或"世界"(*kosmos*)是在"世界的王"(*ho archōn tou kosmou*)，也即是撒但的操纵之下的。两者因此有一定的"结合性"(corporateness)与"一致性"(solidarity)。既是这样，一旦这"世界的王"撒但受了审判，被他奴役或为他服务的世人，也将同样受到审判。[6] "受了审判"在此不但表示上帝的审判已经是既成的事实，也含有重要的"末世"(eschatological)意义。不信的世人将会因这个审判"自己责备自己"。

上述圣灵所扮演的审判角色，只是他工作的一部分——很重要的一部分，但却不是他到来的最终目的。因为从主后 30 年的五旬节那天开始(徒二章)，两千年来的教会历史不但证实了圣灵的审判工作，也同时见证了审判(或"责备")工作最终所导致的"悔改"(*metanoia*；repentance)和"拯救"(*sōtēria*；salvation)。"审判"(*krisis*；judgement)也因此是"福音"(*euangelion*；gospel)不可分割的一部分。

---

[5] 见 Westcott，p. 229："He[Christ] had passed into a new sphere (ye see me no more), there was fixed for all time that by which men's estimate of righteousness might be tried."

[6] 希腊原文 *kekritai* 是现在完成式动词(perfect tense)。

肆拾柒　第四次有关圣灵的教诲（十六 12～15）

　　这是耶稣临别前对门徒教诲有关圣灵的第四次，也是最后的一次。在此，圣灵所扮演的，是一位引导者以及预告者的角色。

　　十六 12　"我还有好些事要告诉你们，但你们现在担当不了（或作：不能领会）。"

　　耶稣在过去这三年来与祂的门徒一直保持着很密切的关系。祂肯定对门徒领悟和理解事物的能力有很清楚的认识。因为他们的能力有限，"有好些事"（polla）在这个时候就告诉他们，不但对他们没有好处，反而成了他们过重的负担。十六章十二节这里的"担当"（bastazein；RSV，bear）与十九章十七节"耶稣背着自己的十字架"的"背"，在原文是同一个动词。

　　十六 13　"只等真理的圣灵来了，他要引导你们明白（原文作进入）一切的真理。因为他不是凭自己说的，乃是把他所听见的都说出来，并要把将来的事告诉你们。"

　　耶稣在上一节所提及的"好些事"，最终当然都是关于"真理"（alētheia）的事。因此，门徒以后很自然地需要"真理的圣灵"（to pneuma tēs alētheias）在那些事上"引导"（hodēgēsei）他们。

　　"他要引导你们明白一切的真理"这句话，并不是原文的直译。思高本的译文是："他要引导你们进入一切真理"。两者都是根据希腊文古抄本 A、B 等来翻译的：hodēgēsei humas eis pasan tēn alētheian。这也是 RSV 英译本的意思：he will guide you into all the truth。古抄本 ℵ、D、W 等则是：hodēgēsei humas en tē alētheia pasē。这个句子可以译作:"他要在一切的真理上引导你们"。上述两类不同古抄本的意思是有些分别的,虽然两者只在一个介词(preposition)上不同。前者是 *eis*("入"或"进入",into),后者是 *en*("在",in)。前者的意思似乎是:门徒如今所知道的,只是一部分的真理。圣灵到来之后,他将引导他们"进入"(*eis*)更全面的真理。所强调的,是真理的加增。后者的意思可能是:门徒虽然已从耶稣那里领受了所有应该领受的真理,可是他们对真理的认识仍是非常有限。圣灵到来之后,他要"在"(*en*)这一切已经领受了的真理上,引导他们去作深层的认识。所强调的,是对真理更深的认识,而不是量的增加。

读经者也许不必在前后的两类古抄本中选其一。因为耶稣所说的,很可能包含了两类的意思。因为耶稣是不太可能在与门徒一起的有限年日,将一切的真理都告诉他们以及向他们完全解明,因为他们根本就"担当不了",正如十六章十二节所说的一样。与此同时,不论门徒如今以及将来所领受的真理有多少,他们将来仍旧不断需要圣灵来引导和启发他们去领悟。

十六章十三节的最后一句话,"并要把将来的事告诉你们"的"告诉"(*anangelei*)[1]在原文的意思并不完全清楚。因为 *anangelei* 可能是指对某一件事物,包括真理的宣告或传达;它也可能是指对已经获得的知识,包括真理的进一步教导。*Anangelei* 在四章二十五节的意思也是一样。[2]

圣灵作为一位引导者或启发者的这一个思想,在旧约也有一些相关的背景。诗篇二十五篇四至五节:"耶和华啊,求你将你的道指示我,将你的路教训我。求你以你的真理引导我,教训我,因为你是救我的上帝,我终日等候你。"在这两节诗篇的经文中,引导者是耶和华上帝自己。诗人祈求上帝以"真理"(LXX, *alētheia*)来引导他。

约翰福音中的圣灵被称作"真理的圣灵"(*to pneuma tēs alētheias*)。这一点与诗篇二十五篇四至五节比较起来很有意义。诗

---

[1] RSV,"he will declare;" NIV,"he will tell;" NEB,"he will make known;"思高本,"传告"。

[2] 徒十四 27 和十五 4,*anangellein* 译作"述说"。

篇二十五篇五节中的"引导"在 LXX 的希腊文是 *hodēgein*,与约翰福音十六章十三节的"引导"的希腊文是一样的。在诗篇一百四十三篇十节,诗人祈求耶和华上帝以及祂的"灵"(*pneuma*)来"引导"(LXX,*hodēgein*)他:"求你[耶和华上帝]指教我遵行你的旨意,因为你是我的上帝。你的灵[*pneuma*]本为善,求你引[*hodēgin*]我到平坦之地。"在《所罗门智训》(*Sophia Solōmōn*;Wisdom)九章十一节,智者颂赞人格化的(personified)"智慧"(LXX,sophia;wisdom)给他的"引导"或"教导"(LXX,*hodēgein*):"她[智慧]知晓明了一切,对我的所作所为将进行英明的指导。"③

"因为他[圣灵]不是凭自己说的,乃是把他所听见的都说出来,并要把将来的事告诉你们。"耶稣在十六章十三节这里说的,很明显是指圣灵将来在门徒中的工作说的。这一点在希腊原文比较清楚:*akousei*(他[圣灵]将会听见),*lalēsei*(他[圣灵]将会讲说)。就神学的意义而论,更重要的还是"因为他不是凭自己说的"这一句的补充。④ 因为这一个补充涉及到圣父、圣子及圣灵"三位一体"(Trinity)之间的紧密和微妙的关系,以及圣灵今后在教会中所扮演的角色。

在这之前,耶稣自己也曾经多次公开表明祂"不凭自己讲论"(见八26~28、38、4、42;十二 49;十四 10)。耶稣只是忠心地遵从天父上帝的旨意去讲论和行动。圣灵到来的时候,也是一样,"不是凭自己说的"(*ou gar lalēsei aph' heautou*;RSV,for he will not speak on his own authority)。圣灵只是"把听见的都说出来"(*hōsa akousei lalēsei*)。可是,圣灵究竟是从哪里"听见"(*akousei*)呢? 很显然是从圣父上帝以及圣子耶稣那里"听见"的。因为这三位原为一。正如耶稣所说和所行的不会超出上帝的旨意之外,圣灵所说和所行的,也将不会超出上帝和耶稣的旨意之外。

---

③ LXX:*oide gar ekeinē panta kai suniei,kai ho dēgēsei me en tais praxesi mou sōphronōs.* 在希伯来的"智慧文学"(Wisdom Literature)中,包括《所罗门智训》,"智慧"(sophia;wisdom)是有"位格"(person)的,正如"圣灵"在约翰福音中被看作有位格一样。在《所罗门智训》,还有其他提及"智慧"引导人的经文,如十 10、17 等。

④ *ou gar lalēsei aph' heautou.* RSV,"for he will not speak on his own authority."思高本,"因为他不凭自己讲论"。

实际上,当耶稣在世上完成了祂的使命而祈求上帝赐下圣灵以后,圣灵所扮演的角色,在很大的程度上都可说是继续耶稣所做的,直到上帝整体的拯救计划最终完全实现。

十六 14　"他要荣耀我,因为他要将受于我的告诉你们。"

在这之前,耶稣曾多次提到祂将"荣耀"上帝以及上帝将要"荣耀"(*doxazein*)祂。耶稣在此宣告圣灵也"将要荣耀"(*doxazei*；RSV,He will glorify)祂。理由是:"因为他要将受于我的告诉你们"(*hoti ek tou emou lēmpsetai kai anangelei humin*)。这就正如耶稣自己在世的时候,将受于上帝的(或是从上帝那里所领受的)"告诉"(*anangelei*)门徒和世界,使上帝得着荣耀一样。圣灵的工作,因此不是取代或加添祂从耶稣那里所领受的。⑤

十六 15　"凡父所有的,都是我的。所以我说,他要将受于我的告诉你们。"

耶稣在此所说的,不只是上帝的"启示"(revelation)的根源以及圣父和圣子的合一,也涉及了启示和传达的先后秩序:上帝、耶稣、圣灵、门徒(教会)。

---

⑤ "This is an express statement that the Spirit's word does not displace or surpass the word of Jesus, as if it were someting new" ... The word of Jesus is not a collection of doctrines that is in need of supplementation. ... The Spirit is not the 'inner light' that brings new knowledge on its own authority; it is the ever new power of Jesus' word; it retains the old in the continual newness that arises from the speaking of the word in the present." Bultmann, p. 576.

肆拾捌　先苦后乐：死亡与复活（十六 16～22）

　　假设耶稣在此向门徒所说的一段话，是继最后的晚餐之后不断延续下去的，则祂受难的时刻已经是很接近了。难怪祂在此刻对门徒强调说："等不多时，你们就不得见我"（指祂的受难），"再等不多时，你们还要见我"（指祂的复活）（十六 16）。可是，门徒并不明白祂当时所说的是什么。这样的情况，在约翰福音已经是屡见不鲜了。

　　十六 16　"等不多时，你们就不得见我。再等不多时，你们还要见我。"

　　经文中的"等不多时"（*mikron*；RSV，a little while）其实是指几个小时的时间而已。因为耶稣讲这一段话的时候，大概是半夜或是从半夜到凌晨之间的时刻。接下去，耶稣就被捉拿（十八 3～12）、受审（十八 19～十九 16）以及被钉死在十字架上（十九 13～30）。在这之后，门徒果然"就不得见"祂了（*ouketi theōreite*）。可喜的是，"再等不多时"（*kai palin mikron*）门徒"还要见"祂（*opsesthe*）。这当然是指耶稣死后第三天从死里复活向门徒显现的事。

　　十六 17～18　有几个门徒就彼此说："他对我们说：'等不多时，你们就不得见我。再等不多时，你们还要见我。'又说：'因我往父那里去。'这是什么意思呢？"门徒彼此说："他说'等不多时'，到底是什么意思呢？我们不明白他所说的话。"

　　当耶稣的死和复活以及显现都已经成了历史的事实之后，历代以来的信徒也许会很轻易地责怪当时的门徒说，那些人的确是太迟钝了！其实不然。稍微理解门徒当时的宗教和信仰背景的人都该知道，门徒当时的疑问和迷失,是非常自然,甚至是可以理解的。其他的暂且不论,仅是耶稣关乎自己的死和复活的预言,就足以令当时的门徒深感困惑了。因为像耶稣那样的死("不得见我")和复活("还要见我"),不但是"空前",也是"绝后"的事。

十六 19～20　耶稣看出他们要问他,就说:"我说,'等不多时,你们就不得见我。再等不多时,你们还要见我。'你们为这话彼此相问吗?我实实在在的告诉你们,你们将要痛哭、哀号,世人倒要喜乐。你们将要忧愁,然而你们的忧愁要变为喜乐。"

约翰福音所描绘的耶稣是一位思想敏锐,洞察力强以及反应迅速的人物(见五 6,六 6、15,十三 1、3,十八 4 等)。门徒当时的心思意念以及彼此议论和猜测的事,耶稣已经立即觉察到了。

从字面上看去,耶稣在十六章二十节所说的,似乎是没有直接回应门徒的疑问。但是,就实质内容而论,它其实已经是进一步回答和解释了门徒"不得见"以及"还要见"耶稣的问题。因为门徒将会在耶稣受难的时候,因为"不得见"祂而"痛苦、哀号"(*klausete kai thrēnēsete*)。这也正是"世人"(*kosmos*),特别是那些迫害耶稣的人"要喜乐"(*charēsetai*)的时候。[①]

相反的,门徒将会在耶稣复活以后,因"要见"祂,将忧愁"变为喜乐"(*all' hē lupē humōn eis charan genēsetai*)。值得一提的是,耶稣在此并没有说,"痛哭、哀号"将被"喜乐"所取代。因为十字架的苦难是绝对不可回避的。耶稣应许门徒的是,他们必须经历的"痛苦、哀号、忧愁",最终将会因耶稣的复活,"要变为喜乐"。[②]

十六 21～22　"妇人生产的时候,就忧愁,因为她的时候到了。既生了孩子,就不再记念那苦楚,因为欢喜世上生了一个人。你们现在也

[①] 约翰并没有明确记述"世人"在耶稣受难的时候所表达的"喜乐"(*charēsetai*)。读经者也许会联想到耶稣在彼拉多面前受审判的时候,罗马的兵丁对耶稣的戏弄:"兵丁用荆棘编作冠冕,戴在他头上,给他穿上紫袍。又挨近他说:'恭喜犹太人的王啊。'"(十九 2～3)

[②] 希腊文的介词 *eis* 与不定词 *genēsetai* 很有力地表达了这个从"忧愁"到"喜乐"的彻底改变。RSV 把句子译作"your sorrow will turn into joy"。

是忧愁,但我要再见你们,你们的心就喜乐了。这喜乐,也没有人能夺去。"

耶稣以妇人生产时那样剧烈的阵痛来比喻祂自己在受难时门徒将会经历的痛苦。这一类的比喻在旧约圣经曾多次出现。③ 其中最有意义的,应该是以赛亚书六十六章七至十四节。因为这段经文不仅提及产妇的痛苦,也很生动地描述了孩子生下来以后的那种喜乐。犹太教后来还根据这些经文提出了一套有关"弥赛亚产难"的教义。④

耶稣自己虽然没有在十六章二十一至二十二节这里直接提及弥赛亚以及弥赛亚的国度,可是比喻中的喜乐,也即是耶稣死后的复活,也就好像是一个刚生下来的婴孩所带来的喜乐那样。耶稣要建立的弥赛亚国度,也就是建立在复活这个基础上的。也只有复活所带来的"重生",才能叫人"见上帝的国"或使人"进天国"。⑤

十六章二十二节的"你们现在也是忧愁"不如译作"你们现在有忧愁"会更接近原文的意思:*kai humeis oun num men lupēn echete* (RSV,so you have sorrow now)。⑥

"但我要再见你们,你们的心就喜乐了"这一句是一个预告。它只在耶稣说了以后大约三、四天,也即是耶稣从死里复活的那个晚上,就应验了。因为门徒当晚"看见主,就喜乐了"(*echarēsan oun hoi mathētai idontes ton kurion*,二十19~20)。

十六章二十二节的最后一句,"也没有人能夺去"中的"夺去"在原文有两类的古抄本。⑦ 这是充满激励的话,因为耶稣给予门徒的"喜

---

③ 见赛十三8、二十一3、二十六7;弥四9等。参阅帖前五3。

④ 希伯来文称之为ḥeble ha-mashiah;the "travail pains of the Messiah."这个教义具有很强的末世意识。因为产难的痛苦过后,便是弥赛亚的出现以及施行审判和拯救的时候,最终便是"弥赛亚国度"(the Messianic Kingdom)的实现。见Barrett,p. 411.

⑤ 见三3~5耶稣对尼哥底母所说的重生之道。

⑥ 这是古抄本 P²²、א*、B、C、K 等的写法,出现了 *echete*("你们现在有")这一个现在式动词。在其他一些古抄本如 P⁶⁶、א°、A、D 等,文中的动词则是未来式的:*hexete*("你们将会有忧愁")。其实,在约翰福音,上述的两个意义都存在。因为门徒自从听见耶稣即将要离他们而去的消息以后,便已经开始"忧愁"了。一旦事件真正发生之后,他们也"将会有忧愁"。

⑦ 一类是现在式动词 *airei*,如古抄本 P²²、א、A、C、D 等。另一类则是将来式动词 *arei*("将夺去"),如 P⁵、B 等。

乐"（*chara*；RSV，joy），正如祂留下给他们的"平安"（*eirēnē*；RSV，peace；希伯来文 *shalom*）一样，的确是"没有人能夺去的"（*oudeis airei aph' humōn*）。⑧

---

⑧ 耶稣早就在十 29 宣告说谁也不能从上帝那里把信祂的人"夺去"。

肆拾玖　受难前的最后一段临别赠言（十六 23～33）

　　这是耶稣从十三至十六章给予门徒那长长的教诲中的最后一段。紧接下去便是耶稣向天父上帝的祷告（十七章）。祷告完毕,祂就被捉拿了。耶稣在十六章二十三至三十三节这一段谈话中应允门徒,他们向天父上帝的祷告将会蒙垂听,也会在祂里面有平安,因为祂"已经胜了世界"（*egō nenikēka ton kosmon*）。如此的"临别赠言"可说是再恰当不过了。

　　十六 23～24　"到那日,你们什么也就不问我了。我实实在在的告诉你们,你们若向父求什么,他必因我的名赐给你们。向来你们没有奉我的名求什么,如今你们求,就必得着,叫你们的喜乐可以满足。"

　　"到那日"（*en ekeinē tē hēmera*；RSV, in that day）在新约圣经中一般都是指"末日"或弥赛亚的国度实现的日子。[1] 可是,"那日"在十六章二十三节这里也可以包括耶稣复活后的日子。在这之前,门徒曾直接和间接地问了耶稣不少问题,包括十六章十七至十八节所提出的。可是,"到那日",也即是耶稣从死里复活以后,门徒就不会或是根本就没有必要再问耶稣以往所问的那些问题了。在希腊文,*erōtēsete* 不但可以译作中文的"问",也可以翻译成"要求"、"请求"或"祈求"（RSV, you will ask）。若是这样,耶稣的意思可能是:一旦祂从死里复活以后,门徒就不会或没有必要再向耶稣要求或祈求什么了。约翰福音迄今还没有记载过任何有关门徒要求或向耶稣祈求的事。无论如何,耶稣在此向门徒保证的是:"到那日",门徒只要"因[或奉]我[耶稣]的名"

---

[1] 见可十三 11、17、19、24、32,十四 25；徒二 18；提后一 12、18；来八 10,十 16；启九 9。

(*en tō onomati mou*)"向［上帝］求什么"(*an ti aitēsēte ton patera*)，就会蒙垂听。②

　　十六章二十四节"向来你们没有奉我的名求什么"中的"求"(*ētēsate*)应该是指祷告中的"祈求"。"如今你们求就必得着"中的"如今"是和合本加上去的。耶稣在这里所指的，实际上是祂复活后到天父上帝那里去的事，也即是指"到那日"将会实现的事，而不是指"现今"或"现在"。③

　　"就必得着"(*lēmpsesthē*；RSV，you will receive)或思高本的"必会得着"，都是指将来要实现的事。一旦这应许应验了，门徒的"喜乐"当然也就"可以满足"了。

　　十六 25　"这些事，我是用比喻对你们说的。时候将到，我不再用比喻对你们说，乃要将父明明的告诉你们。"

　　"比喻"(RSV，figure)的希腊原文 *paroimia* 只在约翰福音中出现，共有四次(十 10，十六 25、29)；而不见于符类福音。符类福音是用 *parabolē*；中文也译作"比喻"(RSV，parable)。④

　　"比喻"在约翰福音中的含义很广。举凡耶稣没有向门徒或其他人"明说"(*parrēsia*；RSV，tell plainly)的事物大概都可以用 *paroimia* 一字来涵盖。

　　耶稣在十章一至五节所用的羊以及牧人的"比喻"，门徒当时听不明白(十 6)。十六章二十五节这里所说的"这些事"(*tauta*)，应当是指耶稣过去用"比喻"，或是没有对门徒"明说"的事物。他们对那些事物所缺乏的领悟能力也曾令耶稣深感失望。如耶稣对腓力说："腓力，我与你们同在这样长久，你还不认识我吗?"(十四 9)

　　如今，随着耶稣即将经历受难和复活(也即是"时候将到"［*erchetai hōra*］的意思)，耶稣将不再用比喻对他们说，而是"明明的"(*parrēsia*)将实情告诉门徒了。

---

② 参阅十四 13～14 以及注释。
③ 希腊文有时候也以现在式动词来表达将来才实现的事，旨在强调有关事物实现的肯定性。
④ 例如马可福音中所用的"撒种的比喻"。

十六 26　"到那日,你们要奉我的名祈求,我并不对你们说,我要为你们求父。"

十六章二十六节的"到那日"(*en ekeinē tē hēmera*)与十六章二十三节的意思一样。当"那日"来临的时候,门徒只需要奉耶稣的"名"(*en tō onomati mou*),就可以直接向天父上帝"祈求"了(*aitēsesthē*)。这是因为替门徒以及世人舍己的耶稣,已经成了人与上帝之间的桥梁或"中保"(*paraklētos*,约壹二 1)或"大祭司"(来三 1,四 14~16)。这就如耶稣在第十七章的祷告中所扮演的角色一样。

十六 27　"父自己爱你们,因为你们已经爱我,又信我是从父出来的。"

"到那日",门徒奉耶稣的名向上帝祈求并蒙垂听,主要是基于一个很特殊的关系和团契或灵交(*koinōnia*;fellowship)。这是完全建立在"爱"(*agapē* 或 *philia*)的基础上的。可是,真正坚定不移的爱,并非是表面或属"感性"(feeling 或 sentiment)的东西。扎实的爱也必须依赖坚强的"信"或"信念"(*pistis*;faith 或 conviction)来维系和持续。这也正是十六章二十七节所要表达的。

十六章二十七节这节经文中的"已经爱"和"又信",在原文都是以现在完成式动词(perfect tense)*pephilēkate kai pepisteukate* 来表达的,旨在强调已存在的事实。耶稣在十四章十三至十五节已将门徒的祷告和爱联系在一起来说。⑤

十六 28　"我从父出来,到了世界。我又离开世界,往父那里去。"

"我从父出来,到了世界"(*Eyēlthon para tou patros kai elēlutha eis ton kosmon*),富有"道成肉身"的神学意义,正如作者约翰在一章 1~2 节所宣告的一样。就"本体论"而言,耶稣原本就是与上帝同在的"道",而"道"也就是上帝(*kai Theos ēn ho logos*)。⑥

---

⑤ 希腊文古抄本 P⁵、א⁺、A 等(十六 27)只有 *Theou*,没有指定冠词。C³、K、W 等古抄本则有指定冠词,因此是 *tou Theou*。古抄本 B、C⁺、D、L 等是 *tou patros*("父");א⁺ 则只是 *patros*。
⑥ "我从父出来"这一个句子中的"出"字,在希腊文古抄本中有两个不同的介词。在古抄本 P⁵·²²、א、A 等,这个介词是 *para*,句子是 *exēlthon para tou patros*。在古抄本 B、C⁺、L 等,这个介词是 *ek*,句子是 *exēlthon ek tou patros*。但两个句子的意思是一样的。

　　"道"既然是"成了肉身",就必然会受时间和空间所限。因此,道成了肉身的耶稣一旦完成了使命之后,就会很自然地"又离开世界,往父那里去"(*palin aphiēmi ton kosmon kai poreuomai pros ton patera*)。但是,基于三位一体的上帝那永恒和奥妙的关系,历史上的耶稣的"离"(*aphiēmi*)和"去"(*poreuomai*)并不表示从今以后祂就与世界(*kosmos*)完全隔绝。圣灵的到来,以人极不完全的语言来说,也就是"代表"了耶稣的继续"临在"(presence),虽然圣灵也有自己的"位格"(person)和工作。

　　十六 29～30　门徒说:"如今你是明说,并不用比喻了。现在我们晓得你凡事都知道,也不用人问你。因此我们信你是从上帝出来的。"
　　紧接下去的事物演变,包括门徒在耶稣受难时的反应,彼得对耶稣三次的否认(十八 15～24),以及多马对耶稣复活的怀疑等,其实都很具体地证实了门徒这个时候的"晓得"(*nun oidamen*)以及"信"(*pisteuomen*),仍旧是非常肤浅和经不起严峻考验的。

　　十六 31～32　耶稣说:"现在你们信吗? 看哪,时候将到,且是已经到了,你们要分散,各归自己的地方去,留下我独自一人。其实我不是独自一人,因为有父与我同在。"
　　耶稣自己早就知道这些门徒是经不起考验的,并且很快就会被证实了。这也就是"时候将到,且是已经到了"(*erchetai hōra kai eleluthen*)的意思。若是以今天"倒数"(countdown)的习惯来计算,耶稣所预言的,已不再是以月或日,而是以时和分来倒数了。
　　"你们要分散……"(*hina skorpisthēte ...*)这一句,若是要寻找它的旧约圣经,撒迦利亚书十三章七节应该是比较明显的。这也是马可福音十四章二十七节所引的经文:"我要击打牧人,羊就分散了"。⑦
　　"留下我独自一人。其实我不是独自一人,因为有父与我同在",这一句话的意思与八章二十九节一样。耶稣在被拿、受审以及在十字架

---

⑦ 亚十三7:"万军之耶和华说:'刀剑哪,应当兴起,攻击我的牧人和我的同伴。击打牧人,羊就分散。'"

上所表现的从容、坚毅、自主和镇定的态度,假使没有天父上帝的同在,是不太可能的。

十六 33　"我将这些事告诉你们,是要叫你们在我里面有平安。在世上你们有苦难,但你们可以放心,我已经胜了世界。"

"这些事"(*tauta*)可能是指耶稣刚才在十六章三十二节所预告的事,也可能是指十三章一节以来耶稣所有的教诲。后者也许比较可能。因为十六章三十三节是一句很重要的结语。在作完了十七章所记录的祷告之后,耶稣就得面对祂所预告的一切事件了。这一句结语因此是有必要的。因为告诉门徒的事,不论是"明说的"或用"比喻"讲的,肯定有不少已经令门徒深感忧虑、困惑和迷惘。内心的"平安"(*eirērē*;peace;希伯来文 *shalom*)因此是门徒此刻最需要的,也只有耶稣自己才能将平安留下给他们(十四 27)。

"在世上你们有苦难"(*en to kosmō thlipsin echete*)这一个预告,对历代的许多基督徒来说,也许是没有什么必要再提醒,或是进一步加以诠释了。至少从耶稣自己那个时代开始,直到罗马皇帝君士坦丁(280 - 337)于 313 年给予人民信仰自由那大约三百年间,"苦难"(*thlipsis*)对各处的许多基督徒来说,已成了他们作为"基督徒"(*Christianos*)这个身分(identity)的一个重要标志(mark)。这个标志与基督徒的生命和见证完全不可分割。

"苦难"这个词语和思想常在新约圣经中出现。它有时是指信徒在生活和见证中的经历,有时是指末日前的"大灾难"而言(例如可十三19、24)。新约神学没有基督教以外那一类机械式的"宿命论"或"命定论"(fatalism)。可是,它却肯定在上帝的主权下,末日来临之前的各种大小"苦难"是无可避免的。

耶稣在十六章三十三节这里对门徒所说的"苦难",当然也跟上述广义的苦难有关,虽然它的焦点是放在耶稣受难以后,门徒即将要经历的考验。

可是,"苦难"并不是耶稣在这长长的教诲中给门徒的最终信息。祂受难后的得胜,才是真正的佳音:"但你们可以放心,我已经胜了世界"(*alla thaseite egō nenikēka ton kosmon*)。这里的世界(*kosmos*),

正如在约翰福音许多处出现一样，主要是指在撒但操纵下那个敌对和迫害耶稣的人间世界，特别是那些施加压力，强迫罗马巡抚把耶稣钉死在十字架上的犹太教领袖和他们的随从，也包括巡抚彼拉多所代表的那个今世的"国度"（*basileia*）和权势（*exousia*）。既是那样，耶稣所说的"得胜"，最终可说是上帝的国度胜过了那与祂为敌的，在撒但操纵下的国度。

胜过的"胜"（*nenikēka*）字，只在约翰福音这里出现，但在约翰壹书中却多次用过（例如二 13，四 4，五 4）。当耶稣以"得胜"来激励祂的门徒的时候，祂自己将要经历的苦难其实还未开始。可是，祂却以"已经胜了"这一个现在完成式动词（perfect tense）来预告祂的胜利（*nenikēka*；RSV，I have overcome）。换句话说，耶稣在此是将那仍待实现的，看作是已经完成了的事。这是一个完全基于永恒（eternity）和末世（eschatology）的信念（conviction）与视野（perspective）。

伍拾 受难前的祷告 （十七 1～26）

根据约翰福音所安排的秩序，这是耶稣在受难之前向上帝的祷告。祷告完毕，耶稣就立即被捉拿（十八 1～11），然后就是受审和被钉。这也是整部新约圣经中所记载的祷文中最长的。若以章节的长短来计算，这篇祷文将近是"主祷文"（the Lord's Prayer，太六 9～15）的四倍那么长。

学者们对这个祷告的性质和名称有不同的观点。自从十六世纪路德宗（Lutheran）的神学家 David Chytraeus（1530－1600）将其称之为"大祭司的祷告"（High-Priestly Prayer）以后，这名称便很普遍地流传起来了。①

Morris 根据上述的传统，继续称之为"大祭司的祷告"（the High-Priestly Prayer，p. 634）。Bruce 给的名称是"分别为圣的祷告"（the Prayer of Consecration，p. 328）。Barrett 则不赞同，认为上述两个名称并不能公正和全面地概括耶稣这个祷告的丰富内容。② Ridderbos 称它为告别的祷告（the Farewell Prayer，p. 546）。Lindars（p. 515）和 Carson（p. 550）则直截了当地称之为"耶稣的祷告"（the Prayer of Jesus）。可是，这么简单的称呼又似乎有避开问题之嫌。因为它根本没有说明或表达祷告的主旨，连最基本的背景或上下文都没有给予一些提示。况且，"耶稣的祷告"何止这个？

Barrett 的观点是一个重要的提醒，耶稣在十七章这里所记载的祷告内容确实是很丰富的，只凭一个简单的名称实在很难概括一切。就

---

① Chytraeus 原来用的拉丁词语是 *Precatio Summi Sacerdotis*。见 Bruce，p. 328 以及 n. 1.
② "... the common description of it as the 'hight-priestly prayer', or the 'prayer of consecration', does not do justice to the full range of material contained in it." Barrett，p. 417.

祷文中所关注的人物对象而言,它也许可以简单地分成三段。一、为耶稣自己的使命(十七 1～5)。二、为那些已经信靠了耶稣的门徒(十七 6～19)。三、为那些因门徒的见证而将要归入耶稣名下的人(十七 20～26)。③

一　为耶稣自己的使命祈祷(十七 1～5)

耶稣在祷告一开始的时候就说到了"荣耀"。在这之前已经提过了,"荣耀"不论是动词 *doxazein*(to glorify)或是名词 *doxa*(glory),在约翰福音中出现的次数,都比任何一部新约圣经的著作多。它很明确是约翰福音的主题之一。

可是,约翰所论及的"荣耀"与一般表面虚浮的显耀是完全不能混为一谈的。因为"荣耀"在约翰福音的焦点是上帝的拯救计划,特别是藉"道成肉身"的耶稣舍己的使命所完成的救赎工作。简而言之,天父上帝以及祂的儿子耶稣的"荣耀",是通过十字架这条受苦的道路而获得的。既是这样,耶稣在即将经历这苦难的最高潮的时刻,向天父上帝告别的祷告中,首先提及"荣耀",是可以理解的。④

十七 1～2　耶稣说了这话,就举目望天说:"父啊,时候到了。愿你荣耀你的儿子,使儿子也荣耀你。正如你曾赐给他权柄,管理凡有血气的,叫他将永生赐给你所赐给他的人。"

十七章第一节的"这话",原文 *tauta* 也可译作"这些事",可能是指耶稣在最后的晚餐(十三章)以来所说的那些事。耶稣"举目望天"(*eparas tous ophthalmous autou eis ton ouranon*)这个动作与十一章四十一节相似,只是十七章一节这里有说耶稣"望天",十一章四十一节在原文只是说"举目"向上(*anō*),没有说"望天"(*eis ton ouranon*)。

耶稣在十七章一节对上帝的称呼,"父啊"(*Pater*;RSV,Father)

---

③ 见 Morris, p. 634.
④ 耶稣最终在十字架上的受苦,被看作"高潮",是因为耶稣在世上的受苦,早就在犹太人敌视祂以及图谋杀害祂的时候,就不断地持续下去了。

也跟十一章四十一节一样。⑤

"时候到了"(*elēluthen hē hora*；RSV，the hour has come)是耶稣自己以及作者约翰在十二章二十三节和十三章一节已经分别说过的。耶稣在十七章祷告开始时重提"时候到了"，主要是指向祂即将在十字架上舍身以及死后复活。⑥

有关"愿你荣耀你的儿子,使儿子也荣耀你"这一句话的诠释,见本段经文(十七 1～5)的序言。⑦

十七章二节第一句话的意思并不是很明确。上帝"曾赐给"(*edōkas*)耶稣"权柄"(*exousia*)去完成祂的使命是很清楚的。可是"你曾赐他权柄,管理凡有血气的"(*kathōs edōkas autō exousian pasēs sarkos*)究竟是指什么,就不易肯定了。"凡有血气的"(*pasēs sarkos*；RSV，all flesh)这些词语很明显是深受希伯来语影响的一种说法,意思是指人或人类。⑧

Brown 认为"管理凡有血气的"也许是指耶稣审判世人的权柄。⑨他主要的根据是约翰福音五章二十七节,耶稣对犹太人所说的那句话："并且因为他[耶稣]是人子,就赐给他行审判的权柄。"可是,根据十七章二节的最后一句话来看："叫他将永生赐给你所赐给他的人",上帝赐给他儿子的权柄,除了负面的"审判"之外,也许更重要的,还是耶稣赐给人永生的权柄："凡接待他[耶稣]的,就是信他名的人,他[耶稣]就赐他们权柄,作上帝的儿女"(一 12)；"因为上帝差他的儿子降世,不是要定世人的罪,乃是要叫世人因他得救"(三 17)。

耶稣在此以"凡有血气的"(*pasa sarx*),而不是 kosmos 来形容"世

---

⑤ 正如 J. A. T. Robinson 所觉察到的一样,读者也许以为耶稣会以亚兰语 *abba*("阿爸父")这一个比较亲切的词语称呼祂的天父上帝。参阅保罗在加四 6 和罗八 15 用 *Abba ho patēr*("阿爸父")称呼上帝的例子。见 J. A. T. Robinson, *The Priority of John*, pp. 308 - 309.

⑥ "... Obviously 'the hour' is a long period of time, beginning with the first indication that the process which would lead to Jesus' death had been set in motion, and terminating with his return to his Father." Brown，p. 740.

⑦ 十七 1 最后的"儿子"(*ho huios*)那两个字,是根据古抄本א、B、C、Origen 等。其他一些古抄本如 A、C³、Byzantine 等则是"你的儿子"(*ho huios sou*)。

⑧ 赛四十 5～6 的"凡有血气的"(LXX, *pase sarx*),很明显是指人类。

⑨ Brown，p. 740.

人"，意义更深长。因为耶稣自己作为永恒的"道"（*logos*）是"成了肉身"（*sarx*）来到世上，并且住在"凡有血气"的人（*pasa sarx*）中间。不但如此，耶稣也藉着上帝赐给祂的权柄（*exousia*）审判"凡有血气的"，并且也将永生赐给信靠祂的那些"有血气"的人。⑩ 这可真是"道成肉身"最大的奥秘（*mustērion*；mystery）和吊诡（paradox）。

"你〔上帝〕所赐给他〔耶稣〕的人"这一句，旨在强调上帝救赎世人的主权（sovereignty）。它的意思与十章二十九节一样。另一方面，耶稣自己也可以对门徒说："是我拣选了你们"（十五 16）。因为天父上帝与祂的儿子本来就是合一的。

十七 3 "认识你独一的真神，并且认识你所差来的耶稣基督，这就是永生。"

和合本这一节的译文在意义上是正确的，只是在句子的结构上与希腊原文不同。按原文句子的结构，比较直接的翻译应该是："这就是永生"（*hautē de estin hē aiōnios zōē*）：认识（或知道）你独一的真神和你差来的耶稣基督（*hina ginōskōsin se ton monon alēthinon Theon kai hon apesteilas Iēsoun Christon*）⑪这句子的表达方式与三章十九节一样：*hautē de estin hē krisis ...*（这就是审判……）⑫

十七章三节应该是耶稣祷告的一部分。但有一些学者认为，它的内容，特别是"……和你差来的耶稣基督……"（*kai hon apesteilas Iēsoun Christon ...*）这一句，可能是反映了作者约翰当时的教会的"宣信"和"崇拜"的仪式或习惯。⑬ Ridderbos 并不排除"耶稣基督"这

---

⑩ 赛四十 6～8 以花草的脆弱来比喻血肉之躯的人类的生命的短暂，并且藉此来突显上帝的话（或道）的永恒性。

⑪ 思高本也是按原文的句子来直译的："永生就是：认识你，唯一的真天主，和你差遣来的耶稣基督。"

⑫ 思高本的译文是："审判就在于此：……"

⑬ Brown 的观点是："This verse is clearly an insertion into the text of Jesus' prayer, an insertion probably reflecting a confessional or liturgical formula of the Johannine Church (see 1 John iv 2)." Brown, p. 741. 若是以约一 17 为例子的话，Brown 的观点是有一些道理的。因为一 17 显然是作者自己的信念，并不是直接出自耶稣口中的话语。J. A. T. Robinson 的看法与 Brown 的基本上类似。Robinson 解释说，在约翰福音的序言（转下页）

个名号在十七章三节是后来加上去的可能性。若真是这样，加上去的人也只可能是福音书的作者使徒约翰，并且是反映了他自己对耶稣的诠释，而不是从当时教会群体中的"宣信"（confession）取来的。⑭

　　Barrett 相信十七章三节整节经文是一个插句（parenthesis）。因为作者不能用今天惯用的那类"注脚"（footnote）来表达，就只好把意思放在或插入祷告的文本中。作者的目的原是要在此为"永生"（*hē aiōnios zōē*；eternal life）下一定"定义"（definition）。⑮ 意思就是，所谓"永生"，就是"认识你独一的真神，并且认识你'上帝'差来的耶稣基督"。

　　Carson 却认为十七章三节这一节经文与它前后的经文连接得很顺畅，代表着思想的"自然演进"（a natural progression），因此不一定需要假设它是后来加上去的，虽然就词语而论，耶稣在祷告中以"耶稣基督"这名号自称确实是不寻常。⑯

　　Schnackenburg 特别指出十七章三节那个句子中的 *zōē*（生命中的"生"）在前面不但有一个形容词 *aiōnios*（永远的"永"），还有一个指定冠词 *hē*（中文勉强译作"那"；英文 the），结果是 *hē aiōnios zōē*（那永生；the eternal life）。这是很例外的，在整部约翰福音中只在此出现。⑰

（接上页）和书信成文的时候，有必要把"和你差来的耶稣基督"（*kai hon apesteilas Iēsoun Christou*）这一句话加上去。这是为了纠正一个很重要的误会，以为人可以直接认识上帝，而不需要藉着耶稣基督就可以得永生："I am inclined to think that the clause 'and Jesus Christ whom thou hast sent' in John 17. 3 ... with 1. 17 in the Prologue, [is] the only occurance in the Gospel of 'Christ' as a proper name ... represents an addition from the time of the writing of the Epistle and prologue to guard against the inference which without it had been drawn, that eternal life *is* simply direct knowledge of the Father, the one true God." J. A. T. Robinson，p. 328，and footnote 93. Bultmann 非常肯定十七 3 的"耶稣基督"是当时教会群体"宣信"（profession of faith）的一部分："The reason why the Evangelist chooses the solemn *Iesoun Christon* is that it is the formulation used by the community in its profession of faith；cp. e. g. I Jn4. 2；Rom. 1. 4；I Tim. 6. 13；II Tim. 2. 8."

Schnackenburg 认为"耶稣基督"这个名号用在耶稣的这一段祷告中不适合，也跟整篇祷告文的文体不一致。见 Schnackenburg，vol. 3，p. 172.

⑭　Ridderbos，p. 549.

⑮　Barrett，p. 419.

⑯　Carson，p. 556.

⑰　Schnackenburg，vol. 3，p. 172.

　　其实,如果耶稣在十七章的祷告中原是有意与门徒分享祂当时向天父上帝祷告的内容,并且想藉此坚固门徒对祂的信靠,则十七章三节那一句类似"宣信"(confession)的话,就不会显得那么不自然了。耶稣既然在上一节(十七 2)提及永生这个最关键性的主题,也就是整部约翰福音所关注的,十七章三节也很自然地可以被看作是耶稣对"永生"的诠释。

　　真正认识耶和华上帝,是得救的途径。这可说是旧约希伯来人很基要的信念。LXX 很普遍地将希伯来文的动词 *yada'* 译作希腊文的 *ginōskein*(认识;to know)。*Yada'* 包括人对上帝的认识。它在旧约中出现的次数难以计算。

　　箴言十一章九节说"……义人却因知识得救",这里的"知识"是指认识耶和华上帝的知识。先知哈巴谷也预言说,在太平盛世:"认识耶和华荣耀的知识要充满遍地,好像水充满海洋一般"(二 14,LXX: *Hoti emplēsthēsetai hē gē ton gnōnai tēn doxan Kuriou*,*hōs hudōr katakulupsei autous*)。相反的,当上帝的子民离弃上帝,他们必"因无知识而灭亡"(何四 6)。这里的"知识"也是指认识耶和华上帝的知识。不但如此,其他的宗教,包括一些神秘宗教(mystery religions)如诺斯替主义(Gnosticism,以及深受希腊哲学影响的犹太教,Hellenistic Judaism),也相信"知识"(*gnōsis*)是人类得救的途径。[18]

　　可是,十七章三节所说的,不只是认识"独一的真神"(*ton monon alēthinon Theon*),因为犹太人也自以为他们"认识"独一的真神。十七章三节还紧接下去说,"并且认识你所差来的耶稣基督"(*kai hon apesteilas Iēsoun Christon*)。只有这样的"认识",才是永生。犹太人最终既然将耶稣钉死在十字架上,就证明了他们不但不认识上帝所差来的耶稣基督,甚至连对上帝自己也不曾有真正的认识。"认识"或"相信"耶稣是基督,是门徒及初期教会最早以及最重要的"宣信"(confession;可八 29;徒二 36,九 22 等)。

---

[18] 见 Barrett,pp. 30－33.

十七 4～5 "我在地上已经荣耀你,你所托付我的事,我已成全了。父啊,现在求你使我同你享荣耀,就是未有世界之先,我同你所有的荣耀。"

十七章四节中的"我……已经荣耀"(*edoxasa*)以及"我已成全了"(*teleiōsas*),在此很明显是指耶稣在世上的使命。这使命就时空而言,在这个时候其实是还未完成的。可是,经文中的动词都是过去式的,好像把耶稣的使命看作是"已经"完成了一样。类似的表达方式,在约翰福音是很普遍的,旨在表示耶稣对自己的使命胸有成竹,满怀信心。

十七章四节的祷告,并非意味着耶稣在奢望世俗的尊荣和地位。经文中的"荣耀",本来就是耶稣在未"道成肉身"之前,在永恒中就与上帝"共享"的。"求你使我同你享荣耀",因此只是表达了耶稣在完成了祂的使命以后,再回到天父上帝那里的心愿。

二 为那些已经信靠祂的门徒祈祷(十七 6～19)

耶稣自己在祷告中清楚表明祂现在是为祂的门徒,不是为世人祈求(十七 9)。这一段祷文(十七 6～19)深具紧迫感。这是因为门徒虽然已经领受了耶稣传给他们的生命之道,并且也信靠了耶稣(十七 8),可是他们毕竟仍未亲身经历那个敌视他们的世界的严峻考验。他们因此就必须像他们所跟从的耶稣那样,把自己"分别为圣",才能真正负起耶稣今后将托付他们的使命(十七 17～19)。

十七 6 "你从世上赐给我的人,我已将你的名显明与他们。他们本是你的,你将他们赐给我,他们也遵守了你的道。"

在十七章六至十九节这一段祷告中,耶稣把思想集中在门徒身上。耶稣首先形容门徒是上帝"从世上"(*ek tou kosmou*;RSV, out of the world)赐给祂的人。"从世上"(*ek tou kosmou*)这三个字,除了表达"选召"(election)的意思之外,还进一步显示了耶稣的门徒与"世界"或"世人"之间的微妙关系和张力(tension)。耶稣当时的门徒以及历代信徒的"成圣观"(sanctification),都是在这个微妙的关系与张力中建立起来以及不断体验出来的。

"我已将你的名显明与他们"(*ephanerōsa sou to onoma tois anthrōpois*)究竟是什么意思呢？要回答这个问题，首先必须思考一下"名"(*onoma*)的思想背景以及它在这里的意义。

当耶和华上帝在何烈山向摩西显现的时候(出三 1～12)，摩西首先急于知道的，就是那一位向他显灵的神明的"名字"(三 13)。耶和华上帝在回答中并没有给摩西"报名道姓"，但却给了他一个比一般的"名"意义更深长，更耐人寻味的回应："上帝对摩西说：'我是自有永有的'"(三 14)。中文的"我是自有永有的"这一句，是译自希伯来原文的，*'ehyeh 'asher 'ehyeh*。LXX 的希腊译文是：*egō eimi ho ōn*，可译作"我就是那本体"(I am the Being)。这才是耶和华上帝"名字"的真正意义和实质内容；它是一个"实名"而不是"虚名"。因为这名字本身已孕育着耶和华上帝的"本体"(Being)、"本性"(nature)、"位格"或"个体"(person)、"身分"(identity)以及"权柄"(authority)等，纵使人的语言文字绝对无法将上帝的"名"所包含的一切都表达和彰显出来。严格来说，上帝的"名"其实是"不可名"的。难怪先知以赛亚将认识上帝的"名"看作是"弥赛亚的日子"中，上帝给袍子民的最大"福音"(赛五十二6)："所以我的百姓必知道我的名。到那日他们必知道说这话的就是我。看哪，是我"(LXX, *Diatouto gnōsetai ho laos mou to onoma mou en tē hēmera ekeinē, hoti egō eimi autos ho lalōn, poreimi*)。

其实，约翰福音的作者早就在序言中强调"名"的重要了。人被定罪，也正是"因为他不信上帝独生子的名"(三 18)。上帝既是与袍的独子耶稣合一的，"不信上帝独生子的名"也就是不信上帝的名了。如上所说，"名"既是代表了一个人或神明的"位格"(person)与"身分"(identify)，因此当耶稣在祷告中向天父上帝说"我已将你的名显明与他们"的时候，就是将上帝向门徒显明的意思。这也正是耶稣道成肉身来到世上的使命："从来没有人看见上帝，只有在父怀里的独生子将他表明出来"(一 18)。

"他们本是你的，你将他们赐给我"(*soi ēsan kamoi autous edōkas*)这一句的意思与耶稣较早时在十章二十九节说的基本上一致。

"他们也遵守了你的道"这个句子中的"遵守了"，在希腊原文是现在完成式动词(perfect tense)：*tetērēakan*（RSV，have kept）。这也许会令读经者感到困惑。因为耶稣怎么能够在这个时刻就那么肯定说祂的门徒"已遵守了"（*tetērēakan*）上帝的道呢？较早时，耶稣自己还非常直率地向门徒警告说，一旦祂受难的时刻来到，门徒都"要分散，各归自己的地方去"（十六 32）。如此经不起考验的门徒，怎么能说是已经遵守了上帝的道的一群呢？难怪连研究约翰福音的权威之一的英国学者Barrett 也似乎被十七章六节这一节经文"误导"了，认为作者约翰是在第一世纪末的时候（也即是耶稣死而复活后大约 60 年左右），回顾了耶稣当时的"使徒"（也即是昔日与耶稣同在的门徒）成功的宣道工作之后，才这么写的：门徒"已遵守了"上帝的道。[19]

　　Barrett 上述的假设是非常严重和危险的。因为它至少意味着十七章三节那个祷告不是耶稣亲口说的。这一类的观点或假设，不仅是对作者约翰记录及见证的可靠性（reliability）质疑，还忽视了句子中希腊文动词的"时态"（tense）在约翰福音书中某些经文里的意义。正如在诠释十七章四节时所指出的那样，耶稣在祷告的那个时刻，其实是仍未"成全"天父上帝所托付祂的使命。然而，所用的却是一个简单过去式的动词 *teleiōsas*（"已成全了"；RSV，having accomplished）。其目的在于表示对即将完成的使命的坚定信心。同样的，耶稣在十七章六节的祷告中说"已遵守了"（*tetērēkan*），也可能是凭着祂那时的信心说的，因此，就没有必要像 Barrett 那样，去假设那一句话是福音书的作者在"回顾"历史以后才加上去的。其实，真正的历史事实倒是，在耶稣作了第十七章那个祷告之后只五十天，也即是在五旬节圣灵降临之后，门徒不仅是"遵守了"上帝及耶稣的"道"，并且还公开地"宣道"呢。

　　十七 7～8　"如今他们知道，凡你所赐给我的，都是从你那里来的。因为你所赐给我的道，我已经赐给他们。他们也领受了，又确实知道我是从你出来的，并且信你差了我来。"

　　"如今"（*nun*；RSV，now），在此当然是指耶稣当时祷告的时刻。

但是,它出现在这里似乎还有一些其他的特殊意义。约翰所描述的耶稣本来就是满有"使命感"(sense of mission)以及"时间感"(sense of time)的。这些感受,自从"最后的晚餐"那个时辰开始,就渐渐显得更加迫切了。此外,"如今"在此也许还有"告一段落"的意思,也就是耶稣对天父上帝的一个交代。就内容而论,十七章七至八节的其他字句除了加强语气之外,并没有提供什么新的信息。

十七 9～10 "我为他们祈求,不为世人祈求,却为你所赐给我的人祈求,因他们本是你的。凡是我的都是你的,你的也是我的。并且我因他们得了荣耀。"

"我为他们祈求"(egō peri autōn erōtō)就是十七章六至十九节整段祷告所关注的主题。

"不为世人祈求"(ou peri tou kosmu erōtō)在此并不表示耶稣不爱或是不关怀这个"世界"或"世人"。这是绝对不可能的。因为耶稣的整个使命就是为了世界或世人,结果是为此而舍命(三 16～17)。不但如此,耶稣所作的代罪工具,也是没有人可以取代的。只有祂是真正的"上帝的羔羊,除去世人罪孽的"(一 29)。

耶稣自己在世的时候,绝大部分的人,包括祂"自己的人",也即是犹太人,并没有"接待他"(一 11)。因此,耶稣救世的使命以及祂作为代罪的羔羊的果效,还必须藉着门徒对"道"的忠心遵守和宣告才能真正体现。换言之,门徒成了耶稣离世之后继续为耶稣作见证和宣道的关键性人物。他们因此成了继承耶稣使命的一小群人。所以耶稣在这一段祷告即将结束的时候,向上帝祷告说:"你[天父上帝]怎样差我到世上,我也照样差他们[门徒]到世上"(十七 18;见二十 21)。十七章九节的最后一句以及十七章十节的前面一句是重复耶稣自己以往所说过的。

"并且我因他们得了荣耀"(kai dedoxasmai en autois)这一句祷文,必须与耶稣较早时所提及的"荣耀"(doxa)连接在一起来诠释。正如上帝必须等到耶稣被钉死在十字架上,完成了代罪羔羊的使命以后,才会因耶稣而"得荣耀"。耶稣自己也必须要等到祂的门徒在世上完成了宣道的使命以后才能说是"因他们得了荣耀"。可是,"我……得了荣耀"在原文是现在完成式动词(present perfect tense)*dedoxasmai*。耶稣因此似乎是有意表达祂对门徒最终能够完成使命的坚定信心。正如十七章四及六节所出现的现在完成式及简单过去式动词的意义一样。⑳

十七 11 "从今以后,我不在世上,他们却在世上。我往你那里去。圣父啊,求你因你所赐给我的名保守他们,叫他们合而为一,像我们一样。"

"从今以后,我不在世上"(*kai ouketi eimi en tō kosmō*),在此是前瞻的(proleptic)说法,因为耶稣在祷告的这个时刻仍在世上。可是,由于祂离世的时刻已经迫在眉睫,耶稣似乎已经可以说是"不在世上"了。

"他们却在世上"(*kai autoi en tō kosmō eisin*)中的"却"(*kai*)在思高本译作"但"("但他们仍在世上"),清楚地把门徒的"在"与耶稣的"不在"形成了很鲜明的对照。㉑

耶稣在十七章十一节这一节经文中,刻意强调门徒在祂离世后仍旧留在世上的事实。这是完全符合耶稣祷告的意愿和内容的。因为,耶稣在十七章六至十九节这一段祷文中最关注的,也正是耶稣自己离世后门徒留在世上的身分见证和使命等重要的课题。

在整部约翰福音中,耶稣只有在十七章十一节这里称上帝为"圣

---

⑳ 可是,Barrett 却认为 *dedoxasmai* 这一个现在完成式的动词"我已经得了荣耀",也是反映了约翰福音的作者比较迟的立场("... the word also reflects the later standpoint of the evangelist". Barrett, p. 423)。Barrett 在这个假设中所犯的错误,是与他在诠释十七 6 中那个现在完成式动词 *tetērēkan*("他们也遵守了")一样的(见有关诠释)。Morris 的观点也许是比较合理的:"The perfect tense[现在完成式动词]*dedoxasmai* may point to the very real measure of glorification that has already taken place. Perhaps it is more likely to be proleptic, looking forward to the glory yet to come, but which was certain." Morris, p. 643, and footnote 36.

㉑ 希腊文的 *kai* 字,是新约圣经中最常见的一个字。它根据不同的情况和上下文,可以有好几个不太相同的意义和用法。*kai* 最普通的用法,当然是用作连接词(conjunction)。可是,在不少的情况下,*kai* 也用以强调某些事物,或是将两件事放在一起来作"对照"或"对比"(contrast),因此可以译作"但是"——"然而"或"却",有如英文的 but、and yet 或 nevertheless。这就正如约十七 11 这里的情况一样:"从今以后,我不在这世上,他们却在这世上"(*kai ouketi eimi en tō kosmō*,*kai autoi en tō kosmō eisin*)。关于 *kai* 的用法和意义,可参阅 BAGD,*kai* 一项。

父啊"(*Pater hagie*；RSV，Holy Father)，虽然称上帝为"圣"是犹太人所熟悉的一件事。利未记十一章四十四节应该是最为人所知的一节旧约经文："我是耶和华你们的上帝，所以你们要成为圣洁，因为我是圣洁的"(LXX，*hoti egō eimi kurios ho Theos humōn*，*kai hagias thēsesthe*，*kai hagioi esesthe*，*hoti hagios eimi egō Kurios ho Theos humōn*)。㉒

　　耶稣在此特别称上帝为"圣父"(*Pater hagie*)也跟上下文很相称，因为接下去的祷告是以门徒的"成圣"为焦点。

　　"你所赐给我的名"在希腊原文可能有两个不相同的意思。古抄本 P⁶⁰、A、B、C 等是 *en tō onomati sou hō dedōkas moi*；把句子中的关系代名词(relative pronoun)*hō* 看作是指"名"(*tō onomati*)，也即是指上帝赐给耶稣的那个"名"。另一类的古抄本如 Dᵇ、vg 等的关系代名词则是 *hous*，把 *hous* 看作是指"门徒"，也即是指上帝赐给耶稣的门徒。在比较之下，指"名"的 *hō* 应该是原来的意思，行文也比较顺畅和自然。更重要的是，在十七章十一节以及下一节的经文中，耶稣所强调的，很明显是上帝的"名"以及上帝所赐给祂儿子耶稣的那个"名"(*onoma*)。是这个"名"，也只有这个无比的"名"，才能真正"保守"(*tērēson*)门徒到底，并且"叫他们合而为一"，好像上帝和祂的儿子合一那样。

　　上帝的"名"，正如十七章六节已经注释过的一样，并不是普通的名，而是具各种意义和实质内容的，包括上帝的本体、本性和技能等。十七章十一节这里强调的，很明显是上帝的"名"所彰显的能力。因为只有这能力才能保守门徒到底。作者约翰早就在序言中宣告说，那些信耶稣的"名"的人，将会获得"权柄"(*exousia*；RSV，power)"作上帝的儿女"(*tekna Theou genesthai*)。在旧约，耶和华上帝的"名"是保佑人的力量："愿上主在忧患之日，俯允你，愿雅各伯天主的名，保佑你"(思高本，诗二十 1)。㉓上帝的"名"也是拯救人的力量："上帝啊，求你

㉒　参阅主祷文："愿人都尊你[天父]的名为圣"(*hagiasthētō to onoma sou*)，太六 9。太五 48："所以你们要完全，像你们的天父完全一样"(*Esesthe oun humeis teleioi hōs ho Patēr humōn ho ouranios teleios estin*)。见彼一 16 等。

㉓　思高本的"保佑你"，应该比和合本的"高举你"更接近原有的意思。LXX 的译文是 *huperaspisai sou*；RSV，protect you.

以你的名救我"(诗五十四 1;LXX, *Ho Theos en tō onomati sou sōson me*)。箴言十八章十节称"耶和华的名是坚固台"。

门徒从上帝的名那里所得到的保守是全面的。可是,耶稣在十七章十一节这里却特别祈求上帝"保守他们,叫他们合而为一"(*tēreson autous . . . hina ōsin hen*)。

和合本的译文"叫他们合而为一"、思高本的"使他们合而为一",以及 RSV 的"that they may be one"等,可能都不是很理想的翻译。因为译文中的"叫"、"使"或是英文的"(so) that",给人的印象是门徒间的"合一"并不是已经存在的事实,因此耶稣需要祈求上帝"叫"或"使"门徒"合而为一"。按 Morris 和 Lenski 的看法,希腊原文中的 *hina ōsin*(现在式的假设语气,present subjunctive)其实是意味着门徒的合而为一已经存在。耶稣的祷告因此不是祈求上帝"使"或"叫"门徒合一,而是希望他们继续保持已有的合一。㉔

若是这样,十七章十一节那一句原文(*hina ōsin hen kathōs hēmeis*)也许可以译作"使他们继续保持合一"。这个意思也跟耶稣的教导一致。其实,耶稣在第十章用牧人和羊群那一个比喻的时候,已经特别强调跟从祂的门徒是"合成一群,归一个牧人"的(十 16)。

门徒之间的合一,也是他们"彼此相爱"的必然结果。不然,他们就没有真正遵守"爱的命令"了(十三 34)。

不但如此,耶稣在祷告中所提及的门徒之间的合一,是"像我们[父与子]一样"的。天父上帝与祂的儿子耶稣之间的合一,既是已经存在的事实,也是继续持守下去的。门徒之间的合一,也理当如此,不然就不像天父上帝与祂的儿子耶稣之间的合一那样了。

使徒保罗也同样劝勉信徒要"竭力保守圣灵所赐合而为一的心"(*apoudazontes tērein tēn henotēta tou pneumatos*)(弗四 3)。"保守"(*tērein*),表示门徒间的"合一",作为一个属灵的恩赐,已经是事实。

㉔ "The unity prayed for is a unity already given: Jesus does not pray that they may 'become' one, but that they may 'continually be' one." Morris, p. 644.

"This appears to be the force of the present subjunctive *hina ōsin*. Lenski stresses this, and points out that *genōtai* would be required for the sense 'get to be one'." Morris, p. 644, n. 42.

　　耶稣在祷告中特别关怀门徒的合一,当然与祂即将离开他们而去的事分不开。因为当耶稣不在的时候,门徒之间的合一就会显得格外重要了。

　　十七 12　"我与他们同在的时候,因你所赐给我的名,保守了他们,我也护卫了他们,其中除了那灭亡之子,没有一个灭亡的,好叫经上的话得应验。"

　　身为羊群的"好牧人"(第十章的比喻),耶稣在过去的日子曾经尽了自己的责任"保守"(*etēroun*)了以及"护卫"(*ephulaxa*)了他的门徒,使他们不致遭受到敌对者的迫害,或是偏离真道。

　　"除了那灭亡之子以外"这一句所指的"灭亡之子"(*ho huios tēs apōleias*;思高本译作"丧亡之子"),当然是指出卖耶稣的犹大了。

　　"好叫经上的话得应验"(*hina hē graphē plērōthē*;RSV, that the scripture might be fulfilled)在此主要是表明上帝的旨意和主权,也说明了犹大出卖耶稣那件事,虽然在人看来是一个悲剧,但绝对不是意外。可是,那件事也绝不能与一般的"宿命论"或"命定论"(fatalism)相比,以为一切都是"命定"的,使得犹大自己完全没有选择的余地。这肯定不是圣经神学的思想。

　　圣经神学一方面确认上帝在凡事上掌握主权、甚至还可以藉着人的恶谋来成就美好的事;另一方面,它也肯定人自己选择的自由,虽然这自由因人的堕落是在一定的程度上受到罪的牵制的。这个微妙的情况,是人无法完全凭理智及逻辑解释清楚的。加尔文(John Calvin)在诠释十七章十二节这一节经文的时候说:"犹大的堕落'叫经上的话得应验',但是任何人都不能因此而推论说,犹大的背叛必须由上帝,而不是他自己去负责,因为预言迫使他那样去做"。㉕

　　"经上的话得应验"(*hina hē graphē plērōthē*)在此不知道是指圣

㉕ "Judas fell, that the scripture might be fulfilled. But it would be a most unfounded argument, if any one were to infer from this that the revolt of Judas ought to be ascribed to God rather than to himself, because the prediction laid him under a necessity." John Calvin, *John's Gospel*, vol. II, pp. 176 - 177.

经的哪一处。耶稣在十三章十八节预言犹大将要出卖祂的时候,曾经引用过诗篇四十一篇九节。

十七 13 "现在我往你那里去。我还在世上说这话,是叫他们心里充满我的喜乐。"

这一节经文基本上是重述耶稣在十五章十一节已经说过的。这似乎是约翰福音记述的特征之一。

十七 14 "我已将你的道赐给他们。世界又恨他们,因为他们不属世界,正如我不属世界一样。"

这一节经文的第一句是耶稣在十七章八节已经讲过的。第二句的意思基本上也跟十五章十八、十九节一样。可是,这里的重述并不是多余的,因为经文中的思想与门徒的成圣和身分以及他们今后在世上的见证和使命有密切的关系。

十七 15 "我不求你叫他们离开世界,只求你保守他们脱离那恶者(或作:脱离罪恶)。"

这一节经文的思想与耶稣自己来到这个世界的使命完全一致。不论是耶稣自己或是祂的门徒,使命是藉着"入世"才能完成的。任何"离开世界"或是逃避世界的心态与行为,都是与"道成肉身"(incarnation)的"入世"神学背道而驰的。

正如耶稣一样,明知自己不受这个世界欢迎,甚至会遭受到世界的迫害,门徒仍旧必须留在一个与他们不相属的世界,一个"陌生"世界。这是一个很痛苦的经历。身历其境者,因此很自然会不断面对试图逃避它的试探。耶稣自己在肩负这个来自世界的沉重压力的时候,也曾经向天父上帝祈求说:"父啊,救我脱离这时候"(十二 27)。但是,强烈的使命感让耶稣最终还得冷静和坚决地说服自己说:"但我原是为这[受苦]时候来的"(二十 27)。

十七章十五节中的"世界"(kosmos),当然也就是约翰福音那个在"世界的王"撒但所操纵下的世界。他也就是十七章十五节所说的"那恶者"(ton ponērou;RSV, the evil one)。约翰福音只有在此称撒但为"那恶者"，与约翰壹书二章十三节和五章十八节一样。在约翰壹书五章十八至十九节，"那恶者"在设法伤害上帝的儿女："全世界都卧在那恶者手下"（*kai ho kosmos holos en tō ponērō keitai*）。

既是那样，耶稣就必须在不求上帝叫门徒离开世界的同时，祈求上帝"保守他们脱离那恶者"（*all' hina tērēsēs autous ek tou ponērou*）。耶稣在此表达的，不只是祷告的心愿，也是出自一个很坚定的信念。因为耶稣深信"他〔天父上帝〕比万有〔一切〕都大。谁也不能从我父手里把他们夺去"（十 29）。因此，耶稣在十七章十五节的祷告，既是一个心愿，也是一个对天父上帝完全信赖的交托。

十七 16　"他们不属世界，正如我不属世界一样。"

这一节是十七章十四节末了那一句的重述。

十七 17　"求你用真理使他们成圣。你的道就是真理。"

要理解耶稣这一句话的意义，就必须以整部约翰福音以及一些旧约的例子为背景。

作为动词，"成圣"或"使成圣"（*hagiazein*; to sanctify）在约翰福音只出现在十章二十六节、十七章十七及十九节。作为形容词或名词，"圣"、"圣洁"或"成圣"及"圣者"（*hagios*; holy，the holy one，the sanctified one）只用在十六章六十九节、十七章十一节。在一章三十三节、十四章二十六节、二十章二十二节，*hagios* 是特用以形容"灵"（*to pneuma*），因此是 *to pneuma to hagion*（"圣灵"；the Holy Spirit）。

在旧约圣经，"成圣"或"圣洁"这个观念，与人的身分、圣召和使命是紧密地联系在一起的。上帝吩咐摩西要把亚伦和他的儿子"分别为圣"，好"供祭司的职分"（出二十八 41，二十九 1）。上帝对先知耶利米说："你未出母胎，我已分别你为圣"（LXX，*hēgioke*；RSV，consecrated），目的是要派耶利米去"作列国的先知"（耶一 5）。

耶稣在回应那些企图以石头攻击他的犹太人的时候，也表明自己是"父所分别为圣，又差到世间来的"（*hon ho patēr hēgiasen kai apesteilen eis ton kosmon*，十 36）。

如今，门徒也即将被差遣到世上，去承担及完成他们的使命（十七

18)，他们也因此必须分别为圣。不但如此，耶稣在祷告中还特别要求天父上帝用"真理"（*alētheia*）使门徒成圣（*hagiason autous en tē alētheia*），并且还解释说，上帝的"道"就是"真理"（*ho logos hō sos alētheia estin*）。

在旧约，上帝的"道"或"话"（*ho logos*），不但是先知们要宣告的信息，㉖也是他们身分（identity）和使命的标志，因为是上帝的"道"把先知们在人群和社会中分别为圣。假使他们没有上帝的道，他们就与他人毫无分别，因此也就没有任何"圣"可言了。

但是，圣经神学中的"分别为圣"并不是与世界或人群隔离，好像耶稣那个时代的法利赛人所采取的"分离主义"（separatism）那样。相反的，真正的"分别为圣"并非为分别而分别。它最终的目的是为了"参与"（involve）世上的事物而与世界，特别是世界的潮流、心态、人生哲学和价值观等有所分别。同样的，真正的"圣洁"（holiness，consecration or sanctification）也只有在"参与"世界的事物中，才能具体地彰显出来。这是一个极大的吊诡（paradox）。这样的"圣洁"或"神圣"观，最终是"入世"而不是"出世"的，虽然它不"属世"或沦为"世俗"。耶稣和法利赛人最大的区别就在此。这也就是"道成肉身"的耶稣"住在我们中间，充充满满的有恩典有真理"的含义。

在圣经，特别是在约翰福音，上帝的"话"或"道"与"真理"是等同的。因此十七章十七节说"你[上帝]的道就是真理"。

十七 18　"你怎样差我到世上，我也照样差他们到世上。"

耶稣在此强调的，是门徒在祂离去之后在世上的使命，因为任何承担使命者都必须被差遣，正如耶稣的使命是天父上帝差遣的结果。这也就是"你怎样……我也照样"（*kathōs . . . kagō*）的意思。

经文中的"照样"（*kathōs*）在此并不是指使命的内容，因为耶稣作为"上帝的羔羊"的代罪使命，是门徒绝对不能"照样"做的。

上帝"差"耶稣到世上，已经是历史事实，因此，在希腊原文"差"

㉖ 见耶一1～3；结一3，二16。

（apesteilas）是简单的过去式动词。可是，耶稣是在从死里复活以后，才真正把门徒差遣出去的。㉗ 既是这样，"我也照样差他们[门徒]"这句祷文中的"差"（apesteila），又为何同样是简单的过去式动词呢？理由与十七章四及六节等一样。它所关注的并不是时间的问题，而是信念的表达。㉘ 那就是说，正如上帝差遣耶稣这一件事已经是既成的事实，耶稣在祷告中凭着信念，也将祂不久之后差遣门徒那个行动看作是必将实现的事，甚至是已经成就了的事。

十七 19 "我为他们的缘故，自己分别为圣，叫他们也因真理成圣。"

在圣经里，"分别为圣"都是为了使命。耶稣的使命都是为了他人的缘故（huper；for the sake of）：为了"世人"（kosmos）舍命（三 16～17），也为了"朋友"（philoi）献身（十五 13～14）。耶稣在此特别强调祂是为了门徒，"自己分别为圣"。也只有这样，耶稣才有能力"叫他们[门徒]也因真理成圣"（hina ōsin kai autoi hēgiasmenoi en alētheia）；而门徒的"成圣"也同样是为了使命，特别是为了见证真理的缘故。

三 为那些因门徒的见证而将要归入祂名下的人祈祷 (十七 20～26)

十七章二十至二十六节这一段祷文，除了十七章二十节之外，基本上都是重复先前所说过的。

十七 20 "我不但为这些人祈求，也为那些因他们的话信我的人祈求。"

跟从耶稣的那些门徒，是因为耶稣的"道"而信靠祂的。耶稣现在

㉗ 见二十 21；参阅可十六 15 以及太二十八 18～20 的"大使命"（the Great Commission）。

㉘ 因此，Barrett 对 apesteila 这个希腊文的注释是很难接受的："John writes from the standpoint of his own, but also regards the mission of the Son as virtually completed, and the mission of the church as virtually begun."

把关怀放在那些因祂的门徒的见证而信祂的人身上。这个关怀其实也是很自然的，因为耶稣较早时用好牧人和羊群那个比喻的时候，已经预先声名说："我另外有羊，不是这圈里的。我必须领他们来，他们也要听我的声音，并且要合成一群，归一个牧人了"（十 17）。耶稣在十七章二十节这里的祷告，相信祂的预言将会"因他们[门徒]的话"（*dia ton logon autōn*），也即是门徒将来的宣道和见证而实现。

十七 21 "使他们都合而为一。正如你父在我里面，我在你里面，使他们也在我们里面。叫世人可以信你差了我来。"

耶稣已经在十七章十一节为祂身边那一小群门徒的合一祷告。祂现在所关注的，已不只是最早跟从祂的那一小群门徒，也是后来的信从者。既是这样，和合本现有的译文（"使他们都合而为一"）应当译作"使所有的人都合而为一"会更清楚。这其实也是原文的意思：*hina pantes hen ōsin*。㉙ 接下去的句子，"正如……也在我们里面"，与十七章十一节相似。

"叫世人可以信你差了我来"（*hina ho kosmos pisteuē hoti su me apesteilas*）在此很清楚表明耶稣在祷告中所关注的合一，不只是门徒与祂自己以及天父上帝之间的经验而已，也是对外宣道的有力见证，正如门徒间的彼此相爱一样（十三 35）。这个祷告因此也是对历代信徒的提醒和挑战。

十七 22 "你所赐给我的荣耀，我已赐给他们，使他们合而为一，像我们合而为一。"

耶稣在上文所说的"荣耀"（*doxa*），正如"爱"和"合一"一样，也是上帝（父）和耶稣（子）以及门徒一起共享的。耶稣在祷告中是特别期望祂所赐给门徒的"荣耀"，可以使他们更加合而为一。

十七 23 "我在他们里面，你在我里面，使他们完完全全的合而为一，叫世人知道你差了我来，也知道你爱他们如同爱我一样。"

㉙ 思高本是："愿众人都合而为一"；RSV, that they may all be one.

"我在他们里面"(*egō en autois*)这个意思,是耶稣在较早的时候已经很清楚地用比喻说过的(十五 1～8)。"你在我里面"(*kai su en emoi*)这一个表达天父上帝与祂儿子耶稣的密切关系,也是在约翰福音中重复出现的思想。

耶稣在门徒里面以及天父在耶稣里面这两个既奥秘又微妙的关系,结果将上帝、耶稣与门徒三方面联系在一起。这样的联系,不仅"使他们[门徒]完完全全的合而为一"(*hina ōsin teteleiōmenoi eis hen*),也向世人见证了耶稣确实是上帝所差遣来到世间的(*hina ginōskē ho kosmos hoti su me apesteilas*),并且也让世人知道上帝爱门徒如同爱祂的儿子耶稣一样。

上帝爱祂的儿子耶稣这个事实是约翰福音一直在述说的。可是,上帝爱门徒如同爱祂的儿子一样(*kai ēgapēsas autous kathōs eme ēgapēsas*),却是一个不寻常的美好信息:上帝竟然会爱耶稣的门徒"如同"(*kathōs*)爱自己的独生子一样。可是,这个不寻常的福音也和约翰较早时所宣告的完全一致。一章十二节说:"凡接待他[耶稣]的,就是信他[耶稣]名的人,他就赐他们权柄,作上帝的儿女。"门徒如今既然因信靠耶稣而成了"上帝的儿女",上帝也以爱他儿子耶稣的爱去爱其他的"儿女",也就成了一件很自然的事。不但如此,约翰也曾经在三章十六节宣告说:"上帝爱世人,甚至将他的独生子赐给他们,叫一切信他的,不至灭亡,反得永生。"只有这样的爱才真正是"博爱"。

十七 24 "父啊,我在哪里,愿你所赐给我的人也同我在那里,叫他们看见你所赐给我的荣耀。因为创立世界以前,你已经爱我了。"

耶稣向天父上帝的祷告即将结束,也意味着祂离开门徒而去的时刻更接近了。这里所说的同在,应该是指将来的经验。因为只有等到将来,当耶稣自己以及门徒都一起进入永恒的时候,他们才能真正在一起。也只有在那个时候,门徒才会完全清楚看见上帝所赐给祂的儿子耶稣的荣耀。㉚

㉚ 这荣耀肯定不会像门徒从"道成肉身"的耶稣身上所看到的那么短暂(一 14),也不会像门徒在耶稣"登山变像"的时候所见到的那一片刻(可九 2～8)。

上帝在"创立世界以前"(*pro katabolēs kosmou*)就已经爱祂的儿子这个思想,完全与"这道太初与上帝同在"(一 2)的意义一致。③

十七 25　"公义的父啊,世人未曾认识你,我却认识你。这些人也知道你差了我来。"

上帝是公义的(*dikaios*)。这是犹太人,包括耶稣自己的基要信念。因为它是属于上帝的本体和本性。可是,以"公义的父啊"(*Pater dikaie*)来称上帝,却是很不寻常。其余的句子是已经多次重说过的。

十七 26　"我已将你的名指示他们,还要指示他们,使你所爱我的爱在他们里面,我也在他们里面。"

有关上帝的"名"在这里的意义,见十七章六节的注释。其余的句子,只能被看作是耶稣在总结祂的祷告时,对爱和合一这个心愿的最后流露。

---

③　参阅弗一 4:"就如上帝从创立世界以前,在基督里拣选了我们"(*kathōs exelexato hēmas en autō pro katabolēs kosmou*)。

伍拾壹　耶稣在被拿时挺身而出（十八 1～12）

耶稣被拿的这起事件，是祂自己早就预料到的。早在最后的晚餐时，耶稣已经向门徒预告自己将会被出卖的事；祂甚至还相当清楚地暗示出卖祂的犹大说："你所作的，快作吧"（十三 27）。难怪当预料中的事真正来临的时候，耶稣不但无意逃避，反而从容不迫地挺身而出。耶稣那个坚毅的回应，除了表示祂对自己使命的执着之外，实际上也保住了门徒的安全。因为拿祂的那一群人是全副武装而来的（十八 3），因此任何人为的反抗都可能会导致严重的伤亡。这一幕的记述非常生动。它很可能是源自当时在场目击者的回忆。

十八 1～2　耶稣说了这话，就同门徒出去。过了汲沦溪，在那里有一个园子，他和门徒进去了。卖耶稣的犹大也知道那地方，因为耶稣和门徒屡次上那里去聚集。

"这话"（*tauta*；RSV, these words）在此可能是指耶稣在十三至十七章所说的那些话。

在四部福音书中，只有约翰提及"汲沦溪"（*Kedrōn*；RSV，the Kidron Valley）。① 它位于耶路撒冷的东部附近。所谓"溪"，实际上是"谷"（valley），因为它很少积水。

耶稣和门徒所进入的"园子"（*kēpos*；RSV，garden），应该是马太和马可所说的"客西马尼"园（*Gethsēmani*；RSV，Gethsemane）。② 它

---

① 关于"汲沦溪"，见撒下十五 23；希伯来文叫 *naḥal Qidron*，LXX 的希腊文是 *tōn Kedrōn*。参阅王上二 37；代下十五 16。"汲沦溪"位于耶路撒冷附近的东部。
② 太二十六 36；可十四 32。

位于橄榄山上(路二十二 39)。出卖耶稣的门徒犹大熟悉那个地方,因为耶稣和门徒"屡次上那里去聚集"。这的确是一个事实。路加福音二十一章三十七节记载说:"耶稣每日在殿里教训人,每夜出城在一座山,名叫橄榄山住宿。"在记述耶稣被出卖的那一夜时,路加也如此见证说:"耶稣出来,照常往橄榄山去,门徒也跟随他"(二十二 39)。令人深感悲叹的是,门徒犹大竟然选择了一个他自己与耶稣以及其他门徒都很熟悉的地方来出卖自己的主! 当然,这个选择,从犹大和同谋者的策略来看,也许是有一定道理的。因为从半夜到清晨时刻,在一个远离人群的园子里捉拿耶稣,确实是比较方便和妥当的。这至少可以避免这件事在人群中影响治安的骚乱。任何危害到治安的动乱,都是当时的罗马政权所不能容许的。

十八 3　犹大领了一队兵,和祭司长并法利赛人的差役,拿着灯笼、火把、兵器,就来到园里。

犹大在此扮演的角色显然是很重要的,因为他熟悉那园子的环境以及耶稣和门徒那一群人,在夜间由他来指引带路,可说是最恰当了。

经文中的"一队兵",虽然在希腊文是 *speira*,相等于拉丁文的 *cohors*(英文 cohort),按当时罗马军队的编制约有二百至六百人,但是在这里似乎是不太可能有那么大的数目。因为犹大和他的同谋都会清楚当晚与耶稣在一起的门徒只是很小的一群,用不着那么大的队伍,又何况还有"祭司长并法利赛人的差役"前来助阵。

"差役"(*hupēretas*;RSV, officers)在此大概是指当时在圣殿驻守的卫士(temple guards)。③ 十八章十二节也提及了"千夫长"(*ho chiliarchos*)的参与。这样一来,犹太人的领袖和罗马军队在耶稣被捉拿这件事上的同谋,就显得很清楚了。可是,耶稣在被拿之后,却是"先带到"祭司该亚法的岳父亚那那里去受考问,而不是先去见罗马的长官。这就似乎表示,至少在现阶段中,这个阴谋的主导者是犹太人的公会,而不是罗马政权。其实,耶稣的受审以及最终的被害,都很清楚

---

③ 和修版把希腊原文 *speira* 译作"圣殿警卫"是对的。

显示，当时的罗马政权，包括巡抚彼拉多，都是被犹太人的领袖利用的，
而不是案件的主谋者。

"灯笼、火把"在夜间行动中肯定是需要的。可是，"一队兵"、"差
役"和"兵器"等也许就没有多大必要了。当然，如此浩浩荡荡、如临大
敌的行动，也清楚反映了图谋者那非常慎重的态度，希望万无一失。④

十八 4　耶稣知道将要临到自己的一切事，就出来对他们说："你
们找谁？"

对胸有成竹，早就作好一切准备的耶稣来说，那肯定不是逃跑，而
是挺身而出的时刻。

"你们找谁？"(*Tina zēteite*)这一句问话，表面上看起来似乎是没
有必要的。可是，从十八章五至九节这一段经文的内容来说，耶稣那一
句问话又似乎有一定的意义。耶稣在此至少要那一大群人认清楚他们
真正要捉拿的对象，也就是耶稣自己。这也是为了避免祂的门徒受到
不必要的伤害(十八 8)。

十八 5　他们回答说："找拿撒勒人耶稣。"耶稣说："我就是。"卖他
的犹大也同他们站在那里。

腓力首次向拿但业介绍耶稣的时候(一 45)，曾经称耶稣是"约瑟
的儿子拿撒勒人耶稣"(*Iēsoun huion ton Iōsēph ton apo Nazaret*)。
当晚捉拿耶稣的人，也同样以"拿撒勒人耶稣"(*Iēsoun ton Nazōraion*)
称祂。这似乎是表明这样的称呼已在当时的犹太人，甚至是罗马人之
中(见十九 19)普遍地流行了。⑤

耶稣对捉拿者的回答，是一个很坚定的"我就是"(*egō eimi*；RSV，
I am he)。⑥

"卖他的犹大也同他们站在那里"，这一句似乎是有意强调犹大在

---

④ 有关十八 3 的讨论，见 Barrett，p. 433；Bruce，p. 340.
⑤ 在约翰福音，这个名称还在十八 7 以及十九 19 这两节经文中出现。
⑥ 中文的"我就是"是根据希腊文古抄本 P⁶⁰、D、Origen 的 *egō eimi* 而翻译的。古抄本 B 则是
　 egō eimi Iesous("我就是耶稣")。

耶稣被捉拿那件事上所扮演的角色。这当然也反映了一个悲剧:昔日跟从耶稣以及与耶稣并其他门徒"站在一起"的门徒犹大,如今已经立场分明地投靠在谋害耶稣者的那一边,因此完全与那些人"同在"(*met' autōn*)了。如此的"表态",怎能不令人感慨万千呢!

十八6　耶稣一说"我就是",他们就退后倒在地上。

"我就是"(*Egō eimi*)在旧约几乎是代表着耶和华上帝的本体(being)和自称(self-identification)以及身分(identity)和权柄(authority)(见出三14)。这也许有助于解释捉拿耶稣那一群人当时那极不寻常的反应。古今中外,恶谋者要在英雄豪杰或仁人志士身上下手的时候,也经常会在他们面前"失色"或是"发抖",结果形成了非常鲜明以及戏剧化的善恶对照。

本来是浩浩荡荡的大群,包括兵士和差役在内,如今竟然会因那一位"代罪的羔羊"或是"拿撒勒人耶稣"一句简单的"我就是",便立即"退后倒在地上"(*apēlthan eis ta opisō kai epesan chamai*),可真是非常罕见了。当腓力首次把耶稣介绍给拿但业的时候,拿但业似乎还以卑视的态度回应腓力说:"拿撒勒还能出什么好的吗?"(一46)那一群人当晚却因为"拿撒勒人耶稣"的名而"退后倒在地上"。

十八7　他又问他们说:"你们找谁?"他们说:"找拿撒勒人耶稣。"

耶稣这一句重复的问话的用意,将表明在下一节的经文中。

十八8~9　耶稣说:"我已经告诉你们,我就是。你们若找我,就让这些人去吧。"这要应验耶稣从前的话,说:"你所赐给我的人,我没有失落一个。"

耶稣重复地向捉拿祂的人提问以及再次明确地表明自己的身分,目的是为了要保护祂的门徒:"你们若找我,就让这些人去吧"(*ei oun eme zēteite, aphete toutous hupagein*)。

"这要应验"(*hina plērōthe*;RSV, this was to fulfill)这几个字,在新约圣经一般都是指上帝在旧约中的话或是预言,在新约时代,特别是在耶稣身上得到应验(如太二15)。可是,在约翰福音,却有两处明指"耶稣从前的话"（*ho logos hon ei pen*）是在耶稣仍在世上的时候就已经应验了（十八 9、32）。

十八章九节这节经文中所说的"以前的话"，很可能是指耶稣在十七章十二节所说的："我也护卫了他们，其中除了那灭亡之子，没有一个灭亡的。"十章二十八节的意思也与此一致。

"你〔上帝〕所赐给我的人，我没有失落一个"这一句话，很明显是已经没有把出卖耶稣的门徒犹大包括在内了。因为犹大的"失落"，是耶稣在十三章二十一至三十一节以及十七章十二节中已经预测到的。犹大的失落，至少从人的观点来说，是他自取灭亡，并非是耶稣没有给他保守或是护卫的机会。

十八 10～11　西门彼得带着一把刀，就拔出来，将大祭司的仆人砍了一刀，削掉他的右耳。那仆人名叫马勒古。耶稣就对彼得说："收刀入鞘吧。我父所给我的那杯，我岂可不喝呢？"

在这之前，约翰福音并没有任何地方提及门徒带着刀的事，或有带刀的必要。彼得当晚竟然带着一把刀，是否表示他对耶稣即将被拿的事已有先见之明，就不易断定了。

彼得向来都似乎比别的门徒急躁。他当晚在现场的那个迅速反应，也跟他急躁的本性一致，虽然那样的反击，在寡不敌众的形势之下，是不可能有多大作用的。

有关彼得"拔刀相助"将大祭司仆人的右耳削掉的事，其他三部福音书都有记载（太二十六 51；可十四 47；路二十二 50）。但只有约翰在此将那个仆人的名字记了下来："那仆人名叫马勒古"（*ēn de onoma tō doulō Malchos*）。这似乎是一个目击者回忆的结果，也意味着作者约翰在事发之前就认识那个大祭司的仆人马勒古。

假设十八章十五节所说的"那门徒"（*ho de mathētēs*）就是"大祭司所认识的"作者使徒约翰，则马勒古的身分问题就可以迎刃而解了。

西门彼得"拔刀相助"的精神诚然可嘉，⑦可是对当事人耶稣来说，

---

⑦ 但可别忘了，耶稣正是为彼得这些"朋友"而舍命的。见十五 13。

任何企图逃避苦难的尝试,包括"拒捕"在内,都是在回避祂为世人"舍命"(*tithenai psuchēn*)的使命。这也就是"我父所给我的那杯,我岂可不喝呢?"(*to potērion ho dedōken moi ho Patēr ou mē piō auto*)那一句话的意思。文中的"杯"(*potērion*),当然是指象征耶稣受难的"苦杯"了。⑧

十八 12 那队兵和千夫长并犹太人的差役就拿住耶稣,把他捆绑了。

耶稣即将被拿时,不但自己没有主动作任何反抗,也反对彼得所采取的那一类动武的行动。这样的精神与行动是真正属于"非暴力的"(non-violent)。印度的甘地(Gandhi,1869 – 1948)一生所采取的"非暴力"精神与行动,也是从耶稣这里吸取灵感的,虽然甘地最终并没有跟从耶稣。⑨

耶稣既是非暴力的,那一群捉拿祂的人所做的,包括对祂的"捆绑"(*edēsan*),实际上是没有必要的。难怪按马可福音十四章四十八节的记载,耶稣当时曾责问那些人说:"你们带着刀棒出来拿我,如同拿强盗吗?"

---

⑧ 根据太二六 39;可十四 36;路二十二 42 的记载,耶稣当晚未被捉拿之前,曾经在客西马尼园的祷告中,为这"苦杯"作了很大的心灵挣扎,结果耶稣还是接受了上帝所给祂的"苦杯"。

⑨ 甘地曾说:"如果耶稣所代表的,不是一个个体,而是非暴力的原则,那印度可说是已经接受了它庇护的力量了……耶稣受苦的例子,是我整个非暴力信念组合中的一个因素,它控制着我所有的行动……"("If Jesus represents, not a person but the principle of non-violence, India has accepted its protecting power … the example of Jesus' suffering is a factor in the composition of my underlying faith in non-violence, which rules all my action …") Quoted in M. M. Thomas, *The Acknowledged Christ of the Indian Renaissance* (Madras:The Christian Literature Society,1970), p. 205.

伍拾贰　耶稣受大祭司的考问；彼得三次不认主（十八 13～27）

　　耶稣被捆绑以后，就如以赛亚书五十三章七节所形容的那样，"像羊羔"被牵去受审。首先是到已经退位的大祭司亚那那里去，然后才去见当年任大祭司的该亚法。在这期间，作者约翰记录了彼得先后三次不认主的事（十八 17、25、27）。和合本十八章十三至二十七节这一段的译文是根据希腊文古抄本 P^{60,66}、$\aleph$、A、B、C 等的安排。叙利亚文等古抄本还有其他不完全类似的安排。

　　十八 13～14　先带到亚那面前，因为亚那是本年作大祭司该亚法的岳父。这该亚法就是从前向犹太人发议论说，"一个人替百姓死是有益的"那位。

　　亚那（Annas）是在主后 6 年被罗马的叙利亚省长奎利纽（Quirinius）委任为犹太教大祭司的。当时犹大的地位已经降级成为罗马帝国的一个小省份，附属在叙利亚省之下。到了主后 15 年，亚那被罗马驻犹大的行政长官克拉都（Valerius Gratus）所废。但是，被废除后的亚那仍有极大的影响力。

　　在他的家族中，有好几位成员在接下去的半个世纪中充当大祭司，包括这里所提到的他的女婿该亚法。① 这就说明了耶稣被捕后，为何首先被带到亚那那里去。

　　中文的"因为"（gar；RSV，for）进一步说明了东方社会，包括犹太人的社群"敬老尊贤"的老传统。该亚法（Kaiaphas）于主后 18 年被克

---

① 见 Josephus, *Antiquities*, 18:26,34,95.

拉都委任为大祭司,在职共 18 年,至主后 36 年。②

罗马巡抚彼拉多(拉丁名 *Pontius Pilatus*；RSV, Pontius Pilate)于主后 26 年上任作犹大的巡抚,但没有将该亚法革职。这似乎表示他还可以跟该亚法相处下去。可是,到了主后 36 年,彼拉多和该亚法都同样被叙利亚的省长威特留(Lucius Vitellius)废除职位。③

十八章十四节所提到的,就是记录在十一章四十九至五十一节那件事。

十八 15　西门彼得跟着耶稣,还有一个门徒跟着。那门徒是大祭司所认识的。他就同耶稣进了大祭司的院子。

"西门彼得跟着耶稣",目的很明显是想去看耶稣如何受亚那的审问。那无疑是出于他对主耶稣的忠心和关怀。可惜彼得接下去却因为自己一时的心志不够坚定,结果一连三次否认了主。

这一节经文提到"还有一个门徒"(*kai allos mathētēs*)跟着来。这个门徒的身分引起了不少的猜测和争议。Bultmann 肯定他不是约翰福音中"耶稣所爱的那门徒"。④ C. K. Barrett 也持类似的观点。⑤ Brown 承认要证实这位门徒就是"耶稣所爱的那门徒"的确有困难,虽然他知道支持这看法的论据是不少的。⑥

总的来说,那些不相信十八章十五节中跟在彼得后面的门徒就是"耶稣所爱的那门徒"的学者们,主要是基于两点的观察。

一、十八章十五节并没有直接说明那门徒与耶稣所爱的那一位是同一个人。

二、耶稣所爱的那门徒,如果是打鱼出身的约翰,他是不太可能为居高位的"大祭司所认识的",因为两者的身分和地位差距太大了。

---

② Ibid., 18. 35, 95.

③ Ibid., 18. 89, 95.

④ "Who the *allos mathētēs* is cannot be divined. ... There is no basis for identifying him with the 'Beloved Disciple' ...." Bultmann, p. 645, fn. 4.

⑤ "It is quite possible to identify him with the disciple 'whom Jesus loved' ... but there is no definite ground for doing so." Barrett, p. 438.

⑥ 见 Brown, pp. 822 – 823.

学者们第一点的观察其实不够全面。因为在约翰福音中，有不少人的名字都有明文记载下来；没有指名道姓的，其实很少。"耶稣所爱的那门徒"以及十八章十五节这里记载的门徒没有被指名道姓，可说是极少数的例外。

更主要的现象是：在约翰以及其他三部符类福音，彼得和约翰是多次在一起出现的(可九 2，十三 3，十四 32；参约十三 23～24，二十 2～10，二十一 20～24)。若是那样，耶稣在受审的关键性时刻，彼得和约翰一起跟踪，应该是很自然的事。

至于说，因为大祭司和打鱼出身的约翰两者身分和地位差距太大，而不可能相识的假设，也很难令人信服。渔夫这一类的劳作生活，虽然在希腊罗马社会谈不上什么社会地位，但是在犹太人的社会中，劳力的正当职业却是受到尊重的。不少拉比和法利赛人都有一技之长。保罗便是以"制造帐棚为业"的(徒十八 3)。其实，就以家世而论，使徒约翰(假设他真是"耶稣所爱的那门徒"以及十八 15 所说的那一位)也并非很卑微，因为根据马可福音一章十九至二十节的记载，他的父亲至少也是一位雇主。⑦

不论十八章十五节那个门徒的身分是什么，他因为是大祭司所熟悉的，就顺利地"同耶稣进了祭司的院子"。

这里所指的"大祭司"(*archiereus*)应该是亚那，虽然他在那个时候已经退位了。路加福音三章二节也照样称已退位的亚那为"大祭司"，与该亚法一样。耶稣是在见了亚那之后才被带到大祭司该亚法那里去的。

十八 16～18　彼得却站在门外。大祭司所认识的那个门徒出来，和看门的使女说了一声，就领彼得进去。那看门的使女对彼得说："你不也是这人的门徒吗？"他说："我不是。"仆人和差役因为天冷，就生了

---

⑦ 学者如 Carson 等相信十八 15 那一个门徒很可能就是"耶稣所爱的那一位"。Carson 也提到 Frans Neirynck 有关这一点的论述。见 Carson, p. 582 以及 fn. 1 所引的 Neirynck 著作 *Evangelica : Gospel Studies*—Etudes d'Evangile. Collected Essays, ed. F. van Segbroeck (Leuven University Press, 1982), pp. 335 - 364.

炭火,站在那里烤火。彼得也同他们站着烤火。

十八章十五节已经介绍了与彼得一起跟着耶稣的那个门徒,并且特别声明说,他是大祭司所认识的。十八章十六节这里再说他是"大祭司所认识的"(*ho gnōstos tou archiereōs*)。表面上看起来,这似乎是多余的,其实不然。因为是那个门徒的某一些特殊身分,使得他只需要"和看门的使女说一声,就领彼得进去"大祭司的院子。这就叫"关系",古今中外都一样。可是,那个看门的使女却提出了一个不仅令彼得非常难堪,甚至还有可能危害到他人身安全的问题:"你不也是这人的门徒吗?"(*Mē kai su ek tōn mathētōn ei tou anthrōpou toutou*)"这人"是希腊原文的直译(*tou anthrōpou toutou*;RSV,this man's),它很明显是指耶稣。

在一般的情况下,使女在希腊原文的提问方式,是期待一个负面的答案的,与十八章二十五节那个提问一样。可是,就十八章十七节以及十八章二十五节的上下文而论,发问者其实是怀疑,甚至是很肯定彼得是耶稣的一个门徒。不然,发问者就不会在那样关键性的时刻,提出那么敏感性的问题。十八章十七节和十八章二十五节的提问方式与十八章二十六节就不相同了。后者很清楚是在期待一个正面的答案,甚至还带着指控的语气:"我不是看见你同他[耶稣]在园子里吗?"(*Ouk egō se eidon en tō kēpō met' autou*)提问者似乎是在说:"我明明看见你同耶稣在园子里,岂不是吗?"⑧

彼得回答说:"我不是"(*ouk eimi*)。这是他首次否认主。大约在几个小时前,同样的一个彼得,曾经满有自信地表明他愿意为他的主耶稣"舍命"(十三 37)。

耶稣被带去见亚那的时间,大约是将近黎明时分。约三、四月间,耶路撒冷春季的天气一般仍是寒冷的,因此有烤火的必要。

许多学者都认为大祭司或公会在夜间审问疑犯是很不寻常,甚至是违反常规的事。他们这次审问耶稣很明显是在半夜至黎明之间开

---

⑧ 关于这几节经文的翻译,可参阅 B. M. Newman and E. A. Nida, *A Handbook on The Gospel of John* (New York: United Bible Societies, 1993), pp. 557 – 558.

始的。⑨

十八 19　大祭司就以耶稣的门徒和他的教训盘问他。

耶稣的身分和言行与祂的跟从者有很密切的关系，因此大祭司提出了一个相关性的问题。

新约圣经对耶稣那十二个门徒的背景，除了最早跟从祂的几位渔夫如西门彼得、安得烈、雅各和约翰之外，所提供的资料极少。⑩ 福音书给人的印象是：耶稣的门徒不太可能对犹太教当局构成令人担忧的威胁。值得一提的，也许是门徒当中有一位被称为"奋锐党的西门"(*Simōna ton Kananaion*，可三 18)。"奋锐党员"是当时很激进的犹太民族主义者，是犹太教领袖和罗马政权都很关注的人物。

无论如何，十八章十九节这里及其他经文并没有说明大祭司当时询问有关耶稣的门徒的特殊原因。耶稣在回应中也回避了这个问题。主要的原因，也许是为了保护门徒的利益。大祭司也没有进一步地追究下去，表示他所关注的，主要还是耶稣的"教训"(*peri tēs didachēs autou*)。

十八 20～21　耶稣回答说："我从来是明明的对世人说话。我常在会堂和殿里，就是犹太人聚集的地方教训人。我在暗地里并没有说什么。你为什么问我呢？可以问那听见的人，我对他们说的是什么。我所说的，他们都知道。"

按当时犹太教一般审问的惯例，是见证人先对被告提出控状(见可十四 55～59)，然后再由被告给予辩护。因此，有学者怀疑大祭司亚那那种做法有违反常规之嫌。⑪ Carson 也持这个观点。但他却解释说，如果亚那的审问是属于"非正式"(informal)性质的，亚那就未必需要

---

⑨ 有关这个问题的讨论，可参阅 Beasley-Murray, pp. 308 - 313；Carson, pp. 571 - 576.

⑩ 在徒四 13，门徒如彼得和约翰等被犹太人的公会看作是"没有学问的小民"(*anthrōpoi agrammatoi*)。

⑪ Bruce 因此评论说："It was not in accordancre with the best judicial procedure in Israel to make an accused person incriminate himself, and in this particular instance it was not necessary." Bruce, p. 346.

受常规的约束。⑫

无论如何,耶稣的回答是合理的。因为耶稣除了私下给门徒教训(*didachē*)之外,祂向来都是"明明的对世人说话"的(*egō parrēsia lelalēka tō kosmō*)。⑬ 若有什么可疑或可责之处,"世人"尽可出来公开作证。这也正是十八章二十一节的意思。

十八 22　耶稣说了这话,旁边站着的一个差役,用手掌打他说:"你这样回答大祭司吗?"

就耶稣在十八章二十及二十一节的回答而论,那个差役是完全没有理由或权利打耶稣的,因为耶稣在回答中根本就没有冒犯大祭司,除非当时在现场还发生了其他的事,是作者约翰没有记录下来的。

差役的暴力行动可能是反映了差役自己或是大祭司等人因计谋受挫的心态。那就是说,他们可能有意乘耶稣多说话的时候"不打自招",或是找到一些对控方有利的把柄,结果失败,于是老羞成怒,动起手来打耶稣。⑭

十八 23　耶稣说:"我若说的不是,你可以指证那不是。我若说的是,你为什么打我呢?"

就当时的审问程序和规矩来说,耶稣的回答完全符合情理。以当代人的观点而论,那个差役的行动很明显是"侵犯"了耶稣的"人权"了!

十八 24　亚那就把耶稣解到大祭司该亚法那里,仍是捆着解去的。

已退位的大祭司亚那从耶稣那里一无所获之后,只有把祂解到在

----

⑫ "In a formal Jewish hearing in the first century, it may have been illegal to question the defendant. A case had to rest on the weight of the testimony of witnesses . . . . Even so, if this interrogation is an informal procedure before the high priest emeritus, and not before the Sanhedrin, Annas may not have seen himself bound by such rules." Carson, p. 584.

⑬ "世人"(*kosmos*)在此是指听众。

⑭ 根据徒二十三 1~5,保罗也曾经在公会前申辩时,被大祭司亚拿尼亚的人打嘴巴;虽然保罗当时的情况与约十八 22 这里不完全相同。

任的该亚法那里去了。这在当时的法律程序上，也是有必要的。因为当时如果没有在任的大祭司，也即是犹太教公会的主席的正式指控，罗马巡抚是不会处理案件的。⑮

"仍是捆着被解去"(dedemenon)这一句，在此似乎是在提醒读者们说，犹太的领袖们对审问耶稣那件事的态度是非常谨慎的。它也表示耶稣这个时候已经被看作是一个"犯人"了。

十八 25　西门彼得正站着烤火，有人对他说："你不也是他的门徒吗?"彼得不承认，说："我不是。"

这是彼得第二次不认主了。那些对彼得说话的人(eipon)，也许就是跟彼得一起烤火的仆人和差役(见十八 18)。

十八 26～27　有大祭司的一个仆人，是彼得削掉耳朵那人的亲属，说："我不是看见你同他在园子里吗?"彼得又不承认。立时鸡就叫了。

作者约翰在此把那个"仆人"的身分都清楚地说出来了，让人相信作者自己很可能就是当时跟彼得一起在现场的那个"门徒"(十八 15～16)。

这是彼得第三次不认主了。当他否认之后，"立时鸡就叫了"(kai eutheōs alektōr ephōnēsen)。这就完全应验了耶稣在最后的晚餐时所预言的："我实实在在的告诉你，鸡叫以先，你[彼得]要三次不认我"(十三38)。

当天清晨尝试暴露彼得身分的，共有三次。第一次(十八 17)和第三次(十八 26)来自个人。第二次(十八 25)则是来自好些人。按照摩西的律法，"凭两三个人的口作[的]见证"，是有"法定"地位的(申十七6;太十八 16;林后十三 1)。若是那样，那些企图暴露彼得的身分的人，又为何那么轻易放过彼得呢? 真是令人有些费解。其原因也许是因为他们当时真正要对付的是耶稣，并不是祂的门徒，因此愿意轻易地放过

---

⑮ 见 Bruce, p. 347. "If Jesus is to be brought before Pilate, the legal accusation must be brought by the reigning high priest, Caiaphas, in his capacity as chairman of the Sanhedrin." Carson, p. 585.

了门徒彼得。若真是那样，彼得当时也可说是因为他的主耶稣而获得了保护，至少暂时保住了他个人的安全。

　　彼得三次不认主诚然是一个历史事实，但它也体现了人性和意志的虚弱。可幸的是，在他的主的恩典和保守之下，那天清晨所发生的事，并不是门徒彼得的穷途末路。主耶稣自己给予彼得的恩典与赦免，最终又重新把彼得建立起来。⑯

---

⑯ "Both for John's readers, and for the early church generally, this is not Peter's final scene. As serious as was his disowning of the Master, so greatly also must we esteem the grace that forgave him and restored him to fellowship and service. And that means — both in John's Gospel and in our lives-that there is hope for the rest of us". Carson, p. 586.

伍拾叁　耶稣在罗马巡抚面前受审：两个"国度"的相遇(十八 28～十九 15)

作者约翰很详细地为读者记述了耶稣在罗马巡抚彼拉多面前受审的那一幕。它不仅是为了要说明耶稣是在什么情况下被"定罪"的，同时也要让读者能认真去理解，在耶稣受审与被钉死在十字架上的关键性过程中，宗教和政治权力是如何挂钩，以及互相微妙地一起运作和彼此利用的。

从神学的意义和角度去看，活现在读者眼前的这一幕，已不再只是人间的世界，也是耶稣和彼拉多分别代表的两个"国度"(kingdoms)的相遇(encounter)或对峙(confrontation)。其中所涉及的一些基要问题和原则，是历代教会和信徒必须就自己所处的特殊境遇(context)去反省，以及采取明智和具体的行动去应对的。

审问耶稣的罗马巡抚彼拉多，于主后 26 年被罗马皇帝"该撒提庇留"(*Tiberiou Kaisaros*；RSV，Tiberius Caesar，路三 1)委任为犹太的巡抚(路三 1)，直到主后 36 年为止。提庇留自己则于主后 37 年 3 月去世。彼拉多的道德人格懦弱，却天性固执和残暴。他在处理犹太的政务上，又因对该民族和宗教缺乏敏感性和技巧，屡次作出冒犯的决策和行动，非常不得人心。在他的任期内，曾有数次的流血事件发生，包括路加福音十三章一节所提及的那一次。①

十八 28　众人将耶稣从该亚法那里往衙门内解去。那时天还早。

---

① 关于彼拉多的政务和为人，可参 Josephus，*Jewish Wars* 2. 169 - 177；*Antiqities* 18. 35 - 89；罗马历史家 Tacitus，*Annals* 15. 44. 4 等。

他们自己却不进衙门，恐怕染了污秽，不能吃逾越节的筵席。

约翰并没有记述耶稣在大祭司该亚法那里受盘问的详情。他记载了彼得三次不认主那件事以后，便把焦点移到彼拉多审问耶稣这件事上。他们把耶稣从该亚法那里解到"衙门内"（ eis to praitōrion ）。那似乎是一个很急速的行动，也是有其特殊原因的。

一、假使耶稣是在星期四晚上被拿的话，那对犹太人来说，已经是星期五了，因为犹太人的一天是从傍晚时算起的。虽然犹太人容许在节日给罪犯行刑，但如果那一天正好是安息日，就不行了。犹太人的安息日是从星期五的傍晚开始的。既是这样，犹太人就必须在星期五傍晚之前，也即是安息日正式开始之前，把耶稣"解决"掉，包括祂的埋葬。

二、罗马的长官如彼拉多，在当时都习惯于清晨开始办公直到中午之前结束。这也是他们设法在清晨时分把耶稣解到彼拉多的衙门内的主要原因之一，好让他一开始办公的时候，便立即处理耶稣的审问，免得耽搁了时间。②

希腊文的"衙门"，praitōrion，是直接从拉丁文 praetorium 借用和音译过来的。RSV 就干脆把拉丁文 praetorium 照搬过来。"衙门"在此是指罗马驻军司令或是巡抚彼拉多的总部。彼拉多自己正式的官府是在该撒利亚（Caesarea），也即是希律大帝（Herod the Great，在位于27－4B. C.，见太二 1；路一 5）所建的王宫中。

彼拉多以及在他以前的巡抚，都习惯地在犹太人的大节日期间驻守在耶路撒冷，以防万一。因为罗马官方都很担心犹太人会在节日人数众多的时候发生动乱。彼拉多在耶路撒冷所住的地方因此也就很自然地成了他的"衙门"（praetorium）。

学者们一般都认为这"衙门"的确实地点若不是在希律王宫城墙的西面，就是在"安东尼堡"（The Fortress of Antonia）之内。这城堡是为了纪念罗马大将安东尼（Marcus Antonius，83－30B. C. ）而建的。它位于耶路撒冷圣殿的西北部，也即是今天锡安的圣母修道院（The Covent of Our Lady of Zion）所在地。③

---

② Carson，p. 574；Bruce，p. 349.
③ Carson，pp. 587－588；Bruce，pp. 348－349.

耶稣被解到衙门内的时候,"天还早"(*proï*; RSV, it was early)。罗马人分别称半夜以后那两更时辰为 *electorophōnia*("鸡叫时分",大约从半夜到清晨三时)以及 *proï*("清晨时分",大约清晨三时至六时)。

"清晨时分"(*proï*)也正好是罗马长官,如彼拉多这些人开始办公的时刻。可是,那些把耶稣解来的犹太人,却因为严谨的宗教规条,"不进衙门,恐怕染了污秽,不能吃逾越节的筵席"。

犹太人因为宗教规条不便进入"外邦人"的衙门是比较可以理解的。在新约圣经,一个很好的例子就是身为犹太人的彼得,进入外邦人哥尼流的家那件事(徒十 9～33,特别是十 28)。当时耶稣的门徒彼得,需要一个很不寻常的"异象"一连三次出现,才被说服,最终进入了外邦人哥尼流的家。

犹太人的 *Mishnah*,Ohalot 18:7. B 就明说,"外邦人〔在以色列境内〕的居所是不洁净的"。④ 可是,"柱廊就不算是外邦人的居所,因此不受有关条文的约束"。⑤ 这也说明了为什么犹太人当天清晨要留在衙门外的柱廊之间,而不愿进入衙门内,免得"染了污秽"(*hina mē mianthōsin*)。

"不能吃逾越节的筵席"这一句不易理解和诠释。⑥ 首先,中译文,不论是和合本或是思高本以及和修版,都不是直译,而是意译,表示文中所指的,是"逾越节的筵席"或是"逾越节的羔羊",也即是符类福音(马太,马可和路加)所记载的"最后的晚餐"(太二十六 17～29;可十四 12～25;路二十二 7～20)。这样的意译,就意味着约翰福音十三章二节那个晚餐不是"逾越节的筵席"。这也就是说,约翰福音和符类福音在耶稣受难和被钉的"时间"不一致。⑦

上述中译文有检讨的必要,因为它所涉及的问题极其重要。首先,有一点是可以肯定的。希腊原文在十八章二十八节并没有和合本的"筵席"和思高本的"羔羊"或和修版的"宴席"这些词语,它只是说

---

④ "Dwelling places of gentiles [in the land of Israel] are unclean," Neusner, p. 980.

⑤ "Colonnades are not subject to the law applying to the dwellings of gentiles." The *Mishnah*, Ohalot 18:9. A.

⑥ 思高本译作:"不能吃逾越节的羔羊"。

⑦ 见 Barrett 等学者的观点。

hina ... *phagōsin to pascha*（RSV，might eat the passover）。希腊原文这个句子,不一定就是狭义地指符类福音中最后的晚餐那个"逾越节的筵席"。

三部符类福音的上下文都一致说明 *phagei to pascha*（to eat the passover,"吃逾越节[的筵席]",太二十六 17～20;可十四 12～17;路二十二7～14)是指最后的晚餐那个逾越节的筵席。可是,这件事在约翰福音就不是那么明确。读经和释经者因此需要从约翰福音有关耶稣的受难与被钉的上下文去看十八章二十八节的 hina ... *phagōsin to pascha*（"吃逾越节的筵席"）究竟是指什么。

摩西五经中的民数记二十八章十六至十八节明说:"正月[尼散月]十四日,是耶和华的逾越节。这月十五日是节期,要吃无酵饼七日。第一日当有圣会,什么劳碌的工都不可作。"逾越节因此是跟一连吃七日的"无酵饼节"(the Feast of Unleavened Bread)紧接在一起的。

另一方面,也有例子说明所谓 *to pascha*（the passover,"逾越节"）是可以包括逾越节当天的筵席以及紧接下去延续七日的无酵饼节的。路加福音二十二章一节便是一个很好的例子:"除酵节[无酵节],又名逾越节近了"（*Engizen de hē heortē tōn azumōn hē legomenē pascha*;RSV,Now the Feast of Unleavened Bread drew near,which is called the Passover)。可见路加在此已将"除酵节"（*hē heortē ton azumōn*）和"逾越节"（*to pascha*)等同起来了。⑧

---

⑧ I. H. Marshall 在注释路二十二 1 的时候也说:"By NT times it [the Feast of the Unleavened Bread] was closely linked with the Passover（pascha, 2:41）held on Nisan 14 - 15, and the two were virtually identified as here [in luke 22:1]." *The Gospel of Luke*, *A Commentary on the Greek Text* (Exeter: The Paternoster Press, 1978), p. 787. 参阅 Josephus, *Antiquities 3*:249:"The feast of unleavened bread succeeds that of the passover, and falls on the fifteenth day of the month, and continues seven days. Wherein they feed on unleavened bread; on every one of which days two bulls are killed, and one ram, and seven lambs." J. Jeremias 在 *TDNT*, V, p. 898 也认为后期的犹太教也很普遍地把"除酵节"（或"无酵节"）和"逾越节"联在一起,并且还常以后者来代表两个节日:"Whereas the OT distinguishes between the Passover, which was celebrated on the night of the 14th - 15th Nisan, and the feast of the unleavened bread, held from 15th to the 21st Nisan, in later Judaism the two were popularly combined and 'passover' was generally used for both. This is the predominant usage in the NT (Lk 22:1 ... cf also Mt. 26:2; Lk. 2:41; Jn 2:13, 23; 6:4; 11:55 [twice]; 12:1; 13:1; 18:39; 14:14; Ac. 12:4)."

犹太的历史家约瑟夫在其著作 *Antiquities* 14:21 明确地说："那时我们在庆祝'无酵节,我们称它为逾越节'"。⑨

上述引证,也许有助于说明约翰福音十八章二十八节那里所说的 *to pascha*(即和合本意译的"逾越节的筵席",或是思高本的"逾越节的羔羊"),不一定是狭义地指马太、马可和路加这三部符类福音所记载的逾越节的筵席(也即是一般所指的"最后的晚餐"),而可能是广义地指"最后的晚餐"以后,紧接下去那整个星期的"无酵节"或"除酵节"的筵席。若是那样,犹太人当天清晨不进彼拉多的衙门内是怕"染了污秽",不能按律法的规定继续吃无酵节的筵席。⑩

十八 29　彼拉多就出来,到他们那里,说:"你们告这人是为什么事呢?"

犹太人那天清早为了宗教的规矩不便进入衙门内,这个宗教的禁忌,作为犹太巡抚的彼拉多应该是会理解的。因为他自主后 26 年上任迄今已经有五年左右了。他于是不介意地自己"出来"(*exēlthen*)接见来人。

身为罗马政权当时在犹太的最高长官,那样的举止当然也有一定的原因。因是犹太人最重要的节期之一,耶路撒冷当时满城都是犹太人,若能做一点事讨好犹太人,至少可以减少一些不必要的麻烦或动乱发生。

"你们告这人〔耶稣〕是为什么事呢?"(*tina katēgorian pherete* 〔*kata*〕 *tou anthrōpou toutou*)这一句问话也许会令一些读经者感到几分惊奇。因为在捉拿耶稣那件大事上,曾有罗马士兵的参与。这似乎表示彼拉多对那件事是知情的,甚至还可以理解并同意犹太人要捉拿耶稣的缘由。既是那样,又何必再问呢? Carson 认为彼拉多问话,表示他已经正式为审问耶稣那个法律程序作了一个开始。⑪

---

⑨ "... at the time when the feast of unleavened bread was celebrated, which we call the Passover ..." (*kata ton Kairon tēs tōn azumōn heortēs*, *hēn pascha legomen*). 希腊文引自 J. Jeremias *TDNT* V, p. 897, n. 17.

⑩ 见十九 14、31 的注释。

⑪ "His 〔Pilate's〕 question, what charges are you bringing against this man? formally opened the judicial proceedings." Carson, p. 590.

　　Carson 的观点是很有道理的,因为十八章二十九节这一节经文中的"告"字在希腊文(*katēgorian*)是一个法庭上的术语。[12] 难怪思高本把彼拉多那一句问话译作:"你们对这人提出什么控告?"

　　彼拉多的提问,可能也会令一些在场的犹太人感到惊讶。因为他们领耶稣来见彼拉多的目的,就十八章三十至三十一节来看,似乎只是为了要从他那里获得处死耶稣的正式许可,而不是要求他正式开庭审问耶稣。

　　十八 30　　他们回答说:"这人若不是作恶的,我们就不把他交给你。"

　　犹太人回答彼拉多的语气,似乎显得有些鲁莽。这也难怪。因为彼拉多若是事先对犹太人的图谋有一定程度的"共识",到了那个地步却还向犹太人要求"控状",就显然没有什么必要了。

　　可是,彼拉多毕竟还是一个诡计多端的政客。读经者要完全理解他提问的动机是不易的。无论如何,身为罗马当时在犹太的最高长官,倘若没有法律的"程序"或听取一些对耶稣的"控状",就轻易地把耶稣交给犹太人去处决,肯定是会对他的身分和声望不利的。一旦在他之上的更高权力追究起来,恐怕就不太好交代了。彼拉多由始至终仍旧持守了他审问耶稣的权利,以及在耶稣的生死上作了历史性的定夺。[13]

　　犹太人在回答彼拉多的时候,称耶稣是一个"作恶者"(*kakon poiōn*)是不难理解的,因为这完全是谋害耶稣那一群人自己的价值判断。

　　十八 31　　彼拉多说:"你们自己带他去,按着你们的律法审问他吧。"犹太人说:"我们没有杀人的权柄。"

　　这一句话可说是彼拉多对犹太人刚才那鲁莽的语气的回敬,因为

---

⑫　见 BAGD 及 *TDNT* 有关 *katēgoria* 的解说。参阅 Josephus, *Antiquities* 2. 490,表示动词 *katēgorein*("提出控告")也经常是法庭术语。见约八 6 以及徒二十五 5 中的"告"字。

⑬　"... a Roman Governor had complete discretion in deciding how to exercise his *imperium*, and if Pilate decided to investigate the case *de novo*, they had to accept his decision." Bruce, p. 350.

那句话其实是多余的。彼拉多应该知道犹太人早已"按着"(kata)他们自己的"律法"(ton nomon)，正式或非正式地审问过耶稣，并且也已经下了"判决"(verdict)。⑭

犹太人在回答中似乎也不甘示弱。他们的意思是：我们犹太人当然可以按着我们的律法来审问耶稣。实际上我们也已经采取了这个步骤，并且还下了判决。我们现在把他带来见你，其实不是要求你再给他来一个审讯，而是要求你准许我们将他处死。因为"我们没有杀人的权柄"(hēmin ouk exestin aprokteinai oudena)，不然我们就不会来麻烦你大人了。

犹太人在耶稣那个时代是否有杀人的权柄，倒是一个历史的问题。德国学者 H. Lietzmann 曾在 1934 年发表了一篇文章，怀疑十八章三十一节有关死刑的话的可靠性。换句话说，Lietzmann 认为在耶稣那个时代，犹太人是"有杀人的权柄"的。⑮ Lietzmann 的主要论据，其实是源自 J. Juster 于 1914 出版的一部著作 Les Juifs dans L'Empire Romain。⑯ 自 Lietzmann 之后，仍有一些现代的学者如 Barrett 等持这个观点。其实，约翰福音在十八章三十一节所记载的那句话"犹太人说：'我们没有杀人的权柄'"，是有可靠的历史根据的。

按犹太历史家约瑟夫的记述，罗马政权于主后 6 年把希律王的儿子亚基老(Archelaus，太二 22)所管辖的犹太地贬为叙利亚属下的一个小省份(Province)时，罗马皇帝奥古斯都(Augustus)便将掌握生杀的权力交给了他所委派的最高长官或巡抚(procurator)科坡纽(Coponius)。⑰ 正如牛津的历史学家 Sherwin-White 明确指示的一样，

---

⑭ 参阅可十五 53～65；太二十六 57～68；路二十二 54～71。

⑮ H. Lietzmann, "Der Prozess Jesu," in Sitzungsberichte der Preussischen Akademie der Wissenschaftenen 14, 1934, pp. 313 - 322；也可参 Kleine Schriften II (Berlin：Akademie, 1958), pp. 251 - 263. 引自 Carson, p. 591.

⑯ 见 A. N. Sherwin-White, *Roman Society and Roman Law in the New Testament* (Grand Rapids：Baker Book House, 1984), p. 36；Barrett, p. 445.

⑰ 罗马巡抚 Coponius 的任期大约是主后 6 至 9 年。见 Josephus, *Jewish Wars* (Bel. 2. 117)："And now Archelaus's part of Judea was reduced into a province, and Coponius, one of the equestrian order among the Romans, was sent as a procurator, having the power of [life and] death put into his hands by Caesar." Josephus, *Antiquities*, 18. 1. 2："Coponius . . . was . . . to have the supreme power over the Jews."

罗马政府是非常维护他们所操的生杀之权力的。这权力甚至罗马巡抚的主要助理都不能行使，何况是犹太人的公会呢？[18]

在当时的罗马帝国，只有在很特殊的情况之下，例如一些被认为曾经对帝国作出过贡献的"自由城邦"（*Civitas liberae*；free states），才会给予特别的生杀之权。[19] 罗马政府只在非常特殊的安排之下，给予犹太人处人于死地的特权。那就是，当非犹太人，包括罗马人在内，擅自进入耶路撒冷圣殿内部（sanctuary）的时候，圣殿当局便可以将违令者处死。[20]

怀疑约翰福音十八章三十一节的可靠性的 Barrett，以耶稣的兄弟雅各被犹太人的公会以石块来处死的例子（记载在 Josephus, *Ant.* 20. 200）来说明犹太人有处人于死地的权力。[21] 可是，正如另一位学者 Carson 所指示的一样，那是一个非常特殊的情况。因为大祭司亚那（Annas，约瑟夫称他为 Ananus）当时是在罗马首长非斯都（Festus）死后，新首长奥比奴（Albinus）还未接任的那个真空阶段，乘机召开公会作出判决的。约瑟夫（Josephus）在其著作 *Ant.* 20. 200 中的记载是："亚那心想这正好是他行使权力的恰当时机……。非斯都已死，奥比奴又仍旧在途中。他因此召集了公会的审判官，将耶稣[也就是那个被认为是基督的]的兄弟雅各和其他人解来。在指控了他们都是违法者之后，便以石块将他们处死。"

既是例外，就不能用以证实那是罗马政府给予犹太人杀人的权力了。有些学者也以门徒司提反被犹太人的公会审问，然后被群众以石头打死那件事（徒七 57~60）来证实犹太人有杀人的权力。实际上，这

---

[18] "When we find that the capital power was the most jealously guarded of all the attributes of government, not even entrusted to the principal assistants of the governors ... it became very questionable indeed for the Sanhedrin." Sherwin-White, p. 36.

[19] Sherwin-White, pp. 36 - 37.

[20] Josephus, *Jewish Wars*（Bel.）5. 193 - 194；6. 124 - 126，特别是 6. 126，记载了罗马皇帝韦士巴西安（Vespasian）的太子提多（Titus, A. V. 79 - 81 任罗马皇帝）当年在围攻耶路撒冷城的时候，对犹太人说的话："我们不是给予你权力去处死那些越过这[圣殿的墙]的违令者吗？纵使他是一个罗马人。"（Have not we given you leave to kill such as to go beyond it [the wall of the Temple], though he were a Roman?）

[21] Barrett, p. 446.

是一个缺乏说服力的例子。因为：一、审问司提反的公会，当时不但没有下正式的判决，他们的审问还未结束的时候，众人已经"向司提反咬牙切齿"了(徒七54)。结果富有暴力性的犹太人便用石头把司提反活生生打死了(七57～60)。二、使徒行传根本就没有提到罗马当局当时对那起暴力事件的反应。纵使那消息传到了当局，当局若是没有干涉或事后追究，或采取任何行动来对付公会及群众的暴力行为，也不表示罗马当局就承认或默认犹太人有杀人的合法权力。

　　古今中外有不少类似的例子，都同样在说明一个事实：只要所发生的事件是某一个社群或是民族自己"内部的事"或是没有危害到"治安"等，当政者不一定会干涉或是理会的。司提反被打死那一年大概是主后32或33年，当时仍旧在位的罗马巡抚彼拉多，一向都是对犹太人没有好感的，他对犹太人自己的宗教事务也尽量不加以干涉。只要犹太人的宗教活动或是自己内部的事不危害到治安，彼拉多大可"闭起一只眼睛"让那些事不了了之。

　　总而言之，圣经内外的资料，都没有充分的例证来证实约翰福音十八章三十一节是不合乎历史事实的。

　　十八32　这要应验耶稣所说自己将要怎样死的话了。
　　假使耶稣的死刑是完全由犹太人的领袖自己来处理，用石头将祂打死大概是意料中的事。如果最终是在罗马政权的手中，则其他的方式，包括钉十字架，都是可能的。十九章六节清楚表明把耶稣钉死在十字架上是犹太人的选择。十九章六、十、十五、十六节也明确显示把耶稣钉死在十字架上的决定，也是彼拉多自己完全同意的。对约翰福音的作者来说，这一切都要"应验耶稣所说自己将要怎样死的话了"(*hina ho logos tou Iesou plērōthē hon eipen sēmainōn poiō thanatō emellen apothnēskein*)。这里所说的"应验"的"话"(*ho logos*)，应该是指耶稣在八章二十八节以及十二章三十二、三十三节所说那些有关自己将"被举起来"的预言。因为当耶稣最终被钉在十字架上的时候，祂的确是"被举起来"的。

　　当然，三章十四节也早已提及耶稣"被举起来"的事。可是，那一句话似乎是作者约翰的宣告，而不是耶稣自己说的预言。

　　十八章三十二节这一节经文并没有说犹太人的领袖把耶稣带到彼拉多那里去的时候，立即要求彼拉多把耶稣钉死在十字架上。犹太人的领袖和群众，是在彼拉多审问了耶稣之后才齐声喊叫说："钉他十字架，钉他十字架"（十九 6，*staurōson staurōson*）。对犹太人，特别是他们的宗教领袖来说，那个"异端者"（heretic）或是"亵渎上帝者"（blasphemer，十 33）耶稣，肯定是应该"受咒诅的"。按申命记二十一章二十三节，"被挂［在木头上］的人是在上帝面前受咒诅的"（LXX，*ketatēramenos hupo Theou pas kremamenos epi xulou*）。因此，被钉在［或"挂"在］十字架上的耶稣也是受上帝咒诅的。

　　十八 33　彼拉多又进了衙门，叫耶稣来，对他说："你是犹太人的王吗？"

　　巡抚彼拉多本来就在他的衙门内，他是因为犹太人不愿进入衙门内见他（十八 28），才促使他出来的（十八 29）。如今他自己在衙门内叫耶稣进去见他，实际上已经明显表示，彼拉多没有以尊重犹太人宗教规矩的那种态度，来对待一个同样生来就是犹太人的耶稣。如果其他犹太人是为了"怕染了污秽"而拒绝进入（外邦人）罗马人那"不洁净"的衙门，耶稣那个犹太人的感受就完全不必考虑了吗？纵使"道成肉身"的耶稣为了救世的重大使命，不会像其他犹太人那样去计较"洁净"和"污秽"那些表层的宗教礼仪或规矩，作为管治犹太人的最高长官，彼拉多是应当以一般的礼遇来对待耶稣的。

　　彼拉多初次见到耶稣时就立即提出的问题，"你是犹太人的王吗？"（*Su ei ho basileus tōn Ioudaiōn*），是意义深长的。

　　彼拉多任犹太省的巡抚已经有五年左右的时间。耶稣公开地在人群中活动也有大约三年之久，并且在犹太人之中还是一个极富争议性的人物。

　　耶稣所说的，对犹太人而言，基本上都是属于宗教性质的。但是对非犹太人来说，耶稣的言行也很可能被看作是有政治和社会含义的，特别是那些有关"救主"、"弥赛亚"、"国度"等言论。

　　身为罗马政权首席代表的巡抚彼拉多，肯定会有一些有关耶稣言行的"情报"。不但如此，犹太人要杀害耶稣的阴谋，包括当晚捉拿耶稣,倘若没有彼拉多的同意甚至合作,是不太可能有那么壮大的声势的(十八 3)。

耶稣当天清晨被拿后不久,犹太人便将祂解到彼拉多的衙门那里去。看情形这个行动似乎也是事先有"约"(appointment)的。不然,犹太人那样冒犯的行动,将会使得彼拉多深感不悦。根据历史家的描述,彼拉多肯定不是一个对宗教问题特别感兴趣的长官。可是,政治却是他的职业以及生存之道。"治安"或"动乱"也很自然是他深切关怀的事物。为了自己的切身利益和生存,彼拉多也深知应该与犹太人保持一定的关系和距离,这是他作为一位政客的权宜之计。当然,罗马城的最高当局对他的"政绩"的评估,以及职位去留的决定,才是彼拉多的"终极关怀"(the ultimate concern)。

基于彼拉多的背景和身分地位,"你是犹太人的王吗?"(*Su ei ho basileus tōn Ioudaiōn*)这一个提问,至少有两点是值得考虑的。一、彼拉多发问的语气和态度。二、"王"(*ho basileus*)在问题中的含义。

一、只凭十八章三十三节这个提问是很难肯定彼拉多当时的语气和态度究竟是怎样的。可是,十八章三十九节、十九章三及十五节这些经文似乎显示彼拉多的语气含有讥讽的味道以及态度轻浮。[22]

二、有关耶稣是否"犹太人的王"的争议,应该是彼拉多在这之前就从犹太人那里或是从他自己的"情报"中得来的。

彼拉多向耶稣提出的那个极敏感性的问题,不仅出现在约翰福音十八章三十三节这节经文里,也记录在其他三部符类福音中(太二十七11;可十五 2;路二十三 37)。不但如此,四部福音书也一致见证那个问题是彼拉多审问耶稣时的焦点问题,不论彼拉多当时的语气和态度如何。[23]

在约翰福音,耶稣很早就被称作"上帝的儿子……以色列的王"(一 49)。耶稣自己似乎也接受了那个"王"的称号(一 50)。祂也坦然在撒玛利亚的妇人面前表明了自己作为"弥赛亚"或"基督"的身分。

---

[22] Carson 认为彼拉多的语气可能是轻蔑的(contemptuous)。Carson, p. 592.

[23] I. H. Marshall 认为很难肯定彼拉多那句问话是否表示他根本就不承认耶稣是所谓"犹太人的王",或是他没有很认真去看待那个问题。I. H. Marshall, *Luke*, p. 853.

　　"弥赛亚"或"基督"这两个名号,在耶稣那个时候几乎已经成了"王"的同义词(见路二十三2)。不但如此,就当时犹太人公会的立场而论,耶稣的言行,包括"神迹",虽然是属于宗教和信仰的范畴(十一47~48),可是它的政治含义与后果也是非常严重的(十一48)。这也是公会议决要杀害耶稣的主因(十一49~53)。上述事物都可能跟彼拉多在十八章三十三节问耶稣那句话有关。

　　其实,根据历史家路加的记载,当天清晨犹太人把耶稣解到彼拉多面前受审的时候,犹太人很明显是以政治性的控状来诬告耶稣的:"我们见这人诱惑国民,禁止纳税给该撒[皇帝],并说自己是基督,是王。"(路二十三2)彼拉多因此紧接下去就问:"你是犹太人的王吗?"(Su ei ho basileus tōn Ioudaiōn)与约翰福音十八章三十三节那个问题完全一样(见路二十三2~3)。

　　不论彼拉多对犹太人的指控持怎样的态度,是信、是怀疑或是半信半疑,他的问题肯定是政治性,而不是宗教性的。因为他对宗教本身并没有多大的兴趣。倘若不是为了"杀人的权柄"这个关键的问题,犹太人也不会把耶稣解到彼拉多那里去。

　　不论这一场极富戏剧性的审讯结果如何,彼拉多至少也希望能在审问耶稣的过程中,获得某些可以满足他的好奇心的东西。因为不论人们信不信祂,爱祂或恨祂,耶稣毕竟是不可以完全忽视的"争议性人物"(a controversial figure)。

　　十八34　耶稣回答说:"这话是你自己说的,还是别人论我对你说的呢?"

　　耶稣给彼拉多的回答,并不是故意回避彼拉多的问题。祂只是尝试进一步了解彼拉多有关"犹太人的王"这个思想的来源。就约翰福音所提供的资料来看,彼拉多那一句问话似乎是来自他人有关耶稣的论说。

　　十八35　彼拉多说:"我岂是犹太人呢? 你本国的人和祭司长把你交给我。你作了什么事呢?"

　　彼拉多显然对耶稣的反问深感不悦,因为身为一个审讯案件的长官，审问"被告"本来就是他的职责。作为"被告"的耶稣，只能对所提出的问题作出直接的回应或辩护，而不是反问审讯祂的法官。若是那样，"我岂是犹太人呢？"(*Mēti egō Ioudaios eimi*)的意思似乎是："我根本就不是犹太人，你为何反问我?!"这也是希腊原文的意思，并且也符合紧接下去那一句话的意思："是你自己本国的人和祭司长把你交给我的。我本来跟这件事毫不相关。"

彼拉多那个显得不高兴的回应，其实也揭开了事情的真相。那就是，有关耶稣是否"犹太人的王"那个问题，是来自耶稣"本国的[犹太]人和祭司长"，而不是彼拉多"自己说的"(十八 34)。再接下去那一句话，"你作了什么事呢？"(*ti epoiēsas*)，似乎表示彼拉多自己不完全相信或是接受他从犹太人和祭司长那方面来的资讯和控诉。他因此尝试进一步从耶稣那里了解事情的真相。

彼拉多的做法，也可能是为了保护自己。因为耶稣最终是否会被处死的决定，很可能就会取决于彼拉多那个审讯和判决。身为一个罗马的审判官，他是不能只凭着犹太人的控诉就轻易立即判耶稣死刑的。

十八 36　耶稣回答说："我的国不属这世界。我的国若属这世界，我的臣仆必要争战，使我不至于被交给犹太人。只是我的国不属这世界。"

"国"(*basileia*；RSV，kingdom 或 kingship)这个词语，在约翰福音只出现在三章三及五节和十八章三十六节这里。在约翰福音，"生命"(*zōē*；life)在好几处似乎已经取代了"天国"或"上帝的国"。

一般熟悉旧约圣经的犹太人都明白，"天国"或"上帝的国"，主要是指上帝的"统治"或"掌权"(reign 或 rule)。[24] 这个国度将会在历史告终的时候来临。那也就是上帝施行公义的审判和全能统治的开始。先知书但以理书十二章一至二节还特别强调复活(和合本译作"复醒"；LXX 是 *ezegerthēsontai*)及"永生"(*zōē aiōnios*)。这些都是耶稣对尼哥底母论说有关"重生"的背景(三 1～15)。

---

[24]　例如撒下七 12～16；赛九 1～7；亚九 9～10 等。

　　上述的"国",正如耶稣在十八章三十六节所说的,当然"不属这世界"(*ouk estin ek tou kosmou toutou*)。因为一般"属这世界"的"国"必定都会有具体的国土、首领、政权与军队等。不但如此,那样属世的国或国度也是在这"世界的王"撒但的操纵之下,因此不断在敌对上帝以及属上帝的人。这是约翰福音的"世界观"。它是从"属灵"的层面去看整个"国"或"国度"的问题的。

　　对耶稣而言,如果祂的国度是像其他属世的国度一样,祂就必然也会有"臣仆"(*hoi hupēretai*)为祂"争战",使祂不至于那么轻易地在毫无反抗的情况下被拿,并且被解到彼拉多衙门这里来。这也是耶稣被拿当晚禁止门徒彼得动武的理由(十七 11)。

　　可是,"不属这世界"并非表示与这世界无关或是不参与这世界上的事。实际上,耶稣自己"道成肉身"(一 14)之后所参与的救世使命以及祂的门徒的"成圣"和使命,都一致在强调"入世"以及参与这个世界上的事。㉕

　　十八章三十六节最后那一句,"只是我的国不属这世界",再次提醒彼拉多说,耶稣的国不论在本质或是在运作上都是和"这世界",包括彼拉多所属的那个"罗马帝国"完全不同的。

　　十八 37　彼拉多就对他说:"这样,你是王吗?"耶稣回答说:"你说我是王。我为此而生,也为此来到世间,特为给真理作见证。凡属真理的人,就听我的话。"

　　彼拉多继续追问下去是很自然的。因为耶稣既然提及自己的"国",那祂应该就是那个"国"的"王"了。因为在那个时代,有"国"也就必然会有"王"了,不论彼拉多当时是否认真看待耶稣先前所说的"国"。

　　彼拉多问:"这样,你是王吗?"(*ouk oun basileus ei su*)很明显是在期待着一个肯定的答案。可是,耶稣的回应:"你说我是王"(*Su legeis*

㉕ Beasley-Murray 在诠释十八 36 这一节经文的时候,特别提醒读者说,"耶稣的话绝不能被误解,以为祂的国度在这个世界上是不活跃的,或是与这个世界毫无关系。这一点是基要的。"(It is essential that Jesus' statement should not be misconstrued as meaning that his kingdom is not *active* in this world, or *has nothing to do with* this world.) Beasley-Murray,p. 331.

hoti basileus eimi；RSV，you say that I am a king)的意思，却似乎不是那么明确。思高本的译文是已经假设耶稣的回答是肯定的："你说的是"。这也是 Beasley-Murray 的假设。㉖

C. H. Dodd 则持另一个观点；他不以为耶稣的回答是那么肯定。Dodd 因此把 *Su legeis basileus ei su* 这句译作："King" is your [Pilate's] word，not mine ("王"是你[彼拉多]用的字，不是我的)。㉗

暂且不论耶稣给彼拉多的回答是肯定或是含有其他的意思，耶稣在这次对话中，很明显是要罗马的巡抚明白祂所说的那个"国"，是与彼拉多所认识的那个属世的国，包括罗马帝国，在本质上很不相同的。

耶稣因此紧接下去向彼拉多声明，祂的国是以"真理"(*alētheia*；RSV，truth)为基础和内容的国。换句话说，那是一个属"真理"的国度。不但如此，耶稣自己也正是"为此而生"(*egō eis touto gegennēmai*)。这个严肃的声明与约翰福音在序言中所宣告的完全一致："道成了肉身，住在我们中间，充充满满的有恩典有真理"(一 14)；"恩典和真理，都是由耶稣基督来的"(一 18)。不但如此，耶稣自己也曾大胆地向门徒宣告说："我就是……真理"(*egō eimi . . . he alētheia*)(十四 6)。

耶稣既是为真理的国度而生，"特为给真理作见证"(*hina marturēsō tē alētheia*)也就成了祂的使命。这也是"为此来到世间"(*eis touto elēlutha eis ton kosmon*)的意思。

对希腊罗马或是其他人来说，"真理"(*alētheia*)可能是非常抽象的理念。可是，当历史上的耶稣将自己在世上的使命与真理紧接在一起的时候，祂所宣告与见证的真理就完全具体化了。

"凡属真理的人，就听我的话"(*pas ho ōn ek tēs alētheias akouei mou tēs phōnēs*)这一句话，肯定是耶稣向彼拉多发出的挑战。到了现阶段，读经者也许要改变一般的思维方式，作一些想像了。那就是，活现在眼前的，已经不再只是耶稣和彼拉多两个个体人物而已，因为他们两人也同时在代表或象征着两个在本质(nature)和内容(contents)

㉖ "Jesus' reply, 'You say that I am a king,' affirms the rightness of Pilate's perception." Beasley-Murray, p. 331.

㉗ Dodd, *Historical Tradition of the Fourth Gospel*, p. 99.

上绝然不同的国度。这样一来,耶稣与彼拉多的"对话"(dialogue),已经渐渐地形成了两个不同国度的"相遇"(encounter),甚至是"对峙"(confrontation)。

事情的演变,最终将证实罗马的长官彼拉多不是"属真理的人"(ho ōn ek tēs alētheias),因为他没有勇气接受真理的挑战,也不愿"听"(akouei)耶稣的"话"或"声音"(tēs phōnēs)。

十八 38 彼拉多说:"真理是什么呢?"说了这话,又出来到犹太人那里,对他们说:"我查不出他有什么罪来。"

根据前后的经文来看,彼拉多的这个提问,不太像是出自诚恳的内心。他似乎只是尝试以"真理是什么呢?"(Ti estin alētheia;RSV,What is truth?)那个抽象的反问,来回避耶稣的挑战。"回避",是因为耶稣向彼拉多发出的挑战太尖锐和直接了:"凡属真理的人,就听我的话"(十八 37)。

除了尝试回避耶稣有关"真理"那个关键性的挑战之外,彼拉多的反问:"真理是什么呢?"也可能表达了一般政客对某些事物那种嘲讽(cynical)的不恭敬态度。

其实,有关犹太人谋害耶稣这件事,身为罗马最高长官的彼拉多,应该是知情的。换句话说,至少在这件事上,他知道"真理"(alētheia;truth)或实情是什么。这就正如彼拉多自己紧接下去所宣告的一样:"我查不出他有什么罪来"(Egō oudemian heuriskō en autō aitian)。那就是说,无论犹太人和祭司长对耶稣的控诉是什么,祂在罗马的法律面前经过审讯之后,是无罪的。

十八章三十八节这里所说的"罪",希腊文是 aitia;它在法庭上是指正式的控诉或控状(formal accusation 或 charges)。[28] 因此,彼拉多的宣告,是具一定的法律含义的。只可惜彼拉多在作出宣告后,并没有尽他身为罗马最高长官应尽的职责,去秉公行义,将"无罪"的耶稣释放。既是那样,那真正"违法"或"有罪"(guilty)的,反而是代表罗马帝

---

[28] 见 BAGD,"aitia".

国政权的大"法官"彼拉多自己了！他的"罪"也应当是比他人更重的，因为他是"知法而犯法"的。㉔

耶稣本来是以"被告"身分站在"法官"彼拉多面前接受审讯的。可是，当耶稣以"真理"（*aletheia*）来向"法官"彼拉多发出挑战的时候，那个明知"真理"（也即是实情）的罗马巡抚竟然没有道德的勇气（moral courage）去面对真理。结果彼拉多不仅当时在耶稣面前，也是在将来历史的见证下，自己成了"被告"，并且还"罪名成立"。如此一来，原先被他审讯的耶稣，反而成了他的审判者。其中的深层意义，已经远远超过了约翰福音十八章所记述的那一幕了。

十八 39 "但你们有个规矩，在逾越节要我给你们释放一个人，你们要我给你们释放犹太人的王吗？"

彼拉多没有详细说明在逾越节释放人那个"规矩"（*sunetheia*）的历史背景。学者们也很难在新约圣经内外找到什么肯定的答案。㉚然而，其他三部符类福音书也有同样记载那个"规矩"（太二十七 15；可十五 6；路二十三 17）。这至少可以说明那件事是有可靠的历史为依据的。

逾越节是犹太人最大的节期之一。在古代的社会，执政者在大节期中给罪犯某种"宽赦"或"大赦"（amnesty）也是常有的规矩或习惯。

从表层看，彼拉多向犹太群众提及那个释放人的"规矩"，似乎是表达对耶稣的善意。可是，根据马太福音二十七章十八节以及马可福音十五章十节的诠释，那完全是巡抚的假情假意，因为"巡抚原知道他们〔犹太人〕是因为嫉妒才把他〔耶稣〕解了来"（太二十七 18）。

既是那样，犹太人肯定是不会同意彼拉多释放耶稣的。不但如此，彼拉多还故意在群众面前称耶稣为"犹太人的王"（*ton basilea tōn Ioudaiōn*）。那样的称呼，只能令犹太人更加反感而已，因为他们正是

㉔ 难怪 Barrett 对这一点有感而发地叹息道："纵使表面上彼拉多好像是一位公正和开明的人，结果却证明他不是属于真理，而是属于这个世界的。"（"Pilate for all his fair play and open mindedness is not of the truth；he is of this world."）Barrett, p. 448.

㉚ 见 Barrett, p. 448；Bruce, p. 355；Carson, p. 596. The *Mishnah*, Pesahim 8；6 也有参考价值。

由于耶稣称自己为"王"或是"基督"——不论是耶稣明言还是默认，才决定要把祂除掉的。

彼拉多是一个非常狡猾和奸诈的政客。他那口是心非的举止，很不容易让他人猜测他言行背后的真正动机和意思。

彼拉多向犹太群众提出在节日中释放人的规矩，也可能是基于如下的考虑：他先前已经公开宣告他"查不出他[耶稣]有什么罪来"（十八38），但他缺乏道德勇气把耶稣释放，于是便虚伪地向犹太人提出逾越节释放人的"规矩"，虽然他自己明知犹太人是不会接受的。但那个假"动作"至少也有助于表示他是"有意"释放耶稣的。

假使彼拉多上述的做法是希望能向历史作一个"交代"的话，他就可说是完全失败了！因为历代的教会和信徒，都不认为彼拉多在审讯以及处死耶稣那件事上，给历史和后人作了真正负责任的"交待"。大约一千六百年以来，很普遍地被普世众教会和信徒接纳和颂读的"使徒信经"（The Apostles' Creed），就明确地宣称耶稣是"在本丢彼拉多手下受难"的。[31] 因此，彼拉多的罪名，恐怕是"黄河之水也洗不清"了。

十八40　他们又喊着说："不要这人，要巴拉巴。"这巴拉巴是个强盗。

在大节日中，情绪高涨的群众，对他们不满的事物的剧烈反应，是完全在意料中的事。新约的四部福音书都一致见证犹太群众要求彼拉多释放的，确实是巴拉巴那个"强盗"（lēstēs）。[32]

犹太群众反对巡抚的建议，纵使这是巡抚自己会意料到的，反而要求释放一个强盗巴拉巴。这样一来，整个局面就显得更具讽刺性了。

一、倘若那一个巴拉巴是因为政治性的图谋而造反的（见路二十三19及约瑟夫 Bell. 2：253），他就肯定是在罗马的法律下被判下监的。

㉛　现有的"使徒信经"（The Apostles' Creed）大约成文于第三、四世纪之间。

㉜　希腊文的"强盗"，lēstēs，在此以及在犹太历史家约瑟夫（Josephus）的用法上，并非是指一般抢劫的"强盗"，而是指像耶稣那个时代反罗马政权的"奋锐党员"（the Zealots），类似路二十三19所形容的"巴拉巴"："这巴拉巴因在城里作乱杀人……"。Josephus 也在 Jewish Wars（Bell.）2：253 提及罗马巡抚 Felix（约在位于 A. D. 52－59）曾经把一些"叛乱者"（lēstai）钉死在十字架上的事。

如今,犹太群众竟然公开要求罗马政府在犹太的最高长官释放一个反罗马政权的犹太人。

二、本来根据罗马法律的程序,一个曾经被审讯后宣告无罪的耶稣,是理当要被释放的。可是,结果被释放的,却不是耶稣,而是曾经被定罪的一个"强盗"或是叛乱者巴拉巴,使得前者成了后者的"代罪羔羊"。

从人的层面来说,这肯定是人的不公不义以及图谋的结果。可是,从上帝奇妙的拯救计划来看,耶稣正是"为此来到世间"(十八 37),成为世人的"代罪羔羊"(一 29)。

十九 1～3 当下彼拉多将耶稣鞭打了。兵丁用荆棘编作冠冕,戴在他头上,给他穿上紫袍。又挨近他说:"恭喜犹太人的王啊。"他们就用手掌打他。

当犹太人要求释放巴拉巴以后,彼拉多便当下"将耶稣鞭打了"。作者约翰并没有进一步解释彼拉多为什么需要那样对待无罪的耶稣。

在罗马的法律下,向一个被宣告无罪的嫌犯施暴,严格来说,是很不公正的。但是,当时的非罗马公民,法律往往都不会给予他们应有的保护。因此,彼拉多鞭打耶稣的行动,纵使不公正,却也不是那么不寻常。路加福音在这件事上,提供了一些很有帮助的资料。

根据路加福音二十三章二十二节,"彼拉多第三次对他们[犹太人]说:'……我并没有查出他什么该死的罪来。所以,我要责打他,把他释放了'"。专门研究古代罗马社会和法律的牛津史学家 A. N. Sherwin-White,确认路加福音所记述的,完全符合当时的历史事实。彼拉多当时鞭打无罪的耶稣,是罗马人使人就范(拉丁文 *coercitio*)以及得一个教训(拉丁文 *cum admonuerim*)的方法。③

犹太历史家约瑟夫也有记载说,在主后 66 至 70 年犹太人反罗马

---

③ "This was technicallpy an act of *coercitio* pure and simple. ... Luke has this technique in mind when he represents Pilate as saying:'You have brought this man to me as disturbing the people. ' But he has done nothing deserving the death penalty. So I will give him a warning and let him go [... *paideusas oun auton apolusō*]." Sherwin-White, pp. 27 - 28.

的抗战中，被捕的犹太人有不少是先被鞭打，然后再被钉十字架的，情况与耶稣相似。㉞

兵丁的所作所为，很明显是在戏弄和侮辱耶稣。他们以荆棘那些有刺的东西作冠冕戴在祂头上，象征着古代帝王皇冠上的"光环"。那样的做法，除了期望达到讽刺耶稣的果效之外，肯定也会给予祂不少肉体和心灵的痛苦。

所谓"紫袍"（*himation porpsuroun*），大概也是从军中取来给耶稣"打扮"的，让祂显得更像一个"王"（*basileus*），然后再恭贺祂说："恭喜犹太人的王啊"（*Chaire ho basileus tōn Ioudaiōn*）。

为了表示这是一场"闹剧"，兵丁还接下去用手掌打他。㉟　然而，这讽刺性的闹剧却孕育着不少启发性的信息。兵丁们当时肯定不会意料到，他们原本以为只是"闹着玩"的东西，结果变成"假戏真做"了。因为被他们嘲弄的那一位，确实是"王"。祂不仅是"犹太人的王"，也是全世界的"王"，是"万王之王，万主之主"（*Basileus basileōn kai kurios kuriōn*，启十九 16）。

十九 4～5　彼拉多又出来对众人说："我带他出来见你们，叫你们知道我查不出他有什么罪来。"耶稣出来，戴着荆棘冠冕，穿着紫袍。彼拉多对他们说："你们看这个人。"

这是彼拉多第二次公开向众人宣告耶稣是无罪的。按照常规，释放无罪者或是给罪犯宽赦的特权，是属于巡抚的。可是，在群众的巨大压力下，巡抚彼拉多当时似乎是"人在江湖，身不由己"，无奈地把这特赦之权交给了群众，结果反而尝试为耶稣向众"求情"，把祂释放出去。彼拉多故意把装扮得像一个"王"的耶稣带出去给众人看，好像是在对他们说："你们控告他，因为他自称是'犹太人的王'或'基督'。现在你们自己看个清楚吧！他真的像个'王'吗?！你们看这个人，像不像?！"

㉞　"... So they [the Jews] were first whipped, and then tormented will all sorts of tortures before they died, and were then crucified before the wall of the city." Josephus, Bell. 5. 449.

㉟　上一次（十八 22）是大祭司的差役用手掌打耶稣，这一次是兵丁。

彼拉多所说的:"你们看这个人"(*Idou ho anthrōpos*;拉丁文,*Ecce homo*),这一句的意思不是很清楚。就当时现场的情况和气氛来看,巡抚的意思可能是:"看他[耶稣]那副可怜相!"或是:"他只不过是一个很普通的'人'[原文 *anthrōpos*],怎么可能是'犹太人的王'呢?"

彼拉多叫众人"看"耶稣当时那个憔悴以及被藐视的样子,也许不难叫一些熟悉旧约圣经的读者想起以赛亚书五十三章三节那一句话:"他[代罪的羔羊,受苦的仆人]被藐视,被人厌弃,多受痛苦……好像被人掩面不看的一样。"

十九 6　祭司长和差役看见他,就喊着说:"钉他十字架,钉他十字架。"彼拉多说:"你们自己把他钉十字架吧。我查不出他有什么罪来。"

纵使彼拉多是为了自己的"清白"或真是基于几分怜悯之心,想给耶稣一个免死的机会,可是,到如今一切似乎都已经是太迟了。因为到了这个地步,祭司长和犹太群众是非把耶稣处死不可的。他们于是立即喊叫:"钉他十字架,钉他十字架"(*Staurōson Staurōson*)。

犹太人要求把耶稣钉死在十字架上,而不是按照他们比较普遍用石头处决"异端者"或"亵渎者"的方法。这有可能是反映了犹太人的领袖预先与彼拉多取得的某些"共识"。因为钉十字架那个可怕的极刑,是罗马人一贯处决造反者或其他严重罪犯的残酷方法。

彼拉多的回应,"你们自己把他钉十字架吧"(*labete auton humei kai staurōsate*),并不一定表示他已经正式同意犹太人的要求,不然犹太人就没有必要再把耶稣"该死"的罪状提出来(十九 7)。不但如此,彼拉多接下去仍旧有"想要释放耶稣"的念头(十九 12)。

若是那样,"你们自己把他钉十字架吧"那一句话(十九 6),可能只是表达了彼拉多当时对犹太人喊叫的气愤。犹太群众的喊叫,简直就没有把巡抚这位审判官的审讯和判决给予任何的考虑和尊重。因为在这之前,彼拉多已经两次公开宣告说,他"查不出他[耶稣]有什么罪来"(十八 38,十九 4),又何况对耶稣的审讯是犹太人自己主动要求的。这就难怪彼拉多气愤地说:"你们自己把他钉十字架吧",并且还第三次公开地宣告说:"我查不出他有什么罪来。"

可是,犹太人也深感无奈。因为没有罗马巡抚的官方批准,犹太人是绝对没有权力,也不敢贸然把耶稣钉死在十字架上。他们于是只好坚持下去,继续向彼拉多施压。

十九7　犹太人回答说:"我们有律法,按那律法,他是该死的,因他以自己为上帝的儿子。"

这是一场思想以及谋略的较量。当巡抚彼拉多前后三次公开宣告,他查不出耶稣有什么罪来的时候,他所指的"罪"完全是从罗马的法律制度以及政治立场来判决的。

犹太人很明显有自己的一套谋略。当他们清楚地意识到耶稣的"罪名"无法在彼拉多面前成立之后,便立即回到他们犹太人自己宗教律法的规条去,企图"按那律法"(*kata ton nomon*)来定耶稣"该死"的罪(*opheilei apothanein*)。罪状是:"因他以自己为上帝的儿子"(*hoti huion Theou heauton epoiēsen*)。

其实,对犹太人来说,那样的"罪状",一点都不新鲜(见五18,八58～59,十33、36)。可是,"律法"的根据何在? 犹太人并没有在此明确地引经据典,来支持他们对耶稣的指控。他们所说的"律法",可能是旧约利未记二十四章十六节那一节经文:"那亵渎耶和华名的,必被治死,全会众总要用石头打死他。"

对不信耶稣是"上帝的儿子"(*ho huios tou Theou*)的犹太人来说,"以自己为上帝的儿子"便是"亵渎耶和华名的"。那样的"逻辑",也跟马可福音所记载的基本上一致。接马可福音十四章六十一节,大祭司曾问耶稣说:"你是那当称颂者的儿子基督不是?"(*Su ei ho Christos ho huios tou eulogētou*)当耶稣肯定地回答之后,大祭司等人就立即"定他该死的罪"(*katekrinan auton enochon einai thanatou*,可十四62～64)。㊱

十九8　彼拉多听见这话,越发害怕。

"这话"(*touton ton logon*)当然是指犹太人在十九章七节所说的。

㊱ 根据 The *Mishnah*,Sanhedrin 7:5,只有当一个人完全说出"耶和华的"那个"圣名"的时候,才算是真正犯了"亵渎"的罪。

比较难诠释的是"越发害怕"(*mallon ephobēthē*)这个句子的意思。

"越发"是直译希腊原文的 *mallon*(RSV, the more)。可是,约翰福音并没有在这之前清楚提及彼拉多曾经"害怕"过的事。假使有的话,也许就是当耶稣以"真理"(*alētheia*)来向彼拉多发出挑战的时候(十八 37~38)。问题是,一个"害怕"的彼拉多,又怎么会容许他所害怕的耶稣被兵丁们戏弄,并且还给他鞭打呢? 难怪不少学者把希腊原文 *mallon ephobēthē* 译作[彼拉多]"就很害怕",而不是"越发害怕"。㊲

现在的问题是:彼拉多到了这个时候为什么会因为犹太人刚才所说的话"就很害怕"呢? 也许下列两个可能性会有助于解释彼拉多当时的心境。

一、纵使巡抚彼拉多不是一个虔诚的人,更不会对犹太人的宗教有任何个人的兴趣,可是,正如当时绝大部分的希腊和罗马人一样,他在某程度上也免不了会有一些迷信的背景和心态。在这之前,彼拉多自己已经先后三次公开宣告耶稣是无罪的,可是又将那被诬告的耶稣鞭打和戏弄了。万一耶稣真是像希腊和罗马人所相信的那一类"神人"(*theios anēr*;divine man)怎么办呢? 岂不是严重地干犯了神明吗?

二、彼拉多先前可能以为,凭着他身为巡抚的身分,他先后三次公开宣告,会令犹太人接受他的判决,并容许耶稣就那样被释放。可是,犹太人却不肯罢休。他们在无法利用彼拉多所操纵的罗马法律程序和审讯给耶稣定罪的情况之下,竟然把自己的宗教规条拿出来给巡抚施加压力,以期达到他们决心杀害耶稣的目的。

十九 9　又进衙门,对耶稣说:"你是哪里来的?"耶稣却不回答。

当彼拉多问耶稣"你是哪里来的?"(*Pothen ei su*)他期望知道的,也许不是耶稣一般的"身世",因为那些有关"拿撒勒人耶稣"的资料,身为罗马最高长官的彼拉多,应该在这之前就有了。

彼拉多在这里所发的问题,看情形似乎跟"他[耶稣]以自己为上帝的儿子"(十九 7)那件事有关;或是因耶稣较早时所提及那个"国"

㊲ 学者这样的翻译,是把希腊原文的 *mallon* 看作是一般性的形容词或是分词,而不是相对性或是比较性的形容词或分词。见 Bruce, p. 361;Barrett, p. 451;Carson, p. 600.

（*basileia*）所引起的。

在十九章九节之前，彼拉多似乎并没有以很严肃的态度去看待上述有关"上帝的儿子"以及"国度"的问题，更不会去相信耶稣那些极富争议性的身分如"基督"或"弥赛亚"等名号。可是，当犹太人企图采取他们自己的宗教律法来对付耶稣的时候，彼拉多便开始紧张，并且害怕起来，深感"骑虎难下"了。

"耶稣却不回答"（*ho de Iēsous apokrisin ouk edōken autō*）这一句，并不表示耶稣是在故意为难巡抚。耶稣不回答，是因为祂明知纵使祂把实情告诉彼拉多，承认祂真是"上帝的儿子"，巡抚大概也不会相信或根本就不敢在犹太人面前接受耶稣为自己所作的见证。

十九 10　彼拉多说："你不对我说话吗？你岂不知我有权柄释放你，也有权柄把你钉十字架吗？"

在一般的情况下，受罗马巡抚审讯的"被告"，大概都会利用机会尽量给自己辩护，甚至还会以某种"求情"的方式去回答问题。因为正如彼拉多在此给耶稣提醒的一样，他不但有释放耶稣的"权柄"（*exousin*），还有操罪犯生死之大权。因此，对彼拉多来说，耶稣当时的反应，不是显得太无理，就是太不够明智了。

十九 11　耶稣回答说："若不是从上头赐给你的，你就毫无权柄办我。所以把我交给你的那人，罪更重了。"

彼拉多在上一节经文中所说的"权柄"（*exousia*），的确是事实。因为作为一个罗马皇帝所委派的巡抚，他在自己所管辖的省份行使的权柄的确是很大的，因为它是直接来自罗马皇帝。[38]

在较早的时候认为没有必要回答彼拉多的耶稣，却在这个时候慎重地给那个傲慢的罗马长官上一堂有关权柄最终来源的课。耶稣在此所说的"上头"（*anōthen*；RSV，from above），正如三章三、七、三十一节一样，很明显是指上帝那里。这个意思应该是犹太人所熟悉的，因为

---

[38]　参阅 Sherwin-White, pp. 1，2，4，5，8，9，12，14，54，66，134 有关 *imperium* 的诠释。

连那个外邦的波斯王古列(Cyrus)，都被看作是耶和华上帝"所膏[立]的"(赛四十五1)。不但如此，那个曾经称霸一时的巴比伦帝国的皇帝尼布甲尼撒，也只不过是耶和华上帝的"仆人"而已(耶二十五9)。㊳

权柄(*exousia*)最终的根源既然是出自创造天地万物的主宰上帝，任何居高位的执政者和掌权者，包括罗马巡抚彼拉多在内，在行使职权的重大事情上，最终都必须向那一位授权予他的上帝交代，而不是向罗马皇帝交代，因为连罗马皇帝自己的权柄都是源自上帝的。

因此，耶稣在十九章十一节这里对彼拉多所说的，不仅是一个提醒，也是一个非常严厉的警诫："若不是从上头赐给你的，你就毫无权柄办我"(*Ouk eiches exousian kat' emou oudemian ei mē ēn dedomenon soi anōthen*)。此外，耶稣也要让彼拉多知道，他在耶稣受难那件事上所扮演的角色，其实是次要的，也可说是"被动的"。他固然要为自己失职的罪过负责任，但是那个把耶稣"交给"(*paradidōmi*)彼拉多的人，"罪更重"了(*meizona hamartian echei*)。

那个"罪更重"的人应该是指当时的大祭司该亚法了。因为身为大祭司以及犹太人公会主席的该亚法，不仅是谋害耶稣的主脑，也是将耶稣"交给"彼拉多的负责人(十八28)。他的罪"更重"，也是因为他身为一位"圣职"或"神职"人员，竟然串谋了一个外邦的长官，并且利用他的职权来谋害耶稣。㊵

十九 12　从此彼拉多想要释放耶稣。无奈犹太人喊着说："你若释放这个人，就不是该撒的忠臣(原文作朋友)。凡以自己为王的，就是背叛该撒了。"

彼拉多想释放耶稣的念头可能基于三个因素。

一、在审问了耶稣以后，彼拉多已经肯定，并且还三次公开宣告，耶稣是没有罪的。

二、耶稣在十九章十一节曾经慎重地提醒彼拉多说，他所行使的

㊳　保罗在罗马书第十三章对"权柄"的诠释，基本上也是源自这个信念。

㊵　有一事实是不容忽视的，那就是耶稣由始至终都没有否认大祭司该亚法"合法"的地位。使徒保罗对待大祭司的态度也是一样(徒二十三5)。

权柄是"上头"，也即是上帝"赐给"（*dedomenon*）他的。纵使彼拉多不是一个敬虔的宗教信徒，神明以及报应那一类的观念，却是罗马人普遍有的。因此，彼拉多不得不考虑他在行使权柄这件事上可能要面对的后果。

三、虽然耶稣没有直接指控彼拉多有罪，可是，十九章十一节那一句"所以把我交给你的那人，罪更重了"，已经意味着彼拉多是有罪的，只不过没有大祭司的罪那么重而已。

彼拉多虽有意想"释放耶稣"（*apolusai auton*），但犹太人并不容许他实现那样的意愿。他们于是给彼拉多一个非常严重的威胁："你若释放这个人，就不是该撒的忠臣"（*Ean touton apolusēs，ouk ei philos tou Kaisaros*）。[41] 犹太人那个威胁也绝不是空洞的。彼拉多在职已经有五年了。犹太人当时对他的不满，已经是罗马更高层的决策者所知道的。假使他这一次在处理耶稣这件事上再冒犯犹太人，肯定会导致很严重的后果。[42]

"凡以自己为王的，就是背叛该撒了"（*pas ho basilea heauton poiōn antilegei tō Kaisari*）这一句警告的话，可说是犹太人当时手中的"王牌"了。这是因为：一、耶稣确实没有否认自己是"王"（一 49，十二 13，十八 39），虽然祂的"国"（*basileia*）不是属这个世界的。但是，别人不一定会像耶稣那样去理解祂对"王"（*basileus*）以及"国"（*basileia*）的宗教或属灵性的诠释。二、对那个一向过分敏感的罗马皇帝提庇留来说，只要有人敢"称王"，或默认是"王"，就足以构成政治威胁，并且导致称王者的罪名成立。罗马皇帝提庇留也将毫不犹豫地采取严厉和迅速的行动。[43]

这样一来，压力肯定就落在彼拉多身上。倘若他真是释放了那个"以自己为王"的犹太人耶稣，而犹太人的领袖因此把那样敏感的事上告罗马皇帝，其后果肯定是不堪设想的。

---

[41]　"忠臣"希腊原文是"朋友"（*Philos*），正如思高本的翻译一样。可是，就意义上而言，和合本的"忠臣"也是正确的。

[42]　有关彼拉多在行政上所引起的一些是非，可参阅 Josephus，*Antiquities*，18，4，2，20；6，3 以及 *Jewish Wars*（*BJ*）2，12，6－7。

[43]　见罗马历史家 Suetonius，*Tiberius* 58 以及 Tacitus，*Annals* 3，38．

十九 13　彼拉多听见这话，就带耶稣出来，到了一个地方，名叫铺华石处，希伯来话叫厄巴大，就在那里坐堂。

基于上述的情况，彼拉多如今所采取的行动，似乎是意料中的事。为了他自己的政治地位与前途，他可说是别无选择了。

"坐堂"(*ekathisen epi bēmatos*)，思高本译作"坐在审判座位上"，表示彼拉多在那个时刻将正式以罗马政权在犹太最高长官的身分，对耶稣的审讯作出判决。结果就是对犹太人的要求作出关键性的让步。

十九 14　那日是预备逾越节的日子，约有午正。彼拉多对犹太人说："看哪，这是你们的王。"

有关"那日是预备逾越节的日子"(*ēn de paraskeuē tou pascha*)在时间上的意义，可参阅十八章二十八节的注释。在此只需再次表明约翰这里所说的"预备逾越节的日子"，是指星期五。所"预备"的是逾越节那个安息日的日子。犹太人的安息日一般是从星期五的傍晚时分开始算起。

"约有午正"，原文是 *hōra ēn hōs hektē*（RSV，about the sixth hour），思高本因此直译作"约莫第六时辰"。和修版译成"约在正午"，是现代人比较可以明白的。按约翰福音的记述，耶稣被钉在十字架上的时间，就是"约在正午"的时辰。[44]

彼拉多在那个时刻只是正式"坐堂"，可是，他仍旧没有给耶稣作出关键性的判决。因此，他对犹太人所说的那一句话："看哪，这是你们的王"(*Ide ho basileus humōn*)，并不是他的判词。那只是彼拉多在犹太人强大的压力和威胁下企图逃出困境的一个非常狡猾的做法。

一、彼拉多自己其实并不真正相信耶稣是"犹太人的王"。

二、彼拉多也非常清楚地明白犹太人既不相信也绝对不会接受耶稣为他们的"王"。彼拉多故意对犹太人说："看哪，这是你们的王"，无疑是要触怒情绪已经达到高潮的犹太群众（其实，在此刻称他们为"暴民"也不会言过其实），好让他们自己再次主动（首次主动是在十九

---

[44] 关于约翰福音在此所记载的时间与可十五 25 的比较，可参阅 Carson，pp. 604 - 605 在这方面的讨论。

章六节,是祭司长和差役采取的)要求把耶稣钉死在十字架上,因此承担那"更重"的罪(十九 11)。

三、按罗马正常的惯例,要把一个"罪犯"处死,没有任何"罪状"是不行的。因此,"王"那个意思极含糊的名号,也就勉强可以成为耶稣图谋造反的"罪状"了。如此的"罪状",至少也可以在罗马皇帝那里作一个"交代",并可以藉此表明彼拉多自己仍旧是"该撒的朋友"(*philos tou Kaisaros*)。

十九 15　他们喊着说:"除掉他,除掉他,钉他在十字架上。"彼拉多说:"我可以把你们的王钉十字架吗?"祭司长回答说:"除了该撒,我们没有王。"

犹太群众那时的极端反应,完全是意料中的事。祭司长和差役们已经在较早时(十九 6)表达了他们要将耶稣处死在十字架上的决心。

既是那样,彼拉多在十九 15 这里的提问:"我可以把你们的王钉十字架吗?"(*Ton basilea humōn staurōsō*)既是巡抚的另一个狡猾的政治花招,也是对犹太人的一个极大讽刺。"我可以把你们的王钉十字架吗?"提问中的"你们"(*humōn*),更突显了讽刺的效果。它最终也达到了彼拉多的原有目的:"祭司长回答说:'除了该撒,我们没有王'"(*Apekrithēsna hoi archiereis, Ouk echomen basilea ei mē Kaisara*)。

祭司长在情绪激动中的迅速回应,不仅中了彼拉多那个政客的诡计,也无意中否定了犹太人自己最基本的信念,甚至是抛弃了整个犹太民族对"天国"或"上帝的国"来临的期盼,也即是犹太人当时存在的基本意义。从宗教及属灵性的意义上来说,"除了上帝",犹太人是"没有王"的,因为耶和华上帝才是他们唯一的"王"。[45] 可是,祭司长,那位犹太人当时最高的领袖,竟然公开地在犹太群众以及罗马人面前宣告说,只有罗马皇帝是他们唯一的"王":"除了该撒,我们没有王。"

犹太人自从主前 586 年开始被放逐到巴比伦以及后来回归故土之后,整个民族的盼望,就只有寄托在他们自己的"王"身上。他们深信自

---

[45] 见士八 23;撒上八 7 等。

己的"王"，也就是大卫王的后裔"弥赛亚"，最终能带给他们"拯救"。撒迦利亚书九章九节因此预言说："锡安的民哪，应当大大喜乐。耶路撒冷的民哪，应当欢呼。看哪，你的王来到你这里。他是公义的，并且施行拯救……。"

基于犹太人过去几百年来对自己的"王"来临的深切期盼，真正"亵渎"上帝的，并不是耶稣，而是犹太民族当时的"精神领袖"祭司长及其随从。这是一个意义深长的吊诡（paradox）和讽刺（irony）。剑桥大学的新约学者 J. A. T. Robinson 说得好：犹太人的领袖在判决耶稣，也即是"以色列真正的王"那件事上，其实就是对自己国家民族的一个大出卖。⑯

---

⑯ "John, writing a Jew for other Jews, is concerned from beginning to end to present the condemnation of Jesus, the *true* king of Israel, as the great betrayal of the nation by its own leadership." Robinson, *John*, pp. 273 - 274. 犹太人的领袖本来就想要耶稣"一个人替百姓死，免得通国［以色列］灭亡"（十一 50）。

伍拾肆 "犹太人的王,拿撒勒人耶稣"被钉在十字架上(十九 16～37)

福音书的作者约翰很慎重地记述了耶稣在彼拉多面前受审讯,以及巡抚在犹太群众的压力下容许耶稣被钉在十字架上之后,便紧接下去在读者面前展现"犹太人的王,拿撒勒人耶稣"被钉在十字架上这历史上的一幕。

这一幕虽然只有二十二节的经文(十九 16～37),却记述了下列几个很有意义的事件:十字架上所写上的那个名号的意义;罗马兵丁为了耶稣的里衣拈阄;耶稣在十字架上将母亲马利亚托付给门徒约翰;耶稣死在十字架上时的身体状况,特别是"血和水"从祂的肋旁流出来的神学意义。

十九 16　于是,彼拉多将耶稣交给他们去钉十字架。

彼拉多是当时审讯耶稣的罗马最高长官。他所行使的,是罗马政权授予他的权柄。因此,当彼拉多最终把耶稣"交给"(*paredōken*)人去钉十字架的时候,那个最关键性的决定,在实质上就是法律上的一个公开的判决,纵使巡抚自己曾经在较早时三次公开宣告他"查不出他[耶稣]有什么罪来"(十八 38,十九 4、6)。

彼拉多既然已公开宣告耶稣无罪,但在最关键性的时刻,又容许犹太人把耶稣处以极刑。这一个绝对重大的事件,已经赤裸裸地将巡抚在行使罗马法律的职权上那个不公不义的行为,完全暴露无遗了。

耶稣被钉死在十字架上以后仅五十天,当彼得和其余的使徒们在五旬节那天,为已经复活了的耶稣公开作见证的时候,就非常清楚地追述了耶稣当天被彼拉多交给人去钉十字架的历史事实:"他[耶稣]……

被交与人，你们［犹太人］就藉着无法之人的手，把他钉在十字架上杀了"(徒二 23)。

彼得所指的"无法之人"(*anomōn*；RSV，lawless men)(徒二 23)，肯定是指包括巡抚彼拉多在内的罗马人。① 那是多么大的讽刺！按罗马政权所授予他的职分来说，彼拉多理当是一位秉公行义的巡抚，可是他竟然当众失职，最终为了保全自己的政治地位和利益，成了"不法之人"(*anomōn*)。

十九章十六节中的"于是"(*oun*)——"于是彼拉多将耶稣交给他们去钉十字架"是直接对祭司长在十九章十五节有关"王"那件事的回应。当时祭司长对彼拉多说："除了该撒，我们没有王"。"于是"，在此很清楚表明彼拉多在犹太人的沉重压力和威胁下，那个无奈的困境。因为犹太人喊着说："你［彼拉多］若释放这个人［耶稣］，就不是该撒的忠臣"(十九 12)。

十九 17　他们就把耶稣带了去。耶稣背着自己的十字架出来，到了一个地方，名叫髑髅地，希伯来话叫各各他。

"他们"在此很明显是指那些执行把耶稣钉在十字架上的罗马兵丁们。根据三部符类福音书的记述，罗马兵丁曾经强迫一个名叫"西门"的"古利奈人"背负耶稣的十字架(太二十七 32；可十五 21；路二十三 26)。在十九章十七节这里，约翰所强调的，是"耶稣背着自己的十字架"(*bastazōn heautō ton stauron*)。

其实，上述有关背负十字架这件事上的一些不太相同的记载，是可以理解的。一个比较简单，也颇合理的解释是：开始背负十字架的，可能是耶稣自己。当耶稣那受伤疲惫的身躯无法再支持下去的时候，罗马兵丁们便强迫那位路过的"古利奈人西门"替耶稣背负那沉重的十字架。②

马太、马可、路加和约翰四部福音书都明确地说明，耶稣被钉死的地方叫"髑髅地"。

---

① 参阅 I. H. Marshall，*Acts*，p. 75；Bruce，*Acts*，p. 91.
② 见 Barrett，p. 456.

马太似乎是根据马可的见证,与马可一样,在此解释说"各各他"(Golgotha)这个名字是源自希伯来或亚兰文的。马可注释说:"各各他翻出来,就是髑髅地"(*Golgothan . . . ho estin methermēneuomenon Kraniou Topos*,可十五22)。马太的解释是:"各各他,意思就是髑髅地"(*Golgotha*,*ho estin Kraniou Topos legomenos*,太二十七33)。

路加只记载道:"到了一个地方,名叫髑髅地"(*Kai hote ēlthon epi ton topon ton kaloumenon Kranion*,路二十三33)。约翰只是说:"髑髅地,希伯来话叫各各他"(*Kraniou Topon*,*ho legetai Hebraïsti Golgotha*,十九17)。这里所指的"希伯来话"(*Hebraïs*)其实是亚兰话(Aramaic)。"髑髅地"在亚兰语叫 *Gulgolta*;希伯来语叫 *Gulgolet*,意思是"头壳"或"头"。[3] 希腊文的 *Golgotha* 因此是直接从亚兰语音译过来的。中文的"各各他"也是一样。

Golgotha 在希伯来文的旧约圣经中只出现两次,即士师记九章五十三节(和合本译作"脑骨")以及列王纪下九章三十五节(译作"头骨")。在新约圣经"各各他"就只有在耶稣被钉十字架那个地方才出现(太二十七33;可十五22;约十九17)。

有关福音书中所记载的"各各他"确实的地理位置,学者们并没有完全一致的结论。根据约翰福音十九章二十节以及希伯来书十三章十二节,"各各他"应该是在耶路撒冷城外不远的地方。今天"圣地"的导游者一般都会说,"各各他"就是今天的耶稣"圣墓教堂"(the Church of the Holy Sepulchre)的所在地。

十九18 他们就在那里钉他在十字架上,还有两个人和他一同钉着,一边一个,耶稣在中间。

"钉十字架"(英文 crucifixion)作为一个名词并没有在新约圣经出现。十九章十八节这里所用的,是一个希腊文的动词 *stauroō*("钉十字架")。

据史家的考证,把犯人钉在十字架上的酷刑源自古代的弗尼西亚

---

[3] 见 Brodie,p. 545.

(Phoenicia)及波斯(Persia)，后来被罗马人采用来刑罚重罪的奴隶及非罗马人。耶稣不是罗马公民，把祂钉死在十字架上因此是合法的。保罗是罗马公民(徒二十二 25～29，二十三 27)，因此是不必受这个刑罚的，虽然在罗马的历史中，也有一些特例。④

在耶稣那个时代的巴勒斯坦，钉十字架这种极刑是特别用以对付强盗、土匪以及反叛者。钉十字架是非常残酷的刑法。按一般的情况，犯人都必须在众人的围观下亲自背负自己沉重的十字架。行刑处按惯例也是一个公开的场地。犯人在被钉上十字架之前，所有的衣服都是被剥精光的。那样的极刑很明显是要达到"示众"或"杀一儆百"的效果。

在行刑开始时，服刑者按惯例都是被钉上去的，虽然其中也有一些罪犯只是被绳子绑在十字架上而已。

那些被钉的，下钉处是在掌心或是腕心、脚或是脚跟的上部。服刑者的肩膀或躯干也同时被绳子绑在十字架的木头上。这样一来，服刑者便完全动弹不得了。在那样的情况下，服刑者往往就在完全的暴露下，经过好几天饥寒交迫的侵袭后极端痛苦地死去。此外，他可能还得忍受旁观者的辱骂及嘲弄。

不是所有的服刑者都必须被钉在两条木构成的"十字"架上。被钉在树身或树干上的情况也有。⑤

约翰以及其他福音书都没有清楚描述耶稣当时被钉的详情和细节。约翰在十九章十八节这里只是简要地说，"他们就在那里钉他在十字架上"(*hopou auton estaurōsan*)。

与耶稣同时被钉的"还有两个人……一边一个"。约翰在这里并没有多提那两个罪犯的事。路加福音却记载了其中一个罪犯对耶稣的讥讽，以及另一个向耶稣的哀求(路二十三 39～42)。

四部福音书都提到耶稣被钉时，左右各有一个罪犯。约翰却似乎有意强调"耶稣在中间"(*meson de ton Iēsoun*)。这其实也是很自然及合理的，因为耶稣确实是"各各他"那一幕的主角。

---

④ 参阅 *IDB*，vol. I，pp. 746 - 747.
⑤ Ibid.

十九 19 彼拉多又用牌子写了一个名号,安在十字架上,写的是:"犹太人的王,拿撒勒人耶稣。"

根据考证,罗马当局有一个把服刑者的罪状公开宣告的惯例。[6]他们有时候甚至会将已经书写下来的简单罪状的牌子,挂在服刑者的颈上。

没有任何一部福音书明确地说罗马人是否也同样给耶稣挂上类似的牌子。那个"安在十字架上"的名号——"犹太人的王,拿撒勒人耶稣"(*Iēsous ho Nazōraios ho basileus tōn Ioudaiōn*),几乎可以肯定是一个"罪状"。

希腊原文并没有和合本中文圣经的"牌子"那个字。但它的意思是对的。原文只说:"彼拉多写了一个名号"(*egrapsen de kai titlon ho Pilatos*)。希腊文中的 *titlos* 其实是从罗马的官方语文,也即是拉丁文的 *titulus* 音译过来的。

上面所说有关罪状以及牌子的事,只不过是一些简单的历史背景而已。意义深长的,其实是彼拉多所写下来的那个名号的内容以及不同的人对它的理解、领悟、诠释,甚至是误解。

一、对一般采取观望态度或是存着好奇心的观众来说:"犹太人的王,拿撒勒人耶稣"那个名号表达了耶稣的身分与罪状,虽然巡抚彼拉多曾三次公开宣告祂无罪。

当然,一般的观众是绝对不会相信耶稣真正是"犹太人的王"。正如祭司长较后对彼拉多所说的一样,观众只相信"他[耶稣]自己说'我是犹太人的王'"(十九 21)。这也就是耶稣的"罪状"了。

至于"拿撒勒人耶稣"那个身分,它只能加深观众对耶稣的成见和鄙视而已。因为正如拿但业起初对耶稣的消极反应一样:"拿撒勒还能出什么好的吗?"(一 46)

二、对彼拉多来说,牌子上写的那个名号可说是他当众讥讽和侮辱犹太人的最佳方式。接史家的考证,彼拉多一向跟犹太人的关系都不是十分良好。他在主后 26 年一开始到犹太省上任的时候就冒犯了

---

[6] 见 Barrett, p. 456;Ridderbos, p. 608;Brodie, p. 545.

犹太人以及他们的信仰和禁忌。⑦

约翰在这之前已经透露说，彼拉多本来就不愿意审问耶稣的（十八 31）。他是在不得已的情况之下才勉强承担起那件吃力不讨好的差事。他"查不出他[耶稣]有什么罪来"，就曾经设法要释放耶稣（十九 12）。他最终还是在那似乎是无法抗拒的群众压力下，为了自己的政治前途和既得利益，才勉强决定将耶稣交出来钉十字架的。

彼拉多由始至终都不相信耶稣是"犹太人的王"。可是，在耶稣服刑之前，他就已经两次以"犹太人的王"那个他自己根本就不相信的名号来故意侮辱犹太人，以满足自己的报复心理（十八 39，十九 15）。因此，那个"安在十字架上"的名号，也依旧是为了要达到同样的目的。

三、犹太人的祭司长对牌子上所写的"犹太人的王"那个名号的抗议（十九 21），既是基于他们的宗教立场，不承认耶稣是他们的王，也同时表示他们不满彼拉多对他们公开的侮辱。

四、按照惯例，被钉的罪犯的"罪状"，是要公开宣告的。对彼拉多来说，"犹太人的王，拿撒勒人耶稣"，也勉强可以成为一个"罪状"，表示来自拿撒勒的耶稣自己称"王"，是"造反"的图谋。

十九 20　有许多犹太人念这名号，因为耶稣被钉十字架的地方，与城相近，并且是用希伯来、罗马、希利尼三样文字写的。

罗马人把服刑者的罪状公开宣告，虽然是一个普遍的做法，可是，彼拉多当时在牌子上给耶稣写上的"罪状"——"犹太人的王，拿撒勒人耶稣"，却很不寻常。因此，"有许多犹太人念这名号"（*touton oun ton titlon polloi anegnōsan tōn Ioudaiōn*）。

作者约翰也给"有许多犹太人念这名号"的事，作了一个很合理的解释："因为耶稣被钉十字架的地方与城相近"（*hoti engus ēn ho topos tēs poleōs hopou estaurōthē ho Iēsous*）。这是地理位置的因素。另一个原因是："并且是用希伯来、罗马、希利尼三样文字写的"（*kai ēn gegrammenon Hebraïsti*，*Rōmaïsti*，*Hellēnisti*）。这是语文的因素。

---

⑦ 见 *Dictonary of Jesus and the Gospels*，"Pontius Pilate"，pp. 615-617.

在希腊罗马时代,用多种语文来书写报告是很普遍的。⑧"希伯来"(*Hebraïsti*)在此与十九章十七节一样,是指亚兰文(Aramaic)。源自闪族(Semitic)语系的亚兰文,自主前七世纪波斯帝国那个时代起,一直到耶稣那个时候,都是一个重要区域性的语文(lingua franca),也是那个时期犹太人的通用语文。

"罗马"(*Rōmaïsti*)也就是当时罗马帝国的官方语文拉丁文(Latin)。"希利尼"(*Hellēnisti*)即是希腊语文(Greek)。它是亚历山大大帝(Alexander the Great)所建立的希腊帝国以来继续在罗马帝国通用的国际语文。

巡抚彼拉多以上述三种重要的语文作为宣传的工具,其果效并不难想象。彼拉多的动机本来就不是善意的。他很机智地利用了那个公开的场合,假借"犹太人的王"那个名号,侮辱了犹太人;甚至还有意讽刺耶稣,因为耶稣曾经在较早与他对话的时候,明确承认自己是"王"(十八 37)。

可是,尽管彼拉多是那么奸诈,动机是如此邪恶,他写在十字架牌子上的名号,竟然非常吊诡性地(paradoxically)成了历史上一个非常重大的预告。这是因为较后发生在耶稣身上的事,正好证实了祂确实是"王"。耶稣不只是"犹太人的王",也是"万王之王,万主之主"(启十七 14,十九 16)。

彼拉多绝对没有意料到,他心存恶意给耶稣在十字架上写的名号或"罪状",结果却非常讽刺性地(ironically)成了一个预言的应验。在人类漫长的历史中,这一类极端讽刺性和荒谬性的事物,非常有教育价值和启发意义。

十九 21 犹太人的祭司长就对彼拉多说:"不要写'犹太人的王',要写'他自己说我是犹太人的王'。"

犹太人的祭司长在此向彼拉多提出的抗议是不难理解的。

一、上面已经说过了,祭司长们根本就不承认耶稣是他们的"王"。

---

⑧ 见 Barrett, p. 457.

不然，他们就不会图谋处死耶稣（十八 31，十九 15）。不但如此，他们也曾公开表态说："除了该撒，我们没有王"（十九 15）。此外，他们也清楚知道，承认耶稣或是任何人是"犹太人的王"，都可能被罗马政权告以背叛的严重罪名。正如犹太人自己先前所说的一样："凡以自己为王的，就是背叛该撒了"（十九 12）。

二、犹太人的祭司长在那个时候应该已经看透了彼拉多藉耶稣是"犹太人的王"那个名号来侮辱和讥讽他们的邪恶意念，因为彼拉多先前已经至少有两次那么做了："看哪，这是你们的王"（十九 14）；"我可以把你们的王钉十字架吗？"（十九 15）

三、祭司长的"神学"思想，也肯定不能接受他们所期待的"王"需要受苦至死的概念。对他们来说，"基督〔也就是犹太人的王〕是永存的"（十二 34）。必须受苦至死的"王"，一直是犹太人相信耶稣的大障碍物或绊脚石（*skandalon*；stumbling block）。

其实，祭司长并不反对彼拉多把耶稣的"罪状"写明在十字架的牌子上。可是，对祭司长等犹太人来说，耶稣的罪状应该是："他自己说我是犹太人的王"（*ekeinos eipen，Basileus eimi tōn Ioudaiōn*）。假使没有这个"罪状"，祭司长也就很难在迫害耶稣那件事上作一个清楚的交代了。可是彼拉多并没有接受祭司长的抗议和要求。

十九 22　彼拉多说："我所写的，我已经写上了。"

彼拉多是不会在祭司长的抗议声中作出妥协的，因为他原是在犹太人的压力和威胁之下，违背了自己的判断以及良心，去处决无辜的耶稣。因此，他对犹太人的公开侮辱，正好满足了他的报复心理。

彼拉多说："我所写的，我已经写上了。"和修版的译文是："我写了就写了"。这一节圣经的希腊原文也许表达得更加明确和有力：*Ho gegrapha，gegrapha*。希腊文的 *gegrapha*（"我已经写上了"）在此是完成式动词（perfect tense）。这样的动词在希腊文法上含有"既成事实"以及"不能更改"的意义。

是的，不论是从历史的角度或是从信仰的层面去看，耶稣被钉在十字架上那充满了戏剧性和耐人寻味的一幕，最终确实是无法变更的。谁也不能再改写那段历史。彼拉多所说的那一句"我所写的，我已经写上了"(*Ho gegrapha*，*gegrapha*)，于是成了千古绝句。

有学者甚至还将彼拉多那个不能更改的书写,看作是与犹太人的圣经那个一旦写下来就不能再更改的情况一样。结果彼拉多所写下来的,也就自然成了新约圣经宝贵的见证。⑨

十九 23 兵丁既然将耶稣钉在十字架上,就拿他的衣服分为四份,每兵一份。又拿他的里衣。这件里衣,原来没有缝儿,是上下一片织成的。

按照当时的惯例,执行处决任务的兵丁分享罪犯的衣服,是常有的事。所分得的衣服,可说是当局给他们的一点外快或赏赐。他们把耶稣的衣服"分为四份,每兵一份"(*epoiēsan tessara merē, hekastō stratiōtē meros*),表示四个兵丁在场执行任务。

十九章二十三节这一节经文,还特别提及耶稣的"里衣"(*chitōn*; tunic),形容它是"原来没有缝儿,是上下一片织成的"(*ēn de ho chitōn araphos, ek tōn anōthen huphantos di' holou*)。

"无缝的里衣",曾经引起了一些学者的兴趣和猜测。犹太历史家约瑟夫(Josephus)也曾描述大祭司的里衣是无缝的。⑩ 犹太思想家斐洛(Philo),也按亚历山大学派的寓意解释法(allegorical interpretation),以"无缝的里衣"来象征"道"(*logos*)。⑪

可是,也有学者,包括 Bultmann 和 Ridderbos 在内,认为经文中所指的"里衣",只不过是一个小插曲而已,并没有任何重要的神学含义。⑫

不论经文中的"无缝里衣"是否有任何神学或是其他象征意义,在华人的文化传统中,却有"天衣无缝"的典故。⑬

---

⑨ 见 Brodie, p. 546.

⑩ Josephus, *Antiquities* 3，161.

⑪ 见 Barrett, p. 457；Ridderbos, p. 610；Brodie, p. 547.

⑫ Ridderbos, p. 610, fn. 136.

⑬《辞源》,"天衣无缝":《太平广记》六 8 引《灵怪录》,说太原郭翰暑月卧庭中,见有少女冉冉自空而下,视其衣,无缝。翰问故,女答道:"天衣,本非针线为也。"本为神话,后用以比喻诗文或事物的浑然天成,没有一点雕琢的痕迹。

十九 24　他们就彼此说:"我们不要撕开,只要拈阄,看谁得着。"这要应验经上的话说:"他们分了我的外衣,为我的里衣拈阄。"兵丁果然作了这事。

耶稣的里衣,既然是"没有缝儿",四个兵丁建议不要把它撕开各得一份,而是用"拈阄"的方式来决定"看谁得着",可说是明智之举。

上述那个在表面上看起来只是耶稣钉十字架的整个大场面中的一个小插曲,却被作者约翰看作是旧约圣经在耶稣身上的再一次"应验"。那是一节引自诗篇二十二篇十八节的经文。约翰的希腊原文与 LXX 的希腊文完全一致:*Diemerisanto ta himatia mou heautois kai epi ton himatismon mou ebalon klēron*("他们分了我的外衣,为我的里衣拈阄")。

诗篇二十二篇一般都认为是耶稣的祖先大卫王所写的。它在描述作者在各种境遇中的苦难经历以及他向耶和华上帝的哀求。诗篇的结尾是作者对上帝拯救的颂赞。

耶稣既是大卫的后裔,也是最终要坐在大卫宝座上的那一位弥赛亚君王。耶稣与他的先祖大卫也有类似的痛苦遭遇。约翰福音书的作者因此把描述大卫处境的一首诗篇,看作是在耶稣身上的一个"应验"(fulfillment),不但没有断章取义,反而是很符合耶稣自己以及新约圣经的作者们处理旧约与新约之间那个"预言"与"应验"的信念。历代以来的圣经神学,基本上也肯定了旧约与新约圣经的"合一性"(unity)。

"兵丁果然作了这事"(*Hoi men oun stratiōtai tauta epoiēsan*)这个句子中的"果然"(*oun*),不仅表达了兵丁们继续下去按拈阄的方式决定了耶稣的里衣归谁的行动,也带着一些"命定"的含义。那就是说,旧约诗篇二十二篇十八节所说的,"果然"(*oun*)应验在罗马兵丁当时以拈阄的方式决定里衣归谁那一件事上。对约翰福音的作者来说,这一件表面上看起来只是一个"小插曲"的事件,也不可说是"意外"。因为一切发生在耶稣身上的大小事物,都在上帝的主权(sovereignty)掌管之下。

十九 25　站在耶稣十字架旁边的,有他母亲与他母亲的姊妹,并革罗罢的妻子马利亚和抹大拉的马利亚。

　　新约圣经的四部福音书都一致见证,当耶稣被钉在十字架上的时候,有"好些妇女"(太二十七 55)或"有些妇女"(可十五 40),或"妇女们"(路二十三 49)在现场。约翰福音在此也不例外。

　　在某些细节上,约翰的记载却与三部符类福音有别。

　　一、在四部福音书中,只有约翰在十九章二十五节提及"革罗罢的妻子马利亚"(*Maria hē tou Klōpa*)。Richard Bauckham 相信作者约翰是根据可靠的历史传统,才会这样记载下来的,虽然其他三部福音书都没有那样的记述。[14] 假使约翰福音十九章二十六节所记载的耶稣"所爱的那门徒"就是福音书的作者约翰自己,那他所记述的,就不仅是符合教会历史的"传统",也是自己作为一个"目击者"在现场中的见证(witness)了。

　　二、三部福音书都一致记述说,当耶稣被钉在十字架上的时候,那些妇女们都"远远地"(*apo makrothen*)在观看。约翰福音十九章二十五节这里却强调说,她们是"站在耶稣十字架旁边"(*eistēkeisan de para tō staurō*)。可是,这并不表示符类福音与约翰福音在记载上有"出入"。因为正如 Ridderbos 所指出的一样,那些曾在较早时"远远地"观看耶稣的妇女,也可能在较后来到了"耶稣十字架旁边"。[15]

　　三、三部符类福音书都是在耶稣断气以后才提到那些妇女们"远远地"在观看(太二十七 55~56;可十五 40~41;路二十三 49)。约翰不仅是在耶稣未断气之前就记载说那几个妇女"站在耶稣十字架旁边"(十九 25),并且还给人印象,那个距离是很近的,不然耶稣就不会那么亲切地跟自己的母亲以及祂"所爱的那门徒"说话了(十九 26~27)。[16]

　　约翰在十九章二十五节这里提到了妇女的名字。但是,就希腊原文的结构来说,妇女的数目可能是两位、三位或四位。

　　Barrett 就认为,按希腊原文句子的结构,当时站在耶稣十字架旁边的妇女可能只有两位。他们就是:耶稣的母亲马利亚(也即是革罗罢

---

⑭ Richard Bauckham, *Gospel Women: Studies of the Named Women in the Gospels* (Grand Rapids: Eerdmans, 2002), p. 218.

⑮ Ridderbos, p. 611.

⑯ 参阅 Colleen M. Conway, *Men and Women in the Fourth Gospel: Gender and Johannine Characterization* (Atlanta: Society of Biblical Literature, 1999), pp. 79-80.

的女儿或姊妹）以及耶稣的母亲马利亚的姊妹（也即是抹大拉的马利亚）。[17]

Barrett 的假设至少有一个问题。那就是，耶稣的母亲和她的"姊妹"（也即是耶稣的"姨妈"）都同样叫"马利亚"了（*Maria*；Mary）。[18]

三位妇女的可能性是：耶稣的母亲、耶稣母亲的姊妹马利亚（也即是革罗罢的女儿、姊妹或妻子）以及抹大拉的马利亚。[19]

但 Barrett 以及许多当代学者比较支持四位妇女的可能性。这也是和合本的翻译。希腊原文是：*hē mētēr autou kai hē adelphē tēs mētros autou，Maria hē tou Klōpa kai Maria hē Magdalēnē*（十九25）。

把约翰福音十九章二十五节所记载的妇女人数定为四位也比较符合三部符类福音的见证。马太福音二十七章五十五节提及"有好些妇女"（*gunaikes pollai*），其中包括三位妇女的个别名字。马可福音十五章四十节也是一样。路加福音二十三章四十九节记载了"从加利利跟着他来的妇女们"，人数应该也有好几位。

约翰始终都没有提及耶稣母亲的名字。有关耶稣母亲的"姊妹"的资料非常少。希腊文的 *adelphe* 与英文的 sister 一样，可指"姊或是妹"。同样的，*adelphos* 也可以是"兄"或是"弟"。

约翰福音十九章二十五节这里的"革罗罢"（*Klōpa*）可能是路加福音二十四章十八节所记载的同一位"革流巴"（*Kleopas*）。[20]

根据教会历史家优西比乌（Eusebius of Caesarea，265－339）在《教会史》（*Historia Ecclesiastica* 3.11）的记载，"革罗罢"（*Klōpa*）是耶稣母亲马利亚的丈夫约瑟的兄弟。若是这样，约翰福音十九章二十五节的希腊文 *hē tou Klōpa*（"革罗罢的……"），可能就要解释作"革罗罢的妻子"，而不应该译作"革罗罢的女儿[或姊妹]"。这也是和合本以及和修版的翻译。思高本的译文是"克罗帕的妻子"。假设上述《教会史》的记录是可靠的话，"革罗罢的妻子马利亚"（*Maria hē tou Klōpa*）也

---

[17] Barrett，p. 458.

[18] 参阅 Ridderbos，p. 661，fn. 141.

[19] 见 Barrett，p. 458；Ridderbos，p. 661.

[20] 见 Barrett，p. 458. 可是 Ridderbos 却不肯定这两个人（"革罗罢"和"革流巴"）是否同一个人。因为在约十九25，希腊原文的名字是 *Klōpa*，在路二十四18是 *Kleopas*。

即是约瑟的嫂嫂或是弟媳妇(sister-in-law)了。

学者如 Westcott、Zahn、Morris 和 Ridderbos 等,认为约翰福音十九章二十五节所提到"他[耶稣]母亲的姊妹"(*hē adelphē tēs mētros autou*),可能就是马太福音二十七章五十六节所记载的"西庇太两个儿子的母亲"(*hē mētēr tōn huiōn Zebedaiou*),也即是十二使徒中的雅各和约翰那两兄弟的母亲(太四 21,十 2)。若是那样,耶稣"所爱的那门徒",也即是福音书的作者约翰,其实也就是耶稣自己的表兄弟了。

耶稣与约翰的关系,不仅对约翰福音作者的身分的探讨很有意义,也有助于解释耶稣在临终之前为何把自己的母亲交托给自己"所爱的那门徒"(*ton mathētēn hon ēgapa*)约翰去照顾(十九 27)。

也有些学者,如 J. van Bruggen 和 Schnackenburg 等,不赞同将"耶稣母亲的姊妹"(*hē adelphē tēs mētros autou* [*Iesou*])与"西庇太两个儿子的母亲"(*hē mētēr tōn huiōn Zebedaiou*,太二十七 56)看成是同一个人。㉑

十九 26～27　耶稣见母亲和他所爱的那门徒站在旁边,就对他母亲说:"母亲(原文作妇人),看你的儿子。"又对那门徒说:"看你的母亲。"从此那门徒就接她到自己家里去了。

正如约翰福音二章四节一样,十九章二十六节这一节经文"母亲,看你的儿子"中的"母亲"在希腊原文是"妇人"(*gunai*):*Gunai, ide ho huios sou*。有关"母亲"和"妇人"的诠释,可参阅二章四节的注释。

已经被钉在十字架上的耶稣,在此刻所受的各种痛苦是不难想像的。就整个情节的演变来看,耶稣这个时候距离死亡的那一刹那其实已经非常接近了。一个即将临终的儿子,在极端痛苦的那一瞬间,竟然还会顾念到自己母亲今后的奉养和照顾的问题,不能不说是孝心的崇高体现了。难怪 Barclay 在诠释这一节经文的时候,深深有感而发地说:"我们在这里看见一个非常动人的事。那位正在十字架上受苦的耶稣,正当全世界的拯救面临千钧一发之际,竟然还会顾念到母亲今后那

㉑ Ridderbos, p. 611, fn. 143.

孤苦伶丁的日子。"②

"看你的儿子"（*ide ho huios sou*），在这里很明显是耶稣指着"那门徒"对自己的母亲说的。正如耶稣紧接下去指着自己的母亲对"那门徒"说的一样："看你的母亲"（*ide hē mētēr sou*）。

耶稣当时在十字架上所说的，是一个重大责任的交托，而他自己在临终之前作出那个交代，意义就更深长了。那个交代，对耶稣的母亲以及那个受委托的门徒来说，不仅是一个照顾和奉养的问题，也是耶稣的母亲与"那门徒"今后要建立起来的那种密切的"母子"关系的开始。那就是说，耶稣的母亲从今以后应当把"那门徒"看作是自己的"儿子"；与此同时，"那门徒"也照样要把耶稣母亲看作是自己的"母亲"。这也就是"看你的儿子"（*ide ho huios sou*）以及"看你的母亲"（*ide hē mētēr sou*）的真正含义。

Barrett 把耶稣的母亲和"那门徒"新建立起来的"母子"关系看成是一个正规的"领养方式"（formulas of adoption）。③

为什么耶稣的"兄弟们"没有负起照顾母亲的责任呢？作者约翰并没有在此加以解释。假设福音书中所提及的"兄弟们"（希腊文的 *adelphoi*，正如英文的 brothers 一样，可指"兄"或"弟"）是耶稣母亲马利亚所生的话，那圣经中的"兄弟们"（*adelphoi*），就肯定是弟弟们，因为耶稣是马利亚所生的"头生"儿子。

根据约翰福音七章五节的记载，耶稣的弟弟们至少在较早时是"不信"耶稣的。当耶稣被钉在十字架上的时候，祂的弟弟们是否仍旧不信，甚至是抛弃了他们的长兄耶稣，就不清楚了。当然，他们在那个时候也可能不在耶路撒冷。

耶稣在十字架上把母亲委托给祂"所爱的那门徒"去奉养和照顾，

---

② William Barclay 因此非常感动地说："There is something infinitely moving in the fact that Jesus in the agony of the Cross，when the salvation of the world hung in the balance，thought of the loneliness of his mother in the days ahead. He never forgot the duties that lay to his hand. He was Mary's eldest son，and even in the moment of his cosmic battle，he did not forgot the simple things that lay near home. To the end of the day，even on the Cross，Jesus was thinking more of the sorrows of others than of his own." William Barclay，p. 257.

③ Barrett，p. 459. Ridderbos 给十九 26 的"妇人"（*gunai*）的解释与二 4 一致。

很明显地表示那个门徒是耶稣当时最信任的。

"从此那门徒就接她〔耶稣的母亲〕到自己家里去了"（*Kai ap' ekeinēs tēs hōras elaben ho mathētēs autēn eis to idia*，十九 27），在此不仅表示那门徒愿意承担照顾和奉养耶稣的母亲的重任，也意味着从此以后马利亚就成了约翰家中（*ta idia*）的一位成员了。

正如许多人一样，在耶稣被钉十字架的时候不信，或放弃了原有的信心，但是在耶稣复活之后重新信靠了祂。使徒行传就清楚地记载说，当耶稣复活和升天以后，"这些人〔十一个使徒〕同着几个妇人，和耶稣的母亲，并耶稣的弟兄，都同心合意的恒切祷告"。

耶稣在十字架上临终时，把自己的母亲交托给祂"所爱的那门徒"去照顾。这一件深感人心的事，原本是一个很简明的记述。可是，却有一些学者根据自己的意愿，去作一些很难令人信服的猜测（speculations）。Bultmann 就是一个很好的例子。㉔

Bultmann 根据所谓"符类福音的传统"（the synoptic tradition）断然否认了约翰福音十九章二十五至二十七节这一幕的"历史性"（historicity）。

对持怀疑和批判态度的 Bultmann 来说，十九章二十五至二十七节这一段的记述，只有"象征性的意义"（symbolic meaning）而已。㉕ 他因此认为那位当时站在十字架下的"母亲"（*mētēr*）是代表较后出现的"犹太基督教"（Jewish Christianity）。另一方面，耶稣"所爱的那门徒"（*ton mathētēn hon ēgapa*，十九 26），则象征"外邦基督教"（Gentile Christianity）。

按 Bultmann 上述的"象征"意义，耶稣"所爱的那门徒"把耶稣的"母亲"接去收养，是表明外邦基督教把犹太基督教看作是"母亲"来尊敬。与此同时，犹太基督教也承认自己已经被接纳到外邦基督教的"家里"去了，最终被融入整体教会的大团契（fellowship）之中。这样的"指示"（directions）是来自那一位已经被"高举"（exalted）在十字架上的耶稣。这就正如耶稣较早时在约翰福音十七章二十一节向天父上帝所祈

㉔ 其他例子可参阅 Colleen M. Conway，pp. 80 – 81.

㉕ Bultmann，p. 673.

求的一样：“使他们［所有门徒］都合而为一”（*hina pantes hen ōsin*）。㉖

　　Bultmann 把耶稣的母亲比喻为“犹太基督教”（Jewish Christianity)的做法，是完全没有圣经诠释学以及神学为依据的。那只是学者个人的猜测和想像而已。如此的“象征”或“比喻”方法，已经普遍不被当代研究约翰福音的学者们所接受。

　　有关约翰福音十九章二十五至二十七节的诠释，还有一个重要的解释是自中世纪以来就成了罗马天主教传统思想的。那就是，把十九章二十五至二十七节所记载的耶稣的母亲马利亚比喻作“教会的母亲”（the mother of the Church）。另一方面，当时在十字架下耶稣“所爱的那门徒”，是教会的象征。这样一来，当那门徒把耶稣的母亲马利亚接到自己家里去的时候，就表示马利亚是以“母亲”（*mētēr*）的身分和地位进入教会的。㉗

　　著名的约翰福音诠释者，天主教的新约学者 Raymond Brown，就非常肯定地说：“在［作者］约翰的思想中，那位耶稣所爱的门徒，无疑是可以象征基督教的。”㉘ Brown 也相信早在第四世纪就可以找到证据，说明那一位在十字架下的马利亚，就是教会的图象或比喻（figure）。㉙

　　爱尔兰多明我会士（Dominican），约翰研究学者 Brodie 的观点虽然和 Brown 不完全一样，但是，他也是相信出现在十字架下的马利亚确实是象征一个“富有母爱的教会”（a mothering church）。㉚

㉖ "Doubtless this scene, which in face of the synoptic tradition can make no claim to historicity, has a symbolic meaning. The mother of Jesus, who tarries by the cross, represents Jewish Christianity that overcomes the offence of the cross. The beloved disciple represents Gentile Christianity, which is charged to honour the former as its mother from whom it has come, even as Jewish Christianity is charged to recognise itself as 'at home' within Gentile Christianity, i. e. included in the membership of the one great fellowship of the Church. And these directions sound out from the cross, i. e. they are the commands of the 'exalted' Jesus. Their meaning is the same as his words in the prayer, 17. 20f, the request for the first disciples and for those who come to faith through their word: *hina pantes hen ōsin*." Bultmann, p. 673.

㉗ 参阅 Ridderbos 在 p. 614 所提供的资料。

㉘ "There is little doubt that in Johannine thought the Beloved Disciple can symbolize the church." Brown, p. 924.

㉙ Ibid.

㉚ Brodie, p. 550.

　　然而,不是所有天主教的学者都会同意上述那个"象征式"或是"比喻式"的(symbolic)诠释。天主教的新约学者 Rudolf Schnackenburg 就不认为当时在十字架下的马利亚可以证实些什么,因为约翰福音十九章二十五至二十七节那动人的一幕,主要是记述耶稣是怎样把自己的母亲马利亚交托给那门徒以及他如何把她接到自己家里去的事。㉛

　　十九 28　这事以后,耶稣知道各样的事已经成了,为要使经上的话应验,就说:"我渴了。"

　　"这事以后"(Meta touto)在约翰的词语中,一般是指上一段的记述已经结束,紧接下去的,是其他事件的展现。

　　诬告耶稣的犹太教领袖和决定让耶稣钉死在十字架上的巡抚彼拉多,以及周围其他的人,当然不会明白发生在耶稣身上的各种大小事件有什么意义。

　　犹太教领袖的动机和目的,很明显是要除掉他们犹太人中间的一个"异端者"(heretic)或是"僭妄者"(blasphemer)。

　　至于罗马巡抚彼拉多,他是在犹太教的领袖和群众的高压和威胁下,为了保全自己的政治前途,结果违背了自己的意愿与良心,勉强地容许耶稣被钉死在十字架上的。

　　耶稣的被害,倘若只是从人的角度和层面去看,肯定是一场人间的大悲剧。可是,身为"受害者"(victim)的耶稣,却是由始至终都深深地意识到自己的使命和生命,都是在全能与全知者上帝的永恒计划之中。

　　当耶稣把奉养与照顾母亲的事都安排妥当"以后"(meta touto),便深深地体会到上帝在祂自己身上所要完成的事很快就会实现了,虽然死亡在那一刻仍未真正到来。

　　"耶稣知道各样的事已经成了"(eidōs ho Iesous hoti ēdē panta tetelestai)这一句,在此只是表示事情的完成是肯定的,并不意味着事情本身已经在时间上真正实现了。类似的表达方式,在圣经的语文中

㉛ "Finally, the scene beneath the cross is also unable to carry the burden of proof [i. e. that Mary is the 'mother of the church']; for the main point remains that Mary is entrusted to the disciple and he receives her as his own." Schnackenburg, III, p. 280.

是很普遍的。它其实是基于一个很坚定的神学信念。那就是,上帝所计划与安排的,最终必定会按原来的旨意实现。因此,纵使事情本身仍未完成,但凭着信念或是信心的慧眼,那事情可以被看作是已经完成了。这也正是十九章二十八节希腊原文 *ēdē panta tetelestai*("各样的事已经成了")的意思。

因此,Carson 在诠释十九章二十八节这一句话时所指出的一点是对的。那就是,读经者不能把"各样的事已经成了"这一句,刻板地解释为一切大小的事都已经具体地落实了,因为就在那最后的时刻,死亡仍然未将耶稣的生命夺去。[32]

"为要使经上的话应验"(*hina teleiōthē hē graphē*)这一句话,似乎是福音书的作者约翰自己的解释。

身为现场目击者(eye-witness)的作者约翰,即使不可能知道当时被钉在十字架上的耶稣心中所想的是什么,但他以及其他在十字架旁边的人,是可以亲耳听见耶稣当时在十字架上所说的:"我渴了"(*Dipsō*)。否则,当时在十字架附近的人就不会立即给耶稣回应(十九 29)。

耶稣所说的"我渴了"那句话,可能让作者约翰想起大卫在诗篇六十九篇二十一节向上帝诉苦时所说的:"他们拿苦胆给我当食物。我渴了,他们拿醋给我喝。"约翰因此相信耶稣当时在十字架上所说的"我渴了"那句话,是应验了诗篇六十九篇二十一节的预言。

约翰在此之前已经两次引用过诗篇六十九篇:二章十七节(诗六十九 9)和十五章二十五节(诗六十九 4)。

当然,就理论上来说,"为要使经上的话应验"(*hina teleiōthē hē graphē*)这一句,也可能是耶稣自己当时心中所想的。祂既然那么想,"就说:'我渴了'"。可是,这样的解释至少要考虑到两个问题。

一、耶稣并非只是"为要使经上的话应验"才说"我渴了"。因为经过了好一段时间的失眠、考问、侮辱、鞭打、戏弄、背负十字架、被钉以及风吹日晒之后的耶稣,在临终的最后一刻表示口渴,是非常自然,并且是完全可以理解的。[33] 真正具"肉身"(*sarx*)的耶稣(一 14),会跟常人

---

[32] Carson, pp. 618 - 619.

[33] 见 Carson, p. 619.

一样，也有口渴的时候。正如祂以前"因走路困乏"，向一位撒玛利亚妇人要水喝一样（四 6～7）。

　　二、十九章二十八节希腊原文中的 *hina*（和合本译作"为要使"；NIV，so that），一般是用以表达"目的"（purpose）：*hina teleiōthē hē graphē*（"为要使经上的话应验"）。可是，这希腊文法上的普通意义，并非表示耶稣当时说"我渴了"那一句话的"目的"，就只是为了要"使"经上的话"应验"而已。若是那样，耶稣的口渴就不是真实的了。这是绝对不可能，也是难以想像的。

　　十九 29　有一个器皿盛满了醋，放在那里。他们就拿海绒蘸满了醋，绑在牛膝草上，送到他口。

　　中文圣经的"醋"字译自希腊文的 *oxous*。*Oxous* 可以指某些品质低劣，专供士兵及贫民等饮用的"酸酒"之类的饮料。㉞

　　这一节经文并没有说明在耶稣的十字架下，为何会"有一个器皿盛了醋，放在那里"。它可能是给兵丁们饮用的。"他们"，在此应该是指十字架下的兵丁们。

　　兵丁们很迅速地回应了耶稣的需求，立即把"醋"送到祂口中去。这件事又会令人想到诗篇六十九篇二十节。这一节诗篇是受苦的大卫向上帝的申诉："他们拿苦胆给我当食物。我渴了，他们拿醋给我喝。"可是，大卫与耶稣喝醋的情况并不完全相同。按诗篇六十九篇的背景来看，迫害大卫的人是完全出于恶意拿"苦胆"当食物以及拿"醋"作饮料来虐待他的；可是，兵丁们却似乎是出于怜悯或同情之心把醋送到耶稣的口中。

　　约翰福音十九章二十九节这里所说的"醋"或是酸酒，与马可福音所记载的"没药调和的酒"（可十五 23）不相同。根据马可福音的记载，那些给耶稣服刑的人，曾经尝试在祂仍未被钉之前给祂一种"没药调和的酒"（*esmusrnismenon oinon*），目的似乎是要帮助麻醉耶稣的神志，以便减轻祂的痛苦。但是，耶稣当时拒绝接受那饮料（*hos de ouk elaben*，

㉞ 见 Schnackenburg，III，p. 283；Ridderbos，p. 617.

可十五 23）。耶稣坚决地要在十字架上承受那"受苦的仆人"（the suffering servant）以及"代罪的羔羊"（the sacrificial lamb）的痛苦。㉟

按当时的情况，耶稣自己应该很清楚地意识到死亡立即就会到来；因此，祂当时的渴是可以忍受下去的。祂表示"渴了"，主要还是"为使经上的话应验"（约十九 28）。这至少是福音书的作者约翰自己的理解和诠释。这一点完全符合约翰福音的整体构想，那就是，尝试见证和证实耶稣正是旧约圣经所预言的那一位受苦的仆人，以及代罪的羔羊，是基督（弥赛亚）和救世主。

十九 30　耶稣尝（原文作受）了那醋，就说："成了。"便低下头，将灵魂交付上帝了。

"耶稣尝了那醋"（*Hote oun elaben to oxos*）以后，就表示圣经的预言已经具体地在祂身上应验了。

"成了"，在希腊原文就只有 *tetelestai* 这一个字，但它的意义深长，因为这个希腊动词的字根 *teleō* 不仅是指某一件事的完成或结束而已。从宗教的层面上来说，它是指一个人在使命或责任上的完成。在十七章四节，当耶稣向天父上帝祷告的时候，祂已经很肯定地说："你所托付我的事，我已成全了［*teleiōsas*］"。*Teleiōsas* 这个动词的字根 *teleioō* 与 *teleō* 在意义上是一样的。因此，当耶稣在十字架上说"成了"的时候，那个声音或喊叫（见太二十七 50；可十五 37；路二十三 46）并不是绝望的呼喊。相反的，*tetelestai*（"成了"）应该被看作是耶稣在十字架上完成神圣使命之后的胜利呼声。㊱

"便低下头，将灵魂交付上帝了"（*kai klinas tēn kephalēn paredōken to pneuma*）这一个简单的叙述，其实是很自然地见证了一个完全献上的生命的最后交托。那是一个自愿以及毫无保留的献上。正如耶稣自己较早时所说的一样："没有人夺我的命去，是我自己舍的"（十 18）。

约翰福音在十九章三十节这里的见证与路加福音所记述的很类

㉟ 见 Carson，p. 620.
㊱ Ibid.，p. 621.

似:"耶稣……说:'父啊,我将我的灵魂交在你手里。'说了这话,气就断了"(路二十三 46)。

Barrett 认为约翰福音在十九章三十节所说的"灵魂"(*pneuma*),可能不是指耶稣自己的灵魂,而是针对"圣灵"(Holy Spirit)说的。另一方面,对 Barrett 来说,经文中的"交付"(*paredōken*)是指耶稣将圣灵给予那几位站在十字架下的门徒。[37] Barrett 解释说,那样的构想很符合耶稣自己在约翰福音七章三十八至三十九节所预言的:"信我的人,就如经上所说,从他腹中要流出活水的江河来。耶稣这话是指信他之人要受圣灵说的,那时还没有赐下圣灵来,因为耶稣尚未得着荣耀。"[38]

但是,Barrett 自己也知道不少学者会反对他那样的观点与解释。Carson 就认为 Barrett 那样的解释大有问题,很难与十九章三十节以后的经文顺畅地衔接起来。[39]

十九 31　犹太人因这日是预备日,又因那安息日是个大日,就求彼拉多叫人打断他们的腿,把他们拿去,免得尸首当安息日留在十字架上。

这里所说的"犹太人"(*hoi Ioudaioi*)应该是指犹太人的领袖祭司长那些人。"预备日"(*paraskeuē*)在此正如十九章十四节一样,是指为安息日而"预备"的那日,也就是从星期四傍晚六时至星期五傍晚六时之间那二十四小时。

十九章三十一节所提到的时间,因此表示耶稣是在星期五那天下午在十字架上去世的,也就是在犹太人的安息日即将开始前不久。按犹太人遵守安息日习惯,安息日是在星期五傍晚六时正式开始的。[40]

"又因那安息日是个大日"(*ēn gar megalē hē hēmera ekeinou tou sabbatou*)。那个从星期五傍晚六时开始的安息日,也正好是逾越节开始的第一日,因此是个"大日"(*megalē hē hēmera*)。

---

[37] Barrett, p. 460.

[38] Ibid.

[39] Carson, p. 621.

[40] 见 Barrett, p. 461;Carson, p. 622.

不但如此,安息日的次日,也是犹太人把"初熟的庄稼"的禾束捆起来以及"把一只没有残疾的公绵羊羔献给耶和华为燔祭"的一个大日子(利二十三 11～12)。

"就求彼拉多叫人打断他们的腿"(*ērōtēsan ton Pilaton hina kateagōsin autōn ta skelē kai arthōsin*)。罗马人的惯例是让那些被钉在十字架上的犯人挂在上面直到死为止。有些犯人可能要好几天之后,才会真正死去。另一方面,罗马人一般也不会埋葬在十字架上被钉死的罪犯。他们只将尸首拿下来。近乎腐烂的尸体结果成了兀鹰、乌鸦以及野狗等的食物。

在某些特殊的情况下,为了要使犯人早一些死亡,行刑的兵丁就会用木槌将犯人的腿打断。那样的做法在拉丁文叫 *crurifragium*。这个表面上看起来似乎是很残酷的做法,却可以减轻受刑者在十字架上的痛苦,因此也可以说是一种解脱。[41]

可是,按十九章三十一节的记载,犹太人当时要求彼拉多叫兵丁打断耶稣以及其他两个罪犯的腿,并不是出于人道的考虑,而是基于他们自己的宗教理由:"因这日是预备日,又因那安息日是个大日……免得尸首当安息日留在十字架上"(*epei paraskeuē ēn, hina mē meinē epi tou staurou ta sōmata en tō sabbatō, ēn gar megalē hē hēmera ekeinou tou sabbatou*)。

在旧约时代,犹太人是没有把罪犯钉死在十字架上那种极刑的。可是,按申命记的条文:"人若犯该死的罪,被治死了,你将他挂在木头上"(二十一 22)。那样"示众"的做法,似乎是为了要达到某些警诫的目的。

纵使是那样,申命记的指示是有一项很明确的附加条文的。那就是,"他[罪犯]的尸首不可留在木头上过夜,必要当日将他葬埋,免得玷污了耶和华你上帝所赐你为业之地。因为被挂的人是在上帝面前受咒诅的"(申二十一 23)。

摩西的律法既然不容许人的尸首在任何日子在木头上过夜,"必要

---

41 参阅 Carson,p. 622;Ridderbos,p. 618.

当日将他葬埋"，犹太人在逾越节的安息日肯定就会更加慎重其事了。

犹太人的传统律法 Mishnah 也清楚表明，"任何人让尸首停留到隔天，就是干犯了明文诫命了"。[42]

十九 32　于是兵丁来，把头一个人的腿，并与耶稣同钉第二个人的腿，都打断了。

在获得巡抚彼拉多的许可之后，兵丁便立即采取行动，先把耶稣左右两个人的腿打断。

十九 33　只是来到耶稣那里，见他已经死了，就不打断他的腿。

根据马可福音的记述，耶稣是在"巳初的时候"（*hōra tritē*；the third hour），开始被钉在十字架上的（可十五 25）。"巳初"即是上午九时。耶稣结果是在"申初"（*tē enatē hōra*；the ninth hour），也即是下午三时死去的（可十五 34）。耶稣因此前后在十字架上只有六个小时。难怪"彼拉多诧异耶稣已经死了"（*ho de Pilatos ethaumasen ei ēdē tethnēken*，可十五 44）。

一个被钉在十字架上的人那么快便死去，倒是一件不太寻常的事，因为有些罪犯甚至要拖上好几天才会完全断气而死。[43]

兵丁既然见耶稣已经死去，"就不打断他的腿"了（*ou kateaxan autou ta skelē*）。这原本是很自然的事，因为耶稣既然已经死去，就没有再打断祂的腿的必要。可是，作者约翰却在较后（十九 36）把那一件事看成是应验了旧约圣经的预言。然而，作者在仍未引经据典之前，还记述和见证了一件引起新约释经学广泛讨论和争辩的大事。这也就是下一节的经文（十九 34）所记载的。

十九 34　惟有一个兵拿枪扎他的肋旁，随即有血和水流出来。

这一节经文并没有说明兵丁采取那个行动的用意。按上下文来

---

[42] 见 William Barclay，*John*，vol. 2，p. 260. 与此同时，犹太人的公会也指定了特别为被判死刑的罪犯埋葬的坟地。因为那些人不能被安葬在祖先的坟地。

[43] Barrett，p. 462.

看，那个兵丁拿枪去扎耶稣的肋旁，目的也许是要进一步证实耶稣的确是已经死了。因为对罗马人来说，耶稣毕竟是一个"要犯"。然而，福音书的作者约翰所关注的似乎不是兵丁扎耶稣的肋旁那个行动本身，而是被扎后的耶稣的肋旁，"随即有血和水流出来"（*kai exēthen euthus haima kai hudōr*）。这表面上看起来似乎是很简单的一个"小插曲"，却引起了教会历代以来不少的诠释、讨论、争议和猜测等。本注释将提及历代以来一些比较有代表性的例子，供读者们参考。

有关"历史上的耶稣"在十字架上确实是死了那件事，在新约的基督论（Christology）中，是绝对重要的。这一个关乎历史的事实，以及基督徒基本信念的记述，不仅是要纠正作者约翰自己那个时代就已经存在的异端"幻影说"（也称"假现说"，Docetism）的严重错误，也有助于解除后世对耶稣在十字架上的确实死亡所存在的怀疑，甚至对它的否认。

成文于公元第七世纪的伊斯兰圣经《可［古］兰经》（*Qur'ān* 或 Koran），便明确地否认耶稣在十字架上的死亡。根据《可兰经》的看法："他们［犹太人］并没有杀死他［耶稣］或是把他钉在十字架上。可是，他们却以为有那样做。那些与他［耶稣］有争议的人，对他的死亡有怀疑。因为他们对那件事所知道的，完全出于猜测。他们不能肯定有没有将他杀死。是真主阿拉把他提升到自己面前……"[44]

早在 1847 年便有一位名叫 J. C. Stroud 的医学界人士，尝试从医学观点去解释耶稣肋旁流出血和水的现象。[45]

此后，医学界仍有不少人士对耶稣的肋旁所流出来的血和水，继续进行研究和推测，并且至今仍旧存在着一些不同的解说。但总的来说，他们都认为那样的现象是存在的。

其实，真正引起学术界的兴趣以及争议的，并不是医学或是生理学的问题，而是信仰和神学的。其中至少有一个问题，使得学者们深感困惑。那就是，约翰福音的作者究竟是否把耶稣的肋旁所流出来的血和

---

[44] 《可兰经》，四 156～157。译自 N. J. Dawood 的英文本，*The Koran*（Penguin, 1973）。参阅 Bruce, p. 376. Bruce 认为穆罕默德（Muhammad）有关新约福音书的故事是来自幻影说者（Docetist）。见 Bruce, p. 382, n. 38.

[45] 见 Brown, *John XIII - XXI*, p. 946. 从 1950 至 1980 年代参与医学讨论的学者包括 Pierre Barbet、W. D. Edwards、W. J. Gabel、F. E. Hosmer 等。见 Carson, p. 623, n. 2.

水，看成是一个很自然的现象，或是一件很不寻常的"神迹"之类的东西？

假使那个现象是很自然的一件事，约翰福音的作者又何必去记述，甚至刻意地为它作"见证"（*memarturēken*，十九 35）？[46]"血和水"（*haima kai hudōr*）对身为见证人的作者来说，究竟又有什么特殊的神学意义呢？

倘若那个现象是一件"神迹"，[47]这"神迹"又说明了些什么呢？[48]

本注释在绪论以及给一章十四节作诠释的时候，已经清楚说明，约翰福音的作者，除了正面地肯定和见证耶稣"道成肉身"（*ho logos sarx egeneto*）的历史性（historicity）之外，还有意批判和驳斥"幻影说者"（或"假现说者"，Docetists）的异端思想与教导。因此，作者在十九章三十四至三十五节的记述和见证，似乎也是要藉着"血和水"来达到上述目的。

Bruce 认为作者约翰在十九章三十二至三十四节所着重的，是对耶稣的死亡那个客观的历史事实的见证，并且希望藉此肯定耶稣的真实人性（human nature 或 humanity），好纠正源自"幻影说者"（Docetists）的异端。[49] Bruce 并不认为约翰福音十九章三十四节指的"血和水"与约翰壹书五章六至八节所提到的"水和血"有直接的关系。[50]

Ridderbos 相信十九章三十四节的"血和水"只不过是很简单的记载说，当耶稣的肋旁被兵丁的枪扎了以后，肋旁便随即有血和水之类的液体流出来而已。它的目的只在证实耶稣已经死去。那个现象，因此没有什么很深奥的"神迹"等意义，它也不是在象征圣餐和洗礼那两个教会的"圣礼"（sacraments of baptism and eucharist）。

---

[46] 见十九 35 所强调的"见证"。

[47] 这是假设福音书的作者约翰以为人死后的身体是不可能有"血和水"分别流出来的。可是，这样的假设是有问题的。

[48] 有关"水"（*hudōr*）在约翰福音的意义，见三 5 以及七 37～39 的注释。有关"血"（*haima*）的意义，可参阅六 52～56 的讨论。

[49] Bruce，p. 376.

[50] Ibid.

Ridderbos 也不认为十九章三十四节所记载的血和水，与七章三十八节耶稣所预言的"活水的江河"以及约翰壹书五章六节所提到的"水和血"可以混为一谈。[51] 他不同意说作者在十九章三十四节对血和水所作的见证是为了要抗拒"幻影说者"的错误教导。

总而言之，按 Ridderbos 的理解，十九章三十五节所说的"见证"（*memartureken*）是指福音书的作者约翰为十九章三十二至三十四节所看见的一切事物作见证，而不只是为了十九章三十四节的"血和水"那件事作见证而已。[52]

Carson 的立场是，不论医学界的专家们对耶稣的肋旁所流出来的"血和水"作怎样的解释，福音书的作者约翰自己，毫无疑问是有意要藉着那件事来强调耶稣当时在十字架上的死，是一个真正有人性的人的死。[53]

若是那样，Carson 就要提醒读经者说，作者约翰在十九章三十节所强调的，不但与一章十四节的"道成肉身"论互相对应，也是为了要对付"幻影论者"的异端思想。[54] 此外，根据当时一般犹太人以及希腊人的观念，人体所包含的主要成分，也就是血和水。[55]

除了上述所论及的，Carson 认为学者们是很难根据经文去证实"血和水"在此是象征圣餐（Holy Communion）和洗礼（baptism）这两个圣礼（sacraments）的。[56] 他看不到在圣经有任何地方只是以"血"（*haima*）来象征圣餐。[57]

若是耶稣的肋旁所流出来的"血和水"果真有任何象征意义（symbolism），Carson 倒是相信 Dodd 和 Schnackenburg 的诠释"最具启发性"（most suggestive）。意思就是，耶稣的肋旁所流出来的血和水是"生命和洁净的记号［或征兆］"（a "sign" of the life and cleansing）。

---

[51] Ridderbos，pp. 619 - 620.

[52] Ridderbos，p. 620.

[53] Carson, p. 623；参阅 Bernard, 2. 647；Bultmann, p. 678，n. 1；Beasley-Murray, pp. 356 - 357.

[54] Carson, p. 623.

[55] Ibid.

[56] Ibid., p. 624.

[57] Ibid.

两者都是"从耶稣的死那里流出来的"(flow from Jesus' death)。[58]

　　Carson 接下去解释说:"耶稣基督的血,也即是祂献身以及拯救的死亡,是信徒得永生的基础[约六 53～54];它也洗净我们一切的罪[约壹一 7];而水则是象征洁净[约三 5]、生命[约四 14]和圣灵[约七 38,39]。"[59] 这一切的祝福完全是基于那已经被钉死在十字架上的耶稣——上帝的羔羊。

　　Fanny J. Crosby (1820 - 1915)就是根据耶稣被钉死在十字架上那一幕的灵感,写成了《依十架歌》(Jesus, Keep Me Near the Cross)那一首圣诗的。[60]

> 求主使我依十架!
> 因有宝贵活泉,
> 从各各他山流下,
> 能洗万民罪愆。
> 十字架,十字架,
> 长为我所荣夸!
> 直到欢聚在天家,
> 仍夸救主十架。[61]

　　历代以来,凡是很严谨地去阅读约翰福音的学者,对十九章三十四节中的"血和水"的诠释至少都有两个共识。

　　一、经文中的"血和水"是为了要证实耶稣的历史性,尤其是祂的人性和真实的肉身,并且要藉此来驳斥和纠正在作者约翰那个时代正在困扰教会的异端"幻影说"。只有少数的学者对最后那一点持保留或是不愿表态的立场。

---

[58] Ibid.

[59] "The blood of Jesus Christ, i. e. his sacrificial and redemptive death, is the basis of eternal life in the believer (6:53～54), and purifies us from every sin (1 Jn. 1:7) while water is symbolic of cleansing (Jn. 3:5), life (4:14) and the Spirit (7:38～39)." Carson, p. 624.

[60] 英文圣诗见 Carson,p. 624.

[61] 中文圣诗见《普天颂赞》(香港:基督教文艺出版社,1994)修订本再版,178 首,第一节。

二、从赎罪或是代罪论的观点去诠释"血"在十九章三十四节中的意义，认为作者是借着耶稣肋旁所流出来的"血"(*haima*)来表征那位死在十字架上的耶稣就是上帝所预备的那最完全的代罪羔羊。[62] 所流的"血"，因此就具备赦罪以及救赎的功效。

总的来说，学者们在上述那两点的诠释上并没有很大的争议。比较有争议的，是学者们从"圣礼神学"(Sacramental Theology)的观点去诠释"血和水"的时候所引发的问题。[63]

有关"血和水"的诠释所导致的争议，自第二世纪开始迄今就从来没有中断过。下面所引述的，只不过是一些比较突显以及有深远影响的例子而已。

教会初世纪的神学家及护教者德尔图良(Tertullian，活跃于 A. D. 196 - 212 之间)，在他有关洗礼的著作 *De Baptismo*（*On Baptism*）XVI 中，提及了约翰福音十九章三十四节所见证的"血和水"。德尔图良认为那是象征着两种的"洗礼"："水"的洗礼以及"血"的洗礼。[64]

德尔图良在另一部著作 *De Modestia*（*On Modesty*）XXII 中解释说："殉道就是另一种的洗礼。"他的意思是，用"水"施行的洗礼是第一种。他接下去补充说："因为祂[耶稣]曾经说过，我还有当受的洗[路十二 50]。于是，出自主[耶稣]肋旁伤口处的水和血便成了两种洗礼的要素了。"[65]

亚历山大的西里尔(Cyril of Alexandria，A. D. 376 - 444)以及中

---

[62] 参阅约一 29、36 的注释。

[63] Brown 用"Sacramental symbolism"(圣礼的象征)这个词语。p. 951.

[64] "祂[耶稣]从自己那被刺的肋旁的伤口中派遣这两个洗礼，使得那些相信祂的血的人，可以受水的洗礼；而那些已经受了水的洗礼的，也可以喝祂的血。"("These two baptisms he sent out from the wound in His Pierced side, in order that they who believed in His blood might be bathed with the water；they who had been bathed in the water might likewise drink the blood.") Tertullian, "On Baptism", XVI, in *Ante-Nicene Fathers* (1994), vol. 3, p. 677.

[65] "... martyrdom will be another baptism. For 'I have withal', saith He, 'another baptism' [Luke XII, 50]. Whence, too, it was that there flowed out of the wound in the Lord's side water and blood, the materials of either baptism (John XIX, 33, 34)." Tertullian, "On Modesty" (*De Modestia*), XXII, in *Ante-Nicene Fathers* (1994), vol. 4, p. 100.

古经院学派的泰斗多马斯・阿奎那(Thomas Aquinas，A. D. 1227 - 1274)等，也持类似德尔图良的观点。⑥

教父奥利金(Origen)在驳斥第二世纪希腊哲学家 Celsus 对耶稣之死的各种怀疑的时候，声明说："在其他的尸体中，血是凝固的，是不会有清水流出来的。可是，在耶稣的尸体里，却有一个神迹的特征。那就是，从祂的肋旁有血和水流出来。"⑥⑦

宗教改革者马丁路德(Martin Luther，1483 - 1546)所著的约翰福音注释只写到第十六章。然而，他在其他的著作中，却诠释了约翰福音十九章三十四节所记述的"血和水"。其中一处是出现在 1540 年 Bernhard von Anhalt 洗礼时，路德所作的讲章中。⑥⑧

路德在上述的一篇讲章中，论及约翰福音十九章三十四节的时候说："这就解释了福音书的作者圣约翰[例如约十九 34]那么喜欢将这宝贵的洗礼看作是水和基督的血的混合。因为当基督被钉死在十字架上时，有一个兵丁拿枪扎祂的肋旁，他[圣约翰]便说，随即有血和水流出来。然后他又紧接下去为了证实那件事作了一个强有力的宣告：看了这件事的那人就作见证，他的见证也是真的，并且他知道自己所说的是真的，叫你们也可以信[十九 35]。"

路德紧接下去解释，他为何要在基督徒的洗礼中特别强调耶稣的血："他[圣约翰]也同样在他所写的书信的最后一章里提到基督的时候说，这藉着水和血而来的，就是耶稣基督。不是单用水，而是用水又用血[约壹五 6]。他[圣约翰]因此常在洗礼中提及水和血的混合，为的是要让我们从中看见基督那无辜和鲜红的血。人的肉眼实在只能在表面上看到那纯白的水，但见不到其他事物。可是，圣约翰是要开导我们那内在和灵性的信心的眼睛[the inward and spiritual eyes of faith]，希望我们最终所看见的，不只是水，还有我们主耶稣基督的血。"⑥⑨

---

⑥ Brown，*John XIII - XXI*，p. 951.

⑥⑦ Origen，"Against Celsus"，II. XXXVI in *Ante-Nicene Fathers*，vol. 4，p. 446.

⑥⑧ 马丁路德时年 57 岁，即他在 1517 年发动宗教改革后十三年。这篇讲章的观点，因此可说是代表着他成熟的神学思想。这一点是很重要的。讲章见"Sermon at the Baptism of Berhard von Anhalt (1540)，" in *Luther's Works*，vol. 51，Sermon 1，pp. 315 - 329.

⑥⑨ Ibid.，p. 325.

　　马丁路德在宗教改革期间，在洗礼的诠释上特别强调耶稣在十字架上所流的血那个代罪以及赦罪的意义。那样的做法不仅在当时有效地纠正了中世纪罗马天主教洗礼观的错误，同时也对后代的洗礼神学带来了深远的影响。

　　路德不仅在洗礼（以及圣餐）中认识到上帝在耶稣献身那件事上隐藏着的奥秘福音，他也因此深信，圣礼（sacraments）的正确施行，本身就是一项福音的宣告，就是生命之道的一个具体的彰显。"为什么呢？"路德问道。"因为这圣洗［Holy Baptism］是藉着同样的血买来的；那也就是衪［耶稣］为我们的罪债所流的血。衪已将这血的功效［merits］与能力［power］放在洗礼中，使我们可以藉着洗礼把它领受过来。因为当一个人凭着信心去接受洗礼的时候，就清楚表明他的罪已经被基督的血洗净了。因为我们不是靠着自己的作为使罪得赦，乃是藉着上帝儿子的死以及衪所流的血。因为是衪［基督］把这赦罪的恩典置于洗礼中。这也就是圣约翰所期待的。当耶稣把水和血混合在一起的时候……衪的血并非是普通罪人的血，或是一只死了的羊或牛的血，而是无辜公义和圣洁的生命的血……它……毁灭了罪和死亡……。"⑦

　　路德在上面所引的讲章中，论及"血和水"的时候，目的只在于说明洗礼（baptism）的赦罪与救赎意义。他并没有在该讲章中将"血"解释作圣餐的表征。可是，在教会的历史上，将约翰福音十九章三十四节的"血和水"看作是洗礼以及圣餐的象征的，却大有其人。

　　有"金口"（the Golden Mouth）之称的君士坦丁堡主教克里索斯托（Chrysostom，A. D. 347 - 407）一向都把洗礼和圣餐这两个教会的"圣礼"（sacraments）看作是"奥秘"（mysteries；希腊文 *mustēria*）。他因此勉励人在探讨圣礼的时候，必须要以"慧眼"（intellectual eye）去领悟上主所应许的，而不应该只凭肉眼去看。⑦

　　这位君士坦丁堡的主教，在论及耶稣肋旁所流出来的"血和水"的时候说："那些喷泉［指耶稣肋旁所流出的血和水］并不是毫无目的或是意外地涌流出来的。假使不是因为这两个因素［血和水］，教会本身也

―――――――――――――

⑦ Ibid.
⑦ 见 J. N. D. Kelly, *Early Christian Doctrines* (London：A & C Black, 1968), p. 422.

就不会存在了。那些已经归入[基督及教会]的,必然知道自己已经是被水重生,并且还不断地被[耶稣的]血和肉身滋养的。这就是奥秘[mysteries]的开始。因此,当你即将接近那个令人敬畏的圣餐杯的时候,你必须要把此举看作是来到了耶稣自己肋旁的饮喝。"[72]

亚历山大的西里尔(Cyril of Alexandria)也有类似的看法:"上帝在此似乎有意给我们一个预表[type],在预示[foreshadowing]圣餐和圣洗的奥秘[mystery]。因为圣洗是来自基督,也是基督所设立的,因此圣餐中那股奥秘的力量,也是为我们的缘故来自祂[基督]的圣体。"[73]

更耐人寻味的,是圣奥古斯丁(St. Augustine, A. D. 354 - 430)在《上帝之城》(De Civitas Dei)那部名著中给"血和水"的诠释。

圣奥古斯丁不仅把耶稣肋旁流出来的"血和水"看作是圣餐和圣洗的"象征"(symbol),还将这象征的意义与亚当(第一个人)和基督("最后的亚当")连接在一起,加以诠释:"因为人类在开始的时候,女人是从那正在沉睡中的男人肋旁取下来的一条肋骨所造成的。那也似乎是预表基督与教会[的密切关系]。男人当时的沉睡,就是[预表]基督的死。因此,当基督毫无气息地挂在十字架上的时候,祂的肋旁就曾经被枪扎了一下。在随即流出来的血和水中,我们知道教会是藉着这圣礼[圣洗和圣餐]被建立起来的。"[74]

加尔文(John Calvin, 1509 - 1564)给"血和水"的注释也很有启发意义。他首先肯定了耶稣肋旁所流出来的"血和水"是一个符合历史事实以及自然的现象,但不是一个"神迹"。

加尔文说:"有些人把它想像成一个神迹,这根本就是欺骗了自己。

---

[72] 译自 Hoskyns, p. 534.

[73] Ibid.

[74] St. Augustine, "The City of God" (De Civitas Dei), xxii. 17 in Nicene and Post-Nicene Fathers, vol. 2, p. 496; "For at the beginning of the human race the woman was made of a rib taken from the side of the man while he slept; for it seemed first that even then Christ and His Church should be foreshadowed in this event. For that sleep of the man was the death of Christ, whose side, as He hung lifeless upon the cross, was pierced with a spear, and there flowed from it blood and water, and these are known to be the sacraments by which the Church is built up."

因为当血凝结了以后,很自然地就会失去了它原有的红色,变得像水一样。有些人被误导了,是因为福音书的作者很费心思去解释了血和水流出来这件事,结果他们误以为这是一件违反自然的不寻常事物。可是,作者的用意是很不相同的。那就是……让信徒从它……联想到……基督是从水和血而来的(约壹五 6)。作者通过这些记述,说明基督带来了真正的救赎[atonement]和真实的洁净[washing]。因为……赦罪……称义……成圣……早已在[摩西的]律法[law]中,以献祭和洁净礼这两个象征[symbols]预表了[prefigured]。"⑦

加尔文接下去说:"基督留下给教会的[两个]圣礼[sacraments],也有同样的意向[design],因为在新生命中灵魂的洁净与成圣(罗六 4)已经在洗礼中给我们表明了。另一方面,主的晚餐[或圣餐,the Lord's Supper],则是完全的救赎[a perfect atonement]的保证[pledge]……。因此,我不反对奥古斯丁的说法:我们的[两个]圣礼[sacraments]是出自基督的肋旁的。因为当洗礼和主的圣餐把我们带到基督身旁的时候,我们凭着信心可以从那泉源中吸取它所预表的。这样,我们的污秽确实是已经被洁净了。我们有了一个被更新了的圣洁生命,真正活在上帝的面前;从死亡中被拯救了,从判罪中被释放了出来。"⑦

已故剑桥大学的新约学者 E. C. Hoskyns 也从"血和水"中,看见洗礼和圣餐的意义:"耶稣所爱的那个门徒不仅是为了驳斥幻影说者[Docetists]而提出了基督已死的凭证,或见证在祂[耶稣]死后的这一件神迹。他更重视这件事本身的意义。他[那个门徒]觉察到洁净[水]和新生命[血]从那已经完全献上的上帝羔羊身上流出来,藉此见证福音的真理及其果效,好让这部福音书的读者们相信耶稣是这个世界的救主,并且肯定自己已经被祂的血洁净和重生了(约壹一 7)。与此同时……当信徒藉着从上帝来的水和[圣]灵重生了以后(约三 3～5),并且在分享人子的血的时候(六 53～56),他其实是在宣告基督的死和[圣]灵的浇灌(十九 30)以及表明血和水就是基督所设立的洗礼和圣

⑦ 译自 John Calvin, *John's Gospel*, vol. II, tr. by William Pringle (Grand Rapids: Eerdmans, 1956), p. 240.

⑦ Ibid., p. 241.

餐。对福音书的作者来说,这两个圣礼并不是个别存在的,而是两个密不可分的媒介[means],让每一个忠心的基督徒,都可以和耶稣所爱的那个门徒一起站在加略山上,去接受来自[圣]灵的洁净和新生命。因此,[任何人]在诠释约翰壹书五章八节的时候["作见证的原有三,就是圣灵、水与血。这三样也都归于一"],这整段经文(十九 30～37),就必须被放在考虑之内。"⑦

　　Bultmann 对约翰福音的历史性,在许多处是持怀疑态度的。他认为约翰福音十九章三十四节这里所提及的"血和水"是"教会的编修工作"(ecclesiastical redaction)加上去的,目的是要让兵丁拿枪扎耶稣的肋旁这件事获得更深一层的意义。⑱

　　Bultmann 紧接下去说:"毫无疑问,这事件被看作是一个神迹。同样肯定的,是这个神迹所含的一定意义。那就是,洗礼和主的晚餐的基础[foundation]是建立在耶稣在十字架上之死这一件事上的。因此,五章三十四节是连接教会编修工作者在三章五节所提到的洗礼以及六章五十二至五十八节所指的主的晚餐。目击者在十九章三十五节为神迹所作的见证也是一样。目击者在此证实了这起事件的发生,并且宣称他的见证是真的。"⑲

　　Rudolf Schnackenburg 不同意把耶稣肋旁所流出来的"血和水"这件事看作是福音书的作者或是教会的编修者刻意制造出来的"神迹"(miracle),因为约翰福音的资料并没有在叙述耶稣受难的事上涉及到任何神迹的事。⑳

　　Brown 自认可以理解历代以来为什么会有这许多诠释者将耶稣肋旁所流出来的"血和水"看作是洗礼与圣餐(或是主的晚餐)的象征(symbols)或是预表(signs)。

　　Brown 个人认为,要将"水"(hudōr)看作是洗礼(baptism)的预表是比较自然并且是合理的。㉑ 可是,要说明经文中的"血"(haima)在此

---

⑦　译自 Hoskyns,p. 533.

⑱　Bultmann,p. 677.

⑲　Ibid.,pp. 677 - 678.

⑳　Schnackenburg,pp. 289 - 290.

㉑　Brown,*John* XIII - XXI,p. 951.

是圣餐(Holy Communion 或 the Lord's Supper)的预表,对 Brown 来说,就相对困难了。[82]

John P. Heil 在 1995 年出版的一本专著中,把耶稣肋旁所流出来的,看作是"给予生命的血和水"(life-giving blood and water)。[83] 他形容这起事件是耶稣被钉在十字架上那一幕的"高潮"(climax)。[84]

对 Heil 而言,约翰福音十九章三十四节所见证的那"给予生命的血和水",绝对不是一起孤立的事件。他因此把十九章三十四节那"血和水"的神学意义与约翰福音其他有关连的经文及神学含义接合起来,诠释约翰福音的基督论和救赎论。例如三章三至五节(重生与上帝的国),四章十至十四节(活水),六章五十一至五十八节(生命的粮),十三章十至十一节(洁净的洗),十三章三十四至三十五节、十五章十二至十三节(舍命),七章三十七至三十九节(活水的江河与圣灵的恩赐)等。[85]

十九35 看见这事的那人就作见证,他的见证也是真的,并且他知道自己所说的是真的,叫你们也可以信。

广义地来说,十九章三十五节"这事"在此可能包括耶稣被钉在十字架上的整幕情景。[86] 要是狭义的话,"这事"则可能特别是指十九章三十三至三十四节所记载的事。这个可能性似乎比较大。这主要是因为约翰福音的作者在此特别强调十九章三十三至三十四节所记载的事,是他自己亲眼"看见"的(heōrakōs),并且他的"见证"(hē marturia)也是"真的"(alēthinē)。

十九章三十五节这里的强调语气,表示作者约翰自己把耶稣肋旁所流出来的"血和水"(haima kai hudōr)看作是很有意义的一件事。在四部福音书中,也只有约翰福音的作者记述了十九章三十四节这件

---

[82] Ibid., pp. 951 - 952.

[83] John P. Heil, *Blood and Water: The Death and Resurrection of Jesus in John 18 - 21* (Washington DC: The Catholic Biblical Association of America, 1995), p. 105.

[84] Ibid., p. 106.

[85] Ibid., pp. 106 - 109.

[86] 和合本的"这事"两个字是希腊原文没有的,但意思是对的,虽然"这事"在此不能绝对肯定是指什么事物。

事。假使十九章三十五节这里所说的"这事"是广义地指耶稣被钉在十字架上的整幕情景,作者约翰就没有多大的必要这样刻意强调。因为当约翰福音成书的时候,那些有关耶稣被钉在十字架上的一般情况,都已经记述在符类福音,或至少在马可福音里面了。

十九章三十五节的"那人"(*ho*;RSV,he who),很自然是指作者约翰自己,也即是十九章二十六节"[耶稣]所爱的那门徒"。这一节经文中的"他"(*ekeinos*)——"他知道自己所说的是真的",也应该是指同一个人,纵使学者们的观点不完全一致。⑳

十九章三十五节的语气与二十一章二十四节很相似。作为一位见证人(*martur*),作者约翰不是为见证而见证,而是期盼他的读者们"也可以信"(*pisteuēte*)。

十九 36 这些事成了,为要应验经上的话说:"他的骨头,一根也不可折断。"

"这些事"(*tauta*;RSV,these things)在此应该是特别指十九章三十三节有关耶稣的腿没有被打断以及十九章三十四节耶稣的肋旁所流出来的血和水那两件非常特殊的事。

"他的骨头,一根也不可折断"(*Ostoun ou suntribēsetai autou*)这一句经文,很明显是引自出埃及记十二章四十六节以及民数记九章十二节。这两节旧约经文所指的,是逾越节的羔羊,因为按逾越节的规定,"羔羊的骨头"的确是"一根也不可折断"(出十二 46;民九 12)。既是这样,约翰福音记载了耶稣的腿没有在十字架上被兵丁打断(十九 33)以及引用旧约那两段经文的目的和用意就非常明显了。那就是,被钉在十字架上的耶稣,就是"上帝的羔羊,除去世人罪孽的"(一 29)。

另一方面,十九章三十六节也让人联想到诗篇三十四篇十九至二十节:"义人多有苦难,但耶和华救他脱离这一切。又保全他一身的骨头,连一根也不折断。"因为耶稣不仅是以赛亚书五十三章所预言的"代罪的羔羊"(见赛五十三 7;约一 29;徒八 32～35),也是耶和华上帝

---

⑳ 见 Barrett, p. 463;Carson, pp. 625 – 626 等。

的"义仆"(the righteous servant,思高本译作"正义的仆人")。正如诗篇三十四篇十九至二十节所说的一样,耶和华保全了祂的"义人"(义仆)一身的骨头,连一根也不折断。

十九37 经上又有一句说:"他们要仰望自己所扎的人。"

在上一节,作者约翰引用了旧约经文来说明耶稣的腿没有被打断,是应验了旧约的预言。在十九章三十七节这里,作者引了撒迦利亚书十二章十节,是为了要证实耶稣肋旁被扎那件事,也同样是应验了旧约的预言。

在撒迦利亚书,耶和华要兴起的以色列王,也即是大卫的后裔,受膏者弥赛亚,也是一个牧人。当那位牧人被"扎"的时候,耶和华自己也像是被扎了一样。可是,当耶和华一旦灭绝了那些攻击祂子民的列国之后(亚十二9),便会开始向以色列民"施恩"。那时,他们都将悔改过来,"仰望"耶和华或是祂所立的那个牧人(亚十二10)。约翰福音的作者如此引用旧约的经文,是与约翰福音的整体神学思想完全一致的。因为在这之前,作者约翰已经明确地记述了耶稣是一位"为羊舍命"的"好牧人"(十11)。

不但如此,约翰在这之前,也至少有两次提到罪人将因为"仰望"那位被钉在十字架上的耶稣而得救:"摩西在旷野怎样举蛇,人子也必照样被举起来,叫一切信他的都得永生"(三14～15);"我[耶稣]若从地上被举起来,就要吸引万人来归我"(十二32)。

不但如此,根据约翰福音所引的撒迦利亚书十二章十节,当耶和华向以色列民施恩的时候,祂也将以祂的"灵"(spirit;LXX,*pneuma charitos kai oiktirmou*,RSV,a spirit of compassion and supplication)来"浇灌"(*ekcheō*)他们。⑧

当圣灵在五旬节"浇灌"在门徒身上的时候,众人也因此大受感动("觉得扎心",徒二37)而悔改,结果领受了耶稣基督的救恩(徒二38～41)。

---

⑧ 亚十二10、珥二28和徒二17都一致以 *ekcheō*("浇灌")这个词语描写圣灵的降临。

伍拾伍　耶稣的埋葬
（十九 38～42）

约翰福音的作者细心地记述了耶稣在十字架上被钉死的那一幕之后，便紧接下去写下了耶稣被埋葬的情况，使得福音书在情节的演进上显得很顺畅。

耶稣的安葬也是三部符类福音书的共同见证（太二十七 57～61；可十五 42～47；路二十三 50～56）。三部符类福音书也提及一位叫"亚利马太人约瑟"（*Iōsēph*〔*ho*〕*apo Harimathaias*）的人在耶稣的安葬中出现（太二十七 57；可十五 43；路二十三 50）。但只有约翰福音在此记载了尼哥底母（*Nikodēmos*）在耶稣安葬这件事上所扮演的角色。

耶稣在十字架上的确实死亡以及祂死后的安葬，是两件密不可分的事，故是"探讨历史上的耶稣"（The Quest for the Historical Jesus）这个关键性的课题不可回避的。在历史上，那些否认耶稣的"真体"的异端如"幻影论"或"假现说"以及不信耶稣真正在十字架上被钉死的，例如《可兰经》，也就自然会否认耶稣有真正被人埋葬这个历史事实。因此，教会的主要"信条"或"信经"（Creeds）都明确地将耶稣的埋葬以及死亡和复活连串在一起，成为信徒"宣信"（*homologia*；confession）的基要内容。①

---

① 《使徒信经》（The Apostles' Creed）："我信我主耶稣基督……被钉于十字架，受死，埋葬；降在阴间；第三天从死人中复活……"（I believe ... in Jesus Christ ... our Lord ... was crucified, dead, and buried; He descended into hell; the third day he rose again from the dead ...）。《尼西亚信经》（The Nicene Creed）："我信独一主耶稣基督……为我们钉十字架；被害，埋葬，照圣经第三日复活……"（I believe ... in one Lord Jesus Christ ... who ... was crucified also for us ... suffered and was buried, and the third day He rose again according to the Scriptures ...）

耶稣的埋葬,其实一开始就是祂的门徒在见证以及宣道中的核心部分,这也是初期教会最"原始"(primitive)的"传统"(paradōsis; tradition)。[2]

十九 38～39　这些事以后,有亚利马太人约瑟,是耶稣的门徒,只因怕犹太人,就暗暗的作门徒。他来求彼拉多,要把耶稣的身体领去。彼拉多允准,他就把耶稣的身体领去了。又有尼哥底母,就是先前夜里去见耶稣的,带着没药和沉香约有一百斤前来。

"这些事"(tauta;these things)在十九章三十八节这里应该是指围绕着耶稣钉死在十字架上所发生的那些事。

在普通的情况之下,被罗马政权处以极刑的罪犯的尸体,是故意被遗弃在刑场中给兀鹰作食物的。[3] 这样的习惯是跟犹太人的律法很不相同的。因为按照犹太人的宗教规矩,死者的亲属若是让尸体遗留下来直到隔天,则是违法的。

另一方面,犹太人也不允许严重的罪犯葬在祖先的坟地里。罪犯的尸体只能埋葬在法庭为他们所特别安排和指定的坟地内。[4]

当耶稣被钉死在十字架上之后,祂的门徒和家属可能都已经为了自己的安全和利益,暂时躲藏起来了。令人深感意外的是,在这个时候挺身而出,为耶稣处理安葬这一件大事的,竟然是两个在耶稣生前不便或是不敢公开与耶稣表明认同的犹太教领袖。

其中一位是"亚利马太人约瑟"(Iōsēph apo Harimathaias)。马可福音和路加福音称这一个"约瑟"为"议士"。[5] "议士"(bouleutēs)在

――――――――――――

[2] 在耶稣被钉死于十字架上之后五十天,当使徒彼得在五旬节向聚集在耶路撒冷的人公开宣道的时候,就以耶稣的死、埋葬和复活作为核心(见徒二 22～36)。耶稣被钉死、埋葬和复活之后大约二十四年,使徒保罗也慎重地提醒哥林多城的教会,福音的核心信息是:"第一,就是基督照圣经所说,为我们的罪死了,而且埋葬了;又照圣经所说,第三天复活了"(林前十五 3～4)。林前十五 3 的希腊文 paredōka(我传)以及 palelabon(我领受),表明福音是初期教会一致见证、接受以及宣告的"传统"(paradosis; tradition;参阅林前十一 23 有关圣餐的"传统")。

[3] 见 Barrett, p. 464.

[4] The *Mishnah*, Sanhedrin, 6:5.

[5] *euschēmōn Bouleutēs*(可),*Bouleutēs huparchōn*(路)。RSV 分别是"a respected member of the council","a member of the council"。

此很清楚表示约瑟是犹太人最高宗教和民事组织"公会"(*sunēdrion*；council)的成员。

亚利马太人约瑟自己身为犹太人公会的成员,竟然在这个非常关键性的时刻,公开为了耶稣的身后事露面和表态,很可能会因此面对各种严重的后果。根据约翰福音的记载,犹太人的公会早已经因为耶稣医治好一个瞎子以后所带来的影响,议决任何犹太人若"认耶稣是基督",都免不了要被公会"赶出会堂"(九 22)。普通的犹太人都要受到那样的严重处罚,公会本身的成员肯定会受到更严厉的对付。

基于上述的背景,这个亚利马太人约瑟"因怕犹太人,就暗暗的作门徒"(*ōn mathētēs tou Iēsou kekrummenos*),应该是不难理解的。历代以来,那些享受"信仰自由"的人,可能会有一些很轻易地就把像约瑟那样"暗暗的作门徒"的人,看作是"不愿为信仰而付上代价"的懦弱者。也许只有那些比较明白内情的人,才会理解他们的真正处境。最终也只有当事人自己才能在耶稣或是上帝面前为自己的所作所为承担责任。

无论如何,对亚利马太人约瑟而言,他竟然在耶稣被钉死在十字架上的当晚"来求彼拉多,要把耶稣的身体领去",已经很明确地表示,他现在已经愿意为"作门徒"这个重大的事,付上任何代价了。

实际上,亚利马太人约瑟那个果敢的行动,极可能会同时触犯到两个当时在犹太地最高的权力(*exousia*；authorities)。那就是,犹太人的公会以及罗马的巡抚彼拉多。前者基本上是属宗教性质的,后者则深具政治和社会的含义。

耶稣在彼拉多面前受审的时候,犹太人的喊叫声可能仍然还在亚利马太人约瑟以及其他人的耳中:"你[彼拉多]若释放[耶稣]这个人,就不是该撒的忠臣。凡以自己为王的,就是背叛该撒了"(十九 12)。

基于上述的背景,约瑟的行动很明显是冒着宗教和政治的风险的。不但如此,罗马的法律一般都容许受刑者的至亲(next of kin)领取罪犯的尸体。可是,被认为是犯了叛国罪或是其他背叛罪的服刑者的尸体,就不能被至亲或任何人领去。⑥ 既然这样,约瑟真可说是胆大包天

---

⑥ 见 Bruce, p. 378.

了。因为除了上面所提及的宗教和政治的风险之外，来要求领尸体的约瑟，根本也不是耶稣的至亲，何况耶稣当时确实是被人加以某种背叛的罪名被处死在十字架上的。

结果彼拉多"允准"（*epetrepsen*）了约瑟的请求。这可能是意味着罗马的巡抚彼拉多自己根本就不把耶稣看作是一个犯了叛国罪的犯人。彼拉多的允准也可能表示他尊重约瑟身为一位犹太人公会成员的地位。马可福音十五章四十三节特别强调约瑟是一位"尊贵的议士"。⑦

犹太人的领袖尼哥底母在安葬耶稣这一件事上的参与，也是非常有意义的。约翰福音在十九章三十九节这里还特别提醒读者说，尼哥底母"就是先前夜里去见耶稣的"那个犹太人（三1）。

约翰福音的作者，并没有在十九章三十九节这一节经文中说明尼哥底母在这个时候跟耶稣的关系是怎样的。福音书第三章很清楚地记载说，当晚耶稣与尼哥底母对话的主题是"永生"。当时的对话，并没有表示尼哥底母已经明白了有关"永生"的道理或是接受了那个深奥的道理。

可是，根据他在耶稣的安葬这一件事上所采取的不寻常举动，假使他在这个时候已经成了耶稣忠实的跟随者，也不应该令人感到太意外。

如果尼哥底母在这个时候不是一位耶稣的跟随者，就很难解释他为何那么慎重其事，"带着没药和沉香约一百斤前来"（*pherōn migma smurnēs kai aloēs hōs litras hekaton*）。纵使他不必冒着亚利马太人约瑟去见彼拉多要求领取耶稣尸体的那种大风险，就凭着参与安葬耶稣这件事，就足以在犹太人的公会，甚至在彼拉多的面前，构成某种"罪名"或嫌疑了。

"一百斤"（*litras hekaton*；RSV，about a hundred pounds' weight）的"没药和沉香"（*migma smurnēs kai aloēs*）是非常"贵"和"重"的东西。读者们也许会很自然地问道："把它用在耶稣的尸体上，岂不是太过隆重和太浪费了吗？"

根据犹太历史家约瑟夫（Josephus）的记载，犹太王希律大帝（Herod the Great）于主前 4 年下葬时，仅仅是抬没药等香料的仆人就

---

⑦ *euschēmōn Bouleutēs*；RSV，"a respected member of the council."

有五百人！[8] 这个历史背景对耶稣的安葬来说，其实是很有意义的。

　　早在耶稣仍未进入圣城耶路撒冷之前，也即是"逾越节前六日"，根据约翰福音的记述（十二 1～8），接待耶稣的马利亚，就已经把"极贵的真哪哒香膏"为耶稣献上。当时在现场以及较后出卖耶稣的门徒犹大，就立即回应，把马利亚的献上看作是不必要的浪费。可是，令人深感惊讶的，却是耶稣自己的解释。祂把马利亚当时所献上的真哪哒香膏，看作是马利亚为祂"安葬之日存留的"（十二 7）。

　　彼拉多虽然在审问耶稣以及把耶稣钉在十字架上的时候，讥讽地称耶稣为"犹太人的王"，他的不恭敬态度，最终却很微妙地成了罗马巡抚自己绝对没有意识到的重要宣告：为耶稣的真正身分所作出的公开宣告。因为彼拉多故意在犹太人面前讥笑和讽刺的"拿撒勒人"以及"木匠的儿子"耶稣，的确是名符其实的"犹太人的王"（*ho basileus tōn Ioudaiōn*）。耶稣也正是"为此而生"的（十八 37）。

　　耶稣身为"犹太人的王"，也许是亚利马太人约瑟以及尼哥底母当时具有的基本信念。假使不是，那就很难说明他们这两位犹太人的领袖为何要冒那么大的风险来办理耶稣的身后事。

　　犹太王希律大帝在安葬的时候，竟然有五百个仆人，为他那必然会朽坏的尸体而抬运各种为防腐等所需的大量香料。可是，被钉死在十字架上的耶稣，不仅是彼拉多在牌子上用三种语文所标志的"犹太人的王"，也是"万王之王，万主之主"[9]以及"救世主"（*sōtēr*，约四 42）。

　　历代的读经者和释经者若是从这个神学观点和层面去看当时马利亚所献上的那一斤"真哪哒香膏"以及尼哥底母所预备的一百斤重的"没药和沉香"，就肯定不会像出卖耶稣的门徒犹大那样埋怨说，那是"太浪费"或是"太贵重"了！这是价值观的问题。

　　十九 40　　他们就照犹太人殡葬的规矩，把耶稣的身体用细麻布加上香料裹好了。

　　"犹太人殡葬的规矩"（*ethos estin tois Ioudaiois*）是非常慎重和严

---

[8] Josephus, *Antiquities*, 17. 199.
[9] 见同样是使徒约翰所著的启十九 16。

谨的。它可说是类似孔子在《论语》中所说的"死，葬之以礼"。⑩ 其中包括膏抹和包裹尸体。⑪

负责安葬的人，首先把香料磨成粉末，然后把它涂抹在尸体上以及整条细麻布上。最后，是用细麻布将整个尸体包裹起来，目的是要让所涂抹上的香料发挥最大的作用。

但是，犹太人裹尸的方法与目的却与埃及人处理"木乃伊"那种防腐的做法不同。其中有一点不同处是很明显的。那就是，犹太人不像埃及人那样，先把尸体的内脏除去，然后在尸体内部塞满香料。犹太人是要尽可能把尸体保持完整。

十九 41～42　在耶稣钉十字架的地方，有一个园子。园子里有一座新坟墓，是从来没有葬过人的。只因是犹太人的预备日，又因那坟墓近，他们就把耶稣安放在那里。

十九章四十一节所指的那个"地方"(*topos*)，应该是与十九章十七及二十节所说的同一处。园子里的那一座"从来没有葬过人的"新坟墓(*oudepō en tetheimenos*)，按马太福音二十七章六十节，是约瑟"自己的新坟墓"(*en tō kainō autou mnēmeiō*；RSV，in his own new tomb)。这似乎是表示亚利马太人约瑟是将那个原本为自己预备好的坟墓让给了耶稣。这一个慷慨的做法，进一步显示约瑟在这个时候已经是耶稣的一位跟随者了。

马可福音十五章四十六节还特别说明，那坟墓是从"磐石中凿出来的"(参阅太二十七 60；路二十三 53)。这就表示耶稣的尸体是安置在洞穴里的。

约翰福音的作者在十九章四十二节提醒他的读者们说，耶稣的整个安葬过程，是在很急促的时间内完成的。主要的原因是，那一天是"犹太人的预备日"(*tēn paraskeuēn tōn Ioudaiōn*)。

十九章四十二节这一节经文中所指的"预备日"(*paraskeuē*)与十九章三十一节一样，是指星期五，也即是犹太人按照惯例"预备"安息日

---

⑩《论语》〈为政篇〉二 5。
⑪ The *Mishnah*, Shabbat，23：4－5。

即将来临的时刻。又根据马可福音十五章三十三至三十四节，耶稣死在十字架上的时辰是星期五的"申初"，也即是下午三时左右（$h\bar{o}ras$ $enat\bar{e}s$；RSV，the ninth hour）。那就是说，耶稣死在十字架上的时间距离犹太人安息日正式开始的时刻，大概只有三个小时左右，也即是在傍晚六时，太阳下山左右的黄昏时刻，又按犹太人遵守安息日的严谨规矩，安息日一旦来临，包括安葬死人在内的工作，都是不能进行的。[12]

　　福音书的作者还给他的读者解释说，那个坟墓靠近耶稣被钉在十字架上的"各各他"。这肯定大大地方便了耶稣安葬的顺利完成。

　　耶稣的死与安葬，既然被看作是非常重要的历史事实，历代的信徒当然就会很自然地对耶稣安葬的地点深感兴趣。根据教会史的鼻祖，也是该撒利亚主教的优西比乌（Eusebius of Caesarea，A. D. 260‑339）的记述，当时已经信奉了基督的罗马皇帝君士坦丁（Constantine），就是为了要挖掘耶稣当时安葬的墓地，不惜于主后 325 年，把罗马皇帝哈地安（Emperor Hadrian）在主后 135 年所建的维纳斯女神庙拆移掉。结果在所发现的耶稣墓地上，建了一座"复活教堂"（Church of the Resurrection）。

　　可惜君士坦丁皇帝所建的那一座教堂的原址，却在十字军东征的那个时候开始，被一座名叫"圣墓教堂"（The Church of the Holy Sepulchre）所占去。这也就是今天往圣城耶路撒冷观光的游客或是朝圣者所见到的"园林墓"（Garden Tomb）。[13]

---

[12] Ibid.，23:4.

[13] 见 Eusebius，*Life of Constantine* 3. 26,28；J. Wilkinson，'The Tomb of Christ，' *Levant* 4 (1972)；C. Coüason，*The Church of the Holy Sepulchre*，*Jerusalem* (Oxford，1972)；Alan Millard，*Discoveries from The Time of Jesus* (Oxford：Lion Publishing，1990)，pp. 126‑131.

伍拾陆　空的坟墓（二十 1～10）

使徒保罗在主后 54 年写信给希腊的哥林多教会的时候,曾经非常慎重地提醒哥林多的信徒有关"福音"(*euangelion*；gospel)的最核心内容:"我当日所领受又传给你们的,第一,就是基督照圣经所说,为我们的罪死了,而且埋葬了,又照圣经所说,第三天复活了"(林前十五 3～4)。

大约二、三十年后,当使徒约翰写他的福音书的时候,同样是按保罗在哥林多前书十五章三至四节那个先后秩序,来记述耶稣在主后 30 年的死、埋葬和复活。约翰福音在二十章一至十节这一段经文所记载的,是"空的坟墓"。它所见证的空坟,为耶稣的复活以及复活以后所发生的事,揭开了序幕。

二十 1～2　七日的第一日清早,天还黑的时候,抹大拉的马利亚来到坟墓那里,看见石头从坟墓挪开了。就跑来见西门彼得和耶稣所爱的那个门徒,对他们说:"有人把主从坟墓里挪了去,我们不知道放在哪里。"

耶稣是在星期五下午三时左右死在十字架上的,亚利马太人约瑟和尼哥底母,在当天日落之前把祂安葬了。这是耶稣死的"第一天"。"第二天",也即是犹太人的安息日(从星期五的日落开始到星期六的日落左右),被安葬了的耶稣,似乎丝毫动静都没有。

可是,到了"第三天",也即是"七日的第一日清早"(*tē de mia tōn sabbatōn ... prōi*),或是公历的"星期日"(基督徒所谓的"主日"),当抹大拉的马利亚来到坟墓那里的时候,突然发现那块遮盖耶稣墓穴的大石头被挪开了。马太福音二十七章六十节以及马可福音十五章四十六节都一致见证说,当耶稣被安葬在石穴内以后,墓口是有一个大石头遮挡起来的。

抹大拉的马利亚在"清早，天还黑的时候"（*prōi skotias eti ousēs*）就能清楚辨认耶稣的坟墓所在地，是不难理解的。因为她以及一些其他的人，在这之前已经亲自目睹安放耶稣尸体的地方。这是符类福音一致的见证。①

约翰在二十章一节这里，只是很简单地说："石头从坟墓挪开了"（*ton lithon ērmenon ek tou mnēmeiou*）。

马太福音却很清楚地把这石头被挪开的事，看作是一个神迹奇事（太二十八1～4）。

马利亚见墓穴口的石头被挪开以后，便惊慌地立即跑去"见西门彼得和耶稣所爱的那个门徒"。马利亚的举动，似乎说明了两个重要的事实。一、纵使门徒彼得在耶稣受审问的时候曾经一连三次不承认耶稣（约十八15～27），马利亚仍旧把彼得看作是门徒中的领袖之一，不然她就不会首先到彼得那里去向他通报。二、"耶稣所爱的那个门徒"（*ton allon mathētēn hon ephilei ho Iēsous*），也即是本注释一开始就肯定是约翰福音的作者约翰，不仅是耶稣被钉在十字架上时在现场的目击者（eye-witness）之一，他也是最早见证"空的坟墓"的其中一位门徒。这一点对约翰福音书的可靠性（reliability），具有关键性的意义。

二十3～5 彼得和那门徒就出来，往坟墓那里去。两个人同跑，那门徒比彼得跑的更快，先到了坟墓。低头往里看，就见细麻布还放在那里，只是没有进去。

这活现在读者们眼前的一幕，应该是福音书的作者约翰自己的清楚回忆。约翰比彼得"跑的更快，先到了坟墓"（*ho allos mathētēs proedramen tachion tou Petrou kai ēlthen prōtos eis to mnēmeion*）这一句，在此也许只是在于说明约翰比彼得年轻，因此跑起来比较轻快而已。当然，这个句子也可能是有意强调，在所有的十一个门徒中，约翰是第一位见证耶稣从死里复活的。

---

① 太二十七61；可十五47；路二十三55。

当抹大拉的马利亚清早到墓穴去的时候,她所见到的,只是穴口的那个石头被挪开了。可是,门徒约翰随后所看到的,却是坟墓里的细麻布被留了下来,耶稣的身体则不知道去了何处。

二十 6～7　西门彼得随后也到了,进坟墓里去,就看见细麻布还放在那里。又看见耶稣的裹头巾,没有和细麻布放在一处,是另在一处卷着。

根据约翰福音书记载的先后秩序,耶稣的跟随者对祂的复活的发现,可说是渐进的。抹大拉的马利亚先是发现耶稣那个墓穴口的石头不知何故被挪开了。到了坟墓,首先低头往里面看的是门徒约翰,他看到那包裹耶稣尸体的细麻布还放在坟墓里,可是约翰并没有进去坟墓里面。然后是紧接约翰而来的门徒彼得,进到了坟墓里面去。他不仅跟约翰一样,看见细麻布仍旧放在那里,还看见耶稣的"裹头巾"(*soudarion*)在另一处卷着。② 上述这些细致入微的描述,反映了现场目击者清楚和确定的见证。它不只是一个人的见证,而是多人的共同见证。

二十 8～10　先到坟墓的那门徒也进去,看见就信了。因为他们还不明白圣经的意思,就是耶稣必要从死里复活。于是两个门徒回自己的住处去了。

二十章八节在此只是很直截了当地说,约翰因为看见坟墓中的情况"就信了"(*episteusen*),并没有进一步表明彼得当时的反应如何。Bruce 认为彼得在那个时候仍旧处在迷惘的状态中,不能真正理解所见事物的意义。③ Bultmann 则持与 Bruce 相反的看法,认为彼得也是因为在较早时所目睹的而相信了。④

---

② *Soudarion* 这个字是从拉丁文的 *sudarium* 音译过来的。它与十一 44 拉撒路脸上包着的"手巾"是同一个字。

③ " ... Peter was only puzzled by what he saw, and could not fathom what it meant. ... " Bruce, p. 385.

④ "Clearly, it is presupposed that Peter before him [the other disciple] was likewise brought to faith through the sight of the empty grave; for it the writer had meant otherwise, and if the two disciples were set over against each other with respect to their *pisteusai*, it would have had to be expressly stated that Peter did not believe." Bultmann, p. 684.

门徒约翰，也可能包括彼得在内，当时是因为亲眼看见空的坟墓才开始相信"耶稣必要从死里复活"（*dei auton ek nekrōn anastēnai*），是因为他们直到这个关键性的时候为止，"还不明白圣经"（*oudepō gar ēdeisan tēn graphēn*）。

福音书的作者并没有在二十章九节这节经文里说明门徒不明白的圣经在何处，虽然这里所指的"圣经"很自然是指当时犹太人的旧约圣经。细心研读约翰福音的读者们，应该不难想起耶稣在洁净了耶路撒冷的圣殿以后，在犹太人的盘问下，向祂的挑战者所作出的回应：假使他们拆毁这"殿"（"殿"在此是比喻耶稣自己的身体），祂将在"三日内"把它"再建立起来"（二 19）。作者约翰当时诠释耶稣的比喻说："耶稣这话，是以他的身体为殿。所以到他从死里复活以后，门徒就想起他说过的话，便信了圣经和耶稣所说的"（二 21～22）。

约翰福音在二章二十二节和二十章九节所说的"圣经"（*graphē*）应该是指旧约圣经中那些有关死人复活的经文。Bruce 猜测作者约翰所指的经文可能是何西阿书六章二节以及利未记二十三章十一节。⑤

可是，就经文的内容而论，Bruce 所指那两段旧约经文，似乎很难让读者把它与耶稣的复活联想在一起。到了五旬节圣灵降临的那一天，也即是耶稣被钉死在十字架上五十天（五旬）之后，彼得向耶路撒冷的群众见证耶稣复活的时候，所引用的旧约经文，并不是 Bruce 较早时所提及的何西阿书六章二节或是利未记二十三章十一节，而是诗篇十六篇十一节（徒二 25～28）以及诗篇一一〇篇一节（徒二 34～35），说明耶稣的复活应验了诗篇的预言。

约翰福音二十章十节也许会令读者们感到有些意外。因为约翰和彼得这两个门徒中的领袖，似乎没有将他们在坟墓中所看见的，立即向其余的门徒或是其他的跟随者报告，而是"回自己的住处去了"（*apēlthon ... pros autous*）。当然，经文中的"住处"也可能是一些门徒或是跟随耶稣者当时聚集的地方。

---

⑤ Bruce，p. 386.

　　最早见证"空的坟墓",也即是耶稣"肉身复活"的,⑥是约翰和彼得这两个门徒。这一点对犹太人来说特别有意义。因为按申命记十九章十五节的规定,一个人的见证在法律面前是不能成立的。只有两个或更多人的见证才被接受。另一方面,抹大拉的马利亚虽是最早发现耶稣墓穴口的"石头从坟墓挪开了",却不是第一个相信耶稣从死里复活的人,因为她当时是以为"有人把主从坟墓里挪了去"(*ēran ton urion ek tou mnēmeiou*,二十 2)。无论如何,马利亚的"见证"至少对一般的犹太人来说是很难成立的,因为一个女人的供证(evidence),在法律面前是被看作无效的。⑦

　　"空的坟墓"(the Empty Tomb)是四部福音书一致的见证,只是它在初期教会的宣道中并没有突显出来。这主要是因为耶稣的"肉身复活"已经包括了这个核心的事实和信念。

　　假设耶稣的坟墓不是空的,或是祂那被包裹的尸体仍然还存在,耶稣"肉身复活"的事,就很自然会不攻自破了。其实,自从耶稣从死里复活那个时刻开始,"空的坟墓"那个惊人的事实,就让犹太教的公会以及罗马人大伤脑筋了。不但如此,根据马太福音的记述,犹太人的祭司长和法利赛人早就担心,因为耶稣在生前曾经预言过祂将来要复活,门徒就会"来把他〔的尸体〕偷了去",就告诉百姓说:'他从死里复活了'"(太二十七 62～64)。犹太教的领袖于是在罗马巡抚彼拉多的准许下,"带着看守的兵同去,封了石头,将坟墓把守妥当"(太二十七 65～66)。

　　等到耶稣果然从死里复活以后,深感困扰的公会,就只能通过贿赂的途径,去收买曾经看守着耶稣坟墓的罗马兵丁说:"你们要这样说:'夜间我们睡觉的时候,他的门徒来把他偷去了。'倘若这话被巡抚听见,有我们劝他,保你们无事。"(太二十八 13～14)于是,"兵丁受了银钱,就照所嘱咐他们的去行。这话就传说在犹太人中间,直到今日"(太二十八 15)。

　　耶稣从死里复活以后,所留下来的,是一个"空的坟墓"。这究竟是

---

⑥ 希腊以及许多宗教都相信人死后"灵魂不灭"(immortality of the soul)。但是,圣经,特别是新约所强调的,不仅是"灵魂不灭",也是"肉身复活"的信念。这主要是因为圣经的"创造论"是以正面的态度和思想去看待像"肉身"(*sarx*; flesh)这样的物质。圣经没有希腊或其他宗教源流那个将"灵"与"肉"或物质二分化的二元论(dualism)。

⑦ The *Mishnah*, Rosh Hashshanah, 1;8.

一个历史事实,还是耶稣的门徒自己"虚构"的? 假设有人怀疑那是虚构的,那怀疑者就必须面对那些在逻辑上绝对不可回避的问题。下列只是几个比较关键性的问题。

一、基督教的"福音"(euangelion)和基本信仰是建立在一个耶稣的门徒自己所虚构出来的骗局那样的基础上的。

二、不但如此,耶稣的门徒那样虚构出来的"信仰",竟然能在耶稣死后的三四十年间,迅速地传遍了广大的罗马帝国各地区,使得罗马皇帝革老丢(Claudius,在位于主后 41 至 54 年)对基督徒在罗马城的宣道工作深感困扰。革老丢结果于主后 49 年,也即是耶稣死后十九年,下了一道旨令,叫"犹太人都离开罗马"(徒十八 2)。根据第一世纪罗马历史家 Suetonius(非基督徒)的记载,那是因为住在罗马城的犹太人因有关基督的事件,不断引发的动乱所采取的旨令。⑧

三、自从主后 30 年那个五旬节(Pentecost)门徒彼得等在耶路撒冷开始公开宣道以后,"空的坟墓",也即是耶稣"肉身复活"的最具体凭证,就成了初期教会以后历代信徒传福音的最核心信息(徒二 22~36,三 12~26 等)。犹太教的领袖一开始就企图禁止基督徒宣告有关耶稣从死里复活的事(徒四 1~3)。

四、从主后 30 至 70 年那四十年间,耶稣的门徒因为宣告以耶稣复活为核心内容的"福音",不断遭受到犹太教的攻击,甚至迫害(徒七54~60;十二 1~3 等记载了教会最早的殉道事件)。

五、大约从主后 50 年开始,也即是耶稣死后约二十年,基督徒就已经在罗马帝国一些地方被看作是"搅乱天下的"一群(徒十七 6)。更严重的是,罗马皇帝于主后 64 至 66 年对罗马城基督徒的残暴迫害,开了一个罗马政权对教会今后大约三百年的迫害先例。从此以后,一直到君士坦丁皇帝自己信教后,于主后 313 年宣告信教自由为止,罗马历代的皇帝及属下对基督徒所采取的各种迫害手段与行动既广且深。仅

---

⑧ 这只是本注释作者对 Suetonius 的记载所作的解释。学者们也有其他的观点。Suetonius, *Claudius* 25:"Since the Jews constantly made disturbances at the instigation of Chrestus, he [Emperor Claudius] expelled them from Rome."引自 Barrett, *The New Testament Background*:*Selected Documents*, p. 14.

在罗马城今天仍旧留下来的基督徒地下墓穴(catacomb)就足以证实教
会受迫害的悲惨历史。⑨

上述的只是一些很明显的例子而已。总而言之,那些怀疑耶稣复
活的,至少都得回答这样的一个历史性问题:耶稣死后那三百年间,数
以万计的初世纪信徒,都自愿地为一个"虚构"的故事而付上巨大的代
价,包括杀身之祸?

倘若"空的坟墓"不是耶稣自己的门徒虚构出来的故事,也就是说,
耶稣的尸体不是门徒自己私底下藏起来的,就只有剩下两个可能性。

一、罗马当局,或是二、犹太人的领袖,把耶稣的尸体从墓穴中拿去
了。若真是那样,事情就绝对好办了。

罗马政权或是犹太人的领袖,只需要在耶稣的门徒正在公开"见
证"耶稣"肉身复活"的时候,把耶稣的尸体扛出来就可以一劳永逸地将
所虚构的故事暴露无遗了!怀疑者将如何回应这个简单的问题?

耶稣的复活作为基督徒信仰的核心,是从使徒时代开始就确认的。
正如使徒保罗在耶稣复活后二十四年,写信给当时在哥林多城的教会
所发出的挑战一样:"若基督没有复活,我们所传的便是枉然,你们所信
的也是枉然"(林前十五 14)。

被普世教会一致接受并宣告的两个历史"信条"(creeds),都以耶
稣自己的复活以及信徒将来的复活作为核心的信仰。

"使徒信经"(the Apostles' Creed,约成文于主后第二世纪)肯定地
宣告说:"我信我主耶稣基督……被钉于十字架,受死,埋葬;降在阴间;
第三天从死人中复活……我信身体复活;我信永生。"

"尼西亚信经"(the Nicene Creed,成文于主后 325 年),同样肯定
地宣告说:"我信独一主耶稣基督……为我们钉十字架;被害,埋葬;照
圣经所说,第三日复活……我指望死人复活,并来世的生命。阿们。"

---

⑨ 罗马历史家 Tacitus (A. D. 56-120)在其著作 Annals xv. 44 中,形容基督徒是因为"行令
人憎恶的事,因此被罗马社会恨恶的一群"("a class hated [by the Roman society] for their
abominations")。Barrett, The New Testament Background, p. 15. 大约与 Tacitus 同时代
的另一位罗马历史家 Suetonius,在所著的 Nero[传]16 中,也以类似的偏见称当时的基督
徒为"沉迷于新的以及恶作剧的迷信的一群"(a class of men given to a new and
mischievous superstition),Barrett, The New Testament Background, p. 16.

伍拾柒　耶稣肉身复活后的显现（二十 11～23）

　　根据教会的第一位历史家路加的记述，耶稣从死里复活以后，共有"四十天之久"在不同的境况和场合，"用许多的凭据，将自己活活的显给使徒看"(徒一 3)。这就说明了为什么新约的四部福音书都给耶稣复活之后所发生的一些事，作了既类似又保持个别特征的记载。

　　可是，就真正成文的时间而言，最早提及耶稣复活之后向门徒显现那一些事件的，并不是福音书，而是使徒保罗于主后 54 年所写的哥林多前书(十五 1～8)。保罗并不只是为了见证历史而论及耶稣复活之后向门徒显现的事，也是为了激发信徒，以及藉此向那些怀疑耶稣复活的人，作出严肃的驳斥和挑战。

　　特别值得一提的是，保罗在哥林多前书十五章一至八节那一段经文中，还论及了耶稣有一次"显给五百多弟兄看"的那一件事。当使徒保罗在事隔二十四年以后，提起那一件不寻常的事的时候，那五百多位弟兄，"其中一大半到如今[即 A. D. 54]还在，却也有已经睡了[即去世了]的"(林前十五 6～7)。

　　保罗提及上述的一次显现，其意义是很清楚的：假使有人怀疑耶稣复活，以及祂复活之后向门徒显现的史实，那些怀疑者尽可去询问那些仍然存活的目击者。因为对保罗来说，耶稣曾经有一次向五百位信徒显现的事，只是发生在二十四年前。对那些现场的目击者来说，那个不寻常的事件，至今仍然历历在目，记忆犹新。

　　也许对很多人来说，二十四年是一段相当漫长的时间。可是，对那些深信耶稣从死里复活的信徒，以及亲眼见证过耶稣在复活后显现的目击者而言，时间根本不是他们的问题。因为这一段在人看来是漫长的年日里，是耶稣从死里复活的历史事实，以及他们亲身的经历和见证,建立了他们坚定的信仰,改变了他们的一生。这就正如对广大的中国同胞来说,中国八年抗日战争的经历,或是"文化大革命"(1966 - 1976)十年的浩劫,永远忘不了一样。别说"文革"这个比较新近发生的大灾难,就是发生在 1937 年 7 月 7 日的"卢沟桥事件",以及较后的"南京大屠杀",虽至今已远远相隔六、七十年,仍旧不难找到那些忠实可靠的见证人和目击者。

约翰福音二十章十一至二十三节这一段经文,以抹大拉的马利亚与复活后的耶稣相遇开始,最后以耶稣差遣门徒结束。

二十 11～12　马利亚却站在坟墓外面哭。哭的时候,低头往坟墓里看,就见两个天使,穿着白衣,在安放耶稣身体的地方坐着,一个在头,一个在脚。

抹大拉的马利亚在坟墓外哭泣,可说是有正负两面的意义。正面的意义是流露了马利亚对耶稣的怀念与哀悼,表达了人之常情。但是,那哭泣也负面地显示马利亚在那个时候,根本就没有把"空的坟墓"与耶稣的"肉身复活"联想在一起。结果马利亚的哭泣只能被看作是某种的无奈。

两个"天使"(angeloi)在耶稣坟墓里出现,正如耶稣自己的复活一样,都是属于"神迹"或是"灵界"中的事。这个范畴或领域,是"科学",包括"自然科学"的各种考证、方法以及语言等无法解释,甚至可能是永远解释不了的问题。基督教本身的"科学证道",作为一种"护教学"或是"辩道学"(apologetics;源自希腊文的 apologia),虽是精神可嘉,用心良苦,可是它真正的说服力和果效,毕竟还是非常有限的。另一方面,那些只凭着所谓"科学"以及"理性",就断然否定了"神迹"(miracle)的可能性以及真实性的理性主义者,或是迷信科学主义者,也往往未免太自信,甚至是太傲慢(arrogant)了。

二十 13～14　天使对她说:"妇人,你为什么哭?"她说:"因为有人把我主挪了去,我不知道放在哪里。"说了这话,就转过身来,看见耶稣站在那里,却不知道是耶稣。

抹大拉的马利亚与两个天使的这一段对话,以及她较后与耶稣的相遇，很自然是马利亚自己作为一位亲身经历者的回忆，而不是福音书的作者约翰编制出来的。马利亚给天使的消极回应很明显表示，耶稣复活的事至今仍旧不在她的考虑或是期待中。她当时在耶稣的墓穴中所思想以及急于看见的，仍旧是耶稣那具用细麻布包裹好的尸体。难怪当耶稣复活后就在她的身旁出现的时候，她一时之间也完全无法辨认。这确实令人难以置信。

其实，马利亚无法辨认突然在她身边出现的耶稣这一件表面上令人难以相信的事，也不是在福音书中独一无二的事。路加福音也有类似的记载。那件事也正好是发生在耶稣从死里复活的同一天（路二十四13～16）。当时有两个门徒，其中有一人名叫革流巴（*kleopas*，二十四18），从耶路撒冷往二十五里外的村子以马忤斯去。正当他们二人在路上谈论有关耶稣的事情的时候，"耶稣亲自就近他们，和他们同行，只是他们的眼睛迷糊了，不认识他"（二十四15～16）。

上述那两个门徒一时无法辨认已经复活，并且突然在他们身旁出现的耶稣，原因也似乎是跟马利亚的情况一样。那就是，他们根本就不会期待耶稣从死里复活。甚至几个妇女后来从坟墓里传来有关耶稣从死里复活的消息之后，他们仍旧深表"惊奇"（二十四22～23），存着怀疑的心。作者路加只是简单地以"眼睛迷糊"，来解释那两个门徒当时为什么"不认识他［耶稣］"（*hoi de ophthalmoi autōn ekratounto tou mē epignōnai auton*，二十四16）。

二十15　耶稣问她说："妇人，为什么哭？你找谁呢？"马利亚以为是看园的，就对他说："先生，若是你把他移了去，请告诉我，你把他放在哪里，我便去取他。"

抹大拉的马利亚当时还辨认不出在她面前出现的那个人，竟然是她所哀悼和思念的耶稣。这一点也许令历代的读经者深感费解。可是，作为头脑"清醒"的"旁观者"，读经的人也不要忘了马利亚当时是一个"迷"了的"当局者"。况且如此的"迷"者又何止马利亚这个普通的妇人。除了上述那两个走在以马忤斯路上的门徒同样是"迷"失之外（路二十四13～24），也还有更多的门徒处在迷惘的状态中（约二十一1～6）。

耶稣其实是完全可以在一开始向马利亚显现的时候，就明确地透露自己的身分。祂没有那样做,也许是故意采取了某种渐进启导的方式。这是和耶稣一贯教导门徒以及其他人的方法基本上一致的。

二十 16　耶稣说:"马利亚。"马利亚就转过来,用希伯来话对他说:"拉波尼。"(拉波尼就是夫子的意思。)

那个仍旧在迷惘中的马利亚,一听到那与她对话的"陌生人"叫她的名字的时候,就立即认出那人正是她一向所熟悉的耶稣。她当然是完全不会意料到,她原先所寻找的那具"尸体",如今竟然是已经从死里复活了的主耶稣。

"拉波尼"(*Rabbouni*)是亚兰语,在此与一章三十八节"拉比"(希伯来文 *Rabbi*)是同样的意思,都可以译作"夫子"或"先生"。和修版译作"老师"。约翰福音的作者在二十章十六节这里,与十九章十三及十七节一样,都以"希伯来话"(*Hebraisti*)广义地概括了亚兰语。

"拉波尼就是夫子的意思"(*ho legetai Didaskale*)这个句子,很明显是福音书作者自己对 *Rabbouni* 的一个注释。①

二十 17　耶稣说:"不要摸我,因我还没有升上去见我的父。你往我弟兄那里去,告诉他们说,我要升上去,见我的父,也是你们的父。见我的上帝,也是你们的上帝。"

和合本的翻译,"不要摸我"(Do not touch me),只是希腊原文 *Mē mou haptou* 这个句子的两个可能性的译文之一。另一个翻译,也正是思高本所作的,是"你别拉住我不放"(RSV, Do not hold me,或是Do not hold on to me)。和修版的译文也很类似:"不要拉住我"。

第一个翻译,也即是和合本的"不要摸我",表示耶稣不容许马利亚触摸他。这表明马利亚一见到耶稣的时候,因为辨清了祂的身分,就想要动手触摸祂。可是,马利亚还未动手之先或是已经开始动手了,耶稣就禁止她那样做。

第二个翻译,也即是思高本与和修版的,是意味着马利亚当时已经

---

① 福音书作者的注解在希腊文古抄本ℵ˙、A、B 等是 *didaskale*;古抄本 D 等是 *Kurie didaskale*。

开始摸着,甚至是拉住耶稣了。耶稣因此吩咐马利亚别拉住祂不放。

　　无论如何,耶稣叫马利亚不要触摸祂或是不要拉住祂的理由是:"因我还没有升上去见我的父"(*oupō gar anabebēka pros ton Patera*,二十 17)。历代以来,有不少学者给这一句经文作了各种类似,以及很不相同的诠释。[②]

　　其中一个比较可以考虑的解释是:抹大拉的马利亚"清早,天还黑的时候",就来探望安葬耶稣的坟墓(二十 1)。那是表示她当时爱主以及思念主心切。可是,突然发现的"空的坟墓",令她困扰和焦虑万分。因此,当复活了的耶稣忽然之间在她面前出现的时候,便立即想触摸,甚至试图拉住耶稣不放,免得她所跟随以及爱慕的主耶稣再离她而去。若真正那样,耶稣当时的迅速回应就正好解除了她的担忧。因为耶稣给马利亚回应的意思似乎是:"马利亚,请放心,别拉住我不放,因为我还没有升上去见我的天父,我还会留在你们中间一段日子。现在你快去告诉我的弟兄说:'我将要回到我天父上帝那里去。'但是,请他们放心,要告诉他们说:'我的天父也就是你们的父,我将要见的上帝,也是你们的上帝。我从前不是对你们说过吗? 我去见我的父,原是为你们预备地方去。我若去为你们预备地方,就必再来接你们到我那里去。我在哪里,叫你们也在那里'"(十四 2~3)。

　　基于上述的推测,耶稣当时吩咐马利亚别触摸或是别拉住祂,并非是因为耶稣那复活了的身体不可被人触摸,不然祂就不会在"过了八日"以后,主动地对门徒多马说:"伸过你的指头来,摸我的手,伸出你的手来,探入我的肋旁"(二十 27)。

　　二十章十七节的那一句,"升上去见我的父"(*anabebēka pros ton Patera mou*),[③]应该是指耶稣向门徒显现以后"升天"的事,虽然约翰福音在终结的时候,不像三部符类福音那样,记载了耶稣升天的事。马可福音十六章十九节只是很简单地说,"主耶稣和他们[门徒]说完了话,后

---

② 见 Barrett, pp. 992－993；Ridderbos, pp. 637－640；Barrett, pp. 470－471；Bruce, pp. 389－390；Schnackenburg, pp. 317－320；Carson, pp. 641－646。

③ 古抄本 ℵ、B、D 等在二十 17a 中只有 *patera*("父")一个字。可是,在古抄本 P⁶⁶、A、K 等,则是 *patera mou*("我的父")。这是比较正确的。因为它与二十 17b 中的 *tou patera mou*("我的父")一致,也与 *patera humōn*("你们的父")很自然地互相对应。

来被接到天上,坐在上帝的右边"。路加福音以及使徒行传则给予比较详细的记述(路二十四 50～53;徒一 6～11)。作者路加还声明说,耶稣的"升天"是祂在复活之后,向门徒显现了"四十天"才发生的(徒一 3)。

"你往我弟兄那里去"这个句子中的"弟兄"(*adelphoi*)很明显是指耶稣自己的门徒(*mathētai*)。它与马太福音二十八章十节所说的"弟兄"(*adelphoi*)是一样的。这也是约翰福音中耶稣称自己的门徒为"弟兄"的第一次;并且是在祂从死里复活以后,它给予门徒的安慰和激励,是不言而喻的。不但如此,耶稣还要马利亚向祂的门徒转告说:"我的父,也是你们的父……我的上帝,也是你们的上帝"(*ton Patera mou kai Patera humōn kai Theon mou kai Theon humōn*,二十 17)。从此以后,门徒便可以紧紧地抓住一个很基要的信念:主耶稣的"父上帝"也就是他们的"父上帝"。约翰福音二十章十七节这里所表达的"父上帝"的思想,也不是完全独特的。这一个具某种末世论(eschatological)意义的思想,在三部符类福音中也很明显。

三部符类福音书都一致地记载说,有一次耶稣正在忙着教导众人的时候,有人告诉祂说:"看哪,你的母亲和你弟兄在外边找你。"耶稣当时就立即回答说:"谁是我的母亲? 谁是我的弟兄?"(*Tis estin hē mētēr mou kai hoi adelphoi*〔*mou*〕)耶稣接着就观看那些周围坐着的人群,非常令人惊讶地对他们宣告说:"看哪,我的母亲,我的弟兄。凡遵行上帝旨意的人,就是我的弟兄姊妹和母亲了"(可三 31～35;参阅太十二 46～50;路八 19～21)。

当然,耶稣在上述惊人的宣告中,并不是要否认自己的亲属或是不尊重人间一般的三纲五常的关系。耶稣当时只是从一个绝对新的层面和角度,去突破和超越人间一般对"家庭"和"亲属"的理念和既定的局限。因为耶稣"道成肉身"的最终目的,是要藉着祂的献身和救赎,来建立一个以生命和团契为基石的大家庭,也即是"上帝的家"。这个"大同"的构思与理想,非常接近华人文化那个"四海之内,皆兄弟也"的崇高理念。④

---

④ 参阅钟志邦,《马可福音注释》(香港:基督教文艺出版社,1991),页 103－105。

关于耶稣称门徒为"弟兄"的意义,希伯来书的作者似乎也有很深的领悟。在论及上帝藉着道成肉身的耶稣把救恩赐给世人的时候,希伯来书作者说:"因那使人成圣的[耶稣],和那些得以成圣的[信徒],都是出于一。所以他[耶稣]称他们[信徒]为弟兄,也不以为耻"(*Ho te gar hagiazōn kai hoi hagiazomenoi ex henos pantes*,来二 11)。⑤

二十 18　抹大拉的马利亚就去告诉门徒说:"我已经看见了主。"她又将主对她说的这话告诉他们。

在未亲自看见复活的主耶稣之前,抹大拉的马利亚只是一个迷惘和仍旧处在哀痛中的妇人。可是,当她面对面与复活的主相遇之后,她就立即成了耶稣肉身复活以后的第一位福音使者。她非常兴奋地宣告说:"我已经看见了主"(*heōraka ton Kurion*)。这是一个基于自己亲身体验的见证。

二十 19~20　那日(就是七日的第一日)晚上,门徒所在的地方,因怕犹太人,门都关了。耶稣来站在当中,对他们说:"愿你们平安。"说了这话,就把手和肋旁指给他们看。门徒看见主,就喜乐了。

耶稣在复活的第一个晚上向一群门徒显现的事,也有记载在路加福音二十四章三十六至四十三节,虽然路加的记载在一些细节上与约翰不完全一样。

约翰在二十章十九至二十节这里没有说明当晚聚集在一起的门徒究竟有多少。出卖主耶稣的犹大以及多马肯定不在场(二十 24)。

经文说,那一群集合在一起的门徒"因怕犹太人,门都关了"(*kai tōn thurōn kekleismenōn hopou ēsan hoi mathētai dia ton phobon tōn Ioudaiōn*)。这是完全可以理解的。因为当他们所跟从的主耶稣给人以"罪犯"的身分被钉在十字架上以后,他们的安全是岌岌可危的。这很自然是他们那个时候的感受。

新约圣经中的福音书基本上是写实的,它没有刻意地去美化耶稣

---

⑤ "那使人成圣的[耶稣]和那些得以成圣的[信徒],都是出于一(*ex henos pantes*)"这一句话,在意义上是与约二十 17b 一样的:"我的父,也是你们的父……我的上帝,也是你们的上帝。"

的门徒,而是忠实地把他们的喜怒哀乐等人生百态,包括他们行为和言语的负面,都简单地记载了下来。

"门都关了"(*tōn thurōn kekleimenōn*)这一句,不仅说明了门徒的惧怕,也表示复活以后的耶稣,在祂的行动上是完全不受"时空"等客观环境所限的。那就是说,复活之后的耶稣,虽然具有某一种的"肉身",但是祂的"肉身"又不像普通人的"血肉之躯"(*sarx*; flesh)。因为普通人的血肉之躯,永远是受时空所限的。

另一方面,从死里复活之后的耶稣,也绝对不是人们一般想像中的"鬼魂"那样,或是与希腊人思想中那个"不灭的灵魂"(the immortality of the soul)相类似。这就说明了为什么耶稣可以在门都关上了的情况下,仍然可以自由地进入屋内。假使有人误以为当时的耶稣只是某种不具肉身的"幽魂",那也是完全猜测错误了。因为当耶稣自由地进入屋内向祂的门徒问安之后,"就把手和肋旁指给他们看"(*edeixen kai tas cheiras kai tēn pleuran autois*)。耶稣这个举动似乎是在向门徒证实,祂的确是曾经被钉死在十字架上的那一位耶稣,并且祂从死里复活以后,是具有"肉身"的,虽然祂现在的肉身跟普通的人不一样。

当然,耶稣的复活本身,以及祂复活之后的"肉身",只能说是一个人永远无法完全理解的"奥秘"(*mustērion*; mystery),正如耶稣的"道成肉身"以及耶稣在十字架上代罪的献身一样。若有人只是因为自己无法"理解",就断然否定了它的事实,就只能说是"尘土"所造以及具"血肉"之躯的人自己的狂傲(arrogance)而已。

当耶稣向门徒问安之后,"就把手和肋旁指给他们看",似乎表示祂早就已经意识到门徒当晚心中的困惑了。在记载同一个事件的时候,路加福音对这一点作了比较清楚的描述以及诠释:"正说这话的时候,耶稣亲自站在他们当中,说:'愿你们平安。'他们却惊慌害怕,以为所看见的是魂。耶稣说:'你们为什么愁烦?为什么心里起疑念呢?你们看我的手、我的脚,就知道实在是我了。摸我看看!魂无骨无肉,你们看,我是有的'"(路二十四 36～39)。⑥

---

⑥ 路二十四 39 中的"魂"字,是从希腊文 *pneuma*(RSV, spirit)译过来的。因此,也可以译作"灵"或"灵魂"。

"愿你们平安"(*Eirēnē humin*)这个问安的方式,不但在耶稣那个时代很普遍,就是在今天的犹太人之间仍旧是很普遍。这也就是希伯来语的 *shālôm 'āleikhem*。⑦ 可是,门徒平常所熟悉的那个问安语,在当晚肯定是显得格外亲切和意义深长。因为对那一群缺乏信心以及悟性的门徒来说,耶稣的复活和显现,完全是他们意料之外的事。难怪他们在亲身体验了复活的主耶稣临在的宝贵经历之后,"就喜乐了"(*echarēsan*)。

二十 21~23　耶稣又对他们说:"愿你们平安。父怎样差遣了我,我也照样差遣你们。"说了这话,就向他们吹一口气,说:"你们受圣灵。你们赦免谁的罪,谁的罪就赦免了。你们留下谁的罪,谁的罪就留下了。"

耶稣在十字架受难之前,向天父上帝祷告的时候,就曾对上帝说:"你怎样差我到世上,我也照样差他们到世上"(*Kathōs eme apesteilas eis ton kosmon*, *kagō apesteila autous eis ton kosmon*, 十七 18)。现在,耶稣已经完成了自己在世上的使命,于是,便直接地将使命托付自己的门徒:"父怎样差遣了我,我也照样差遣你们"(*kathōs apestalken me ho Patēr*, *kagō pempō humas*)。

"父怎样……我也照样"(*kathōs . . . ho Patēr*, *kagō*),在此明确表示这是一项非常重大和严肃的托付。当然,这并不意味着门徒从此就被差遣出去承担与主耶稣一样的使命。这是因为耶稣那个"代罪"的使命(一 29,三 14~18),是没有任何人可以承当或是重复的。

耶稣的门徒从耶稣那里所承当的,主要是"宣告"、"传扬"以及"见证"耶稣自己已经完成的救赎工作。这也就是"福音"的基要内容(参阅太二十八 18~20;可十六 15~18;路二十四 47~49)。

"道成了肉身"的耶稣,有圣灵的同在以及圣灵所给予祂的能力,使得祂能忠心地完成祂在世上的使命(一 32~34,三 34)。不但如此,耶稣自己也曾公开预言说,在祂"得荣耀"以后,祂将要把圣灵赐给那些信

⑦ 阿拉伯语是 *salaam 'alaikum*。见 Bruce, p. 391.

从祂的(七 37～39,十四 16～20,25～26,十五 26～27,十六 7～14)。现在,耶稣已经从死里复活,也即是"得了荣耀"。因此,耶稣把圣灵赐给那些被差遣出去的门徒,应该被看作是预言的应验。可是,那一小群门徒当晚"受圣灵"(labete pneuma hagion)的经验,是不能与五旬节那一天圣灵降临在耶路撒冷一大群门徒身上的事件混为一谈的。这是因为:一、约翰福音在二十章二十二节这里所提及的"受圣灵",是在耶稣复活之后、未升天之前发生的。不但如此,使徒行传所记载的五旬节圣灵降临,是直接应验了耶稣在使徒行传一章八节的特别吩咐和预言。这个预言的应验,是发生在耶稣升天之后大约七天(徒二 1～4)。

二、按约翰福音二十章十九至二十二节,当晚"受圣灵"的门徒应该只是一小群。可是,在五旬节那一天,一起领受圣灵的,肯定是人数众多的一群门徒(参阅徒一 15,二 1)。此外,这一个圣灵降临的事件,还有它的"普世"意义。因为当天聚集在圣城耶路撒冷欢庆五旬节那个大日子的,有来自"天下各国"的犹太人以及那些已经进入了犹太教的外邦人(proselytes,徒二 5)。

三、约翰福音并没有在二十章二十二节这里记载那一小群门徒当晚受圣灵的时候,有什么"神迹奇事"在他们中间发生。可是,在五旬节那一天,却有"神迹奇事"随着圣灵的降临而来(徒二 1～12)。不但如此,使徒彼得还将那意义深长的事件,看作是应验了旧约先知约珥的预言(徒二 15～21)。

约翰福音二十章二十三节并不是一节很容易诠释的经文:"你们赦免谁的罪,谁的罪就赦免了。你们留下谁的罪,谁的罪就留下了"(An tinōn aphēte tas hamartias apheōntai autois, an tinōn kratēte kekratēntai)。

宣告福音(proclamation)的最终目的,是要把一个最关键性的选择(choice)摆在听者面前,要求他或她作一个像存在主义(existentialism)大师祈克果(Kierkegaard)所说 either/or("非此即彼")那样的选择。在面对着福音的挑战的时候,"中立"(neutral)或是"骑墙"(sit on the fence)的立场是不可能的。

约翰福音的救恩神学,明确地将世人区分为两大类。那就是,"信"与"不信"两大类:"信他[耶稣]的人,不被定罪。不信的人,罪已经定了,因为他不信上帝独生子的名"(三 18)。这就是约翰福音二十章二十三节这一节重要经文的背景。但是,"你们赦免谁的罪,谁的罪就赦免了。你们留下谁的罪,谁的罪就留下了"这一句,在此肯定不表示耶稣的门徒(即"你们")自己有赦免世人的罪的"权柄"(*exousia*; authority)。⑧

赦免世人的罪的权柄,完全属于上帝以及祂所差遣的儿子耶稣基督。凭着这个权柄被差遣出去的门徒(福音的使者),只能向世人"宣告"(declare)上帝给人赦罪的恩典。⑨ 基于上述这个重要的理解,约翰福音二十章二十三节的意义就很清楚了。那就是,那些因听了福音的宣告而决志信从耶稣的人,罪就必蒙上帝"赦免"(*apheōntai*; RSV, forgiven)。相反的,那些听了门徒所宣告的福音以后,仍旧拒绝信从的,罪就"留下了"(*kekratēntai*; RSV, retained),也就是罪仍旧没有被赦免的意思。

"赦免"人的罪,或是将人的罪"留下"的,只能是上帝自己或是耶稣基督。不但如此,对那一位不受时间所限的复活主来说,信从者罪的"赦免"以及不信从者罪的"留下",都可说是既成的事实。

约翰福音二十章二十三节所说有关罪的"赦免"与罪的"留下",可以跟马太福音十六章十九节以及十八章十八节作一个相关的比较。

---

⑧ 太二十八 18 绝对明确地宣告"天上地下所有的权柄"(*pasa exousia en ouranō kai epi [tēs] gēs*)都是属于复活的主耶稣基督的。门徒是完全凭着这"权柄"(*exousia*)被差遣出去作福音的使者。

⑨ 这关键性的神学思想也清楚地反映在教会的一些礼仪中。例如信义宗或路德宗(The Lutheran Church)的"认罪"(confession)仪文中,在信徒"认罪"之后,就有"宣赦"一项。主持的牧师向会众宣告说:"你们既然这样承认了,我就奉上帝父、子、圣灵的名,凭教会牧师的职分,对你们各人宣布赦罪的恩典。愿上帝的平安归于你们。阿们。"

伍拾捌 那没有看见就信的有福了（二十 24～29）

约翰福音在这之前曾经多次提及不少人是因为"看见"了耶稣所行的神迹才"相信"祂的（二 11、23，七 31，十 42，十二 11、42）。门徒中的多马，也同样要求亲眼"看见"，才愿意相信主耶稣基督的复活。可是，在二十章二十四至二十九节这一段经文中，耶稣却要多马以及其他的门徒去思考一个更高和更成熟的信仰境界。那就是，不只是凭着肉眼的"看见"而导致的信仰。

耶稣在那个阶段给门徒发出如此意义深长的挑战，也是非常合时的，因为复活了的耶稣很快就要离门徒而去。不久之后，跟从祂的人就不可能再凭着肉眼去"看见"祂行什么神迹奇事了。因此，门徒的信心就必须建立在那些肉眼"看不见"的事物上。这一个巨大的转变，对那些只依赖"看见"去持守"信心"的门徒来说，无疑是"信心的跳跃"（the leap of faith）。

二十 24～25　那十二个门徒中，有称为低土马的多马，耶稣来的时候，他没有和他们同在。那些门徒就对他说："我们已经看见主了。"多马却说："我非看见他手上的钉痕，用指头探入那钉痕，又用手探入他的肋旁，我总不信。"

在教会的历史上，门徒多马已经成了人们所熟悉的"多疑的多马"（the doubting Thomas）。这并非只是基于他这一次对耶稣复活的怀疑。约翰福音十一章十六节以及十四章五节就已经有了他"多疑"的记录。二十章二十四节没有在此解释耶稣在复活的当晚向门徒显现的时候，多马为何不在场。那些当晚曾经亲自目睹耶稣出现的门徒，事后向他所作的"见证"，显然没有生效。从多马在二十章二十五节的回应来看，那些向他作见证的门徒，可能还特别强调，复活后的耶稣曾经"把手和肋旁指给他们看"。可是，多马对其他门徒的见证，仍旧是无动于衷。

多马所要求的，不仅是要"看得见"，而且还要"摸得着"。①

二十章二十五节中的"我总不信"（*ou mē pisteusō*，思高本译作"我决不信"；和修版译作"我绝不信"）这一句，很坚决地表达了多马的怀疑立场。

二十 26～27　过了八日，门徒又在屋里，多马也和他们同在，门都关了。耶稣来站在当中说："愿你们平安。"就对多马说："伸过你的指头来，摸（原文作看）我的手。伸出你的手来，探入我的肋旁。不要疑惑，总要信。"

根据二十章二十六节的记述，大概除了多马之外，其余的"门徒"应该都是八天前首次见到耶稣复活后显现的那一群。二十章二十五节与二十章二十六节这两节经文的紧接，表示耶稣第二次的显现，是特别为多马的。

耶稣这第二次向门徒显现的方式，仍旧与上一次相似（比较二十26 和二十 19）。耶稣在二十章二十七节这里向多马发出的"邀请"，很明显是针对多马在二十章二十五节那里所表达的怀疑，给予直接回应，并且还完全符合多马当时所作出的要求："伸出你的指头来，摸我的手。伸出你的手来，探入我的肋旁"（*Phere ton daktulon sou hōde kai ide tas cheiras mou，kai phere tēn cheira sou kai bale eis tēn pleuran mou*）。

耶稣向多马嘱咐的那一句，"不要疑惑，总要信"（*mē ginou apistos alla pistos*），是对多马那个"我总不信"（*ou mē pisteusō*）的态度的巧妙对应。

---

① 多马的要求，从信心的角度去看，很明显是没有必要的。然而，基于人本身的软弱，这要求也可说是符合人之常情。有趣的是，数十年后，当年老的使徒约翰写信给教会的信徒，尝试坚固他们的信心以及激发他们的爱心的时候，在信的序言中还特别强调信徒所信的"生命之道"（*tou logou tēs zōēs*）乃是耶稣的使徒们（包括约翰自己在内）"所听见，所看见，亲眼看过，亲手摸过的"（*ho akēkoamen，ho heōrakamen tois ophthalmois hēmōn，ho etheasametha kai hai cheires hēmōn epsēlaphēsan*，约壹一 1）。

二十 28　多马说:"我的主,我的上帝。"

面对着耶稣的挑战的门徒多马,当时确实是"无言以对"了。结果只能以类似敬拜的词语和谦虚的态度,来表达他对耶稣的"宣信"(confession):"我的主,我的上帝"(*Ho Kurios mou kai ho Theos mou*)。

二十 29　耶稣对他说:"你因看见了我才信。那没有看见就信的有福了。"

耶稣显然是接受了门徒多马对祂的宣信和敬拜。然而,耶稣却紧接下去藉着多马那个只是凭着"看见"而导致的"信",给门徒启示一个比多马的"信"更崇高以及更有深度的信。那就是,不必凭着肉眼的"看见"就建立起来的"信"。历代以来,绝大部分信徒的"信",其实也正是像耶稣所说的,都是"没有看见就信的"(*hoi mē idontes kai pisteusates*),他们因此都是"有福的"(*makarioi*)。

伍拾玖 约翰著福音书的最终目的（二十 30～31）

在新约圣经的四部福音书中，路加福音（一 1～4）和约翰福音的作者，都很明确地表明了书写福音书的目的。路加是希望他的读者"知道所学之道都是确实的"（*hina epignōs peri hōn katēchēthēs logōn tēn asphaleian*，一 4）。约翰的目的，正如他整部福音书一贯的目标那样，都是为了"信"。那就是说，期盼那些本来还未信的，可以因他的见证而信，并且因为信而获得藉着耶稣所赐给的"永生"。另一方面，对那些已经信了的门徒来说，约翰也希望他的见证有助于持守他们所信之道以及因这道而获得永生。

二十 30　耶稣在门徒面前，另外行了许多神迹，没有记在这书上。

约翰福音的作者很早就在二章十一节显示他是非常重视"神迹"（*sēmeia*）的，特别是神迹所导致的信心。可是，整部约翰福音书，实际上记录下来的神迹并不太多。

在参考和比较了其他三部福音书之后就不难发现，耶稣的确是像约翰所说的那样，"另外行了许多神迹"（*Polla ... alla sēmeia epoiēsen*），是"没有记在这［约翰福音］书上"的（*ha ouk estin gegrammena en tō bibliō toutō*）。

约翰既然是那么重视神迹，又为何不记载多一些呢？原因可能有二。

一、对那些愿意相信，并跟随耶稣的人来说，约翰所记载的那些神迹应该是已经足够了。另一方面，对那些已经下了决心要抗拒耶稣的，特别是犹太人的领导层，就算是更多的神迹也不会令他们有动于衷，反

而还可能使他们那不信的心变得更刚硬。① 这就正如十二章三十七节
所说的一样,"他[耶稣]虽然在他们面前行了许多神迹,他们还是不
信他"。

二、因为篇幅所限(见二十一 25)。二十章三十节的"在门徒面前"
(*enōpion tōn mathētōn*)是译自 A、B、K 等希腊文古抄本。P⁶⁶、א、C、
D 等则是"在他的门徒面前"(*enōpion tōn mathētōn autou*)。和修版因
此译作"在他门徒面前"。

二十 31 但记这些事,要叫你们信耶稣是基督,是上帝的儿子。
并且叫你们信了他,就可以因他的名得生命。

作者约翰在此肯定地宣告了他著书的最终目的。"要叫"(*hina*;
RSV,that;和修版译作"要使")在这一节经文中,很明显是在表达
"目的"。可是,"要叫你们信",这一个句子中的动词"信",在原文却有
两个不同的希腊文古抄本。中文的"信",在古抄本 א^c、A、C 等,是个简
单过去式动词 *pisteusēte*。这表示作者约翰希望他的读者会因他所记载
的"这些事"(*tauta*)而相信耶稣,且因所信的"得生命"(*zōēn echēte*)。
这样的诠释,意味着约翰写书的目的,是"宣道"或"布道"(evangelistic)。
他的对象因此是以"非信徒"(non-believers)为主。

另一方面,希腊文古抄本 P⁶⁶ ᵛⁱᵈ、א*、B 等,用的却是现在式动词
pisteuēte,表示作者约翰的读者已经是信徒,他写书的目的,是要勉励
信徒继续持守所信的,同时向信徒肯定,他们最终必因所信的"得生
命"。这样的诠释,意味着约翰写书的目的,是"勉励"(exhortative)
以及"教牧"(pastoral)性的。

有不少现代的新约学者,仍不断围绕着约翰福音书这个著书的
"目的"(purpose)而争议。有些甚至作出了不必要的 either/or("非此
即彼")的选择。②

---

① 见十二 38～41 的注释。
② 见 Carson, *Introduction* VI, pp. 661 - 663;Barrett, *Introduction*, pp. 114f;Morris,
　　pp. 755 - 766;B. M. Newman and E. A. Nida, *A Handbook on the Gospel of John*,
　　pp. 620 - 621.

学者们在二十章三十一节最后一个句子上的争议,其实也就是为了希腊原文中的一个"s":中文的"信",在希腊动词的过去式(aorist)是 *pisteusēte*,现在式(present)则是 *pisteuēte*。实际上,不论学者们作怎样的诠释,作"非此即彼"(either/or)的断然选择也许是不必要的。这是因为约翰福音,正如其他三部福音书一样,虽然都有自己的读者群在思想中,但所要达到的目的,可能都是多方面的。那就是说,这些福音书既是"宣道"(evangelistic)性的,同时也是"勉励"(exhortative)以及"教牧"(pastoral)性的。

Sandra M. Schneiders 就特别以约翰福音二十章三十一节为题,写了一部专著。③

Schneiders 在书中给约翰福音二十章三十至三十一节这两节经文作了很正确的诠释,下列是六点摘要。④

一、约翰福音所引用的资料,是选择性和独特的(The Gospel is selective and unique)。作者是按照自己既定的著书目的,去选择他人要采用的资料并且加以重组。

二、约翰福音的文本(text)是读者与启示的交遇(encounter)点(The text is the locus of revelatory encounter)。那就是说,信徒从上帝那里所得到的启示(revelation),不只限于第一代的门徒对耶稣的亲身领会和体验。历代以来的信徒,都可以藉着约翰所书写下来的文本,不断地与上帝在耶稣基督里的启示相交遇。约翰福音所留下来的文本(text),就是这启示的交遇点(the locus of revelatory encounter)。

三、约翰福音的文本,是写给"当代"(contemporary)的读者们的(The text is written for its contemporary readers)。约翰福音最早的读者群,固然是作者那一个时代的人,可是从纵横两面去看,这部福音书也可说是为每个时代的"当代读者"(contemporary readers)写的。那就是说,每一个时代的读者,都应该将自己看作是最早的读者。这就意味着福音所宣告的救恩信息是活的,并且是要求每一个读者给它作出回应。

---

③ Sandra Marie Schneiders, *Written That You May Believe*: *Encountering Jesus in the Fourth Gospel* (New York: The Crossroad Publishing Company, 1999).

④ Ibid., pp. 9 – 15.

四、上帝在基督里的启示与人交遇(encounter)的目的,是要人相信(the purpose of the encounter：that you may believe)。在整部约翰福音中,"信"或"信心"(pistis；faith 或 belief),完全没有以抽象名词(pistis)出现。正如在二十章三十一节里一样,作者约翰所用的,全部都是动词(希腊文 pisteuein,英文 to believe 或 to have faith)。那就是说,人对救主耶稣的信靠,是一个持续不断的关系(It is an ongoing relationship)。它是真挚的友谊,它是爱。这个在爱的基础上建立起来的关系,就如逆水行舟或天路历程一样,不进则退。

五、人相信的"对象"(object)：耶稣是弥赛亚,是上帝的儿子(The object of believing：Jesus who is Messiah and Son of God)。福音书的作者期望他的读者相信的,不仅是一些有关耶稣的"历史事实"(historical facts),更重要的乃是相信"耶稣是那弥赛亚,是上帝的儿子"(that Jesus is the Messiah, the Son of God)。犹太人在旧约圣经中所记载的,以及他们日夜所期盼的救主弥赛亚,只有藉着道成肉身的耶稣,才能真正地领悟以及具体地应验和实现。这是上帝摆在人面前的极大挑战和邀请(challenge and invitation)。门徒多马在亲眼看见了复活以后的耶稣所作出的宣信："我的主,我的上帝"(二十 28),可说是对上帝的挑战和邀请的明确回应。但是,耶稣却提醒以及勉励历代的信徒说："那没有看见就信的有福了"(二十 28)。

六、相信的结果：就可以因祂的名得生命(the fruit of believing：that you may have life in his name)。约翰福音的主题,肯定是"永生"(eternal life,见一 4,三 3、14～16,六 47,十一 25～26,十四 18～26,十五 1～11,十七 2 等)。二十章三十一节特别提及耶稣的"名"。它的神学背景和意义,很明显是旧约圣经。在旧约,上帝的"名",并非只是一个"虚"名,而是名符其实的。因为上帝的"名"本身,包含了上帝的本体、权能和永恒等。正如出埃及记三章十四节,上帝在自我的启示中所表达的一样,"我是自有永有的"。LXX 的希腊译文是：ego eimi ho ōn,可以译作"我就是那本体"(I am the Being)。耶稣既是那永恒的生命之道以及上帝的儿子,"信了他,就可以因他的名得生命",是很清楚的道理。约翰福音的作者,早就在他的序言中明确地宣告说："生命在他里头"(en autō zōē ēn,一 4)。

陆拾　福音书的结尾
（二十一　1～25）

　　约翰福音二十一章一至二十五节这一段结尾，曾引起学术界不少的讨论和争议，结果可以归纳为两大类的观点。

　　一、认为二十一章不是约翰福音书最原始的一部分，它是较后才添加上去的。持这观点的学者大部分也相信将二十一章添加上去的，不是约翰福音书的原作者自己。可是，也有少数学者相信，第二十一章除了二十四和二十五节之外，都是福音书的原作者自己写的。

　　二、认为第二十一章本来就是约翰福音书的结尾，并不是后来才添加上去的。可是，也有极少数学者相信，约翰福音书一至二十章以及二十一章都是同一位作者，但二十一章可能是较后再补上去的。[①]

　　那些认为第二十一章不属于原始的约翰福音书的学者，主要是根据两点的观察和推理。

　　一、基于语言的考虑（linguistic considerations），认为第二十一章的一些词语有异于一至二十章。例如 Bultmann 在经过详细的分析之后，发现在二十一章里面有二十八个字是在一至二十章中没有出现过的。[②]

　　但是，正如 Carson 所指出的一样，那些在约翰福音一至二十章没有用过的词语，突然出现于二十一章，主要是因为二十一章所记述的事物与前者不同的缘故。[③] 甚至 Bultmann 自己也同意，只是语文和文体

[①] 有关这个问题的讨论，见 Carson, pp. 665 - 668；Barrett, pp. 479 - 481；Ridderbos, pp. 655 - 658；Bultmann, pp. 700 - 706；Morris, pp. 757 - 758；Lindars, pp. 618 - 624；Schnackenburg, pp. 341 - 374.

[②] 见 Bultmann, pp. 700 - 701. 所列出的词语包括 *aigialos*（海边）、*arnion*（羊）、*gumnos*（赤着身子）、*diktuon*（鱼网）等。

[③] Carson, p. 665.

并不足以证实第二十一章的作者是另外一个人。④ Barrett 也持同样的观点。⑤ 其实,只要比较起来的话就不难发现,第二十一章在语文等方面与一至二十章相比,共同点比之不同处显然更多。

二、绝大部分相信第二十一章是后来加上去的学者都认为,福音书在二十章三十一节已经为整部约翰福音书作了一个非常完善的总结。因此,原作者是没有什么必要再去为它增添任何内容或资料的,⑥因此他们觉得第二十一章反而有“反高潮”(anticlimax)之嫌。⑦

当然,福音书二十章三十一节是否完美的总结,第二十一章又是否“反高潮”,最终仍是一个见仁见智的问题。因此,那些认为第二十一章是属于约翰福音原本的学者们,就以下列这些考虑来对怀疑者作出回应。⑧

一、约翰福音十八章十五至二十七节曾经以很显著的方式记载了门徒彼得三次不认主耶稣的事。这对彼得个人的人格,以及他今后在初期教会中的领导地位,很自然会有一定的牵连与影响。因此,耶稣和彼得在提比哩亚(也即是加利利)海边的“相遇”,以及亲切的对话(二十一 15~22),可说是复活之后的主耶稣给彼得信心的重建以及使命的委托的良机。这岂不是一件很“完美”的事吗? 何况它在福音书的整体结构和情节上,也没有造成破坏。

以研究约翰福音书为专长的学者 D. Moody Smith,因此认为耶稣与彼得在二十一章十五至二十二节的会面与交谈,显然是消除了他们之间因彼得三次的否认所造成的“疏远”(alienation)。约翰的福音书,也因此以耶稣和彼得在关系上的美好修建,作为它总结的一部分。⑨

---

④ “Language and style admittedly afford no sure proof. ” Bultmann, p. 700.

⑤ “These linguistic and stylistic considerations, when weighed against the undoubted resemblances between chs. 1 - 20 and 21, are not in themselves sufficient to establish the belief that ch. 21 was written by a different author. ” Barrett, p. 480.

⑥ 例如,对 Barrett 来说:“第二十章是不需要任何补充的单元”(ch. 20 is a unit which needs no supplement)。

⑦ 于是,根据 Bultmann 的推测,“That the Evangelist himself added it, put it after his first conclusion, then to append yet a second concluding statement (vv. 24f.) is extraordinarily improbable. ” Bultmann, p. 700.

⑧ 见 Carson, pp. 667 - 668.

⑨ 见 D. Moody Smith, *John* (Nashville: Abington Press, 1999), p. 390.

二、学者如 Barrett 认为二十一章破坏了耶稣在二十章二十一至二十三节给门徒使命的那个意义和效果。因为二十一章一至三节记载了耶稣那些门徒回去"打鱼",重操旧业,因此有破坏他们的"形象"之嫌。[⑩] 这其实也是一个见仁见智的问题。假设二十一章一至三节这一个记载是有历史根据,它不但不会"破坏"彼得以及其他门徒的"形象",反而还会因此而提升了约翰福音书本身的可信度(trustworthiness)以及它的威望(authority),因为这表明约翰福音书并没有刻意美化门徒的行为,或是故意遮掩他们的弱点。

实际上,Barrett 也许是把门徒回去"打鱼"那件事看得太消极了。因为彼得和其他同伴暂时重操旧业,并不一定就意味着他们放弃了耶稣在二十章二十一至二十二节所给他们的托付。那行动只能被看作是彼得等人在耶稣复活之后,以及升天之前的一些非常"正常"的生活方式而已。又何况彼得和西庇太的儿子那几个门徒,本来就是以"打鱼"为生的(可一 16～20 等)。重操"旧业",也因此是最自然的事了。不但如此,根据符类福音一致的记载,耶稣是在升天之前才公开地将传福音的"大使命"(the Great Commission)委托给门徒的。路加福音还特别强调,耶稣的门徒是在五旬节那天,圣灵降临在他们身上以后,也即是耶稣升天之后约七天,才真正从耶路撒冷开始宣道的。

其实,就算彼得和门徒那次回去"打鱼"的行动真是消极之举,他们失效的经验——"那一夜并没有打着什么"(*kai en ekeinē tē nukti epiasan ouden*,二十一 3),以及耶稣及时的出现和"解救"(二十一 4～14),也可说是一个莫大的启示。门徒也因此可以开始学习,从今以后,复活的主自己,或是祂所赐给他们的圣灵,将是他们在"患难中随时的帮助"。

三、约翰福音的作者是谁,对一些学者来说,似乎一直是一个悬而未决的问题。这主要是因为那些学者们认为约翰福音书本身缺乏比较明确的"内证"(internal evidence)。约翰福音二十一章二十至二十五节虽然不能说是已经彻底地解决了这个问题,但是它至少已经为读者

们提供了一些很重要的资料和线索,去支持约翰福音书的原作者就是使徒约翰(the apostle John)的论说和信念。

四、所有现存的约翰福音古抄本,都有二十一章这一章的记载。⑪正如 Strachan 所说的:"没有任何迹象显示[约翰]福音的古抄本是没有第二十一章的。"Lenski 也作了类似的观察。⑫

总而言之,除非学者们能提出更有说服力的凭证,一个比较明智及合理的选择,就是把第二十一章看作是约翰福音书不可分割的原始部分。

二十一 1　这些事以后,耶稣在提比哩亚海边,又向门徒显现。他怎样显现记在下面。

二十一章一至二十二节确实是很详细地记述了耶稣复活之后,在门徒面前的一次显现。

二十一章一节这里的"这些事以后"(*meta tauta*),似乎是指第二十章所记载的那些事。因为这一节经文中的"又向门徒显现"(*ephanerōsen heauton palin ho Iēsous tois mathētais*)这个句子,意味着"这些事"是指耶稣在较早时向门徒的显现。

这是福音书的作者约翰第二次称"加利利海"为"提比哩亚海"(*hē thalassa tēs Tiberiados*)。⑬

"显现"(*phaneroō*)是约翰福音常用的字,共出现九次(约翰壹书也是九次)。马可用了三次,马太和路加两部福音书都没有出现过。

当耶稣在迦拿施行第一个神迹之后,作者就记述说,因为那使水变成美酒的神迹所"显示"或"显现"(*ephanerōsen*)的"荣耀"(*doxa*; glory),"他的门徒就信他了"(*kai episteusan eis auton hoi mathētai autou*,二 11)。

作者约翰只有在二十一章一节这里,两次以 *ephanerōsen* 来形容

---

⑪ 古抄本一般都是没有分章节的。

⑫ "There is no trace of any manuscript of the Gospel without this chapter. " (Strachan). "No copies of the Fourth Gospel have ever been found from which chapter 21 is omitted, and no trace of such copies has ever been discovered. " (Lenski). 见 Morris, p. 75 以及 note 1.

⑬ 见六 1 及注释。

耶稣复活后的"显现"。Morris 因此认为 *ephanerōsen* 是作者有意"把我们指向耶稣在超时间和感知的境界中的真实存在"。[14]

二十一 2～3 有西门彼得和称为低土马的多马，并加利利的迦拿人拿但业，还有西庇太的两个儿子，又有两个门徒，都在一处。西门彼得对他们说："我打鱼去。"他们说："我们也和你同去。"他们就出去，上了船，那一夜并没有打着什么。

这里一共提及了七个门徒。有趣的是，其中有两个门徒在约翰福音中是第一次提到，并且被称作"西庇太的两个儿子"。"两个"是中文圣经在翻译的时候加上去的。希腊原文只是说"西庇太的［儿子］"（*hoi tou Zebedaiou*；RSV，the sons of Zebedee）。可是，中文的"两个儿子"应该是对的。因为根据马太福音四章二十一至二十二节和马可福音一章十九至二十节，西庇太的两个儿子，"雅各"和他的兄弟"约翰"，很早就跟从了耶稣。因此，虽然约翰福音二十一章二节这里并没有提及西庇太的两个儿子的名字，所指的应当是"雅各"和"约翰"了。本注释在导论中也早就肯定了这个"约翰"（*Iōannēs*；John）就是约翰福音书的作者。可是，一些西方的学者就未必会那么肯定了。D. Moody Smith 就只能肯定说，二十一章二节最后提及的那"两个门徒"（*kai alloi ek tōn mathētōn autou duo*），其中之一必然是"耶稣所爱的那门徒"（the Beloved Disciple）。Smith 并不像本注释的作者那样，相信西庇太的儿子中的"约翰"，就是"耶稣所爱的那门徒"。[15]

耶稣上一次向门徒显现的时候，是在祂复活之后的第九天（见二十26），地点是在耶路撒冷。二十一章二至三节并没有说明彼得等这一小群门徒，是什么时候从犹太南部的耶路撒冷回到北部的加利利海边的。Moule 和 Bruce 等猜测，那一小群门徒大概是在耶路撒冷过了无酵饼节期那个星期之后，离开京城北上加利利的。[16]

---

[14] "It points us to the every real existence of Jesus in a sphere beyond this world of time and sense. " Morris, p. 760.

[15] D. M. Smith, *John*, p. 391.

[16] 见 Bruce, pp. 398 - 399 以及 note 2.

　　当耶稣还跟门徒在一起的时候，彼得一向都是作领导，或是自己主动充当"发言人"的。这样的情况，在主耶稣复活之后，似乎仍旧没有改变。他在耶稣受审时曾经三次不认主的痛苦经验与失败，也似乎没有影响他的领导地位。

　　上面已经说过了，彼得在二十一章三节自己决定"打鱼"去，并不一定表示他是已经"跌倒"或"贪爱世界"，或是已经放弃了耶稣所委托给他的使命。这是华人教会或信徒在讲台上或是在查经班里，经常都会听到的"灵意解经"。这样的解经虽然有它感人以及提醒信徒的正面作用和果效，但是却有对彼得产生误会之嫌。

　　彼得以及其他六个门徒回去"打鱼"的行动，也可能是出于他们当时实际生活的需要。门徒昔日跟从耶稣周游四方的时候，他们基本上的温饱大概都可以依靠一些人善意的供应和接待来解决。可是，他们所跟随的主耶稣现在已经不在他们身边了，他们的基本温饱问题，就必须依赖自己去想办法了，回去"打鱼"也因此是最自然的途径。

　　二十一章三节的"我打鱼去"，希腊原文 *Hupagō halieuein*，只表明那是彼得自己当时的打算，并不是他给同伴提出的建议或邀请。其他门徒当时不约而同地回应："我们也和你同去"（*erchometha kai hēmeis sun soi*），表示他们也有同感，虽然彼得一向的领导"魅力"，应该也会有一定的作用。

　　对彼得以及西庇太的儿子雅各和约翰那些有经验的渔夫来说，"那一夜并没有打着什么"（*kai en ekeinē tē nukti epiasan ouden*），肯定是令他们深感失望和倒霉的经历。可是，学者 Carson 把约翰福音在这里的记载与路加福音五章四至十一节那一段经文联想在一起的时候，就认为门徒一无所获的经验，并不能完全被看作是一次"失败"，因为门徒以及历代的信徒，都可从中寻找或是反省到一些特殊的意义，或是悟出一点属灵的道理。⑰

---

⑰ "They〔the disciples〕are coming to grips with the resurrection, but they still have not learned the profound truth that apart from Christ they can do nothing〔15：5〕, and so that night they caught nothing." 〔cf. Lk. 5：5〕Carson, p. 670.

二十一 4　天将亮的时候,耶稣站在岸上。门徒却不知道是耶稣。

福音书曾数次记载,当复活后的主耶稣向门徒显现的时候,他们并不能立即辨认出祂的身分。最令人难以置信的,也许是路加福音二十四章十三至三十二节所记载的那一次。与那一次相比,约翰福音二十一章四节的记述,应该是比较可以理解的,因为这一次是发生在"天将亮的时候"(*Prōias de ēdē ginomenēs*),并且站在岸上的耶稣,可能与门徒之间还有一段距离。也许门徒根本就没有意料到,不久之前曾经在南部的耶路撒冷向他们显现过的主耶稣,还会跟踪他们北上。

二十一 5~6　耶稣就对他们说:"小子,你们有吃的没有?"他们回答说:"没有。"耶稣说:"你们把网撒在船的右边,就必得着。"他们便撒下网去,竟拉不上来了,因为鱼甚多。

耶稣在此第一次称呼祂的门徒为"小子"(*paidia*;RSV,children;和修版,"孩子们")。对这一点,Bultmann 感到意外:"门徒被称作'小子'[*paidia*],令人感到惊讶"。[18]

Bultmann 感到惊讶(surprising),主要是因为在这之前,耶稣并没有用过希腊文 *paidia*("小子"或"孩子们")来称呼自己的门徒。其实,这还是小事,更令人难以理解的,倒是 Bultmann 竟然还根据这一类的观察,怀疑第二十一章的作者,与一至二十章的原作者是不同的人。Bultmann 那样的"推理",才真令人深感"惊讶"呢!

同样令人感到惊讶的是,运用 Bultmann 那一类的"推理"去怀疑这个或是怀疑那个的学者,还大有其人。例如,不少学者不信提摩太前后书以及提多书是保罗的著作,其中一个主要"理由"是这三部作品中的一些词语,并没有出现在那些被公认是保罗的著作中,如罗马书、加拉太书和哥林多前后书等。

学术界上述那一类的推理方法,其实是非常严重的。因为他们已经独断地(arbitrarily)认为,甚至先入为主地"决定"了,圣经的作者们"应该"用什么词语。不但如此,他们还大胆地假设,圣经的某一位作者

---

[18] Bultmann, p. 701.

一旦在较早的作品中用过了某些词语,必然也会在较后的作品中一贯不变地继续使用。若是有什么变化或是有什么新的词语出现,就被判定是出自他人的。

Paidia("小子们")不但在约翰福音二十一章五节这里出现,也在约翰壹书二章一、十二、十八节等处出现。Bultmann 也有观察到这个事实。⑲ 本诠释的作者相信,约翰壹书也是使徒约翰所写的。

在海边出现的主耶稣,其实是非常清楚那一小群整夜打鱼的门徒当时的处境。因此,"小子,你们有吃的没有"这一句问话,并不表示耶稣的无知。耶稣的问话,可能是为了唤醒他们,旨在帮助他们解决困境。

门徒回答说:"没有"(*ou*)。这只能表达他们当时的失望和无奈。也许正是因为门徒自己深感无奈,所以才会在不假思索的情况下,依照岸上那一个"陌生人"的指示去撒网:"把网撒在船的右边"(*Balete eis ta dexia merē tou ploiou to diktuon*)。结果正如"陌生人"所预料的那样,大有收获:"竟拉不上来了,因为鱼甚多"(*kai ouketi auto helkusai ischuon apo tou plēthous tōn ichthuōn*)。

二十一 7～8 耶稣所爱的那门徒对彼得说:"是主。"那时西门彼得赤着身子,一听见是主,就束上一件外衣,跳在海里。其余的门徒(离岸不远,约有二百肘[古时以肘为尺,一肘约有今时尺半])就在小船上把那网鱼拉过来。

"耶稣所爱的那门徒"(*ho mathētēs ekeinos hon ēgapa*),正如他在耶稣复活的大清早在空的坟墓中所领悟的一样(二十 2～8),立即从当时撒网的丰收中,觉察到那位在岸上指示他们的"陌生人",是主耶稣。

西门彼得的反应也很迅速,或许也可以说是像往常那么"鲁莽",他立即"跳在海里"。他的目的很明显是要往岸上去会见主耶稣。

其余的门徒,也开始忙于他们意外的收获。这一些生动的记述,应该是源自目击者的回忆或见证。

---

⑲ Ibid.

二十一章八节的"约有二百肘"(*hōs apo pēchōn diakosiōn*),和修版译作"约有一百公尺",以便让当代人更清楚当时门徒在海上与岸上之间的距离。

二十一 9～11　他们上了岸,就看见那里有炭火,上面有鱼,又有饼。耶稣对他们说:"把刚才打的鱼拿几条来。"西门彼得就去(或作上船),把网拉到岸上。那网满了大鱼,共一百五十三条。鱼虽这样多,网却没有破。

岸上的炭火以及烧烤,应该是复活后的主耶稣自己预先就为门徒准备好的。它似乎又再一次提醒门徒,他们的主永远都是比他们走快一步的。可是,当时炭火上的鱼,显然是不足以应付七个门徒的需要。因此,多烤一些是自然的。于是,耶稣便对门徒说:"把刚才打的鱼拿几条来"(*enegkate apo tōn opsariōn hōn epiasate nun*,二十一 10)。[20]

鱼的数目"共一百五十三条"(*hekaton pentēkonta triōn*,二十一 11)。这可能就是门徒当时所获的实际数目,是那些惊喜以及好奇的门徒自己数算出来的结果。这也是人之常情。可是,历代以来,都不乏读经以及释经者尝试从"一百五十三"这个数目去猜测和探索一些"象征性"(symbolic)或是"属灵"(spiritual)的意义。[21] 甚至在释经上一向都持非常谨慎和平稳态度的新约学者 F. F. Bruce,都难免要作出一些象征性的提示。[22]

无论如何,"鱼虽然这样多,网却没有破"(*kai tosoutōn ontōn ouk eschisthē to diktuon*,二十一 11),这一句评语,似乎是有意强调门徒那一次所获得的鱼量,是一件很不寻常,甚至是近乎"神迹"般的事。这也是可以理解的,因为根据路加福音五章四至六节的记载,在一个较早的类似事件中,门徒西门彼得当时也就因为网获了"许多鱼",结果"网险

---

[20] 炭火上烤的"鱼",在希腊文原文是单数,*opsarion*。可是,正如英文的 fish 一样,*opsarion* 有时也可以代表复数,正如二十一 13 这里一样。二十一 10 的"鱼"则是复数,*opsaria*。

[21] 见 Bruce, p. 401 所引的一些例子。奥古斯丁就曾经发现,从 1 至 17 加起来的总数正好是 153。可是,他并没有办法进一步去解释 153 这个数字有何特殊的意义。见 D. M. Smith, *John*, p. 393.

[22] Bruce,pp. 401 - 402.

些裂开"了(路五 6)。

二十一 12~14 耶稣说:"你们来吃早饭。"门徒中没有一个敢问他,你是谁? 因为知道是主。耶稣就来拿饼和鱼给他们。耶稣从死里复活以后,向门徒显现,这是第三次。

复活以后的耶稣,虽然在这之前已经有两次向门徒显现(二十 19、26),可是这一次祂在提比哩亚,也即是加利利海边的显现所带给门徒的惊喜以及意外的收获,却令他们深感不自在。

就耶稣当时复活之后的"身分"(identity)和"存在"(existence)而言,祂既是门徒所"熟悉"的那一位"夫子",同时也是令他们深感"陌生"的复活主。门徒那天清早在海边面对耶稣时,那种极端复杂的心情,不但可以理解,也反映了这一个记载的真实性。但至少有一点是肯定的:门徒毕竟"知道是主"(eidotes hoti ho Kurios estin)在邀请他们吃早饭。只是当时"门徒中没有一个敢问他,你是谁?"(oudeis de etolma tōn mathētōn exetasai auton, Su tis ei;二十一 12)。

当耶稣把那些预备好的"饼和鱼"(artos kai opsarion)分给门徒的时候,他们应该不难想起昔日耶稣在离提比哩亚(加利利)海不远的山上,曾经用"五个大麦饼和两条鱼"给五千人吃饱的神迹(六 1~10),除非他们的悟性已经完全迟钝了。㉓

福音书作者很明确地在二十一章十四节这里向他的读者交代说,这是"耶稣从死里复活以后,向门徒显现"的"第三次"(triton)。这样一来,根据约翰福音的记载,耶稣复活后迄今,共显现了四次。这包括复活之后的主,单独向抹大拉的马利亚显现的那一次(二十 14~18)。

二十一 15~17 他们吃完了早饭,耶稣对西门彼得说:"约翰(在马太十六章十七节称约拿)的儿子西门,你爱我比这些更深吗?"彼得说:

㉓ D. M. Smith 就明确地说,耶稣在提比哩亚海边向门徒显现的最高峰,很清楚是耶稣拿饼和鱼给门徒那个富有圣餐意味的一件事:"The culmination of the scene, with its cleary eucharistic overtones, is Jesus' distribution of the bread and fish to the disciples." [cf. 6: 11; Mk 6:4] D. M. Smith, *John*, p. 394.

"主啊,是的。你知道我爱你。"耶稣对他说:"你喂养我的小羊。"耶稣第二次又对他说:"约翰的儿子西门,你爱我吗?"彼得说:"主啊,是的。你知道我爱你。"耶稣说:"你牧养我的羊。"第三次对他说:"约翰的儿子西门,你爱我吗?"彼得因为耶稣第三次对他说"你爱我吗",就忧愁,对耶稣说:"主啊,你是无所不知的,你知道我爱你。"耶稣说:"你喂养我的羊。"

几乎大部分的学者都认为,耶稣在早饭后与彼得的这一段对话,目的是要坚固彼得的信心,以及要求他负起牧养和领导教会的重大责任。

耶稣对彼得接二连三的询问,除了表明这件事的重要意义之外,也不难叫人联想到彼得在祭司的院子里,当耶稣被考问的过程中,三次不承认主耶稣的事(十八 15～27)。那令人难忘的一幕,也许有助于解释为什么当耶稣"第三次"(_to triton_)问彼得的时候,他"就忧愁"(_elupēthē_)起来(二十一 17)。

彼得"忧愁",除了是因为耶稣一连三次的询问,让他回忆起昔日三次不承认主的羞耻与遗憾之外,也可能是因为他觉得主耶稣在怀疑他前面两次所表达的"爱"。读经者应该是不难理解,彼得当时的心情不但复杂,并且还会深感自卑与难堪。

在耶稣与彼得的对话中,耶稣在第一和第二次询问彼得的时候,所提出的"爱"字,在希腊原文是 _agapaō_(二十一 15～16)。可是,耶稣第三次询问彼得的时候,所用的"爱"字,在希腊原文却是另外一个字:_phileō_。因此,就有一些学者尝试去区分 _agapaō_ 与 _phileō_ 这两个"爱"字,在二十一章十五至十七节这一段的对话,可能具有的不同意义。㉔

尝试在 _agapaō_ 与 _phileō_ 之间作某些区分的学者们,普遍都以为 _agapaō_ 是用以表达一个比较"深层"、"丰厚"、"纯洁",甚至是更"神圣"的爱。与此相比,_phileō_ 则是显示人间一般性的爱,是通俗的爱,甚至包括"性爱"在内。㉕

其实,不论是在旧约圣经的希腊文译本 LXX 或是在希腊原文的用

㉔ Carson 在 _agapaō_ 和 _phileō_ 这两个字的讨论上,作了极详细并公正的分析和评论。见 pp. 676 - 678.

㉕ NIV 因为受了这一类观点的影响,把 _agapaō_ 译作"truly love"("真正的爱",二十一 15～16);将 _phileō_ 只译作"love"("爱",二十一 15、16、17)。

法和基本意义上，*agapaō* 与 *phileō* 都是没有明确区别的。下列几个例子，也许已经足以证实这点。

一、总的来说，LXX 的希腊文就没有给 *agapaō* 和 *phileō* 作任何基本上的区分。

二、旧约撒母耳记下十三章一至十五节，在记述大卫王的儿子暗嫩（Amnon）对他的妹子他玛（Tamar）所表达的乱伦性的强奸的时候，也说他深"爱"（*agapaō*）他的妹子（撒下十三 4、15）。*Agapaō* 这个"爱"字，也就是一些学者们误以为是比 *phileō* 较"崇高"的。

三、提摩太后书四章十节提及"底马贪爱现今的世界"（*Demas . . . agapēsas ton nun aiōna*）的时候，所用的"爱"字也是 *agapaō*（*agapēsas*）。"贪爱"世界的"爱"，在保罗的眼中，肯定就不会是什么"崇高"的"爱"了。

四、就在约翰福音的文本中，作者多次提及父上帝"爱"祂的儿子耶稣基督的时候，*agapaō* 和 *phileō* 都是自由地使用（例如三 35，五 20 等）。耶稣对祂的朋友拉撒路的"爱"，也是一样，*agapaō* 和 *phileō* 都有出现（十一 5、36）。

就约翰福音而论，读者和释经者都必须要注意到一点。那就是，作者约翰在文本中有时也会用一些同义词（synonyms），好让句子不至于太单调或刻板。就在二十一章这里，作者就用了三对同义词：除了上述已经提到的"爱"字（*agapaō* 和 *phileō*）之外，还有"羊"字（*arnia* 和 *probata*）以及"喂养"或"牧养"（*boskō* 和 *poimainō*）。

Carson 在他所著的《释经中的谬论》一书中，还将区分 *agapaō* 与 *phileō* 的那些观点和做法，看作是"谬论"（fallacy）的一个具体例子。㉖

假使上述的二十一章十五至十七节这一段经文，被看作是复活后的主耶稣给门徒彼得的一个重大的"任命"（commissioning），㉗则受命的彼得，结果肯定没有让主耶稣基督失望。因为在提比哩亚海边的那一次对话以及"任命"之后仅二三十天，从五旬节圣灵降临在门徒身上

㉖ Carson, *Exegetical Fallacies* (Grand Rapids: Baker, 1992), p. 30.
㉗ 因为主耶稣先后三次慎重地对彼得说："你喂养我的小羊"（二十一 15），"你牧养我的羊"（二十一 16），"你喂养我的羊"（二十一 17）。

的那个时刻开始,彼得和其余的门徒(或"使徒",*apostoloi*),就立即开始负起宣道的重任(徒二 14～40)。不但如此,彼得也是第一个把福音传给"外邦人"(gentiles)的使徒(徒十 1～48)。同样有意义的是,彼得在提比哩亚海边被任命后大约三十五年,身为教会领袖("长老",*presbuteros*)的彼得,还特别语重心长地劝勉那些与他同工的众长老们,"务要牧养"在他们中间那些"上帝的羊群",并且还要"作羊群的榜样"(*poimanate to en humin poimnion tou Theou ... tupoi ginomenoi tou poimniou*,彼前五 1～3)。

　　耶稣吃完了早饭后,首先问彼得的那一句话中的两个字——"这些"(*toutōn*;RSV,these),也应该在此加一些注释:"约翰的儿子西门,你爱我比这些更深吗?"(二十一 15)

　　"这些"在希腊原文 *toutōn* 可以指人,也可以指事物。若是指事物,就上下文而论,最可能就是指彼得打鱼的"旧业"(西门彼得……说:"我打鱼去",二十一 3)。问题是,彼得在二十一章三节所说的打鱼,可能只是他暂时维持生计或是打发时间的一个做法,并不能真正说明他又重新"爱"上了打鱼的旧业。

　　假设"这些"(*toutōn*)是指人,那这些"人"又是指谁呢?它不太可能是指当时在场的那些门徒或是其他的人,因为没有任何证据或迹象显示彼得在那个时候会"爱"其他任何人比爱耶稣更深。

　　思高本的二十一章十五节,不只是翻译,也是对这个句子的一个诠释:"你[彼得]比他们[其余的门徒]更爱我吗?"(希腊原文的句子只是:*Agapas me pleon toutōn*)。思高本的诠释有一定的道理。因为在耶稣还未受难之前,西门彼得就曾经很自信地对耶稣说:"我愿意为你舍命"(十三 37)。彼得当时的自信也可能意味着,其余的门徒不像他自己那样"愿意"为耶稣"舍命"。此外,根据马可福音十四章二十九节的记载,彼得当时还公开地夸口说:"众人虽然跌倒,我总不能",表示他比别人更强、更爱主,不可能否认或是抛弃他所跟从的主耶稣。

　　可是,约翰福音二十一章十五至十七节这一段经文,并不能说明耶稣当时在询问西门彼得的时候,是否有将上述的那些背景放在考虑之中。不但如此,耶稣在第二以及第三次询问彼得的时候,也只是问彼得说:"你爱我吗?"(*agapas me*,二十一 16;*phileis me*,二十一 17)与此同时,彼得的三次回答都是:"你知道我爱你"(二十一 15～16 的希腊原文是 *su oidas hoti philō se*,二十一 17 是 *su ginōskeis hoti philō se*)。

纵使是那样,耶稣在提比哩亚海边给西门彼得的使命("你喂养我的羊",二十一 17),肯定是耶稣对彼得在教会中领导地位的一个很明确的认可。这一点也完全与新约圣经其他地方的记载和见证吻合(太十六 18～19;加一 18;林前一 12 等)。

二十一 18～19　"我实实在在的告诉你,你年少的时候,自己束上带子,随意往来;但年老的时候,你要伸出手来,别人要把你束上,带你到不愿意去的地方。"耶稣说这话,是指着彼得要怎样死,荣耀上帝。说了这话,就对他说:"你跟从我吧。"

有关彼得今后的一生,在耶稣看来,"年少的时候"(*neōteros*)确实是比较自由和顺畅的,这一点也非常符合新约圣经所记载的彼得。至少在主后 60 年之前,彼得在宣道和教牧等方面的工作,总的来说,都可以"随意往来"(*periepateis hopou ētheles*)。

至于彼得"年老的时候"(*hotan de gērasēs*)的遭遇,耶稣在二十一章十八至十九节这里,很明显是在说预言。不但如此,当约翰福音成书的时候,耶稣所说的预言已经是应验了。彼得大概是在主后 64 至 66 年间,在罗马的暴君尼禄(Nero)迫害基督徒的时候,在罗马城殉道的。

罗马的克莱门特(Clement of Rome)在所著的《克莱门特一书》(I Clement 5:4)中,提及彼得的遇难。可是,他没有进一步说明彼得是在怎样的情况下被处死的。教父德尔图良(Tertullian)在写于第三世纪初的著作 *Scorpiace*(Scorpion)中,声称彼得是被人束上,绑在十字架上的。新约的次经《彼得行传》(The Acts of Peter)三十七至三十九章则进一步解释说,彼得是自己要求"倒钉"十字架的。学术界对这一个传统说法的可信度,持有不同的看法。无论如何,根据斯多亚派哲学家的一些记载(大约是 2B. C. - A. D. 65 之间),罗马政权当时的确是有给人"倒钉"十字架的做法。[28]

---

[28] Bruce,p. 406;Carson,p. 680.

对耶稣来说,无论彼得"要怎样死"(sēmainōn poiō thanatō),只要彼得像耶稣自己那样,忠心地完成所托付的使命,就可以说是"荣耀上帝"了(doxasei ton Theon)。

耶稣紧接下去对彼得所说的那一句话——"你跟从我吧"(Akolouthei moi),是对门徒彼得很慎重的提醒与激励。耶稣这一句话,不仅叫彼得想起大约三年前耶稣在加利利海(也即是提比哩亚海)边,首次呼召他作门徒的那一幕情景(可一 16~18),也让他重新再思考,以及面对"作门徒的代价"(the cost of discipleship)。这就正如耶稣自己曾经向那些跟从者所发出的挑战那样:"若有人要跟从我,就当舍己,背起他的十字架来跟从我"(Ei tis thelei opisō mou elthein, aparnēsasthō heauton kai aratō ton stauron autou kai akoloutheitō moi,可八 34)。

二十一 20~23　彼得转过身来,看见耶稣所爱的那门徒跟着,就是在晚饭的时候,靠着耶稣胸膛,说"主啊,卖你的是谁?"的那门徒。彼得看见他,就问耶稣说:"主啊,这人将来如何?"耶稣对他说:"我若要他等到我来的时候,与你何干? 你跟从我吧。"于是这话传在弟兄中间,说那门徒不死。其实耶稣不是说他不死,乃是说:"我若要他等到我来的时候,与你何干?"

二十一章十五节并没有说明,"吃完了早饭"之后,耶稣与彼得的对话是单独的,还是在其他门徒面前。无论如何,当耶稣与彼得的对话到了二十一章十九节以后,"彼得转过身来,看见耶稣所爱的那门徒跟着"(Epistrapheis ho Petros blepei ton mathētēn hon ēgapa ho Iēsous akolouthounta,二十一 20)。

约翰福音和三部符类福音一样,都同样见证彼得和约翰不仅是最接近耶稣身边的人,二人彼此之间也有着很亲密的关系。根据约翰福音的记载,使徒约翰和彼得都同样是最早跟从耶稣的两个门徒(一 40~42)。㉔

在"最后的晚餐"的坐席上,彼得和约翰("耶稣所爱的那门徒"),似

㉔ 见本注释的绪论有关"作者问题"一项。

乎也是很亲密地坐在一起(十三 23～24)。在耶稣复活的那一天早上，在听到抹大拉的马利亚传来耶稣复活的好消息之后，立即赶到坟墓现场去看个究竟的，也同样是彼得和约翰("耶稣所爱的那门徒"，二十 1～8)。

　　如今，在提比哩亚的海边，当耶稣与彼得个别对话了之后，紧跟在后面的，也是约翰("耶稣所爱的那门徒"，二十一 20)。福音书的作者还特别解释说，他"就是在晚饭的时候，靠着耶稣胸膛，说'主啊，卖你的是谁?'的那门徒"(*hos kai anepesen en tō deipnō epi to stēthos autou kai eipen, Kurie, tis estin ho paradidous se*)。这也意味着使徒约翰在那个时候出现在耶稣和彼得之间的重要意义。本注释在讨论约翰福音的作者的时候，已经强调了这一点。

　　在这之前，耶稣已经很严肃地为彼得的将来"算了命"(二十一18～19)。既是那样，彼得在二十一章二十一节这里向耶稣所提出的问题，也就显得很自然了:"主啊，这人[约翰]将来如何?"(*Kurie, houtos de ti*)。

　　只凭着二十一章二十一节这一句问话，不可能断定彼得问耶稣有关约翰的将来的用意何在。它可能表达了自己对一位亲密同伴的深切关怀或是出于某种自发性的好奇心。基于耶稣在较早时对彼得将来要面对的苦难("别人要把你束上，带你到不愿意去的地方"，二十一 18)，彼得也很自然地想要知道自己同伴的将来，是否也会面对类似的苦难。[30]

　　耶稣当时给彼得的回答是:"我若要他等到我来的时候，与你何干?"(*Ean auton thelō menein heōs erchomai, ti pros se*)。

　　这一个表面上看似乎是很简单的回答，不但在作者约翰那个时代以及初期教会引起了很大的猜测和不少的误解，甚至到了今天，仍旧是学术界不断在讨论和争议的一个问题。

　　二十一章二十二节所以引起讨论和争议，主要是因为耶稣所说的"我来的时候"不知道是指什么"时候"。早在耶稣还未被钉死在十字架上以及从死里复活之前，祂就曾经安慰门徒说，祂离开门徒之后，其实

―――――――――――

[30] "这人将来如何?"原文是 *houtos de ti*。也可以更简单地像思高本那样译作:"他怎样?"

是要在上帝那里为他们"预备地方"。地方一旦预备好了以后，祂"就必再来"（*palin erchomai*）接门徒到祂那里去（十四 1～3）。因此，就约翰福音而论，二十一章二十二节所说的"我来的时候"，很自然是应该与耶稣在十四章三节所指的"再来"有直接的关系。

可是，耶稣在二十一章二十二节，其实并没有明说门徒约翰是要"等到"或是"活到"耶稣"再来"的时候。和合本译文中的"等到"，希腊原文 *menein*，也可以译成"活到"。与此同时，句子中的"来"（*erchomai*），也可以基于约翰福音十四章三节的意思，译成"再来"。这样，整个句子就可以更清楚地译作："我若要他活到我再来的时候，与你何干？"

希腊原文句子的语法，很明显表示耶稣当时对彼得的回应，只是一个假设：*Ean auton thelō menein heōs erchomai*（"我若……"）。耶稣的假设，实际上也只有一个意思，那就是，门徒约翰"将来如何"是完全在主耶稣的旨意以及掌管之下的事。就算主耶稣容许约翰一直活到祂"再来"，也是祂以及约翰的事，与彼得是没有什么相干的。在主耶稣的旨意中，彼得有自己的使命以及当走的路，那才是最关键的。难怪耶稣紧接下去再一次对彼得说："你跟从我吧！"（*su mou akolouthei*）。

有关耶稣的"再来"，在耶稣自己那个时代，以及在初期教会中，都是人们有兴趣探索和猜测的热门课题。马可福音九章一节就是一个很有意思的例子："耶稣又对他们说：'我实在告诉你们，站在这里的，有人在没尝死味以前，必要看见上帝的国大有能力临到。'"有些读经者或释经者就误以为耶稣在这里是指祂的"再来"（the second coming）。若真是那样，就表示耶稣在马可福音九章一节的"预言"是说错了或是没有"应验"。因为不但当时"站在"耶稣周围的那一代人早已去世（"尝死味"），直到将近二千年以后的今天，耶稣仍旧还未"再来"。其实，耶稣在马可福音九章一节所说的，并不是祂的"再来"，而是在预言九章二至八节所发生的事（详见本注释作者的《马可福音注释》对有关经文的诠释。香港基督教文艺出版社，1991）。

无论如何，耶稣在二十一章二十二节给彼得的回应，结果是在门徒之间被误解了："于是这话传在弟兄中间，说那门徒[约翰]不死"（二十一 23）。"那门徒不死"（*ho mathētēs ekeinos ouk apothnēskei*）译作

"那门徒将会不死"也许会更清楚一些。

对"弟兄之间"(*eis tous adelphous*)的传说或误解,约翰福音的作者立即给予澄清:"其实耶稣不是说他不死,乃是说:'我若要他等到我来的时候,与你何干?'"(*ouk eipen de autō ho Iēsous hoti ouk apothnēskei all'*, *'Ean auton thelō menein heōs erchomai, ti pros se*)。

耶稣在约翰福音二十一章二十二节所说的那一句话,应该是在主后 30 年。假设约翰福音是在主后 80 至 90 年左右成文的话,就表示"弟兄中间"有关门徒约翰将不会死的传说,已经流传了五六十年。当事人作者约翰在他的福音书即将终结的时候,为那样的传说作一个澄清,也是很自然的事。

可是,有些学者却基于某些假设或是从其他角度去猜测二十一章二十二至二十三节的意思与其历史背景。他们首先以为耶稣在二十一章二十二节那里指祂"再来"(the Second Coming)的事。那就是说:"耶稣所爱的那门徒"将会一直存活到耶稣再来的时候。这些学者普遍也不相信"耶稣所爱的那门徒"(二十一 20)就是福音书的作者使徒约翰。不但如此,这些学者,包括 Barrett、R. E. Brown 和 Bultmann 等还认为,在约翰福音成书的时候,不但"耶稣所爱的那门徒"已经去世,使徒那一代的人也先后不在了。这就意味着耶稣在二十一章二十二节那里所说的"预言",并没有"应验"。耶稣有关自己"再来"的"预言"没有"应验"这一件事,令初期教会深感困惑和尴尬!约翰福音二十一章二十至二十三节这一段经文,因此就被这些学者们看作是初期教会,或是写约翰福音的那个社群,用以解释耶稣"再来"的"延迟"而写的。对 R. E. Brown 来说,耶稣"再来"的"预言"没有"应验",或是耶稣"再来"的"延迟",不仅令初期教会深感困惑和尴尬,还造成了当时教会在信仰、神学和生活上很大的"危机"(crisis)。约翰福音二十一章二十至二十三节因此是对教会当时所面对的"危机"的一个回应。[31]

R. E. Brown 上述的假设曾经引起了学术界的兴趣和关注。可

---

[31] "... We shall stress that the death of the apostolic generation caused crisis in the parousiac expectations of the church, and for the Johannine community the Beloved Disciple seems to have been the last of the apostolic generation." Brown, p. 1118. 参阅 Barrett, p. 488.

是,它结果还是像 Bultmann 有关约翰福音的"后记"(postscript,也即是二十一章)的论说一样,猜测和个人的推理多过于具体的实证。㉜ Brown 的看法,至少有下列几个明显的问题和错误。

一、他明知约翰福音二十一章二十二节是耶稣在回应彼得有关"耶稣所爱的那门徒"的"将来"那个询问的一个假设:"我若要他等到我来的时候,与你何干?"(或是"我若要他活到我再来的时候,与你何干?")希腊原文的语法,也很清楚表示耶稣当时所说的,只是一个假设或比方(*Ean auton thelō menein heōs erchomai, ti pros se*)。可是,Brown 却把耶稣的回应看作是有关祂"再来"的一个"预言"。那就是说,耶稣那一个回应,是在预言"耶稣所爱的那门徒"将会一直存活到耶稣"再来"的时候。结果耶稣并没有在所预言的时间内"再来",因此带给了初期教会极大的尴尬和困惑,甚至是"危机"(crisis)。

二、福音书的作者在紧接下去的二十一章二十三节中,明确地澄清说,其实耶稣并没有说那个门徒"不死",或预言说,他将会一直活到耶稣再来的时候。可是,Brown 很显然没有尊重作者的澄清,反而把这个澄清误解说是当时的教会对耶稣"延迟"再来所造成的"危机"(crisis)的一个回应。

三、Brown 的论说,似乎没有考虑到一个很普通的常识或是心理现象。假使耶稣真是有说过有关祂将要"再来"的预言,结果并没有"应验",因此给初期教会造成了"尴尬"、困惑,甚至是"危机",福音书的作者比较明智的做法其实是干脆就不要记载耶稣那个没有"应验"的"预言"。因为这样的做法无论对信徒的信心、宣道的力量以及"护道"的果效都有好处。任何明智的作者,都不会把一个"失败"的例子记载下来,然后又自圆其说地去加以"澄清"。如是的做法,也很肯定不太可能达到约翰福音书的作者著书的最终目的:"但记这些事,要叫你们信耶稣是基督,是上帝的儿子,并且叫你们信了他,就可以因他的名得生命。"(二十 31)人们怎么会相信一个"预言"没有"应验"的耶稣是"基督",是"上帝的儿子",并且会因这信而"得生命"?

㉜ 详见 Bultmann, pp. 700 – 717.

　　四、耶稣在世的时候的一些言论或话语,很自然会引起人的误会。约翰福音二十一章二十二节只能说是其中的一个例子。读者或释经者的正确态度,应该是尊重或接受作者在二十一章二十三节的解释或澄清,而不应当去猜测或怀疑那个解释或澄清,是在反映什么"危机"或是其他的"历史情况"。

　　二十一 24　为这些事作见证,并且记载这些事的,就是这门徒。我们也知道他的见证是真的。

　　如果二十一章二十四节这一节经文,原是属于整部约翰福音书的"后记"(postcript)的话,那么文中的"这些事"(toutōn)和"这些事"(tauta),就不仅是指二十一章所记述的事件,而是包括整部约翰福音书所记载的一切了。若是这样,二十一章二十四节所说的"这门徒"(ho mathētēs),也就是约翰福音书所形容的"耶稣所爱的那门徒"(ton mathētēn hon ēgapa ho Iēsous,二十一 20)。他也就是约翰福音的作者使徒约翰自己。

　　同样重要的另外一个观察是:这个门徒既是为"这些事"(toutōn)作见证的(ho marturōn peri toutōn),也是"记载这些事的"(kai ho grapsas tauta)。这样的情况是马太、马可和路加这三部符类福音书没有的,或至少是没有这样区分以及加以强调的。

　　"记载"或"书写"(grapsas),固然是很重要,可是对约翰福音书来说,"见证"(ho marturōn)也同样重要,甚至还可以说是更重要。因为记载者或是书写人是可以取代的,目击事件发生的见证人,却无人可以代替。这就说明了"见证"在约翰福音中是那么的重要和显著。㉝

　　二十一章二十四节还补充说:"我们也知道他的见证是真的"(kai oidamen hoti alēthēs autou hē marturia estin)。这个严肃的肯定与十九章三十五节的见证非常相似。可是,句子中的"我们"(希腊文 oidamen,"我们知道")是指谁呢? 有不少学者相信这是指使徒约翰的

㉝ "见证"的希腊原文动词 marturein 以及名词 marturia、marturion,在约翰福音中一共出现四十七次。与此相比,三部符类福音加起来也只有十五次而已(马太四次;马可六次;路加五次)。见 Barrett, p. 5.

跟随者那一群人。㉞ 在约翰壹书，"我们"很明显是指作者约翰以及他所领导的那一个社群（例如一1～4）。假使约翰福音二十一章二十四节的"我们知道他的见证是真的"是约翰福音成书以后，或是在作者使徒约翰去世之后才加上去的，则"我们"肯定就不包括作者自己在内。若是那样，"我们知道他的见证是真的"（*kai oidamen hoti alēthēs autou hē marturia estin*）这句话，应该被看作是作者的跟随者向他投下的一张神圣的"信任票"，肯定福音书中的记述是完全可以信赖的见证。

二十一 25　耶稣所行的事还有许多，若是一一的都写出来，我想，所写的书就是世界也容不下了。

约翰福音结尾的这最后一节经文，与二十章三十节意思基本上类似。不同的是，二十章三十节特别强调有"许多神迹，没有记在这书上"；二十一章二十五节则是总括了"耶稣所行的事"（*ha epoiēsen ho Iēsous*），其中有"许多"（*polla*）是没有记载在福音书上的。二十一 25也因此以比较夸大的语气说："若是一一的都写出来，我想，所写的书就是世界也容不下了"（*hatina ean graphētai kath' hen, oud' auton oimai ton kosmon chōrēsai ta graphomena biblia*）。最后这一节经文中的"我"（"我想"，*oimai*）究竟是谁，并非绝对明确。倘若这一节经文是约翰福音原有的最后结尾，则经文中的"我"，就很自然是原作者使徒约翰自己了。

其实，二十一章二十五节这一节经文的后面，隐藏着一个很主要的信号。那就是，将发生在耶稣身上的一切事物"一一的都写出来"，不但是很艰巨的一项工作，也没有实际上的必要。因为对那些诚心追求"真理"或是"生命之道"的人来说，那些已经写在这一部福音书上的"见证"，完全足以让他们相信"耶稣是基督，是上帝的儿子"，并且因这"信"就可以"因他的名得生命"。这本来就是福音书写下来的最终目的。

㉞ Bruce（p. 410）以及 Westcott（2. p. 374）认为，"我们"在此是指以弗所教会的长老们。Bultmann（p. 717）相信是作者以及他所属的那群人（the author and the group to which he belongs），只是 Bultmann 没有确定是哪一个社群。Carson（p. 684）则认为"我们"（we）是一般在编辑工作上常用的"我们"（John uses we to refer to himself — i. e. it is an editorial "we"），正如作者在约翰福音中所惯用的"我们"（例如三 2、11，二十 2 等）。

附录

附录(一)
钉十字架：
最残暴的刑罚

　　约翰福音记载耶稣被钉在十字架上那一件重大的历史事件(十九1～37)，本书已经在相关的经文中给予诠释。现在这一篇〈附录〉(appendix)，是在《约翰福音(卷下)》脱稿后的几个月，才决定补上去的。这个决定可说是由两件相当偶然的事所引发的。

　　一、美国的好莱坞于 2004 年初推出由著名导演梅尔吉逊(Mel Gibson)制作的一部电影《受难曲》(The Passion of the Christ)。这部电影于 2004 年 2 月 25 日在美国首演之前，就引发了很大和广泛的争议。美国的《新闻周刊》(Newsweek)还在 2004 年 2 月 16 日出版的期刊中，为它作了特别报道，并以头戴荆棘冠冕，满脸鲜血的"耶稣像"作为封面。

　　这部"票房"被一致看好的电影，主要的争议点有两个。一、谁应该为耶稣基督在十字架上的死负责任？ 正如《新闻周刊》的封面标题所显示的一样："Who Really Killed Jesus? Mel Gibson's New Movie Sparks A Hollywood Firestorm"("是谁真正杀害了耶稣？梅尔吉逊的新电影点燃了一场风暴性的大火")。二、电影所描绘以及播放的"暴力"(violence)问题，尤其是在耶稣被捕，被鞭打以及最终被钉在十字架上那些血腥和令人不忍目睹的残暴镜头。

　　有关"谁应该为耶稣基督在十字架上的死负责任"的问题，实际上是不难解释的。根据新约四部福音书以及使徒行传的记载和见证，责任很明显是在当时迫害耶稣的犹太人，尤其是他们的领袖们的身上(见太二十七 1～26；可十五 1～32；路二十三 1～43；约十八 28～十九 16；徒二 22、23、36)。

　　按马太的记载，当罗马巡抚彼拉多让犹太人选择要他释放耶稣或是因犯巴拉巴的时候,犹太人的"祭司长和长老挑唆众人,求释放巴拉巴,除灭耶稣"(太二十七 20)。不但如此,当彼拉多在审问耶稣这件关键性的事上试图"洗手不干"的时候,众人公开宣告愿意承当钉死耶稣的沉重责任:"彼拉多见说也无济于事,反要生乱,就拿水在众人面前洗手,说:'流这义人[耶稣]的血,罪不在我,你们承当吧!'众人都回答说:'他的血归到我们和我们的子孙身上'"(太二十七 24~25)。难怪耶稣受难以后五十天,彼得和其余的使徒在五旬节那天公开宣道的时候,就毫无保留地对犹太群众说:"你们就藉着无法之人的手把他钉在十字架上杀了"(徒二 23)。彼得较后继续明确地把处死耶稣的责任归于犹太人:"故此,以色列全家当确实地知道,你们钉在十字架上的这位耶稣,上帝已经立他为主,为基督了"(徒二 36)。

根据报道,对"谁应该为耶稣基督在十字架上的死负责任"这个问题表示最深切关注的,是美国的犹太人社群。他们因此对 Mel Gibson 这一部《受难曲》提出最强烈的抗议。他们担忧,这一部争议性的新片子会引发新的一轮反犹太运动。就过去近两千年来犹太人被迫害以及被敌视的历史而论,犹太人对这部片子可能引发"反犹"或"排犹"运动或情绪的忧虑,并非是完全没有依据的。纵使是这样,犹太人的祖先在两千年前把耶稣钉死在十字架上的责任,却仍是一个无法否认的历史事实。但是,任何人都不能以这个历史事实为借口,或是断章取义地引用马太福音二十七章二十五节犹太人所说的那一句话"他[耶稣]的血归到我们和我们的子孙身上"为"预言",去迫害或仇视犹太人。审判是公义的上帝以及历史的主宰的"独有的权利"(prerogative)。人自己是不能随意主动去"替天[或上帝]行道"的。另一方面,犹太人当年钉耶稣于十字架上的图谋与行动纵使是历史的事实,那一位容许犹太人这样做的罗马巡抚彼拉多,也将无法推诿他自己应当负的责任。"使徒信经"(the Apostles' Creed)也因此明确和公正地宣告说,耶稣基督是在"本丢彼拉多手下遇难"的。

紧接下去是引发补写这一篇〈附录〉的另一件事。

二、本注释作者不久前在重新探讨保罗的"十字架的道理"(希腊文 *ho logos tou staurou*;RSV, the word of the cross,林前一 18)的时候,涉及了一本早就应该细读的书。它也极少在中文的神学著作中被提及或被慎重地引用。这部著作是德国杜宾根(Tübingen)大学的新约研究权威 Martin Hengel 所写的。德文原本于 1976 年出版,名为 *Mors turpissima crucis*。英文本是 John Bowden 所译,于 1977 年由 Philadelphia 的 Forfree Press 出版。书名为:*Crucifixion in the Ancient World and the Folly of the Message of the Cross*。中文可译作《古代世界的钉十字架与十字架的信息的愚拙》。作者 Hengel 在英文译本中增添了不少资料。

Hengel 的研究成果,包括他在书中所引的一些古代著作,将在很大的程度上有助于解答人们对钉十字架这种极刑的困惑以及 Gibson 2004 年那个片子中所引发有关血腥和暴力的问题。

从 Hengel 的书名本身就可以看出,他著作的目的是要以古代世界那个钉十字架的极刑为历史背景,去尝试理解初期使徒们所传讲的十字架道理,为何被当时的罗马社会看作是"愚拙"的。[①] 和合本的"愚拙"(林前一 23)是译自希腊原文的 *mōria*(RSV, folly)。其实,希腊文的 *mōria* 并不只是"愚拙"的意思。就上下文以及当时罗马社会对十字架的憎恨与厌恶而论,*mōria* 几乎含有 *mania*(疯狂;madness)的意思。到了主后第二世纪,罗马社会确实是以 *mania* 来形容当时基督徒所传讲那有关耶稣被钉死在十字架上的福音。因此,第二世纪的殉道者游斯丁(Justin Martyr)解释道:"他们[希腊罗马社会那些反对基督教的人]说我们疯狂(*mania*)是因为我们把一个被钉死在十字架上的人,放在仅次于创造主永恒的上帝的地位上。"[②]

曾任罗马庇推尼(Bithynia)省长的比利尼(the younger Pliny)也足以代表第二世纪一般罗马人对十字架的道理所持的极端偏见。他在考问了信耶稣基督的两个女奴隶之后,非常厌恶地说:"除了发现[基督徒的信仰]是一套执迷不悟以及荒唐的迷信之外,我一无所获。"[③]

基于十字架在罗马社会中所产生的偏见和厌恶,一些基督徒护道

---

① 见 Hengel,pp. 1 - 10,86 - 90.

② Justin Martyr, *Apology* I, 13. 4。参阅 Hengel,pp. 1,2.

③ "I discovered nothing but a perverse and extravagant superstition."拉丁原文是:"*nihil aliud inveni quam superstitionem pravam immodicam.*" *Epistulae* 10. 96. 4 - 8. 参阅 Hengel,p. 2.

者许多时候也深感无奈地回避耶稣被钉死在十字架上的重要事实。因为在初世纪的罗马人的心目中，被承认是上帝的儿子以及人类救世主的耶稣，竟然会被人像罪犯一般钉死在十字架上，肯定是最荒唐和疯狂的迷信。

为了解除罗马社会对耶稣被钉死在十字架上这件事的心理障碍，以及基督徒社群本身所面对的尴尬局面，一个趋向异端的思想便从第一世纪末开始产生。这个在很大的程度上受了希腊哲学以及灵智（或灵知）派思想（Gnosticism，因此也称"诺斯替主义"）影响的异端，认为上帝的儿子，人类的救主耶稣其实并没有真正死在十字架上。只是当时的人"以为"或"假设"（源自希腊文 *dokein*；think，imagine 或 suppose 的意思）。这个异端也因此被称作 Docetism（"假现说"或"幻影论"）。又因源自希腊宗教和神话的影响，这个异端中也有人相信，当时死在十字架上的，并不是上帝的儿子耶稣自己，而是祂的"替身"，因为希腊罗马人是不相信神明真会是那样死去的。

上述异端，无论出于什么动机或基于什么理由，很明确是跟新约圣经一致的见证和信念不相符的。那就是说，不论世人将耶稣钉死在十字架上这件事看作是"愚拙"（*mōria*），是一个"绊脚石"（*skandalos*），甚至是"疯狂"（*mania*），耶稣作为"代罪的羔羊"被钉死在十字架上的历史事实，是绝对不容否认或是用人的方法与思想去将它"解除"掉的。它永远是"福音"（euangelion）的核心部分。正如 Hengel 所作出的正确评语一样："正是[耶稣]钉十字架这件事把[基督徒的]新信息与其他人的神话区分出来。"④

Hengel 以十个要点总结了他对钉十字架在古代社会的研究成果。本注释如今把十个要点节录下来，并在恰当之处引用古代作家的一些著作以及相关的诠释。这些古代的作家或哲学家对钉十字架这个恐怖和残忍的极刑作了一些惊人的记述与描绘。他们包括柏拉图（Plato）、西塞罗（Cicero）、普卢塔克（Plutarch）、斐洛（Philo）、约瑟夫（Josephus）、塞内加（Seneca）。

---

④ Hengel, p. 1.

1. 钉十字架作为一种极刑在古代社会颇为普遍。它除了在希腊罗马社会施行之外,也存在于古代的亚述人、波斯人、印度人以及迦太基人之中。就算自认或被认为是比较"文明"(civilized)的古代希腊人也无能或无意将它废除掉。他们所崇拜的哲学家柏拉图深知一个服刑者是在"受尽了各样的痛苦以后,最终才被钉在十字架上的"。⑤

2. 钉十字架的极刑在古代也是属于政治和军事的刑罚。在波斯以及迦太基,它是用以处决高级军官和将领的极刑,正如处决严重的叛徒一样。在罗马人中,它普遍地用以对付在省份叛乱的分子,尤其是在犹太地区者。被处决者中最普遍的,还是罗马下层阶级的奴隶等反叛的人以及暴徒。

"政治犯"与钉十字架这个极刑的关系,其实也显示在约翰福音所记载的那一段关乎耶稣受审、判决以及被钉的经文中(十八 33～十九22)。罗马的巡抚彼拉多在他的衙门第一次考问耶稣时所提出的问题,就明显含有政治意义:"你是犹太人的王吗?"(十八 33)因为在当时的罗马帝国,任何宣称自己是"王"的,都可能有严重的叛乱之嫌。犹太人较后向彼拉多发出的警告,就很明显含有这样的意思:"你若释放这个人,就不是该撒的忠臣[或朋友]。凡以自己为王的,就是背叛该撒了"(*Ean touton apolusēs, ouk ei philos tou Kaisaros, pas hobasileia heauton poiōn antilegei tō Kaisari*,十九 12)。不但如此,当耶稣被钉在十字架上的时候,彼拉多安在十字架上的牌子,也离不了某些政治性的意义,虽然彼拉多自己当时并不真正相信耶稣是"犹太人的王"(*ho basileus tōn Ioudaiōn*,十九 19)。但是,那个安在十字架上的牌子却可以用以宣告耶稣的"罪状",一个含政治意义的罪状。把被钉者的"罪状"安在十字架上或是其他显著地方的做法,有时也是有的。

柏拉图就提到一个图谋造反、有意自封为王者在被捕之后,将会在受到各种残暴的对付之下最终被钉在十字架上的事。⑥

3. 钉十字架这个公认是残暴的极刑在古代不少社会施行,其中一个主要的原因相信是它那"杀一儆百"的效果。因为在一般的情况之

---

⑤ "... after every extremity of suffering, he ... will be crucified. "*Republic*, 361E - 362A.
⑥ Plato, *Gorgias* 473C, trans. W. R. M. Lamb.

下,钉十字架的极刑是在公众场所执行的,这包括耶稣被钉的情况在内。不但如此,被钉在十字架上的罪犯都被公众认为是"罪有应得"者,并且被处决于那样的极刑是合理和公正的。既是那样,这个极刑一旦被废除,就可能会危害到国家或社会的权威、安定与秩序。

斐洛记载了一群罪犯在"市场"(market-place)当众被钉十字架的悲惨下场。斐洛还特别强调,受刑者除了要饱受风吹日晒、饥寒交迫的痛苦之外,还得承受周围众多观望者的嘲讽、谩骂等所带来的耻辱。⑦这也是耶稣当天所经历的(太二十七 38～44;可十五 29～31)。

4. 钉十字架这个最残暴的极刑,虽是极端不人道,却也正好满足了一些人的报复心理以及虐待狂,不论是暴君或是群众。斯多亚(Stoic)哲学家塞内加(Seneca)写道:"我看见远处有酷刑的器具[十字架],不只是一类,而是为不同的人设计的各种刑具。有些把服刑者的头往地上倒置,有些把服刑者的生殖器刺穿,有些将服刑者张开的双臂钉[或绑]在叉形的刑架上。我看见绳子,鞭打;每一双手脚和关节都有不同的酷刑器具。但是,我也看见死亡。在那里也有嗜血成性的仇人和高傲的国人;可是,在远处,我也看见死亡。"⑧

5. 服刑者往往是赤身裸体地被钉在十字架上的。而行刑的场所一般也是在显著的地方,如十字路口、剧场或高地等。这样一来,服刑者所受的耻辱是极端的。倘若服刑者是一个犹太人,他所承受的耻辱也许还会更深。因为旧约申命记二十一章二十三节记载说:"被挂[或钉]的人是在上帝面前受咒诅的"。因此,对一个犹太人来说,他所要承受的,不只是来自人的耻辱,也许更难接受的,是上帝给他的咒诅。

不但如此,在一些原始的古代社会中,把人献给神明为祭品(human sacrifice)的做法,仍是存在的。若是这样,服刑者活生生地在

---

⑦ Philo, *De Specialibus Legibus* 3. 160.

⑧ "Yonder I see instruments of torture (*cruces*), not indeed of a single kind, but differently contrived by different peoples; some hang their victims with head toward the ground, some impale their private parts, other stretch out their arms on a fork-shaped gibbet; I see cords, I see scourges, and for each separate limb and each joint there is a separate engine of torture! But I see also Death. There, too, are bloodthirsty enemies and proud fellow-countrymen; but yonder, too, I see Death. " Seneca, *De consolatione ad Marciam* 20. 3.

十字架上的死亡,也无形中具有某些宗教的含义了。使徒保罗在加拉太书论及耶稣基督在十字架上那代罪的死亡的时候,也提到了申命记二十一章二十三节的"咒诅":"基督既为我们受了咒诅,就赎出我们脱离律法的咒诅,因为经上记着:凡挂在木头上都是被咒诅的"(加三13)。

值得一提的是,塞内加(Seneca)这位斯多亚哲学家虽然很生动地刻画了钉十字架这种极刑的各种残暴行动以及非常不人道的做法,但却始终没有主张这样的刑罚应当被废除。他似乎认为罪犯如此悲惨的下场也是理所当然的。⑨

6. 钉十字架这个极端残酷的刑罚也清楚地显露在另一个不人道的做法上。那就是,在许多情况下,死在十字架上的服刑者是死无葬身之地的。他的尸首也因此成了野兽和飞鸟的食物。在古代的社会,也许没有任何耻辱比葬身的权利被剥夺更大了。

7. 在罗马帝国那个时代,钉十字架的极刑主要是施行在严重的罪犯以及最下层的人身上的。为了维护罗马社会的安定与秩序,执政者是不惜代价去对付任何被认为是危害社会治安的人物的。与此同时,绝大部分的罗马社会普遍也重视罗马帝国所带来的安定和秩序。因此,凡是有助于维护社会安定的措施,包括公认是最残酷的钉十字架极刑,也普遍被接受。这是罗马政权继续施行这个极刑的社会与道德基础和力量。这也是犹太人的领袖当年把耶稣解到罗马巡抚面前控告耶稣的理由之一,虽然犹太人当时所关注的,主要还是他们的宗教问题。可是,犹太人一旦把原是宗教性的争议交给政治家或长官去处理的时候,"政"与"教"就很难明确地区分出来了。这至少是约翰福音十八章二十八节至十九章二十二节所记述与描绘的那一幕给人的印象。

8. 在古代希腊罗马哲学家的著作和言论中,极少记载他们对钉十字架这个残忍的极刑的批判或指责。可是,在他们的论说中,以钉十字架的痛苦等作为隐喻(metaphor)的例子倒是有的。斯多亚(Stoic)哲学家有时会将服刑者在十字架上所表现的那种坚忍的精神(apatheia)看作是极高尚的德行(aretē)。人在十字架上最终的死亡,也被他们形

---

⑨ 见 Hengel, p. 37.

容为某种的"解脱"或是"自由"的体验,有如人的灵魂(soul)从肉体的束缚中被释放出来一样。

在一些作家的传奇文学中,钉十字架的故事有时会穿插在生动的激情篇幅里面。一个英雄被钉在十字架上的记载,常给予富有感情和想像力的读者或听众们无限的刺激。等到被钉的英雄最终从十字架上被释放而重获自由的时候,那扣人心弦的传奇故事,也就自然随着美好的结局而告终了。这一类高度美化了的钉十字架的故事,当然是距离古代社会所施行的残酷极刑给予人们的极端痛苦太远了。

9. 上述有关古代钉十字架的历史背景,将是在认识和诠释耶稣钉死在十字架上的福音信息时,必须慎重思考和反省的。

在一般的情况下,在十字架上被处决的"罪犯",是在承担自己的罪的后果。耶稣在十字架上的死,却是"代罪"的(vicarious)"献身"(sacrifice)以及主动和积极的"救赎"(saving)行动。这个行动很具体地表达了耶稣与罪人的"认同"(solidarity)以及彰显了上帝在耶稣身上对世人的爱。腓立比书二章七节还进一步表明耶稣是以"奴仆的形像"(mophēn doulou;RSV,the form of a servant [or slave]被钉在十字架上的。基于钉十字架这个酷刑在古代罗马等社会的历史背景,耶稣以"奴仆的形像"被钉死在十字架上的选择,特别意义深长。因为在古代,特别是在罗马社会,一般被钉死在十字架上的服刑者是以下层阶级者居多,包括不少的奴仆或奴隶。耶稣以"奴仆的形像"被钉死在十字架上,至少有两个意义。它不但应验了旧约先知以赛亚书那个"受苦的仆人"(the Suffering Servant)替以色列民以及万族万民受苦的使命,也同时以一个奴仆或奴隶(doulos;slave)的身分,为全世界所有"罪的奴仆"而死,最终解除了世人在罪中的束缚,获得真正的"解放"。

因为耶稣在十字架上献身所带来的拯救,至少对基督徒来说,它不只是残酷刑罚的恐怖标志,也是拯救、盼望、爱心与生命的象征。可是,对初世纪的罗马社会来说,十字架却仍旧是刑罚、耻辱、绝望和死亡的可怕标志。

10. 当使徒保罗在哥林多前书一章二十三节以"愚拙"(mōria;RSV,folly)来形容希腊罗马人对"十字架的道理"(ho logos tou staurou;RSV,the word of the cross,一 18)所持的鄙视态度的时候,他绝对不是论及一些抽象和空洞的东西，而是指向耶稣在大约二十五年前被钉在十字架上血腥的那一幕历史事实。

本文在较早时已经略为提到了，对耶稣以及保罗那个时代和紧接下去的两三个世纪的罗马社会来说，"上帝的儿子"、"人类的救主"（ho sōtēr tou kosmou）竟然被逼像罪犯一般钉死在十字架上，不仅是"愚拙"的说法，也是极端荒唐，甚至是"疯狂"（mania）的迷信。历代以来，也曾经有用心良苦的人，出于纯良的动机和目的，尝试把这个"绊脚石"（skandalos）除去。可是，耶稣被钉死在十字架上的事实以及以此为基石所建立起来的"十字架神学"（theologia crucis；theology of the cross），却肯定不容许任何人把这个"绊脚石"挪掉。因为上帝的大能与智慧（dunamis kai sophia tou Theou）恰好是非常吊诡性地（paradoxically）藉着十字架的"愚拙"（mōria），甚至是"疯狂"，彰显出来。在这个关键性的争议上，Hengel 的观点是很有深度的。Hengel 认为，使徒保罗在他的书信中，在处理有关福音的争论时，都刻意突显耶稣的十字架，这是为了要刺激那些有意淡化十字架的福音所具的"冒犯"（offence）的人。

保罗也在主耶稣被钉在十字架上以后约二十七年，明确地宣告说："我不以福音为耻"（Ou gar epaischunomai to euangelion；RSV, For I am not ashamed of the gospel，罗一 16）。经文中所说的"福音"（euangelion）当然是指"十字架"的福音。十字架的福音之所以被保罗那个时代的罗马社会看作是"可耻的"，也是完全基于罗马社会对十字架酷刑的偏见和恨恶。服刑者不只是被看作是"罪犯"以及被赤身裸体地在公众场所被钉，根据古代一些学者的记载，罗马人有时还把钉十字架那个惨无人道的场面演变为游戏、作乐和取闹的机会，结果令服刑者蒙受极端的"耻辱"。

在一个以大男人中心主义为主导的罗马社会，一个男人的身体是他在社会的地位、尊严和声望与权力等的具体标志和象征。既是那样，被鞭打和受了多方的凌辱之后，又被人赤裸裸地钉在十字架上，这在罗马男人的眼中，可说是一切的尊严都丧失了。不但如此，死者往往还死无葬身之地。钉十字架所带来的"耻辱"（shame）也因此不言而喻了。有些当代的新约学者近年来也非常慎重地把古代希腊罗马人那个男人中心主义的思想与"十字架的神学"(*theologia crucis*)作深层的探讨，并且还发表了一些非常有创意和启发性的研究成果。⑩

　　Hengel 为自己的著作所作的那十点总结，已经很清楚地表述了钉十字架(crucifixion)在古代，特别是罗马社会中的历史背景与情况。本文在此将根据从古代一些著作中所得的少许资料，给这个重要的课题作一些补充。

　　1. 钉十字架(crucifixion)在古代希腊罗马社会被普遍认为是最残酷的刑罚可见于下列的古代著作。

　　a. 著名哲学家和演讲家西塞罗(Cicero)在反驳 Verres 的演词中形容钉十字架是极点的刑罚(拉丁文 *summum supplicium*)。⑪ 在同一部作品的另一处，西塞罗称钉十字架这种极刑为"那个瘟疫[或灾难]"(英文 that plague;拉丁文 *istam pestem*)。⑫

　　b. 集希伯来宗教与希腊哲学于一身的思想家斐洛(Philo)也形容钉十字架为"极端的刑罚"(punishment at the uttermost)。⑬

　　c. 斯多亚哲学家塞内加(Seneca)把犯人在十字架上所受的痛苦看作是所有痛苦中的"高潮"(climax)：*et novissime acutam crucem*。他认为当一个被钉在十字架上的犯人的一只手或脚渐渐枯干和死亡以及一滴一滴的血不断在流下来的时候……真是生不如死。犯人多情愿还未被钉在十字架上的时候就早一些死去!⑭

　　2. 钉十字架执行的场所一般不只是公众市场、剧场和十字路口等，执行者以及罗马的长官有时还把它演变成一场戏，供自己和在场的观众娱乐。

　　a. 犹太历史家约瑟夫(Josephus)在记述罗马将领提多(Titus)把一大群犹太囚犯处死在十字架上的时候，有感而发地说道："满怀愤恨

---

⑩　例如:M. W. Gleason, *Making Men* (Princeton:Princeton University Press, 1995);Jennifer Larson, "Paul's Masculinity," *JBL* 123/1 (2004), pp. 85 – 97;Jennifer A. Glancy, "Boasting of Beatings" (2 Cor. 11.22 – 25), *JBL* 123/1 (2004), pp. 99 – 135.

⑪　Cicero, *In Verrem* V. 168.

⑫　Cicero, *In Verrem* V. 162.

⑬　Philo, *In Flaccum* 126.

⑭　Seneca, *Epistulea morales* 101. 14.

的[罗马]兵丁以各种不同的方式和姿势把囚犯钉上,来娱乐自己。当时的囚犯人数如此众多,使得那些十字架都无法找到地方竖立起来;而十字架的数目也不足以应付那么多的身体。"⑮

　　b. 斐洛(Philo)就曾经很生动地记述了罗马的省长 Flaccus 将亚历山大城的犹太人钉死在十字架上那悲惨的一幕演变为娱乐和消遣的事:"……可是 Flaccus 没有下令把那些已经在十字架上死去的人的尸体拿下来。他反而命令继续将那些活人钉在十字架上……他是在剧场的中央将他们以火和剑虐待了一番之后才那样做的。那一场戏有一部分可说是预先安排的。第一幕从黎明开始直到大约中午时分……犹太人继续被鞭打,挂上十字架,被绑在轮子上……以至身躯被撕裂而死……在这样'壮观的展示'之后,随着出现的,是舞蹈员和各种剧场上的竞赛。"⑯

　　3. 从斐洛的著作中不难看出,在耶稣以及保罗那个时代,钉十字架肯定已被公认是处决最严重以及最坏的罪犯的极刑,包括强盗和杀人犯:"[罗马的]律法严禁接受已被定死罪的杀人犯的赎金[ransommoney]……立法者若是可能的话,本应该叫这些[杀人犯]经验无数次的死。这样的做法既是不可能……就只有命令这些杀人犯被钉死在十字架上了。"⑰

　　4. 根据当时的习惯,被判决钉十字架的罪犯都必须背负自己的十字架到刑场。

　　a. 普卢塔克(Plutarch)记载说:"……每一个罪犯都必须背负自己的十字架到处决的地方"。⑱

　　b. Hengel 也证实说,一般的情况的确是那样。⑲ 这一点也完全符合约翰福音等所见证的:"他们就把耶稣带了去。耶稣背着自己的十字架出来,到了一个地方,名叫髑髅地"(十九 17)。

　　5. 在古罗马社会,虽然不同的罪犯都有可能被钉死在十字架上,

---

⑮ Josephus, *J. W.* 5. 449 - 451.

⑯ Philo, *In Flaccum* 72, 84 - 85.

⑰ Philo, *De Specialibus Legibus* 151, 152.

⑱ Plutarch, *Moralia* 554 A/B.

⑲ Hengel, p. 25.

可是在比例上,也许地位低贱的奴隶被钉死的情况最为普遍。罗马社会各阶层人士也没有在这个问题上提出异议。他们都把那样的事看作是理所当然的。

　　a. 西塞罗就曾记述了一群被怀疑是有意造反的奴隶被处决在十字架上的事:"那些人被判决了阴谋造反的罪行之后,便被绑[或钉]在[十字]架上……他[罗马长官]就以那样令人恐惧的方法很有效地平息了动乱!……接下去怎么样呢?在被乱砍和烧伤之后……作为一种对众人的威胁……最后的阶段就是承受被钉死在十字架上各种的痛苦折磨。"⑳

　　b. 罗马社会的一些主人对付所拥有的奴隶的态度与行为是很残酷的,塞内加就提及一些主人对付奴隶的残酷,引起了同伴们为他们报仇的事,虽然那些报仇者明知那样的行动可能会导致被钉在十字架上的杀身之祸(*sub certo crucis periculo*)。㉑

　　6. 至少在犹太历史家约瑟夫的记载中,犹太人被钉在十字架上的例子也可说是不少的。

　　a. 约瑟夫提到了数目有 3600 名的犹太人在耶路撒冷被 Florus 钉死在十字架上的事。他把那起事件看作是一场大灾难,也是"罗马人史无前例的残暴行动"的彰显。㉒

　　b. 约瑟夫也记述了有 800 个法利赛人因被判出卖民族的大罪而被钉在十字架上的事。㉓

　　c. 叙利亚人也曾经把忠于上帝以及他们的律法的虔诚犹太人处决在十字架上。㉔

　　d. 约瑟夫还忠实地记载了耶稣在罗马巡抚的判决下,被钉死在十字架上的事实:"耶稣是一位有智慧的人,获得不少犹太人以及希腊人

---

⑳ Cicero,*In Verrem* V. 11 - 12,14.

㉑ Seneca,*De Clementia* 1. 26. 1.

㉒ Josephus,*J. W.* 2. 306.

㉓ Josephus,*Antiquities* 13. 379 - 380.

㉔ Josephus,*Antiquities* 12. 256.

的跟从。他是弥赛亚。彼拉多将他处决在十字架上。"㉕

7. 在古罗马社会,罗马公民被钉在十字架上的事,应该是最富争议性以及最难被罗马公民接受的。

a. 西塞罗因此非常强烈地指控前意大利西西里(Sicily)省的省长 Verres 把一位罗马公民 Gavius 钉死在十字架上的行为是极端错误的。西塞罗称那个极刑是"残酷和令人厌恶的十字架刑罚"(the cruel and disgusting penalty of crucifixion;拉丁文 *crudelissimum taeterrimumque supplicium*)。令西塞罗难以忍受的是,省长 Verres 勉强地把罗马人 Gavius 拖拉着去把他钉在十字架上,虽然 Gavius 不断在呼喊说他是一个罗马公民。他向 Verres 挑战说,"我以你自己的口供来控诉你:那人[Gavius]已经宣称自己是一个罗马公民。倘若 Verres 你自己在波斯或是在最偏僻和遥远的印度沦为俘虏,并且即将被强拖去钉十字架,除了喊叫自己是一个罗马公民之外,你还能吐露什么呢?!"西塞罗给 Gavius 的死那个悲惨的情况作了动人的描绘之后,继续控诉 Verres 说:"……他[Gavius]就那样地被挂在十字架上,在承受奴隶们所经验的那些最残酷的折磨。……鞭打[罗马公民]Gavius 的行动是一个极大的嫌恶(abomination)。把他杀了肯定是谋杀(murder)的手段。把他钉在十字架上又当作何论呢?! 简直没有恰当的语言可以形容[钉十字架]这个恐怖的行为。"㉖

b. 西塞罗在为可能被钉十字架的罗马贵族人士和参议员 Rabirius 辩护的演说中,很激动地说:"……'十字架'(cross)这个词,不仅应该从一个罗马公民的身上完全消除,也要从他的思想以及眼耳中彻底地消失。"由此可见,罗马社会,尤其是知识分子,是如何地憎恨钉十字架的酷刑,纵使他们不反对将那样的酷刑施行在严重的罪犯、奴隶以及犹太人身上。㉗

8. 钉十字架那个极刑在希腊罗马等社会的施行,已经使它在人们

㉕ Josephus, *Antiquities* 18. 64. 约瑟夫的记载基本上是可靠的。只是有些学者怀疑"他是弥赛亚"这一句是否约瑟夫的原意,因为他并不是一个跟从耶稣的基督徒,因此不太可能表达那样明确的信念。

㉖ Cicero, *In Verrem* V. 156,158,161.

㉗ Cicero, *Pro Rabirio* 9 - 17.

的心目中成了一个涂抹不掉的标志。哲学家柏拉图、塞内加和斐洛等也因此把肉体的情欲给人灵魂的捆绑和束缚比喻为人的身体与十字架那种紧密的关系,挥之不去,摆脱不了。㉘

　　9. 钉十字架那个恐怖的标志,不仅可以很恰当地被用作比喻,甚至还会在人们的梦中出现。斐洛和约瑟夫的著作就有那样的例子。㉙

㉘ 见 *Plato*, Phaedo 83 C/D; Cicero, *Ad Atticum* 7. 11. 2; Philo, *De Posteritate Caini* 61; Seneca, *De vita beata* 19. 3.

㉙ 见 Philo, *De somniis*（On Dream）2. 213; Josephus, *Antiquities* 2. 77（"The Baker's Dream"）.

附录(二)
图片说明

大部分现代学者相信约翰福音的原作约完成于主后 80 至 90 年间。它现存的希腊文古抄本很多。其中最古老以及最值得珍惜的,应该是图片所显示的这几件。经文书写在蒲草纸上。蒲草纸在拉丁文是 papyrus(复数是 papyri)。研究和以科学的方法严格鉴定蒲草纸古抄本的专家学者,因此以 P 来为所发现的古抄本编号。

图片 P52 表示它是蒲草纸(papyrus)编号 52。它的经文虽然只有约翰福音十八 31～33、37～38,并且还有不少残缺处,却是现存最早的希腊原文古抄本。它于 1920 年在埃及被发现;1934 年被牛津学者 C. H. Roberts 公布。现存放于英国曼彻斯特(Manchester)的图书馆。P52 的价值主要在于它书写的年日。根据专家学者的鉴定,它大约是在主后 130 至 140 年间抄写的。假设约翰福音原作书写的年代是主后 80 至 90 年间,则 P52 这件古抄本书写的时间,距离原作也就只有 40 至 50 年而已,也即是大约相差一代人的时间。这样的情况,在全世界的古老经典中,也是非常罕见的。

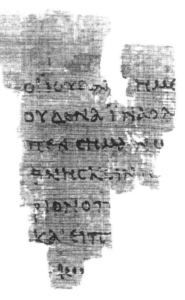

P52 →(18:31～33)

P⁵² ↓（18：37～38）

　　P⁶⁶的经文是约翰福音一 21～30。它算是很完整的一页蒲草纸希腊原文古抄本。抄写的日期大约是主后 150 年左右，距离原作的时间也只是 60 至 70 年而已。现存放于瑞士的日内瓦（Geneva）图书馆。

P⁶⁶ page 3（1：21～30）

参考书目

Albright，W. F. *The Archaeology of Palestine*. Place of publisher: Pelican Books，1960.

Allegro，J. M. *The Treasure of the Copper Scroll*. New York: Name of Publisher，1960.

Ante-Nicene Fathers，vol. I. The Apostolic Fathers，Justin Martyr，Irenaeus. Peabody: Hendrickson，1994.

Ashton，John. *Understanding the Fourth Gospel*. Oxford: OUP，1993.

Bacon，B. W. *The Fourth Gospel in Research and Debate*. New York: Holt，1910.

Barclay，William. *The Gospel of John*，Revised Edition，vol. I. Philadelphia: Westminster，1975.

Barr，James. *Biblical Words of Time*. London: Name of Publisher，1962.

——. *The Semantics of Biblical Language*. Oxford: OUP，1961.

Barrett，C. K. *The Gospel According to John*，2nd ed. London: SPCK，1978.

——. ed. *The New Testament Background*. London: SPCK，1961.

Bauckham，Richard. *Gospel Women: Studies of the Named Women in the Gospels*. Grand Rapids: Eerdmans，2002.

Beasley-Murray. *John*，2nd ed. Nashville: Thomas Nelson，1999.

Bieringer，R. *Anti-Judaism and the Fourth Gospel*. Louisville: Westminster John Knox，2001.

Bousset，Wilhelm. *Kyrios Christos*，tr. John E. Steely. Nashville: Abingdon，1970.

Bowker，John. ed. *The Oxford Dictionary of World Religions*. Oxford: OUP，1997.

Brodie，Thomas L. *The Gospel According to John*. Oxford: OUP，1993.

Brown，Raymond E. *An Introduction to the New Testament*. New York: Doubleday，1997.

——. *The Gospel According to John*. New York: Doubleday, 1966.

——. *The Community of the Beloved Disciple*. New York: Paulist Press, 1979.

Bruce, F. F. *The Acts of the Apostles*, 3rd Revised and Enlarged ed. Grand Rapids: Eerdmans, 1990.

——. *The Gospel of John*. Grand Rapids: Eerdmans, 1983.

Bultmann, Rudolf. *The Gospel of John*, tr. G. R. Beasley-Murray. Oxford: Basil Blackwell, 1971.

——. *Theology of the New Testament*, 2 vols. , tr. K. Grobel. New York: Scribner, 1951, 1955.

Caird, G. B. *The Gospel of St. Luke*, 3rd ed. London: A & C Black, 1968.

Calvin, John. *The Gospel According to John*, 1 – 10, ed. David W. Torrance and Thomas F. Torrance, tr. T. H. L. Parker. Edinburgh: St. Andrews, 1959.

Carson, D. A. *Exegetical Fallacies*. Grand Rapids: Baker, 1992.

——. *The Gospel According to John*. Grand Rapids: Eerdmans, 1991.

Charlesworth, James H. *John and The Dead Sea Scrolls*. New York: Crossroad, 1990.

——. *The Dead Sea Scrolls*. Louisville: Westminster John Knox, 1994.

——. ed. *The Old Testament Pseudepigrapha*. New York: Doubleday, 1983.

Chilton, Bruce D. *The Isaiah Targum*, Introduction, Translation, Apparatus and Notes by Chilton. Wilmington: Michael Glazier, 1987.

Conway, C. M. *Men and Women in the Fourth Gospel*: *Gender and Johannine Characterization*. Atlanta: Society of Biblical Literature, 1999.

Cranfield, C. E. B. *The Gospel According to Saint Mark*. Cambridge: CUP, 1959.

Cullmann, Oscar. *Early Christian Worship*. London: SCM, 1953.

Cullmann, Oscar. *The Johannine Circle*. London: SCM, 1976.

Dawood, N. J. tr. *The Koran*. Penguin: 1973.

Dodd, C. H. *The Interpretation of the Fourth Gospel*. Cambridge: CUP, 1953.

——. *Historical Tradition in the Fourth Gospel*. Cambridge: CUP, 1963.

Ellis, Peter F. *The Genius of John*. Collegeville: The Liturgical Press, 1984.

Eusebius. *The History of the Church*, tr. G. A. Williamson. London: Penguin, 1989.

Gardner-Smith, P. *Saint John and the Synoptic Gospels*. Cambridge: CUP, 1938.

Gruenler, Royce G. *The Trinity in the Gospel of John.* Grand Rapids: Baker Book House, 1986.

Guillaumont, A. tr. *The Gospel According to Thomas.* London: Collins, 1959.

Haenchen, E. *A Commentary on the Gospel of John,* 2 vols. , tr. R. W. Funk. Philadelphia: Fortress, 1984.

Heil, John P. *Blood and Water: The Death and Resurrection of Jesus in John 18 - 21.* Washington D. C. : The Catholic Biblical Association of America, 1995.

Hengel, Martin. *The Johannine Question.* London: SCM, 1989.

Horbury, W. "The Benediction of the Minim and the Early Jewish-Christian Controversy" in *JTS* 33(1982).

Hoskyns, E. C. *The Fourth Gospel.* London: Faber and Faber, 1940.

Hunter, A. M. *Introducting the New Testament.* Revised ed. Norwich: SCM, 1977.

Jeremias, J. *Jesus' Promise to the Nations.* London: SCM, 1958.

———. *The Rediscovery of Bethesda.* Louisville, 1966.

Jonge, M. de. *Jesus: Stranger from Heaven and Son of God.* Missoula: Scholars Press, 1977.

Josephus, Flavius. *The Works of Josephus.* Peabody: Hendrickson, 1995.

Kelly, J. N. D. *Early Christian Doctrines.* London: A and C Black, 1968.

Koester, C. R. *Symbolism in the Fourth Gospel.* Minneapolis: Fortress, 1995.

Kümmel, W. G. *Introduction to the New Testament*, 3rd Impression. London: SCM, 1972.

Kysar, Robert. *The Fourth Evangelist and His Gospel.* Minneapolis: Augsburg, 1975.

Lightfoot, John. *A Commentary on the New Testament from the Talmud and Hebraica*, vol. 3. Peabody: Hendrickson, 1997.

Lindars, Barnabas. *The Gospel of John.* Grand Rapids: Eerdmans, 1972.

Luther, Martin. *Luther's Works*, vols. 22 and 23, Sermons on the Gospel of St. John, Chapters 1 - 4; 6 - 8, ed. Jaroslav Pelikan. Saint Louis: Concordia, 1959.

Macdonald, John. *The Theology of the Samaritans.* London: SCM, 1964.

Manson, T. W. "The Fourth Gospel" in *The Bulletin of the John Rylands University Library of Manchester*, 30(1946 - 47).

Marsh, John. *The Fulness of Time.* London, 1962.

Marshall, I. H. *The Gospel of Luke*. Exeter: Paternoster, 1978.

Martin, J. L. *History and Theology in the Fourth Gospel*. Nashville: Abingdon, 1979.

Martin, R. P. et al ed. *Dictionary of the Later New Testament and Its Development*. Leicester: IVP, 1997.

Metzger, Bruce. *The Text of the New Testament*. 3rd Enlarged Edition. New York: OUP, 1992.

Millard, Alan. *Discoveries from The Time of Jesus*. Oxford: Lion Publishing, 1990.

Moloney, F. J. *The Gospel of John*. Collegeville: The Liturgical Press, 1998.

Morris, Leon. *The Gospel According to John*, Revised Edition. Grand Rapids: Eerdmans, 1995.

Moule, C. F. D. *An Idiom Book of New Testament Greek*. Cambridge: CUP, 1975.

——. *The Birth of the New Testament*. London: A & C Black, 1971.

Nestle-Aland. *Norum Testamentum Graece*. Stuttgart: Deutsche Bibelgesellschaft, 1993.

Neusner, Jacob, tr. *Mishnah*. New Heaven & London: Yale UP, 1988.

Newman, B. M. and Nida, E. A. *A Handbook on the Gospel of John*. New York: UBS, 1980.

Niederwimmer, Kurt. *The Didache*. Minneapolis: Fortress, 1998.

Oswalt, John N. *Isaiah*, 1 – 39. Grand Rapids: Eerdmans, 1986.

Parrinder, Geoffrey. *A Dictionary of Non-Christian Religions*. Amersham: Hulton, 1971.

Philo of Alexandria, *The Works of Philo*, New Updated Edition tr. by C. D. Yonge. Peabody: Hendrickson, 1993.

Ridderbos, Herman. *The Gospel of John*. Grand Rapids: Eerdmans, 1997.

Robinson, J. A. T. *Can We Trust the New Testament?* Oxford: Mowbray, 1975.

——. *In The End God*. London, 1950.

——. "The Destination and Purpose of St. John's Gospel" in *Twelve New Testament Studies*. London: SCM, 1962.

——. *The Priority of John*. Oak Park: Meyer-Stone, 1987.

Schleiermacher, F. E. D. *The Life of Jesus*. Philadelphia, 1975.

Schmoller, Alfred. *Hankonkordanz zum griechischen Neuen Testament*. Wurttembergische Bibelanstalt Stuttgart, 1968.

Schnackenburg, Rudolf. *The Gospel According to St. John*. New York:

Crossroad, 1990.

Schneider, Sandra Marie. *Written That You May Believe: Encountering Jesus in the Fourth Gospel*. New York: The Crossroad Publishing Company, 1999.

Schweitzer, Albert. *The Mysticism of Paul the Apostle*. New York: Holt, 1931.

Sherwin-White, A. N. *Roman Society and Roman Law in the New Testament*. Grand Rapids: Baker Book House, 1984.

Sloyan, Gerald S. *What Are They Saying About Jesus?* Mahwah: Paulist Press, 1991.

Smalley S. S. *John: Evangelist and Interpreter*. Exeter: Paternoster, 1998.

Smith, D. Moody. "Johannine Studies" in *The New Testament and Its Modern Interpreters*. ed. E. J. Epp and G. W. MacRae. Atlanta: Society of Biblical Literature, 1989.

Smith, D. Moody. *John*. Nashville: Abington Press, 1999.

Thomas à Kempis. *The Imitation of Christ*. Harmondsworth: Penguin, 1986.

Thomas, J. C. *Footwashing in John 13 and the Johannine Community*. Sheffield: Sheffield Academic Press, 1991.

Thomas, M. M. *The Acknowledged Christ of the Indian Renaissance*. Madras: The Christian Literature Society, 1970.

Thompson, M. M. *The Humanity of Jesus in the Fourth Gospel*. Minneapolis: Fortress, 1988.

Thyen, H. "Aus der Literatur zum Johannesevangelium": *Theologische Rundschau*, 39(1974).

Tolmie, D. F. *Jesus' Farewell to the Disciples: John 13:1-17:26 in Narratological Perspective*. Leiden: Brill, 1995.

Vermes, Geza. *The Complete Dead Sea Scrolls in English*. London: Penguin, 1998.

Wenham, J. W. *The Elements of New Testament Greek*. Cambridge: CUP, 1993.

Westcott, B. F. *The Gospel According to St. John*. Grand Rapids: Eerdmans, 1950.

Whitacre, Rodney A. *John*. Leicester: IVP, 1999.

Wildberger, Hans. *Isaiah 1-12, a Continental Commentary*. Minneapolis: Fortress Press, 1991.

Wilkinson, J. *Jerusalem as Jesus Knew It*. London, 1978.

Zaehner, R. C. *Hindu Scriptures*. London: J. M. Dent & Son, 1972.

中文书籍

贾玉铭:《约翰福音讲义》,香港:宣道,1967。

马有藻:《约翰福音诠释》,香港:宣道,1985。

李苍森:《约翰福音注释》,南京:中国基督教神学教委会,1994。

冯荫坤:《希伯来书》(卷上),香港:天道,1995。

邝炳钊:《创世记》(卷一),香港:天道,1997。

丘恩处:《出埃及记》,香港:基文,1993。

汤一介:《中国传统文化中的儒道释》,北京:和平,1988。

陈鼓应:《老子注释及评介》,香港:中华,1993。

杨润根:《老子新解》,北京:文学,1994。

张立文主编:《道》,北京:人民大学,1989。

朱谦之:《中国景教》,北京:东方,1993。

翁绍军:《汉语景教文典诠释》,北京:三联,1996。

《中国大百科全书》,〈哲学〉,北京,上海:中国大百科全书出版社,1987。

《中国大百科全书》,〈宗教〉,北京,上海:中国大百科全书出版社,1988。

《辞源》,香港:商务,1984。

赵沛林等译,《圣经次经》,长春:时代文艺,1995。

史丹理基金公司　识

　　1963 年菲律宾史丹理制造公司成立后，由于大多数股东为基督徒，大家愿意把公司每年盈利的十分之一奉献，分别捐助神学院、基督教机构，以及每年圣诞赠送礼金给神职人员，史丹理制造公司也因此得到大大祝福。

　　1978 年容保罗先生与笔者会面，提起邀请华人圣经学者著写圣经注释的建议，鼓励笔者投入这份工作。当时笔者认为计划庞大，虽内心深受感动，但恐心有余而力不足，后来决定量力而为，有多少资金就出版多少本书。出版工作就这样开始了。

　　1980 年 11 月，由鲍会园博士著作的歌罗西书注释交给天道书楼出版，以后每年陆续有其他经卷注释问世。

　　1988 年史丹理制造公司结束二十五年的营业。股东们从所售的股金拨出专款成立史丹理基金公司，除继续资助多项工作外，并决定全力支持天道书楼完成出版全部圣经注释。

　　至 2000 年年底，天道书楼已出版了三十六本圣经注释，其他大半尚待特约来稿完成。笔者鉴于自己年事已高，有朝一日必将走完人生路程，所牵挂的就是圣经注释的出版尚未完成。如后继无人，将来恐难完成大功，则功亏一篑，有负所托。为此，于 2001 年春，特邀请天道书楼四位董事与笔者组成一小组，今后代表史丹理基金公司与天道书楼负责人共同负起推动天道圣经注释的出版工作，由许书楚先生及姚冠尹先生分别负起主席及副主席之职，章肇鹏先生、郭志权先生、施熙礼先生出任委员。并邀请容保罗先生担任执行秘书，负责联络，使出版工作早日完成。

　　直至 2004 年，在大家合作推动下，天道圣经注释已出版了五十一册，余下约三十册希望在 2012 年全部出版刊印。

　　笔者因自知年老体弱，不便舟车劳顿，未能按时参加小组会议。为此，特于 6 月 20 日假新加坡召开出版委员会，得多数委员出席参加。愚亦于会中辞去本兼各职。并改选下列为出版委员会委员——主席：

姚冠尹先生；副主席：施熙礼先生；委员：郭志权博士、章肇鹏先生、容保罗先生、楼恩德先生；执行秘书：刘群英小姐——并议定今后如有委员或秘书出缺，得由出版小组成员议决聘请有关人士，即天道书楼董事，或史丹理基金公司成员担任之。

至于本注释主编鲍会园博士自 1991 年起正式担任主编，多年来不辞劳苦，忠心职守，实令人至为钦敬。近因身体软弱，敝委员会特决议增聘邝炳钊博士与鲍维均博士分别担任旧、新约两部分编辑，辅助鲍会园博士处理编辑事项。特此通告读者。

至于今后路线，如何发展简体字版，及配合时代需求，不断修订或以新作取代旧版，均将由新出版委员会执行推动之。

许书楚　识
2004 年　秋

天道圣经注释出版纪要

　　由华人圣经学者来撰写一套圣经注释，是天道书楼创立时就有的期盼。若将这套圣经注释连同天道出版的《圣经新译本》、《圣经新辞典》和《天道大众圣经百科全书》摆在一起，就汇成了一条很明确的出版路线——以圣经为中心，创作与译写并重。

　　过去天道翻译出版了许多英文著作；一方面是因译作出版比较快捷，可应急需，另一方面，英文著作中实在有许多堪称不朽之作，对华人读者大有裨益。

　　天道一开始就大力提倡创作，虽然许多华人都谦以学术研究未臻成熟，而迟迟未克起步，我们仍以"作者与读者同步迈进"的信念，成功地争取到不少处女作品；要想能与欧美的基督教文献等量齐观，我们就必须尽早放响起步枪声。近年来看见众多作家应声而起，华文创作相继涌现，实在令人兴奋；然而我们更大的兴奋仍在于寄望全套"天道圣经注释"能早日完成。

　　出版整套由华人创作的圣经注释是华人基督教的一项创举，所要动员的人力和经费都是十分庞大的；对于当年只是才诞生不久的天道书楼来说，这不只是大而又难，简直就是不可能的事。但是强烈的感动一直催促着，凭着信念，下定起步的决心，时候到了，事就这样成了。先有天道机构名誉董事许书楚先生，慨允由史丹理基金公司承担起"天道圣经注释"的全部费用，继由鲍会园博士以新作《歌罗西书注释》（后又注有《罗马书》上下卷，《启示录》）郑重地竖起了里程碑（随后鲍博士由1991 年起正式担任全套注释的主编），接着有唐佑之博士（《约伯记》上下卷，《耶利米哀歌》）、冯荫坤博士（《希伯来书》上下卷，《腓立比书》，《帖撒罗尼迦前书》，《帖撒罗尼迦后书》）、邝炳钊博士（《创世记》一二三四五卷，《但以理书》）、曾祥新博士（《民数记》，《士师记》）、詹正义博士（《撒母耳记上》一二卷）、区应毓博士（《历代志上》一二卷，《历代志下》，《以斯拉记》）、洪同勉先生（《利未记》上下卷）、黄朱伦博士（《雅歌》）、张永信博士（《使徒行传》一二三卷，《教牧书信》）、张略博士（与张永信博士合著《彼得前书》,《犹大书》)、刘少平博士(《申命记》上下卷,《何西阿书》,《约珥书》,《阿摩司书》)、梁康民先生(《雅各书》)、黄浩仪博士(《哥林多前书》上卷,《腓利门书》)、梁薇博士(《箴言》)、张国定博士(《诗篇》一二三四卷)、邵晨光博士(《尼希米记》)、陈济民博士(《哥林多后书》)、赖建国博士(《出埃及记》上下卷)、李保罗博士(《列王纪》一二三四卷)、钟志邦博士(《约翰福音》上下卷)、周永健博士(《路得记》)、谢慧儿博士(《俄巴底亚书》,《约拿书》)、梁洁琼博士(《撒母耳记下》)、吴献章博士(《以赛亚书》三四卷)、叶裕波先生(《耶利米书》上卷)、张达民博士(《马太福音》)、戴浩辉博士(《以西结书》)、鲍维均博士(《路加福音》上下卷)、张玉明博士(《约书亚记》)、蔡金玲博士(《以斯帖记》,《撒迦利亚书》,《玛拉基书》)、吕绍昌博士(《以赛亚书》一二卷)、邝成中博士(《以弗所书》)、吴道宗博士(《约翰一二三书》)、叶雅莲博士(《马可福音》)、岑绍麟博士(《加拉太书》)、胡维华博士(《弥迦书》,《那鸿书》)、沈立德博士(《哥林多前书》下卷)、黄天相博士(《哈巴谷书》,《西番雅书》,《哈该书》)等等陆续加入执笔行列,他们的心血结晶也将一卷一卷地先后呈献给全球华人。

　　当初单纯的信念,已逐渐看到成果;这套丛书在 20 世纪结束前,完成写作并出版的已超过半数。同时,除了繁体字版正积极进行外,因着阅读简体字读者的需要,简体字版也逐册渐次印发。全套注释可望在 21 世纪初完成全部写作及出版;届时也就是华人圣经学者预备携手迈向全球,一同承担基督教的更深学术研究之时。

　　由这十多年来"天道圣经注释"的出版受欢迎、被肯定,众多作者和工作人员协调顺畅、配合无间,值得我们由衷地献上感谢。

　　为使这套圣经注释的出版速度和写作水平可以保持,整个出版工作的运转更加精益求精,永续出版的经费能够有所保证,1997 年 12 月天道书楼董事会与史丹理基金公司共同作出了一些相关的决定:

　　虽然全套圣经六十六卷的注释将历经三十多年才能全部完成,我们并不以此为这套圣经注释写作的终点,还要在适当的时候把它不断地修订增补,或是以新著取代,务希符合时代的要求。

　　天道书楼承诺负起这套圣经注释的永续出版与修订更新的责任,由初版营收中拨出专款支应,以保证全套各卷的再版。史丹理基金公司也成立了圣经注释出版小组,由许书楚先生、郭志权博士、姚冠尹先生、章肇鹏先生和施熙礼先生五位组成,经常关心协助实际的出版运作,以确保尚未完成的写作及日后修订更新能顺利进行。该小组于2004年6月假新加坡又召开了会议,许书楚先生因年事已高并体弱关系,退居出版小组荣誉主席,由姚冠尹先生担任主席,施熙礼先生担任副主席,原郭志权博士及章肇鹏先生继续担任委员,连同小弟组成新任委员会,继续负起监察整套注释书的永续出版工作。另外,又增聘刘群英小姐为执行秘书,向委员会提供最新定期信息,辅助委员会履行监察职务。此外,鉴于主编鲍会园博士身体于年初出现状况,调理康复需时,委员会议决增聘邝炳钊博士及鲍维均博士,并得他们同意分别担任旧约和新约两部分的编辑,辅助鲍会园博士处理编辑事宜。及后鲍会园博士因身体需要,退任荣誉主编,出版委员会诚邀邝炳钊博士担任主编,曾祥新博士担任旧约编辑,鲍维均博士出任新约编辑不变,继续完成出版工作。

　　21世纪的中国,正在走向前所未有的开放道路,于各方面发展的迅速,成了全球举世瞩目的国家。国家的治理也逐渐迈向以人为本的理念,人民享有宗教信仰自由,全国信徒人数不断增多。大学学府也纷纷增设了宗哲学学科和学系,扩展国民对宗教的了解和研究。这套圣经注释在中国出版简体字版,就是为着满足广大人民在这方面的需要。深信当全套圣经注释完成之日,必有助中国国民的阅读,走在世界的前线。

容保罗　识

2011年　春

国际中文版权拥有者:天道圣经注释有限公司

本天道圣经注释丛书中文简体字版仅限中国大陆地区发行销售

图书在版编目(CIP)数据

"天道圣经注释"系列

主编/邝炳钊　旧约编辑/曾祥新　新约编辑/鲍维均

约翰福音注释(上下卷)/钟志邦著.—上海:上海三联书店

2010.4(2025.6重印)

ISBN 978－7－5426－2926－5

Ⅰ.①约…　Ⅱ.①钟…　Ⅲ.①《圣经》—注释　Ⅳ.①B971.2

中国版本图书馆 CIP 数据核字(2009)第 158003 号

约翰福音注释(上下卷)

著　　者 / 钟志邦

策　　划 / 徐志跃

责任编辑 / 邱　红

装帧设计 / 鲁继德

监　　制 / 姚　军

责任校对 / 张大伟

出版发行 / 上海三联书店

　　　　　(200041)中国上海市静安区威海路 755 号 30 楼

邮　　箱 / sdxsanlian@sina.com

联系电话 / 编辑部:021－22895517

　　　　　发行部:021－22895559

印　　刷 / 上海惠敦印务科技有限公司

版　　次 / 2010 年 4 月第 1 版

印　　次 / 2025 年 6 月第 17 次印刷

开　　本 / 890 mm×1240 mm　1/32

字　　数 / 700 千字

印　　张 / 24.875

书　　号 / ISBN 978－7－5426－2926－5/B・179

定　　价 / 57.00 元(上下卷)

敬启读者,如发现本书有印装质量问题,请与印刷厂联系 13917066329